Gladitz
18.2.2013

Jürgen Gladitz

Die Frankfurter Flanerie zwischen Geist und Geld

Intermetropolitanologie: eine
zivilisatorisch-anthropogene »lex« für quintäre Cities

R. G. Fischer

Die Deutsche Bibliothek – CIP-Einheitsaufnahme

Gladitz, Jürgen:
Die Frankfurter Flanerie zwischen Geist und Geld :
Intermetropolitanologie: eine zivilisatorisch-anthropogene »lex« für quintäre Cities / Jürgen Gladitz. –
Frankfurt (Main) : R. G. Fischer, 1994
   ISBN 3-89501-137-1

© 1994 by R. G. Fischer Verlag
Orber Straße 30, D-60386 Frankfurt/Main
Alle Rechte vorbehalten
Herstellung: Boscolo & Königshofer, Karlsruhe
Printed in Germany
ISBN 3-89501-137-1

JÜRGEN GLADITZ
MAGISTER, BANKER, GERMANIST

DIE FRANKFURTER FLANERIE
ZWISCHEN *GEIST UND GELD*

INTERMETROPOLITANOLOGIE:
EINE ZIVILISATORISCH-ANTHROPOGENE "lex" FÜR QUINTÄRE CITIES

Jürgen Habermas: Die Rechtfertigung des zivilen Ungehorsams stützt sich auf ein dynamisches Verständnis der Verfassung als eines unabgeschlossenen Projektes
(entnommen aus: Faktizität und Geltung, S.464)

DAS ULTIMATIVE FFM-CITY-KOMPENDIUM VON EINEM PASSIONIERTEN FLANEUR DER FRANKFURTER POSTMODERNE !

1994 / 1200 Jahre
FRANKFURT AM MAIN!

EIN GRUND ZUM LESEN!
ZWEI GRÜNDE ZUM FEIERN!
DREI GRÜNDE ZUM FLANIEREN!

Ulf Jonak (Die Frankfurter Skyline):
Eine Stadt gerät aus den Fugen und gewinnt an Gestalt!

Paul Ambroise Valery (Die Seele und der Tanz; entnommen aus: Eupalinos, S.36):
Sokrates: Ein Körper durch seine bloße Kraft, durch seine Handlung ist mächtig genug, das Wesen der Dinge gründlicher zu verändern, als es jemals dem Geist in seinen Untersuchungen und Träumen gelingt!

Für
das passagere FRANKFURT am Main,
den absoluten Paul Ambroise VALERY
und Walter BENJAMIN!

Mit dieser Dissertationsschrift wird der Autor seinen Status vom Doktorand nicht zum Doktor verlängern! Nach zweimaliger Ablehnung des Exposés erlang der Autor zwar im dritten Anlauf im dritten geisteswissenschaftlichen Fachbereich die Annahme als Doktorand. Doch wurde ihm mehrmals klargemacht, daß sein Frankfurt-Bild nicht das seiner vermeintlichen Gutachter ist!
Es handelt sich also um eine DIS ohne PROMotion, genauso wie es sich bei FFM um keine offizielle HAUPTstadt handelt. Autor und Stadt lehnen selbstverleugnende Rituale zur Erlangung einer vorteilhaften Position ab und bewahren dadurch ihren absoluten und autonomen Geist!

P.S. *Auch Walter Benjamin machte mit den Frankfurter Universitätsfakultäten so seine Erfahrungen. Seine Habilitationsschrift wurde ihm ebenso durch ihren außerordentlichen Ideenreichtum zum Verhängnis.*
Ist etwa die Universität ein signifikantes Beispiel für den
"URSPRUNG DES DEUTSCHEN TRAUERSPIELS"?

VORWORT: Über den aktuellen Ist-Zustand des Deutschen Sonderweges (1)

Diese im März 1993 begonnene Dissertationsschrift zu den Wechselbeziehungen zwischen den Parametern und Kategorien Geist und Geld in der laufenden Ära des immer post-fordistischer werdenden Frankfurt im fünfzigsten Jahr (23.03.93 - 22.03.94) nach seiner nahezu totalen Zerstörung im 2. Weltkrieg möchte ich im Rahmen eines kontextuellen Rückblicks auf meine im Oktober 1990 abgeschlossene Magister-Examens-Arbeit zum Deutschen Charakter und Deutschen Sonderweg eröffnen!

In insgesamt sechs Kapiteln ging es mir darum, den Zeitgeist und kulturanthropologischen Habitus zwischen Goethe und Grass aus der Perspektive der Literaturgeschichte darzustellen. Auf 179 ziemlich komprimierten Seiten habe ich unter den markanten Eindrücken der formalstaatlichen Vereinigung der beiden deutschenTerritorien den wie immer bei einer Behandlung dieses Themas ebenso schwierigen wie herausfordernden und natürlich etwas willkürlichen Versuch unternommen, in einer über 250 Jahre (1749 - 1999) angelegten historisierenden Auseinandersetzung den gleichermaßen autoren- wie schriftenimmanenten literaturanthropologischen Habitus des deutsch-mentalen Out-Puts seit Goethes Geburt in seinen Proportionen einigermaßen repräsentativ aufzubereiten. Die doch scheinbar relative Stimmigkeit der dabei elaborierten Strömungen hat der "Deutsche Herbst 1992" allzuoft bestätigt.

Ebenso hat sich das hetero-kulturelle und hetero-ethnische Frankfurt bis heute als der einzige diagnostizierbare "anthropos-ästhetische" Ausnahmefall innerhalb des Deutschen Sonderbewußtseins erwiesen und seine unveränderte Willigkeit zur notfalls auch alleinigen maximalen Gewährleistung der im Grundgesetz verbrieften Grundrechte gezeigt.

25 Jahre nach 1968 haben zudem die deutschlandweiten Lichterketten bewiesen, daß die ja regierungsamtlicherseits bestenfalls dubios gehandhabte und behütete Verfassung doch auf einem zumindest mehrmillionenfachen Schutz von unten, wie Jürgen Habermas es formulierte, bauen kann, so daß ein Vierteljahrhundert gewachsenes demokratisches Toleranzbewußtsein neben all die furchtbaren auch fruchtbare Szenen und In-Szenarios zu setzen in der Lage ist. Nur ein Frankfurt, das seine Positionierung auf allen Ebenen zumindestens auf dem jetzigen Niveau

beibehält, kann ein Garant dafür sein, daß auch in Zukunft die Massen für die Menschenrechte und nicht dagegen eintreten!

In den letzten gut zweihundert Jahren steht und fällt der Zustand der deutschen Befindlichkeiten mit der Intensität, mit der Frankfurt sie beeinflussen kann bzw. darf: Meine daher in einem diskursiven und reflexiven Zusammenhang mit meiner Magister-Arbeit aus dem Jahr der Deutschen Einheit 1990 stehende Dissertation aus dem Jahr der Europäischen Vielfalt und Freiheit 1993 will diesem Phänomen mittels anthropos-ästhetischer, kultur-soziologischer und figurations-soziologischer Betrachtungsweisen nahekommen!

Während die Magister-Arbeit eine eher literatur-soziologische Ist-Bestandsaufnahme tradierter Codes von Vergeistigung und Intellektualisierung darstellt, will die nachfolgende Dissertations-Abhandlung auch anhand des präsenten Frankfurter City-Raumes neben einer wissenschaftlichen Thematisierung des Städtischen im 20. Jahrhundert zusätzlich eine post-ideologische Version des guten und besseren Lebens liefern, wie sie eben anhand des Zusammen-Spiels von Geist und Geld Frankfurt nach meiner Kenntnis und Erfahrung aufweist.

Angesichts ihrer sicherlich immensen Tiefe und Breite kann ich nicht erwarten, daß Leser dieser Schrift, die nicht die letzten fünfzehn Jahre die Dialektik von Produktion und Rezeption oder die mannigfache Kognition von Interieurs und Exterieurs des Frankfurter Stadtraumes im Vergleich mit allen anderen hier ergiebigen nationalen und internationalen Metropolen zur Quintessenz ihrer Interessen gemacht haben, zu einer zumindest annäherungsweise qualitativ ähnlichen Wertschätzung, Einschätzung oder auch Geringschätzung des hier Angeführten und Entwickelten kommen werden.

Manhattan wird auch von Feinden des Städtischen oft vergöttert, während Frankfurt und seine City trotz deutlich geringerer Extreme gerne von rechts und links gleichermaßen verteufelt, gehaßt und abgekanzelt wird. Das macht es dem in Deutschland proportional vollkommen unterentwickelten Städtischen schwer, seinen Beitrag zur Abschwächung deutscher insbesondere irrational-romantizistischer Absonderlichkeiten beizutragen, die sich seit 1990 mehr denn je durch eine völlige urbane Absenz seiner sogenannten Verantwortungselite oder auch politischen Klasse präsentieren.

Ein Land nur mit Bürokraten und Technokraten an seiner Funktionsspitze, ohne auch nur einen Ansatz einer zeitgemäßen noch zu definierenden Flanerie als Background-Horizont für zu fällende Entscheidungen mit großer zivilisa-

torischer Reichweite, muß in seinem Kern ungücklich, verbohrt und verhärmt bleiben und kann in seiner Außenwirkung nur unsympathisch modelliert sein! Das städtische Moment existiert bislang nur in Fragmenten im deutschen Bewußtsein. Berlin und Frankfurt können mit jeweils unterschiedlichen Akzenten von sich behaupten, von 1968 bis 1993 wieder im Rahmen einer zweiten Moderne (Prigge, 1991) Städtisches in ihrer Stadt zu beherbergen. Berlin und seine ebenso legendären wie restlos verklärten zwanziger Jahre sind zur Inkarnation des Städtischen im 20. Jahrhundert aufgestiegen.
Prag, Wien, Budapest und München konnten ebenfalls zur Jahrhundertwende brillieren. Bis 1968 freilich residierte das überwältigende Gros der Deutschen im Mief des Provinzialismus, zu dem auch eine einseitig ausgerichtete pangermanisierte Literatur-Rezeption zu zählen ist. Die Hochliteratur als nationales Konstitutionsmedium hat ja insbesondere in der alten DDR ihren eigentlichen historischen Zenit zwischen 1749 und 1848 bis 1990 überdauert. Durch die staats-ästhetische Vereinnahmung Weimars bei gleichzeitiger Ignoranz und Nicht-Zuständigkeit gegenüber Buchenwald, einhergehend mit der Überlassung aller Schuld an die alte Bundesrepublik, konnten sich Klassik und Romantik, Theater und Literatur bis zuletzt in den Köpfen der Ost-Elite konservieren.
Der amerikanische Westen war zwar in den achtziger Jahren nahezu überall telemedial präsent, aber doch noch nicht institutionalisiert, so daß parallel zu diesem konsumistischen und touristischen Wunsch- und Hoffnungsdenken die "völkische Hoch-Kultur" als Zuflucht und Heimat nicht nur der Staats- und Parteielite diente.
In West-Deutschland ist es erst der laufenden Post-Moderne zu verdanken, daß im Rahmen ihres internationalistischen Substrats auch ausländische Autoren und Literaturen nunmehr in größerem Umfange endlich vorliegen.
Gravierender noch als die lange Zeit nahezu völlig absente und bis auf den heutigen Tag völlig unzureichende Rezeption von primär Hauptstadt- und Weltstadt-Literaturen ist jedoch das Unvermögen der "Wessis", über ihre welttouristischen Erfahrungs-Potentiale der letzten Dekaden zu einem besseren und leichteren Miteinander zu finden. Auch TUI, der größte deutsche Touristik-Konzern, feierte unlängst fünfundzwanzig Jahre 1968, sein Gründungsjahr, doch die vielen hundert Millionen Einzelreisen in die weite Welt haben das Kollektiv-Verhalten der Deutschen nicht nennenswert sympathischer gemacht. Die nahezu durchweg kontinuierliche völkische Erziehung quer durch alle Schul- und

Ausbildungs-Niveaus bis weit in die sechziger oder gar siebziger Jahre hinein (in Bayern bis heute!) hat sich als nicht mehr revidierbar erwiesen. Die jüngeren Generationen des "international style" zeigen sich da schon eher veränderungsfähig und wandlungswillig!
Ohne städtischen Frei- und Weltgeist kann es keine gesellschaftliche Progressivität geben. Die Berliner Obrigkeit der vorletzten Jahrhundert-Mitte hat sie so massiv abgeblockt, daß bis heute keine entscheidende Erholung eingetreten ist. Wilhelm lehnte das Angebot ab, erster Mann in einem Gemeinwesen zu werden, dessen Staatlichkeit auf den revolutionär errungenen Grund- und Menschenrechten der Paulskirche basierte. Bismarck brachte 1852, vier Jahre nach der wilhelminischen Ignoranz des Städtischen, unzweideutig zum Ausdruck, daß das wahre preußische Volk, wenn die Städte sich wieder einmal erheben sollten, sie zum Gehorsam zu bringen weiß, selbst wenn es sie dann vom Erdboden tilgen müßte. Die Abstimmungen zur Hauptstadtfrage, sowohl zwischen Frankfurt und Bonn 1949 als auch zwischen Bonn und Berlin 1991, dokumentieren aufs neue, wie sehr der Provinzialismus und die Idyllen-Sehnsucht in den Köpfen der Bürokratie-Spitze unverändert verhaftet ist.
Die hauchdünne Mehrheit für Bonn 1949, im wesentlichen der Kölner Heimat Adenauers und der moderateren Zerstörung Bonns zu verdanken, hat sich qualitativ auch zweiundvierzig Jahre später praktisch nicht verändert.
Die beiden großen Bundestags-Fraktionen stimmten jeweils knapp für Bonn. Alleine die damalige Genscher-FDP und komplett die PDS und das Bündnis 90 votierten für Berlin und gaben den Ausschlag für ein knappes Ja zugunsten der Hauptstadt des zweiten und dritten Reiches sowie der alten DDR!
Diese höchst despektierliche Dreifach-Besetzung läßt natürlich Frankfurt, welch ein historischer Glücksfall, unverändert und zukünftig mehr denn je alle Möglichkeiten, sich als Medium des zivilisations-ästhetisch besseren Gegenstücks zu Berlin zu profilieren und angesichts seiner nicht mehr revidierbaren Position als säkulares und intellektuelles Einfluß-Zentrum auch der neuen Republik entscheidende Akzente weiterhin zu inszenieren!
Auch im so unangenehmen Winter 1992/1993 lag es im wesentlichen wieder einmal an Frankfurt, Deutschland und der Welt die Bilder und Typen zu liefern, die die Geschehnisse von Rostock bis Mölln "kompensieren"!

Als ein ganz besonders typischer Frankfurter "Sendungs-Termin" hat sich die Hessische Kommunalwahl vom 7. März 1993 erwiesen, die einzige Wahl überhaupt vor dem Mega-Wahl-Jahr 1994 und zugleich die erste Wahl nach dem so schrecklichen Terror-Herbst 1992 mit seinen Auswüchsen gegen Nicht-Deutsche. Frankfurt, das im Winter 1992/1993 nicht nur freudige Bilder rund um den Festhallen-Tennis-Weltmeister Boris Becker und das Rock-Konzert gegen Ausländerfeindlichkeit tele-medial in die Welt schickte, sondern auch durch Sicherheitslücken bei einer Flugzeugentführung und vor allem durch den Hoechst-Chemie-Regen von Griesheim auf Schwanheim unrühmlich Schlagzeilen machte, konnte sich in dieser nochmaligen Schwerephase bestenfalls mit seinem großen Sendungs-Über-Bruder New York trösten. Manhattan hatte mit der Explosion im World Trade Center ja leider auch menschliches Leid zu verzeichnen.

Da überhaupt die insgeheim erhoffte psychologische Wahlkampfunterstützung durch den neuen US-Präsidenten Clinton angesichts seiner unglücklichen Fehlstarts nicht auf den amtierenden SPD-Oberbürgermeister von Schoeler übergreifen konnte und außerdem die Bundes-SPD im Wahlvorfeld noch entscheidungsunfähiger als die Bundes-CDU auftrat, ging die "Sendung" hessenweit ziemlich bis fürchterlich in die Hosen. Die SPD-Großstädte verloren zwischen acht und zwanzig Prozent, weil viele Wähler angesichts der fehlenden Qualitäten im Angebot zuhause blieben oder scharenweise den teilweise zweistellig in die Kommunalparlamente eingezogenen Republikanern zuliefen, um gegen die Herrschaftlichkeit und Bürgerfeindlichkeit der zuvor teilweise absolut regierenden SPD-Stadtoberen zu protestieren!

Vollkommen unerwartet gelang es der Frankfurter OB-Gegenkandidatin Roth, die CDU wieder zur stärksten Fraktion im Römer zu machen und den wieder einmal zum Wahlzeitpunkt schwer angeschlagenen Kanzler von noch heftigeren Schlagzeilen vor allem seiner Parteifreunde zu befreien.

Trotzdem kann die wohl progressivste politische Parteienkoalition in Deutschland, Rot-Grün in Frankfurt, ihre Arbeit fortsetzen, da die Grünen sich erkennbar verbessern konnten.

Das unschöne Resultat der Frankfurter Kommunalwahlen vom März 1993 ist zweifellos die Tatsache, daß die Rechtsgruppierungen, allen voran die Republikaner, insgesamt kaum weniger Stimmen erhielten als die Grünen.

An der Verteilung der Stimmen im Stadtgebiet läßt sich sehr gut ersehen, wie sich die gesellschaftspolitischen Trends im Städtischen und daraus resultierend natürlich auch im gesamten Staatsgefüge der neunziger Jahre möglicherweise weiterentwickeln werden!
Beim Studium der Frankfurter Wahlergebnisse fällt zunächst eine deutliche Diskrepanz zwischen der originalen Kernstadt und den im Laufe des 20. Jahrhunderts eingemeindeten "Peripherie-Dörfern" auf. In den unmittelbaren und mittelbaren City-Quartieren, mit insgesamt eher jüngeren Bewohnern und der mit Abstand höchsten Akademiker- und Ausländerdichte Deutschlands und Mitteleuropas, sind die Grünen sehr stark und haben in einzelnen Wahllokalen die meisten Stimmen bekommen. Die Republikaner bleiben hier nahezu durchweg unter 8 %. SPD und CDU haben in diesen städtischsten City-Arealen Deutschlands kein noch irgendwie als nennenswert titulierbares Substrat.
Die von der Tertiärisierung und Stilisierung bislang noch nicht erfaßten und bis zum Hoechst-Griesheim-Gift-Gau fast vergessenen Gemeinden rund um das Stammwerk im Westen und Nordwesten sowie im äußersten Osten (Casella) weisen dagegen einen rechtsextremistischen Stimmenanteil bis zu 33,1 % (Sossenheim: Carl-Sonnenschein-Siedlung) auf, wobei hier die gefährliche DVU auf 11,1 % kommt. Der noch immer etwas dörfliche Norden Frankfurts tendierte ebenfalls spürbar nach rechts, kann aber durch die CDU noch gerade so kanalisiert werden. Die Viertel rund um den Hauptbahnhof mit bis zu 90 % Ausländern kennzeichnen sich wie schon bei den letzten Wahlen durch eine Beteiligung meist unter 50 % aus und haben neben einem hohen Grünen-Anteil ebenfalls deutlich zweistellige Quoten für die Rechten hervorgebracht.
Auch die Diskrepanzen zwischen den Generationen werden immer offensichtlicher. 39 % der Jungwähler schritten erst gar nicht zur Wahlurne, und wenn ja, dann votierten sie wie die deutliche Mehrheit aller unter 45 Jahren, die 68er-Generationen also, für die amtierende Koalition aus rot-grünen (Post-)Modernisten. Die Älteren und die Männer wählten eher republikaner-freundlich als die Jüngeren und Frauen. Gemessen an allen Wahlberechtigten schrumpften die SPD und CDU in den letzten zwanzig Jahren von 66,4 % auf 44,7 %. Die anhaltende und verstärkte Unfähigkeit, neben Korruption, Sprechblasen-Rhetorik und Zivilisations-Ignoranz auch nur irgendeinen Wert zu vermitteln, ruiniert langsam die beiden einstigen großen Volksparteien. Die selbst- und karriere- sowie konsumbewußte jüngere Generation empfindet kein Bedürfnis

mehr nach einer Vertretung ihrer Anliegen und hat die rest-los stil-lose etablierte politische Klasse längst abgehakt.

Frankfurt, Hessen, Deutschland, Europa und die Welt sind im City-Raum der Main-Metropole in Proportionen verteilt, die so annähernd keine deutsche und auch keine europäische Großstadt aufzuweisen hat. Hessen beispielsweise ist schlechthin an keiner Stelle des originalen Stadtkörpers, bis vielleicht auf Alt-Sachsenhausen und Alt-Bornheim, überhaupt noch auszumachen. Deutschland ist anthropologisch am ehesten in den Chemie-Quartieren und im langsam städtisch werdenden dörflichen Norden, also in der Vor-Wetterau, mitsamt etwas Hessen diagnostizierbar. Europa und die Welt drängen sich in der Altstadt, in der Innenstadt und im Bahnhofsviertel, wo nur noch ganze siebeneinhalbtausend Wahlberechtigte wohnen und leben. Hier potenziert sich ein Frankfurter Gesamtphänomen, das die ganze Absurdität der in unserem Lande gängigen repräsentativen parlamentarischen Demokratie verdeutlicht.

Frankfurt darf von sich behaupten, von Montag bis Freitag während der Kernarbeitszeit eine Eine-Million-Stadt zu verkörpern. Zu den mittlerweile wieder über 650.000 Einwohnern gesellen sich dann noch 300.000 Pendler sowie Airport-Umsteiger, Einkäufer, Messe-Gäste und Touristen, wobei rund 100.000 Menschen (Zweitwohnsitz, Umland-Arbeitsplatz, Urlaub) wiederum abwesend sind. Wahlberechtigt sind aber nur deutsche Inländer über 18! Da bleiben gerade noch knapp 400.000 "Bürger" übrig, von denen wiederum gut 270.000 gültige abgegebene Stimmen bei der Kommunalwahl produziert haben, ein gutes Viertel also bestenfalls der am Frankfurter Alltag Beteiligten. CDU und SPD als die beiden Parteien mit dem flächendeckendsten Universalvertretungsanspruch haben jeweils etwa 90.000 Stimmen erhalten. Die CDU als stärkste Römer-Fraktion soll sich also für den Alltag einer Großstadt zuständig fühlen und hat knapp 9 % ihrer Aktionisten hinter sich! Wäre dies keine Dissertations-Schrift, so müßte es hier eigentlich bei der lapidaren Frage "Was soll das Ganze eigentlich noch?" bleiben, aber genau solche Seltsamkeiten sind es ja, die die faktische Anti-Politik allseits erklären helfen. Angesichts der geballten Internationalität Frankfurts, die sich durch eine Export-Quote und eine innerstädtische Ausländer- und Investitionsquote von etwa 50 % bemerkbar macht, kann nur mit einem kommunalen Auländerwahlrecht und darüber hinaus mit erheblichen plebiszitären Entscheidungsmöglichkeiten, wie die vom Volk direkt vorzunehmenden Wahlen der meisten Landräte und Bürgermeister seit dem Frühjahr 1993 in Hessen erstmals ansatzweise zeigen, noch eine Mehrheitszuständigkeit zumindest in den Kommunen konstruiert werden, nach der sich möglichst angestellte und nicht mehr verbeamtete Stadt- und Staatsbedienstete orientieren können. Die fast verschwundene ethische und charakterologische Stringenz zwischen den deutschen Generationen ist in Frankfurt durch einen ästhetischen und stilistischen Internationalismus aller Ethnien und Mentalitäten ersetzt worden. Er kann unmöglich noch länger durch ein deutsch-völkisches-parteiliches Bürokratiesystem mit maximaler Bindungslosigkeit und Zivilisationsfremdheit weiter vergewaltigt werden!

VORWORT: Frankfurt als freie und "befreite" Stadt (2)

Goethe soll einmal über seine von ihm nicht sonderlich geliebte, um nicht zu sagen gehaßte Geburtsstadt gesagt haben, sie sei schon "rein figürlich nur spelunca". Diese letzte nicht näher ausgeführte Qualität bezog er auf das ja so hochgelobte reichsmittelalterliche Frankfurt, das über Jahrhunderte bis zu seiner fast totalen Zerstörung im März 1944 die größte zusammenhängende Altstadt Deutschlands in sich barg. Sein Begriff von Gesellschaftlichkeit, so er überhaupt diese Bezeichnung verdient, geht ja von einer evolutionären Metamorphose alles Lebendigen aus, die als Weg zum ästhetischen Endziel führt.

Insofern scheint das damalige Frankfurt, die in seinen Augen dumpfe Kaufmannsstadt, die lediglich durch einige gut entwickelte literarische Zirkel in guten Familien aushaltbar war, weder figürlich noch begrifflich seinen Vorstellungen entsprochen zu haben. Ab 1848, sechzehn Jahre nach seinem Tod, setzt erst in Deutschland eine Entwicklung ein, die Frankfurt durchgehend bis heute, allerdings erheblich gestört durch die Berliner Verzerrungen des zweiten und dritten Reiches, zum Motor erst der begrifflichen und in den zwanziger und wieder seit den achtziger Jahren auch der figürlichen Avantgarden hat werden lassen.

Es soll jetzt nachfolgend in einem kurzen kritischen Essay zunächst darum gehen, zu hinterfragen, ob die Methodologie der erst seit kurzem kultur- und zivilisationssoziologisch ambitionierten deutschen Soziologie inklusive der Frankfurter Schule mit ihrem weitestgehend doch sehr zivilisationsignoranten der Hochkultur sich verpflichtenden mentalen Elitismus nicht zwingend eine unbedingte Erweiterung ihres Zuständigkeitshorizontes erfahren muß, um die großen Phänomene und Probleme in unserer diffusen Zeit wirklich zu erkennen und Lösungsansätze dafür zu entwickeln.

Die Konstruktion einer Begrifflichkeit von gesellschaftlichen Wunschzuständen aus der Zeit des kalten Krieges mit einer Inthronisation der Theorie und Marx als ihrer Quintessenz kann ja wohl nicht mehr die ausschließliche Substanz sein, mit der die sozialen Konsequenzen der praktizierten Weltinnenpolitik unserer Tage befriedigend abgehandelt werden können. Vielmehr erfordert etwa die akzelerierte Wohlstands-Migration von Ost- nach Westeuropa sowie von Süd- nach Nordamerika sowie das Elends-Nomadentum in Afrika ein Eingehen auf eine Qualität, die alleine Norbert Elias rund um seine Zivilisationsstudien als absolut wegweisend erkannt hat: Die Figurationen, in denen Menschen, Ethnien

und Mentalitäten sowie Hierarchien, aber auch Architekturen zueinander stehen! Da die großen Metropolen und Megapolen akzentuiert die Konzentrationsherde der hetero-ethnischen Postmoderne vergegenständlichen, muß eine **figurativ orientierte Zivilisationssoziologie des Städtischen** als Handlungsparameter elaboriert werden. Nur in den großen Städten prallen Staat und Begriff mit Menschen und Figurationen wirklich reibungsintensiv aufeinander!
Besonders in Deutschland läßt sich sehr gut erkennen, daß daraus ein Verfassungsschutz resultiert, der den Staat vor solchen Bürgern schützt, die die substantiellsten Grundrechte, allen voran das Asylrecht, ganz einfach nur gerne in Anspruch nehmen möchten. Der Begriff des Staates, dem die Soziologie wie alle anderen berufsverbeamteten Wissenschaften selbst in ihren kritischsten Ausuferungen immer noch in einer seltsam unrühmlichen Weise adaptiv Genüge leistet, wird amts- und ministerialbürokratisch gegen die ständig nuancierter werdenden Figurationen seines auf Distanz zu haltenden Legitimators (dem "unreifen" und "blöden" Volk) hermetisch abgeriegelt und hat sich so bis heute zu einem in der Welt beispiellosen terminologischen Pseudo-Mythos etabliert und zudem auch noch konserviert, um ja nicht Gefahr zu laufen, jemals als die Dienstleistungs- und Serviceeinrichtung agieren zu müssen, die die staatlichen Einrichtungen nicht nur in den USA als Angestellte des dafür Steuern zahlenden Volkes sein wollen! In Deutschland ist bis auf den heutigen Tag nicht der Staat für sein Volk da, sondern "das" Volk für den Staat. Anstelle von Dienstleistern für die Menschen verstehen sich Beamte, Politiker, Ministerien und Parteien samt Klerus als politische Klasse, die die unpolitischen, weil zur Mündigkeit immer noch nicht reifen deutschen Bürger zum "Abgeber" wachsender Un-Art degradieren und ihre Subjektivität zur Zuarbeitermasse für etatistische und dabei noch fast durchgängig unkontrollierte Verschwendungssucht pervertieren. Nicht die Verbesserung der Figurationen im Volk ist das Ziel aller deutschen Politik (mit partieller Ausnahme der Grünen!), sondern das Überstülpen des jeweils machtpolitisch naheliegendsten Begriffes von Staatlichkeit über das Volk, für dessen messianischen Erhalt es ausschließlich seine Sterblichkeit zu verausgaben hat
Eine qualitativ und elaborativ anspruchsvolle Soziologie müßte demnach ihren Begriff von Staat und Gesellschaft aus den Figurationen heraus entwickeln, die sich derzeit in immer kürzeren Abständen wandeln und deren Elemente in der Frankfurter City am deutlichsten erfahrbar sind. Eine Soziologie, die weder nur

für sich noch nur für den Staat verantwortlich sein will, muß daher um die Flanerie erweitert werden, um ihre lebensweltliche und systemische Wahrnehmungsfähigkeit nicht völlig zu verlieren.

Nur eine Trias aus Soziologie, Flanerie und Anthropologie ist in der Lage, das Städtische und Menschliche zu erfassen, für dessen günstigste Figürlichkeit Stadt und Staat eigentlich handeln sollten. Anstelle eines bürgerlichen Bewußtseins existiert aber seit Jahrhunderten in einer unheilvollen immer wieder neu tradierten Kontinuität nur ein Bürokratie- und Staatlichkeitsbewußtsein, das sich gegen das Volk richtet, es in der jetzigen Praxis sozusagen psychisch hinzurichten versucht und den Gerichten, hier insbesondere der Über-Instanz Bundesverfassungsgericht, die Verteidigung der in unserer immer noch provisorischen Verfassung verbrieften Grund-, Bürger- und Menschenrechte überläßt!

Karlsruhe insbesondere muß zusammen mit dem Frankfurter City-Anthropos den Horizont der Paulskirche zu Beginn unseres Grundgesetzes gegen die Inthronisation und Mythisierung der parteilichen, staatlichen und ministerialbürokratischen sowie klerikalen Institutionen, die sich als unwandelbar institutionalisiert betrachten, immer wieder neu behaupten und zeitgemäß in der jeweilig vorliegenden rechtlichen Angelegenheit interpretieren. Bis zum Tag, an dem Politik nicht mehr in den Hermetismen, Arroganzen und Ignoranzen von Bannmeilen gemacht wird, sondern seine Ausgestaltung durch die Rezeption der hetero-valenten und hetero-ethnischen Valenzen zum Beispiel des Frankfurter Straßenraumes erfährt, wird sich an diesen Fakten nichts ändern!

Besonders aufschlußreich ist eine dahingehende Analyse, mit welcher Intensität Verfassungsmomente aus den USA, Frankreich, Deutschland und Hessen von der freien Reichsstadt vor gut zweihundert Jahren bis zur Finanz-Kapitale von heute Einzug in die Alltäglichkeit des städtischen Lebens von Frankfurt gefunden haben, das ja heute als kontinentaleuropäische Hauptstadt der Amerikaner gilt. Ende 1993 ist als neuer Höhepunkt des kulturindustriellen amerikanischen Imperialismus im ehemaligen Nobel-Kaufhaus auf der Zeil der größte Disney-Artikel-Verkaufs-Store Europas eröffnet worden.

1787, mit dem Wirksamwerden der US-Verfassung und dem Übergriff ihrer freiheitlichen Rechte auf Paris, setzt auch langsam Frankfurts Sensibilität für erweiterte Menschenrechte ein. Goethe ist schon ein gutes Jahrzehnt von Frankfurt nach Weimar gezogen und rekreiert sich gerade an der italienischen

Sinnlichkeit, als in Nordamerika der folgende Text publik wurde: *"Wir, das Volk der Vereinigten Staaten, von der Absicht geleitet, unseren Bund zu vervollkommnen, die Gerechtigkeit zu verwirklichen, die Ruhe im Innern zu sichern, für die Landesverteidigung zu sorgen, das allgemeine Wohl zu fördern und das Glück der Freiheit uns selbst und unseren Nachkommen zu bewahren, setzen und begründen diese Verfassung für die Vereinigten Staaten von Amerika"!*

Noch zwei Jahre vor der Französischen Revolution 1789 steht die Präambel der Verfassung der USA für die Vision des Weges, den letztlich bis heute der New Yorker Stadtteil Manhattan am eindrucksvollsten in eine hochurbane quintäre Stadtanthropologie umgesetzt hat. Der akzelerierte tendenzielle Zulauf der Frankfurter City, "Downtown Mainhattan", hin zu New Yorker Straßenszenarios vollzieht sich pikanterweise genau in dem zeitlichen Abstand, der auch zwischen der US-Verfassung von 1787 und der Paulskirchenverfassung von 1848 liegt. Rund 60 Jahre trennen das Empire State Building, 1931 erbaut und bis 1970 (World Trade Center) das höchste Gebäude der Welt, beispielsweise vom Ende 1990 fertiggestellten Messeturm, dem bislang höchsten Wolkenkratzer Europas!

Auch der erste 1791 in Kraft getretene Zusatzartikel der US-Verfassung, zusammen mit neun anderen Artikeln als "Bill of Rights" als Folge der Pariser Maxime von "Freiheit, Gleichheit und Brüderlichkeit" im Anhang des Verfassungswerkes aufgelistet, ist 1848 in Frankfurt, 1919 in Weimar und 1949 in Bonn wieder als Quintessenz menschlicher Grundrechte und Lebensvorstellungen in die Gesetzestexte als Sinnbild für Demokratie und Toleranz eingeflossen: *"Der Kongreß darf kein Gesetz erlassen, das die Einführung einer Staatsreligion zum Gegenstand hat, die freie Religionsausübung verbietet, die Rede- und Pressefreiheit oder das Recht des Volkes einschränkt, sich friedlich zu versammeln und die Regierung durch Petition um Abstellung von Mißständen zu ersuchen".*

Frankfurts national-anthropologisch so anspruchsvolle und ambitionierte Rolle als zugleich deutsche und kosmopolitische Hauptstadt von Ökonomie und Ökologie, von Ästhetik und Intellekt, die nach der Unterzeichnung des Berliner Hauptstadtvertrages im August 1992 nunmehr definitiv ist und die Mainmetropole final von ministerialbürokratischen, halbmonarchischen, klerikalen und machtpolitischen Zwängen, Gefahren und Behinderungen befreit (mit Ausnahme der natürlich längst dominant gewordenen Geldpolitik!), muß daher noch stärker als bislang dazu genutzt werden, ein maximal akzeptierbares und

authentisches zivilisatorisches Verfassungsbewußtsein als Korrektiv zu den schwerwiegender werdenden und ebenso bewußten wie befremdlichen Aberrationen von der 1949 schriftlich fixierten Form des Zusammenlebens (z.B. den Asylrechtsartikel 16!) an den Tag zu legen und mit solcherlei Medialität vorbildhaft für das eigentliche Deutschland zu wirken, in dem Frankfurt freilich nicht mit der Intensität immer noch eine Oase ist, wie viele es vor der republikanerträchtigen Kommunalwahl vom März 1993 vielleicht noch erwartet oder geglaubt haben. Trotzdem stehen für Frankfurt und seinen atemberaubend spannenden und faszinierenden zivilisatorischen Raum immer noch mehr als bei allen anderen deutschen Großstädten und nicht weniger als bei allen anderen relevanten europäischen Metropolen insbesondere in der Entwicklung seit 1968 die Grundrechte im Grundgesetz der Bundesrepublik, die ja übrigens nur 19 von 146 Artikeln bilden. Dieser einführende Teil der deutschen Verfassung, in seinen Horizonten an die Paulskirchenverfassung von 1848 angenähert und daher als "lex Frankfurt" zu bezeichnen, muß sich gegen die nachfolgenden 127 Artikel wehren und behaupten, die die Staatsorgane, die Parteien und das Berufsbeamtentum exponieren und zelebrieren!
Menschenwürde (1), Handlungsfreiheit (2), Gesetzesgleichheit (3), Bekenntnisfreiheit (4), Meinungsfreiheit (5), Versammlungsfreiheit (8), Vereinigungsfreiheit (9), Freizügigkeit (11), Asyl (16) und das Petitionsrecht (17) insbesondere repräsentieren die zehn Grund- und Menschenrechte, die im Anthropos von Frankfurt, also den Stadtraum vor allen Eingemeindungen des 20. Jahrhunderts, aber durchaus inklusive Offenbach-Stadt, maximal öffentlich gelebt werden können, freilich zum Teil mit auch beängstigenden Optiken, die aber wegen des Transparenzgebots für die Milieus in diesen zehn substantiellen Aktions- und Entfaltungsmöglichkeiten kaum anders aussehen können.
Hinzu kommt noch der Artikel 107 des Grundgesetzes, der den Finanzausgleich zwischen den reichen und den weniger reichen Bundesländern regelt. Er steht symbolhaft für Frankfurt und die Region Rhein-Main. Der Regierungsbezirk Darmstadt als ökonomisch prosperierendstes Territorium Europas ermöglicht ja nicht nur den anderen beiden hessischen Regierungsbezirken Gießen und Kassel durch eine entsprechende landesinterne Umverteilung von Steuermitteln eine menschenwürdige Wohlstandsexistenz, sondern macht Hessen zusammen mit Baden-Württemberg zu den einzigen beiden Geberländern, von deren Milliarden vor allem Mini-Gebilde wie das Saarland und Bremen profitieren. Außerdem

finanziert der HR beispielsweise Radio Bremen mit, trotz daß er sich selbst in ganz akuten Finanznöten befindet! Das Ritual der Weitergabe des bis zu 20 Milliarden DM hohen jährlichen Bundesbankgewinns an Bonn zur Kompensation seiner beständigen Defizite beweist dann endgültig, wie sehr Frankfurt nicht nur intellektuell und arrieregardistisch, sondern auch finanziell arbeiten und leuchten muß, damit die Republik zumindest einen Lebensraum hat, den sie mehrheitlich bis ausschließlich, Hamburg natürlich auch nicht zu vergessen, vorzeigen kann.

All die oben genannten für ein "quintäres" Prädikat unerläßlichen Momente, sozusagen mit den materialen Service-Leistungen eines Fünf-Sterne-Hotels vergleichbar, sind freilich ganz und gar nicht dazu angetan, daß die hochstrapaziöse Kapitale am Main insbesondere in konservativen Beamten- und Provinzialmilieus und überhaupt bei den vielen Millionen dem Spießerismus hoffnungslos verfallenen Bundesbürgern sehr beliebt oder gar geschätzt wäre. Vielmehr wird sie von allen (deutschen, neuerdings auch Londoner) Seiten bekämpft und umkreist, beneidet und beschimpft, ja sogar gehaßt und ob ihrer gewaltigen Stressoren, seien es Junkies oder Baustellen, die "vielen Ausländer" oder "die Linken", bis in alle Ewigkeit hinein verflucht!

Frankfurt und Hessen sind die markantesten geographienahen, lebensstilistischen und mentalen sowie mündigkeitsintensiven Gegensätze, die mir im okzidentalen, sprich europäisch-amerikanischen Zivilisationsraum überhaupt bekannt sind. Dem schon im Mittelalter zumindest internationalen Handelsplatz und später noch weltoffenen Hort der Demokratie und eines bürgerlich-plebiszitären Rechtsbewußtseins, der seine Exposition in einem stadtdurchdringenden deutsch-jüdischen Kosmopolitismus fand, Frankfurt am Main, steht mit Hessen das gegenüber, was des Hessischen Landboten von Georg Büchner bedurfte, um nicht als ethnische und regionalistische Begrifflichkeit völlig unerträglich positioniert zu sein: *"Schon im Jahre 843 erklärte Ludwig der Deutsche Frankfurt am Main zur Hauptstadt des ostfränkischen Reiches. Von 1152 bis 1792 wurden in Frankfurt die deutschen Könige gewählt, seit 1562 wurden sie auch dort zum Kaiser gekrönt. Von 1815 bis 1866 war die Freie Reichsstadt Sitz des Staatenkongresses des Deutschen Bundes (Bundestag): 1848/49 tagte die erste Deutsche Nationalversammlung in der Frankfurter Paulskirche. Es ist deshalb natürlich, daß die Hessische Verfassung mit dem Reichsgedanken beginnt und mit ihm schließt. Die Präambel und die Artikel 64,*

151, 153 und 154 enthalten eine freiwillige Bindung des neuen Landes gegenüber dem größeren Deutschland. Diese weitgehende Selbstverpflichtung auf den deutschen Gesamtstaat verdient eine besondere Würdigung, da sie in keiner der gleichzeitig entstandenen Verfassungen so stark in den Vordergrund tritt".

So heißt es 1972 in einem von der Hessischen Landesregierung in Wiesbaden herausgegebenen Buch zur Verfassungssituation in Hessen, Deutschland und Europa. Gleich die ersten beiden Unterabschnitte des ersten Hauptteils der Hessischen Verfassung zeigen die Unterschiede auf. Gleichheit und Freiheit behandeln die Frankfurter Horizonte, sprich Menschenrechte, während sofort anschließend die Grenzen und Sicherung der Menschenrechte behandelt werden. Hier meldet sich Hessen in seiner fulminanten Beschränktheit zu Wort, die sogar unverändert in Artikel 21 die Todesstrafe vorsieht. Doch bricht ja Bundesrecht bekanntlich Landesrecht und damit indirekt Frankfurt nochmals das tradierte obrigkeitsrechtliche und staatsautoritäre Landesfürstentum!

Außerdem ist Frankfurt derzeit durch eine Gleichheit der Koalitionsbildung in Wiesbaden ja sehr präsent und läßt Blicke auf das dortige Geschehen in der Landesministerialbürokratie zumindest in ihren grünen Facetten zu. Selbst Mainz ist ja mittlerweile von diversen Frankfurter Errungenschaften erfreulich infiziert!

Im Rahmen eines maximalen Austausches zwischen den Städten der Region Rhein-Main, die sich ja nach einem fünfzigjährigen Abgrenzungskrieg, Symbol eines alle Menschenströme ignorierenden Mikrobürokratismus, 1995 endlich zu einem einheitlichen Verkehrsverbund zusammenschließen will, sollten aber natürlich alle Bewohner von den Eigenheiten und Expositionen aller Städte profitieren und so für sich selbst ein kenntnisfundiertes Regionalbewußtsein schaffen. Neben der Region München, deren bajuwarische Selbstverliebtheit immer noch die meisten Zufriedenheitspunkte bei einer kultursoziologischen Heranziehung aller Generationen erzeugt, liegt nach einer Studie vom Oktober 1992 Frankfurt/Rhein-Main an zweiter Stelle in der Identifikationswilligkeit!

1. DIE REZEPTION DES STÄDTISCHEN IN DER 1. MODERNE

1.1 Die Ignoranz der Interieurs von Goethe bis Adorno

Entsprechend des historisch sich entwickelnden Faktums, daß Deutschland bis auf das Berlin der zwanziger Jahre nie über nennenswerte städtische Areale verfügen konnte, vom post-modernen respektive zweit-modernen zeitgenössischen Frankfurt natürlich abgesehen, hat sich auch bei den Intellektuellen und Kulturgrößen keine Begabung breitgemacht, die Stoffe der Straße sinnvoll aufzubereiten und vor allem selbst einen metropolitanen Stil zu pflegen und zu repräsentieren. Stattdessen belief sich die Produktion auf niveauvolle Romantizismen und mega-monströse der Zivilisation entrückte Theorien-Gebilde, eine Aneinanderreihung eben klug durchdachter, aber auch bösartiger Philosophien und Kompositionen, die weltweit das Bild vom guten Kultur- bis zum bösen Nazi-Deutschland prägten. Auch die beiden prominentesten Frankfurter Größen, Goethe und Adorno, nach 1968 in eine Feindbildkonstellation gepreßt, die bei näherem Studium ihrer Werke angesichts ihrer tiefen-anthropologischen Ähnlichkeit als nun wirklich überflüssig erscheint, sind hier keine Ausnahme. Es darf sogar Goethe, als für ihn auch eher realisierbare Begleiterscheinung seines privilegierten Lebenswandels, noch in diesem Zusammenhang zugute gehalten werden, daß er, wie etwa beim Götz von Berlichingen oder seinen vielen reiseorientierten Zivilisationsstudien, dem Volk ungleich näher war als Adorno, der es freilich mit dem deutschen Volk zu tun hatte, das mit dem Dünkel des NS-Traumas behaftet ist. Städtisch jedoch agierten weder Goethe noch Adorno. Letzterer hielt sich ausschließlich in Zirkeln seiner Couleur auf, während Goethe, den das revolutionäre Pariser Geschehen 1789 nicht im leisesten tangierte, seine Maxime des besten Surroundings in ästhetischen kulturlandschaftlichen Ensembles fand, die gleichermaßen die Natur zu ihrer Entfaltung kommen lassen. Bei einer Reise im deutschsprachigen Raum im Oktober 1797 beschrieb er einen Abend in der Schweiz wie folgt: *"Den 22sten, einen trüben Tag, brachten wir mit Betrachtung der von Herrn Meyer verfertigten und angeschafften Kunstwerke zu, so wie wir nicht unterließen, uns unsere Beobachtungen und Erfahrungen aufs neue mitzuteilen. Abends machten wir noch einen großen Spaziergang den Ort hinaufwärts, welcher von der schönsten und höchsten Kultur einen reizenden und idealen Begriff gibt. Die Gebäude stehen weit auseinander, Weinberge, Felder, Gärten, Obstanlagen breiten sich zwischen ihnen aus, und so erstreckt sich der Ort wohl eine Stunde am See hin und eine halbe bis nach dem Hügel ostwärts, dessen ganze Seite die Kultur auch schon erobert hat."* (1/S. 478).

Während bei Goethe noch die Illusion einer evolutionären Gestalt-Metamorphose, gleich der Adoleszenz pflanzlichen Werdens und Vergehens, maßgebend für sein human-anthropologisches Leitbild sein konnte, muß Adorno in seiner Zeit von den Deformationen ausgehen, wie sie sein Zeitgenosse Hans Arp in seinem figurativen Schaffen zur Deckung gebracht hat.

Auftaktstation von Goethes Reise im Spätsommer/Früherbst 1797 war seine Geburtsstadt Frankfurt, die er in einem heute typischen 68er-Alter, mit knapp 48 Jahren, so ganz anders wahrnimmt und doch so nah. Schiller schreibt ihm vor seiner Abreise noch unter anderem die folgenden Zeilen: *"Ich habe meinem neuen Friedberger Poeten Schmid und auch Hölderlin von Ihrer nahen Ankunft in Frankfurt Nachricht gegeben, es kommt nun darauf an, ob die Leutchen sich Mut fassen werden, vor Sie zu kommen. Es wäre mir sehr lieb, und auch Ihnen würden diese poetischen Gestalten in dem prosaischen Frankfurt vielleicht nicht unwillkommen sein"* (1/S. 428).

Liegen auch fast 200 Jahre zwischen heute und dem damaligen Frankfurt, so beklagt doch Goethe schon damals die Oberflächlichkeit des Stadtmenschen, der in seiner Freizeit sogar das Theater nur zur Stätte seiner Vergnügungen benutzen möchte: *"Ich will nun alles, was mir in diesen acht Tagen vorgekommen ist, so gut als möglich zurecht stellen, an Frankfurt selbst als einer vielumfassenden Stadt meine Schemata probieren und mich dann zu einer weiteren Reise vorbereiten. Sehr merkwürdig ist mir aufgefallen, wie es eigentlich mit dem Publiko einer großen Stadt beschaffen ist. Es lebt in einem beständigen Taumel von Erwerben und Verzehren, und das, was wir Stimmung nennen, läßt sich weder hervorbringen noch mitteilen; alle Vergnügungen, selbst das Theater, sollen nur zerstreuen, und die große Neigung des lesenden Publikums zu Journalen und Romanen entsteht eben dadurch, weil jene immer und diese meist Zerstreuung in die Zerstreuung bringen"* (1/S. 431).

Friedrich Schiller, meist mindestens sehr kränkelnd, wenn nicht gar schwer krank, konnte angesichts seines sich in den letzten zehn Jahren ständig verschlechternden gesundheitlichen Zustands keine strapaziösen Reisen mehr unternehmen und empfing vor allem die Stadtwahrnehmungen Goethes wie ein

ihm noch nicht bekanntes Terrain: *"Die Vorstellung, welche Sie mir von Frankfurt und großen Städten überhaupt geben, ist nicht tröstlich, weder für den Poeten, noch für den Philosophen, aber ihre Wahrheit leuchtet ein, und da es einmal ein festgesetzter Punkt ist, daß man nur für sich selber philosophiert und dichtet, so ist auch nichts dagegen zu sagen; im Gegenteil, es bestärkt einen auf dem eingeschlagenen guten Weg und schneidet jede Versuchung ab, die Poesie zu etwas Äußerm zu gebrauchen"* (1/S. 442).
Schiller fühlt sich durch das schwer faßbare und kanalisierbare städtische Szenario also in seiner praktizierten und internationalisierten Welt-Flüchtigkeit bestätigt und will eigentlich gar nicht sein singuläres Poeten-Dasein im biederen Weimar in Frage stellen. Angesichts seiner Gebrechlichkeit ist der große Freund und Gegenspieler Goethes sowieso nicht in der Lage, für die Details des städtischen Wesens Disposition zu zeigen, doch auch Goethe, der vor allem in kulturlandschaftlichen und naturverhafteten Figuren Kunst- als Textstraßen wahrnimmt und nie für die Interieurs diskursiver metropolitaner Flanerie warm werden konnte, bleibt der säkulare Kaufmannsgeist seiner Heimatstadt immer ziemlich fremd und alles andere als anziehungskräftig.
Die Schwierigkeit, als eine Mitte zwischen Geist und Geld Anerkennung zu finden, läßt sich in diesem Kontext sehr einsichtlich nachvollziehen, tauschen sich doch Schiller und Goethe im Rahmen des Frankfurt-Aufenthalts auch über die Dialektik von Krämerei und Poesie aus. Hierbei fragt sich Goethe, wann eine sentimentale Erscheinung unerträglich ist und kommt zu der Antwort: *"Wenn das Ideale unmittelbar mit dem Gemeinen verbunden wird, es kann dies nur durch eine leere, gehalt- und formlose Manier geschehen, denn beide werden dadurch vernichtet, die Idee und der Gegenstand, jene, die nur bedeutend sind und sich nur mit dem Bedeutenden beschäftigen können, und dieser, der recht wacker, brav und gut sein kann, ohne bedeutend zu sein"* (1/S. 440).
Darauf antwortet Schiller, der wie stets bei der Einleitung seiner Briefe seine weitgehende bis völlige Übereinstimmung mit Goethe voranstellt: *"Es ist gewiß eine sehr wahre Bemerkung, die Sie machen, daß ein gewisser Ernst und eine Innigkeit, aber keine Freiheit, Ruhe und Klarheit bei denen, die aus einem gewissen Stande zu der Poesie pp. kommen, angetroffen wird. Ernst und Innigkeit sind die natürliche und notwendige Folge, wenn eine Neigung und Beschäftigung Widerspruch findet, wenn man isoliert und auf sich selbst reduziert ist, und der Kaufmannssohn, der Gedichte macht, muß schon einer größeren Innig-*

keit fähig sein, wenn er überall nur auf so was verfallen soll. Aber ebenso natürlich ist es, daß er sich mehr zu der moralischen als ästhetischen Seite wendet, weil er mit leidenschaftlicher Heftigkeit fühlt, weil er in sich hineingetrieben wird, und weil ihn die Gegenstände eher zurückstoßen als fest halten, er also nie zu einer klaren und ruhigen Ansicht davon gelangen kann.
Umgekehrt finde ich, als Beleg Ihrer Bemerkung, daß diejenigen, welche aus einem liberalen Stande zur Poesie kommen, eine gewisse Freiheit, Klarheit und Leichtigkeit, aber wenig Ernst und Innigkeit zeigen. Bei den ersten sticht das Charakteristische fast bis zur Karikatur und immer mit einer gewissen Einseitigkeit und Härte hervor; bei diesen ist Charakterlosigkeit, Flachheit und fast Seichtigkeit zu fürchten. Der Form nach, möchte ich sagen, sind diese dem Ästhetischen näher, jene hingegen dem Gehalte nach" (1/S. 444).

Ohne die Ausstattung zum Originalgenie, das seine Möglichkeiten und Energien ausschließlich in die ästhetische Produktivität und Progressivität steckt, kann also kaum die authentische Reinlichkeit in der Kunst erreicht werden, die sie als absolut non-instrumentalistische und non-utilitaristische Gattung legitimiert. Fern der Zivilisation, wobei Schiller noch deutlich entrückter als Goethe wirkt, ist die Stadt, ist Frankfurt acht Jahre nach der Französischen Revolution für Goethe und Schiller nur ein Toros der elitär-singulären Poeten-Reflexion!

Nicht nur für Goethe verkörperte die Stadt in ihren besten Teilen die Möglichkeit der Auswahl unter mehreren Institutionen und Zirkeln der Hochkultur, sondern auch etwa für Adorno, den maßgeblichen Initiator einer der bedeutendsten gesellschaftskritisch-philosophisch-soziologischen Strömungen des 20. Jahrhunderts, der Frankfurter Schule, die freilich erst in den letzten Hauptwerken ihres heutigen Kopfes, Jürgen Habermas, auch eine physische Verankerung mit der Stadt erhält, in der sie, zusammen mit New York, entwickelt wurde: Frankfurt eben. Während Habermas an der politischen und gesellschaftlichen Kulturrevolution vor, während und nach 1968 maßgeblich partizipierte, bezog sich Adornos revolutionäre Passion interessanterweise eben nicht auf die Gesellschaft, sondern auf die Musik.
Heinz Steinerts Aufarbeitung "Adorno in Wien" dokumentiert sehr plastisch, wie weit Adorno in diesen gut sechs Monaten im Jahre 1925 vom Volk entfernt war und wie sehr er seine Riten als sich eigentlich den besseren Kreisen zuwendender provinzieller Spießbürger auch in Wien praktizierte.

Durch seinen relativ frühen Tod 1969 hat Adorno leider auch in der Spätphase seines Lebens nicht mehr an der damaligen Umbruchsituation weiterentwickelnd partizipieren können und darf sich daher nicht mit dem Titel eines progressiven mit der Basis verhafteten Städters schmücken.

Adorno, der in Wien die große Revolution der Musik im Kreis um Schönberg suchte und nicht etwa seine roten und vibrierenden Milieubewegungen mitgestalten wollte, verstand als Anti-Flaneur Wien nicht: *"Es hat ihn auch wenig interessiert, welche Anstrengungen, 'sozialen Erfindungen' und gelegentlich auch glücklichen Umstände es den Intellektuellen und besonders Schönberg im Wien der Jahrhundertwende ermöglicht hatten, ein Stück Autonomie für ihre Produktion zu erringen. Er hat vernachlässigt, daß gerade in dieser Stadt seit dem ausgehenden 19. Jahrhundert ein Antisemitismus herrschte, der die Intellektuellen in die Kaffeehaus-Bohéme, in selbst organisierte Zirkel und Gruppen oder aber in eine elitäre Einsamkeit trieb"* (2/S. 1).

Adorno wollte keine andere Biographie als die des fest im universitären Hochkulturbereich agierenden die Gelehrsamkeit liebenden Publizisten und Wissenschaftlers: *"Die ihn näher kannten, und Habermas hat das überliefert, haben hingegen besonders die Verletzlichkeit und die gewisse Weltfremdheit Adornos wahrgenommen und sie als Grundlage seiner Sensibilität identifiziert"* (2/S. 5).

Schon zuvor merkt Heinz Steinert an: *"Die Schilderungen, die man von Adornos Seminaren in Frankfurt noch zahlreich sammeln kann, zittern immer noch von der Aufregung, die eine lang vorbereitete Wortmeldung dort bedeutete"* (2/S. 4).

Verhängnisvoll und für die Katastrophen des 20. Jahrhunderts mitentscheidend, auch nicht gerade trotz aller staatlich-bürokratischen Kasernierungsversuche in mancherlei Kontexten unverantwortlich oder situationsfördernd, ist die Positionierung der Intellektuellen sowohl unter sich selbst als auch gegenüber der Gesellschaft und vor allem gegenüber dem Volk. Hier stilisiert sich Adorno (leider) besonders augenfällig in einen Habitus hinein, den er sich aufgrund der Geschehnisse während seiner Lebenszeit nun wirklich überhaupt nicht hätte leisten dürfen. Zwar war auch Norbert Elias sicher kein kumpelhafter Mensch, doch trotzdem besteht sein historisches Verdienst darin, aus den Figurationen des Lebens heraus seine Zivilisationsstudien entworfen zu haben, während

Adorno auch nach der Massen-Vergewaltigung im 3. Reich seinen szientistisch-messianischen Habitus kaum wandelte.

Heinz Steinert zitiert in seinem Buch "Adorno in Wien" bei der Behandlung der Intellektuellen zunächst Kracauers Position aus der Einleitung seiner Besprechung von Lukacs "Theorie des Romans": *"Jeglichem bestimmten Glaubensbekenntnis entronnen, haben sie sich ihren Teil an den heute allgemein zugänglichen Bildungsschätzen erworben und durchleben im übrigen wachen Sinnes ihre Zeit. Ihre Tage verbringen sie zumeist in der Einsamkeit der großen Städte, diese Gelehrten, Kaufleute, Ärzte, Rechtsanwälte, Studenten und Intellektuellen aller Art ... Sie befällt eine tiefe Traurigkeit, die dem Wissen um ihr Eingebanntsein in eine bestimmte geistige Situation entwächst"* (2/S. 163). Da sie nicht vom Volk akzeptiert werden, neigen auch sie dazu, wie das ebenfalls nicht mit Sympathien begleitete verbonzte Establishment, in ihrem Tun und Handeln gegen das Volk zu arbeiten, über dessen geworfene Alltäglichkeit sie sich erhaben fühlen. Adornos Position zum Volk ist ebenso eindeutig wie unmöglich, spricht doch daraus die völlige Ignoranz gegenüber jeglichem Seinsbedarf der Masse: *"In das 'Volksvermögen' setzt er keinerlei Hoffnung, im Gegenteil, ihm traut er nur das Schlimmste zu. Adel und Großbürgertum sind für Adorno genau die sozialen Schichten, von denen sich Anstand und Kultur noch am ehesten erwarten lassen, in denen auch über die Bildung verfügt wird, die man braucht, um die Kulturleistungen vollbringen (oder wenigstens verstehen) zu können, denen allenfalls Erkenntnis und Darstellung der bitteren Wahrheit über die Gesellschaft gelingen kann"* (2/S. 158).

Das schon bei Schönberg vorfindbare Handlungsprinzip der "öffentlichen Einsamkeit" kristallisiert sich bei Adorno besonders kraß als scheinbar innere Resignation vor den Zuständen heraus, trotz daß er ja nicht unbedingt das Wesen eines Berufspessimisten ausbreitete. Ein eisiger Elitismus, so Steinert, eine Hingabe an die Sache, mit der man die Banalitäten des Lebens hinter sich lassen kann, wird von Adorno nicht minder zur einzig möglichen Überlebensmaxime erhoben. Das Elend in der Organisation dieser Banalitäten überläßt man am besten sich selbst und richtet sich ansonsten so kommod als nötig und so ignorant als möglich ein, ganz seinem Befreiungswerk Kunst gewidmet, das in Wahrheit ein Kampf mit einer immer wieder und immer öfter die Kehle zuschnürenden Diszipin ist. Somit wird völlig unklar, mit wem und für oder

gegen was Adorno eigentlich kooperieren möchte. Wie es scheint, nur mit sich selbst! Eine für den deutschsprachigen Raum für alle Schichten geltende Schicksalsgröße, nämlich hart gegenüber sich selbst und seiner Sache zu sein, gilt nun zwar auch für die Intellektuellen. Es leitet sich aus dieser rücksichtslosen (und damit Sinne und Sinnlichkeit geradezu an-ästhetisch negierenden) Hingabe an die Sache jedoch keineswegs die Verpflichtung oder Konsequenz ab, jegliche Orientierung oder Bindung an ein oder das Publikum intentional zu vermeiden und abzulehnen: *Der Bezug der Texte zum Publikum, der sich notwendig einstellt - auch mit dem Rücken zum Publikum zu schreiben, ist eine Haltung zu diesem - ..., ist deshalb so komplex, weil das Publikum vielfältig ist, teils die Absicht nicht merken darf, teils zu Einsichten gezwungen werden müßte, teils ohnehin als inkompetent verachtet wird"* (2/S. 131).
Adorno setzt sich weder mit dem Publikum noch mit der Konfiguration aller Intellektuellen zum Volk auseinander. Sowohl sein höchstpersönliches Arbeitsbündnis zu sich als Ich seines Schaffens als auch zur Gesellschaft verharrt schon seit seinen eigenen zwanziger Jahren in einer seltsamen Anonymität. Adorno hat sich, ganz im Gegensatz zu Elias, maximal nicht als Menschenwissenschaftler gesehen und verstanden, sondern offensichtlich als Repräsentant einer Gattung, die er selbst nicht zu definieren imstande ist.
Steinert kommentiert Adornos Intellektualität wie folgt: *"Das Hauptproblem des Intellektuellen ist also, daß er nicht anerkannt wird, daß er keine durchsetzungsfähigen Koalitionspartner hat, daß man ihn, den Bildungsbürger, ausbürgern will. Man findet bei Adorno eine erstaunliche Ausblendung dieser Intellektuellenfeindschaft - die Probleme liegen für ihn zwischen den Intellektuellen und sind überhaupt Probleme der Wahrheit. Daher muß er in seinen Interpretationen zu Schönberg und dem Wien der Jahrhundertwende nicht berücksichtigen, was damals dem liberalen Bürgertum und damit verbunden dem Bildungsbürgertum geschah, muß er nicht berücksichtigen, daß die kulturelle Blüte aufs engste mit der politischen Entmachtung zu tun hatte"* (2/S. 163).
Einen Befreiungstheoretiker verkörperte Adorno also nicht, sondern verstand Publikationen wie "Minima Moralia" vielmehr als Hinweis darauf, daß Staat, Nation, Volk und Menschen "danach" nie mehr so denken und handeln können wie "davor", womit das dann zu entwickelnde Denken und Schreiben solch immensen Zwängen auferlegt wird, daß es sich nur noch in seiner selbstdiszipli-

nären asketischen Dauerreue entfalten kann. Von städtischen Begabungen weit entfernt, konstruiert Adorno, angelehnt an Marx, nur auf einer transzendenten Ebene das erfolgreich und progressiv, worin Fortschritt besteht, nämlich in zunehmender Befreiung von den Zwängen der Natur und von der Herrschaft in der Gesellschaft. Wenn freilich Erfahrung und Arbeit die Grundlagen von Emanzipation sind und Arbeit als Gestaltung durch Erfahrung an der Sache am besten definiert ist, so Heinz Steinert, sage ich, daß das Frankfurt des Jahres 1995 die progressivste, weil mit maximaler Konflikterfahrung zustandegekommene Welt-Ausstellung der irdischen Zivilisation ist, die das gegenwärtige Europa zu bieten hat. Adorno ist es versagt geblieben, über 25 Jahre 1968 zu urteilen.

Adorno und Simmel, Nietzsche und Einstein, Marx und Freud: Die hier getroffene Auswahl an Protagonisten der Moderne zeigt schon, daß wir es nicht mit einer heiteren und lockeren Umgangsform zu tun haben, in der gar die spielerischen Momente dominieren und das Mittelalter mit all seinen despotischen Unterdrückungsmechanismen zugunsten des allseitigen Paradieses ersetzt worden wäre. Vielmehr ist die Moderne in ihrer durchrationalisierten Ernsthaftigkeit und ihrer säkular-kapitalistischen Religiosität mehr ein Formkodex als eine wirkliche Erleichterung der irdischen Alltäglichkeit. Erst die Post-Moderne versucht, in freilich vager werdenden Ansätzen und Erscheinungsbildern eine programmatische De-Konstruktion von Rationalität zugunsten einer allerdings auch durchdachten sensualistischen Emotionalität einzuführen. Daher ist das Moment des Städtischen, das in Berlin, Wien, Prag und Budapest in unserem ersten Jahrhundertdrittel Mitteleuropa mitgestaltete, doch insgesamt eine nur ganz geringe Quantitäten erfassende Phänomenalisierung von Ereignissen in fast schon in Dekadenz und geheimen Vorkriegsambitionen ethisch untergegangenen Gesellschaften.

Volker Heins verbindet in seinem einführenden Buch zu Max Weber Prozesse wie Entzauberung der Welt, Rationalisierung, Bürokratisierung, Wertfreiheit in der Erkenntnis und Verantwortungsethik mit seiner Person. Heins diagnostiziert den Zeitgeist der Moderne anhand eines Zitats aus dem ersten Band der "Gesammelten Aufsätze zur Religionssoziologie" 1920: *"Es kommt also zunächst wieder darauf an: die besondere Eigenart des okzidentalen und, innerhalb dieses, des modernen okzidentalen Rationalismus zu erkennen und in ihrer Entstehung zu erklären ... Denn wie von rationaler Technik und rationalem Recht, so ist der*

ökonomische Rationalismus in seiner Entstehung auch von der Fähigkeit und Disposition der Menschen zu bestimmten Arten praktisch-rationaler Lebensführung überhaupt abhängig" (3/S. 28).
Offensichtlich fehlt es im Gegensatz zum orientalischen Kultur- und Sprachraum im Okzident an der Fähigkeit zur Vertiefung in sich selbst und seinen Glauben, so daß die dadurch möglich werdenden Ergänzungen und Erweiterungen immer wieder neue Konstellationen zwischen Subjekt und Objekt hervorrufen und fördern. Max Weber gelangt folglich zur Idee einer Paradoxie der Moderne. Während der Objektivismus der modernen bürokratisch-kapitalistischen Ordnungen zur Austrocknung der Subjektivität der Individuen tendiert, bildet sich in den Nischen dieser Ordnung, in der städtischen Vermassung insbesondere, eine konter-linear denkende und handelnde subjektivistische Kultur, die sich weder durch die von Weber diagnostizierte religionssoziologische Trias aus Prohpeten, Priestern und Nichtpriestern noch durch die herrschaftssoziologische Gemeinde aus Führern, Verwaltungsstäben und Geführten vereinnahmen läßt, sondern vielmehr insgeheim damit spielt, ihre Nichterfaßbarkeit gegenüber den Geworfenheiten nicht nur idealiter, sondern auch materialistisch zu verwerten. Dazu faßt Max Weber auf dem ersten Soziologentag 1910 in Frankfurt die folgende Bemerkung: *"Ganz bestimmte Werte in unserer modernen künstlerischen Kultur konnten allerdings nur durch die Existenz der modernen Großstadt geboren werden, der modernen Großstadt mit Trambahn, mit Untergrundbahn, mit elektrischen und anderen Laternen, Schaufenstern, Konzert- und Restaurationssälen, Cafés, Schloten, Steinmauern und all dem wilden Tanz der Ton- und Farbimpressionen, den auf die Sexualphantasie einwirkenden Eindrücken und den Erfahrungen von Varianzen der seelischen Konstitution, die auf das hungrige Brüten über allerhand scheinbar unerschöpfliche Möglichkeiten der Lebensführung und des Glückes hinwirken"* (3/S. 102).
Mit den sich dramatisch wandelnden und vom menschlichen Erbgut überhaupt noch nicht berücksichtigten neuro-physiologischen Gegebenheiten der sich neu entwickelnden großstädtischen Kategorie Nervosität, die ja auch von Georg Simmel in seinem Essay über "Die Großstadt und das Geistesleben" als konstitutiv für ein neues Feeling beschrieben wird, kommen auch neue Möglichkeiten des Entweichens und Reflektierens auf, die von Weber immerhin in seiner soziologischen Modellierung berücksichtigt werden, während sie Adorno nicht zur Kenntnis nehmen wollte oder konnte. Hektik, Erotik und Ästhetik werden

von Weber als eine große oppositionelle Wertigkeit erkannt, so Volker Heins, die sich gegen die zweck-rationale und an-ästhetisierende Macht von Bürokratie und Kapitalismus bedingt zur Wehr setzen kann. Freilich scheint seit Gründung des Kaiserreiches das Wachstum des Beamtenheeres mit Zunahme der städtischen Städter fast synchron zu korrespondieren. Fiel 1870 noch ein Beamter auf 825 Einwohner, so waren es 1905 nur noch 216 Einwohner. In West-Deutschland kommen heute rund zwei Millionen Beamte auf gut sechzig Millionen Einwohner, womit sich die Relation auf 1 : 30 komprimiert hat und nunmehr pro Woche für jeden Bürger über eine Stunde Verwaltungszeit zur Verfügung steht. Nur der Fluchttunnel des Städtischen und Ästhetischen scheint auch den Ausbruch aus der unentfliehbaren Macht Bürokratie zu ermöglichen, die gerade in Ost-Deutschland über die neuen Instanzen Gauck und Treuhand eine schlimme Renaissance im Sinne Webers erfährt.

Die Moderne ist nicht nur ein unvollendetes und im höchsten Maße widersprüchliches Projekt, sondern auch durch ihre fast unendlich abdriftenden Ufer nicht minder eine irrationales Gedankengut produzierende Reflexionsgröße, mehr noch als alle anderen insbesondere deutsch-anthropo-zentrisch angelegten Denkströmungen zuvor. Jürgen Habermas subsumiert in einem seiner Hauptwerke, dem "Philosophischen Diskurs der Moderne", eine solche Aneinanderreihung von mindestens immer stringent aufbereiteten, wenn nicht gar mathematisierten und nur durch die Form legitimierten Paradigmen, daß der Leser niemals auf den Gedanken kommen würde, es könnte sich dabei überhaupt um eine irgendwie fortschrittliche Kategorie handeln. Mit einem Zitat über Nietzsche, das alle Sublimierungen des Städtischen ausschließt und an deren Interieurs gezielt vorbeigeht, möchte ich die Habermas-Moderne benennen: *"Die Vernunft ist nichts anderes als Macht, als der pervertierte Wille zur Macht, den sie so blendend kaschiert"* (4/S. 71).

1.2 Die Straße als einer der Un-Orte des Expressionismus

Erstmals innerhalb einer literarischen Epoche thematisiert wurde die Großstadt im Rahmen des Expressionismus kurz nach der Jahrhundertwende, als die große Phase der deutschsprachigen Metropolen im Gange war und Berlin, Wien, Prag und Budapest bis etwa 1930 ihre Glanzzeit hatten, ein freilich nur oberflächlicher Glanz, denn der Zerfall der Traditionseliten schritt unaufhaltsam voran, und die Dekadenz des Weltkriegszeitalters wurde nur zu offensichtlich. So steht die Behandlung des Genres Großstadt innerhalb des Expressionismus in einem Atemzug mit dem Krieg, dem Weltende, der Groteske und dem neuen Menschen. Besonders in lyrischer Form wurde sich literarischerseits der "Hölle" Großstadt angenommen.

Insgesamt eine von Jugendlichkeit durchzogene gesellschaftskritische Lebensphilosophie darstellend, zeigte sich der Wilhelminismus vor allem in Gewand eines Protestkomplexes gegen die wilhelminische Ideologie. Die Nazis, deren Feindbild des großstädtischen internationalistischen Intellektuellen mit bolschewistischem Anstrich ja gerade den Expressionismus trug, mißbrauchten ihn selbst als einen mit Nietzsche verbundenen vitalistisch-rassistischen Ansatz. Ansonsten bedeutete der Expressionismus für ihren bukolisch-provinziellen Horizont eine Literatur der Verbrecher, Deserteure und Volksfeinde. Bis auf den heutigen Tag ist ja bedauerlicherweise in nur kaum abgeschwächter Intensität zu konstatieren, daß Intellektuellen- und Avantgardefeindlichkeit sowie Provinzialismus und Antisexualismus nicht nur ein original rechts-besetztes Phänomen vergegenständlichen, sondern auch Sympathisanten in anderen politischen Lagern finden.

In dem von Silvio Vietta herausgegebenen Band "Lyrik des Expressionismus" befindet sich ein Ausschnitt aus der bekannten Abhandlung "Die Großstadt und das Geistesleben" von Georg Simmel, der in seinem ebenfalls 1913 erschienenen "Essay über die Großstadt" schon ein sehr artifizielles Arrangement zu diesem Medium anstellt, wobei die Feststellung von Nervenbelastungen aus der Addition von wechselnden Ein- und Ausbrüchen besonders auffällt, denn sie trifft die Stimmung der Massenindustrialisierung genau und umschreibt den jetzt akzelerierten Milieuvorgang des Verschwindens von romantik- und klassikgetragenen bildungsbürgerlichen Schichten zugunsten einer kapitalistisch motivierten Schicht, die sich um die Jahrhundertwende im ökonomisch boomenden und sich

bereits rüstungsindustriell ambitionierenden Kaiserreich immer dominanter zeigt. Der Kontext zwischen dem Aufkommen des Geldes als dem Primat jeglichen Handelns mit der damit korrespondierenden Seelenlandschaft des Großstädters wird später bei der Behandlung der "Philosophie des Geldes" noch weiter auszuführen sein. Nun aber zunächst zum großstädtischen Geistesleben:
"Die psychologische Grundlage, auf der der Typus großstädtischer Individualitäten sich erhebt, ist die Steigerung des Nervenlebens, die aus dem raschen und ununterbrochenen Wechsel äußerer und innerer Eindrücke hervorgeht. Der Mensch ist ein Unterschiedswesen, d.h. sein Bewußtsein wird durch den Unterschied des augenblicklichen Eindrucks gegen den vorhergehenden angeregt; beharrende Eindrücke, Geringfügigkeit ihrer Differenzen, gewohnte Regelmäßigkeit ihres Ablaufs und ihrer Gegensätze verbrauchen sozusagen weniger Bewußtsein, als die rasche Zusammendrängung wechselnder Bilder, der schroffe Abstand innerhalb dessen, was man mit einem Blick umfaßt, die Unerwartetheit sich aufdrängender Impressionen. Indem die Großstadt gerade diese psychologischen Bedingungen schafft - mit jedem Gang über die Straße, mit dem Tempo und den Mannigfaltigkeiten des wirtschaftlichen, beruflichen, gesellschaftlichen Lebens - stiftet sie schon in den sinnlichen Fundamenten des Seelenlebens, in dem Bewußtseinsquantum, das sie uns wegen unserer Organisation als Unterschiedswesen abfordert, einen tiefen Gegensatz gegen die Kleinstadt und das Landleben, mit dem langsameren, gewohnteren, gleichmäßiger fließenden Rhythmus ihres sinnlich geistigen Lebensbildes. Daraus wird vor allem der intellektualistische Charakter des großstädtischen Seelenlebens begreiflich, gegenüber dem kleinstädtischen, das vielmehr auf das Gemüt und gefühlsmäßige Beziehungen gestellt ist. Denn diese wurzeln in den unbewußteren Schichten der Seele und wachen am ehesten an dem ruhigen Gleichmaß ununterbrochener Gewöhnungen. Der Ort des Verstandes dagegen sind die durchsichtigen, bewußten obersten Schichten unserer Seele ... Die Großstädte sind von jeher die Sitze der Geldwirtschaft gewesen, weil die Mannigfaltigkeit und Zusammendrängung des wirtschaftlichen Austausches dem Tauschmittel eine Wichtigkeit verschafft, zu der es bei der Spärlichkeit des ländlichen Tauschverkehrs nicht gekommen wäre. Geldwirtschaft aber und Verstandesherrschaft stehen in tiefstem Zusammenhange. Ihnen ist gemeinsam die reine Sachlichkeit in der Behandlung von Menschen und Dingen, in der sich eine formale Gerechtigkeit oft mit rücksichtsloser Härte paart" (5/S. 11 + 12).

Geist und Geld als Magneten der Großstadt, Wahrheit und Gerechtigkeit auf der Basis rationalen Denkens: Schon an diesem längeren Zitat von Georg Simmel wird deutlich, daß eine meist verlogene und reine Fassade darstellende Schönheit nicht das Signum des Städtischen sein kann. Doch gerade für die Schönheitsgierigen metaphorisieren und mythisieren Teufel und Dämonen die City-Angst, was zu vollkommen irrationalen Proportionierungen hinsichtlich der Milieupräsenzen führt, die fast nur noch auf Kriminelle, Junkies, Bonzen und Prostituierte samt ihrem Anhang an triebgierigen Freiern reduziert werden!

Um 1900 vollzieht sich also ein gewaltiger Bruch in der deutschen Literatur und Lyrik, die sich bislang so maßgeblich mit Landschaftsdichtung beschäftigt hat und nun Idyllensehnsucht verlangt, wobei dies auch als Resultat einer verbindlichen Auseinandersetzungspflicht mit den Resultaten der Gegenwart gesehen werden kann. Pastoren und Puffs stehen sozusagen als Extreme für diesen hereinbrechenden Kontrast. Oft steckt das Menschliche in den Huren und das Göttliche in den Fabriken. Fontanes Bild von Berlin mit einer Überfülle an Zeit zum Gespräch samt der Ruhe und Behaglichkeit der Pferde-Ära muß zwanzig Jahre nach ihm im tempobeschleunigten Berlin restlos revidiert werden. Die Soziologie als kritische Herausforderung an die Moderne entsteht somit in einem Umfeld, in dem die Städte in Europa städtisch werden und im Rahmen des forcierten Maschinen-Kapitalismus soziogen von einer wachsenden bis totalen Unvereinbarkeit der sie bevölkernden Milieus auseinanderdriften!

Thematisch greifen Gedichte von Lichtenstein, Blass, Bechers "Frauen im Café", Stramms Gedicht "Freudenhaus", Benns "Nachtcafé", Wegners "Montmartre" und Stadlers "Heimkehr" auf ein bestimmtes, erst seit dem Naturalismus literaturfähiges Milieu zurück: die großstädtische Nachtwelt der Kneipen, Cafés, Dirnen und Zuhälter. Während diese Motive aber dort aus einer etwas naiven Mitleidsperspektive beschrieben werden, prägt hier eine vielfach an Sarkasmus grenzende Form der Ironie den Ton. Auch die Darstellung von Dissoziation und Ich geht nunmehr wesentlich weiter und gerät in den Sog der psychoanalytischen Relevanz, die mit der spannungsgeladenen menschlichen Zerrissenheit der wilhelminischen Eisen- und Stahl-Ära virulent zu werden beginnt!

Zum Problemkomplex Großstadt gehören auch Gedichte, die Erfahrungen mit den neuen Transportmedien schildern wie Engels "Auf der Straßenbahn", Blass' "Autofahrt", Heyms "Vorortbahnhof" sowie Stadlers "Bahnhöfe" und "Fahrt über die Kölner Rheinbrücke bei Nacht". Dieses letzte Gedicht Stadlers, auch Benns "Untergrundbahn", zeigen, wie eng das durch die neuen Transportmedien gesteigerte Erlebnis von Raum und Zeit sich verband mit einer rauschhaften, sinnlich-religiösen Lebenserfahrung: *"Die unmittelbare Erlebnisebene wird hier in einer für den Expressionismus typischen Aufbruchsehnsucht auf archaische, vorrationale Erfahrungsschichten hin transzendiert"* (5/S. 33).

Besonders die Straße erlangt im großstädtischen Expressionismus einen ersten produktiven und rezeptiven Wert, der sich freilich als typische deutsche Sonderentwicklung meist schaurig konstituiert. Auf der Straße tummelt sich alles, was sich weigert, sein Leben konsequent in Anstalten zu fristen. Jegliche stilistische Inszenierung ist gegenüber der gewünschten Degradierung verdächtig und deshalb bereits schon Gegenstand für Literatur und Film. Die fehlende Mitte in unserer Kultur ist natürlich auch ein Resultat kaum vorhandener Straßen, die diese Bezeichnung verdient hätten und die Schere zwischen Innerlichkeit und Öffentlichkeit zu schließen in der Lage wären. Zunächst soll an dieser Stelle zum Thema Straße ein Auszug an Exponaten von Ludwig Meidner behandelt werden, der im Rahmen einer Ausstellung zum Thema "Expressionismus und Widerstand" in der Frankfurter Schirn 1991 zu den ausgestellten Künsterlern zählte.

Ludwig Meidner zählt sich selbst keineswegs zu den Apokalyptikern im Sammelsurium der sich mit dem Thema Großstadt beschäftigenden Künstler, obgleich viele Interpreten seiner Werke es so sehen. Vielmehr stellen Meidners Stadtszenen eine radikale Verherrlichung der der modernen Großstadt innewohnenden Vitalität dar. Die gebrochenen Formen beispielsweise in "Straße mit Passanten" zeugen von einer sich unaufhörlich verschiebenden und verändernden Wirklichkeit. 1914, als die Stadt bereits seit mehr als einem halben Jahrhundert ein wichtiges Thema der Malerei war, mahnte Meidner in seinem berühmtesten Essay "Anleitung zum Malen von Großstadtbildern" seine Künstlerkollegen: *"Wir müssen endlich anfangen, unsere Heimat zu malen, die Großstadt, die wir unendlich lieben ... Das erste ist: daß wir sehen lernen, daß wir intensiver und richtiger sehen als unsere Vorgänger. Die impressionistische Verschwommenheit und Verundeutlichung nützt uns nichts. Die überkommene Perspektive hat keinen Sinn mehr für uns und hemmt unsere Impulsivität ... Zu zweit - und das ist nicht minder wichtig - müssen wir anfangen zu schaffen. Wir können unsere Staffelei nicht ins Gewühl der Straße tragen, um dort (blinzelnd)*

"Tonwerte" abzulesen. Eine Straße besteht nicht aus Tonwerten, sondern ist ein Bombardement von zischenden Fensterreihen, sausenden Lichtkegeln zwischen Fuhrwerken aller Art und tausend hüpfenden Kugeln, Menschenfetzen, Reklameschildern und dröhnenden, gestaltlosen Farbmassen" (6/S. 188).

Die nächtliche Straßenszene, in der Lichtstrahlen die Dunkelheit förmlich durchschneiden, wurde im Jahre 1913 zu einem der bevorzugten Motive Meidners. Alleen, Fassadenschluchten, Bürgersteige und Passanten werden von der bildhaften Erregung der dekonstruktiven Malweise Meidners ergriffen. Neben seinen Werken "Straße mit Passanten", "Straßenszene" und "Straße" veranschaulicht "Südwestkorso. 5 Uhr früh", was Meidner als einer Straße würdig ansieht, nämlich eine Hauptstraße mit mehrstöckigen Häusern, breiten Bürgersteigen und Gruppen neugepflanzter Bäume. Straßenbahnschienen und Leitungsmasten entsprachen Meidners Vorstellung von einer modernen Stadtstraße. Die breite Allee bietet einen weiten Blick, und die rhythmische Gleichförmigkeit der Bebauung läßt sie endlos erscheinen. In seiner "Anleitung zum Malen von Großstadtbildern" beschreibt Meidner anschaulich die bei Südwestkorso angewandten Kompositionsprinzipien: *"Wichtig für das Kompositorische ist der Blickpunkt. Er ist der intensivste Teil des Bildes und Blickpunkt der Komposition. Er kann überall liegen, in der Mitte, rechts und links von der Mitte, aber aus Kompositionsgründen wähle man ihn etwas unter der Mitte des Bildes. Es ist auch zu beachten, daß alle Dinge im Blickpunkt deutlich seien, scharf und unmystisch. Im Blickpunkt sehen wir aufrechtstehende Linien senkrecht. Je weiter vom Blickpunkt entfernt, desto mehr neigen sich die Linien. Stehen wir zum Beispiel geradeausblickend mitten auf der Straße, so sind vor uns, weil unten, alle Häuser senkrecht zu sehen und ihre Fensterreihen scheinen der landläufigen Perspektive Recht zu geben, denn sie laufen dem Horizont zu. Doch die Häuser neben uns - wir fühlen sie nur mit halben Augen - scheinen zu wanken und zusammenzubrechen. Hier schießen Linien, die in Wirklichkeit parallel laufen, steil empor und schneiden sich. Giebel, Schornsteine, Fenster sind dunkle, chaotische Massen, fanatisch verkürzt, vieldeutig"* (6/S. 190).

Auch der expressionistische Film befaßte sich sehr ausführlich mit dem Großstadtthema. In Siegfried Kracauers Studie "Von Caligri bis Hitler" wird unter anderem Ruttmanns "Berlin - Die Sinfonie einer Großstadt" (1927) behandelt. Die Idee zur Großstadtsinfonie kam dem Regissseur Carl Mayer im Überdruß an der künstlerischen Atelierarbeit. Er wollte Geschichten aus der Realität verarbeiten, und im Gewühl vor dem UFA-Palast am Zoo sah er eine Sequenz von Bildern vor seinem geistigen Auge. Mayer wollte alles aufnehmen, also Menschen zum Beispiel, die aufstehen, um zur Arbeit zu gehen, die frühstücken, Straßenbahn fahren oder laufen. Ruttmanns Film schließlich gewinnt dann genau aus dieser Bildervielfalt und aus der Konsequenz ihrer Folge eine voyeuristische Spannung. Ohne die Konstruktion einer vordergründigen Haltung wird der Betrachter hineingezogen in den pulsierenden Wechsel der Lebenssignale. Der Blick in die leere Straße, die hereindringende Flut der Arbeiter, das Rotieren der Räder und das Hantieren der Hände markieren die Herzschläge des an- und abschwellenden Lebensrhythmus im städtischen Organismus. Besonders gelungen sind die bildhaften Parallelisierungen, etwa wenn von den Beinen einer Tänzerin über Chaplins Beine auf der Leinwand und den Beinen eines Liebespärchens zur Strampelei beim Sechs-Tage-Rennen gewechselt wird.

Abschließend will ich anhand des Films "Die Strasse" (Karl Grune, 1923) noch einmal das Medium Straße so behandeln, wie es die Mehrheit der Deutschen bis heute rezipiert: *"Anstatt die Werte des anarchischen Lebens anzuerkennen, wertet der Film dieses Leben ab, indem er die Straße als eine Gegend markiert, in der das Gesetz des Dschungels herrscht und man das Glück im Spiel und in flüchtigen Sexaffären sucht. Die Hand, die über Anarchie den Stab bricht, dient auch der Verherrlichung der Polizei. Eine Szene, die noch in vielen kommenden Filmen auftauchen sollte, ist sehr bezeichnend. Während immer neue Wogen von Fahrzeugen vorwärts jagen, schickt sich ein kleines, in der Menge verlorenes Kind an, die Straße zu überqueren. Mit einer gebieterischen Geste teilt ein Polizist die Wagen und geleitet das Kind, wie Moses die Juden durch das Rote Meer, sicher durch den erstarrten Verkehr. Dann bricht die Hölle aufs neue los und überschwemmt den wundersamen Weg ... Was für ein Gesinnungswandel seit Caligari! Während Caligari die Polizei verhöhnt, um die offizielle Autorität zu brandmarken, verwirklicht sich hier durch die Polizei eine gerechte und weise Autorität, die die finsteren Kräfte der Anarchie überwältigt ... Zum Straßenthema gehören eine Anzahl ästhetisch wertvoller Filme, die, trotz aller substantiellen Unterschiede, ein Motiv gemeinsam haben: in allen bricht die Hauptperson mit den sozialen Konventionen, um ein Stück Leben zu ergattern, aber die Konventionen erweisen sich stärker als der Rebell und zwingen ihn entweder zur Unterwerfung oder zum*

Selbstmord. Wie unauffällig die Rolle, die dieses Motiv in den hier erörterten Filmen spielt, auch ist, seine Häufigkeit erhärtet, was aus den Gestalten Friedrichs und des Spießers abgeleitet wurde, daß mächtige kollektive Dispositionen auf die Wiederherstellung autoritären Verhaltens drängten" (7/S. 131 - 134).

Das Leben an den Orten, die eine gewisse Gewöhnung zu ihrer Beherrschung bedürfen, wird gerne als gefährlich dargestellt. Das Abenteuer liegt zwar um die Ecke, aber die Anstrengung, es zu finden, ist es doch wirklich nicht wert, es in der Tat anzugehen: So denken heute viele Bonner über die Berliner Straßen!

1.3 Benjamin und Kracauer als frühe städtische Protagonisten

Im dritten und damit abschließenden Kapitel innerhalb der Behandlung der Rezeption des Städtischen und Produktion von Städtischem in der ersten insbesondere im deutschsprachigen Literatur- und Kulturkreis aufkommenden Moderne stehen die Angestelltenwelt des Siegfried Kracauer und die Schriften zur Flanerie von Walter Benjamin im Vordergrund. Berlin, von 1871 - 1945 auch Bankenzentrum vom 1. bis zum 3. Reich, hier allerdings wenig international und dafür sich durch massive Kooperation und Finanzierung der deutschen Kriegs- und Rüstungsindustrie auszeichnend, ist mit seinen ausklingenden zwanziger Jahren etwa in dem Maße Schauplatz der Ineinanderdurchdringung von Geist und Geld, wie ihn Frankfurt für die achtziger und neunziger Jahre, also der laufenden Ära, verkörpert!
Der gastronomisch und konsumistisch genutzte Wintergarten des neuen Wolkenkratzers der Deutschen Genossenschaftsbank, gelegen am weltkapitalistischen Mythos-Versuch Mainzer Landstraße, symbolisiert den bislang demonstrativsten Beweis des hoch-stilistischen Aufbruchs der postmodernen Frankfurter City in die High-Culture-Szene der Welt-Finanz.
Benjamins literaturwissenschaftliche Nachbetrachtung der Flanerie im Pariser Second Empire versus die damals aktuelle Analyse der neuen Stilisierung am Berliner Platz, "dem" Hort und Ort des damals neuesten Deutschland, wie Kracauer seine Bestandsaufnahme untertitelt: Über sechzig Jahre später beschäftigt sich das Frankfurter Institut für Sozialforschung in Anlehnung an Kracauer wieder mit dahingehenden kultursoziologischen Phänomenen, diesmal aber zu Technik, Urbanität und Lebensstil auf den umliegenden Quadratkilometern, eben in Frankfurt selbst. Hierzu wird in einem späteren Abschnitt der Dissertation, auch unter dem Aspekt einer noch näher zu definierenden quintären Figurationssoziologie, ausführlicher unter Einbezug der jüngsten Forschungsergebnisse Position bezogen!

Zunächst möchte ich mit einem Zitat von Kracauer vergegenständlichen, wie er das von ihm analysierte Berlin der turbulenten Endzwanziger sieht: *"Hier ist der wirtschaftliche Prozeß, der die Angestelltenmassen aus sich herausgesetzt hat, am weitesten gediehen; hier finden die entscheidenden praktischen und ideologischen Auseinandersetzungen statt; hier wird besonders auffällig die*

Gestalt des öffentlichen Lebens von den Bedürfnissen der Angestellten und denen bestimmt, die ihrerseits diese Bedürfnisse bestimmen möchten. Berlin ist heute die Stadt der ausgesprochenen Angestelltenkultur; das heißt einer Kultur, die von Angestellten für Angestellte gemacht und von den meisten Angestellten für eine Kultur gehalten wird. Nur in Berlin, wo die Bindungen an Herkunft und Scholle so weit zurückgedrängt sind, daß das Weekend große Mode werden kann, ist die Wirklichkeit der Angestellten zu erfahren. Sie ist auch ein gut Teil von der Wirklichkeit Berlins" (8/S. 15).

Satz für Satz und Wort für Wort trifft diese Passage auch auf das heutige Frankfurt zu. Vom Großraum Rhein-Main mit seinen gut drei Millionen Einwohnern ausgehend, haben sich vor dem Hintergrund einer Single-Quote um fünfzig Prozent in Frankfurt auch die etwa gleichen Quantitäten entwickelt.

Stile und qualitative Quantitäten haben im heutigen Frankfurt ebenso wie im von Kracauer beschriebenen Berlin Klassen und quantitative Qualitäten ersetzt: Das Verschwinden des eigentlichen und tradierten Bürgertums zugunsten eines Scheinbürgertums, dessen Status ebenso virtuell erfaßbar ist wie dessen PC-Tätigkeit tagsüber, sorgt im heutigen Frankfurt allerdings für stadträumliche Abstraktionen, die das Berlin der zwanziger Jahre, trotz aller Kultur und Esoterik sehr viel physischer und vor allem noch von hand- oder bestenfalls maschinengeschriebenen Verwaltungsakten preußischer Stringenz und Provenienz durchzogen, so annähernd noch nicht kannte. Ein längeres Zitat von Walter Benjamin aus seinem Essay zu Kracauer mit dem Titel "Politisierung der Intelligenz" beweist allerdings, daß die Aufgabe von kritischen Stadtsoziologen und ihr Background im wesentlichen gleichgeblieben ist: *"Entlarven ist diesem Autor Passion. Und nicht als orthodoxer Marxist, noch weniger als praktischer Agitator, dringt er dialektisch ins Dasein der Angestellten, sondern weil dialektisch eindringen heißt: entlarven. Marx hat gesagt, daß das gesellschaftliche Sein das Bewußtsein bestimmt, zugleich aber, daß erst in der klassenlosen Gesellschaft das Bewußtsein jenem Sein adäquat werde. Das gesellschaftliche Sein im Klassenstaat, folgt daraus, ist in dem Grade unmenschlich, daß das Bewußtsein der verschiedenen Klassen ihm nicht adäquat, sondern nur sehr vermittelt, uneigentlich und verschoben entsprechen kann. Und da ein solches falsches Bewußtsein der unteren Klassen im Interesse der oberen, der oberen in den Widersprüchen ihrer ökonomischen Lage begründet liegt, so ist die Herbeiführung eines richtigen Bewußtseins - und zwar erst in den Unterklassen, welche von ihm alles zu erwarten haben - die erste Aufgabe des Marxismus. In diesem Sinne, und ursprünglich nur in ihm, denkt der Verfasser marxistisch. Freilich führt gerade sein Vorhaben ihn um so tiefer in den Gesamtaufbau des Marxismus, als die Ideologie der Angestellten eine einzigartige Überblendung der gegebenen ökonomischen Wirklichkeit, die der des Proletariats sehr nahe kommt, durch Erinnerungs- und Wunschbilder aus dem Bürgertum darstellt. Es gibt heute keine Klasse, deren Denken und Fühlen der konkreten Wirklichkeit ihres Alltags entfremdeter wäre als die Angestellten"* (8/S. 117).

Eine Relativierung primär der Schlußaussage Benjamins würde sich aus heutiger Sicht durch die Erscheinung ergeben, daß neben den mehrheitlich unverändert dominierenden fordistischen Arbeitsplätzen mit all ihren unmittelbaren Abhängigkeiten und Reduktionen post-fordistische Arbeitsplätze verstärkt innerhalb der zeitgenössischen insbesondere mit hohem Beratungsaufwand versehenen Finanzdienstleistungen aufgekommen sind, die ein angenähertes Niveau zwischen Arbeits- und Freizeitsanspruch herbeiführen und durch die Distanz zu rein physischen EDV-Massen-Arbeitsplätzen auch eine tertiäre De-Proletarisierung oder besser eine quartäre (kommunikativ-kulturalisierte) Qualität inszeniert haben, die die Angestelltenwelt allerdings in Privilegierte und Unterprivilegierte aufteilt!

Ein herausragender Aspekt, auch in Anlehnung an das vorstehende Benjamin-Zitat, ist Kracauers Kapitel "Asyl für Obdachlose", in dem er den Unterschied zwischen den neuen Angestellten und dem damals noch voll traditionszentrierten Arbeiter-Proletariat darin festmachte, daß die Angestellten ja in einer geistigen Obdachlosigkeit leben, während die Arbeiter Marx als Oberhaupt um sich wissen: *"Zu den Genossen kann sie (Die Masse der Angestellten) vorläufig nicht hinfinden, und das Haus der bürgerlichen Begriffe und Gefühle, das sie bewohnt hat, ist eingestürzt, weil ihm durch die wirtschaftliche Entwicklung die Fundamente entzogen worden sind. Sie lebt gegenwärtig ohne eine Lehre, zu der sie aufblicken, ohne ein Ziel, das sie erfragen könnte. Also lebt sie in Furcht davor, aufzublicken und sich bis zum Ende durchzufragen"* (8/S. 91).
Letzterer Satz würde sich heute, wo die Angestellten der zweiten Moderne über einen gewissen Traditions-, Erfahrungs- und Etablierungsschatz verfügen und eigentlich in vielerlei Hinsicht kohärenter figuriert sind als die sich immer mehr zwischen Bindungen und Bindungslosigkeit partialisierenden Rest-Arbeiter-Milieus, wohl weniger dramatisch formulieren lassen.

Ein anderer Punkt von Kracauer freilich wird auch von den heutigen fundamentalen Frankfurt-Kritikern und Angestellten-Neidern genauso wie von ihm behandelt, nämlich: *"Daß die Krone der Angestelltenschöpfung der Bankbeamte sei, ist zum mindesten bei den Bankbeamten ein weitverbreiteter Glaubenssatz. Er hat sich aus den Urzeiten der Branche fortgeerbt, ist ersichtlich an die intime Beschäftigung mit dem Geld geknüpft und erhält eine Art von äußerer Bestätigung durch die fürstlichen Bankpaläste im Renaissance-Stil. Kathedralen steigern so die Frömmigkeit, aus der sie erwachsen sind ... Der Horizont der Bankangestellten sei heute enger als früher ... Sie besäßen im allgemeinen mehr Bildung als die verwandten Angestellten-Kategorien. Die Behauptung ihrer Souveränität soll das angegriffene Selbstbewußtsein stützen"* (8/S. 84).

Die Matadoren in den Domen der Post-Moderne sollten nach Möglichkeit einen ähnlichen Fassaden- und Jugendkult betreiben wie die Errichter ihrer Gebäude. Auch hier herrscht eine augenscheinliche Parallele vor, denn Ältere hatten auch in der Berliner Angestelltenwelt der zwanziger Jahre nicht viel zu melden.

Der neo-vitalistische Wahn der Jugendhaftigkeit, auch eine Durchrationalisierung der bislang eher intergenerativ-ungefügten Unternehmen und damit ein neuer Angriff auf die große Mythos-Lüge Persönlichkeit, begünstigt eine weitgehende Kriterienlosigkeit bei der Einstellungspraxis und macht Bildung und Ausbildung eigentlich überflüssig. Kracauer interpretiert dieses Phänomen so: *"Wird also das Alter entthront, so hat zwar die Jugend gewonnen, aber das Leben verspielt. Nichts kennzeichnet mehr die Tatsache, daß man seiner nicht mächtig wird, als das Nachlaufspiel mit der Jugend, die Leben zu nennen ein verhängnisvolles Mißverständnis ist ... Wenn aber die Menschen den Blick nicht auf ein bedeutendes Ende richten dürfen, entgleitet ihnen auch das äußerste Ende, der Tod. Ihr Leben, das mit ihm konfrontiert werden müßte, um Leben zu sein, staut sich und treibt zu seinen Anfängen, zur Jugend zurück. Sie, aus der es herkommt, wird zu einer pervertierten Erfüllung, weil die echte Erfüllung verwehrt ist"* (8/S. 52).

So unvollendet wie das Projekt der Moderne ist auch das Werk von Walter Benjamin, dessen Buch "Charles Baudelaire. Ein Lyriker im Zeitalter des Hochkapitalismus" eigentlich in den Zusammenhang der "Pariser Passagen" gehört, dem gleichfalls unvollendeten Hauptwerk Benjaminis, an dem er seit 1927 bis zu seinem Tode 1940 arbeitete. *"Als er 1937 die Arbeit über*

Baudelaire aus dem Passagenwerk ausgliederte, bewogen ihn dazu innere Gründe kaum weniger als äußere. Er muß an der Verwirklichung des mit dem Passagenwerk Intendierten, der geschichtsphilosophischen Konstruktion des 19. Jahrhunderts, zunehmend gezweifelt haben: die Arbeit über Baudelaire sollte wenigstens ein 'Miniaturmodell' des Passagenwerks erstellen" (9/S. 189). Ende Juli 1939 wurde der neue Text nach New York - dem Redaktionssitz der Zeitschrift für Sozialforschung - gesandt. Anfang Januar 1940 stand er in dem letzten noch in Europa erschienenen Heft der Zeitschrift.

Im Vergleich mit den "Angestellten" des ungleich pragmatischer und dokumentarischer agierenden Siegfried Kracauer handelt es sich bei "Charles Baudelaire" von Benjamin um eine retrospektive Sicht des Paris um und nach 1848, die auch mit freilich sehr fügsamen anthropologisch-physiognomischen Momenten einer kunstsoziologischen Betrachtung versehen ist. Neben der Ebene der auch in Paris nicht gelungenen Revolution von 1848 ist der Boom des Kapitalismus "das" zentrale Reflexionsfeld für Benjamin, eine Dialektik, die Herbert Marcuse mit "Konterrevolution und Revolte" 1973 zu den schärferen Schriften innerhalb der Kritischen Theorie veranlaßt hat: *"Marx sagt, die Revolutionen sind die Lokomotive der Weltgeschichte. Aber vielleicht ist dem gänzlich anders. Vielleicht sind die Revolutionen der Griff des in diesem Zuge reisenden Menschengeschlechts nach der Notbremse"* (9/S. 208). Da der Kapitalismus nämlich keines natürlichen Todes stirbt, so Benjamin als zentrale Erfahrung seiner Generation, muß er eben immer wieder einmal durch Aufstände zumindest vorübergehend aus seiner aktionistischen Besinnungslosigkeit in die Aura der Reflexion überführt werden, die aber schon nach kurzer Zeit wieder Opfer des Booms wird.

Bei der weiteren Behandlung von "Charles Baudelaire" soll es nunmehr jedoch um den Flaneur gehen, dem er ein eigenes Essay widmet. Diese Inkarnation des zum Städtischen fähigen Städters mit seinem Anspruch eines ästhetisch autonomen Ichs sieht Benjamin, stets Baudelaire vor Augen, in den Detektivgeschichten von Edgar Allen Poe erstmals historisch in Erscheinung treten: *"Poes berühmte Novelle 'Der Mann der Menge' ist etwas wie das Röntgenbild einer Detektivgeschichte. Der umkleidende Stoff, den das Verbrechen darstellt, ist an ihr weggefallen. Die bloße Armatur ist geblieben: der Verfolger, die Menge, ein Unbekannter, der seinen Weg durch London so einrichtet, daß er immer in deren Mitte bleibt. Dieser Unbekannte ist der Flaneur ... Der Flaneur ist für Poe vor allem einer, dem es in seiner eigenen Gesellschaft nicht geheuer ist. Darum sucht er die Menge; nicht weit davon wird der Grund, aus dem er sich in ihr verbirgt, zu suchen sein. Den Unterschied zwischen dem Asozialen und dem Flaneur verwischt Poe vorsätzlich. Ein Mann wird in dem Maße verdächtiger als er schwerer aufzutreiben ist"* (9/S. 46).

Die Flanerie verleiht also die beste Anwartschaft zum Detektiv, der Formen des Reagierens ausbildet, wie sie dem Tempo der Großstadt anstehen. Er erhascht die Dinge sozusagen im Fluge und kann sich damit in die Nähe des Künstlers träumen, der kriminalistischen Spürsinn mit gefälliger Nonchalance verbindet. Wenn in der Bibel die Schlange die höchste Form des Wissens symbolisiert, so darf der Flaneur, auch vor dem Hintergrund der Relativierung des Paradieses, das für viele Ästheten die Großstadt verkörpert, diese Bezeichnung für sich beanspruchen. Berufung, nicht der Beruf ist sein Job, den er mitunter im Bewußtsein der Spitze der Zivilisation ausübt. Nicht sehr zwingend im Alltagsleben verhaftet, sieht sich der Flaneur als "der" Entwurf im Meer der Geworfenheiten. Er ist der Lyriker in der Prosa Menge und daher beseelt von der Bereitschaft, sich auf Unvorhergesehenes einzulassen. Der Flaneur nimmt die Menge als Angebot, sich über sie exhibitionistisch und voyeuristisch erhaben zu fühlen und sieht seine Exposition als ästhetischen Genuß sowie als Orgie und Prostitution der Seele. Flanerie ist eine allgemeine Kommunion, besetzt mit religiöser und erotischer Metaphorik. Es herrscht eine radikale Subjektivität als Zug von früher Modernität vor, bei der das Ich des Flaneurs in seinen gesteigerten Möglichkeiten zu sich selbst zurückfindet. Die Stadt erlebt der Flaneur dabei nicht als Liebe auf den ersten, sondern Liebe auf den letzten Blick, denn sie rekrutiert sich schließlich auch aus vielen interessanten Zufällen, aus denen sich jedoch nichts ergibt. Schwellenerfahrungen jedoch ergeben sich in flaneriegeeigneten Stadträumen eigentlich immer, auch im Spannungsfeld zwischen einer Nähe zum Surrealismus mit den Medien Träume und Drogen und einer Ferne zum Surrealismus, denn die Erfahrung und Beschreibung von Wahrheiten erfordert eine maximal rationale und ausgeschlafene Form des Arbeitens. Stadtstraßen werden als Text- und Kunststraßen zur literarischen Montage.

"Die Hölle ist eine Stadt, sehr ähnlich London -
Eine volkreiche und eine rauchige Stadt.
Dort gibt es alle Arten von ruinierten Leuten
Und dort ist wenig oder gar kein Spaß
Wenig Gerechtigkeit und noch weniger Mitleid" (9/S. 58).

Die Direktheit und Härte, mit der ein Shelley London im Bild seiner Menschen festhielt, konnte dem Paris von Baudelaire nicht zugute kommen, schreibt Benjamin in seinem Essay zum Flaneur, der sich entweder wie bei Hugo als Citoyen in die Menge versetzt oder sich als Heros wie bei Baudelaire von ihr absondert. Georg Simmel muß sich angesichts seiner nachfolgenden Bemerkung, die Benjamin ebenfalls zitiert, auch wohl mehr in der Rolle des heroischen alles sehenden und vereinnahmenden Beobachters positioniert gefühlt haben. Mit der neuen Wortlosigkeit der ersten Moderne möchte ich deren Behandlung abschließen: *"Wer sieht, ohne zu hören, ist viel ... beunruhigter als wer hört, ohne zu sehen. Hier liegt etwas für die Soziologie der Großstadt Charakteristisches. Die wechselseitigen Beziehungen der Menschen in den Großstädten ... zeichnen sich durch ein ausgesprochenes Übergewicht der Aktivität des Auges über die des Gehörs aus. Die Hauptursachen davon sind die öffentlichen Verkehrsmittel. Vor der Entwicklung der Omnibusse, der Eisenbahnen, der Tramways im neunzehnten Jahrhundert waren die Leute nicht in die Lage gekommen, lange Minuten oder gar Stunden sich gegenseitig ansehen zu müssen, ohne aneinander das Wort zu richten"* (9/S. 26).

Literatur- und Quellenverzeichnis zum Vorwort und zu Punkt 1:

a) **Grundgesetz für die Bundesrepublik Deutschland.** Bundeszentrale für politische Bildung. Bonn, 1/80.
b) **Verfassung der Vereinigten Staaten von Amerika.** U.S. Information Service. Bad Godesberg, 1975.
c) **Verfassung des Landes Hessen.** Verlag Dr. Max Gehlen. Bad Homburg, 1972.

1) Emil Staiger (Hrsg.): **Der Briefwechsel zwischen Goethe und Schiller.** Insel. Frankfurt, 1977.
2) Heinz Steinert: **Adorno in Wien.** Über die (Un-)Möglichkeit von Kunst, Kultur und Befreiung. Verlag für Gesellschaftskritik. Wien, 1989.
3) Volker Heins: **Max Weber zur Einführung.** Edition SOAK im Junius-Verlag. Hamburg, 1990.
4) Habermas, Jürgen: **Der philosophische Diskurs der Moderne.** Zwölf Vorlesungen. Suhrkamp. Frankfurt, 1985.
5) Silvio Vietta (Hrsg.): **Lyrik des Expressionismus.** Niemeyer. Tübingen, 1990.
6) Reinhold Heller (Hrsg.): **Vom Expressionismus zum Widerstand.** Kunst in Deutschland 1909-1936. Schirn-Kunsthalle Frankfurt. Prestel. München, 1991.
7) Siegfried Kracauer: **Von Caligari zu Hitler.** Eine psychologische Geschichte des deutschen Films. Suhrkamp. Frankfurt, 1979 (1947).
8) Siegfried Kracauer: **Die Angestellten.** Suhrkamp. Frankfurt, 1971 (1930).
9) Walter Benjamin: **Charles Baudelaire.** Ein Lyriker im Zeitalter des Hochkapitalismus. Suhrkamp. Frankfurt, 1990 (1940).

2. GEIST UND GELD IM KONTEXT DER KAPITALISTISCHEN METROPOLE

2.1 Simmel, das Geld und die Metamorphose des städtischen Lebensstils

Georg Simmel und seine zur Jahrhundertwende fertiggestellte "Philosophie des Geldes" schließt sich unmittelbar an die Behandlung der Rezeption des Städtischen in der ersten Moderne an, wozu er und sein Werk literaturhistorisch schließlich auch gehören. Zugleich bildet es aber auch die Einleitung der Spektralisierung der Kategorie Geist und Geld, zu deren Essentials seine Geld-Philosophie bis heute zählt. Simmel, Steiners Anthroposophie mit der Tranche Finanzen sowie das jüdische Element auf diesem Terrain von Norbert Elias bis zu den Rothschilds sollen einen dreistrahligen reflexiven Vorlauf innerhalb der Mentalitätsgeschichte von Geist und Geld hinsichtlich des 20. Jahrhunderts darstellen, der den Weg in die heutige Weltfinanz aufzeigt. Nun werden Außenstehende dazu vielleicht gleich mit dem Argument kommen wollen, eine Schrift, die hier konkret auf potentielle Vergeistigungen zielt, die über dem heutigen Finanzplatz Frankfurt thronen, kann nur eine Glorifizierung und Niveauisierung eines Geschäftes bedeuten, das sich in der Brutalität des nackten Profits äußert. Auch wenn die Banken und hier insbesondere die Großbanken plakativ als Inkarnation des imperialen Kapitalismus gelten, kann ich nur davor warnen, zu glauben, der Grad an Aufgesetztheit von Kunst und Reflexion wäre hier höher anzusetzen als in staatlichen Apparaten. Vielmehr sind Banken meines Erachtens und meiner Kenntnis nach alleine schon durch ihre massive veralltäglichte Internationalität und durch ihre Kontakte auch zu gutartigen Investoren mental mehr gefordert als Behörden und Ministerien, die nur rein bürokratisch interagieren, mehr oder weniger nur sich selbst aufrechterhalten und stets nur das Wohl des Staates im Auge haben.

Frankfurt steht hinsichtlich des Privilegs, Finanz-Hauptstadt ohne Präsenz von Ministerial-Bürokraten zu sein, in engstem Zusammenhang mit New York respektive Manhattan. Damit profitieren beide Finanzplätze von der Tatsache, daß es weder unmittelbare dunkle Kooperationen zwischen Bankern und Beamten geben muß noch gegenseitige Bespitzelungen an der Tagesordnung sind.

Aus solcherlei Befreiung resultiert die Möglichkeit der Konstruktion und Praktizierung einer eigenen lebensstilistischen und sozioästhetischen "lex", die sich angesichts der besseren figurativen Möglichkeiten anders formiert als in Städten, wo Adel, Kirche und Regierungen den "mainstream" prägen. Georg Simmel hat 1900 damit begonnen, die neue Säkularität zwischen Geld und Individuum philosophisch zu begleiten, sowohl rein analytisch-geldhermetisch als auch synthetisch, sprich im Kontext mit der dadurch neu entstehenden Gesellschaftlichkeit!

Wenn es eine Philosophie des Geldes geben soll, so Georg Simmel, so kann sie nur diesseits und jenseits der ökonomischen Wissenschaft vom Gelde liegen, fernab also der harten materialen Betriebswirtschaftslehre und dafür ganz nahe Freudianischer Kategorien rund um die seelische Verfassung des Individuums in der sich mehrenden erotischen Freiheit, zu der das Geld mitsamt des unternehmerischen Kapitalismus maßgebliche Beiträge geleistet hat. Simmel sieht im Vergleich zum agrarwirtschaftlichen Zeitalter die aufkommende Schollenlosigkeit der industriellen Moderne als Garant für neue flexiblere Figurationen im Sinne von kündbaren Gegenseitigkeitsverhältnissen: *"Das moderne Arbeitsverhältnis knüpft ein freilich schwerer erkennbares Freiheitsmoment an seine geldwirtschaftliche Basierung; gewiß ist der Arbeiter an die Arbeit gefesselt, wie der Bauer an die Scholle; allein die Häufigkeit, mit der die Geldwirtschaft die Unternehmer austauscht, und die vielfache Möglichkeit von Wahl und Wechsel derselben, die die Form des Geldlohnes dem Arbeiter gewährt, geben diesem doch eine ganz neue Freiheit innerhalb seiner Gebundenheit"* (1/S. 720).

Das andere Extrem der schon zur letzten Jahrhundertwende möglichen Freiheiten sieht Simmel in einer Verquickung von Intellekt, Geld und Großstadt, markanterweise nicht von Intelligenz, Geld und Großstadt. Insbesondere im zweiten synthetischen Teil seiner "Philosophie des Geldes" und hier in erster Linie im abschließenden Kapitel "Der Stil des Lebens" kommt dem Intellektualismus die avantgardistische Rolle bei der Verwertung der neuen Freiheiten rund um das Medium Geld zu: *"In den modernen Großstädten gibt es eine große Anzahl von Berufen, die keine objektive Form und Entschiedenheit der Betätigung aufweisen: gewisse Kategorien von Agenten, Kommisionäre, all die unbestimmten Existenzen der Großstädte, die von den verschiedenartigsten, zufällig sich bietenden Gelegenheiten, etwas zu verdienen, leben ...*

Jene großstädtischen Existenzen, die nur auf irgend eine, völlig unpräjudizierte Weise Geld verdienen wollen und dazu um so mehr des Intellekts als allgemeiner Funktion bedürfen, weil spezielle Sachkenntnis für sie nicht in Frage kommt - stellen ein Hauptkontingent zu jenem Typus unsicherer Persönlichkeiten, die man nicht recht greifen und stellen kann, weil ihre Beweglichkeit und Vielseitigkeit es ihnen erspart, sich sozusagen in irgend einer Situation festzulegen" (1/S. 597).

Fast einhundert Jahre nach Simmels Geld-Philosophie, in der Ära totalster EDV-Abstraktion und Kreditkartenverwendung, im Zeitalter der Zahlenkolonnen und des Plastikgeldes, hat die "Charakterlosigkeit" des Geldes wohl ihren Zenit fast erreicht und ist zu einer Superstruktur unter anderen Superstrukturen der Post-Moderne geworden, deren Situativität sich zugunsten einer weltweit anzutreffenden "zweiten Heimat" Superstruktur (SAT-TV, Card-Systeme, Design-Bars, Galerien, D2-Autos, Hotel-Home-Computer, Video-Konferenzen, Erlebnis-Konsum) signifikant zu reduzieren scheint: *"Der Intellekt, seinem reinen Begriff nach, ist absolut charakterlos, nicht im Sinne des Mangels einer eigentlich erforderlichen Qualität, sondern weil er ganz jenseits der auswählenden Einseitigkeit steht, die den Charakter ausmacht. Eben dies ist ersichtlich auch die Charakterlosigkeit des Geldes. Wie es an und für sich der mechanische Reflex der Wertverhältnisse der Dinge ist und allen Parteien sich gleichzeitig darbietet, so sind innerhalb des Geldgeschäfts alle Personen gleichwertig, nicht, weil jede, sondern weil keine etwas wert ist, sondern nur das Geld"* (1/S. 595).
Die Erscheinungen von Wertung und Kauf, von Tausch und Tauschmittel, von Produktionsformen und Vermögenswerten, werden bei Simmel demzufolge primär nicht mit einer Kombination aus Intelligenz und Logis nationalökonomisch durchleuchtet, sondern sollen in einem um psychologische, philosophische und soziologische Kriterien erweiterten Kontext, der zudem im Surrounding der städtisch werdenden Großstadt angesiedelt ist, die Moderne definieren. Es geht dabei nicht zuletzt um die Verzweigung des Geldprinzips mit den Entwicklungen und Werten des Innenlebens: *"Aber wie die Erscheinung eines Religionsstifters keineswegs nur eine religiöse ist, sondern auch unter den Kategorien der Psychologie, vielleicht sogar der Pathologie, der allgemeinen Geschichte, der Soziologie untersucht werden kann; wie ein Gedicht nicht nur eine literaturgeschichtliche Tatsache ist, sondern auch eine ästhetische, eine*

philologische, eine biographische; wie überhaupt der Standpunkt einer Wissenschaft, die immer eine arbeitsteilige ist, niemals die Ganzheit einer Realität erschöpft - so ist, daß zwei Menschen ihre Produkte gegeneinander vertauschen, keineswegs nur eine nationalökonomische Tatsache; denn eine solche, d.h. eine, deren Inhalt mit ihren nationalökonomischen Bilde erschöpft wäre, gibt es überhaupt nicht. Jener Tausch vielmehr kann ganz ebenso legitim als eine sittengeschichtliche, ja als eine ästhetische Tatsache behandelt werden ... In diesem Problemkreis ist das Geld nur Mittel, Material oder Beispiel für die Darstellung der Beziehungen, die zwischen den äußerlichsten, realistischsten, zufälligen Erscheinungen und den ideellsten Potenzen des Daseins, den tiefsten Strömungen des Einzellebens und der Geschichte bestehen. Der Sinn und Zweck des Ganzen ist nur der; von der Oberfläche des wirtschaftlichen Geschehens eine Richtlinie in die letzten Werte und Bedeutsamkeiten alles Menschlichen zu ziehen" (1/S. 11 + 12).

Um die Qualitäten von Tausch und Austausch unter den Bedingungen des modernen Abstraktums Geld bemüht sich Georg Simmel also, um nicht zu sagen, seine "Philosophie des Geldes" könnte genauso "Figurationssoziologie des Geldes" heißen, womit sein Anliegen eine offensichtliche thematische Nähe zu den Zivilisationsstudien von Norbert Elias aufweist: *"Und in der Philosophie des Geldes sollen u.a. die Wirkungen der Geldwirtschaft auf das Lebensgefühl der Individuen, auf die Verkettung ihrer Schicksale, auf die objektive Kultur untersucht werden. Die methaphysische Lebensphilosophie der letzten Jahre dekliniert schließlich die Entfremdung der subjektiven von der objektiven Kultur durch und sucht - letzten Endes vergeblich - nach einem neuen transzendenten Obdach für den gebeutelten modernen Menschen"* (2/S. 342).

Die Veränderung zwischen der letzten Jahrhundertwende und der bevorstehenden Jahrtausendwende scheint mir nun darin zu liegen, daß die Begrifflichkeit der mittlerweile reichlich desavouierten Transzendenz durch Virtualität ersetzt werden muß. Die Hoffnung auf eine Erlösung ist in der Jetzt-Ära der dominierenden Weltfinanz in eine kommunikative Praxis umgesetzt worden, in der Sein und Schein gleichermaßen präsent und absent sind. Verankerungen fehlen immer mehr!

Schon um 1900 wurde es also als Manko empfunden, über immer weniger Verwurzelungen zu verfügen und sich immer stärker als entwurzelt zu empfinden. Bei den Römerberg-Gesprächen 1992 verteidigte der New Yorker

Soziologe Richard Sennett das Phänomen der Entwurzelung allerdings gerade als die neue Freiheit und Wertigkeit unserer Tage, weil sie durch erweiterte kulturelle Zugriffsmöglichkeiten auch eine Immunität gegenüber den allseits aufkommenden fundamentalistischen Verlockungen bewirken kann. Zudem gibt es heute, wie bereits erwähnt, angesichts der mittlerweile in vielen Städten der Welt implantierten internationalistischen Superstrukturen die Möglichkeit der Findung einer übernationalen zweiten Heimat. Auch Georg Simmel hat bereits 1908 das Fremdsein keineswegs mit unvorteilhaften Attributen versehen. Mit der Überschrift "Der willkommene Gast" zitiert die FAZ am 5. März 1993 im Rahmen eines neuen Campus-Buches Simmel im Rahmen seiner Analyse des Fremdseins wie folgt: *"Der Fremde, an den Simmel denkt, ist nirgends zu Hause. Er tritt als freies Individuum in den beschränkten Kreis der ansässigen Gesellschaft ein. Er kommt von nirgendwoher, an ihm haften keine mitgenommenen Sitten und Gebräuche. Losgelöst von allen ihn umgebenden Gegebenheiten, ist er freier und objektiver als die andren. Er sieht die Verhältnisse nicht mit seinen Vorstellungen, sondern allgemein vorurteilsloser und mißt sie in allgemeineren, objektiveren Idealen. Simmel gerät der Fremde zum Synonym der Verfassung des Intellektuellen der Moderne. Das Gefühl eines Fremdseins als Wechselwirkungsform zwischen Individuum und Gesellschaft entspricht dem Lebensgefühl einer Gesellschaft, die keine Gemeinschaft mehr bietet"* (3).

Kein anderes Areal als die Frankfurter City und ihre sie unmittelbar umgebenden Stadtteile, das originale anthropologische Frankfurt eben, setzt sich zu einem solch hohen, hoch mehrheitlichen Anteil aus Fremden aller Art zusammen. Geld spielt dabei immer eine zentrale Rolle. Weil die Stadt angesichts ihrer Dienstleistungsstruktur so reich ist, kann sie sich die Betreuung von vielen Entwurzelten leisten, die nur noch hier eine "letzte Heimat" sehen. Weil sie so "mittehaftig" situiert ist, zieht sie Ausländer aus der ganzen Welt maximal an, die speziell am Frankfurter Angebot von Geist und Geld partizipieren wollen. Weil sie karrieristisch so ambitioniert ist, lockt sie natürlich auch die Möchte-Gern-Geldmacher in Scharen an. Weil die Gewerbesteuer bislang so hoch war, konnte sie sich Superstrukturen wie die Alte Oper, das Museumsufer und an die fünfzig Stadtteilzentren leisten, die alle gut gemeint waren und sind, auch erhebliche ästhetische Beiträge stadtweit leisten, trotzdem jedoch meist nicht authentisch sind und deswegen auch als be-fremd-lich bezeichnet werden können. Fremden in einem mit allerhöchster Dynamik forcierten internationalistischen Stadtumbau eine neue Heimat zu bieten, war und ist "das" Frankfurter Programm der achtziger und neunziger Jahre. Trotzdem gibt es mit den Arealen rund um den Römerberg eine ganz signifikante originäre Heimat, um die herum sich die Anlagen für die Fremden in immer neuen Variationen gruppieren: *"Das Gastrecht vollzieht einen Balanceakt. Es weist Gast und Wirt einander ergänzende Rollen zu. Damit verhindert es vor allem die Gleichheit zwischen beiden, aus der eine todbringende Rivalität zwischen Gast und Wirt entsteht"* (37).

Das Gastrecht, das der Frankfurter City-Anthropos in so vielfältigen Ausprägungen aufbereitet und 1992 bei jetzt über 660.000 Einwohnern weiteren gut 17.000 "Gästen" mehr eingeräumt hat (über 5.000 "Deutsche" sind es wieder einmal statistisch weniger geworden), erzwingt also so etwas wie eine eigene umgangsästhetische Ordnung und ersetzt hetero-ethnische Konflikte durch eine gewisse reziproke Ehre: *"Es schließt den Konflikt nicht vollständig aus, sondern beläßt ihn in der Schwebe und verbietet, daß er offengelegt wird"* (3).

Daher wohl ist es trotz eines Gastanteils von alles in allem über 30 % nicht zu solchen Eruptionen gekommen, wie sie an anderen sehr deutschen Orten stattgefunden haben, die zudem durch eine vollkommen amorphe Minusbilanz und Fehlkonstellation von Geist und Geld auffallen: *"Eine Verletzung dieses fragilen Gleichgewichts zwischen Gast und Wirt kann mörderische Folgen haben. Am Ende der Odyssee kommt es zu einem showdown"* (3).

Ein wesentliches Konstituens für einen Aufbewahrungsort des Fremden muß folglich eine scheinbar irgendwie gelöste architektonische und anthropologische Praxisform des Stilproblems sein, das auf den Deutschen besonders haftet, weil sie sich, in Abwesenheit einer eigenständigen und von oben vorgelebten akzeptablen Stilofferte, immer mit Stilübernahmen Individualität zugelegt haben. Michelangelo und Frankfurt scheinen auf den ersten Blick keine Gemeinsamkeiten zu haben. Doch im Rahmen eines Essays zum "Problem des Stiles" (1908) bedarf es nur eines Austausches von Michelangelo und Mensch durch Frankfurt, um zu verstehen, wieso das Zusammenleben zwischen so viel Fremden so befremdlich gut über die Bühne geht: *"Dagegen Michelangelo selbst ist dieser Stil, er ist mit dem eigenen Sein Michelangelos identisch und ist dadurch zwar das Allgemeine, das in allen künstlerischen Äußerungen Michelangelos zum Ausdruck kommt und sie färbt, aber nur weil er die Wurzelkraft dieser Werke und nur ihrer ist und deshalb sozusagen logisch, aber nicht sachlich von dem, was dem einzelnen Werke als solchem eigen ist, unterschieden werden kann. In diesem Falle hat der Satz, daß der Stil der Mensch ist, seinen guten Sinn, freilich deutlicher so, daß der Mensch der Stil ist - während er in den Fällen des von außen kommenden Stiles, des mit anderen und der Zeit geteilten, höchstens die Bedeutung hat, daß dieser zeigt, wo die Originalitätsgrenze des Individuums liegt"* (2/S. 298).

Frankfurts Fähigkeit und Standortvorteil Nummer eins, die Metamorphose seines Stadtkörpers adäquat mit den progressiven Outputs des herrschenden Zeitgeistes vorzunehmen, bedeutet einen sonst in Deutschland so universal nirgends antreffbaren stilistischen Vorsprung, der auf dem Fehlen obrigkeitsstaatlicher Machtinstitutionen bei gleichzeitigem säkularem Ambitionismus seiner revolutions- und reformerfahrenen protestantischen Anthropos-Mentalität fundiert. Georg Simmel hat nicht nur das Wesen der Moderne, sondern auch der großstädtischen Post-Moderne offensichtlich voll erfaßt.

Insgesamt freilich, so weiß Simmel in seinem Lebensstilessay zu berichten, sind die Menschen, wieder allen voran die Deutschen, mit ihrem Bewußtsein und dessen rasanter Entwicklung zu überfordert, als sie rückblickend in die stets verklärte heile Vergangenheit ihre Befindlichkeit als gut empfinden können. Das Zulegen eines Stiles soll die Befreiung aus einer irrational mythisierten als verloren empfundenen Heimat kompensieren und symbolisiert deshalb ein morphologisches Produkt einer als mißraten empfundenen Metamorphose: *"Was den modernen Menschen so stark zum Stil treibt, ist die Entlastung und Verhüllung des Persönlichen, die das Wesen des Stiles ist. Der Subjektivismus und die Individualität hat sich bis zum Umbrechen zugespitzt, und in den stilisierten Formgebungen, von denen des Benehmens bis zur Wohnungseinrichtung, liegt eine Milderung und Abtönung dieser akuten Personalität zu einem Allgemeinen und seinem Gesetz. Es ist, als ob das Ich sich doch nicht mehr allein tragen könnte oder sich wenigstens nicht mehr zeigen wollte und so ein generelles, mehr typisches, mit einem Worte ein stilisiertes Gewand umtut. Eine ganz feine Scham liegt darin, daß eine überindividuelle Form und Gesetz zwischen die subjektive Persönlichkeit und ihre menschliche und sachliche Umgebung gestellt wird; die stilisierte Äußerung, Lebensform, Geschmack - alles dies sind Schranken und Distanzierungen, an denen der exaggerierte Subjektivismus der Zeit ein Gegengewicht und eine Hülle findet ... Frühere Zeiten, die nur einen und darum selbstverständlichen Stil besaßen, waren in diesen diffizilen*

Lebensfragen ganz anders gestellt. Wo nur ein Stil in Frage kommt, wächst jede individuelle Äußerung organisch aus ihm heraus, sie muß sich nicht erst ihre Wurzel suchen, das Allgemeine und das Persönliche gehen in der Leistung konfliktlos zusammen" (2/S. 307).

Den letzteren Satz, den Simmel auf die Welt des antiken Griechenland bezieht, hätte er sicherlich so nicht formuliert, wenn er noch zwanzig Jahre länger gelebt hätte, denn welch krankhafte Organik im deutschen Wesen steckt, hat der Nationalsozialismus, der ja eine auf deutschem Boden weder davor noch danach derart manifeste "Volkskultur" als freilich Stil mit operativen und geradezu volksdefätistischen Folgezielen hervorgebracht hat, deutlich gezeigt.

In vielleicht nicht ganz so starkem Maße wie bei der Hochkultur sieht Simmel im stilitischen Exhibitionismus der Moderne also etwas Kompensatorisches und Aufgesetztes, das die Unerträglichkeit des momenthaften und dadurch entwerteten Alltages erträglich und lebenswert machen soll.

Natürlich hat Stil auch damit etwas zu tun, sich seinen Mitmenschen, aus denen in der Moderne Konkurrenten geworden sind, gut zu verkaufen, womit das Stilproblem auch den Kontext von "Geld und Wert" angeht, dem Simmel in seiner "Philosophie des Geldes" ein großes Kapitel im analytischen Teil widmet. Hier heißt es: *"Die Wirtschaft leitet den Strom der Wertungen durch die Form des Tausches hindurch, gleichsam ein Zwischenreich schaffend zwischen den Begehrungen, aus denen alle Bewegung der Menschenwelt quillt, der Befriedigung des Genusses, in der sie mündet."* (1/S. 20 + 31).

Der für das 19. Jahrhundert mehrheitlich gerade noch gültige zentrale Wert der bildungsbürgerlichen Umgangsformen, begleitet und getragen von naturalwirtschaftlichen Erwerbszwecken, wird mit der Finanzwirtschaft durch ein bürokratisch interagierendes Wirtschaftsbürgertum ersetzt, dessen kapitalistische Profitausrichtung vom Intellekt und einem als Mythos und nicht mehr authentisch verinnerlichten hochkulturellen Bewußtsein flankiert wird.

Dabei setzt ein immer mehr tempobeschleunigter Austausch von Waren-Werten ein, der die Proportionen von Sein, Zeit und Metamorphose im Sinne einer Dekontextualisierung ins Transitorische und Sensorische dramatisch verändert. Georg Simmel faßt seine eigene Geld-Philosophie abschließend wie folgt zusammen: *"Seit es überhaupt Geld giebt, ist, im großen und ganzen, jedermann geneigter zu verkaufen als zu kaufen. Mit steigender Geldwirtschaft wird diese*

Geneigtheit immer stärker und ergreift immer mehr von denjenigen Objekten, welche gar nicht zum Verkauf hergestellt sind, sondern den Charakter ruhenden Besitzes tragen und vielmehr bestimmt scheinen, die Persönlichkeit an sich zu knüpfen, als sich in raschem Wechsel von ihr zu lösen: Geschäfte und Betriebe, Kunstwerke und Sammlungen, Grundbesitz, Rechte und Positionen allerhand Art. Indem alles dies immer kürzere Zeit in einer Hand bleibt, die Persönlichkeit immer schneller und öfter aus der spezifischen Bedingtheit solchen Besitzes heraustritt, wird freilich ein außerordentliches Gesamtmaß von Freiheit verwirklicht; allein weil nur das Geld mit seiner Unbestimmtheit und inneren Direktionslosigkeit die nächste Seite dieser Befreiungsvorgänge ist, so bleiben sie bei der Thatsache der Entwurzelung stehen und leiten oft genug zu keinem neuen Wurzelschlagen über. Ja, indem jene Besitze bei sehr rapidem Geldverkehr überhaupt nicht mehr unter der Kategorie eines definitiven Lebensinhaltes angesehen werden, so kommt es von vornherein nicht zu jener innerlichen Bindung, Verschmelzung, Hingabe, die der Persönlichkeit zwar eindeutig determinierende Grenzen, aber zugleich Halt und Inhalt giebt. So erklärt es sich, daß unsere Zeit, die, als Ganzes betrachtet, trotz allem, was noch zu wünschen bleibt, sicher mehr Freiheit besitzt als irgend eine frühere, dieser Freiheit doch so wenig froh wird" (1/S. 722 + 723).

Der Wert des aus den Tauschprozessen entstehenden Gewinnes wird nicht fertig mitgebracht, sondern wächst dem begehrten Objekt teilweise oder sogar ganz erst durch das Maß des dafür erforderlichen Opfers zu. In dieser für den Weltkapitalismus metropolitaner Provenienz so charakteristischen Spannung zwischen Gewinnersein und Geopfertwerden liegt die Handlungsfreiheit, die freilich Werte immer mehr in Waren transformiert und damit ent-wertet!

2.2 Geld und Wert im anthroposophischen Werk von Rudolf Steiner

Anthroposophie, Philosophie und Theosophie sind sicherlich nicht die tragenden Elemente des modernen Bankgeschäftes im Computerzeitalter am Finanzplatz Frankfurt. Trotzdem handelte es sich bei den Sophisten in Griechenland des 5./4. Jahrhunderts vor Christus um professionelle Wanderlehrer, die eine höhere, zum politischen Handeln befähigende Bildung vermitteln wollten. Rhetorik und Ethik, zwei der damaligen Hauptthemen, haben bis heute nichts von ihrer Brisanz und Relevanz verloren. Der Boom auch esoterisch und ganzheitlich angelegter Managementseminare beweist die ewige Aktualität dieses Horizontkreises ebenso wie die ewige Schwierigkeit seiner Integration in den Business-Alltag.

Im wesentlichen geht es um den Versuch des Ausfüllens von Leerstellen, die die tradierten Disziplinen der Weltentstehung und Weltverbesserung nicht zu besetzen wissen.

Der von 1861 bis 1925 lebende österreichische Anthroposoph Rudolf Steiner entfachte innerhalb seines vielbändigen Gesamtwerkes auch verschiedene Diskussionen um eine bessere und weniger utilitaristischere, dafür aber kollegialere und humanere Anwendung von Geist und Geld. Steiner war ab 1890 Mitarbeiter am Goethe- und Schiller-Archiv in Weimar und schloß sich 1902 der Theosophischen Gesellschaft an (Evolutionäre humananthropologische Optimierung des Menschen durch eine mehrfache Reinkarnation), von der er sich 1913 wieder trennte, während er gleichzeitig die Anthroposophische Gesellschaft und das Goetheanum gründete. In seiner Weltanschauungslehre, die bis heute in den sehr therapeutisch-pädagogisch angehauchten Freien Waldorfschulen den stärksten Niederschlag gefunden hat, ist die Welt in bewußter Aufnahme der Goetheschen Vorstellung von der Metamorphose des nicht nur pflanzlichen Lebens in stufenweiser Entwicklung begriffen. Jeder Mensch, der dies nachvollzieht, kann gewisse höhere seelische Fähigkeiten in sich selbst entwickeln und mit ihrer Hilfe übersinnliche Erkenntnisse erlangen. In dieser Entfaltungsfreiheit der menschlichen Erkenntniskräfte besteht die Freiheit des Menschen!

Zusammen mit der Kombination aus Ästhetik und Intellekt bei Georg Simmel und den jüdischen Einbringungen von der Figurationssoziologie bis zu einem zivilisatorisch verhafteten Finanzwesen (Elias und die Rothschilds) soll inklusive der monetären Anthroposophie von Rudolf Steiner ein Bewußtsein dafür geschaffen werden, daß es auch innerhalb des Geldgeschäfts noch etwas anderes gibt als das Spiel mit "Ismen" (Kapitalismus, Kommunismus), "Kratien" (Demokratie, Telekratie, Bürokratie, Autokratie) und "GuV-Posten" (Buchhaltung, Abschreibung, Aufrechnung). Auch wenn Steiner in seinem Leben nie in Frankfurt gewirkt und auch nicht wie Simmel Stadt und Geld thematisiert hat, so ist die Kapitale am Main ja gerade deshalb auch ein Zentrum sektiererischer Reflexion, weil sie von so unendlicher Hektik geprägt ist. Nicht zuletzt die Öko-Bank beweist, daß auch mit ethischen und ökologischen Ambitionen ein Bankbetrieb den aufsichtsrechtlichen Pflichten genügen kann!

Georg Simmel und Rudolf Steiner versuchen, in sehr unterschiedlichen qualitativen Ansätzen den basalen Prozessen des Wirtschaftens doch noch einen ethischen und ästhetischen Gehalt zuzuweisen. Um zunächst noch einmal auf den Zusammenhang von Geld und Wert bei Georg Simmel zurückzukommen, so sieht er ja im Tausch auch etwas Neues entstehen: *"Der Tausch ist nicht die Addition zweier Prozesse des Gebens und Empfangens, sondern ein neues Drittes, das entsteht, indem je von beiden Prozessen in absolutem Zugleich Ursache und Wirkung des anderen ist. Dadurch wird aus dem Wert, den die Notwendigkeit des Verzichtes dem Objekt verleiht, der wirtschaftliche Wert ... Diese Überführung des wirtschaftlichen Wertbegriffes aus dem Charakter isolierender Substantialität in den lebendigen Prozeß der Relation läßt sich weiterhin auf Grund derjenigen Momente erläutern, die man als Konstituenten des Wertes anzusehen pflegt: Brauchbarkeit und Seelenheil"* (1/S. 45 + 46).
Simmels Ästhetik des Tausches, zugunsten einer neuen Wertehaftigkeit reichlich de-mathematisiert, mag vielleicht noch auf originäre Märkte im außerzentraleuropäischen Bereich zutreffen, kann aber beim besten Willen nur noch sehr rudimentär in der spekulativen Post-Moderne der sich von den Kassa-Märkten immer mehr entfernenden derivativen Produkte behaupten. Bestenfalls die Seltenheit des Erwerbs mag noch ein stringentes Kriterium beim Tausch Ware - Geld sein, gilt sie doch als Signum der Zugehörigkeit im Sinne der Exklusivität.

Rudolf Steiner hielt im Sommer 1922 im schweizerischen Dornach verschiedene Vorträge, die seinen "National-Ökonomischen Kurs" konstituierten, der davon ausgeht, daß die Division, nicht die Subtraktion Ziel allen Wirtschaftens sein soll. Geld als realisierter Geist soll den Divisor ausmachen. In seinem volkswirtschaftlichen Prozeßbild ist, wie in Goethes literarischer Philosophie, die Natur der Ausgangspunkt allen Werdens: *"Zunächst muß die menschliche Arbeit ja bei der Natur einsetzen, die Naturprodukte verwandeln, so daß dann dieses verwandelte Naturprodukt, dieses durch die menschliche Arbeit verwandelte Naturprodukt, im Aufdrücken der menschlichen Arbeit auf das Naturprodukt einen volkswirtschaftlichen Wert enthält"* (4/S. 43).

Die andere Seite ist nach Steiner die Entstehung wirtschaftlicher Werte, die aus der geistigen Organisation der Arbeit resultieren, sich also von der Natur emanzipieren und dadurch vollständig von ihr abheben. Dadurch verschwindet in den sich bildenden Kapitalmassen die Besonderheit der Natursubstanz und die Besonderheit der Arbeitsarten. Die ökonomische Realität wird zur Abstraktion und führt zwangsläufig zum Geld als einem völlgen Abstraktum. Da das Kapital dem Klugen zwangsläufig mehr zufließt, kann nur eine weiterhin naturverhaftete Innensicht der Volkswirtschaft einen gerechten sozialen Organismus schaffen, der Teilen, Zahlen, Leihen und Schenken noch ausgewogen in Gang setzt.

Ein Defizit auch unserer heutigen Gesellschaft, der Verlust der Mitte, die die Natur in den vorindustriellen Jahrhunderten für die Menschen offensichtlich sein konnte, soll sie nun wieder als Antipode wider das Intellekt werden.

Was bei Simmel die Freiheiten des Geld-Städters erst bewirkt, ist bei Steiner mit seinem sicherlich eher klosterhaften Werk Ursache aller Zerrisenheit!

Ebenfalls substantiell unterscheidet sich Steiners Gesellschaftsmodell von den Konstruktionen Georg Simmels, dessen ja auch neomarxistisch zu verstehende Ausführungen fernab aller sakralen Verführungen liegen. Rudolf Steiner hat eine Dreigliederung des sozialen Organismus entworfen, die sich aus einem Geistesleben, einem Rechtsleben und einem Wirtschaftsleben zusammensetzt, das interessanterweise den kleinsten aller dieser drei Kosmen beschreibt, obgleich es ja schon zur damaligen Zeit die internationalste der drei Kategorien darstellte. Alle drei Horizonte vertrauen auf den natürlichen Progreß des Menschen: *"Da es sich bei der Gliederung des sozialen Organismus nicht um physische Gesetzmäßigkeiten handelt, sondern um Wirkungen des im fortschreitenden Leben der Menschheit tätigen Geistes, unterscheiden sich diese lebendigen Gesetzmäßigkeiten doch wesentlich von allen zum Vergleich heranziehbaren Gesetzen aus der Mechanik"* (5/S. 175).

Steiners Kritik setzt nun da ein, wo die neue Gedankenwelt zu sehr durch ihre Kopflastigkeit geprägt ist. Die alten Gedanken waren stärker mit dem Gefühl und viel weniger mit den festen Formen der Sinneswelt verbunden. Symbolhaft dominiert also immer mehr der Kult, während Atrium oder Portikus zurückstecken müssen: *"Im Kult will man eine geistige, nicht unmittelbar öffentlich werdende Kraft erfassen, die das Individuelle der Kultgemeinschaft stützt und unterhält. Im Atrium oder Portikus begegnet man der öffentlichen, allen zugänglichen Sphäre. In dieser Sphäre des natürlichen Lebens werden auch die Mittel zubereitet, die man zur Unterhaltung des physischen Daseins braucht. Die Bedürfnisse entstehen im Leben des Hauses, die Mittel zur Befriedigung derselben werden draussen produziert"* (5/S. 177).
In der Moderne ist jedoch das Verhältnis von Mensch zu Mensch verschwunden. Maßgebend ist das geworden, was der Mensch als solcher entfaltet und was er am andern erlebt. Außerdem sind die inneren Stützen des tradtionellen Rechtslebens kraftlos geworden. Daher fordert Steiner die Rückkehr zum Christentum als Geistesleben (vielleicht ein ganz gezielter Frontalangriff gegen die Großstadt!), die auch die Rückkehr zu Gleichheit und Brüderlichkeit bedeuten würde. Darin würde sich ein nach Völkern, Sprachgemeinschaften und auch Kulturzusammenhängen gegliedertes Rechtsleben durchaus integrieren lassen, schon weniger die Erscheinung, daß *"die Wirtschaft mit der Tatsache rechnen muß, daß die Gesamtmenschheit bereits durch die vorangegangene, unbewußt verlaufene Entwicklung in die Weltwirtschaft eingegliedert ist"* (5/S. 177).

Steiners relative Zivilisationsfremdheit konnte seiner Dreigliederung des sozialen Organismus im Gegensatz zu seinen didaktischen Konzepten keine Erfolge in der Außenwelt bringen. Trotzdem gibt es in Bochum eine GLS Gemeinschaftsbank eG, die als ein genossenschaftlich agierendes Spezialinstitut die *"Notwendigkeit individualisierter Formen der Verantwortung bei Banken, von menschen- und verwendungsorientierten Geldanlagen, von transparenten Entscheidungen aus einem positiven Denken heraus, von Bewußtseinsbildung über die Wirkungen von Zins und Zinseszins und von Solidarität und Subsidiarität im Bankwesen"* anerkennt und ihre Geschäftspolitik danach richtet, denn *"eine ästhetische und damit neuartige Wahrnehmung der sozialen Probleme als politischer Auftrag erfordert nicht nur soziale Techniken, sondern eine soziale Kunst"* (6).

Ganz konkret nimmt sich die GLS Gemeinschaftsbank eG beispielsweise vor, daß in Zukunft immer weniger Kredite durch Banker genehmigt werden sollen, dafür aber immer öfter die jeweiligen Sozialprozesse maßgeblich sein müssen, in denen die kreditsuchenden Initiativen stehen. Der gesamte Komplex hat das Bild einer inneren Dreiheit angenommen und besteht aus der GLS Gemeinschaftsbank, der GKG Gemeinnützige Kreditgarantie-Genossenschaft und GTS Gemeinnützige Treuhandstelle, deren Wesen *"schlicht eine subsidiäre, kooperative Verhaltensweise unter initiativen Menschen ist, die sich gegenseitig helfen wollen, unabhängig von Staatsgrenzen und Nationalitäten"* (6).

Zum anthroposophischen Denken der GLS Genossenschaftsbank zählt also besonders die Bedeutung des Individuums bei solidarischen Aktionen, sicherlich als eine relative Pionierleistung des menschen- und umweltorientierten Bankwesens zu würdigen. Die GLS Gemeinschaftsbank, nach ersten Anfängen ab 1961 letztlich erst im Jahre 1974 voll institutionalisiert, hatte ihren initiativen Ansatz in der Finanzierung der Gründung der Waldorfschule in Bochum. In ihr wirken auch Menschen, die sich darüber Gedanken machen, wie sie ihr Vermögen bzw. ihr nicht lebensnotwendiges Einkommen in Gemeinschaft mit anderen verwerten können, ein praktischer Beitrag also zur Dreigliederung des sozialen Organismus heute im Rahmen des Selbstverständnisses einer Bank für andere, in der der volkspädagogische Ansatz Rudolf Steiners, die Verbindung von Kultur- und Arbeitswelt, mit Leben erfüllt wird.

Aus der Schilderung des ganz besonderen Innenlebens der Bochumer GLS Gemeinschaftsbank und in ähnlicher charakterologischer Vorgehensweise wohl auch der Frankfurter Öko-Bank ließe sich nun ganz einfach die Schlußfolgerung ziehen, daß Ausnahmen halt die Regen bestätigen. Doch übersehen Kritiker der Profitgier des Bankgeschäfts insbesondere bei den Groß- und Privatbanken verschiedene Aspekte des Wechselspiels zwischen Geben und Nehmen.

In der Tat verhält es sich nämlich so, daß die Kunden mit hohen Einlagen und Vermögen überhaupt erst die Möglichkeit geben, Kunden mit niedrigerem Einkommen und entsprechenden Kreditwünschen bedienen zu können.

Aus einer Anlage über fünf Millionen DM und vier Jahren Laufzeit im Wertpapierbereich können gemäß dem Kongruenzgebot zum Beispiel einhundert Kredite zu fünfzigtausend DM über vier Jahre Tilgungszeit abgeleitet werden, mit denen sich einhundert jüngere Menschen ihren Traum vom etwas besseren Auto erfüllen oder Großfamilien ihre Wohnung renovieren und besser möblieren oder kleinere Unternehmer Aufträge vorfinanzieren und Arbeitsplätze für andere schaffen können!

Natürlich muß dabei der Kreditzins etwas höher sein als der Wertpapierzins, denn Personal und Computer müssen bezahlt werden, der Staat will seine hohen Steuern und die Bank braucht ihren Gewinn am Jahresende. Über das Ausmaß der Höhe vor allem in den letzten zehn Jahren läßt sich natürlich streiten. Die eigentliche soziale Komponente der Banken und noch mehr der Sparkassen, die weniger Betuchten an der Wohlstandszirkulation angemessen teilhaben zu lassen, hat ihre Ursächlichkeit an einem ungeschriebenen inneren Funktionsgesetz, das es ermöglicht, viele einlagenschwächere Kunden durch wenige einlagenstärkere Kunden zu stabilisieren. Dem stehen weniger ethisch angehauchte Vorgänge wie Geldwäschen und Kooperationen mit vielen diktatorischen Staatsgefügen gegenüber. Die Qualität des irdischen Zustandes haben freilich die Banken nicht hauptsächlich zu verantworten, sondern Kirche und Staat.

Geld als Gestaltungsprozeß: Die GLS Gemeinschaftsbank, die Öko-Bank und die Kooperationsfinanzierungen der Kreditanstalt für Wiederaufbau mit der Gesellschaft für technische Zusammenarbeit (GTZ/Eschborn: Entwicklungshilfe) sind offensichtliche Beispiele dafür, daß die Deckung des Geldes weder im Gold noch in der staatlichen Garantie liegt, sondern in der Produktivität, die durch Menschen im gegenseitigen Zurverfügungstellen von Geld hervorgerufen wird: *"Liegt die Bewertung des Kaufgeldes darin begründet, wieviel Verwandlung an der Natur durch menschliche Arbeit in den Waren erscheint, so liegt dasjenige, was den Wert des Leihgeldes ausmacht, in der aktuellen Werdekraft einer Initiative, die gefördert werden soll. Das Schenkgeld hat gar keinen gegenwärtigen Wert, sein Wert ist immer nur zukünftig. Er hängt ab von den Fähigkeiten, die durch die Gebärde des Schenkens in Zukunft erst entstehen"* (7/S. 279).

Dabei muß die Bank dafür Sorge tragen, daß die Direktion von Geld nicht dazu führt, daß Geld unter der Rechtfertigung eines bewußteren und verantwortlichen Umgangs zu einem Mittel der Macht wird, mit dem Abhängigkeit statt freier Entfaltungsmöglichkeit erzeugt wird. Der wirksamste und für innovative Entwicklungen fruchtbarste Umgang mit Geld ist daher das Schenken. Schenken heißt, den anderen zu befreien, z.B. von der Notwendigkeit, bestimmte Arbeiten zu übernehmen, um aus den Erträgen dieser Arbeit etwas kaufen oder Leihgeld zurückzahlen zu können: *"Schenken heißt, sich zurückzuhalten und nicht einzuwirken auf den Beschenkten. Dieses Wesensmerkmal des Schenkens weist auf einen wichtigen Zusammenhang: Gerade durch diese Form des Umgangs mit Geld, bei dem man sich selbst zurückhalten muß, kann die fruchtbarsten Wirkungen erzeugen. Durch die freie Hingabe von Geld kann man etwas ermöglichen, was vorher nicht, auch nicht in der Form der Idee vorhanden war. Das ist mit allerhöchstem Risiko verbunden, z.B. dem, daß das Geld verschwendet werden kann, oder auch dem, daß aus anderen Gründen nichts Bedeutendes aus der Schenkung entsteht"* (7/S. 275).

Alles ist uns gegenständlich und dadurch käuflich geworden. Einerseits verdanken wir dieser Entwicklung unser modernes, dynamisches und weltoffenes Leben; andererseits ist damit diese Welt selbst zur Ware geworden und vom Nützlichkeitsdenken, vom Denken in Kosten und Preisen, von Geldwerten beherrscht.

Ein Ausweg dieser seelisch-geistigen Gefangenschaft, die alle sinnlichen und übersinnlichen Dimensionen mit den Möglichkeiten und Unmöglichkeiten des Geldes verbindet, wäre als anthroposophische Handlungsgröße die Suche nach einer Mitte der Selbstlosigkeit, die auf dem Wege ist und die nur allmählich, durch mehrere Tode hindurch, als Selbstverwandlung des eigenen Wesens erreichbar ist und nur im Unausgesprochenen wirklich lebt. In diesem Zusammenhang läßt sich sogar ein Ethos des Kaufens formulieren: *"So wirkt das Kaufen selber bewährend, reproduziert das schon produzierte, bestätigt die Wirklichkeit, wie sie ist. Und doch: Man kann als Käufer versuchen, auf den Ursprung durchzublicken, wo die Dinge, die wir konsumieren, beginnen, in den wirtschaftlichen Prozeß einzutreten. Dann bewertet man die Waren nicht nur in bezug auf die eigenen Bedürfnisse, sondern beispielsweise in ihrem Zusammenhang mit Menschen und Umwelt"* (7/S. 272).

Die Reflexion über die anderen und tiefgründigeren Seiten der Finanzwirtschaft möchte ich nun mit Gedanken zu "Macht und Geld" von Friedrich Häusler fortsetzen, der vor allem den Wandel im Empfindungsverhältnis zu Gold und Geld von der Antike bis heute sehr bemerkenswert präsentiert.

Damals zum Beispiel zeigte man Gesandten der Städte, mit denen man ein Bündnis anstrebte, das eigene Schatzhaus. Der Anblick einer Goldmenge flößte den Menschen Ehrfurcht ein und machte sie beeinflußbar, ohne daß gleich Raubbegierden aufkamen: *"Die Tempel, die als Schatzhäuser dienten, in denen Städte, Städtebünde und Private ihre Goldgefässe und Goldmünzen deponierten, gelten deswegen noch manchen Autoritäten als die Vorläufer unserer Banken ... Der Londoner Tower wurde seiner Zeit, ähnlich wie einst dazu bestimmte Tempel, von Königen, vom Schatzmeister, von der Stadt und den Korporationen und namentlich von den Goldschmieden als sichere Schatzkammer benutzt ... Wie sich ein Verfolgter hinter einen Altar flüchten konnte und dort vor Häschern und Räubern geschützt war, so war auch das Gold in einem geheiligten Raume vor Raub gesichert"* (5/S. 55 + 56).

Schon sehr früh ist in Europa jedoch jegliche Ehrfurcht vor Gold außerhalb der dahingehend bis zum 2. Weltkrieg finanzästhetisch erstklassig besetzten City gedacht worden. So behandelten die Conquistadores den Thronsessel des überwältigten Inka-Königs in ihrem maßlosen Rausch aus Habgier und Macht wie einen Goldklumpen. Aus der einst Ehrfurcht erweckenden Goldstrahlung ist ein Medium des skrupellosen Egoismus geworden. Zum Beispiel ist überliefert, daß im 18. Jahrhundert in Südamerika die Leute durch Gesang zur Arbeit geführt wurden, nicht durch irgendwelche Geldanreize: *"Die ganze Arbeit war in den Kult eingebettet, wie das Gold der Kultgegenstände. Sollte jemand bestraft werden, wurde er für eine Weile von der Arbeit ausgeschlossen, was für ihn keinerlei ökonomische Folgen haben konnte. Er wurde nach heutigen Begriffen mit bezahlten Ferien bestraft"* (5/S. 58).

Es hat schlechthin unter dem Gesichtspunkt der Akzeleration des Städtischen ein Paradigmenwechsel vom Hirten zum Jäger stattgefunden, der aus der bewahrungsorientierten Golddeckung der City des viktorianischen Londoner Empire die Kapitalen der Financial Futures werden ließ: *"In unserer Gegenwart beherrscht das Börsenpapier und der Börsenkurs das Gelddenken. Furcht und Hoffnung in bezug auf die ungewisse Zukunft durchsetzen es auf der Seite der passiven Besitzer. Das machtmässige Herbeimanövrieren des Gewinnes beschäftigt das Überlegen des Managers, ein in der Zukunft liegendes Gold ist wirksam ... Gold offenbart nicht menschliche, sondern übermenschliche Macht. Die dieser Macht innewohnende Weisheit erhält den Menschen magisch auf guten Wegen, wenn die Macht aber von üblem Willen usurpiert wird, entsteht Schwarze Magie. Eine vergangene Weisheit ist Gold geworden"* (5/S. 58 + 59).

Ansätze von Anthroposophie, Magie und Instanzlichkeit lassen sich also durchaus im Rahmen einer finanzgeschichtlichen Herleitung heutiger Gegebenheiten feststellen, und London bis zum 2. Weltkrieg als klar führender Weltfinanzplatz hat hier entscheidende Verdienste. Auch die Bank von England war natürlich Teilbestand dieses Ineinanderdurchdrungenseins von Monarchie und Erhabenheit. Doch schon der 1. Weltkrieg mit dem erstmaligen internationalen Eingreifen der Amerikaner brachte langsam die Wende, sowohl in der globalen Verschiebung der Weltfinanz als auch im Charakter des Geldwesens: *"So war die City während mehr als einem Jahrhundert die Kammer des Zahlungsausgleichs, das Clearing-House des Universums. In dieser Eigenschaft hat sie ganz Europa und der Welt einen immensen Dienst geleistet. Wie es nur natürlich ist, hat sie selbst von diesem Dienst in bedeutendem Ausmass auch profitiert ... Durch den ersten Weltkrieg kam eine Störung in das Getriebe, die aus der von den wallenden Instinkten und überlieferten Regeln zu bewältigenden Proportion offenbar heraustrat ... Im Duell mit der Wall-Street und im Krieg mit dem Goldblock, in denen es um die Vorherrschaft innerhalb der weltwirtschaftlichen Finanzapparatur ging, zeigte es sich, dass der Schwerpunkt der Geldmacht als Siegespreis sich verlagert hatte. Er lag nun offensichtlich in der Wall Street, ohne dass er aber von dort die einstige Ruhe auszustrahlen vermöchte"* (5/S. 67).

Das Geld fungierte schon in der Zwischenkriegszeit nicht mehr in seiner bisherigen Rolle als ausgestaltendes und regulierendes Instrument, sondern wirkt von nun an, sich selbst überlassen, wild und chaotisierend. Wenn das Geld die Seele des Krieges sein soll, wie eine alte Regel es verlautbart, dann hat die Weltfinanz in ihren modernen globalisierten Kontexten vielleicht das zweifelhafte Verdienst, zu "dem" neuen Durchlauferhitzer für Konflikte politisch-ökonomischer Art "gediehen" zu sein und neben den elektronischen Medien, die für die Weltbörsen wiederum der Kommunikator par excellence sind, zu Ersatzkriegsschauplätzen "aufgestiegen" zu sein, die militärische Konflikte zumindest im amerikanisch-europäischen Verhältnis mittlerweile ausschließen und den Krieg auf die bürokratische und virtuelle Ebene transformieren.

Im Zeitalter der permanenten Kriege konnte sich das Gold als fast esoterisches Medium behaupten und sich die Aura des Guten und Besseren überstülpen. Die Hierarchie und Wertigkeit der Welt-Nationen heute hängt massiv von der Härte und Stabilität der Nationalwährungen ab, die die neue Mächtigkeit ausmachen. Mit der immer grenzenloseren, sprich de-regulierbaren Zirkulation des Geldes scheint sich die Gefahr eines Kriegsausbruches regulieren zu lassen. Im Gegensatz zur Weltwirtschaftskrise 1929 kann, wie der Crash von 1987 nachträglich gezeigt hat, nach fast fünfzig Wohlstandsjahren ein gewaltiger Kursabsturz keine größeren Wirrnisse mehr auslösen. Gefahr droht nur dann, wenn die Umgangsform der Finanz-Postmoderne, die elektronisch-mediale Vernetzung aller bi- und hetero-nationalen Transaktionen, eine massive Beeinträchtigung erfahren würde. Kommunikationsstörungen der weltweit möglichen Money-Talk-Show alleine können also nur noch böse Nachwirkungen zeigen. Der Stand unserer Zivilisation sollte sie eigentlich vermeiden können. Friedrich Häusler spricht davon, daß das Finanzwesen mit einem angemessenen Körper in Verbindung gebracht werden muß, wenn es nicht zum Gespenst degradieren soll. Die gespenstische Virtualität ist genau dieser Körper!
Wir haben es also mit einem monetären Strukturierungsprozeß zu tun, der sich auch als Umschlagprozeß artikuliert, der beispielsweise nach Baudrillard als Geldsprachen nach der Imitation die Produktion und Simulation folgen läßt. Auf die Moderne bezogen erleben wir den Übertritt von der Produktion zur Simulation. In einer nur aus anthropologischer Perspektive formulierten Kritik zu "Geld und Wert" stellt Christian Matthiesen die These auf, daß das Wachstum die traditionellen gesellschaftlichen Zwecke der Produktion und Konsumtion weit hinter sich läßt: *"Es ist ein Prozeß, der aus sich und für sich alleine verläuft. Es zieht nicht mehr die Bedürfnisse oder den Profit in Betracht. Es ist keine Steigerung der Produktivität, sondern seiner Struktur nach eine Inflation der Produktionszeichen, ein Stellenwechsel und eine Flucht aller Zeichen nach vorn, einschließlich des Geldzeichens. Durch die Abkoppelung des Geldzeichens von jeder gesellschaftlichen Produktion gerät es in eine grenzenlose Spekulation und Inflation. Von allen Zweckreizungen gereinigt, wird das Geld Spekulationsgeld. Auf dem Wege vom Goldstandard, der schon nicht mehr das repräsentative Äquivalent einer realen Produktion war, aber doch in einem gewissen Gleichgewicht noch eine Spur davon bewahrte, zu den flottierenden Kapitalien und zum allgemeinen Flottieren überhaupt geht das Geld vom Referenzzeichen zu*

einer stukturalen Form über ... Das Geld kann sich so selbst in einem einfachen Spiel von Transfers und Überschreibungen, in einer unaufhörlichen Verdoppelung und Entdoppelung seiner eigenen abstrakten Substanz reproduzieren" (7/S. 142).

Insgesamt geht es also in der Geschichte der Sprache des Geldes um die Loslösung des Geldes von der Geldware (Gold). Die Geschichte des Weltwährungsystems ist die Geschichte eines permanenten Fortschreitens dieser Loslösung: *"Der klassische Höhepunkt der Moderne fällt in die stabile Zeit des Goldstandards. Das System des Goldstandards löst sich in den zwanziger Jahren auf, und nach der Weltwährungskrise 1929 mündet die Entwicklung in kriegswirtschaftliche Devisenzwangsbewirtschaftung und nationalistische Geldpolitik ein. Nach diesem Rückfall hinter die Entwicklung zur Weltwirtschaft wird mit sich abzeichnendem Kriegsende 1944 in Bretton Woods der US-Dollar als Weltleitwährung mit begrenzter Goldkonvertibilität bestimmt, die gewissermaßen als internationaler Stil mit festen Wechselkursen Wiederaufbau und Stabilität, aber auch die amerikanische Inflationierung der Welt gewährleistet. Mitte der siebziger Jahre muß von Bretton Woods und von jeder Goldbindung abgegangen und zu frei flottierenden Wechselkursen übergegangen werden. Dies führt nicht zu der erhofften besseren Kontrolle der Weltgeldmenge, sondern im Gegenteil im Verbund mit dem Petrodollarrecycling zur eigentlichen Entwicklung der Weltverschuldungskrise durch die sogenannten freien Bankzonen und damit überhaupt nicht mehr steuerbare und kontrollierbare Als-ob-Geldmärkte, die auf bloßen Ansprüchen auf Deckung durch Zentralbankgeldmengen basieren. Erst als Weltgeld ohne Deckung durch die politische Nation kommt das Geld in Wirklichkeit ganz zu sich als Geld. Erst damit ist die Phase der Simulation ganz erreicht.*
Geld ist nun die Inflation der Interpretationen, Entwürfe und Projekte, Mobilmachung der Weltbilder. Geld zirkuliert die zur Vorstellung und Erzählung verdünnte Welt. Was in die Zirkulation gerät, wird beschleunigt und entwertet zum Material und Medienereignis, wird als Vorstellung oder Zitat Teil des allgemeinen Medienzusammenhangs. Wie das Automobil, das TV, das Telefon, die Sprache, der Begriff - alle sogenannten Mittel für sogenannte Zwecke, die doch in Wahrheit verdinglichte Prozeßzustände sind, deren vergessenes Ganzes heute als Selbstwertigkeit der Medien nicht neutrale Transportmittel, sondern

gesellschaftliche Strukturierungsprozesse. Geld aber ist der Inbegriff des gesellschaftlichen Mediums" (7/S. 143).

Ich habe mir erlaubt, dieses lange Zitat in seinem vollen kontextuellen Inhalt zu übernehmen, weil es sehr gut den immer weniger physisch und immer mehr spekulativen Wert des Geldes in seiner Geschichte im 20. Jahrhundert aufzeigt. Die Linie vom ehrfurchterregenden Geld-Gold des Kolonialzeitalters über verschiedene Sonderformen in den Jahren der Weltkriege und dazwischen bis hin zum medialen Geld im Zeitalter der gewichtigen Notenbankentscheidungen macht trotz aller Bedenken und Wertverluste deutlich, daß erst die globale Demokratisierung und Nivellierung des Geldes immer mehr Menschen in die Wohlstandszone führte, gleichzeitig aber angesichts der Bevölkerungsexplosion gerade in den an der elektronischen Weltfinanz der Post-Moderne noch kaum oder gar nicht partizipierenden Länder deren Teilnahmslosigkeit am großen Börsengeschehen Massenarmut und Massenhunger zur Folge hat. Die sogenannten primitiven Kulturen, deren Reichtum das alltägliche omnisituative Konkretwerden ihrer Authentizität ist, sind, um noch einmal auf Simmel zurückzukommen, neunzig Jahre nach seiner Geld-Philosophie, wohl noch die übersingulären Gebilde, deren Gesellschaftlichkeit noch nicht auf abstrakten Größen beruht. Für sie hat der Tausch die nach Simmel so einzigartige Bedeutung als die wirtschaftsgeschichtliche Verwirklichung der Relativität der Dinge: *"Der Tausch erhebt das einzelne Ding und seine Bedeutung für den einzelnen Menschen aus ihrer Singularität, aber nicht in die Sphäre der Abstraktion hinein, sondern in die Lebendigkeit der Wechselwirkung, die gleichsam der Körper des wirtschaftlichen Wertes ist"* (1/S. 60).
Christian Matthiesen sieht die Tauschprozesse unter marxistischen Gesichtspunkten heute als mehr oder weniger an das Geld in seiner Funktion als zirkulative Recheneinheit ausgeliefert an und daher weit entfernt von der Transformation des Warenbegriffes Marxscher Prägung in die Steinersche Wunschvorstellung der Gesellschaft als sozialen Organismus: *"Statt der Metamorphose, also des Formwechsels von Waren und Geld - vermittelt über die Kategorie des Werts - kommt den Warenproduzenten bloß der Stoffwechsel, also der Austausch von Gütern und (verdinglichtem) Geld ins Bewußtsein. Das Geld (als verdinglichte Form) erscheint dabei als Ausgangspunkt, das die an sich bewegungslosen Waren zirkuliert"* (7/S. 149).

2.3 Der Einfluß jüdischer Horizonte auf den Geist der Bankenwelt

Von den Rothschilds bis zu Ignatz Bubis: Frankfurt kann bis heute zu Recht von sich behaupten, die über all die Jahrhunderte ergiebigste deutsche jüdische Gemeinde, bis auf das Berlin etwa zwischen 1830 und 1930, in seiner Gemarkung vorweisen zu können. Der schon erwähnte Vorsitzende des Zentralrats der deutschen Juden, Ignatz Bubis, der Literaturkritiker Marcel Reich-Ranicki und der Alt-68er Daniel Cohn-Bendit, Pariser und Stadtrat für Multikulturelles, bilden heute neben vielen anderen interessanten Figuren insbesondere in der Frankfurter Unterhaltungsszene eine wortgewandte Trias, die keine andere deutsche Stadt beherbergt.

Bubis, als Spekulant und ethische Instanz gleichermaßen eine typische Frankfurter Symbolfigur der letzten dreißig Jahre, konzentriert den ganzen Ballast der spannungsreichen Kategorie Geist und Geld wie kaum ein zweiter auf sich.

Angefangen hat sicherlich alles mit dem Goetheschen Stiftungsgeist, der auf viele seiner Zeitgenossen übergegangen ist und bis zum Nationalsozialismus das legendäre deutsch-jüdische Frankfurter Bürgertum maßgeblich in seinem mäzenatischen Engagement getragen hat. Staedel, Senckenberg und Sonnemann sind weitere Exponenten dieses Geistes, der in der deutsch-jüdischen Johann Wolfgang Goethe Stiftungs-Universität eine institutionelle Basis für eine solche Einrichtung gelegt hat wie sonst nirgendwo in Deutschland für eine akademische Anstalt. Auch wenn die Rothschilds im Frühjahr 1989 wieder eine Repräsentanz am Frankfurter Bankenplatz eröffnet haben, so muß doch konstatiert werden, daß bankgeschichtlich das spezifisch jüdische Moment seit über sechzig Jahren fast nur noch Vergangenheit ist: *"Wer in der Bankenzentrale Frankfurt heute Umschau hält, stößt zwar vielerorts auf historische Erinnerungen an die Rothschilds, vom gleichnamigen Palais bis zum Park, nicht zu reden von zahllosen Einrichtungen, die mit dem Namen Rothschild verbunden sind, aber ein Bankhaus Rothschild ist nicht darunter. Die Erklärung findet sich in der Historie des Hauses, das nach jüdischer Sitte immer nur Söhne zählte und ins Geschäft aufnahm. Schon mit Amschel erlosch der Frankfurter Zweig, nachdem dieser kinderlos gestorben war"* (8/S. 138).

Mayer Amschel Rothschild, Zeitgenosse Goethes, starb 1812. Die frühpazifistische Einstellung des Rothschild-Clans, dem im Herbst 1994 im Rahmen der 1200-Jahr-Feier Frankfurts eine eigene Ausstellung gewidmet sein wird, kommt in einer der vielen Anekdoten und Weisheiten von der alten Frankfurter Bankiersfamilie zum Ausdruck. Besorgten Bekannten, deren Söhne zum Militärdienst abberufen wurden, sagte die erst mit 96 Jahren verstorbene Mutter Mayer Amschels, es werde kein Krieg kommen, weil ihre Söhne dafür kein Geld hergeben würden. Überhaupt handelt es sich ja dabei um eine wirklich symbolhafte Aussage und Mahnung, denn nie in der Geschichte der Mainmetropole ist von ihr ein Krieg ausgegangen oder angeordnet worden. Im Kontext der vielen Ersatzkriege unseres Zeitalters freilich kann solcherlei Sauberkeit wohl nicht mehr so ganz eindeutig von den Vorstandsetagen der Hochfinanz beansprucht werden.

Die unverändert anhaltende Nicht-Souveränität der Bundesrepublik, für deren mißratenes Politmanagement das Bundesverfassungsgericht neuerdings nicht nur als rechtsstaatlicher Korrektor wirken muß, sondern auch noch Entscheidungen zu treffen hat, die eigentlich im Kabinett fällig wären, hat Frankfurt als Finanzplatz bislang viel an unangenehmen Verwicklungen abgenommen. Dennoch steht die Deutsche Bundesbank, die im Gegensatz zu Bonn ja zur Geldschöpfung berechtigt ist, seit der Wiedervereinigung zinspolitisch international schwer unter Druck und macht das aufgabenlose Bundeswirtschaftsministerium überflüssig. Weitere neue Verpflichtungen im Rahmen der "neuen" Weltordnung freilich können auch den Finanzplatz Frankfurt aus seiner noch relativen Bravheit in kompliziertere Zusammenhänge verwickeln. Im fortgesetzten Verlauf der neunziger Jahre könnte eine Situation auftreten, in der Frankfurt immer mehr das große alte Talent Londons, die Balancefähigkeit, beherrschen muß. Was für London sein Umfeld aus Gold, Monarchie, Erfahrung und Balance repräsentiert, ist für Frankfurt seine Autonomie, Friedfertigkeit, Stabilität, Ehrlichkeit und "lex" (Paulskirchenverfassung!).

Natürlich nicht nur in Frankfurt, sondern auch in anderen deutschen Großstädten haben die Juden das Geld- und Bankwesen maßgeblich mitgeprägt, wenn auch nicht immer in der Gestalt eines richtungsweisenden deutsch-jüdischen Bürgertums. Am 19. Januar 1993 hielt der ehemalige Bankier Hans-Dieter Kirchholtes vor der Polytechnischen Gesellschaft e.V. im Hause Frankfurter Sparkasse von 1822 einen Vortrag über "Prägende jüdische Persönlichkeiten im Bankwesen - die Familien Mendelssohn, Bleichröder, Rothschild, Warburg, Oppenheim, Hirschland". Kirchholtes, Mitglied der "Gesellschaft für christlich-jüdische Zusammenarbeit", hatte vor dem eigentlichen Veranstalter, dem Kuratorium

Kulturelles Frankfurt e.V., schon einmal einen Vortrag nur über die Rothschilds gehalten, die sich durch ihre Vorsicht, gepaart mit Erfahrungen und Beziehungen weltweit, ihren legendären Ruf erworben haben. Schon im 19. Jahrhundert war allerdings die damals alles beherrschende City of London ihr eigentlicher Platz für die Entfachung von Bankgeschäften, während in Frankfurt eigentlich nur die Buchhaltung ihren Sitz hatte.

Nur in London, heute zweiter großer Sitz neben Paris, existiert auch namentlich die einzige wirkliche Rothschild-Bank.

Doch die Rothschilds besetzen bei weitem nicht alle Expositionen des frühen professionellen Massenbankgeschäfts. Die Aktie zum Beispiel wird vom Bankhaus Oppenheim entdeckt, das die Dresdner Bank mitbegründete. Hirschland in Essen, Vorgänger von Trinkaus & Burkardt, kooperierte mit Krupp und war damit einer der Mitinitiatoren und Finanziers des Ruhrgebietes. Warburg in Hamburg, aus dem die Commerzbank mithervorging, ebenso die Vereinsbank, unterhält in London eine der besten bankgeschichtlichen Bibliotheken.

Eng mit Wilhelm II. verbunden, finanzierte Warburg die Hamburg-Amerika-Linie, war 1903 an der Gründung der ersten US-Notenbank, dem Federal Reserve System, beteiligt und konstituierte 1933 die deutsch-jüdische Gemeinde in New York.

Bleichröder in Berlin hatte engen Kontakt zu Bismarck und konnte sich daher als in der Hauptstadt des angehenden Kaiserreiches situierte Bank auch nicht aus der Mitfinanzierung des Deutsch-Französischen Krieges 1870/71 raushalten. In einer für Berlin typischen Kombination von Geist und Geld des 19. Jahrhunderts agierte die Bankiersfamilie Mendelssohn. Sie stand sowohl im bildungsbürgerlichen Umfeld von Lessing und den legendären Salons von Henriette Hertz und Rahel Varnhagen als auch im wirtschaftlichen Innovationsboom, der damals den Eisenbahnbau, die Schwerindustrie, die Kriegsindustrie, den Austausch mit den Kolonien und das aufkommende Anleihegeschäft beinhaltete. Wie wichtig das Fehlen von politischer Macht ist und wie wegweisend die Trennung von Regierungs- und Finanzsitz ist, läßt sich am Gebahren der Mendelssohns sehr gut ablesen. Die Rothschilds mit ihrem phantastischen Namen und den besten Verbindungen dagegen sind da viel ästhetischer in ihrem Handeln. Der jüngste Coup in Frankfurt nach der Eröffnung einer Repräsentanz im Mai 1989 ist die Investition von mehreren Millionen DM zweier Tochterfirmen des französischen Finanzimperiums Edmond de Rothschild als Darlehen in den Eichborn-Verlag, für den ja Hans-Magnus Enzensberger die "Andere Bibliothek" herausgibt. Die Unternehmensgruppe hat sich auch schon in anderen Medienbereichen engagiert, so etwa beim Club Mediterrannée und beim Berliner Nachrichten- und Wirtschaftskanal n-tv. Das Wall Street Journal soll anerkennend bemerkt haben, die Bank der Blaublütler sei eines der wenigen unabhängigen europäischen Institute, das mit den US-Giganten Goldman Sachs oder J.P. Morgan noch konkurrieren könne. Der vor 250 Jahren geborene vielzitierte Mayer Amschel Rothschild kann also zufrieden sein mit der Entwicklung sowohl des englischen wie des aus ihm abstammenden französischen Zweiges seit 1743. Überhaupt, so der ehemalige jüdische Bankier Hans-Dieter Kirchholtes als Fazit am Ende seines glänzenden und übersichtlichen Vortrages im überfüllten Kundenzentraum der 1822 in der Neuen Mainzer Straße, haben sich die jüdischen Privatbankiers als konstitutive Figuren beim Aufbau des modernen weltumspannenden Geldgeschäfts verdient gemacht: *"Aus einfachen Trödelstuben entwickelten die Juden die Wechselstuben, für die sie wegen ihres ausgeprägten unternehmerischen Talents im Rahmen ihrer späten und leider nur kurzen Emanzipation Sonderrechte erworben haben. Ihre Religion und ihre zweite Heimat, die Synagogen, hielt sie zusammen. Durch Verwandtschaften mit engen Folgegeflechten und Einheiratung in städtische Kreise der Hochfinanz konnten sie ein einmaliges System von Interaktionen und Relationen aufbauen, das ihnen sogar hohe Ränge in Adel, Politik und Diplomatie sicherte"* (9).

In einem zweiten Teil der Betrachtung jüdischer Horizonte in der Bankenwelt möchte ich keinen bankspezifischen Zusammenhang darstellen, sondern vielmehr ein herausragendes jüdisch-anthroposophisches und figurations- soziologisches Phänomen zur Sprache bringen, das mir modellhaft für das seit Jahrtausenden vorherrschende Lebensgefühl der Juden zu sein scheint. Im Rahmen seiner Zivilisationsstudien hat Norbert Elias etwas für die ethnische Konstitution, Artikulation und Figuration entscheidendes erkannt, nämlich die mediale Metapher, die ganz einfach "Tanz" heißt. Wo sich die Juden in ihrer geographischen Verteilungsgeschichte auch aufgehalten haben: Ein Tanz auf dem Vulkan war es immer!
Die Schriften von Norbert Elias "Über den Prozeß der Zivilisation" sind wohl beispiellos in der deutschen Soziologie. Seine in zwei Bänden konzentrierten soziogenetischen und psychogenetischen Untersuchungen, die sich einerseits mit

den Wandlungen des Verhaltens in den weltlichen Oberschichten des Abendlandes beschäftigen, andererseits die Wandlungen der Gesellschaft analysieren, um dann abschließend am Ende des zweiten Bandes in einen Entwurf zu einer Theorie der Zivilisation zu münden, sind in dieser Qualität und Ausführlichkeit die einzigen und insgesamt zu den wenigen Beispielen zählenden Bemühungen, aus den lebensweltlichen Praktiken der verschiedensten Milieus heraus eine gesellschaftliche Begriffsbildung zu konstitutieren. Da ist es schon bezeichnend, daß er als Jude im Exil während der dreißiger Jahre bereits schon, vor allem mit englischer und französischer Unterstützung, seine Zivilisationsstudien maßgeblich konzipierte, die dann erst 1969 in der Schweiz und 1976 bei Suhrkamp mit fast vierzigjähriger Verspätung erscheinen konnten.

Die Figurationen von Tänzen und Gesellschaften ähneln sich fatal. Elias bringt in seiner Einleitung zum ersten Band dieses Phänomen, das in einer besonderen metaphorischen Praxisform für die Positionierung der Juden im Geldgeschäft und damit im gesellschaftlichen Kontext gilt, wie folgt auf den Punkt: *"Der Begriff der Figuration lässt sich leicht veranschaulichen durch den Hinweis auf gesellschaftliche Tänze. Sie sind in der Tat das einfachste Beispiel, das man wählen kann, um sich zu vergegenwärtigen, was man unter einer von Menschen gebildeten Figuration versteht. Man denke an eine Mazurka, ein Menuett, eine Polonaise, einen Tango, einen Rock'n Roll. Das Bild der beweglichen Figurationen interdependenter Menschen beim Tanz erleichtert es vielleicht, sich Staaten, Städte, Familien, oder auch kapitalistische, kommunistische und Feudalsysteme als Figurationen vorzustellen. Bei dieser Begriffsbildung verschwindet, wie man sieht, die letzten Endes auf verschiedenen Wertungen und Idealen beruhende Gegensätzlichkeit, die gewöhnlich heute mitschwingt, wenn man die Worte 'Individuum' und 'Gesellschaft' gebraucht. Man kann gewiß von einem Tanz im allgemeinen sprechen, aber niemand wird sich einen Tanz als ein Gebilde außerhalb der Individuen vorstellen oder als eine bloße Abstraktion. Die gleiche Tanzfiguration kann gewiß von verschiedenen Individuen getanzt werden; aber ohne eine Pluralität von aufeinander ausgerichteten, voneinander abhängigen Individuen, die miteinander tanzen, gibt es keinen Tanz; wie jede andere gesellschaftliche Figuration ist eine Tanzfiguration relativ unabhängig von den spezifischen Individuen, die sie hier und jetzt bilden, aber nicht vom Individuum überhaupt ... Wie sich die kleinen Tanzfigurationen wandeln - bald langsamer, bald schneller -, so wandeln sich auch - langsamer oder schneller - die großen Figurationen, die wir Gesellschaft nennen* ... *Denn die Wandlung der Figuration erklärt sich zum Teil aus der engogenen Dynamik der Figuration selbst, aus der immanenten Tendenz einer Figuration frei konkurrierender Einheiten zur Monopolbildung"* (10/LXVIII + LXIX).

Die Juden können vor allem deshalb von sich behaupten, über eine wirklich als Horizont titulierbare Geistigkeit zu verfügen, weil sie meistens in einem historisch-geographischen Umfeld gelebt haben und leben, das sich eher durch eine massive Horizontlosigkeit auszeichnet. Stets mindestens geneidet und verachtet, ungünstigstenfalls verhaßt und in den Holocaust getrieben, haben sie ihre eigene Identität durch die Isolation gewonnen, die durch ihre jeweilige Nachbarschaft ihnen auferlegt worden ist. Es handelte sich dabei freilich nur um eine Isolation im außergeldlichen Bereich, in der Freizeit sozusagen, während der Alltag durch die intensiven jüdischen Verflechtungen in den Finanzkreislauf an ihren Präsenzorten durchmischt vonstatten gegangen ist. Diesen unterschiedlichen Figurationen zufolge mußte sich, verbunden mit dem ständigen Gefahrenbewußtsein um Leib und Leben, ein ganz besonderer Lebensstil mit ganz besonderen kommunikativen Fähigkeiten herausbilden. Daher sind die Juden auch die Exponenten einer auf hohem Niveau veralltäglichten Praxis von Geist und Geld. Im extra-pekuniären Lebensbereich und wie auch etwa in der Frankfurter Judengasse jahrhundertelang hermetisch von der sich als christlich titulierenden Außenwelt abgeriegelt, mußten die Juden also sich sozusagen selbst unterhalten, woraus ihr besonders hohes Talent für das Entertainment wohl hervorgegangen ist, das bis heute gerade in Frankfurt voll nachwirkt.

Um nun auf Elias zurückzukommen, so läßt sich das Jüdischsein auch als eine Form des Tanzes beschreiben, umsomehr in der deutschen Gesellschaft, die ja so etwas wie einen figurativen volkskulturellen Tanz bis heute nicht entwickeln durfte. Stattdessen stellen die Deutschen, mit wachsendem Abstand vor dem Rest der Welt, die Abonnement-Weltmeister im Formationstanz (und auch in der Dressur beim Reiten!). Die ureigentlich figurativste, also bewegungsindividuellste Verhaltensmöglichkeit, der Tanz, ist zu einem maximal ästhetisierten und textilisierten Militarismus transformiert, eine ziemlich einmalige Metamorphose in der Welt. Entsprechend groß ist der Neid auf alle Länder, deren Menschen auch regierungsamtlicherseits tanzen dürfen, weil es eben der Stil ihres Landes ist, der sich nicht einem vollkommen irrationalen staatlichen

Gewaltmonopol in den Weg zu stellen hat. Die Begeisterung für Hip-Hop und Lambada ist daher nur zu verständlich, leider jedoch fast ausschließlich bei den jüngeren Deutschen!

Mit dieser für den Themenbereich Geist und Geld etwas unkonventionellen Herleitung möchte ich nicht nur die etwas alternativ angehauchte Trias von Simmel, Steiner und Elias in ihrer Aufarbeitung beenden, sondern auch die historisierende Einführungssequenz zur ersten Moderne in zusammenhängender Darstellungsform abschließen. Im weiteren Verlauf dieser Dissertationsschrift wird die zweite Moderne nach 1968 im Mittelpunkt der Ausführungen stehen, die natürlich immer wieder, insbesondere bei der Präsentation der Frankfurter Schulen, durch die intellektuellen und reflexiven Anfänge aus der ersten Moderne bereichert und ergänzt werden wird. Der Tanz als Inkarnation zwischenmenschlicher Interaktion, auch als Metapher für viele Subjekt-Objekt-Beziehungen, wird auch weiterhin, zumal es ja immer um Horizonte und Präsenzen im Frankfurter City-Anthropos geht, figuratives Essential bleiben und diese Arbeit begleiten!

2.4 Eine soziologische Analyse des quartären Unternehmens

2.4.1 Von der Unternehmenskultur zur Lean Production im Post-Fordismus

Primär, Sekundär, Tertiär, Quartär, Quintär: Diese sowohl wirtschafts- als auch lebensstil-und bewußtseinsgeschichtlich anwendbare Sequenz aus gesellschaftsepochalen Phasen läßt sich in Frankfurt, mit Ausnahme primärer Tranchen, die insbesondere im Rahmen der Rohstoffgewinnung liegen und heute nur noch in einigen wenigen Regionen des Ruhrgebietes vorzufinden sind, wieder einmal in besonders plastischer Anschauungsform ersehen. Sowohl die fordistische Industrie und Produktion des Sekundär und Tertiär als auch die post-fordistische nach-industrielle quartäre Form des Wirtschaftens (Quintär läßt sich als formelle Variante des Produzierens, wie später zu lesen sein wird, nicht terminologisieren) existieren in der Mainmetropole nebeneinander, wobei sich die Proportionen in der bislang im kontinentaleuropäischen Raum schnellsten zeitlichen Progressivität immer mehr zuungunsten des Sekundärs und zugunsten tertiärer und insbesondere quartärer Wirtschaftsleistungen verändern, die im günstigsten Fall im Frankfurter Stadtraum seit dem Sommer 1994 zu quintären Individualanthropologien führen können!

Etwa zwischen 1860 und 1980 hat die vor den Kriegszerstörungen größte zusammenhängende deutsche Altstadt und einstige Freie Reichsstadt Frankfurt am Main ihren jahrhundertewährenden Charakter durch eine vor allem nach dem Krieg und seinen Zerstörungen fast ins Brutale hineinreichende fordistische Industrialisierung restlos verloren.
Schon im letzten Drittel des vergangenen Jahrhunderts begann, angefangen mit Hoechst und sich fortsetzend mit Trassen wie der Hanauer Landstraße, das industrielle Sekundär, das in seinen eigentlichen fordistischen Valenzen Frankfurt über drei Dekaden lang nach dem Krieg zweitzerstört hat und zugleich die Ausgangsbasis für eine mit zweistelligen Milliardeninvestitionen forcierte Stadtreparatur und urbane Ästhetisierung bot, die im Sommer 1994, nach rund 15 Jahren kulturalisiertem Bau-Boom, den stadtanthropologischen Status des Quintär erreicht, zu dem natürlich noch viele andere außerbauliche Komponenten gehören. Nach der unmittelbaren Erstsättigung Mitte der sechziger Jahre, die freilich deutschlandweit wie auch noch die siebziger Jahre durch die

kriegsbedingten Aufholjagden im wesentlichen industriell-sekundär akzentuiert waren, setzte in Frankfurt durch die Entscheidung der in den fünfziger Jahren zunächst im Bonn-nahen Düsseldorf residierenden Großbanken, nach der Positionierung der Deutschen Bundesbank in Frankfurt ebenfalls an diesen Finanzplatz zu gehen, ein tertiärer Büro- und Dienstleistungsboom ein, der schließlich in die Wolkenkratzer-Skyline der ersten Generation von 1973 bis 1978 mündete.

Angesichts einer brachialen Stadtumgestaltung mit weiteren riesigen Wunden aller Couleur vom U-Bahn-Bau über das sich massiv erotisierende Bahnhofsviertel bis hin zu Dauerdemonstrationen im City-Raum war die Stimmung in der Stadt miserabel. Auch die ersten Hochhäuser, mit noch durchweg fordistischen Arbeitsplätzen und zu Beginn des Massen-EDV-Zeitalters selbst in den siebziger Jahren noch nicht mit entsprechenden Doppelböden für das Kabelwerk ausgestattet, konnten nur Flüche von seiten der Frankfurter ernten. In den wilden siebziger Jahren, ebenfalls eine der typischen deutschen Verspätungen, war es erst unter der SPD-Ära Brandt/Schmidt möglich, die gewerkschaftlichen Aktivitäten voll in betriebliche Mitbestimmungsrechte zu transformieren. Über die Faktoren Unternehmenskultur in den achtziger Jahren und Lean Production in den neunziger Jahren fand und findet das Rahmengeschehen um den Wirtschaftsalltag herum schließlich wieder Anschluß an die insbesondere nordamerikanischen, neuerdings auch japanischen Innovationen.

Natürlich soll sich auch diese Abhandlung vor allem mit den spezifischen Gegebenheiten in Frankfurt auseinandersetzen. Dazu muß man wissen, daß angesichts der hier und im Rhein-Main-Gebiet ansässigen tertiär-quartären Dienstleistungswirtschaft ein relativ hoher Prozentsatz der Arbeitsplätze bereits als post-fordistisch bezeichnet werden kann. Zusammen mit dem Großraum München und den insbesondere durch hohe Medienpräsenzen geprägten Solidärstädten Hamburg, Düsseldorf und Köln weist Frankfurt die progressivste industrielle Struktur auf und wird ziemlich genau 1997 vollends in die postfordistische Phase übergegangen sein. Alleine der Frankfurter Westen mit dem Hoechster Stammwerk sowie die weiteren Standorte der Chemie werden sich auch dann dem neuen Mainstream immer noch nicht angepaßt haben.

Nach dem weitgehenden Abschluß des Flughafenausbaus rund um den Terminal 2 im Süden, der mit modernen Gewerbegebieten und Bürobauten abgeschlossenen ökonomischen Ersterfassung des immer noch ansatzweise dörflichen Nordens und der gewaltigen Substanzerneuerung und Tertiärisierung in der riesigen Industriezone des Frankfurter Ostens inklusive Offenbachs wird die industrieästhetische Metamorphose der siebziger, achtziger und neunziger Jahre zu einem relativ finalen Abschluß kommen. Zur Jahrtausendwende, wenn die universaleren Inhalte der Lean Production auch in der heimischen Wirtschaft ihre Anwendung finden, wird die derzeit wahrnehmbare Rückkehr zu einer langsamen, aber sicheren De-Spezialisierung und damit eine Annäherung an die Arbeitsplatzstruktur vor der industriellen Massenfertigung Mitte des 19. Jahrhundert zu seinem gewissen Ende gelangt sein. Die meisten Städte in Deutschland sind allerdings auch fünfzig Jahre nach dem Krieg von solcherlei Perspektiven weit entfernt. Im gesamten Ruhrgebiet sowie in Ostdeutschland sind die neunziger Jahre ja erst die Auftaktdekade für den gewaltigen Umbruch vom hochauthentischen fordistischen Sekundär in ein gewisses Erst-Tertiär. Ost-Berlin wird auch im Jahre 2020 noch nicht nennenswert von der ästhetischeren post-modernen Seite des Kapitalismus, seine peripheren Lagen betreffend, beglückt sein, wie überhaupt die Areale am 161 km langen ehemaligen Mauerstreifen Berlins noch viele Jahrzehnte in weiten Teilen vor sich hindümpeln werden, wenn sich nicht alle arbeitsfähigen Bundesbürger in Kürze zu einem Berlin-Bau-Jahr verpflichten. Während also Ost-Deutschland bis etwa 2050 und viele Städte im Westen, auch solche wie Nürnberg, Dortmund oder Bremen, ja selbst sogar bedingt Stuttgart, industrie- und städtebaulich bis 2020 essentiell beschäftigt sind, falls sie den Fordismus wirklich mit all seinen Begleiterscheinungen verlassen wollen, sind die neunziger Jahre für Frankfurt/Rhein-Main das Auslaufjahrzehnt der gewaltigen Überanstrengungen der letzten Jahrzehnte. Abgesehen von den oben aufgeführten peripheren Projekten kommen noch erhebliche Veränderungen am Main und im Hafenbereich sowie am Rebstockgelände als City-West-Eingangstor hinzu. In der Innenstadt selbst steht nur noch die Nachverdichtung im alten Bankenviertel rund um die Neue Mainzer Straße mit mindestens fünf Vorhaben an, die aber wegen der dort bislang noch nicht errichteten öffentlichen Räume außer für die hier Arbeitenden keine additiven Belastungen unter dem Aspekt der magistralen Flanerie darstellen werden.

Die scheinbar ewige Baustelle Deutschland, in der Berlin spätestens im Jahre 1995 Frankfurt einen seiner Stressoren, die größte verbaute Materialmasse je Einwohner, abnehmen könnte, derweil die Mainmetropole zwischen 1993 und 1999 den Feier- und Jubiläumsexzeß zelebrieren wird, den Berlin seit 1987 bis inklusive 1993 "organisierte", ist zu eigenständigen Entlastungen und Weichheiten nicht in der Lage und kann hier nur von US-Novitäten weniger Schwere erwarten. Auf der Suche nach Spitzenleistungen fanden Peters und Waterman Anfang der achtziger Jahre das Heil im Medium Unternehmenskultur, während das Massachusetts Institute of Technology im Rahmen einer weltweit durchgeführten Automobilstudie Ende der achtziger Jahre die schlanke Produktion als Rettung der euro-amerikanischen Industrie vor der japanischen Offensive (und nach dem bereits seit den sechziger Jahren in Japan vorbildhaften System) proklamierte!

In drei Beispielen aus Frankfurt möchte ich zunächst die Unternehmenskultur ein wenig ausbreiten, die viel mit Outfit und wenig mit Ethik, so ihre vielen Kritiker, zu tun hat und deshalb als additive Kategorie des Profits betrachtet wird, die den Kulturbegriff bedenklich verflachen läßt, ja fast schon kriminalisiert. Die zwanziger und die achtziger Jahre des 20. Jahrhunderts gelten ja neben den wilhelminischen- und Altstadtresten als die beiden bedeutendsten heute im Frankfurter Stadtbild vorzufindenden baugeschichtlichen Epochen. Vor allem der Sozialwohnungsbau von Ernst May in den zwanziger Jahren (u.a. Römerstadt) wird auch in der Gegenwart immer wieder als besonders löbliches Beispiel erwähnt. Auch auf dem Firmengelände von Hoechst, angesichts der skandalösen Umwelt-Unfall-Serie vom Frühjahr 1993 natürlich besonders markant als mit dem Firmengeist offensichtlich unvereinbar einzuschätzen, repräsentiert der in den Zwanzigern von Peter Behrens geschaffene alte Hauptverwaltungsbau ein Firmensymbol im Rang eines ähnlichen Mythos, wie die leuchten Pyramide des Messeturmes ein Symbol für die Dynamik des zeitgenössischen Frankfurt sein soll.

Unabhängig von den vielen Betriebsstörungen und einer für dumm verkauften Öffentlichkeit hat die Behrens-Kathedrale, als Monumentalskulptur aus Stein konzipiert, wenig bis nichts mit dem Charakter der auf dem Firmengelände von Hoechst ausgeübten Tätigkeiten zu tun. Die zu weiten Teilen an die 100 Jahre alte "authentisch" belassene Gebäudelandschaft vergegenständlicht geradezu eine Antithese zur City-Glaspalast-Skyline. Außerdem ist der Kunstbau nicht öffentlich zugänglich und setzt sich damit auch keinem öffentlichen Diskurs über Sinn und Zweck seiner Präsenz aus. Doch auch für die Angestellten von Hoechst kommt er über eine rein äußerliche Zurkenntnisnahme nicht hinaus. Die Jahrhunderthalle repräsentiert da schon eher ein firmenübergreifendes Kommunikationsforum. Auch wenn für einige wenige Tage die gentechnischen Anlagen im Stammwerk zur Besichtigung anstanden: Das Verhältnis zwischen Hoechst, seinem Umland und den Bewohnern des Frankfurter Westens ist nahezu tödlich gestört, zumal die sechs bis sieben umliegenden Stadtteile optisch ebenso unsympathisch aussehen wie die eigentlichen Anlagen. Ganz Frankfurt, sogar der bis vor kurzem so schäbige Osten, ist anders geworden, wollte anders werden. Hoechst ist geblieben. Hoechst will nicht anders sein! Aber vielleicht zeigt sich ja der neue Vorstandsvorsitzende atmosphärisch lernfähiger als seine Vorgänger!

Die Bürostadt Niederrad konnte bis inklusive der achtziger Jahre nur ein durchweg negatives Image auf sich zentrieren, glänzte doch die Architektur der Bürobauten nur durch bloße Funktionalität und war doch das Ausgestorbensein nach Dienstschluß für vor allem länger Dienst machende weibliche Angestellte mithin lebensgefährlich. Auch das mittlerweile abgerissene Pueblo ist ja schon in seinen letzten Jahren nicht mehr als ein "indianischer Leerstand" gewesen. Doch postmoderne mit Kunst am und im Bau bereicherte Prachtbauten wie das 1990 fertiggestellte von Hertie maßgeblich mitfinanzierte Atricom sowie die beiden anderen Super-Flach-Dome Astro-Park (1992) und Aculeum (1994), letzterer zu verstehen als ein 250 Meter langes "Hochhaus auf dem Boden" mit einer seitlich herausragenden Speerspitze, bringen einen Hauch von kulturalisiertem Design in die so verrufene Bürostadt. Das werktags von 8 - 17 Uhr auch öffentlich zugängliche Atricom-Kunst-Foyer-Bistro hat gar die moderne Kunst nach Niederrad gebracht. In einem riesigen Glas-Atrium bilden zebraähnliche monumentale Tierkörper, zur Decke strömend und mit einem riesigen Netzring garniert, einen prächtigen visuellen Rahmen zum Mittagstisch und zur Einnahme von Flüssigkeiten im tief nach unten versetzten rondellähnlichen Design-Bistro. Nicht nur für Hertie-Angestellte und auch nicht nur für Atricom-Beschäftigte, sondern für die gesamte Bürostadt Niederrad ist hier ein mediales Kultur- und Kommunikationszentrum entstanden. Interessierte können sich auch am Wochenende und in den Abendstunden zu einem kurzen Rundgang im Atricom

einfinden, um hier zusammen mit dem brunnengarnierten Vorfeld eine ästhetische stadt- und zugleich unternehmenskulturelle Pluralität wahrzunehmen!
Die Deutsche Bank, zusammen mit dem Flughafen und Hoechst die Lieblinge der kapitalistischen Konfliktkultur in Frankfurt, besitzt mit ihren beiden ersten 1984 fertiggestellten und gemäldeverzierten Türmen das immer noch größte Museum für Moderne Kunst in Frankfurt. Die nur nach Anmeldung und in Gruppenführungen zugänglichen Wolkenkratzer-Galerien, immerhin von rund viertausend Besuchern 1992 frequentiert, sind aber nur ein großer Beschäftigungsschwerpunkt. Die jüngst gegründete Historische Gesellschaft der Deutschen Bank befaßt sich intensiv mit der Wirtschaftsgeschichte nicht nur ihres Bankunternehmens und wird zusammen mit dem dafür engagierten renommierten Frankfurter Historiker Lothar Gall, der ja auch im Rahmen der 1200-Jahr-Feier für die Stadt die Depot-Ausstellung organisierte, 1995 zum 125-Jahre-Jubiläum ein umfassendes dokumentarisches bankgeschichtliches Werk herausgeben. Auch in anderen großen Unternehmen ist zu Beginn der neunziger Jahre wieder mit größerem Interesse an der eigenen Firmengeschichte zu rechnen, was eine umfangreiche wirtschaftsarchivarische Aktivität neuerdings beweist, die sogar zu einem unlängst extra dafür von acht Industrie- und Handelskammern gegründeten Hessischen Wirtschaftsarchiv geführt hat, das aber derzeit noch dem Hauptstaatsarchiv angegliedert ist. Um nun aber wieder auf die Deutsche Bank zurückzukommen, so gehört sie doch immerhin zu den insgesamt vier Wolkenkratzern, in denen auch Nichtbedienstete sich aufhalten können, denn ein Maredo-Restaurant lädt zum Essen ein (außerdem Trianon-Bistro, Genossenschaftsbank-Westend 1, Messeturm-Stars California Restaurant). Wie andere Banken hat auch sie ein interpretationsintensives skulpturales Gebilde vor ihre Türme gesetzt!
In der Ausgabe der FAZ-Sonntagszeitung vom 12. April 1992 behandelte einer der Artikel im Wirtschaftsteil einen Rundgang durch die Galerie der Deutschen Bank. Darin sind auch einige Passagen vorzufinden, die im über 300 Seiten umfangreichen Kunstkatalog des Kreditinstituts nachgeschlagen werden können. Die Kunst soll nicht nur die Räume ausschmücken, sondern ihr kommt auch dergestalt eine dienende Funktion zu, als sie eine Orientierung durch die schmalen, winkeligen, mit hellem Eichenpaneel ausgestatteten Flure ermöglichen soll:
"Um jedem Stockwerk eine persönliche, individuelle Note zu verleihen, wurden

etwa der Hälfte der rund 120 Künstler aus der Kunst-Sammlung jeweils eine der 55 Etagen gewidmet. Der 'Etagenkünstler" darf sich und seine Werke in den Gängen und Liftvorplätzen präsentieren. Aus dem Werk der anderen Künstler finden sich Arbeiten in den Besprechungszimmern. Die Zeichnungen, Druckgraphiken, Collagen und Aquarelle sind auf beide Türme aufgeteilt, im Turm A die Karlsruher Kunstschule mit Horst Antes an ihrer Spitze, im Turm B die von Joseph Beuys geprägte Düsseldorfer Akademie für neuere Kunst in Deutschland.
Die Plazierung der Werke in beiden Türmen wurde nach den Geburtsjahren der Künstler vorgenommen. In den oberen Vorstandsetagen sind die Arbeiten der älteren Künstler ausgestellt. Stockwerk für Stockwerk nimmt das Alter der Künstler ab. Ganz unten sind die Jüngsten anzutreffen. Sie haben ihre Karriere noch vor sich. Dazu ist Kreativität und Leistung gefordert - so wie im täglichen Bankengeschäft. Die Arbeiten der zeitgenössischen Künstler mußten - bis auf wenige Ausnahmen - auf Papier gefertigt sein. Denn Papier ist im Bankenalltag ein unerläßliches Arbeitsinstrument. Am Anfang ist es für jeden ein leerer weißer Bogen, den es gilt, mit Leben zu erfüllen ... In den Gängen auf den anderen Etagen kommt Leben, Beweglichkeit, Kontinuität, Vergängliches, Geschichtliches und sogar Märchenhaftes in den zeitgenössischen Papierarbeiten zum Vorschein ... Die Eingrenzung auf Vertreter der zeitgenössischen Künste ist gewollt. Die Künstler sollen auf einer zeitlichen Ebene mit den Bankangestellten stehen. Die Kunst macht keinen Halt an deren Bürotüren, wie ein Blick in einige Räume verdeutlicht. Dort allerdings entscheidet nicht das Alter der Künstler, sondern der Geschmack des zeitgenössischen Bankers, welche Kunstwerke seinen Arbeitsplatz schmücken" (11).

Niemand wird angesichts einer derart durchdachten künstlerisch-gestalterischen Konzeption sagen können, die soziale, ästhetische, kulturelle und kommunikative Kompetenz läge ausschließlich bei den subventionierten staatlichstädtischen Institutionen und Trägern von Kultur und Kunst. Die Kunstankaufskommission der Deutschen Bank, deren Präsenz sich etwa bei der alljährlichen "Art Frankfurt" jede ausstellende Galerie gerne bei sich erhofft, kann es sicherlich trotz ihres offensichtlichen kommerziellen Anstrichs mittlerweile mit den Experten in den öffentlichen modernen Museen aufnehmen. Die nunmehr auch quantitativ umfangreicher gewordene Fraktion der

Befürworter privater Kulturinvestitionen fordert daher für den weiteren Verlauf der neunziger Jahre angesichts der notwendigen West/Ost-Umverteilungen gar ein stärkeres Engagement der Sparkasse und Großbanken bei der Aufrechterhaltung des bisherigen kommunalen Kulturleistungsvolumens. Ich meine, daß eine Beteiligung bis zu 10 % auch am Frankfurter Kulturetat nicht nur durch die Banken-Wirtschaft keineswegs ein ethisches Verbrechen wäre, sondern im Gegenteil eine Forderung von Kunst, Monopole zu bekämpfen oder gar zu beseitigen, entscheidend unterstützen und pluralisieren würde!

Nach der Schilderung der drei unternehmenskulturellen Beispiele zu den Firmen Hoechst, Hertie und Deutsche Bank möchte ich nun die Wertigkeiten der beiden außer-gewerkschaftlichen nicht durch Verrechtlichungen gekennzeichneten Phänomene Unternehmenskultur und Lean Production (Schlanke Produktion) diskutieren und spektralisieren.

Peter Koslowski, unter anderem für das Design der geplanten Öko-EXPO 2000 in Hannover zuständig, plädierte im Rahmen eines Vortrages vor dem Architektentag 1990 für eine Kultivierung des Unternehmens mit dem Medium einer Durchdringung ökonomischer, ästhetischer und ökologischer Aspekte, eine Trias, die das Sinnbild post-modernen Wirtschaftens zum Ausdruck bringt. Durchdringung ist für ihn eine spezifische Form der Vereinigung von Mannigfaltigem und von Vielheit, die ja in mittlerweile sehr vielen Unternehmen in unserem akademisierten, durchkopften und multi-kulturellen Zeitalter, in Frankfurt natürlich wieder prozentual am breitesten, ein Tatbestand geworden ist.
In jedem Unternehmen, vom sekundären "ausländerträchtigen" bis hin zum quartären "intellektintensiven" Sektor, sind erhebliche kulturelle Vorleistungen in puncto Erziehung, Normen, Mentalitäten, Sprachen, Kunst und Wissenschaft präsent. Koslowski fordert daher angesichts der vermehrten betrieblichen Qualitäten, daß sich alle *"Handlungsorientierungen in der postmodernen Kultur durchdringen müssen. Sie dürfen sich nicht nur wie in der Moderne ausdifferenzieren und nebeneinanderstellen. Die postmoderne Forderung der Durchdringung von Handlungsorientierungen gilt für die Gesamtkultur, wie für die Unternehmen als Teil der Gesamtkultur, in der sie arbeiten"* (12).
Die Aufgabe der Kultur, die Mitte zwischen Beliebigkeit und zwanghafter Vereinheitlichung zu finden, gilt auch für jedes einzelne Unternehmen. Wenn es

sich jedoch in diesem Balanceakt ungeschickt verhält, verliert es den Kontakt zur Außenwelt und zum Kunden. Es wird dann zu einer wirtschaftlichen Sekte, für die nur noch der Innenraum des Unternehmens gilt. Die Wirtschaft verfügt jedoch, so meint Koslowski, über ein höchst wirksames Mittel gegen die Sektenbildung in der Unternehmenskultur, nämlich den Wettbewerb. Schließlich unterhält jedes Unternehmen mindestens einen aus drei Öffentlichkeiten sich ergebenden gleicherweise zirkulativen wie kommunikativen Kreislauf, nämlich zum einen die interne Ebene der Mitarbeiter, zum zweiten die erste externe Ebene mit den Kunden und zum dritten die zweite externe Ebene mit der Öffentlichkeit, die sich aus weiteren möglichen Kunden und Konkurrenten sowie interessierten Laien oder Betroffenen der Firmenproduktion rekrutiert.

Ein besonderes Merkmal der deutschen Unternehmen, die sich bis in die achtziger Jahre hinein mit ihrer Bunkermentalität, die Hoechst bis zu den 93er-Störfällen ausgezeichnet hat, gegen jeden Einblick von außen verwahrten und trotzdem mit ihrer "Sonderverfassung" auf ihren zu exterritorialen Zonen degradierten Betriebsgeländen glänzende Ergebnisse einfuhren, ist nicht nur für das Wohlbefinden der Belegschaft schädlich, das in allen Belangen der Führung, Konversation und Mündigkeit in internationalen Vergleichsstudien miserabel ausfällt. Auch für Vorhaben im produktionsimmanenten Bereich ist, wie später zu sehen sein wird, eine intakte und allseits akzeptierte Unternehmenskultur die Voraussetzung. Nach jetzt 46 Jahren DM-Wohlstand und breiter Begabung zur informellen Geldbesorgung und Unterhaltsgewährleistung gehen den Betrieben so eher die Arbeiter aus als die Arbeit. Auch das ist ein Charakteristikum der post-fordistischen Kultur-Revolution!
Peter Koslowski plädiert nicht nur im kulturellen Bereich für eine maximale Kontextualität mit einer das Ganze bereichernden Einbringung aller Horizionte, sondern will auch den sozialen Umgang unter der Prämisse der gegenseitigen Hilfe und Pflege sehen. Das Prinzip der Subsidiarität, das die EG als einzigen Eingriff in nationale Zuständigkeiten für sich beansprucht, definiert Koslowski in seiner Vorstellungswelt wie folgt: "*Ebensowenig wie die Familie in ihrer Funktion durch den Staat ersetzbar ist, kann die regionale und nationale Kultur durch die Weltkultur ersetzt werden. Die Weltkultur der Menschenrechte und des kulturellen Austausches ist auf die subsidiären Leistungen der nationalen Kulturen, auf die Menschheitsexperimente der Daseinsdeutung und Lebens-*

ordnung, welche die Einzelkulturen darstellen, angewiesen. Nicht Pluralismen, sondern Subsidiarität ist das Prinizip der Postmoderne. Nicht multikulturelle Beliebigkeit, sondern subsidiäre Gliederung der Kulturen ist die Signatur der kommenden Weltkultur" (12).

Koslowski rechnet also mit der Fähigkeit der Menschheit, sich noch kulturell zu steigern, nach dem Golf- und Jugoslawienkrieg und dem Barbarisierungsschub auch in Deutschland eine vielleicht doch zu hoffnungsfrohe Vision. Unternehmen sind demnach nicht künstlich gemachte Gebilde, sondern sollen als Kontinuum zivilisatorischer Artefakte eine Steigerungsform ihres kulturellen Seins und ihrer Kulturhöhe realisieren. Dazu bedarf es allerdings schon einer beachtlichen Autonomie, um gegen den Willen der staatlichen und privatkapitalistischen Obrigkeit auftreten zu können. Die Qualität dieser Autonomie muß sich gleichermaßen auf Geist und Geld erstrecken, denn nur wenn beide Ressourcen ausreichend vorhanden sind und "weiche" Kompetenzen sich auf allen Ebenen breitmachen, kann sich eine eigenständige wohlproportionierte unternehmerische Kultursoziologie entwickeln. Auch müßte dann das ethische Grundprinzip des Betriebes Gerechtigkeit sein, sowohl als Sachgerechtigkeit wie auch als Tauschgerechtigkeit, um letztlich als Mitte so etwas wie eine ästhetische Rationalität anzusteuern.

Vor allem die Architektur soll nach Koslowski vorbildhaft das neue postmoderne Universalmedium präsentieren: *"Kontextualität heißt nicht Anpassung, sondern kann auch Kontrapunkt, ironisches Zitat sein. Neben dem Kriterium der Kontextualität müssen die anderen Kriterien architektonischer Qualität wie etwa innere Gliederung der Fassade, konstruktive Originalität und Präzision sowie künstlerische Expressivität beibehalten werden. Kontextualität beinhaltet, daß ein in sich gelungenes Bauwerk sich zugleich in die Zeichensprache und Sinnbildlichkeit seiner Nutzer, seiner Umwelt, seiner Gattung als Bauwerk seiner Bauherren stellt ... Stadtarchitektur soll sich an die Mythen und die Poesie des Ortes anschließen. Der architektonische Kontext erweitert sich zum normativen Kontext des Mythos, wenn die Ursprungsmythen der Stadt in der Architektur und in der visuellen Repräsentation der Stadt wiederaufscheinen"* (12).

Unternehmenskultur und Lean Production: Die Frankfurter Großbanken haben als Unternehmen mit einem quartären Interieur und Exterieur am ehesten die

Möglichkeit, gleichermaßen schlau und schlank zu sein. Norman Fosters Neubau der Commerzbank, ein Wolkenkratzer mit gar quintärem Anstrich, der voll und eigenständig ökologisiert sowie mediatisiert errichtet und ab 1997 durch Wohnungen, Galerien und Restaurants auch im Kern des bisherigen Bankenviertels als ein öffentlich, universal und spezifisch nutzbares Bankgebäude Aufmerksamkeit auf sich ziehen wird, schließt die Post-Moderne aus Funktion und Kunst, Ökonomie und Ökologie, Architektur und Öffentlichkeit, Outfit und Infit wahrscheinlich mehr als würdig ab und konstruiert mit einigen anderen städtebaulichen Figuren so etwas wie eine Frankfurter Anthropologie des Arbeitens und Lebens, die in späteren Kapiteln weiter elaboriert wird.

Der Mensch ist die Mitte, nicht die Produktionsanlagen. Führung, Kommunikation und Kooperation werden nicht entsprechend etwaiger vereinbarter unternehmens-kultureller Schrift-Fixationen zur Kenntnis genommen, sondern miteinander veralltäglicht gelebt. Die richtige Proportionierung zwischen ästhetisierendem Schwulst und inspirierendem teameffektiven produktionsimmanenten geistigen Vor-Handeln: So lassen sich vielleicht die Gemeinsamkeiten von Unternehmenskultur und Lean Production beschreiben, die beide weniger Masse und Firmen-Park anstreben, dafür aber die Lager zugunsten einer konzentrierten möglichst omniintegrativen Arbeitsstruktur auflösen wollen, wobei aus der Praxis der Arbeit heraus die Arbeitenden ihre Arbeit schätzen lernen sollen und nicht - wie von Marx diagnostiziert - Arbeiter zu Arbeit reduziert werden. Ein für deutsche Verhältnisse relativ frühes post-fordistisches Persönlichkeitsprofil dieser Art hatte der im November 1989 ermordete ehemalige Vorstandsvorsitzende der Deutschen Bank, Alfred Herrhausen, der als Philosoph und Banker, als Alltags-Geschäftsmann und visionärer kritischer Vor-Denker, nicht nur in seinem Hause gleichermaßen viele Freunde und Feinde hatte. Zusammen mit der Literaturprofessorin Gertrud Höhler, die als Unternehmensberaterin die Deutsche Bank in ihren Zirkulationsprozessen ästhetisieren sollte, skizzierte Herrhausen in vielen Essays und Reden die andere Wirtschaft und die bessere Bank, sehr zum Verdruß vieler Verantwortlicher im internationalen Bankengeschehen, die sich in ihrem Zuständigkeitsbereich überfordert fühlen. Kurz vor dem Tode von Alfred Herrhausen hatte der Wirtschaftsjournalist Dieter Balkhausen die Gelegenheit zu einer ausführlichen Diskussion mit dem Banker, die

1990 in Buchform publiziert worde. Zu Themen wie der Bedarf an "political animals", die "Unter-uns-gesagt-Gesellschaft", die internationale Schuldenkrise, die Marktwirtschaft, Managementtabus und die Macht als Sünde nahm der Erste aller Deutschbanker mutig Stellung. Als gläubiger Katholik zudem macht alleine die nachfolgende Aussage ja schon Furore: *"Wer Vergangenes unter einem scheinmoralischen Anstrich bewahren möchte, der übersieht, daß spätes Anpassen an notwendige Veränderungen sehr viel schwerer fällt. Damit schneidet er sich ins eigene Fleisch"*. Nicht viel weiter heißt es: *"Das alleinige Heiligsprechen der Arbeit ist sicherlich falsch. Arbeit ist zwar ein besonderes Wort, aber nicht der einzige wichtige Wert für den Menschen. Die Manager, die selbst viel arbeiten müssen und fast immer auch wollen, weil sie ehrgeizig genug sind, versuchen ihr eigenes Verhalten zu einem moralischen Wert hochzustilisieren"* (13/S. 175). Alfred Herrhausen wehrte sich gegen jeden Mißbrauch von Moral und Ethos.

Erst seit kurzem ist die Begrifflichkeit der "schlanken Produktion" auch in deutschen Wirtschaftskreisen in aller Munde, auch wenn Ansätze einer Umsetzung der entsprechenden Inhalte noch lange auf sich warten lassen werden, so sie überhaupt mit dem gewaltigen Schatten des Tuns in unseren Fabriken und Büros vereinbar sind. Wieder einmal mußte das in dieser Hinsicht auch selbst geradezu vorbildhaft rückständige Amerika mit einer Publikation aufwarten, bis hiesige Verantwortliche die Dimension der möglichen Veränderungen erfaßten. Daniel Roos, James P. Womack und Daniel T. Jones waren es, allesamt Mitarbeiter des Massachusetts Institut of Technology, die über 5 Jahre in vierzehn Ländern mit einem Forschungsaufwand von fünf Millionen Dollar in der zweiten Hälfte der achtziger Jahre im Rahmen des sogenannten International Motor Vehicle Programs die weltweit bislang umfangreichste und sorgfältigste Einzelstudie über eine Industriebranche, die Automobilindustrie nämlich, anfertigten. Sie nannten die Erkenntnisse ihres Projektes deshalb "Die zweite Revolution in der Automobilindustrie", weil es, wie in Japan bereits seit dreißig Jahren insbesondere bei Toyota Usus, um eine radikale Ablösung der in Amerika und noch mehr in Europa im Automobilgeschäft immer noch üblichen fordistischen Massenproduktion als der ersten auch industriellen Revolution überhaupt in eine Lean Production genannte Produktionsform geht. Dazu heißt es in der Studie einleitend: *"Schlanke Produktion verschmelzt alle Funktionen vom Top-Management über die Arbeiter bis zu den Zulieferern zu einem integrierten ganzen, das rasch und effizient auf Konsumentenwünsche im Markt reagieren kann. Sie kann aber auch die Produktivität verdoppeln und die Qualität verbessern, und gleichzeitig die Kosten niedrig halten"* (14).

Das schlanke Unternehmen, so die Industriesoziologen, kombiniert die Vorteile der handwerklichen und der Massenfertigung, während es die hohen Kosten der ersteren und die Starrheit der letzteren vermeidet. Zu diesem Zweck beschäftigen schlanke Unternehmen auf allen Ebenen der Organisation Teams vielseitig ausgebildeter Arbeitskräfte und setzen hochflexible, zunehmend automatisierte Maschinen ein, um große Produktmengen in enormer Vielfalt herzustellen. Lean Production ist deshalb schlank, weil sie im Gegensatz zur tayloristisch dumpfspezialisierten freudlos-monotonen Massenfertigung überall nur die Hälfte des Potentials einsetzen muß, um trotzdem erheblich weniger fehlerhafte und nachbereitungsintensive Produkte herzustellen. Es genügt in der funktionierenden Endstufe die Hälfte des Personals in der Fabrik, die Hälfte der Produktionsfläche, die Hälfte der Investition in Werkzeuge, die Hälfte der Zeit für die Entwicklung eines neuen Produktes und die Hälfte des notwendigen Lagerbestands, der im Optimalfalle wenige Tage bis Stunden beträgt. Ein von der Produktentwicklung bis zur Endmontage ohne Zu- und Abläufe tätiges hochmotiviertes und verantwortungsbewußtes Team, das angesichts seiner universalen Kenntnisse ständig mit hohen Aufgaben bedient werden möchte, löst die klimatisch vergiftete und hochfehlerhafte hierarchische Produktion der Spezialisten oder besser "Fachidioten" zugunsten einer nicht auf Titelambitionen ausgerichteten Team-Leistung ab. Lean Production wäre somit die unternehmerische Kulturalisierung der physischen Arbeitsvorgänge, nicht zuletzt auch wieder ein gewaltiger Schritt in Richtung Anfang allen Wirtschaftens vor der ganzen unglückseligen Ära der Arbeitsteilung.

Lean Production als post-fordistisches Produktionsangebot will die Unannehmlichkeiten der fordistischen Produktionsära überwinden. Ihre Hauptmerkmale, tayloristische Spezialisierung und Mechanisierung als Form der Arbeitsorganisation, verbunden mit einer Polarisierung der Qualifikationen und Verantwortlichkeiten zwischen Planenden und Ausführenden, wollten dazu beitragen, den Massenkonsum als zentralen Absatzmarkt der Produktion zu optimieren. Eine rigide Institutionalisierung und größtmögliche Durchorganisierung der Strukturverhältnisse inklusive Sozialgesetzgebung, Tarifautonomie und Wohlfahrtsstaat gehörten und gehören zu diesem Konzept der fabrikinternen und fabrikexternen räumlichen Materialisierungen dazu, die die Städte wie die Unternehmen und Produktionsanlagen zu Betrieben werden ließen. Der post-fordistische Ansatz dagegen impliziert flexible und qualitative Regulationsweisen sozialer und politisch-ökonomischer Beziehungen, welche das kapitalistische Dispositiv der betriebsinternen Räumlichkeiten in dem Sinne urbanisieren, als sie erheblich mehr mentale Flexibilität fordern, Lager-Fords nahezu gänzlich überflüssig machen und die Produktionsbereiche quantitativ verschlanken und qualitativ dergestalt arbeits-lebens-stilistisch segmentieren, daß für alle Beteiligten grundsätzlich überall Zugang herrscht und sie als homogene und de-hierarchisierte Öffentlichkeit maximal heterogene Entfaltungsmöglichkeiten zeigen dürfen respektive aus betriebsrationeller Perspektive demonstrieren müssen.

Wenn post-fordistisches Handeln als "best practice" verstanden wird, die die Arbeit wieder zu einer Quelle ideeller und ästhetischer Wertschöpfung gedeihen lassen möchte, dann hat, so meinen Kritiker aus den Gewerkschaften, die MIT-Studie zur zweiten Revolution in der Autoindustrie angesichts ihres ausschließlich angebotszentrierten Charakters ihr vermutliches Begleitziel eines auch ökologischen und gesellschaftspolitischen Ansatzes weit verfehlt. Der japanische auf dem Senioritätsprinzip basierende und deswegen in der westlichen Hemisphäre privatwirtschaftlich so nicht kopierbare "Toyotismus", der insgeheim natürlich angesichts seiner Maxime, daß die Sieger im Produktivitätsrennen nie Überkapazitäten aufweisen werden, schon einige vollkommen ausgepowerte "Opfer" hinterlassen hat, kann natürlich auch deswegen den Gewerkschaften nicht genehm sein, weil dann firmenintern die Energien in eine als progressiv verstandene produktive Fortschrittlichkeit investiert werden, die sonst in aufgesetzten Gremien gebündelt sind oder sein sollten. Wir haben halt eine ganz andere Tradition. Das in Deutschland so vorzüglich funktionierende System aus Konfliktregulierung und Kooperationsfähigkeit wäre in guten schlanken Unternehmen nahezu ebenso überflüssig wie eine vorbereitende klassische Ausbildung in Form der Lehre oder des Studiums, weil sich alle Potentiale in die Betriebe verlagern würden und als Ausbildung eigentlich die Eingliederung in das möglichst lebenslang zu begleitende Produktions- und Arbeitsteam respektive die Betriebsgemeinschaft ja ausreichen würde. Weniger Staat und weniger Bildung wären die Folge. In Japan, wo Staat und Ministerien jeden Versuch zur Aufblähung der Wirtschaft forcieren und eine nach westlichen Mustern freiheitliche und freizeitlich ambitionierte Gesellschaft noch immer nicht existiert, sind solche Lebenslänglichkeiten, die bei uns ja auch erst nach der Kulturrevolution von 1968 innerhalb der jüngeren Generationen biographie-planerisch weitgehend ausgeschlossen werden, noch ohne Widerstände einkalkulierbar. So bleibt generell zum Thema Lean Production bei einem Vergleich zwischen Japan und Deutschland festzustellen, daß angesichts der kaum vergleichbaren gesellschaftlichen Zustände schlanke Produktion in unseren Unternehmen zwar sicherlich hier und da im Sinne wieder universaler werdenden Tätigkeiten umgesetzt werden kann, wobei freilich es kaum denkbar ist, vor dem Hintergrund der bei uns fast final zerstörten Vertrauensbasen auf allen Ebenen ein System wechselseitiger Verpflichtung zu installieren, das als Wertegemeinschaft dauerhaft gemeinsam seine Aufgabe verrichtet, zumal die beschleunigt zu erledigenden Arbeiten in Ostdeutschland eher wieder den Rückgriff auf "bewährte" fordistische Abläufe nahelegen!

Was nun hat die schlanke Produktion für Frankfurt zu bedeuten respektive hat etwa das Lean Banking hier schon eingesetzt? Bilanztechnisch machen die Kreditinstitute den Eindruck einer soliden Erholung, wenn Zusammenschlüsse in großem Stil sowie Eigenkapitalverstärkung zu einer deutlichen Verbesserung der Reingewinne und zugleich einer Aufstockung der Reserven für unsichere Kredite führen, die mit Blick auf Osteuropa und die leichte Rezession des Jahres 1993 ja derzeit ziemlich Konjunktur haben. Als Medium der Rationalisierung, als das es hoffentlich in wieder besseren Wirtschaftszeiten nur in einer qualitativen Dimension verstanden wird, bedeutet Lean Banking für die Zukunft etwa im Zweigstellennetz der großen Institute eine Hierarchisierung des Angebots im Sinne einer Dreiteilung, die leider strukturschwache Stadtteile nur noch mit ausschließlich computerbestückten Filialen als reine Zahlstellen bedienen wird.

Angesichts des insgesamt eher defizitären Zahlungsverkehrsgeschäfts rechnet sich Personal für solche Geschäftsstellen schon längst nicht mehr. In Filialen mit mittelmäßigem Beratungsbedarf stehen einige Experten für die "durchschnittlichen" Dienstleistungs- und Produktangebote einer Bank zur Verfügung. Vollausstattung in allen Belangen werden wohl Ende der neunziger Jahre nur noch die Bezirke haben, in denen eine wohlhabende Klientel verkehrt, die ein

alle Finanzdienstleistungen umfassendes Serviceangebot potentiell in Anspruch nehmen kann.
Vollcomputerisierte Geschäftsstellen ohne Personal gibt es freilich schon seit einigen Jahren und hier auch in gehobenen yuppifizierten City-Räumen, wenn dort mit einer hohen quantitativen Bedienung zu rechnen ist. Insgesamt ist Deutschland im internationalen Vergleich sowohl "over-banked" als auch mit erheblich mehr Personal für den gleichen Aufwand ausgestattet. Das liegt freilich auch an der Tatsache, daß hier die stille Revolution der Virtualität im Büro noch bei weitem nicht so fortgeschritten ist wie in den USA oder in Japan, wo sowohl das Home-Banking als auch nach Hause verlagerte Arbeitsplätze schon einen beachtlichen Umfang erreicht haben. Die totale Vernetzung, die die Frankfurter Börsen-City in Gestalt der Deutsche Börse AG dateninformatorisch mit einem eigenen Satellitenprogrammsystem betreibt, wird bis zum Ende dieser Dekade physische Präsenzen in vielen Büros überflüssig machen. Doch ist der Mensch nicht dazu da, um nicht unmittelbar miteinander zu kommunizieren! Also wird es als Arbeitsplätze mit quartärem Anstrich mehr Integration geben (Verwaltung, Korrespondenz und Entscheidung), es wird, wenn auch sehr sprachvercodet, immer mehr internationale Aufgaben geben, und die Kombination aus vielen guten Verdiensten (in Frankfurt zum Glück proportional nicht so sehr viel schwache Verdienste) und der neuen Medialität des Surroundings führt dazu, daß immer besser ausgebildete Mitarbeiter für sich immer autonomer und souveräner werden, eine Angleichung der Büro-Interieurs an die "Anthropos-Ästhetik" der Frankfurter City also und damit eine Erweiterung des kapitalen Potentials!

2.4.2 Yuppie-Kulturen der Frankfurter Post-Moderne: Banker und Werber
Über Intellekt, Ästhetik und Intelligenz in Dienstleistungsunternehmen

25 Jahre nach 1968, im Mai 1993, wo dieses Kapitel innerhalb dieser als diskursives metropolitanes Kompendium verstandenen Dissertation entwickelt worden ist, wird gerade Frankfurt neben Paris und Prag sowie Berlin des öfteren in den Medien als Stadt präsentiert, die das einst so kritische 1968 in seinen sich bis heute ergebenden zivilisatorischen Folge-Artefakten in einen nicht zuletzt sehr kommerziell angehauchten Standortvorteil transformiert hat.
Anhand der Yuppie-Kulturen der Banker und Werber als den beiden signifikantesten metropolitanen Boom-Milieus der Stadt in der vergangenen Dekade läßt sich besonders ersehen, wie sehr das Talent zur Flanerie zwischen Geist und Geld als kultur- und figurationssoziologisches Konstituens der quintären Frankfurter Anthropos-Ästhetik bei diesen beiden Szenenhaftigkeiten vorhanden ist.

Einführend hierzu muß zunächst einmal geklärt werden, wo eigentlich die arbeitsanthropologischen Unterschiede zwischen einem Bankbeamten, einem Bankkaufmann und einem Banker liegen. Die Verbeamtung auch am Frankfurter Platz bezieht sich zwar rein rechtlich nur auf die meisten Mitarbeiter der Deutschen Bundesbank und der Landeszentralbank sowie noch vielleicht auf staatsnahe Institute wie der Kreditanstalt für Wiederaufbau. Doch erst mit den revolutionierenden Veränderungen der historischen Aktienhausse von 1982 - 1986 und der flächendeckenden Computerisierung und Automatisierung der letzten gut zehn Jahre, die bis Ende 1994 im Börsen- und Bankenbereich alle Defizite der Vergangenheit durch eine ungeheure Rasanz der technischen Entwicklung in Frankfurt kompensiert haben wird, hat sich die Mentalität der meisten Arbeitsplätze so verändert, daß von einer endgültig beamtenfernen Dynamik des Alltagsgeschäfts gesprochen werden kann, die am besten mit der US-Anleihe Drive charakterisiert ist. Verwaltungsakte der bekannten bürokratischen Machart finden sich innerhalb der vier klassischen Felder Zahlungsverkehr, Kredite, Wertpapiere und Ausland eigentlich nur noch im Kredit- und Hypothekenbereich, wo in den Abteilungen in der Zentrale, nicht auf den beratungsintensiven Geschäftsstellen, noch ein Ansatz von Verbeamtung innerhalb des Angestelltendaseins vorherrscht.
Bankkaufleute dürfen sich alle nennen, die diesen Beruf ausüben, ohne entweder leitend zu agieren oder im hochmedialen Wertpapiergeschäft tätig sind. Schalter-

bedienstete mit einfacheren Beratungsaufgaben sowie das Heer der Angestellten in den vielen Abteilungen der Zentralen lassen sich dergestalt zusammenfassen.
Was nun aber ist ein Banker in der speziellen Ausfertigung eines Frankfurter Bankers? Ich denke, auch hier muß eine Differenzierung zwischen mindestens zwei Milieus vorgenommen werden, die sich auf die Altersgruppe bezieht.
Die Herren des Geldes, die die einzelnen Fachabteilungen, Ressorts oder gar Vorstände ausfüllen oder die Filialen oder Bezirke leiten (wo es auch Frauen schon zu Führungsehren gebracht haben), sind meist im fortgeschrittenen Alter, wirken sehr seriös, manchmal ein bißchen langweilig und gehören zudem der Aufbaugeneration nach dem Krieg an, deren Jugend recht unjugendlich ausgefallen ist und deren seniore Institutstreue gepaart mit unternehmerischem Erfolg längst zu Haus oder Villa im Hochtaunuskreis geführt haben! Sie alle sind natürlich Banker, allerdings eher bankimmanent und ohne jede urbane Qualität!
Neben den senioren und daher wenig bis gar nicht urbanen leitenden Bankern, zu denen selbstverständlich auch die zinsentscheidungsbefugten Bundesbanker der oberen Kategorie zählen, gibt es natürlich auch die insbesondere börsenorientierten Jung-Banker, die Möchte-Gern-Karrieristen des schnellen Geldes, die in einem ähnliche Maße, nur qualitativ anders wie ihre etwa gleichalten, sprich zwischen 25 und 35 Jahre jungen Kollegen aus der Werbebranche, figurative Partizipienten am urbanen Geschehen sind. Während nahezu alle älteren Führungskräfte aller Branchen unverändert wenig Identifizierungskraft mit Inhalten der zweiten Moderne nach 1968 aufbringen und mehr oder weniger in einer habitualisierten Beamtenmentalität verharren, läßt sich bei den jüngeren Bediensteten der Dienstleistungsbranche und auch in städtischen und staatlichen Behörden ein deutlicher Trend zur Annahme der Angestelltenaura postmodernen Zuschnitts erkennen. Jüngere Banker im Beratungs- und Wertpapierbereich sowie Werber, sicher auch die mittlerweile große Angestelltenschar im sich spät, aber doch noch privatisierenden und stilisierenden Bereich Tourismus/Fluggesellschaften/Flughafen, verkörpern und repräsentieren die Promotoren von nach-traditionalen Formen der Vergemeinschaftung, die sich im Zuge der Pluralisierung der Lebensstile als stabile Muster der metropolitanen Sozialintegration ausweisen, aber auch deren unmittelbaren und mittelbaren City-Raum für ihre meist hedonistischen Interessen okkupieren.

Um nun Banker und Werber der oben genannten Altersgruppe etwas näher zu betrachten, kann zunächst sicherlich bei allen beiden Berufen von einer hohen medialen und ästhetischen Durchdringung gesprochen werden. Das Surrounding zwischen Wohnung und Büro mit der Frankfurter City als verbindende Aura hat sich angeglichen und dafür gesorgt, daß eine *"Umorientierung von arbeitszentrierten zu lebensstilzentrierten Identitätsformationen"* (15) stattgefunden hat, die bei Werbern angesichts ihres etwas ideelleren Jobs, bei dem die Kopfarbeit gegenüber den Computerverpflichtungen noch gerade konkurrenzfähig ist, zu einer bewußteren und gewollteren Anteilnahme an kulturalisierten urbanen Freizeitangeboten führt, während die Jung-Banker, die weniger dicht, wenn auch mehr als ihre älteren Vorgesetzten, in Frankfurt wohnen, die Festivitäten in der unmittelbaren City besetzen, an der sie freilich auch geographisch näher dran sind als die Werber im Westend oder Nordend. Beide aber sind die Milieuspitzen einer Entwicklung, die besagt, daß die *"Ästhetisierung der Innenstädte und ihr Ausbau zu Erlebniszonen nicht nur auf lokale Politiken zurückzuführen ist, die darauf abzielen, das urbane Umfeld für den Lebensstil der neuen Angestellten in den Wachstumsbranchen attraktiv zu gestalten, sondern daß diese urbanen Veränderungen räumlicher und kultureller Ausdruck der Restrukturierung der internationalen Arbeitsteilung sind"* (15).
Gemäß dem großen Vorbild Manhattan, das nicht nur in Frankfurt, aber hier natürlich besonders intensiv, eine vollkommen neue Innenstadt mit vollkommen anderen räumlichen Konstellationen und Figurationen hervorgebracht hat, wird auch beispielsweise Shanghai bald schon zu ähnlichen Räumen gelangen!

Die in diesem Abschnitt der Dissertationsschrift angeführten Bemerkungen zum Milieu der Banker und Werber sind Teil eines seit 1990 am Frankfurter Institut für Sozialforschung laufenden Forschungsprojektes zum Gegenstand "Urbanität, Lebensstil und Technik in Frankfurt", das von der Deutschen Forschungsgemeinschaft in Auftrag gegeben wurde und in der Nachfolge von Siegfried Kracauers "Die Angestellten" anhand der Dienstleistungsbranche der Mainmetropole untersucht, inwieweit die kultursoziologischen Parameter der ersten Berliner Angestellten-Moderne auch auf die zweite Frankfurter Angestellten-Moderne übertragbar sind, respektive welche Novitäten und Andersartigkeiten sich seit den zwanziger Jahren ergeben haben. Diese Studie, die in einem späteren Kapitel zu Armut und Lebensstil in Frankfurt resultativ wieder Berücksichtigung finden wird, steht in der Fortfolge der großen kultursoziologischen Studien der letzten fünfzehn Jahre, angefangen bei Pierre Bordieu (Die feinen Unterschiede) und sich fortsetzend über die auch in diesen Kontext passende MIT-Studie (Die 2. Revolution in der Autoindustrie) bis hin zu Gerhard Schulze (Die Erlebnisgesellschaft)!

Eine weitere Studie dieser Couleur hat Luc Boltanski 1982 über Führungskräfte erstellt. Auch das aktuelle Frankfurter Forschungsprojekt geht in Anlehnung an Boltanski von der Annahme aus, daß *"Berufsmilieus überhaupt erst hergestellt werden durch die Repräsentationsarbeit ihrer Mitglieder. Repräsentativität verweist in diesem Kontext nicht auf eine statistische Gesamtpopulation, sondern die politische im Kampf um hegemonialen Anspruch errungene Repräsentativität, die das gesellschaftlich dominierende Bild einer Berufsgruppe wiedergibt und das Produkt ihrer Geschichte ist. Es geht bei dieser Perspektive um nichts anderes als die Konstituierung und Durchsetzung der herrschenden Vorstellung vom sozialen Raum und die symbolische Neuordnung der sozialen Welt ... In den so abgesteckten sozialen Räumen kommen Position und Bewußtsein, Identifikation des Individuums mit einer sozialen Gruppe zur Deckung und wird die organische Integration des Gleichartigen, d.h. als Vergemeinschaftung, Realität. Deshalb ist der enorme Bedeutungszuwachs der Dienstleistungsberufe in den letzten Jahrzehnten gar nicht allein durch statistische Zuwachsraten zu erklären. Der zu beobachtende shift in der Ordnung der Repräsentation des Sozialen von der Produktion zu den Dienstleistungen und zur Konsumtion hat vielmehr seine Ursache auch im Verdrängen konkurrierender Formen sozialer Gruppenbildung (Produktionsarbeit) durch den Aufbau der Definitionsmacht der neuen Angestellten um die Positionen von gesellschaftlichen Gruppen im sozialen Raum"* (15).

In dieser Frankfurter Studie des Instituts für Sozialforschung geht es also um das Wechselverhältnis von gesellschaftlicher Rationalisierung und subjektiver Aneignung des sozialen Wandels, der auch als ein krisenhafter und komplexer Umbruch verstanden werden muß, da er zur schleichenden Eliminierung der die alte Bundesrepublik bis in die achtziger Jahre hinein prägenden nivellierten Mittelstandsgesellschaft zugunsten einer wachsenden Differenzierung zwischen kapitalistisch verstandenen Arm/Reich-Kategorien beiträgt. Das neue Technikleitbild Computer, so zeigt eine abgeschlossene Studie zu "Selbstbildern und Lebensentwürfen jugendlicher Computerfans", hat auch anthropologische

Konsequenzen. Über den beherrschten Computer, der eine technikoptimistische Weltdeutung und positive Zukunftserwartung hervorruft, werden materielle Sicherheit, Leistung und Erfolg sowie ein hedonistisches Karriere- und Besitzambiente nach außen produziert und transportiert.

Ein Widerspruch zwischen der selbstbewußten Wahrnehmung von sozialen Stärken und dem Mangel an sinnstiftenden Orientierungen aus der Innenperspektive, verbunden mit einem Gefühl von Austauschbarkeit und Persönlichkeitslosigkeit, alles in allem also die Konstatierung einer inneren Leere, trifft sicherlich auch auf viele Jung-Banker und Werber zu, die mit Abwicklungsaufgaben betraut sind und qualifikatorisch sowie intellektuell nicht den Sprung in die kreativen Etagen geschafft respektive den Weg dorthin anvisiert oder gesucht haben. Allerdings gehören auch bei den Werbern nur gut dreißig Prozent der Arbeitsplätze zum kreativen Bereich, eine Quote, die mittlerweile mit der qualitativen Veränderung des beraterischen oder integrativen oder auslandsorientierten Moments, auch viele Bankbereiche für sich in Anspruch nehmen können. Insofern sind die Unterschiede im Repräsentationsschema dieser beiden Berufsmilieus auf der Ebene der 25 - 35jährigen nur noch minimal, während sie bei den älteren Semestern noch relativ gravierend konstituiert sind.

Die größten Unterschiede im beruflichen Selbstverständnis, so ein vorläufiges Schema innerhalb der Milieustudie des Instituts für Sozialforschung, liegen in der Geschichte und auf der Ebene von Macht und Einfluß. Banken haben natürlich, gerade auch am Frankfurter Platz, eine lange Geschichte mit starken traditionellen Bindungen, einem internationalen Selbstverständnis und einer wie auch immer definierten Machtposition, die sich nicht zuletzt auch aus der institutionellen Schwäche und Nicht-Souveränität der politischen Instanzen der Bonner Republik ergeben haben. Die Werbung dagegen ist von Anfang an sehr zeitgeist- und damit amerikaorientiert gewesen und hat die Neue Welt nach 1945 am unkritischsten und selbstverständlichsten rezipiert und kopiert.
Banker und Werber haben ein starkes Selbstbild. In der Außenbeurteilung jedoch, die von konservativen Kategorien getragen wird, genießen die seriösen und eher intelligenten als intellektuellen Banker eine hohe gesellschaftliche Anerkennung, während die als flippig eingeschätzten "Werbe-Fuzzis" einen immer noch recht geringwertigen gesellschaftlichen Status aufweisen.
Im Gegensatz zur Studie, deren Umfrage allerdings mehr die älteren und leitenden Mitarbeiter der jeweiligen Branche im Auge hat, sehe ich Geld und

Symbolik bei beiden Milieus gleicherweise als maßgebende Stellenwerte innerhalb der gesellschaftlichen Reproduktion an. Der Wille zum wertegewandelten Leben als regulierende Leitinstanz des Seins scheint mir nach eigener Kenntnis und jahrelanger Erfahrung ebenfalls kaum unterschiedlich zu sein, bis auf eine vielleicht noch minimal ausgefallenere und modernisiertere kulturelle Konsumtion der Werber, da deren veralltäglichte Mentalität immer noch etwas expressiver und extremer vorgeht als die Arbeit in der formalisierten Bank. Letzteres ist aber mittlerweile ausschließlich durch die nachwirkenden Konventionen und Traditionen des Bankbetriebes verursacht, in dem es weit stärker als in den durchweg jugendhaften Werbeagenturen vor allem zwischen dem Mittel- und dem Top-Management einen gewaltigen intergenerativen Konflikt gibt, der sich in zwei hermetisch different gelebten Bewußtseins- und Selbstverständniskulturen artikuliert, die sich einerseits durch deutsch-kaufmännisch-bürokratische Traditionen auszeichnen und andererseits durch einen amerikanisierten und internationalistisch massen-yuppiefizierten Berufs-Lebens-Stil bei den Jüngeren!

Frankfurt als das amerikanische Eingangstor Deutschlands und Kontinentaleuropas hat von seinem großen Freund und Förderer mit den Initialen N.Y. in den letzten zehn bis fünfzehn Jahren auch ein spezifisches Alltags-Feeling geerbt, das sich zwangsläufig in den City-Räumen der Hoch- und Flachfinanz einstellt und zu den besseren Übernahmen des US-Kulturimperialismus zählen kann, der sich neben den unschönen gesellschaftlichen Begleiterscheinungen in Frankfurt mittlerweile in einer Vielzahl von lebensstilistischen Hervorbringungen der interessanteren Art niederschlägt, angefangen vom typisch amerikanischen Hochaus wie der DG-Bank über den Juwelier Tiffany und die Football-Galaxy bis hin zum Disney-Verkaufs-Store und der California Cuisine im Stars California Rrestaurant im Messeturm sowie dem Gastspiel der New Yorker MET in der Alten Oper im Mai 1994. Der Drive aber ist jene Kombination aus Movens und Agens, die sowohl in den tertiär-quartären Dienstleistungsbüros als auch auf den Straßen der Frankfurter City die Bewußtseinszustände determiniert.

Banker und Werber als immer noch oft zweistellig wachsende Boomer sind von jenem Drive natürlich besonders infiziert. Die Frage, ob Drive nun eine progressive Begleiterscheinung des städtischen und persönlichen Alltags ist oder die absolute Voraussetzung für die dynamische Besinnungslosigkeit darstellt, die erst der Kultur- und Konsumindustrie alle Möglichkeiten öffnet, kann jeder

nur für sich selbst beantworten. In beiden Milieus ist das Niveau der Vergeistigung mittlerweile auf einem Level angekommen, das eine doch ziemlich uneingeschränkte Selbststeuerung des eigenen Willens und Wollens erlaubt. Die Bewußtseinslage der Banker freilich hat im Gegensatz zu den Werbern zugegebenermaßen auch etwas mit der Internalisierung einer gewissen Größe zu tun. Frankfurt gilt als der viertgrößte Bankenplatz der Welt, ist aber nur die zehntgrößte Werbestadt des Globus. New York, Tokio und London liegen in beiden Bereichen in dieser Reihenfolge an der Spitze. Frankfurt hat eben als Bankenplatz Tradition, während es als Werbestadt erst in den letzten Jahren überhaupt in größerem Umfang in Szene getreten ist. Düsseldorf als zweitwichtigster Standort in beiden Märkten mußte erst abgehängt werden, was bei den Banken entschieden deutlicher als bei der Werbung gelungen ist. Alleine das in Frankfurt gebündelte aktuelle Bilanzvolumen der drei Großbanken beträgt Ende 1994 fat zwei Billionen DM, während der deutsche Werbeumsatz 1993 erstmals die 50 Milliarden DM erreicht hat, wovon nur ein gutes Zehntel in Frankfurt produziert wird, wohingegen der Börsenplatz Frankfurt mittlerweile an die 75 % des deutschen Umsatzes auf sich vereinigen kann.
Ich will also sagen: Parvenüs gibt es sicherlich mehr bei den Bankern, aber wir sind hier nicht in Berlin. Da es in Frankfurt nie und zu keiner Zeit Verbindungen mit staatlich-ministerialbürokratischen oder gar militärischem Größenwahn gegeben hat, ist diese anthropologische Ausprägung von Parvenü sehr ungefährlich. Da zudem Frankfurt ja die Expositionen von Geist und Geld in seinen erweiterten City-Ambitionen beherbergt, kommt es sowieso stadtintern zu einer gegenseitigen Kompensation von Intelligenz und Rationalität auf der einen Seite sowie Intellekt und Kulturanarchie auf der anderen Seite. Die Mainmetropole als eines der Berlin nachgeordneten Konfliktzentren der Republik duldet in ihrem Kern (zu dem Hoechst nicht gehört) auch keinen irgendwie nennenswerten Mainstream, der die Gesetze eines pazifistischen Miteinanders beeinträchtigen möchte!
Besonders die Deutsche Bank stand in der Vergangenheit im Mittelpunkt einer kritischen Auseinandersetzung, die die Engagements der Großbanken in den Konflikt- und Krisengebieten zum Inhalt hat, vor allem dann, wenn es sich um Militärdiktaturen handelt oder bestimmte Minderheiten massiv unterdrückt werden. Zwischen 1980 und 1989, zu Leb- und Verantwortungszeiten von Alfred Herrhausen also, äußerte sich das größte deutsche Kreditinstitut zu

Beginn eines jeden Geschäftsberichtes zu Problemen allgemeiner gesellschaftspolitischer Bedeutung. 1986 war es beispielsweise Herrhausen selbst, der die ewige Frage nach der Macht der Banken thematisierte, 1989 hieß die Fragestellung "Umwelt und Unternehmer - in derselben Krise?". Mit dem neuen Vorstandsvorsitzenden Hilmar Kopper ist bis zur Schneider-Affäre die totale nüchterne Geschäftlichkeit zurückgekehrt. Die jährlichen Geschäftsberichte gestaltet allerdings unverändert jeweils ein anderer Künstler mit, der auch in der Galerie der Deutschen Bank eine Etage für sich beanspruchen kann. Ausführlicher als früher sind die Namensverzeichnisse der Mitarbeiter des Instituts, ein Zeichen für den Rückzug aus der Reflexion und aus der Öffentlichkeit, die wohl erst wieder im Jubiläumsjahr 1995 aus eigenem Antrieb bedient wird.

Auch die Dresdner Bank, die ewige Nr. 2 des Metiers, bereichert die Erfolgs- und Zahlenbilanzen ihrer Berichte mit Einsprengseln aus der Außenwelt, wobei durch die Deutsche Einheit ja Dresden als Namensgeber der Bank wiedergewonnen wurde. Dresden als Geburtsort der Dresdner Bank ziert in großformatigen und ganzseitigen Bildern den Bericht 1989. Das eigentliche Vereinigungsjahr 1990 wird durch einen Essay zu Einigkeit und Recht und Freiheit behandelt. Jede Textzeile der Hymne ist mit etwas deutsch-tümelnden Bildern bestückt, die in Abständen durch den ganzen Bericht hindurch erscheinen. 1991 setzt sich dieser Trend fort. Diesmal sind es Aufnahmen aus dem Harz als einer typischen ostdeutschen Landschaft, zu denen begleitend Verse von Eichendorff und anderen Poeten aufgeführt werden. Der Horizont der Dresdner Bank hält sich also in Grenzen, was man bis 1992 auch von der Commerzbank sagen konnte. Seit der spektakulären Finanzierung des Öko-Hauses infolge eines Grundstückstausches mit einem Areal auf der Mainzer Landstraße und dem Siegespreis für ihren neuen Wolkenkratzer, Norman Fosters durch-ökologisiertes Architektur-Kunstwerk mit einer gewaltigen Speerspitze als Krönung des 298-Meter-Baues, ist also der Umweltgedanke in das Bankhaus eingezogen, noch nicht jedoch in den Geschäftsbericht 1992, der nur ein separates Beiheft zur deutschen und internationalen Wirtschaft sowie zur Lage und den Aussichten im Jahre 1993 enthält.

Die Bundesbank, deren möglichem neuen Vorgesetzten Europäische Notenbank Frankfurt immerhin die bislang aufwendigste internationale Werbekampagne verdankt, die sich als Höhepunkt in einer City-Sonder-Beilage in der Ausgabe des International Herald Tribune vom 12. Mai 1992 artikulierte, verbreitet in ihren Jahresberichten das Alltagsgrau einer Behörde. Ganzseitig werden gleich zu Beginn nur die verstorbenen Mitarbeiter aufgeführt. Nach deren Andenken folgen ein A-Textteil zu Währung und Wirtschaft sowie ein B-Zahlenteil als Jahresabschluß. Selbst die Superautorität Bundesbank präsentiert sich doch nur als ein Amt.

Lokalkolorit kann man von den vier bisher behandelten Instituten natürlich nicht verlangen, handelt es sich bei ihnen doch um die Hauptverwaltungen, deren deshalb abstrakte Räumlichkeit sich natürlich auch in den Geschäftsberichten niederschlägt. Schon etwas konkreter und länger, am 12. Juni 1994 genau 172 Jahre, ist die Frankfurter Sparkasse verankert, deren privater Fusionsteil, das Althaus 1822, eben seit diesem Jahr in Frankfurt Geldgeschäfte betreibt. Die nach der Fusion mit der stadt-institutionellen Sparkasse bei jetzt mehr als zwanzig Milliarden DM Bilanzvolumen drittgrößte deutsche Sparkasse tritt in vielen Bereichen von Kultur und Sport, Jugendförderung und sozialen Angelegenheiten, auch über die der Polytechnischen Gesellschaft e.V. angegliederten Institute, als Sponsor und Förderer von Frankfurter Projekten auf. Neuerdings sorgen die "Frankfurter" beim hyperprovinziellen "Hessischen Sparkassen- und Giroverband" für einige Aufregung, leidet doch angeblich die Verbandstreue darunter, daß sich die 1822 auch als Institut mit eigentlich kommunalen Zuständigkeiten zu internationalisieren wagt und in Luxemburg seit Anfang 1993 eine Dependance betreibt. Horizonterweiterung und Hessen passen ja bekanntermaßen nicht zusammen, schon gar nicht auf der Ebene von Verbänden. Bei der Gestaltung von Geschäftsberichten haben jedoch auch sie nichts zu sagen. So ist natürlich im Rahmen eines bebilderten Essays die Heimatstadt Frankfurt jedes Jahr auf andere Weise Gegenstand einer atmosphärischen Einleitung des Geschäftsberichtes, der neben dem Standard weitere Extras wie die Vorstellung von einzelnen Ressorts und ihrer Mitarbeiter sowie eine Kurzform des Jahresabschlusses in Englisch und Französisch bietet. Um nun vier Jahresberichte zu erwähnen, so stand 1989 Frankfurt als eine Finanzmetropole des neuen Europa im Mittelpunkt. 1990 folgte ein historischer Gang durch drei Bürgerstädte, nämlich Frankfurt, Leipzig und Erfurt, 1991 war vom Geist der Stadt Frankfurt die Rede, 1992 handelte der Eingangsteil von Frankfurts Ambitionen als Hauptstadt nach dem 2. Weltkrieg. Gerade weil das nichts geworden ist, konnte erst die transversale Metropole am Main Karriere als Kapitale machen, freilich sekundiert von den unerfreulichen Begleiterscheinungen der dafür in der engen Stadt notwendigen kapitalistischen Beschaffungen, Besetzungen und Umverteilungen von Raum für die gläsernen Paläste der Hochfinanz (16).

Es wäre wünschenswert, wenn die Banken weniger in ihren Geschäftsberichten, die ja auch nicht mehr leisten können, als die Authentizität des Metiers zu visualisieren, als vielmehr in ihren Räumlichkeiten endlich Symposien und Foren veranstalten würden, die den kaum verständlichen Bankbetrieb sowie einzelne geschäftspolitische Entscheidungen etwas plastischer vergegenständlichen. Alleine das Umweltdezernat konnte im November 1991 die Kreditinstitute zu einem Tagesgespräch über "Banken und Umwelt" im Plenarsaal des Römers an den Tisch bringen. So kann sich der Außenstehende nur durch Berichterstattungen in der Zeitung beispielsweise ein Bild davon machen, daß auch Frauen-Yuppies endlich im unteren, in ersten Ansätzen auch im mittleren Management sowie als Börsenbevollmächtigte langsam Karriere machen. Auf der Ebene der 25 - 35jährigen herrscht eigentlich schon so etwas wie Chancengleichheit, auch wenn Frauen vermutlich ebenso in dieser Altersgruppe nicht darum herumkommen, besser als ihre männlichen Kollegen sein zu müssen, um gehobene Positionen und Verantwortungsbereiche zu erlangen.

Andererseits muß in unserer okzidentalen Welt der Handel nicht per Gesetz gleichermaßen emanzipativ erzwungen werden, weil auch unter den selbstverständlichsten Bedingungen der Gleichberechtigung die Frauen angesichts ihrer biologisch-geschlechtlichen Kondition sowie ihrer dadurch bedingt anderen und hoffentlich noch zumindest gelegentlich ein wenig weicheren Interieurs nicht alle Jobs besetzen sollten, nur weil Männer dort plumpe Mehrheiten bilden. Die Ignoranz der eigenen Ausstattung würde nur zur Formalisierung eigentlich informeller und als Informalität dienlicherer Anlagen bei den Frauen führen, ein Prozeß, der sowieso in Frankfurt wegen der starken karrieristischen und intellektuellen, also materiellen und ideellen Emanzipationsausprägung kampf- und erfolgsgieriger jüngerer Frauen innerhalb der Altersgruppe unter 40 Jahren den Singularismus in prozentuale Höhen getrieben hat, die allmählich die heterosexuelle Zweisamkeit in den Hintergrund drängen, vielleicht doch eines der weniger begrüßenswerten Komponenten des Frankfurter Quintärs, das sich gerade in den Milieus der Banker und Werber geschlechts-stilistisch besonders artikuliert. Hier haben München, Köln oder Hamburg gerade wegen ihrer signifikanten zivilisatorischen Rückständigkeit einen sex-ästhetischen Vorteil und sind für Frauen, die halt ganz einfach unambitioniert Frau sein möchten, sicherlich die besseren Plätze. Eine anthropologische Entwicklung zur Flaneuse, einer Figur, auf die die Weltliteratur bis heute wartet, scheint aber keine Stadt der Welt so richtig anbieten zu können. Mailand oder Sevilla hätten dazu vielleicht eine gewisse Eignung.

Banker und Werber bevorzugen ein liberales und internationales Flair in ihren Surrounding, das sich nicht total, aber doch ziemlich befriedet zeigt. Mittlerweile werden die ersten Stimmen laut, die das allseits verfluchte Frankfurt der sechziger und vor allem siebziger Jahre besser fanden als den heutigen EXPO-nahen Erlebnispark. Richtig ist, daß das Frankfurt vor der Yuppie-Ära der Post- oder Spät-Moderne, allen voran in den wilden Siebzigern, wohl eine der wirklich ehrlichsten und wahrsten Städte der Welt vergegenständlichte. Nie ist in Deutschland und vielleicht auch in Europa so viel für den Rest der Welt "gearbeitet" worden wie in der zuckerlosen und dafür allseits verwundeten Stadt in der Zeit etwa von 1965 - 1980, als die heutige Fest- und Ereigniskultur noch Lichtjahre entfernt schien. Die Yuppifizierung und Festivalisierung des kapitalismusträchtigen Frankfurt hat aber mit Sicherheit anthropologisch ebenfalls Vorbildcharakter und eine anthropozentrische Annäherung zumindest der Jüngeren an den Welt-Standard gebracht. Die Balance zwischen den Ästhetiken des Widerstandes, der Kritik, der Progressivität, des Hedonismus und der Post-Moderne scheint mir proportional im Jahre 1994 im City-Anthropos auf einem für alle Beteiligten annehmbaren und akzeptierbaren Level angekommen zu sein!

Literatur- und Quellenverzeichnis zu Punkt 2:

1) Georg Simmel: **Philosophie des Geistes.** Suhrkamp. Frankfurt, 1989.
2) Georg Simmel: **Vom Wesen der Moderne.** Essays zur Philosophie und Ästhetik. Junius. Hamburg, 1990.
3) Gernot Kramper: **Der willkommene Gast.** Die Intellektuellen und die Anderen: Georg Simmel und andere über Freunde und Fremde. FAZ vom 05.03.93.
4) Rudolf Steiner: **Nationalökonomischer Kurs.** Philosophisch-Anthroposophischer Verlag Dornach, Goetheanum, Nachlaßverwaltung, 1933.
5) Friedrich Häusler: **Geld und Geist.** Bilder und Tatsachen der Bewusstseinsentwicklung des Menschen. Philosophisch-Anthroposophischer Verlag Dornach, 1963.
6) **Bankspiegel GLS Gemeinschaftsbank eG.** Bochum, 11/92.
7) **Wesen und Funktion des Geldes.** Zahlen, Leihen und Schenken im volkswirtschaftlichen Prozeß. Sozialwissenschaftliches Forum, Band 3, Verlag Freies Geistesleben, 1990.
8) Erich Helmensdorfer: **Frankfurt. Metropole am Main.** Geschichte und Zukunft. Econ. Düsseldorf und Wien, 1982.
9) Hans-Dieter Kirchholtes: **Prägende jüdische Persönlichkeiten im Bankwesen.** Vortrag vor der Polytechnischen Gesellschaft e.V., Frankfurt, 19.01.93.
10) Norbert Elias: **Über den Prozeß der Zivilisation.** Soziogenetische und psychogenetische Untersuchungen. Erster Band. Wandlungen des Verhaltens in den weltlichen Oberschichten des Abendlandes. Suhrkamp. Frankfurt, 1992 (1936).
11) **Rotkäppchen und die Zeitgenossen.** Moderne Kunst sehen und erleben. Ein Rundgang durch die Galerie der Deutschen Bank. FAZ vom 12.04.92.
12) Peter Koslowski: **Die Kultivierung des Unternehmens** -Durchdringung ökonomischer, ästhetischer und ökologischer Aspekte des Wirtschaftens in der Postmoderne. Rede auf dem Deutschen Architektentag 1990.
13) Dieter Balkhausen: **Alfred Herrhausen.** Macht, Politik und Moral. Econ. Düsseldorf, 1990.

14) Womack, Jones, Roos: **Die zweite Revolution in der Autoindustrie.** Konsequenzen aus der weltweiten Studie des Massachusetts Institute of Technology Campus. Frankfurt/New York, 1992.

15) Peter Noller, Werner Georg: **Berufsmilieus - Lebensstile neuer Angestellter in der Stadt.** Arbeitspapier zum Seminar "Lebensstil Frankfurt" im WS 92/93.

16) **Geschäftsberichte in Frankfurt ansässiger Banken.** Bibliothek der Industrie- und Handelskammer Frankfurt.

3. PHYSISCHE UND VIRTUELLE STADT-RÄUME IM GLOBALISIERTEN POST-FORDISMUS

3.1 Der Frankfurter City-Raum im Kontext von Harvey und Lefebvre

Nicht nur die City, sondern auch die Peripherie Frankfurts hat ihre Rauminhalte in den letzten einhundertzwanzig Jahren einer immer noch wirkenden und immer wieder höchst einschneidenden Metamorphose unterziehen müssen. Mit dem Ende der Reichsstadt 1866 und dem Beginn des Kaiserreiches 1871 transformierte sich die ehemals ausschließlich bürgerliche Messe-, Handels- und Bankenstadt im Rahmen der verhaßten "Verpreußlichung" zur Industriestadt, ohne jemals freilich ihren in Jahrhunderten gewachsenen liberalen und freiheitlichen Kern aufzugeben, was die beiden Revolutionen von 1848 und 1968 eindrucksvoll beweisen. Ziemlich genau einhundert Jahre dauerte dieser Prozeß einer gewaltigen strukturalen Verräumlichung, die durch die Zerstörungen des zweiten Weltkrieges dann eine endgültig destruktive Qualität annahm. Die Tertiärisierung Frankfurts im Schlußdrittel unseres Jahrhunderts änderte zunächst nichts an den fordistischen Tendenzen im Stadtgebiet, sondern brachte im Gegenteil in den siebziger Jahren mit der Erst-Skyline eine zunächst nochmals als Entstellung empfundene Raumwandlung. Erst in Verbindung mit postmodernen "Kunst-Bauten" und einer gigantischen sowohl stadt-reparativen als auch raum-ästhetischen Umgestaltung und Kulturalisierung von Innenstadt und Stadtteilen in den achtziger Jahren kam wieder die Wende zu einer Rückbesinnung auf das urbane Frankfurt früherer Zeiten auf, das erst im Sommer 1994 nach einer fulminanten vor allem gastronomischen, straßenzelebrativen und nachtkulturellen Belebung der als so tot verschrieenen City wieder voll hergestellt worden ist. Bis auf die Stadtteile rund um das Hoechster Stammwerk wird bis zum Ende dieser Dekade die "Beseitigung" des Fordismus stadtweit, insbesondere im Frankfurter Osten inklusive Offenbachs, so total abgeschlossen sein, daß von einem Ende jeglicher preußisch-fabrikativen Einflüsse gesprochen werden kann. Das Unheil der deutschen Geschichte, das seinen Zenit in massenhaften schwerindustriellen Fabrikanlagen mit öligen Maschinen und lauten Motoren erreichte, ist erst jetzt wieder einigermaßen bereinigt worden, wo die massenmediale Stadt nach den traurigen Kapiteln der Industrie-, Kriegsfolgen- und ungarnierten Dienstleistungsstadt den urbanen

Anschluß an die Stadt der Weimarer Republik oder noch besser an die vorpreußische Zeit unter Zugrundelegung der freilich ganz anderen lebensstilistischen Parameter der Spät-Moderne in ihrem inneren Etwas erreicht hat.

Frankfurt galt bis vor noch gar nicht so langer Zeit als das häßliche Entlein unter allen deutschen Städten. Spätestens die kriegs- und zerstörungsbedingte Wandlung von der größten zusammenhängenden Altstadt zur industriellen Pumpe der Nation hat die Stadt so maximal fordistisch metropolitanisiert, daß sie zur Inkarnation des frühmodernen Stadtverständnisses, der Stadt als Betrieb, transformierte. Erst die erstaunliche Erkenntnis, daß Städte ja eigentlich auch liebens- und lebenswert sein sollten, brachte die Bewußtseinswende und Genese vom Betrieb zur Urbanität.

Betrieb und Urbanität sind zugleich auch die beiden Quintessenzen, die zwei der bekanntesten aus der marxistischen Tradition heraus argumentierenden Stadttheoretiker und Stadtforscher der letzten Jahrzehnte vertreten, nämlich David Harvey aus der jüngeren Generation und der 1991 verstorbene Grandseigneur der Pariser und damit französischen Soziologie des 20. Jahrhunderts, Henri Lefebvre. Der New Yorker und Amerikaner Richard Sennett wird in einem späteren Kapitel näher berücksichtigt. Entsprechend der Herkunftsländer der beiden oben genannten Kapazitäten ist bei Harvey, der aus dem Ursprungsland des Manchesterkapitalismus stammt, nicht unbedingt ein Konzept zu erwarten, das aus seiner totalen Immanenz der marxistischen Kapitalismuskritik ausbrechen möchte. Alle Energie aus dem Konflikt zwischen Ausbeutenden und Ausgebeuteten mit dem Mehrwert als großer Metapher forciert auch zugleich das Urbane einer Stadt, das als genuine Größe sowieso kaum definierbar ist. Harveys Werk, das trotzdem angesichts seiner hohen theoretischen Stringenz derzeit als das geschlossenste und umfassendste Kompendium der Stadtsoziologie gilt, definiert sich allzugerne gegen seinen großen Kontrahenten Lefebvre aus Paris, der Alltag, Stadt und Revolution zu einer eher urbanen Kraft zusammenfaßt, die sich unabhängig vom kapitalistischen Moment aufgrund der eigenen Gesetze der Straße entwickelt. Beide erkennen in etwa die gleiche Intensität von Städtischem in der Stadt, leiten sie aber unterschiedlich ab.

In seinem 1975 erschienenen Buch "Die Stadt im marxistischen Denken" rezipiert Lefebvre immer wieder Ausschnitte aus dem "Kapital" und den "Grundrissen", wobei vor allem das letztere Marxsche Werk einiges zum Thema

Stadt hergibt. Marx gewinnt ja seine Aussagen aus durchweg historisierenden Argumentationslinien. Für ihn waren Städte schon immer der konzentrierte Hort von Austausch und Hierarchie, von Institutionen und zunächst konkreter Macht, die sich im Kontext einer geschichtlichen Zukunft, die aus der Vorgeschichte resultiert, immer mehr abstraktifiziert, bis schließlich im Kapitalismus seiner späteren Lebenszeit die Stadt-Kapitalisten aus Arbeitern Arbeit machen und der fabrikative und produktive Funktionalismus alle Ebenen des Lebens erfaßt. Lefebvre zitiert Marx dahingehend wie folgt: *"Die Stadt ist wie die Erde ein Milieu, ein Vermittler, eine Vermittlung, ein Mittel. Obwohl es weder eine städtische noch eine ländliche Produktionsweise gibt, treibt die Stadt, oder vielmehr ihre Beziehung zum Land, die Veränderung der Produktion an, indem sie gleichzeitig das Verhältnis und die Voraussetzung, den Ort und das Milieu, liefert. In und durch die Stadt tritt die Natur ihren Platz an eine zweite Natur ab. So durchläuft die Stadt die Produktionsweisen. Die Stadt wird anstelle der Erde zu dem großen Laboratorium der sozialen Kräfte"* (1).

Marx geht bis zur Stadt-Antike zurück, während Engels sofort in die moderne Stadt einsteigt. Auch wenn beide sich selbst nicht grundsätzlich als Stadtfeinde betrachten, wird doch der städtische Raum immerhin als Raum des sozialen Mordens gesehen. Die industrielle Großstadt, zu deren authentischer optischer und szenarischer Entstehung Marx und Engels Zeitgenossen waren, ist als Werkzeug und dramatischer Schauplatz eine bösartige Quelle der Demoralisation.

Schlecht schneidet unsere Gesellschaft mit den Städten als sie organisierende Raumwesen auch im Vergleich mit den orientalischen Gemeinwesen ab, die ja eher religiöser als bürokratisch-militärischer Ursprungsart sind und außerdem die Kohärenz des Glaubens bestätigen wollen, während die deutschen Staats-Städte als Basen kriegerischer Organisation selektive Funktionen zu übernehmen versuchen, die auf der ständigen Veränderung der geographischen und räumlichen Normen beruhen: *"Die Stadt als solche gehört zu den im Kapitalismus implizierten geschichtlichen Voraussetzungen. Sie geht sowohl aus der Zerstörung der früheren sozialen Formation hervor, wie aus der frühen Akkumulation von Kapital (die sich in ihr und durch sie vollzieht). Sie ist eine soziale Sache, in der soziale Beziehungen ins Auge fallen, die an sich genommen nicht offensichtlich sind, so daß man sie von ihrer konkreten (praktischen) Verwirklichung aus durch das Denken konzipieren muß. In diesem Rahmen der objektivierten sozialen Beziehungen vollzieht sich die Warenzirkulation, die Gründung des Handels und des Marktes, der Ausgangspunkt des Kapitals im XVI. Jahrhundert. Hier wird die "Magie des Geldes" ausgeübt, die gleichzeitig wunderbare und dumm brutale Macht der Dinge - des Goldes und des Geldes - die aus dem Inneren der Erde hervorkommen und sich zugleich als Inkarnation der menschlichen Arbeit aufdrängen. In der Stadt trifft die an sich abstrakte (weil von Beziehungen, die von Gebrauch gelöst sind gebildete) Warenwelt auf die Natur ..."* (1/S. 89).

Natürlich enthält die Stadt auch die für den Produktionsapparat erforderliche Bevölkerung und damit so etwas wie eine Reservearmee für die Bourgeoisie, so Lefebvre in seiner Marx-Interpretation, mit der sich Druck auf die Arbeitslöhne ausüben läßt. Damit ist die Stadt beweglicher als das Land, mit dem sie in einem unmittelbaren Austauschverhältnis steht, das heute als die Okkupation der Peripherie durch die Metropole bezeichnet wird. Ihr flexibel disponierbarer Reichtum aus Geld und Kapital hat den natürlichen Boden- und Fest-Reichtum des Landes abgelöst, wodurch dem Eigentum jede Mystik genommen wird. Trotzdem konvertiert die Stadt in ihrer unumschränkten kapitalistischen Regentschaft die Feudalstrukturen des Landes, die sie nach deren originärer Zerstörung in gewandelter konzentriert-fabrikativer Form wieder neu einverleibt. Das Subjekt der Geschichte ist die Stadt, die erst die Formation der dortigen Menschenmassen in Proletarier und Bourgeoisie vorgenommen hat und über die ungerechte Verteilung des Mehrwertes unter maßgeblicher Beteiligung des Staates zum bevorzugten Ort von Akkumulation und Pauperität werden konnte. Die Spannungen zwischen diesen beiden materiellen Zustandspolen können nur durch ein revolutionäres Vorgehen des Proletariats zugunsten der Ausgebeuteten gewendet werden. Da ein solcher Aufbruch mit der Beseitigung der über Jahrhunderte gewachsenen Herrschaftsverhältnisse ebenfalls nur in der Stadt möglich ist, repräsentiert sie für Marx Vorbild und Hindernis zugleich. Frankfurt hat nicht die Vorgeschichte, auf die Marx sein gesellschaftskritisches Modell aufbaut, das für Harvey bis heute das urbane Moment der Stadt konstituiert. Auch seine "Revolutionen" von 1848 und 1968 haben nicht die von Marx dafür akzentuiert angenommenen Beweggründe. Überhaupt hat die Weltgeschichte gezeigt, daß die Dynamik des Kapitalismus inhärent nicht additiv revolutionsförderlich ist!

Marx konstatiert seine Theorie, durchaus den Verhältnissen seiner Lebenszeit gerecht werdend, nahezu ausschließlich aus den sich frontal gegenüberstehenden materialen Formationen der Bourgeoisie und des Proletariats, aus denen heraus sich zwangsläufig revolutionäre Figurationen bilden müssen, die zu einer besseren Gesellschaft führen, wo alle gleichermaßen am Mehrwert partizipieren und nicht nur Kapital und Staat. Städte wie Paris und London, Paris seit 1789 mit der längsten Tradition, bestanden aber schon damals auch aus anderen zivilisatorischen Räumen und Bewußtseinsstimmungen: *"Man könnte den Begriff der Zivilisation, den man hier und da bei Marx findet, als von der Produktionsweise getrennt wiederaufnehmen. Marx hat ihn nicht methodisch erarbeitet, aber Nietzsche entwickelte ihn weitläufig. Man könnte, mit Hilfe der städtischen Wirklichkeit als Veranschaulichungsmittel und Hauptargument leicht beweisen, daß die bürgerliche Gesellschaft in ihren besten Zeiten des Aufstiegs, des Wachstums, des Wohlstands nur eine Zivilisationskrise darstellt ... Diese Betrachtungen gingen an dem vorbei, was zumindest Marx wesentlich ist"* (1/S. 103).

Weder Goethe noch Schiller noch Kant noch Marx haben es verstanden, mit ihrem Werk eine immanente Verbesserung der Zivilisation anzustreben. Elias mußte schließlich in Exilmetropolen dieses gewaltige Defizit kompensieren, das bei früherem Erscheinen vielleicht auch Adorno befleißigt hätte, hier etwas mehr Energien einzusetzen. Die Anthropos-Räume von Manhattan über die Cité von Paris und den originären Kern Frankfurts bis zu den legendären Kommunikationskanälen Prager oder Leipziger Provenienz sind die eigentlichen Essenzen der westlichen Zivilisation. Eigenständige urbane Figuren verschiedenster Qualitäten haben letztendlich die entscheidenden Schübe an progressiver Moderne gebracht. Trotzdem sind Marx und Harvey zum Beispiel alleine geeignet, um den Frankfurter Westen rund um Hoechst bestens historisch und gesellschaftlich aufzuarbeiten. Opel in Rüdesheim hatte ja prominente Mitarbeiter, die dann nach Dienstschluß rund um 1968 in Frankfurt revolutionierten.

Die trinitarische Formel, die Lefebvre in seiner Zusammenfassung der "Stadt im marxistischen Denken" von Marx übernimmt, jene produktionskonstitutive Einheit aus Erde, Kapital und Arbeit, reizt der Chemiekonzern Hoechst bis heute voll aus und beglückt auch den Stadtteil, der seinen Namen trägt, mit rekonstruierenden Eingriffen aller Art. In dem Maße, wie Frankfurt trotzdem und vielleicht deshalb dort revolutionsvermeidend auftritt, also städtisches Leben und Stadtteilkulturzentren auch in seinen ziemlich vergifteten Westen transportiert, muß es etwa durch die ruralen Eingemeindungen im Norden natürlich auch eine partielle Verländlichung seiner politischen Ökonomie hinnehmen, um via Wahl wiederum durch die Umwandlung von Naturraum in Gewerberaum auch hier eine schleichende Verstädterung einzuleiten. Die hat in den letzten zwanzig Jahren, seit Lefebvre dieses Buch geschrieben hat, erheblich an Tempo gewonnen und in der Nicht-Arbeit mit oder ohne totalen Begleitgenuß ihre neue Quäl-Instanzlichkeit gewonnen, die viel Gewalt, Zerstörung und Selbstzerstörung mit sich führt. Dabei entpuppt sich die Automation als neue Macht von Gestaltung und Metamorphose, denn *"sie sterilisiert die Nicht-Arbeit, indem sie sie ihrer eigenen Untätigkeit, die ohne schöpferische Fähigkeit ist, weiht. Sie erweckt die Forderung nach Nicht-Arbeit, diese symptomatische Empörung, die eine Randerscheinung bleibt (Hippie-Gemeinschaften). Die Werte der Arbeit entarten und werden durch nichts ersetzt.*

Desgleichen automatisiert die Klassenstrategie die Verwaltung schneller und besser als die Produktion: es kommt der Augenblick, wo die Bourgeoisie die Arbeit in den Industrieländern unterhalten wird, anstatt die Nicht-Arbeit erscheinen zu lassen! Daraus folgt, daß die Arbeits-, Nicht-Arbeits- und Freizeiträume sich in dem weltweiten Raum auf eine paraxal neue Weise, die erst anfängt, Form und Verteilung anzunehmen, miteinander verflechten" (1/S. 116).

Henry Lefebvre hat anhand des stets seiner Zeit maximal vorenteilten Pariser Stadtraumes bereits in seinen Schriften zu Anfang der siebziger Jahre, "Die Stadt im marxistischen Denken", "Die Revolution der Städte" und "Die Produktion von Raum" das heute als Post- oder auch Spät-Moderne bezeichnete Zeitalter vorweggenommen und alles so formuliert und erkannt, wie nur ein Genius der Flanerie dazu in der Lage ist. Lefebvre und Elias, beide 1991 verstorben, letzterer jedoch dabei ohne die Hinterlassenschft eines auch stadtsoziologischen Teiles innerhalb seiner alltags- und habitus- sowie figurationssoziologischen Studien, sind als Paar bestens dazu geeignet, um anhand des Frankfurter City-Raumes das Spezifische seiner Anthropos-Ästhetik und das Standardisierte zu extrahieren. David Harvey, der mir zu Henri Lefebvre in einem ähnlichen Verhältnis zu stehen scheint wie Jürgen Habermas zu Niklas

Luhmann, hat sich in einem Beitrag seines im Original "Urban Experience" lautenden Werks mit Reflexionen über den Postmodernismus beschäftigt, hier speziell in amerikanischen Städten. Unter der Überschrift "Flexible Akkumulation durch Urbanisierung" bezieht er sich wie fast immer auf Lefebvre und führt dabei sein dreidimensionales Raummodell aus der 1974 verfaßten "La Production de l'Espace" auf, wobei er hier einen klassenspezifischen Gehalt räumlicher Gestaltung im urbanen Rahmen erkennt:

1) Die stoffliche Gestaltung von Raum bezieht sich auf die physischen und materiellen Ströme, Übertragungen und Interaktionen, die sich im und durch den Raum ereignen, und zwar so, daß dadurch Produktion und gesellschaftliche Reproduktion gesichert werden.

2) Die Repräsentation umfaßt alle die Zeichen und Bedeutungen, Codes und Kenntnisse, die es möglich machen, über die stoffliche Gestaltung zu reden und sie zu verstehen; egal, ob in der Alltagssprache oder dem manchmal geheimnisvollen Jargon der Wissenschaften, die sich mit der Gestaltung des Raumes befassen (Architektur, Ingenieurwesen, Geographie, Planung, Sozialökonomie u.ä.).

3) Räume der Repräsentation sind gesellschaftliche Erfindungen (Codes, Zeichen, und sogar materielle Konstruktionen wie z.B. symbolische Räume, besonders bebaute Umwelten, Bilder, Museen u.ä.), die versuchen, neue Bedeutungen oder Möglichkeiten räumlicher Gestaltung zu schaffen (2/S. 114).

Lefebvre ordnet jeder der drei Kategorien zum erlebten, wahrgenommenen und imaginären Raum noch drei Nutzungshorizonte zu, die da heißen: Zugänglichkeit sowie Zurückhaltung, Aneignung sowie Verwendung von Raum und Herrschaft über sowie Kontrolle von Raum!

Grundsätzlich versteht Lefebvre den Raum ja als Formung, Realisierung und neuartige Verteilung des Überschusses der gesamten Gesellschaft, mithin also des globalen Mehrwerts, wobei mittlerweile der primäre und produktive Kreislauf vom sekundären und unproduktiven Kreislauf des Kapitals abgelöst worden ist, weil der Mehrwert durch Spekulation, Bau und Boden sowie Börse stärker wächst als der kernindustrielle Sektor. Dieser sekundäre Kreislauf führt unaufhaltsam in die Kategorie der Urbanistik hinein, die allerdings in der gleichen Weise von der Urbanik unterschieden werden muß wie die Kriminalistik von der Kriminologie. Während die Urbanistik das staatlich-städtische "Angebot" zur Besetzung städtischer Lebensräume darstellt und gerade dadurch einer authentischen von der städtischen Zivilisation inszenierten Urbanik im Wege steht, kontrolliert die Kriminalistik die Urbanik hinsichtlich ihrer Gefährlichkeit für die Urbanistik, deren Vorleistungen der Institution Stadt wiederum die Kriminologie als Disziplin der Ursachen- und Wirkungsforschung thematisiert.

Während Harvey die Produktion, Regulation, Überwindung und Neugestaltung von Raum ausschließlich durch immer qualitativ neue, aber in ihrem Kern doch unveränderte Bedingungen des Kapitalismus heraufkommen sieht, konstatiert Lefebvre als begnadeter Pariser der Urbanik ein erhebliches Eigenleben. Auf der Ebene der stofflichen Gestaltung des Raumes dominieren sicherlich die physischen Gegebenheiten des Kapitalismus, also Geld-, Menschen- und Warenströme, Agglomerationen und urbane Hierarchien, gesellschaftliche Netzwerke und Communities. Die Repräsentation von Raum vernichtet authentische Lokalitäten zugunsten von guten und weniger guten Plätzen und Quartieren. Mit der Schaffung von Stadtplänen und geographischen Hierarchien kommt es zu distanzbedingten Friktionen, die von eigenständigen Milieus lokalpatriotisch betrieben werden. Die Urbanistik produziert also auch eine territoriale Urbanik, die sich insbesondere in verbotenen Räumen breitmacht und eine Autonomie und Souveränität außerhalb der kapitalistischen Muster der politischen Ökonomie entwickelt. Die Räume der Repräsentation schließlich werden in ihrem geschmacklichen Gehalt medial multipliziert, sei es als Volksspektakel oder als Straßendemonstration. Beide Zurschaustellungen sind organisierte Rituale mit Symbolcharakter, aber auch Momente von Distanz, die sowohl Barrieren wie auch eine Verteidigung gegenüber menschlichen Interaktionen vergegenständlichen können. In seiner "Revolution der Städte" schreibt Henri Lefebvre zur Straße: *"Auf der Straße, der Bühne des Augenblicks, bin ich Schauspiel und Zuschauer zugleich, zuweilen auch Akteur. Hier ist Bewegung; die Straße ist der Schmelztiegel, der das Stadtleben erst schafft und ohne den nichts wäre als Trennung, gewollte und erstarrte Isolierung ... Auf der Straße spielt man, lernt man. Die Straße ist Unordnung. Sicher. Alle Betandteile städtischen Lebens, die an anderer Stelle in eine starre, redundante Ordnung gepreßt sind, machen sich frei, ergießen sich auf die Straße, und von dort aus in die Zentren; hier, ihren festen Gehäusen entrissen, begegnen sie sich. Diese Unordnung lebt, sie informiert, sie überrascht. Zudem schafft die Unordnung eine höhere Ordnung ... Wo die Straße verschwindet, nimmt die Kriminalität zu und organisiert sich. Auf der Straße und durch sie manifestiert sich eine Gruppe (die Stadt selber), bringt sich zum Ausdruck, macht sich die Örtlichkeit zu eigen, setzt eine Raum-Zeit-Beziehung in die Wirklichkeit um. Damit wird offensichtlich, daß Gebrauch und Gebrauchswert wichtiger sein können als Austausch und Austauschwert. Revolutionen gehen normalerweise auf der Straße vor sich"* (3/S. 25).

Ein Gesetz der Straße im besten Sinne wie bei Lefebvre, eine Religion der Befreiung fast, kann David Harvey rund fünfzehn Jahre nach den Schriften seines großen Widersachers aus Paris nicht erkennen. Für ihn ist vielmehr die gesamte Post-Moderne als Reaktion auf die schwere amerikanische Rezession in den Jahren 1973 - 1975 mit einem akuten wirtschaftlichen Niedergang auch New Yorks die daraus resultierende Konsequenz einer Konkurrenz der interurbanen Räume. Durch die unternehmerische Orientierung der Stadt kam ein in dieser extensiven Form neu betriebenes Motiv urbaner Tätigkeit auf. Der Aufstieg der Unternehmerstadt bedeutete wachsende Konkurrenz zwischen den Städten in den verschiedensten Dimensionen: *"Konkurrenz um die Position in der internationalen Arbeitsteilung, Konkurrenz um die Position als Konsumzentrum, Konkurrenz um Kontroll- und Befehlsfunktionen (insbesondere um finanzielle und administrative Macht) und Konkurrenz um finanzielle Umverteilungen durch die Regierung ... Diese vier Optionen schließen sich nicht gegenseitig aus, und die ungleichen Entwicklungen urbaner Regionen waren abhängig von der Mischung und zeitlichen Abstimmung der verfolgten Strategien im Verhältnis zu den global stattfindenden Verschiebungen. Es ist auch auf diese gewachsene interurbane Konkurrenz zurückzuführen, daß sich die flexible Akkumulation so fest verankern konnte"* (2/S. 112).
Innovationen und Investitionen vor allem an der Peripherie durch Sportstadien, Freizeitparks und konsumistisch genutzte Hafenanlagen sowie natürlich die Revitalisierung der Stadtkerne waren und sind an der Tagesordnung, allerdings durch die erheblichen Etatschwierigkeiten der in das Vereinigungstrauma geratenden westdeutschen Kommunen allmählich ein Auslaufmodell. Die Gentrifizierung, also die Umwandlung heruntergekommener Stadtteile in Luxuswohngegenden mit der dazugehörigen Infrastruktur, Konsumplästen und Entertainment, hat natürlich in Frankfurt zu erheblichen stadtästhetischen

Veränderungen geführt und erreicht in der City im Sommer 1994 nach einem nochmaligen Lebensstil- und Erlebnisboom seit dem Sommer 1992 so etwas wie eine gewisse qualitative Finalität. David Harvey sieht unter den Bedingungen der flexiblen Akkumulation natürlich auch einen erheblichen Druck zur Reorganisation der städtischen Innenräume. Dazu zählt auch eine wachsende Verarmung mit ständig steigenden Zahlen von Sozialhilfeempfängern: *"Für Bevölkerungsgruppen mit niedrigem Einkommen, denen normalerweise die Mittel zur Überwindung und daher zur Kontrolle von Raum fehlen, stellt sich Raum meist als Falle dar. Weil das Eigentum selbst zu grundlegenden Produktionsmitteln (wie etwa an Wohnungen) beschränkt ist, besteht der wichtigste Weg zur Beherrschung von Raum in seiner kontinuierlichen Aneignung. Tauschwerte sind rar, deshalb ist das Streben nach Gebrauchswerten für das tägliche Überleben zentral für soziales Handeln. Das hat häufige materielle und zwischenmenschliche Transaktionen und die Herausbildung sehr kleiner Communities zur Folge. Innerhalb solcher Nachbarschaftsräume teilt man sich Gebrauchswerte mittels einer Art Mischung von gegenseitiger Hilfe und gegenseitiger Ausplünderung; auf diese Weise bilden sich enge, aber oft sehr konfliktreiche zwischenmenschliche soziale Beziehungen im öffentlichen wie im privaten Bereich heraus"* (2/S. 117).

Gallus und Gutleut, jene links- und rechtsseitig der Gleisvorfelder des Frankfurter Hauptbahnhofs gelegenen Stadtviertel, bis zu 70 % von Ausländern bewohnt und von einer stringenten Tertiärisierung und City-Ausweitung in ihrem noch gelebten Charakter als alte Arbeiterquartiere massiv bedroht, sind Beispiele für solche Communities, die von einer ihre Urbanik bewußt behindernden Urbanistik in Frage gestellt werden und deshalb gegen diese Entwicklung mobil machten. Die Stadtteilkulturwochen im Gallus mit dem großen multikulturellen Straßenfest auf der Mainzer Landstraße, deren wolkenkratzerbestückter City-Teil über den Platz der Republik in das Gallus rüberzuwachsen sich anzuschicken scheint, ließen 1992/93 die hohe Initiativfähigkeit und das große Aktions- und Protestpotential solcher noch unvermachteter Quartiere deutlich werden. Für den Staat, der so gerne das Städtische in seiner Gestalt verhindern möchte, weil es seinen omniterritorialen Bürokratieanspruch beeinträchtigt und das Mehrwertaufkommen bremst, sind solche Räume nach Harvey gefährlich, weil sie eben außerhalb der normalen Prozesse der gesellschaftlichen Inkorporierung liegen. Die Erfahrung mit staatlichen Instanzen wie Polizei oder Erziehung wird hier eher als Repression erfahren denn als Hilfe. Umgekehrt ist es bei den eigentlich mit der Begrifflichkeit der Community behafteten großstädtischen Szenen, etwa der Financial Community, die freilich in Frankfurt kaum noch wohnt: *"Ohnehin im Überfluß mit Tauschwerten für die Lebenserhaltung gesegnet, ist ihr Überleben in gar keiner Weise von durch die Community zur Verfügung gestellten Gebrauchswerten abhängig. Die Herstellung von Community ist folglich im wesentlichen auf die Erhaltung oder Vermehrung von Tauschwerten gerichtet. Gebrauchswerte beziehen sich auf die Zugänglichkeit, den Geschmack, den Stil, die ästhetische Wahrnehmung und das symbolische und kulturelle Kapital ... Der Staat wird als grundsätzlich nützliche und kontrollierbare Instanz angesehen, die Sicherheit garantiert und dabei hilft, Unerwünschtes draußen zu halten"* (2/S. 118).

Die Stadtteilkulturwochen im Gallus sind ein Beweis für Harveys Annahme, daß nur die Krise wirklich kreative Energien freisetzt. Wenn also die schweren etatistischen Probleme Frankfurts den aufgeblasenen Kuluretat ein wenig schmälern, so muß sich aus dieser Tatsache keineswegs ein Defizit ergeben, sondern vielmehr wird dadurch hoffentlich über bessere und zivilisationsnahere Valenzen von Kultur nachgedacht. Wenn alle dazu geeigneten Stadtteile und flaneriebesetzten Straßen ihre authentische Räumlichkeit in den Straßenraum zurückprojizieren, dann liegt hierin ein gewaltiges Aktions- und Reflexionspotential für die nächsten Jahre, das kaum einer nennenswerten staatlich-städtischen Subvention bedarf.

Henri Lefebvre, dessen Werk im fortgesetzten Verlauf der Dissertation noch Erwähnung finden wird, ist auch Gegenstand der Überlegungen und Ausführungen des Frankfurter Stadtforschers Walter Prigge. Er plädiert dafür, "Die Revolution der Städte" unter den Gesichtspunkten von Raum und Präsentation neu zu lesen.

Prigge reflektiert unter anderem den Weg von der Stadt als Betrieb zum Raum der Materialität des Immateriellen, mithin also die Spanne zwischen der physischen Stadtauffassung von Frankfurt in den zwanziger und dann noch einmal in den fünfziger, sechziger und siebziger Jahren bis hin zur virtuell werdenden Kommunikations- und Headquarter-City der achtziger und neunziger Jahre. Die Entwicklung der Stadt wurde dabei in den zwanziger Jahren visionär so festgelegt und fortgeschrieben, wie sie sich im industriellen Boom der Kaiserzeit ergeben hat: *"Arbeitsteilige Kooperation lautet das aus der betrieblichen in die städtische Sphäre übersetzte Prinzip für das neue fordistische Verhältnis von sozialem Wissen und Macht, das durch Rationalisierung, Standardisierung, Typisierung und Taylorisierung in die Formierung des städtischen Alltages umgesetzt wird. Die Stadt wird dabei, wie im Neuen Frankfurt der zwanziger Jahre, als Betrieb vorgestellt ... Die neuen Planungsmethoden in Architektur, Stadtplanung und Verwaltungsorganisation verbinden sich organisch mit der Lebensweise städtischer Massen, denen diese Methoden in ihren Arbeitswelten bereits zur steten Gewohnheit geworden sind: Die Wahrnehmungen der alltäglich gelebten städtischen Räume werden in diesen Modernisierungsprozessen grundlegend transformiert. Mit der Vorstellung von der Stadt als Betrieb macht sich bereits die Hegemonie des fordistischen Modells geltend: 'Betrieb' wird die regulative Idee des Städtischen, die in der industriellen Maschine, Elektromotor und Automobil, ihr adäquates Symbol findet ('Fordismus'). Damit werden Mobilität, Synchronität, Tempo und Verkehr die vorherrschenden Themen in der Planung und Kontrolle einer Ökonomie der Zeit, die das Funktionieren des großstädtischen Alltags bestimmt"* (4/S. 107 + 108).

Walter Prigge trifft an dieser Stelle seines Beitrages in den "Stadt-Räumen" den totalen Frankfurter Funktionalismus der ersten gut drei Nachkriegsjahrzehnte auf den Nerv, als Urbanität als beste Mitte zwischen einer zivilisatorisch praktizierten Urbanik und einer stadt-staatlich implantierten Urbanistik noch eine unbekannte Größe darstellte. Anhand der letzten drei substantiellen Bauprojekte im Bereich Verkehr im heutigen Frankfurt können solche Differenzierungen in höchstem Maße anschaulich gemacht werden.

Ein letztes reines "fordistisches" Projekt ist die nach langen Auseinandersetzungen jetzt dem Ausbauende langsam zustrebende Ostumgehung, die den Autobahnring um Frankfurt komplettiert und den massiv industrialisierten Osten insbesondere in den Stop-and-Go-Spitzenzeiten endlich entlasten soll. Parallel zu dieser Trasse ist kein Urbanitätsgewinn möglich, wohl aber hinsichtlich der S-Bahn-Trasse nach Offenbach, die die sich erst jetzt und damit viel zu spät tertiärisierende Offenbacher Innenstadt im Minutentakt an die Frankfurter City und damit auch den Flughafen anschließt. Offenbach weist mit seinen eigentlich sehr amerikanisch-städtischen Straßenanlagen (Frankfurter-, Berliner-, Kaiser-

und Ludwigstraße) hervorragende Möglichkeiten auf, um ab dem Sommer 1995 nach Eröffnung der Trasse und der Fertigstellung der ersten begleitenden oberirdischen Bauprojekte inklusive des Büroparks Kaiserlei so etwas wie eine hochinnovative Kombination aus City, Nordend und Bürostadt Niederrad zu werden. Zeitgleich mit einem typischen fordistischen Bauprojekt werden also post-fordistische Erlebnis- und Quartärelemente geschaffen, die die bislang geradezu entkernte, weil entkulturalisierte, wenn auch mittlerweile schon in Ansätzen stilisierte Offenbacher Innenstadtwüste wieder lebenswert macht und nach fünfzig Jahren Zusammenschusterung der unansehnlichsten Art in urbane Gefilde führt. Mehr Urbanität verspricht sich auch der Flughafen von der Eröffnung des Terminals 2 im Herbst 1994, nur die größte von vielen Erweiterungsmaßnahmen, deren Milliardenvolumen alleine schon den Neubau von München 2 im Erdinger Moos übertrifft. Wenn auch das Abfertigungsgelände von 1972 nicht unbedingt als rein funktional angesehen werden muß, so besteht doch mittlerweile vor allem im Vergleich mit US-Flughäfen neueren Datums, etwa mit Blick auf Helmut Jahns Erweiterungs-Kunst-Halle von Chicago oder den neuen Mega-Airport von Denver, erheblicher Ästhetisierungsbedarf. Design in Mega-Verkehrs-Räumen macht solche Anlagen zwar nicht besser, aber wohl doch etwas menschenwürdiger und dem Kontext aus Sein, Geist und Zeit entsprechender. Zumindest die Tatsache, daß transversale Einrichtungen von den Hotels über die U-Bahnhöfe und die Flughäfen bis hin zu den schnellkarrieristisch besetzten Stadt-Räumen durch ihr Out- und Infit den eigentlichen Begriff ihres Seins durch ein Home-Ambiente konterkarieren und so aus der Unbehaustheit eine Aufenthaltsqualität im Sinne einer Metamorphose des vorgegebenen Sein-Sinns machen wollen, kann ihnen ja wohl nicht zum Vorwurf gemacht werden. Freilich läßt sich hierbei Harveys Herleitung einer flexiblen kapitalistischen Akkumulation der post-modernen Auren eindeutig diagnostizieren.

Nicht die Proletarier drehen durch und machen Revolutionen nach der historischen Vorgabe von Karl Marx, sondern schon eher Stadt-Räume. Walter Prigge zitiert hierzu in seinem Text Gumbrecht, der von einer Gegenwartssymptomatologie spricht, die sich in Ent-Zeitlichung (Verlust von Historizität), Ent-Totalisierung (Heterogenität von Welten) und Ent-Naturalisierung (Mensch-Maschine-Natur) zu einer unkörperlichen und zunehmend virtuellen Ver-

Räumlichung entwickelt: *"Der Verlust 'sinnhafter' Referenzen charakterisiert auch den gegenwärtigen Jahrmarkt konzeptiver Ideologien im Städtischen; in der raschen Abfolge von Rekonstruktion, Dekonstruktion und Neukonstruktion dreht das Karussel der Suffixe einer Architektur der Stadt durch: Der Schwindel ideologischer Repräsentationen wird auch durch den Zauber postmoderner Buden mit Computer zwischen den Säulen nicht aufgehalten. Andere Räume oder Revolution der Städte? Der universelle Intellektuelle Lefebvre hielt an den revolutionstheoretischen Implikationen und damit an der Utopie einer nichtentfremdeten Stadtgemeinschaft fest, die für ihn bereits virtuell anwesend und damit theoretisierbar war"* (4/S. 111).

Nicht Mehrheiten, sondern Minderheiten haben die Geschichte immer wieder durch revolutionäre Taten verändern können. Nie stand wirklich die Mehrheit der Bevölkerung unter der Knute des Herrschaftsverhältnisses zwischen Ausbeutern und Ausgebeuteten. Nicht Formationen, sondern Figurationen bewegen etwas progressiv Veranlagtes. 1848 revoltierte nur eine Minderheit gegen den Obrigkeitsstaat, der zwangsläufig siegen mußte und 1871 in Deutschland die Konterrevolution aus Eisen und Stahl einleitete, die in die Schreckensformation der NS-Herrschaft mündete. Während die geschichtlichen Racheakte des Staates formiert vonstatten gehen, figuriert die Zivilisation neue Leitgrößen. 1968 in Paris, aber eben nur dort, brachte eine wirklich universelle Volksformation den Staat ins Wanken. In Deutschland reichten die Berliner und Frankfurter Studenten zwar aus, um in den letzten fünfundzwanzig Jahren viele freiheitliche und demokratische Reformen einzuleiten und zu verwirklichen, doch der Staat selbst blieb in seiner Tradition verhaftet, mit der er auf die insbesondere Leipziger Revolte von 1989 nunmehr wiederum den Baumythos in der ewigen Baustelle aktivieren möchte, um die seinen Machtinteressen völlig zuwiderlaufende anthropologische Reihe seit 1968, bestehend aus viel Intellekt und Geist, einer die südliche und westliche Fremde sehnsüchtig umwerbenden Seele und einer abbröckelnden Körperlichkeit, in die von ihm anvisierte völkisch-physisch-positive Richtung zu transformieren. In diesem klassischen deutschen Hin und Her deformierter Verlangen und Forderungen konserviert sich freilich eine seltsame Dauer-Urbanik, mit der der Protest gegen den nie gelungenen Oberbau zum Ausdruck kommt.

3.2 Von der Stadt zur Transversale: 1. - 5. Welt im städtischen Raum oder Die Metamorphose des Urbanen

Im erst seit gut 100 Jahren nicht mehr so ganz großstadtrückständigen Deutschland galt Köln im Mittelalter mit etwa 30.000 Einwohnern lange Zeit als die größte Stadt im Heiligen Römischen Reich Deutscher Nation. In vielen anderen Ländern mit einer glücklicheren und hauptstadtzentrierten Geschichte wurden schon vor Jahrhunderten ganz andere Ausmaße erreicht. Bis heute freilich hat Deutschland dadurch das Glück, sich nicht mit den Problemen einer unkontrollierbar wuchernden Megapole beschäftigen zu müssen, deren Einwohnerzahl im zweistelligen Millionenbereich liegt. Menschenansammlungen wie Mexico City, Sao Paulo, Kairo, Kalkutta, Djakarta und natürlich auch die Großräume Tokio und New York mit bis zur dreißigfachen Einwohnerzahl Frankfurts, also schätzungsweise 20.000.000 Einwohnern, sind eigentlich nicht, soweit sie nicht zur westlichen Hemisphäre zählen, in ein Schema von Primär zum Quintär einzuordnen, wohl aber hinsichtlich der dort vertretenen Lebenswelten von der 1. bis zur 5. Welt klassifizierbar. Die spezifische Entfachungsqualität Frankfurts von der als Primär zu bezeichnenden Aufbauphase der vierziger, fünfziger und frühen sechziger Jahre, einhergehend mit dem vollen Anlauf des fordistischen industriell geprägten Sekundär bis in die siebziger Jahre hinein, jetzt jedoch zunehmend sekundiert vom seit den Mittsechzigern beginnenden dienstleistungsfundierten Büro-Tertiär, das in den Achtzigern von den ästhetisierten und kulturalisierten Selbstverwirklichungen des Quartärs ergänzt wurde und pyramidonal ebnso wie horizontal 1994 das city-räumliche Quintär als urbanvirtuellen Erfassungsraum erreicht hat, läßt sich so nur noch in ganz anderen Dimensionen, nicht unbedingt freilich in sehr viel mehr anderen Qualitäten, an New York nachvollziehen, das eigentlich schon vor gut 60 Jahren bis auf die elektronische Komponente quintärisiert agierte und diese Qualität bis heute immer differenzierter zu zelebrieren versteht. Frankfurt aber, und das scheint nur seine sagenhafte Inhärenz zu verkörpern, baut sich in genau 55 Jahren (1944 - 1999, hier schon mit einem sehr facettenreichen Quintär) durch alle diese Phasen hindurch und ist zum Sinnbild der stadträumlichen Metamorphose in Europa geworden.

Die Rede von Welten resultiert aus der jahrzehntelang praktizierten Einteilung des Globus in die erste, zweite und dritte Welt, also von den reichen kapitalistischen Industrieländern des Westens über die sozialistischen Staaten im früheren sowjetischen Einflußbereich bis hin zu den Entwicklungsländern in Afrika, Asien und Südamerika. Das akzelerierte Bevölkerungswachstum der letzten zwei Dekaden jedoch verlangt hinsichtlich der sozialen Ausdifferenzierungen in den städtischen Lebensräumen nach weiteren Segmentierungsgrößen und erfordert auch eine mittlerweile zweistellige Schematisierung des Städtischen und Urbanen, soweit hier überhaupt Grenzen und Limits gesetzt werden können. Anhand einer vergleichenden Studie des Frankfurter Instituts für Kapitalmarktforschung zu den drei Börsen-Städten London, Paris und Frankfurt wird zu sehen sein, wie selbst auf diesem Level noch scheinbar sehr markante Unterschiede hervortreten.

Zunächst möchte ich anhand der Studie zu "Frankfurts Wettbewerbslage als europäisches Finanzzentrum" darstellen, wie sehr in den letzten Jahren zwischen den Städten, die sowieso schon angesichts ihrer Kapazitäten und Möglichkeiten auf der Sonnenseite des Lebens stehen, Konkurrenzen um superstrukturale Projekte aufgekommen sind, die noch über den Austragungsort für vor allem Sommerolympiaden und Weltausstellungen hinausgehen. Neben dem hier vorhandenen Anlaß, der Gründung einer Europäischen Zentralnotenbank mit dem Vorläufer eines Europäischen Währungsinstituts ab Januar 1994, so der Maastricht-Fahrplan für die EG eingehalten wird, sind monatelange Kunstfestivals, Mega-Freizeitparks und monumentale internationale Konferenzen ebenso zu Medien der kompetitiven Auseinandersetzung geworden, die durch die internationalistischen post-modernen Implantate in vielen Metropolen der Welt nochmals einen Schub erhalten haben, dessen Umfang maßgeblich für die Standortentscheidung auch für Firmenniederlassungen sein kann. Die Qualität des informellen Angebotes ist mittlerweile für das formelle Projekt, um das es eigentlich geht, ausschlaggebend geworden. Hinzu kommt das Klima der Stadt, das bei maximaler Weltoffenheit natürlich auch eine maximale Anziehungskraft auszuüben vermag. Die Städte mit der anspruchsvollsten Urbanität und dem ausgeprägtesten anthropos-internen Metamorphoseangebot haben die besten Karten. Das hat sich jedenfalls als ein Essential der Bankenplatzstudie des Instituts für Kapitalmarktforschung herausgestellt, die im Mai 1990 empirisch abgeschlossen wurde, was für Frankfurt, London und Paris angesichts der immensen Ereignishaftigkeit bis zum Sommer 1993 heißt, daß einige Bewertungsgrößen sich schon wieder grundlegend gewandelt haben. Doch die

Grundsatzlehre für die Entstehung eines internationalen Finanzzentrums bleibt bis heute gleich:
"Im internationalen Wettbewerb der Finanzplätze hat derjenige den entscheidenden Vorteil, der weniger reguliert ist und größere Freizügigkeit eröffnet. Andere wichtige Eigenschaften spielen gleichfalls eine bedeutsame Rolle, nämlich Können, human resources und Infrastruktur, d.h. möglichst günstige Vorbedingungen, die ein vorteilhaftes Umfeld für Finanzdienstleistungen bieten können ... Internationale Finanzzentren sind meistens als nationale Zentren und Börsenplätze entstanden, an denen sich neben zahlreichen Finanzinstituten und einer Börse zugleich Kapital, Spezialisten, Können, Erfahrungen und Wissen kumulierten. Aber wirtschaftliche und finanzielle Ballung sowie eine dominierende Währung allein genügen nicht notwendigerweise, um zugleich internationale Finanzzentren zu etablieren und zu gewährleisten, solange nicht zugleich jene Freizügigkeit des Marktzuganges und der finanziellen Gestaltungsmöglichkeiten gewährleistet wird, auf denen das Vertrauen jener international tätigen Marktteilnehmer gegründet wird, die darüber entscheiden, ob sie diesen oder einen anderen Platz der Niederlassung und der Kapitalanlage wählen" (5/S. 6 + 7).

Zum Vorteil Frankfurts muß hierzu angemerkt werden, daß die Mainmetropole im Gegensatz zu Paris oder London nie die Hauptstadt einer kolonial-imperialen nationalstaatlichen Macht war und deshalb nicht den fremdländisch akkumulierten Mehrwert in sich aufgenommen und damit seine Infrastruktur verbessert hat. Die Leistung aus eigener Kraft, wie alle progressiven ästhetischen Parameter leider nie und auch hier nicht Gegenstand der empirischen Erhebung, macht die Stadt am Main zu einem besonders ehrlichen Vertreter des Geldes. Die Gesetze, die die Geldwäsche verhindern, muß Bonn machen und Berlin als Sitz des weltweit geächteten Bundesaufsichtsamtes für das Kreditwesen überwachen.

Die Studie verstärkt den Eindruck, daß Frankfurt zwar uneingeschränkt als das internationale Business-Zentrum Deutschlands gilt, aber in seinen genannten Vor- und Nachteilen gegenüber London und Paris als eine sehr deutsche Stadt gewertet wird. Das Profil der Stärken und Schwächen der gegenübergestellten europäischen Finanzzentren gibt London als bis heute unangefochten führendem europäischen Platz die meisten Bestnoten, Paris die meisten Zweitbestnoten und Frankfurt neben den zweitmeisten Bestnoten die meisten schlechtesten Noten. Bei den finanzplatzübergreifenden Kriterien wie Stabilität des wirtschaftlichen

Systems, Stärke und Größe der Volkswirtschaft, Ersparnisbildung, Konvertibilität der Finanzplatzwährung, Gewicht der Währung sowie Autonomie der Notenbank liegt Frankfurt vor London und Paris, bei eher finanzplatzspezifischen Parametern wie der Stand der Deregulierung, die Höhe der Transaktionskosten, die Unternehmens- und Einkommensbesteuerung, die Besteuerung von Kapitaltransfers, die Organisation und Struktur des Börsenwesens, die Transparenz der Märkte am Finanzplatz, die Verfügbarkeit von Informations- und Kommunikationstechniken, die Innovationsfreudigkeit, die Vielfalt handelbarer Produkte, die Verfügbarkeit von qualifiziertem Personal sowie der Lebensqualität inklusive des Kultur- und Freizeitangebotes haben die Umfragen nur den dritten und letzten Platz ergeben. Nur bei der letzten Kategorie und bei den Personalkosten belegt Paris den ersten Platz. Platzspezifisch führt Frankfurt zusätzlich bei den Büro- und Wohnraumkosten sowie bei der Qualität und Schnelligkeit der Back-Office-Aktivitäten, wozu vor allem die in Europa mit Abstand unerreichte Wertpapierabrechnungszeit von nur zwei Tagen gehört, die andernorts einen Monat dauern kann. Die Transversale Frankfurt glänzt also durch rasche Abwicklung, durch perfektes und schnelles Zu- und Abbuchen. Ansonsten, so ein Londoner Journalist im Juni 1992 bei einem Frankfurt-Besuch, hat die Mainmetropole keinen Charakter, sei von Junkies übersät und biete weder seriöse noch originelle Restaurants zum Essen. Die den Deutschen angehängte Unfähigkeit zum Leben ist plakativ auf Frankfurt übertragen worden, dessen Banker sich hervorragend selbst vergewaltigen können, um sich nach Dienstschluß durch eine urbanophobe Stadt zur nächsten U-Bahn-Station durchzuschlagen. Das klingt doch sehr nach englischer Fäkaljournaille!

Paris ist eine so heterogene Stadt auf höchstem Niveau, daß es sich trotz des auch hier entstandenen Geschäftsviertels La Defense nie über Business definieren wird, sondern immer nur über Flair, Esprit und Urbanik. Paris ist eine Insel in Frankreich und bekämpft mit seinem auf totale kulturelle und lebenskünstlerische Ambitionen ausgerichteten Cité-Anthropos eigentlich das Phänomen, City zu werden. Neben anderen Beteiligten wie Luxemburg oder Amsterdam ist der Konflikt um die Ansiedlung der Europäischen Notenbank vor allem eine Auseinandersetzung zwischen den Traditionsmonopolisten London und dem ehrgeizigen kontinentaleuropäischen Nachkriegsaufsteiger Frankfurt. Die Stadt am Main, noch nicht einmal ein Zehntel so voluminös wie London oder auch Paris, selbst mit dem riesigen Umland als Rhein-Main-Stadt kaum halb so bevölkerungsstark, macht London immer mehr Angst, und das hat seine Gründe. Seit dem Ende der empirischen Erhebung hat London einige ganz massive Rückschläge zu verkraften, während Frankfurt als Finanzplatz zumindest immer energetischere und konzentriertere Strukturen erhalten hat, die zwischen 1990 und 1994 zu einer verbesserten Wettbewerbsposition im internationalen Vergleich geführt haben, die die Mainmetropole im entgrenzten und freien Wirtschaftseuropa nicht nur quanitativ, sondern auch qualitativ als viertbesten Finanzplatz der Welt festgeschrieben hat.

London leidet nicht nur unter dem Niedergang des englischen Königshauses und Büroleerständen um die 20 %, sondern auch unter dem schweren Sprengstoffattentat in der City vom Frühjahr 1993 und dem Scheitern der Einführung des Börsensystems Taurus, das zu einer Fehlinvestition von einer Milliarde DM geführt hat, die alle beteiligten Banken zu tragen haben. Doch behauptet London nicht in der Abwicklung, jedoch unverrückbar im Handel seinen unangefochtenen Führungsplatz. Als größter Devisenmarkt mit hohen Tradingvolumen in Fremdwährungstiteln sowie als Welt-Gold-Zentrum liegt London noch Lichtjahre vor Frankfurt, auch beispielsweise im Bereich der großen Anwaltssozietäten, die bis zu 1000 Vertragspartner haben, während die wahrlich nicht schlecht angelegte Frankfurter Rechtsanwaltschaft nur bis zu 100 Kooperateure aufweist. Die Banker vom Main holen jedoch auf, ebenso die formelle und vor allem informelle Infrastruktur der Stadt. Die große Unfähigkeit, die den Deutschen nachgesagt wird, nämlich sich selbst zu repräsentieren und nicht nur immer den eigenen Dreck vor der Haustüre wegzukehren, hat die Frankfurter Wirtschaftsförderung zum Anlaß genommen, im Rahmen der Bewerbung um die Europäische Notenbank, ausgestattet mit einem Etat von mehreren Millionen DM in den Jahre 1992 und 1993, hier eine Trendwende zu setzen. Unter dem Motto "Frankfurt. The Natural Choice" lief die bislang umfangreichste internationale Werbekampagne der Mainmetropole. Am 12. Mai 1992 lag eine mehrseitige Frankfurt-Sonderbeilage in der Ausgabe der International Herald Tribune anbei, die den Endspurt um die Bewerbungsschlacht der Euro-Notenbank einleitete, deren Sitz freilich von den Bankern aller Kandidaten nicht als sehr vorteil- oder nachteilhaft für ihre eigene Stadt angesehen wird.

Wichtiger ist die Ausstattung des Finanzplatzes. Hier kann Frankfurt seit dem Ende der IFK-Studie mit der größten europäischen Terminbörse aufwarten, die bereits nach noch nicht einmal drei Jahren 1992 diesen Status erreicht hat. Außerdem hat mit dem Januar 1993 das Zeitalter der Deutsche Börsen AG Frankfurt begonnen, mit der nach jahrelangem erbitterten Wettstreit mit den anderen Regionalbörsen die totale Konzentration auf Frankfurt festgeschrieben wurde. Über zwei Drittel des Geschäftes laufen über die Frankfurter City, die auch medientechnisch mit KISS, IBIS und BOSS sowie TV-Börsen- und Wirtschaftsjournalen in mehreren Kanälen die Akzente setzt und nicht nur als zweitgrößter Rentenmarkt der Welt für Furore sorgt. Die Mainzer Landstraße ist als bankenbesetzte Wolkenkratzer-Magistrale fertiggestellt und wird sicherlich nicht ein solches Debakel erleben wie die Londoner Docklands mit ihrem leerstehenden 250 Meter-Sky-Scraper. Die Taunusanlage ist junkiebefreit, das große Sterben und andere kriminelle Energien nehmen massiv ab. Die in der Frankfurter Innenstadt etablierte Nacht- und Gastronomie- sowie Shopping-Kultur angloamerikanischen Zuschnitts von der Schillerpassage und den Fantasy Garden und der Zeilgalerie über die Palastbar bis hin zum Stars California Restaurant im Messeturm und den Lokalen im Foyer der DG-Bank/Westend 1 ist die letzte Lücke im gehobenen Lebensstil geschlossen, die zu Recht bislang als großes Defizit für die Frankfurter City angeführt wurde. Der Fall Steinkühler freilich hat die Dringlichkeit einer zentralisierten Wertpapieraufsicht, die bislang fehlte, aber mit dem Jahre 1995 beginnt, erneut in den Vordergrund geschoben. Während im Falle der Aufsicht des Börsenplatzes, die bislang durch die unterschiedlichen Zuständigkeiten der Insider-Handelskommission der Frankfurter Börse, des Hessischen Staatskommissariats und des Hessischen Wirtschaftsministeriums, der Deutschen Bundesbank und des Bundesaufsichtsamtes für das Kreditwesen in Berlin heillos parzelliert ist, mit einem zentralen Bundesamt für Wertpapieraufsicht inklusive der anstehenden Novellen des Börsen-, Kreditwesen-, Wertpapier- und Investmentgesetzes im Rahmen des 2. Finanzmarktförderungsgesetzes noch Zentralisierungs- und Regulierungsbedarf besteht, muß ansonsten die Maxime Deregulierung heißen. Die Tatsache, daß einige Finanzprodukte, vor allem die sogenannten Derivative, noch immer nicht alle handelbar sind, daß der Devisenhandel mit und ohne Wertpapierbeteiligung geradezu einen provinzhaften Umfang aufweist und die vielen Auslandsbanken nur 5 % des Bankengeschäftes auf sich vereinigen können respektive dürfen, kann nur als rest-völkisch bezeichnet werden und verbindet Frankfurt mit auslands-feindlichen Assoziationen, die es nicht zu verantworten hat, weil der

Staat die Gesetze macht, die mehr Autonomie und Toleranz auch im Börsenwesen verhindern. Die EG wird hier aber sicherlich im weiteren Verlauf der neunziger Jahre im Rahmen von gesetzlichen Harmonisierungen ausnahmsweise auch einmal förderlich sein und nicht nur die Undurchschaubarkeit noch steigern.

Der Wandel von der Institution zur Transversale, den die städtische Zivilisation eigentlich schon fast final erreicht hat und durch eine souveräne Urbanik täglich aufzeigt, ist im offiziellen und amtlichen Sektor noch auf der Entwicklungsebene und verläßt erst jetzt allmählich seinen spät-preußischen und nachkriegstypischen Mief. Die finanzplatzempirische Studie des Frankfurter Instituts für Kapitalmarktforschung kommt daher am Ende zum nachstehenden Fazit: *"Den Wettbewerb als internationaler Finanzplatz kann Frankfurt nur dadurch gewinnen, daß möglichst viele potente, international tätige Banken, Versicherungen, institutionelle Anleger und andere 'financial industries' nach Frankfurt kommen. Alles, was diese Entwicklung begünstigt, erhöht nicht nur das Geschäftsvolumen, sondern vergrößert zugleich die Liquidität, Tiefe und Bedeutung des Marktes und dient insoweit allen Beteiligten. Die deutschen Banken, Versicherungen und Finanzinstitute sollten daher jeden Anschein einer Diskriminierung ausländischer Mitbewerber vermeiden. Globale Märkte erfordern globale Bedingungen"* (5/S. 44).

Die Überleitung zu einer Vertiefung der Valenzen des Städtischen und Urbanen im Kontext von der 1. bis zur 5. Welt soll ein Zitat liefern, das vom 93er Vorstandsprecher der Deutsche Börsen AG kommt und in der Frankfurter IHF-Sonderbeilage vom 12. Mai 1992 unter der Überschrift "Stock Exchanges in the 90s: Focus on Risk Management" zu finden ist. Rüdiger von Rosen schreibt hierzu: *"Openness and flexibility will definitely be a selling point for financial colours in the future ... I think that as the products and availability become more and more standardized, the quality of technical services is going to play a more and more decisive role in determining which stock exchanges flourish. We in Frankfurt offer same-day settlement, a worldwide first. And these high-quality technical services have an important corollary: reduced risk for investors. The 1980s were the decade of secularization and globalization, the 90s are obivously the decade of risk management"* (6).

Der Glanz der achtziger Jahre in der westlichen Hemisphäre unseres Globus, der Neokonservatismus durch Reagan, Thatcher und Kohl, konnte nur durch eine signifikante und additive Segmentierung und Klassifizierung der Weltgesellschaft erreicht werden, die sich mittlerweile in fünf Kategorien einteilen läßt und dadurch in wachsendem Maße einer mittleren Bindung verlustig wird. Diese Risikogesellschaft mit all ihren labyrinthischen Ausuferungen in vielen Millionenstädten dieses Globus hat dazu geführt, daß eine kalkulier- und planbare städtische Ordnungspolitik längst unmöglich geworden ist und einem spekulativen und Unsicherheiten bestmöglich verwaltenden Risikomanagement Platz gemacht hat, womit das zeitgenössische Finanzgebaren im wesentlichen auch die entsprechende Metamorphose der Lebens- und Sozialräume bewirkt hat. In dem Maße, wie die ins Maßlose übersteigerte Haushaltspolitik der westlichen Kommunen und Länder das Sparen als asketische Mitte in den letzten eineinhalb Dekaden aufgegeben hat, um es nun in drangsalierter Ausgestaltung flächendeckend einzuführen, driftete auch die Weltgesellschaft noch mehr auseinander. Nicht ein simpler Dreiteiler aus Sparbuchsparen, Rentenanlagen und aktienbezogenen Dividenden bestimmt die Weltfinanz, sondern ein neuer schwer zu hierarchisierender Fünfteiler macht die Runde. Die Zentralbanken haben die Regierungen als Entscheidungsbefugte der Geldsteuerung und Geldschöpfung abgelöst, um die Stabilität zu schaffen, die die allmählich dominant werdenden Umsatzvolumina aus Devisen-, Options-, Warentermin- und Derivationsgeschäften begleitend benötigen. Wenn es denn überhaupt noch eine Mitte gibt, dann hat sie sich auf die Angst verschoben, die die Versicherungen, in Deutschland hervorragend zu erkennen, zu mächtigen Finanzkonzernen emporstilisiert hat. Während bei uns der Rentenmarkt in Wertpapieren noch stark ist, rangiert er in der hier skizzierten Rangordnung nur noch an fünfter Stelle, hinter dem altbekannten und standardisierten Aktiengeschäft, das nach der Langzeitrekordhausse von 1982 - 1986 und dem fulminanten Crash vom Oktober 1987 wieder etwas durchschnittlicher geworden ist, obgleich die Unsicherheit gerade wegen der noch alles andere als stabilisierten "neuen Weltordnung" nicht gewichen ist und die Versicherungen zu prä-katastrophistischen Serviceunternehmen gemacht hat. Ihre neue geballte Machtposition haben sie, soweit von Deutschland die Rede ist, der Nachrichtenqualität zu verdanken, die ja jeden Toten und Verletzten und jedes morbide Kernkraftwerk der Welt als Normalzustand unseres Globus verkauft, was natürlich an der Befindlichkeit der Menschen gerade in den Regionen der materiellen Armut, die meist ideellen Reichtum bedeutet, aberrativ vorbeigeht. Die fünfte Welt, die Straßenkinder und Obdachlosen und Ausgegrenzten in den vor allem asiatischen und südamerikanischen Megapolen, hat sich bisweilen entschieden mehr Würde inhärent beibehalten als die übergesättigte und für alle Perversionen dankbare erste Welt in den westeuropäischen und nordamerikanischen sowie japanischen Großstädten. Auch die zweite Welt, ebenfalls in diesen Städten zuhause, aber noch nicht in Gefahr, am Status eines kapitalistischen Millionärs zugrunde zu gehen, wünscht sich eigentlich auch oft ein anderes Leben als das in der nachrangigen Akkumulation und Abschöpfung von Mehrwerten. Die dritte Welt als letzte Mitte scheint mir nur noch das Alter zu sein.

Nur nach dem Ausgeschiedensein aus dem spätmodernen okzidentalen Prozeß der ganz normalen dynamischen Besinnungslosigkeit ist es für die meisten Menschen, die ja nicht die Flanerie als lebensstilistische Ästhetik während ihres gewerblichen Daseins als kulturindustrielle Geworfenheit figurieren konnten, vielleicht noch möglich, sich selbst wieder zu entdecken. Gleiches gilt schon nicht mehr so sehr für die qualifizierte Jugend, die heutzutage durch ihre linear-karrieristischen Ambitionen und die massive Mediatisierung zwar nicht mehr das Schicksal des Geworfenen trifft, den Entwurf freilich auch nicht fördert.

Noch hat Deutschland zwar einen Stadt-Zustand, der die alte Drei-Welten-Einteilung gerade noch vergegenständlicht, doch wird Berlin schon am Ende der neunziger Jahre nicht darum herumkommen, eine ganz deutlich segmentierte vierte Welt in seinen nicht mehr vorhandenen Stadtmauern zu beherbergen, die zuvor eine derartige Slum-Agglomeration verhindert haben. Mindestens ein Drittel von Ost-Berlin wird hiervon betroffen sein, auch West-Berlin wird in der Größenordnung von einigen hunderttausend Menschen Armutspotentiale aufweisen. Doch gerade diese informelle Unterschicht als neue Qualität zu den formell und bürokratisch noch gesteuerten materiell Armen macht natürlich das Herz einer Urbanik aus, die aus Autonomie und Souveränität sowie einer Community-Bindung besteht, die sich ihre Erfüllung aus existentieller Interaktion speisen läßt und nicht ihren Hedonismus aus Life-Style-Dialogen konstituiert. Die vierte Welt in der alten 3. Welt, im wesentlichen die Arbeitslosen und restlos Ungebundenen innerhalb der megapolitanen Slums, ist zumindest den skrupellosen ländlichen Großgrundbesitzern und den

Naturkatastrophen in ihren Heimatregionen entkommen, muß aber große innere Energien aufwenden, um nicht zur Unterwelt innerhalb der Armutshalden abzudriften. Zu all diesen Welten kommen natürlich noch die Traumwelten hinzu, die Sein und Schein längst beliebig austauschen. Cyberspace, Disney Worlds und Genetik sowie Drug-Trance-Zustände aller Art sind längst zu den Welten degradiert, in denen es viele der Privilegierten der 1. und 2. Welt gerade noch aushalten. Die Bevölkerungsexplosion und Migration festigt diese Entwicklungen aus den siebziger und achtziger Jahren in den Neunzigern endgültig.

Dieses Kapitel über die Entwicklung des Urbanen in der Stadt habe ich bewußt mit der Städtekonferenz um die Europäische Notenbank begonnen, um mit dem nachfolgenden Abschnitt über die fünf Welten aufzuzeigen, um was es so alles geht auf unserem Globus und welche Spanne das Wörtchen "Problem" so mit sich bringt. Mit dem südamerikanischen Soziologen Darcy Ribeiro und seinem 1971 erschienenen Werk "Der zivilisatorische Prozeß" möchte ich diesen zweiten Abschnitt beenden, bevor ich in einem abschließenden dritten Teil noch eine zweistellige Anzahl von Stadtkategorien als Ausdruck der hochdifferenzierten Urbanität am Ende des 20. Jahrhunderts eigenständig durchdeklinieren werde. Ribeiro, der in seinem Buch die Stadien der soziokulturellen Evolution sowie technologische Revolutionen, ihre zivilisatorischen Prozesse und die entsprechenden gesellschaftlichen Prozesse evolutiv und historisch untersucht, nimmt auch zu den Gegebenheiten in der ersten und dritten Welt Stellung. Zur 3. Welt bemerkt er: *"Der Begriff ist in erster Linie ein topologischer. Ihm zufolge gibt es eine 'Erste Welt', und das ist die kapitalistische, und eine 'Zweite Welt', die durch die schon aus der Abhängigkeit vom Kapitalismus befreiten Völker gebildet wird, durch jene Völker also, die auf dem Wege über den revolutionären Sozialismus aus der Unterentwicklung herausgekommen sind und heute die zeitgenössische Zivilisation eingeholt haben oder aber dabei sind, etwa Rußland und China. Die 'Dritte Welt' ist nach meiner Meinung ein Verbund von Völkern, die weder auf dem kapitalistischen Wege es geschafft haben, ihre Möglichkeiten freizusetzen, noch sich von der Abhängigkeit von den großen imperialistischen Mächten befreien konnten. Diese Völker stellen heute das Zünglein an der Waage der Weltgeschichte dar. Auf sie kann die Hegelsche Dialektik zwischen Herr und Knecht angewandt werden, eine Dialektik, in welcher die Befreiung des Knechtes notwendig die Veränderung des Herrn impliziert. Analog kann man sagen, daß die sogenannte Revolution der nationalen Befreiung der Völker der Dritten Welt für die USA und die anderen kapitalistischen Mächte außerordentlich bedrohlich ist; denn sie stellt eine Form der Provokation dar, die eine Revolution oder zumindest eine tiefgreifende Strukturveränderung der USA und anderer kapitalistischer Gesellschaften haben wird"* (7/S. 283).

Trotz der hinlänglich evidenten Erscheinung, daß die revolutionären Erhebungen der letzten Jahre gegen den Sozialismus erfolgten und innerhalb von US-Metropolen wie New York, Los Angeles oder Miami vor allem ethnische Konflikte zum Gegenstand hatten, ist die Behauptung richtig, daß die Hierarchie zwischen Herr und Knecht substantielle Veränderungen hervorgebracht hat. Die additive Komprimation in den Megapolen der 3. - 5. Welt in den letzten zwanzig Jahren hat allerdings die informelle Schattenwirtschaft der Slums aller Facetten zur eigentlichen neuen Komponente erhoben, die zu einem exterritorialen zivilisatorischen Raum innerhalb des sowieso meist kriminellen offiziell-formellen Raumes dieser Länder und Städte geführt hat. Der Kapitalismus wird also nicht von den Knechten beseitigt, sondern sie als Kriminalisierte ignorieren ihre Kriminalisierer samt des dazugehörigen Systems, indem sie hermetisch abgeriegelte Mikrokosmen schaffen, die nach eigenen Gesetzen funktionieren und eine Formation gegen die inkorporierten Strukturen der Oberwelt bilden, die längst jede ethische Gewaltmonopolfähigkeit verloren hat und in der Massenvergewaltigung alleine ihre Position zu stabilisieren hofft.

Die neue Mitte der Millionenstädte unseres Globus bilden immer mehr die Ausgegrenzten, die sich genauso informalisieren wie die korrupten Obrigkeiten, die sich nur noch an die Spitze begeben und dort aushalten können, wenn sie genau das Gegenteil von dem tun, was sie aufgrund der ja fast überall in schriftlicher Form fixierten Rechtsstaatlichkeit tun müßten. Die erste Welt lebt in Trance, die ehemalige zweite sozialistische Welt schwimmt, und die drei Welten der einstigen 3. Welt bilden eine weltweite Superstruktur, deren Vermeidungs- und Verdrängungsversuche sie nur noch mehr aufblähen und zu einer verselbständigten Macht werden lassen.

Die Urbanistik schafft sich also genau das, was sie nicht haben möchte, nämlich eine autonome Urbanik des zivilisatorischen Raumes, eines Raumes ohne feste

Größen, dafür aber mit vielen transversalen Bewegungen, schon fast identisch mit dem Überweisungsverkehr zwischen den Kreditinstituten, der mittlerweile in eine Politik der Zu- und Abbuchungen zwischen den beiden frontal gegenüberstehenden Welten geworden ist, einerseits der europäisch-nordamerikanisch-südostasiatisch-ozeanischen Welt des akzelerierten Finanz-Kapitalismus und andererseits der afrikanisch-südamerikanisch-zentralasiatischen Welt des Aufbruchs aus traditionalen Lebensformen respektive der fundamentalistischen Verhärtung des Orientalischen.

Darcy Ribeiro zeigt nicht den relativen Kulturoptimismus des Henry Lefebvre Anfang der siebziger Jahre, trotz der Fehlerhaftigkeit der euroamerikanischen Revolutionsbewegung von 1968 ein Hoffnungsträger der Urbanik als einziger authentischer Zivilisationsform schlechthin. Primär für die Jugend der 1. Welt bedeutet es geradezu ein Wink des Schicksals und der lebensperspektivischen Sinnlosigkeit, hier und nicht in der 3. Welt geboren zu sein: *"Die Erste Welt ist am Ende. Was ist es denn, was man z.B. einem Jugendlichen von 17 Jahren in West-Deutschland anbietet? Er soll seine Ausbildung beenden, ein bestimmtes Fach lernen und dann in den Wettbewerb eintreten, um sich den größtmöglichen Anteil am Kuchen zu holen. Man bietet ihm Ersatzabenteuer wie den im Fernsehen übertragenen Weltraumausflug und billige Ersatzbefriedigung wie Marihuana und Sex. Es gibt für ihn nichts, was Sinn ergäbe. Nur die dritte Welt kann den Jugendlichen von heute einen Sinn einer Aufgabe und die menschliche Würde zurückgeben, die die Erste ihm nicht mehr geben kann. Wir Unterentwickelten warten auf diese Jugend - nicht als Vertreter von Volkswagen oder um sich zu bereichern, sondern als Brüder im Kampf um eine menschheitliche Zivilisation, die einheitlich ist und an der alle Menschen teilnehmen können - bei gleichen Bedingungen. Diese konkrete Utopie, die Überwindung des Hungers, der Armut, der Ungleichheit, dieser revolutionäre Kampf in allen Bereichen ist das einzige, was dem Leben der Jugend in den fortgeschrittenen Gesellschaften Sinn geben kann, Sinn und menschliche Würde. Wenn diese Jugend an der Verwirklichung der Utopie nicht teilnimmt, dann wird sie eben weiter vegetieren - in Deutschland, der Schweiz und anderswo. Nur wenn es gelingt, daß alle Gesellschaften, alle Völker auf dem Weg über die evolutive Beschleunigung und nicht über die historische Eingliederung oder Aktualisierung in die neue Zivilisation eintreten, wird es möglich sein, neue menschliche Beziehungen zu schaf-*

fen, brüderliche, nicht ausbeuterische; gleiche, nicht diskriminierende - kurz ein menschliches Leben, das für alle angenehm und anregend ist" (7/S. 285 + 286).

Trotz der Tatsache, daß Frankfurt eine exponentielle Stadt der 1. Welt ist, trifft die Forderung Ribeiros, evolutiv beschleunigte Räume ohne historische Reminiszenzmentalitäten zu schaffen, auf seinen City-Anthropos beispielhaft zu, der aber ohne ästhetische Erziehung und eigenständige Anstrengungen nicht entdeckt und mental verwertet werden kann. Ansonsten sind auch hier viele menschliche Exemplare aufspürbar, die zum Untergang in ihren Institutionen verurteilt sind oder sich selbst dazu verurteilen. Die meisten der reichen, aber unglücklichen Deutschen sind in der Tat besessen von Träumen und Tänzen und Musiken der im Alltagsverkehr als primitiv abgestempelten sogenannten Kulturen der 3. - 5. Welt, deren Menschen, wie in jedem exotischen Urlaub zu sehen und zu erkennen ist, noch nicht einmal in Gestalt der in Straßenrandlöchern hausenden indischen Millionenstadtbewohner ihr sympathisches Lächeln verloren haben, das ansonsten mit jedem mehr erreichten Wohlstandslevel immer seltener anzutreffen ist. Die Zivilisationen, die einen merkantilen, industriellen und/oder thermonuklearen Revolutionsschub schon hinter sich haben und heute, zwanzig Jahre nach Ribeiro, in einem superstrukturalen Stadium leben, werden von ihm nachhaltig bedauert, während die Menschen im agrarisch-urbarmachenden bewässerungsbeschäftigten metallurgischen und Hirten-Zeitalter noch ihre Spezies als Sein und nicht als Schein ausleben und daher ihre anthropologische Originalität erfahren konnten.

Erst ab einer gewissen Größe kann eine Stadt von sich behaupten, mehr als nur ein großes Dorf zu sein. Selbst München mit über einer Million Einwohnern und Bonn als Hauptstadt de facto der Republik mit seinen 250.000 Bewohnern werden ja als Weltdorf beziehungsweise Bundesdorf bezeichnet.
Wenn die Massierung von jeglicher Urbanität ausschließenden altmonarchischen, kirchlichen und staatlichen Institutionen zu groß wird, dann bleibt meist nur der Katholizismus als Qualifizierungsmöglichkeit übrig. Auch dafür gibt es aber eine Bezeichnung, wie gleich zu sehen sein wird.
Beginnen möchte ich das Panorama des Städtischen mit der Kleinstadt, einer Agglomeration also, die deshalb über dem Dorf thront, weil hier eine erste konsumistische, gastronomische und amtliche Infrastruktur vorhanden ist, die

regelmäßig, also täglich, Menschen aus den umliegenden Gemeinden hier verkehren läßt. Das Dorf lebt nur in sich, die Kleinstadt, vielleicht in Gestalt einer Kreisstadt, darf eine minimale Autorität für sich beanspruchen, die die ganz normale Stadt mit Theater, Museum, Fußgängerzone und Zweitliga-Fußballverein sowie signifikanterer Industrie und überregionalem Zuspruch schon etwas weiter elaboriert, ohne dabei freilich urban sein zu können, denn die Stadt als Institution, von deutschen Gegebenheiten ausgehend, beherrscht hier auch in den neunziger Jahren das Szenario, das sich ab der Tagesschau in menschenleeren Straßen artikuliert, vom Stadttheater, dem Kinozentrum und einem Areal mit drei oder vier Lokalen nebeneinander vielleicht einmal abgesehen. Internationalität hat das Zeitalter des Kabel- und Satellitenfernsehens freilich auch hier schon verankert. Massenmedial ist also die Provinz verschwunden und der weltweiten Superstruktur Television angeschlossen, bis auf die Ausnahmen, wo sich Kabel für die Telekom angeblich nicht lohnt. Höchst ist bislang bezeichnenderweise ein solches Gebiet, wo die Leute zu wenig Interesse gezeigt haben, sich verkabeln zu lassen!

Grenzen zwischen den einzelnen städtischen Figurationen oder Formationen sind so wenig möglich, wie selbst Städte mit gleicher Einwohnerschaft von einer substantiell anderen Anthropologie sind. In der Regel läßt sich aber sagen, daß mit der Großstadt, in Deutschland mit gut einer halben Million Einwohnern zahlreich und wie über das Land gemalt vorhanden, Urbanistik und Urbanik mit irgendeiner Urbanität als Mitte eigentlich erst die Zuweisung von Städtischem ermöglichen, das von der Institution Stadt eine gewisse Unabhängigkeit erlangen kann. Zwischen Nürnberg und Frankfurt liegen trotzdem Welten. Nürnberg als fränkisches Zentrum mit schlimmer Vergangenheit und einem bis heute unverändert rigiden CSU-Katholizismus ist keine Metropole, sondern ähnlich wie München, wenn auch ungleich auffälliger, eine Nekropole, eine Qualitätszuweisung, die auch der neu angelegte Kasseler Künstlerfriedhof im Habichtswald trägt. Die nicht vorhandene Urbanik Nürnbergs, die jedes Jahr im Weihnachtsmarkt gipfelt, ist eine nekropolitane Qualität, die auch Glaser als langjähriger Kulturdezernent nicht beseitigen konnte.
In Jahrhunderten gewachsene tiefenanthropologische Dispositionen sind unsterblich! Vielleicht gehört ein solcher Mythos um Geld, Tod und Schönheit aber dazu, wenn sich Städte mondän sehen möchten, wie es vor allem auf senior besetzte Kurorte wie Bad Homburg, Wiesbaden und Baden-Baden zutrifft. Jene

deutsche Besonderheit, über das ganze Land konzentriert, möchte ich in diesem Kontext jedoch nicht beschreiben und ausführen. Das Nekropolitane ist in solchen insbesondere Kur-Städten zum pseudo-urbanen deutsch-typischen sepulkralkulturellen ästhetischen Prgramm degeneriert, das aber immerhin ehrlich zeigt, wie der Staat Volk und Land behandelt!

Jetzt geht es um Superstrukturen, und damit wird es so komplex, daß Kategorisierungen endgültig schwerfallen.

Abgesehen von der gerade noch so gültigen Tatsache, daß New York die Welthauptstadt ist, als die sie sich im Juni 1993 bei einem stadtweiten und im Mousonturm akzentuierten New-York-Projekt in Frankfurt dargestellt hat, läßt sich vielleicht nur noch sagen, daß alle nachstehenden Stadttypen mindestens Metropolen sind. Auch Hauptstädte gehören fast immer dazu, bis auf Bonn, was als Bundesdorf und Raumstation gilt. Stuttgart ist die typische Regionalmetropole mit vielen Kleinstädten im Umland, für die das Daimlerzentrum funktionales, grünes und hochkulturelles Medium ist, ohne medial zu sein. Frankfurt mit seinem Mega-Airport, der Messe und der Financial City ist nicht nur eine internationale Metropole, sondern angesichts weiterer Speerspitzen wie der IG Metall oder der Schaltstelle der USA oder der vielen Kommandofunktionen natürlich unverändert die deutsche Kapitale, mit weitem Vorsprung vor Berlin und Hamburg, die als Solitärstädte in den neunziger Jahren und darüber hinaus natürlich für eine Verkürzung der Abstände wegen des vereinigungsbedingten Sonderbooms sorgen werden. Frankfurt ist auch eine der fünfzig wichtigsten Global Cities, deren Vernetzung die Welt elektronisch und dirigistisch steuert. Zusammen mit New York, Tokio und London sowie bald auch Hongkong bildet es einen Verbund von Cities, die die Weltfinanzen zirkulieren und determinieren. Des weiteren, kaum von der Kapitale zu trennen, ist Frankfurt auch eine sehr kopflastig und mental angestrengte Headquarter. Ebenso, von der Global City kaum auseinanderzuhalten, darf sich die Mainmetropole zu den World Cities rechnen, wo teritär-quartäre Leistungen internationaler Relevanz vollbracht werden. Zum erlauchten Kreis der Weltmetropolen gehört Frankfurt nur bedingt, da Paris, London, New York, Chicago und Los Angeles, Tokio und Hongkong, aber auch Sydney und Buenos Aires oder Shanghai immer noch einiges mehr an städtischer Stadt zu bieten haben. Trotzdem halte ich es nicht für vermessen, Frankfurt mit Offenbach bei günstiger Entwicklung 1999 auch diesem Kreis von Städten qualitativ und quantitativ zuzuordnen, zumal auch die Region Rhein-Main mit etwa drei Millionen Einwohnern bis dahin in weiten Teilen metropolisiert sein wird beziehungsweise schon ist. Primate Cities finden sich vor allem in Afrika, aber auch in Osteuropa. Wenn 25 - 50 % der Einwohner eines Landes oder noch mehr in der Hauptstadt wohnen, dann ist der Rest eigentlich nur noch Umland und kann noch nicht einmal mit Assistenzfunktionen aufwarten. Die Spanne reicht hier eigentlich von Kopenhagen über Westafrika bis hin zu Beirut.

Weltstadt nennen sich viele Städte, ohne weltstädtisch zu sein. Nur wenn die Urbanik einer Stadt viele unabhängige Welten nebeneinander öffentlich zuläßt und fördert, darf sie sich Weltstadt nennen. Transversalen gibt es wenige, Manhattan und Frankfurt gehören dazu. Das fünfte Kapitel wird über deren Beschaffenheit ebenso Auskunft geben wie über Sendungsstädte, die so etwas wie ein Kap aufweisen.

Transversalen und Sendungsstädte wollen jedes Jahr eine bessere Bilanz des Guten und Transferierten erreichen!

Superstrukturen sind dann vorhanden, wenn die monolithische Authentizität oder Ethnizität im Sinne eines ordnungspolitischen Positivs der Macht nicht mehr gegeben sind, weil sich die Proportionen eindeutig zu superstrukturalen Internationalismen oder verselbständigten exterritorialen Agglomerationen verschoben haben. Megapolen sind Ausruck dieser Entwicklung im Schlußdrittel des 20. Jahrhunderts, die via Explosion auf allen Ebenen nichts mehr so in den großen Städten dieser Welt sein läßt, wie es vorher einmal war. Djakarta, Kairo, Sao Paulo, Lagos und Mexico City sind zum Synonym für Labyrinthe geworden, in denen bestenfalls noch wie Mutter Theresa in Kalkutta Scheinheilige und Missionare Partikel der Eingreifmöglichkeit verkörpern, deren Hilfe über eine atomisierte Größenordnung aber nicht hinauskommt, so daß die Slum-Communities als die neuen Autonomen den Herrschaftsstaat nur abwehren können, indem sie sich selbst in vollem Umfange in ihrem aktuellen Status aufrechterhalten und durch die dadurch bedingte Metamorphose der Stadt einen quantitativ so überlegenen zivilisatorischen Raum schaffen, daß im Sinne der 3. - 5. Welt via Megapole über eine post-institutionelle Wende gesprochen werden kann. Während die Urbanistik beim Kampf um die Europäische Notenbank ein ausschlaggebendes Kriterium sein kann, ist deren völlige Absenz in den Zehn- bis Zwanzig-Millionen-Städten erst die Voraussetzung dafür, um den kriminellen Energien der Machthaber zu entkommen und eigene informelle Engagements an die Stelle des Staates zu setzen, dessen Staatlichkeit nur Gedrucktes ist!

Superstrukturen lassen sich im Dorf in Form von Satellitenschüsseln ebenso finden wie neben Paris in Gestalt eines Euro-Disney-Freizeitparks oder in Las Vegas in Form von EXPO-Hotels.
Auch Asylantenunterkünfte machen vor Dorf und Kleinstadt nicht halt und setzen damit neue Konfliktpole frei, die sich hoffentlich bald auch etwas urbaner artikulieren als in brennenden Ausländerheimen. Die Postmoderne kann ins Dorf als neuer Bankenbau ebenso hineinreichen wie der organisierte Drogenkonsum. Medialität, Internationalität und Kriminalität schließen heute die Peripherie unaufhaltsam an die Metropolen an. Die sind wie Frankfurt stadt-räumlich oft von Banken besetzt und beherbergen mit riesigen Datenbanken, Flughäfen und Börsen ebenso formelle wie informelle Zentren, zu denen die Straßen- und Rockfestivals genauso gehören wie ethnische Anthropologien, die sich ihre Areale bilden, in Deutschland besonders die Türken und Italiener. Zuviel Informalität würden Ministerialbürokratien gerne vermeiden und ihre Haupstädte zentral mit Sonntagsflair und dezentral mit Freizeitparks und Erlebniszentren bestücken, damit sich bei Gipfeln und Konferenzen auf Europa- oder gar Weltebene die sogenannten Verantwortlichen in ihrem zivilisationsignoranten Hermetismus nicht beeinträchtigt oder gar gefährdet fühlen. Für katholische Städte wie München ist außerdem der Kontakt zum Vatikan eher angesagt als Prostitution in der Stadt. In Frankfurt verhält sich dieser Vergleich der beiden ältesten Instanzen der Welt glücklicherweise umgekehrt. EG und UNO sorgen dafür, daß via Gesetze und Harmonisierungen sowie Blauhelm-Friedensstiftungen die Welt nicht unangenehme Selbständigkeiten entwickelt, die die Schönheiten der Postmoderne in ihrem physischen Bestand gefährden und die vielen Valenzen der wiedergewonnenen oder neu modellierten Urbanität auf das Minimum einschränken, das viele Ewiggestrige so gerne wieder hätten. Nur die Stadt als ästhetisches Gesamtkunstwerk kann ein Land würdig darstellen!

3.3 Die Ästhetik der elektronischen Medien

3.3.1 Eine Spektralisierung von Realität und Virtualität

Das digitale Zeitalter in seiner gedrängten und immer medialer werdenden Ausprägung der achtziger und neunziger Jahre hat nicht nur die Unternehmen vom Betrieb zum Netzwerk gewandelt und die Kinematik in die Informatik transportiert, sondern auch die Städte in gleicher Weise zu Hochburgen der Vernetzungswirtschaft gedeihen lassen. Die kulturalisierte Post-Moderne ist fließend in eine digitalisierte Spät-Moderne übergegangen. Nur die Städte, die in diesem Prozeß progressiv und innovativ mitwirken, können ihre Headquarterfunktionen aufrechterhalten und ausbauen. In diesem Abschnitt soll es jedoch zunächst einmal grundsätzlich um den Kontext aus Realität und Virtualität gehen, bevor dann im weiteren Verlauf dieses Zusammenhangs wieder das Moment des Städtischen, insbesondere des Welten-Städtischen, erneut aufgenommen wird.

Florian Rötzer umreißt in seinem einleitenden Essay des Buches "Digitaler Schein. Ästhetik der elektronischen Medien" noch einmal die Entwicklung der letzten zwanzig Jahre, die ja durch einen Sprung von der Technikfeindlichkeit zum "Technopol", wie der amerikanische Kulturkritiker Neil Postman den heutigen Zustand nennt, erst in den letzten Jahren im Bewußtsein der Möglichkeit der Erschließung bisher unbekannter Cyberspace-Welten fortschrittsoptimistischere Konturen erhalten hat: *"Nach der vor allem in den siebziger Jahren um sich greifenden Skepsis gegenüber der modernen Technologie, die als Ursache der Umweltzerstörung und als Realmöglichkeit nuklearer Verwüstung sowie als Medium perfektionierter Herrschaft durch Kontrolle und entsublimierender Konsumbefriedigung galt, herrscht heute eine Euphorie, die sich mit den neuen Gestaltungsmöglichkeiten der symbolverarbeitenden und sensorische Effekte produzierenden Maschinen verbindet, die den Menschen in den Taumel von künstlichen Paradiesen und elektronischen Freiräumen versetzen.*
Die Reisen im Datennetz werden angesichts der fortschreitenden Ruinierung der Erde immer attraktiver. Was der Vernichtung anheimgegeben wird, läßt sich in Archiven sammeln und setzt die Musealisierung der Phänomene fort, die bei

Bedarf wie bei den Genbanken reproduziert werden können. In dem Geflecht aus ökonomischen, militärischen, politischen, gesellschaftlichen, kulturellen und ästhetischen Antrieben, die hinter der Entwicklung und Benutzung der neuen, zu einem Netzwerk verschaltbaren Medien stehen, das mit seinem neutralen Code Datenströme aller Informationsarten verkettet, blieb die futuristische Faszination am Gang in eine dynamisierte, simultane, von Reizen überflutete Welt erhalten, die sich zunächst mit Fotografie und Film sowie den maschinellen Transportmitteln und Geschossen verband und in der Verherrlichung des Krieges als ästhetisches Totalereignis ihren Ausdruck fand" (8/S. 32).

Rötzers Kritik steht im Kontext von Neil Postman, doch läßt sich nicht bestreiten, daß die alte Motorentheorie in eine Maschinenästhetik umgeschrieben werden muß, die sich in Terminals artikuliert, in denen Informationsnetze münden und arbeiten!

Im September 1992 veranstaltete die Stiftung Niedersachsen in Hannover einen öffentlichen und internationalen Kongreß zur "Aktualität des Ästhetischen", an dem unter anderem Bazon Brock und Wolfgang Welsch, Paul Feyerabend und Jean-Francois Lyotard sowie Richard Sennett und Neil Postman teilnahmen.

Im Vorwort des Programms setzt sich die Kritik von Rötzer und Postman an den zeitgenössischen Entwicklungen fort: *"Mit Gropius beginnt der Aufbruch der Architektur in den Funktionalismus der Moderne. Die Wissenschaft wurde zunehmend unanschaulich, die Künste gaben sich asketisch und abstrakt, die Avantgarde zeigte sich elitär und esoterisch. Am Rande des Jahrhunderts scheint der Prozeß ins Gegenteil umzuschlagen: Revolutionäre Anwendungen haben gezeigt, wie realistisch Wissenschaft ist; Mode, Werbung, Design verwischen die Grenzen zur Kunst. Aus dem traditionell Schönen, Guten und Wahren wurde im Lebensbereich jedes einzelnen die Welt der schönen guten Waren. Dabei kommt es zu einer Ästhetisierung von Leben und Wirklichkeit. Lebensqualität, Lebensgefühl und Selbststilisierung sind durch den Wandel der ästhetischen Anschauung bestimmt; wissenschaftstheoretisch stellt sich Wirklichkeit weithin als ästhetisches Konsrukt dar; die Beziehung von Künstler und Werk erweitert sich um den Rezipienten; der aktiven Beteiligung des Zuschauers entspricht die operative Rolle des Wissenschaftlers gegenüber seinem Forschungsobjekt; die Architektur ist historisch und postmodern geworden"* (9).

Neil Postman geht hinsichtlich der totalen Mediatisierung noch einen gewaltigen Schritt weiter. Während im Mittelalter das Leben von permanenten physischexistentiellen Lebensbedrohungen begleitet wurde, von Kriegen, Seuchen und Willkürherrschern, die das Volk bis zum Hungertod verarmen ließen, hielt die Leute gerade die Unkenntnis der auch nur regionalen, geschweige denn globalen Verhältnisse dergestalt am Leben, als sie sich Hoffnung auf Besserung durch Visionen und Projektierungen aller Art bewahren konnten. Für die weltweit und minutiös transparent gewordene Gegenwart dagegen kann nur noch konstatiert werden, daß im Bewußtsein eines internationalen Kultur-AIDS-Zustandes die menschlichen Immunsysteme jegliche Visionsfähigkeit vernichtet haben, hervorgerufen durch eine telegene Lahmlegung, die Informationen in Pseudo-Kontexten produziert und die Probleme der 3. Welt zum Entertainment der 1. Welt verkommen läßt. Gegen derartige mediale Konservierungsekstasen im post-informationellen Zeitalter, wo Informationen nicht mehr ästhetische und reflexive Verarbeitungsansprüche erheben wollen oder können, ist auch die Bildung chancenlos und degradiert nach Neil Postman zu einem impotenten Medium. Weil die Wissenschaft nur noch erklären oder erfassen, aber nicht mehr zu helfen in der Lage ist, kann die Transzendenz den Kampf gegen das Technopol nicht mehr gewinnen. Wenn die Frage nach dem Sinn des Lebens immer öfter und immer unausweichlicher nicht beantwortet werden kann, wenn das Leben ohne Bedeutung ist, dann liegt dessen finale Negation bereits vor. Ein Leben ohne Kindheit hat ja Neil Postman schon 1983 konstatiert. Die klassische Adoleszenz wird angesichts der Tatsache, daß Computer die Eltern schon allzuoft ersetzen, radikal beseitigt, auch zugunsten eines Amüsements zum Tode, das schon früh beginnt und die Verweigerung der Hörigkeit gegenüber all dem, was da aus den Bildschirmen tönt, sehr schwerfallen läßt.

Anknüpfend an Neil Postman ist auch Jean Baudrillard in einem Gespräch mit Florian Rötzer der festen Überzeugung, daß Viralität im heutigen miniaturisierten Zeitalter eine bedeutende Rolle spielt. Die Parallelen zwischen den AIDS-Viren und den Computer-Viren skizziert Baudrillard wie folgt: *"Die viralen Prozesse beruhen auf einer seltsamen Pathologie, die keine der Formen mehr ist, der körperlichen oder sprachlichen Formen, sondern eine Pathologie der Formel. Kommunikation und Information beruhen heute auf binären Formeln. Das gilt auch für das menschliche Subjekt, denn es ist auf eine genetische und neuronale Formel reduziert worden. Wenn die Gehirnstruktur, das zentrale Nervensystem, als Formel analysiert wird, dann wird der Mensch als Computer begriffen. Auf der Ebene dieser Formel ereignet sich die neue*

Pathologie. Nicht mehr die Formen werden angegriffen, sondern die Formeln selbst zergliedern sich und werden von ihren Anti-Körpern angegriffen. Diese Pathologie wird überall wirksam werden, weil die biologischen, ökonomischen oder politischen Realitäten aus der eigenen Form geraten und in die Formel hineingezwängt worden sind. Das war eine Falle, da die Formel jetzt selber Unsicherheit erzeugt" (8/S. 82).

Baudrillard spekuliert in diesem Zusammenhang darüber, ob der Börsenkrach vom Oktober 1987 als terroristischer Prozeß der Ökonomie zu verstehen ist oder ob es sich dabei um eine Art der viralen Katharsis des ökonomischen Systems handelt. Die Vermassung der Systeme, auch des globalisierten Finanzsystems, hat zwangsläufig auch eine höhere Anfälligkeit der internationalen Vernetzungswirtschaft zur Folge. Die Kombination aus Masse und Mikrokommunikation auf der Basis der Medialität fördert also die Viralität und damit die Gefahr von Netzstörungen, die mitunter als ein didaktisch agierendes Therapeutikum verstanden werden können und damit auch von pädagogischer Bedeutung sind. Freilich wiegt die Gefahr der unsichtbaren Feinde mehr: *"In dem Moment, als die Prozesse sich molekularisierten, wird das Feld offen für Viralität, weil schon durch die Medien und ihre Diffusion sich Sinn und Bedeutung der Kommunikation aufgelöst haben. Jetzt taucht eine Viralität auf, die nicht mehr mit den großen Komplexen verbunden ist und gegen die wir keine Mittel besitzen, weil wir es nicht mehr mit demselben Feind zu tun haben. Früher war der Feind noch sichtbar, heute ist das nicht mehr so, weil die Prozesse sich auf der Mikroebene abspielen, vor allem aber, weil sie virtuell sind. Die Virtualität ist mit der Viralität eng verknüpft"* (8/S. 82 + 84).

Schon bald könnte es so sein, daß sich für den Begriff der Zivilisation mit der Viralisation und der Virtualisation zwei neue Begrifflichkeiten herauskristallisieren, die den Menschenströmen, die angesichts der Mediatisierung der globalen Zustände in Bewegung geraten, eher gerecht werden. Die Ausgestaltung des zivilisatorischen Raumes als post-institutionelle Welten-Mitte hängt entscheidend von den Akzenten der viralen Räume ab und deren Immigrationswilligkeit in die virtuellen Zentren, die sich als anziehend für die freigesetzten Viren erweisen. Städte mit prosperierenden virtuellen und transversalen Räumen, wozu beispielsweise der Frankfurter Flughafen zählt, der seit dem 1. Juli 1993 eine eigene Asylverwaltung unterhält, müssen sich mit den Ableitungen von Baudrillard sicherlich massiv auseinandersetzen und zu

konkreten Maßnahmen bereit sein, wenn es sowohl über die Börsen als auch über die Grenzen keine Kontrolle mehr gibt und die Entgrenzung und Entzeitlichung ihre Kapriolen schlagen.
Die Ästhetik der elektronischen Medien scheint trotz aller Virtualität auch eine neue Ästhetik des Internationalismus in Gang zu setzen, dessen Ausmaße die noch viel zu traditionellen Politiken weder gesellschaftlich definieren noch administrativ regulieren können.

Edmond Couchot beschäftigt sich innerhalb seines Beitrages zur Ästhetik der elektronischen Medien mit den "Spielen des Realen und des Virtuellen", ein Titel, der also die Interaktivität als neue Relationsform zwischen Mensch und Maschine bereits impliziert: *"Die Welt der numerischen Simulation ist weder wirklich noch imaginär, sie stellt eine andere Kategorie heraus: das Virtuelle existiert, ohne wirklich zu existieren, denn es verdichtet sich im Möglichen. In dieser Hinsicht ist das Virtuelle nicht das Gegenteil des Realen, sondern es setzt sich dem Gegenwärtigen entgegen, das sich vollendet. Dennoch wäre es nicht zutreffend zu behaupten, daß die Simulation alles virtuell möglich macht. Der Umfang des Möglichkeitsraumes, der durch ein Simulationsmodell eröffnet wird, hängt von den Grenzen dieses Modells ab, denn es wird nach wohldefinierten Regeln erzeugt und muß sich an diese Regeln halten ... Ein numerisches Experiment kann unendlich oft wiederholt werden. Die Anzahl der Wiederholungen ist lediglich durch die Zeit beschränkt, die der menschliche Interpret dafür aufwenden will oder kann. Daher findet sich die virtuelle Welt der Simulation außerhalb der "realen" Zeit und des "realen" Raumes, sie ist chronisch und utopisch. Die gegensätzlichen Aspekte des Virtuellen werden im synthetisierten Bild deutlich. Theoretisch ist es nicht stufenweise aufgebaut und daher von einer absoluten Dauer. Auch das traditonelle Bild wird vom numerischen Verfahren zu einem nicht in Stufen geordneten Bild transformiert ... Gleichzeitig ist das numerische Bild aber jederzeit in der Lage, sich zu transformieren und sich zu verändern, also sich mit demjenigen zusammenzuschließen, der es betrachtet und in unzähligen und flüchtigen Hybridisierungen befragt"* (8/S. 305 + 351).
Tradition neigt also zu Linearisierungen und damit zu einer gewissen stillschweigenden Anerkenntnis des Bestehenden. Solcherlei duckmäuserische und katzbuckelnde Passivität läßt sich bei der interaktiven Auseinandersetzung mit

den neuen Medien nicht mehr aufrechterhalten. Der neue Interface-Boom, der in den letzten Jahren, der bisherigen Zenit-Ära des Virtuellen, wieder den Drang zu nachdienstlichen Face-to-Face-Kontakten belebt hat, kann sozusagen als Voraussetzung dafür gelten, daß der Dialog zwischen Menschen über das Medium Bar oder Bistro-Bar einen solch erfreulichen Aufschwung genommen hat. Figurationen mit zwei Elementen, zunächst formell und dann informell, lösen also in der Spät-Moderne die klassischen Formationen der Kommunikation ab, die weniger die Inszenierung als die Demonstration und den Widerstand zum Inhalt hatten. Es scheint, als würde das Technopol inhärent eine Mündigkeit fördern, die fast einer Revolution dahingehend gleichkommt, als sie die Autonomie und Souveränität der an ihm beteiligten Individuen in einer Intensität beflügelt, die den konservativen Matadoren dieser Tranche samt den Staatsoberen eigentlich nicht recht sein kann. Alte Parameter des historischen Diskurses, Kontinuität und Diskontinuität, Befehl und Gehorsam, Vertikalität und Horizontalität, Geschichte und Philosophie, haben ihre Aufgaben als Instanzlichkeit und Verlängerbarkeit von Ereignissen so gut wie verloren!

Natürlich ist selbst in Gesellschaften wie den USA oder Japan, die in sich wiederum nahezu unvergleichbar sind, trotz der dortigen Verbreitung der High Technology Art der Anteil des tradierten Way of Life immer noch dominant, so daß die Einflüsse des digitalen Scheins zum jetzigen Zeitpunkt noch nicht zu sehr überbewertet werden müssen. Da aber bereits 1999 das digitale Fernsehen mit über 500 Programmen bzw. Programmierungsmöglichkeiten in der westlichen Zivilisation Wirklichkeit sein soll und die Virtualisierung der Arbeitswelt rapide voranschreitet, gilt das Schlußwort von Edmond Couchot für das 21. Jahrhundert wohl von Anfang an: *"Das Unendliche und die Ewigkeit werden in der interaktiven Welt der Simulation beherrscht und das Unabänderliche wird verfügbar gemacht. Das Schicksal, das, was sich ereignen muß, die fatale Verkettung von Ursachen und Folgen, das letzte Ereignis, das von den Göttern befohlen oder vom Spiel des Zufalls und der Notwendigkeit herbeigeführt wird, findet nicht mehr statt. Muß man also die Schlußfolgerung ziehen, daß die interaktiven Maschinen in der Weise, wie sie die Hand, den Körper, das Gedächtnis oder den Verstand des Menschen von mechanischen und schwierigen Arbeitsvorgängen befreit haben, indem sie die Realität und ihre möglichen Zukünfte simulieren, sich letztlich vom Schicksal befreit haben?"* (8/S. 354).

Peter Weibel, Leiter des Instituts für Neue Medien in Frankfurt, das im Februar 1993 in seinen neuen Räumlichkeiten in der Daimlerstraße eine erste kleinere "Mediale" veranstaltet hat (Die große "Mediale" fand im Februar und März 1993 in Hamburg statt), beschäftigt sich in seinem längeren Beitrag im Rahmen der "Transformationen der Techno-Ästhetik" auch mit dem Kantischen Geniebegriff und seiner Umsetzbarkeit auf die Neuen Medien, mit denen ja bekanntermaßen nur über die Reproduktion und Rekonstruktion Produktives bis zur Unendlichkeit geleistet werden kann. Die kaum machbare Integration des Geniebegriffs in die Ästhetik der elektronischen Medien verlängert die obige Annahme, daß die klassischen Größen des menschlichen In-der-Welt-Seins vor der Auflösung stehen: *"Das Genie ist eine Art Deus ex machina, welches die widersprüchlichen Eigenschaften in sich vereint. Es ist nämlich Natur pur, welches der Kunst die Regeln gibt. Genie ist gleichsam eine angeborene, also natürliche Regel. Über das Genie schreibt die Natur der Kunst die Regeln vor. Das Genie ist dadurch ausgezeichnet, daß es die historischen Regeln der Kunst weder kennt noch akzeptiert. Das Genie kennt keine Regeln, weil es selbst Regeln setzt. Das Genie ahmt nicht nach, nämlich irgendwelche Regeln, sondern ist ursprünglich, sein Maß ist die Originalität allein ... Von daher datiert der Mythos des Originals, sei es als Schöpfer, sei es als Werk, welcher die Kunst des 20. Jahrhunderts, die eine technische Kunst der Reproduktion ist, negativ überschattet"* (8/S. 211).
Nach Hegel stiftet das Wirkliche und das Wahre den Geist. Was wahr und was wirklich ist, führt bei absoluten Betrachtungsweisen jedoch immer in Philosophien hinein, die in der deutschspezifischen Ausprägung mit einem bösen Urknall enden. Daher sieht Weibel einen Vorteil darin, daß Technik nicht in der lediglich Terror verursachenden Diskurskonfrontation von Natur und Kultur seinen Platz behaupten muß, sondern vielmehr als Rationalität des Realen eine schöpferische Leistung vergegenständlicht. Technik ist eine sozial vermittelte, menschliche Konstitution des Wirklichen, mithin also ein Artefakt, das die menschliche Morphogenese verkörpert. Das Wesen der Technik ist also weniger das Sein als der Mensch selbst.

Zum Abschluß der Spektralisierung von Realität und Virtualität möchte ich nun doch noch etwas mehr Optimismus hinsichtlich der neuen Medien zeigen und diesen Abschnitt mit einigen Zitaten von Gene Youngblood aus ihrem Beitrag

"Metadesign" beenden. Neue Allianzen kommen mit dieser neuen Ästhetik zustande, die von einer Avantgarde behandelt wird, als sei sie ein soziales Metadesign. Es geht um den Entwurf von Netzwerken im physikalischen Raum, die die Existenz autonomer sozialer Welten im virtuellen Raum ermöglichen. Soziale Metadesigner, so Gene Youngblood, entwickeln Maschinen der höchsten Ordnung; soziale Maschinen, Kultur-Motoren, Techniken der Selbstentfaltung.

Soziales Metadesign ist jedoch extraästhetisch und suprakulturell. Seine Aufgabe ist die Schaffung eines öffentlichen Raumes, nicht einer öffentlichen Kunst. Es stellt gleichsam den Kontext zur Verfügung, innerhalb dessen das soziale und politische Potential der persönlichen Metamedien zur Geltung kommen kann.

Persönliche Metamedien sind Instrumente der Simulation. Öffentliche Metamedien hingegen sind Netzwerke der Konversation. Beide Arten von Metamedien sind auf Hardware- und Softwaresysteme angewiesen. Ein persönliches Metamedium ist ein System, das ein individueller Benutzer dazu verwenden kann, sich Arbeitsmittel zu verschaffen, die es ihm gestatten, Bilder, Töne, Texte oder Wissen jeweils für sich genommen, aber auch in Kombination zu produzieren, zu manipulieren oder zu befragen. Die Funktion eines wahrhaft öffentlichen Metamediums dagegen kann nur ein benutzerkontrolliertes, gebührenfreies, multikulturelles, multimediales und konversationelles Netzwerk mit einer maximalen perzeptionellen Bandbreite erfüllen, um so viele menschliche Wahrnehmungsmöglichkeiten wie nur irgend möglich zu aktivieren. Dies würde jedem Benutzer die Möglichkeit geben, sich entweder an das gesamte Netzwerk oder auch an spezifische Gruppen zu wenden. Die Folge wäre eine Gleichverteilung der Macht: *"An die Stelle eines zentral gesteuerten Outputs wird ein dezentralisierter Input treten. Gruppenkonversation wird die Massenkommunikation ersetzen, Hierarchien werden sich in Heterachien verwandeln und eine vertikale wird einer horizontalen Gesellschaftsordnung Platz machen. Aus der industriellen Zuschauer- und Hörernation wird dann die postindustrielle Republik der im virtuellen Raum existierenden autonomen Realitätssozietäten hervorgehen. Die Zuschauerkultur wird sich in eine Kultur der Akteure verwandeln: Aus Konsumenten werden Mitwirkende, Verschwörer, Amateur-Enthusiasten, Kulturarbeiter, und kommerzielle Erwägungen dienen dann ausschließlich dem Zweck, dem autonomen sozialen Willen dieser Kulturschaffenden einen wirtschaftlichen Rückhalt zu geben"* (8/S. 307) Während die alte Avantgarde durch ihren Protest, ihr Engagement und durch ihr konfrontatives Auftreten charakterisiert war, sind für die neue Avantgarde Solidarität, Selbstorganisation und Sezession bezeichnend. Erfolg beschieden sein wird dieser Bewegung nur, sofern sie eine Allianz mit dem rekonstruktiven Postmodernismus eingeht, wie ihn das soziale Metadesign und die Erkundung autonomer sozialer Welten im virtuellen Raum repräsentieren. Denn dies ist die einzige effektive Avantgarde, die in der postindustriellen und postmodernen Gesellschaft noch möglich ist. Für Gene Youngblood ist die historische Avantgarde mit ihrem Nihilismus, Hermetismus und Obskurantismus kultursoziologisch überflüssig geworden!

3.3.2 Stadt und Computer: Die Abstraktion der post- und spätmodernen City

Florian Rötzer bleibt auch in einem Feuilleton-Artikel der Frankfurter Rundschau vom 17. April 1993 seinem in der marxistischen Kapitalismusrezeption stehenden Kulturpessimismus ziemlich treu und sieht im transnationalen Kapital, das die Cities der Post- oder noch besser Spät-Moderne prägt, in erster Linie einen Totenschein für den urbanen Raum. Die Überschreitung und Vernichtung von Grenzen räumlicher, zeitlicher, territorialer, sozialer, kultureller oder moralischer Art ist ein fortlaufendes Programm der mobilmachenden Moderne: *"Über Warenangebote, Reisen und Medien setzen sich weltweite Trends des Lebensstils durch, während sich die Produktionsweisen über die Bedienung standardisierter Maschinen angleichen. Das globale Dorf, von dem MacLuhan als Utopie der durch die magischen Kanäle vernetzten Welt sprach, stellt sich jedenfalls bislang eher als globale und zugleich partielle Megacity dar: mit vernetzten High-Tech-Kernen, in denen sich Macht, Geld, Kultur und Wissen konzentrieren"* (10).

Rötzer als theoriengeprägter Mensch erkennt in seinem Artikel durchaus die Folgen der totalen Mediatisierung für die Stadt, scheint aber wohl auch etwas zu sehr von der Empirie durchsetzt zu sein, denn wäre er auch ein Augenmensch, also ein Flaneur, dann hätte er vielleicht bemerkt, daß mit der Renaissance der Bar- und Nachtkultur, die ja wohl die Spitze der kommunikativen Urbanität darstellt, eine humanfigurative Erscheinung in die Städte Einzug gehalten hat, die eine unmittelbare Begleiterscheinung des Kontexts aus Stadt und Computer darstellt. Die in Jahrtausenden erworbenen physiologischen und anthropologischen Grundbedürfnisse des Menschen sind so fest genetisch verankert, daß die Akzeleration der globalisisierten Vernetzung den zwischenmenschlichen Face-to-Face-Dialog nicht eliminieren kann. Das hohe Maß an Selbstorganisation in den yuppifizierten Milieus hat dabei den historisierenden Diskurs weitgehend abgedrängt und einer pragmatischen und unverkrampften Unterhaltungspraxis Platz gemacht, die sich mit Projekten beschäftigt und Problemlösungen aufbereitet. Dem abstrakten Urbanismus, dessen Vorhandensein Rötzer diagnostiziert, steht ja erstaunlicherweise trotz der Verfügbarkeit aller Essentials vor Ort ein boomender physischer Welttourismus gegenüber, der sich nicht wegen ein paar hundert Millionen Computern in Luft auflöst. Das elektronische Citysystem verhält sich zum traditionellen öffentlichen Raum als additive Größe, nicht als existentielle Gefahr. Wir haben es also mit einer Multiplizierung des Urbanen zu tun, mit weiteren Qualitäten und mit mehr Möglichkeiten.

Sehr bedenklich ist allerdings die Möglichkeit, durch die Decodierung von Netzwerken in solche Abläufe und Informationsmassen Einblick nehmen zu können, die bislang durch das Städtische in seinem konspirativen Gehalt gesichert wurden.

Die Überwachung und Kontrolle über den Einzelnen steigt leider in dem Maße, wie sich das Leben der Menschen immer mehr mit Datenbanken verlagert. Die Hoffnung, daß *"verteilte und interaktive Kommunikationsnetze dazu beitragen, die gesellschaftlichen Herrschaftsmechanismen transparenter und Information für jeden verfügbarer zu machen, also daß sie eine weiter voranschreitende Demokratisierung bewirken, die Freiheit des Individuums vergrößern und auch zur Auflösung monopolisierter Information führen"* (10), muß zwar nicht gänzlich in den Hintergrund gedrängt werden, aber wird auf jeden Fall durch schier grenzenlos denkbare kriminelle Energien in ihrem freiheitlichen Grad mindestens empfindlich beeinträchtigt, bisweilen sicherlich leider auch in ihrem datenschutzrechtlichen Kern ausgehöhlt. Rötzer geht auch hier aber noch einen Schritt weiter: *"Ein Nebeneffekt der Globalisierung ist jedenfalls der, daß die international agierenden Unternehmen und Finanzmärkte sich ebenso wie die ökologischen Risiken politisch von einzelnen Ländern nicht mehr kontrollieren lassen. Länder, Städte oder Gemeinden werden zu Geißeln der frei flottierenden transnationalen Unternehmen, für die weder soziale Gerechtigkeit noch Bewahrung der ökologischen Grundlagen des menschlichen Lebens Zwecke sind ... Es ist offenbar geworden, daß das Kapital zwar die Internationalisierung, das Einziehen der Grenzen, anstrebt, wenn nicht lokale Privilegien gefährdet werden, daß aber die Menschen weltweit offenbar dagegen nationalistische Sehnsüchte entwickeln, also wieder Grenzen zu etablieren suchen, auch wenn sie weiterhin über die Massenmedien an die Globalgesellschaft angeschlossen sind. Neben den durchaus berechtigten Ängsten, daß die transnationalen Unternehmen der Globalgesellschaft auf ihre Existenz keine Rücksicht nehmen, sind solche Bestrebungen zur Ausbildung von territorialen, religiösen und nationalen Identitäten natürlich eine buchstäblich anachronistische Reaktion auf die globale City und ihre Nivellierungen"* (10).

Überschreitungen und Entgrenzungen verlängern also die gegenwärtige tertiärquartäre Medien-City bis hin zu Territorien, die außerhalb der Landesgrenzen liegen und produzieren damit scheinbar konkrete Bewegungen, die in ihr selbst nur noch virtuell vonstatten gehen. Virtualität als Urbanität verursacht mobilmachende heteroethnische Flexibilität. Die Ministerialbürokratien sehen sich also gezwungen, die modernistischen Aktionen der Cities administrativ einzudämmen. Wiesbaden und Bonn stehen also in einem totalen Interessengegensatz und Gesellschaftsziel mit Frankfurt oder Berlin. Die voll computerisierten Cities haben im preußischen Verwaltungsakt ihren großen Möchte-Gern-Gegenspieler, der aber nur das Völkische fortschreiben und nicht das Entwurzelte fördern kann. Was bleibt, ist ein Nachrichtenspektakel in telematischen Netzen, das sich nur selbst multiplizieren kann, wenn Tabus überschritten werden und die mediatisierte Öffentlichkeit ihre simulierten Bedarfsszenarien erhält.

Florian Rötzer diagnostiziert also so etwas wie eine neue Anthropologie der Punkte, die zum vorübergehenden Aussetzen des Bewußtseins geeignet ist: *"Momente, in denen es um das Überleben geht, Momente von animalischer Identität, der Gewalttätigkeit, Momente, wenn keine Vielzahl, keine Möglichkeit verschiedener Denkebenen besteht, sondern nur eine einzige - die Gegenwart in ihrer absoluten Form. Die Gewalt ist eines der stärksten Erlebnisse und bereitet denen, die fähig sind, sich ihr hinzugeben, eine der stärksten Lautempfindungen"* (10).

Während immer noch die Mehrheit der Menschen, so sie außerhalb der Städte wohnt, linear und buchstäblich denkt, also prozessuell und historisch, sind die städtischen Milieus in den Cities einem formalen und kalkulatorischen Alltagsdenken ausgesetzt, das nur mit Ekstasen und neuronalen Ereignisspitzen insgesamt wieder eine Mitte erreicht, die sich jedoch immer mehr aus zwei extremen Polen zusammensetzt. Sie kann aber nur eine allseits akzeptierbare post-institutionelle Zentralität erreichen, wenn sie die Quintessenz des kategorischen Imperativs schützt!

Im Dezember 1992 veranstaltete der Deutsche Werkbund im Rahmen der neu gegründeten Akademie zum "Laboratorium der Zivilisation" seine zweite internationale Konferenz zur Zukunft des Raumes, an der Florian Rötzer ebenfalls teilnahm. Für den Kontext aus Stadt und Computer ergab sich aus dem zweitägigen Kongreß, daß Chip-Architekturen allmählich jene historische Tiefe von Sprachen, Häusern oder Städten gewinnen. Die Informatisierung verändert das Zeitverständnis vollständig und führt zu einem abstrakten Urbanismus, der

kommerzielle Zentren entlang von Konsumstraßen und Wachstumskorridoren fördert. Diesem vor allem typisch deutschen Lamento stellt die amerikanische Städteforscherin Saskia Sassen-Sennett entgegen, daß New York, Tokio oder London als die drei Superzentren des gegenwärtigen Wirtschaftssystems unverändert beweisen, daß von Auflösung nur in besonderen Fällen gesprochen werden kann. Hinter der räumlichen Zerstreuung von Produktionsstätten und Zulieferern steckt eine immer größere Konzentration von Kapitalbesitz und Kontrollmacht. Zur synchronen Steuerung der Außenstellen entstehe eine neue Industrie von städtischen Consulting- und Informationsdiensten zwecks "long distance management". Wie immer halten sich die nichtdeutschen Referenten an den neuen Möglichkeiten und Verbesserungen der Mediatisierung der Stadt fest, während die Deutschen beklagen, daß nunmehr die medialen Netzwerke die Zeit außer Kraft setzen, nachdem die Autos zuvor die Räume der Städte zerstört hätten: *"Mit der Mikroprozessualisierung des Alltags wandelt sich Gebrauch vom unmittelbaren Handhaben in die Steuerung von Prozessen. Damit verlieren die Entfernungen zu den Dingen und zwischen den Dingen sowie die Dimensionen der Erzeugnisse und des Raums ihre ursprüngliche Funktion und Bedeutung. Stadträume, Gebäude und Gegenstände lassen sich mit reagiblen Eigenschaften ausstatten. Man spricht von der interaktiven Wohnung, vom interaktiven Gebäude und von der interaktiven Stadt. Lebensorte lassen sich räumlich auseinanderziehen und zugleich zeitlich zusammenziehen. Die Stadt löst sich auf in die Region. Reale und virtuelle Wellen durchdringen sich. Im elektronisch generierten, virtuellen Raum ist der Mensch nicht mehr in dem Raum, den er wahrnimmt, sondern die Raumwahrnehmung im Menschen. Der Gegenstand, der als elektronisch generiertes Gebilde nur in der Wahrnehmung existiert, wird zu einem trügerischen Sachverhalt. Mit der Virtualisierung wird neben der Frage der Außenwelt des Menschen die seiner Innenwelt zu einer neuen gestalterischen Dimension. Gestaltung hat sich heute neuen ethisch-sozialen Fragenkomplexen zu stellen"*(11).
Die Wirkungen der Transport- und Kommunikationsmittel, die seit zweihundert Jahren Individuum und Gesellschaft in immer kürzer werdenden Abständen mobilisieren, hat man in erster Linie mit der beschleunigten Ortsveränderung, der relativen Verkürzung von Distanzen und der Vernichtung des Raums durch die Zeit identifiziert. Die ungehinderte Ausbreitung elektromagnetischer Wellen im Raum mit Lichtgeschwindigkeit hat in ihrer technisch-medialen Anwendung

die Schirm- und Schutzfunktion von Mauern, Festungen und Grenzen in mancher Beziehung zunichte gemacht. In der Entgrenzung der Telekommunikation steckt immer auch ein Angriff auf das Territoriale. Aber mit den telematischen Revolutionen verschwindet - trotz der Schrumpfungseffekte - der Raum nicht einfach: sein Schrumpfen und Dehnen wird mit jedem neuen Medium nur neu definiert. Die raumgreifende und raumdefinierende Eigenschaft der Medien ist allerdings eine Herausforderung an Architektur und Bauplanung. Ihr traditionelles Privileg, so Joachim Krause von der Berliner Hochschule der Künste, die Handlungen der Menschen und die Funktionen der Objekte baulich-räumlich zu integrieren, wird durch eine fortschreitende Mediatisierung grundsätzlich in Frage gestellt, eine Auffassung, die viele Stadtforscher und Stadtsoziologen, so auch beispielsweise Manuel Castells, durchaus teilen, wobei er mit dem Aufkommen der informatisierten Stadt auch neue soziale Bewegungen sich bilden sieht. Für ihn ist die gegenwärtig mit äußerster Rapidität entstandene und noch weiter entstehende informatisierte Stadt nicht das Resultat der Anwendung neuer Technologien auf räumliche Formen und Prozesse, sondern der räumliche Ausdruck eines neuen informationellen Entwicklungsmodus, zu dessen Expansion und Eigenschaften die neuen Informationstechnologien entscheidend beisteuern: *"Es gibt drei grundsätzliche Trends, die die Umgestaltung des Verhältnisses zwischen den Produktivkräften und räumlichen Prozessen im kapitalistisch dominierten informationellen Entwicklungsmodus ausdrücken: Die Vorherrschaft von informationsverarbeitenden Tätigkeiten und die Dialektik zwischen räumlicher Zentralisierung und Dezentralisierung dieser Aktivitäten; die Verschiebung von maßstäblich großen Organisationen zur Vernetzung von Aktivitäten; die Formation eines neuen Raumes der hochtechnologischen Fabrikation mit extremer räumlicher Arbeitsteilung auf nationalem und internationalem Niveau"* (12/S. 140).

Der Zusammenschluß von Computern und Telekommunikation auf der Basis der Mikroelektronik ermöglicht die Informationsverarbeitung unabhängig von räumlicher Nähe. Zur selben Zeit jedoch werden Kommando- und Kontrollzentren der Informationsverarbeitung und der Wissenserzeugung zunehmend innerhalb ein paar weniger Straßenzüge einiger weniger Städte wie New York, London, Frankfurt oder Los Angeles zentralisiert und konzentriert: *"Die ausgefeilteste Telekommunikationsinfrastruktur ist in diesen Kommandozentren installiert, so daß Firmenzentralen in ein paar, mit der passenden Infrastruktur zur globalen*

Ausübung ihrer Tätigkeiten ausgerüsteten Gebieten angesiedelt sind, von denen aus sie weltweit kommunizieren. Daher bedingen die Mikro-Netzwerke der Information den Zugang zu den Makro-Netzwerken der Information. Der neue Raum der Wirtschaftsorganisation wird weder von Zentralisierung noch von Dezentralisierung charakterisiert, sondern von der Verbindung zwischen den beiden Prozessen und der Reintegration der Einheit des Systems durch Kommunikationsflüsse zwischen verschiedenen räumlichen Orten, die distinktiven Standordmustern folgen" (12/S. 141).

Zum Abschluß der Behandlung der durch Computer und Telepräsenz abstrahierten post- und spätmodernen City möchte ich nun noch auf die Anthropologien eingehen, die die informatisierte Stadt fördert oder auch beschneidet. Castells sieht in der für Frankfurt ja auch besonders typischen Frauen- und Ökologiebewegung eine typische die informatisierte Stadt begleitende arrieregardistische Hervorbringung, die angesichts ihres expertenkulturellen Anstrichs aber die Mehrheit der Gesellschaft nicht erreicht und deshalb die Fragmentierungstendenzen dann doch nicht so sehr beschleunigen kann: *"Zum Beispiel argumentiert die hauptsächliche soziale Bewegung in unserer Zeit in fortgeschrittenen kapitalistischen Ländern, die Frauenbewegung, auf der Grundlage der Identität des Geschlechts, ohne Rücksicht auf breitere gesellschaftliche oder institutionelle Bedingungen, so daß jeder Entwicklungsprozeß unter der Prämisse der Geschlechtergleichheit operieren muß. In ähnlicher Weise behauptet die Umweltbewegung den Primat der Natur (gewöhnlich in utopischen Begriffen) über die Entwicklung und überwindet so die Rationalisierung des Gebrauchs von Ressourcen zu Gunsten wirtschaftlichen Wachstums. Dennoch wird gerade die Stärke dieser kulturellen Bewegungen, nämlich ihr Fundamentalismus, ein Hindernis dafür, zentrale Bewegungen zu werden, das heißt die generellen Interessen für die Mehrheit der Gesellschaft im Prozeß ihrer Veränderung zu artikulieren. Daher verlangsamt die Fragmentierung der Elemente der neuen sozialen Klassen im Raum der Flüsse den Prozeß der historischen Herausbildung neuer Akteure"* (12/S. 143).

Welche anthropologischen Konsequenzen ergeben sich nun für den neuen Mann und die neue Frau aus der Computerisierung und Informatisierung und welches Stadtklima ist daraus die Folge? Peter Noller und Gerd Paul vom Frankfurter

Institut für Sozialforschung sowie des weiteren Martina Ritter beschäftigten sich im Rahmen des gegenwärtigen sozialwissenschaftlichen Forschungsansatzes von Technik und Alltag mit dem Phänomen männlicher und weiblicher Jugendlicher am Computer. Technik war ja bislang für die Soziologie kein Thema, die sich eher der Abschätzung der Technikfolgen verpflichtet fühlte. Im ersten Forschung-Frankfurt-Magazin des Jahres 1992 wird die Fragestellung des Projekts umrissen: *"Die zentrale Frage dabei ist, welche Spielräume für gesellschaftliche Gestaltung und Veränderung des Technisierungsprozesses bestehen, wenn das Spannungsverhältnis zwischen den eigensinnigen Handlungsoptionen der Subjekte und der Überformung ihres Denkens und Handelns von der Ausdehnung technischer Rationalitäten auf den Alltag beherrscht wird. Das Eindringen der neuen Techniken in den Alltag, ihre subjektive Aneignung wie ihre Veralltäglichung, werden in dieser Perspektive als erzwungener wie gewollter Prozeß erfaßt und sowohl als Möglichkeit für neue Erfahrungen und die Bildung sozialer Beziehungen als auch deren Verhinderung begriffen"* (13/S. 33).

Um nun auf die Ergebnisse einzugehen, so kann zunächst einmal grundsätzlich festgestellt werden, daß der Computer insbesondere für Gymnasiasten aus der Mittelschicht ein Mittel zur jugendspezifischen Aneignung der Umwelt darstellt. Mit dem Computer erfahren die bis auf wenige Ausnahmen männlichen Jugendlichen ihre im Vergleich zu früher größere Autonomie im emotional-sozialen Bereich. Sie experimentieren somit früher und vielfältiger mit der eigenen Person und mit Lebensentwürfen und haben damit in krassem Gegensatz zu den meisten Eltern, von denen ja viele aus der 68er-Generation stammen, ein biographisches Planungsmedium in der Hand, das zu materialen Vorstellungen Anlaß gibt, die ihre durchintellektualisierten Eltern in ihrer rebellischen Jugend verpönten und bekämpften. Die zukunfts- und qualifikationssichernde Computertechnologie kann als Strategie zur Risikominderung gesehen werden. Dabei steht der Fakt Computer höher im Kurs als seine kritische Bewertung und Hinterfragung im gesellschaftlichen Zusammenhang, woraus schon zu ersehen ist, daß die vielzitierte Japanisierung Frankfurts durchaus keine verbale Floskel darstellt, sondern zumindest tagsüber für ein anderes Stadtklima sorgt als am Abend und an den Wochenenden, wenn die Terminals stillstehen und die Computerfraktion sich im Umland von ihrer Arbeit entspannt. Über das Medium Computer sind die Heranwachsenden ihren Eltern und viele Jungangestellte ihren Vorgesetzten respektive den Firmenoberen informationell und aktional überlegen. Die klassischen Autoritäts- und Herrschaftsverhältnisse zerfallen! In ihrer empirischen Untersuchung zu den "Jugendlichen Computerfans" fallen den beiden Sozialforschern Noller und Paul auch die den Lebensentwürfen der Jungen zugrundeliegenden Werte und Orientierungen auf. Im Mittelpunkt stehen Arbeit, Durchsetzung des Leistungsprinzips sowie Etablierungs- und Aufstiegswünsche. Am höchsten ist die Sicherheit bewertet, die sich auf Ausbildung, Arbeitsplatz, finanzielle Absicherung im Alters- und Krankheitsfall bezieht. Sehr hoch eingeschätzt werden berufliche Leistung, Aufgabentreue, Ordnung, Disziplin und Pflichterfüllung. Nachdrücklich wird die Vorstellung abgelehnt, einmal aus der Gesellschaft auszusteigen. Jungen, die häufig programmieren, lehnen es kategorisch ab, in den Tag hinein zu leben. Auch diese Wertinhalte lassen vermuten, daß die Aneignung des Computers eng verknüpft ist mit einer bestimmten konventionellen Formierung innerhalb der Mittelschicht, in der der Bezug zur kognitiv-instrumentellen Kompetenz und zum Leistungsethos dominiert.

Insgesamt also läßt sich ein positives Welt- und Zukunftsbild ohne tieferes Problembewußtsein konstatieren, das die Jugendlichen schon früh ihrer Jugend beraubt und sie schnellstmöglich in Dimensionen der Erwachsenen- und Berufswelt hineingleiten läßt. Ein früher strategischer Aktionismus schon während der Mittel- und Oberstufe des Schülerdaseins bildet damit ein Pendant gegen die gymnasiale Universalbildung, die in den neunziger Jahren auch in Deutschland von der Informatisierung und Mediatisierung der Gesellschaft verdrängt wird. Lediglich ein Zehntel der Computerfans führt Lesen noch als Teil der Freizeitaktivitäten an. Zusammen mit dem Rückgang der persönlichkeitsformenden Kraft der Eltern und anderer Sozialisationsinstanzen entsteht also ein immer größeres Vakuum, in das die technologische Kultur der medialen Welt eindringt. An die Stelle der kritischen Auseinandersetzung mit der Computerisierung des Alltags tritt die unhinterfragte Anpassung an das Gegebene.

Besonders interessant ist eine von Martina Ritter vorgenommene Begleitstudie zu den Mädchen und ihrem Verhältnis zum Computer, der für sie ein Symbol für die gelingende, erfolgreiche und gestalterische Teilhabe der Welt ist, die von Männern gemacht und vermachtet wird. Nur etwa 15 % der Mädchen dringen daher in die öffentliche Computerkultur ein, die somit mehrheitlich ein reduktionistisches Adoleszenzgefühl verstärkt, dessen traditionelle Zweitklassigkeit, die

allerdings seit vielen Jahren mit dem Einstieg in die Ausbildungs- und Studienwelt ganz schnell verschwindet, der Computer zur Schülerinnenzeit zunächst noch verdichtet.
Die Unsicherheit der Mädchen mit dem männerdominierten kompetenz- und gewalt- sowie autoritätssprühenden Computer, der die Herren der Schöpfung stabilisiert und ihnen Identität verleiht, läßt sie *"ein reicheres Selbst durch ihre Computerbeschäftigung gewinnen. Ihre Verankerung in Beziehungen und ihre kommunikative Orientierung ermöglicht ihnen, die Computertechnik in größere Zusammenhänge einzuordnen und sich gleichzeitig davon zu distanzieren. Sie haben damit Kriterien an der Hand, mit denen sie den Sinn und die Folgen von technischen Artefakten überprüfen könnnen"* (13/S. 42)
Somit scheint der Computer Hardware und Software den Images der Geschlechter entsprechend zu verteilen! Können jetzt nur noch die Frauen intellektuell sein? Stellen nur noch die Amazonen die Sensibilitäts- und Weichteile der Metropole logistisch aus? In Frankfurt sicher nicht!

3.4 Die medialen und kapitalen Mythen des Frankfurter City-Anthropos: Banken und Bordelle, Wolkenkratzer und Museen, Ökologie und Postmoderne

Geist und Geld, Sex und Szene, Revolution und RAF: Auch so könnte die obige Aufzählung an Qualitäten heißen, die allesamt natürlich auch Reizthemen sind und ihren Beitrag dazu geleistet haben und unverändert leisten, daß Frankfurt neben Berlin, das allmählich alle bislang von der Mainmetropole getragenen Streß-Parameter besetzt, die Stadt ist, an der sich eigentlich jeder irgendwie abarbeiten kann. Folgerichtig ist dann auch ein fünfteiliges Symposienprogramm zur 1200-Jahr-Feier Frankfurts 1994 mit "Capitale Mythen" übertitelt. Diese Veranstaltungssequenz, die seit dem Herbst 1992 halbjährlich bis zum Herbst 1994 jeweils mit einem Schwerpunktthema aufwartete, beginnend mit dem Begriff Kapital und sich fortsetzend über die Kultur in der Stadt, hat grundsätzlich immer das stadtanthropologische Quintett aus Urbanität, Modernität, Liberalität, Zentralität und Internationalität zum Gegenstand und will hinterfragen, ob der Mythos Frankfurt noch seinen unangefochtenen ästhetischen Rang aufweist oder ob Beliebigkeit, Nivellierung, das neue Nichtangewiesensein auf bestimmte Räume oder das neue Europa diesen Mythos demontieren werden!

Die mangelnde Öffentlichkeit des Bankgeschäfts war es möglicherweise, die den Schweizer Künstler Thomas Huber zu einem Vortrag mit dem Titel "Die Bank - eine Wertvorstellung" veranlaßt hat, in auch ironisch zu verstehenden Worten und Sätzen die Kreditinstitute als den edelsten Ausdruck des menschlichen Schöpfungs- und Leistungsvermögens zu bezeichnen. Auch verursacht die Bank jede Menge Hitze und Reibungen: *"Die Bank ist der Ofen einer Stadt. Sie versammelt die Zerstreuten um die Wärme ihrer Glut. Die brennende Bank ist die schönste Bank. Glutrot leuchtet sie und zauberschöne Rauchsäulen steigen aus ihrem Innern durch das offene Dach zum Himmel. Im Rauch und seinen unzähligen, sich stets verändernden Formgebilden, die er in den Himmel baut, erkennt man die würdigste Architektur der Bank ... Der Rauch ist den Menschen der Stadt zum Sinnbild ihrer nie versiegenden Arbeitskraft geworden"* (14).

Das Infit und Outfit der Banken wird immer mehr zum Spiegelbild des kommunalen, regionalen oder nationalen sowie internationalen Raumes, für das die jeweiligen Institute zuständig sind. Ihre Interieurs und Proportionen, Niveaus und akkumulierten Kapitalien geben in komprimierter Form und Gestalt darüber Auskunft, wie Geist und Geld in ihrer Umgebung gewichtet sind. Huber, der selbst schon als bildender Künstler in Banken ausgestellt hat, vermutet aber erst gar nicht, daß vielleicht doch der eine oder andre Mensch überhaupt noch in erster Linie durch den Geist motiviert und vorangetrieben wird. Geld alleine interpretiert er als das Maß aller Dinge und Ziel aller Träume, das folglich in der Bank seinen konzentrierten Hort findet:

"Geld ist das verbindlichste Medium unseres alltäglichen Lebens geworden. Es ist heute das Mittel, mit dem wir unser Zusammensein organisieren. Es ist die von allen auf Anhieb verstandene Sprache. Das Geld ist der Inbegriff hochgradigen Konsenses in unserer Gemeinschaft. Unsere Wertvorstellung ist schier identisch mit dem Geld. In der Bank wird dieser Wert verwahrt und verbürgt. Hier wird eines jeden einzelnen Leistung in einen verhandelbaren und kommunizierbaren Kredit umgesetzt. Die Bank verwaltet die Sprache unserer Gesellschaft, sie versichert jedem seinen Anteil an dieser Sprache, vermittelt ihm die Sprachmächtigkeit in der Verhandlung mit dem anderen. Die Bank gewährt uns die Verbindlichkeit unserer ganz individuellen Möglichkeiten, sie versichert uns das uns zustehende Maß, an der gesellschaftlichen Wirklichkeit teilnehmen zu können. Die Bank vermittelt jedem seinen ihm gebührenden Kredit zu seiner gesellschaftlichen Glaubwürdigkeit. Das Geld als Maß für den Preis wird hier als Sprache erkannt. Sie ist das Medium, mit dem heute ein gültiger Gesellschaftsvertrag ausgehandelt wird. Teil dieses Gesellschaftsvertrages kann nur werden, wer einen Preis hat" (14).

Hilmar Hoffmann, von 1970 bis 1990 ebenso erfolgreicher wie massiv ob seiner musealen Repräsentationskultur angegriffener Kulturdezernent von Frankfurt und nunmehr von 1993 bis mindestens 1997 gewählter Präsident des Goethe-Instituts, beschäftigt sich im Rahmen eines Econ-Buches zum "Finanzzentrum Frankfurt" mit der Kunstförderung der Banken, die er vor allem dann für akzeptabel hält, wenn sie Bewegung, Unruhe und Provokation auch in die Dome der Postmoderne transportiert und überhaupt einer kritischen kulturellen Auseinandersetzung Rechnung trägt und einen Widerpart zum Technopol darzustellen vermag. *"Auch die mäzenierten Künste können uns helfen, Menschenbilder zu entwickeln und Wertordnungen für unsere Zukunft zu entwerfen - Faktoren, die fürs Überleben wichtig sind als technologische Innovationen allein"* (15/S. 62).

Wenn schon so gut wie alles heutzutage mit der Aura des Mythos umgarnt wird, dann sollte wenigstens im Zusammenhang mit der Kultur der Banken als Unternehmenskultur darauf Wert gelegt werden, daß dieser Mythos nicht erst durch unangenehme Brüche, die durch zuviel Anpassung erzeugt werden, seinen Ruf gewinnt und memoriert. Avantgardismus auch in Banken mit möglichst vielen Gesprächen über die dort gezeigte Kunst kann dazu in der Lage sein, die Begrifflichkeit eines ästhetisierten und nicht nur dogmatisierten und pragmatischen Parlamentarismus zu fördern respektive überhaupt erst auszuformen. Produktion und Rezeption dürfen nicht durch den Ausstellungsort, die zunächst kommerziell und linear oder zeitgenössischer formuliert systematisch arbeitende Bank, in ihrer Sinnhaftigkeit negiert und nur für utilitaristische Zwecke mißbraucht werden: *"Diese Aufgaben sind auch deswegen besonders aktuell, weil Kunst in ihrer Qualität als gesellschaftspolitische Zukunftsinvestition immer bedeutsamer wird. Ein anregungsreiches, lebendiges kulturelles Milieu, für dessen Entwicklung die personelle und immaterielle Infrastruktur inzwischen wichtiger wurde als die schon konsolidierte materielle, vermag nicht nur Kreativität und Innovationsfähigkeit als Nebennutzen zu aktivieren und sogar Arbeitsmarktressourcen zu erschließen; als organisierender Faktor trägt sie vielmehr zur Beheimatung der Menschen in ihrer begrenzten Welt bei, zur Schaffung lebenswerter Lebensräume"* (15/S. 63).

Die Trias aus dem musealen Sachsenhäuser Museumsufer, der weltläufigen und in ihren Seitenstraßen mit Bordellen besetzten Kaiserstraße und der meist bankenzentrierten Wolkenkratzer-Magistrale Mainzer Landstraße an ihrem City-Anfang repräsentiert den Kern des Quintärs, das im abschließenden Kapitel auseinanderdividiert wird. Bei einer solchen in ganz Europa (inklusive Paris und London!) auf derart engem Raum unerreichten Mythenkonzentration spalten sich die Meinungen ins Extreme. Im Zentrum dieser einmaligen ästhetischen Figuration liegt der bordellbesetzte Teil des Bahnhofsviertels. Prostitution als das älteste Gewerbe der Welt beschäftigt die Frankfurter Stadtoberen seit zwanzig Jahren massiv. Insbesondere die CDU wollte das Areal um den Hauptbahnhof "säubern", um dort einen spießigen Sonntagsstaat zu errichten.

Doch sitzt das Milieu dort zu lange schon zu fest, als daß sich trotz der massiven Tertiärisierung der Ränder noch substantielle Änderungen herbeiführen lassen. Lediglich die Peep-Shows sind seit einigen Jahren verschwunden, neuerdings auch sehr weitgehend die Drogenszene im Kaisersack und in der Taunusanlage. Während die eigentlichen Horte des Verbrechens, die Hinterzimmer der vielen elenden und drittklassigen Mini-Sex-Bars, unangetastet bleiben und die Macher des Areals auch in verschiedenen Ämtern sehr viel Einfluß haben, mit dem sie die Verdrängung des Sexgewerbes aus der Mosel- und Elbe- sowie Taunusstraße jederzeit stoppen oder für eine Verlagerung in die Breite Gasse im Osten der City sorgen können, sind es die Unschuldigsten und Wichtigsten des absoluten Weltstadtviertels vor dem Hauptbahnhof, die immer wieder Kriminalisierungsschübe über sich ergehen lassen müssen, nämlich die Prostituierten selbst.
In der Einführung eines Readers zum Thema "Prostitution als Dienstleistungsbranche und Wirtschaftsfaktor in Frankfurt", hervorgegangen aus einer gleichnamigen vom Frankfurter Frauendezernat veranstalteten öffentlichen Anhörung im September 1990, heißt es unter anderem: *"Es fällt auf, daß alle Maßnahmen gegen die Prostituierten gerichtet sind, als seien sie die Verursacherinnen des Problems. Die Verantwortung der Freier für die Prostitution, für ungeschützten Geschlechtsverkehr, für die Belästigung der Wohnbevölkerung, wird nicht reflektiert. Männer, die die Rechtlosigkeit und Hilflosigkeit von Prostituierten ausnutzen, werden kaum belangt. Die rechtlichen Rahmenbedingungen, die eine solche Ausbeutung überhaupt erst ermöglichen, werden nicht hinterfragt. Die Stigmatisierung der Prostituierten verhindert eine Auseinandersetzung mit ihren Problemen, mit ihren Erfahrungen von Gewalt, Rechtlosigkeit, finanzieller Ausbeutung, aber auch mit ihrer Erfahrung von Stärke und ihrer Gewißheit, eine gesellschaftlich erwünschte und notwendige Arbeit zu tun"* (16/S. 3).
Zusammen mit der katholischen Kirche ist die Prostitution die älteste Superstruktur des Globus und insbesondere in solchen Städten stark vertreten, die als Hafenstädte traditionell viel singuläre Männlichkeit vorübergehend beherbergen oder wie Amsterdam und Frankfurt durch ein maximal liberales Stadtklima keine großen Ansiedlungsschwierigkeiten machen. Die wachsende Internationalisierung des Geschäfts, verbunden mit einer exorbitanten Geburtenexplosion außerhalb der 1. Welt, haben mehr Veränderungen hervorgerufen als die beiden AIDS-Kampagnen der Jahre 1985 und 1987, die nur vorübergehend die Freier vom Bordellgang abhalten konnten.

Hochkulturell besetzte Metropolen wie Prag oder Budapest, selbst mittlerweile auch Moskau, gehören nunmehr zur globalen Sex-Infrastruktur dazu und sind zu Mini-Bangkoks der vor allem deutschen Geschäftsleute und Touristen degradiert, während Städte wie Amsterdam oder Frankfurt mit einem traditionell liberalen Stadtklima neben den Hafenstädten durch einen hohen maskulinen Singularismus geprägt sind. Frankfurt mit seinen vielen Messen ist als mitteleuropäische Drehscheibe der Geschäfts- und Finanzwelt mit einer besonders internationalen Ausstattung an Prostituierten bestückt und muß seit Beginn der neunziger Jahre zusehen, wie vor allem große Akquisitionen aus Südamerika zu einem superstrukturalen Charakter des Bordellwesens beitragen, das in den siebziger und achtziger Jahren wesentlich ausgeglichener und "deutscher" besetzt war. Die Freisetzung vieler Frauen für die Prostitution und die perfekt gewordene Organisation weltweit agierender Schleppercliquen macht das Bahnhofsviertel in seinem Kern für Außenstehende und Flaneure nicht gefährlicher (Für Nichtkriminelle ist es vielmehr ein äußerst sicheres Viertel!), aber das Kiezige und das Originäre im Milieu muß langsam, ja fast identisch mit der Financial Community, einem globalisierten Szeneduktus weichen.

Prostitution ist ein Schlag- und Reizwort, das für die "gute" Gesellschaft, genau der, die gar nicht genug Leichenberge und Menschenschinderei serviert bekommen kann, erst zum Thema wird, wenn sich ein sozialer Wechsel zu einer gewissen Gesellschaftlichkeit ergibt. Georg Simmel hat in seiner "Philosophie des Geldes" auch ein Kapitel über "Das Geldäquivalent personaler Werte" eingearbeitet, das sich mit der Geldheirat, der Prostitution und der Bestechung und deren Valenzen in den verschiedenen gesellschaftlichen Schichten beschäftigt. Umsomehr Geld im Spiel ist, umso geringer wird an derartigen Kaufgeschäften Anstoß genommen.
"Es macht sich übrigens für die Prostitution auch die Erscheinung geltend, daß das Geld über eine gewisse Quantität hinaus seine Würdelosigkeit und Unfähigkeit, individuelle Werte aufzuwiegen, verliert. Der Abscheu, den die moderne "gute" Gesellschaft vor der Prostituierten hegt, ist um so entschiedener, je elender und ärmlicher diese ist, und mildert sich mit der Höhe des Preises, um welchen sie sich verkauft, bis sie schließlich die Schauspielerin, von der jedermann weiß, daß sie von einem Millionär ausgehalten wird, oft genug in ihre Salons aufnimmt; während ein solches Frauenzimmer vielleicht viel

blutsaugerischer, betrügerischer, innerlich verkommener ist, als manche Straßendirne" (17/S. 422).

Auch Pierre Bordieu spricht in seinen "Feinen Unterschieden" (Original: 1979) ja davon, daß erst die Balletteusen in der Oper in ihrer Grazie und gestelzten Bewegungshaftigkeit dem mit kulturellem und ökonomischen Kapital ausgestatteten Publikum einem Voyeurismus dienlich sind, der auf der Ebene der Peep-Show als verächtlich gilt. Peep-Shows werden kriminalisiert und stillgelegt, das Ballett und überhaupt die wachsende Nackthaftigkeit des Theaters führt bestenfalls zu ein paar entrüsteten Premierenbesuchern, deren Anstandsgefühl den weiteren Verbleib in der Vorstellung verbietet. Gerade die Gemeinsamkeit des Geldnenners, so hat Georg Simmel schon zur Jahrhundertwende erkannt, läßt die individuellen Differenzen der Objekte umso schärfer hervortreten.

Während alle die Balletteusen nicht von sich sagen lassen müssen, daß ihr Seltenheitswert in Mitleidenschaft gezogen wird, weil sie sich nicht an jedermann auf der Straße verkaufen, sondern in einer Kunstanstalt für ein zudem mit kulturellem und ökonomischem Kapital ausgestatteten Publikum distanziert ihren mental und sinnlich dominierten Körper graziös inszenieren und zelebrieren, müssen die Prostituierten sich selbst total hin- und aufgeben, so die verächtliche Kritik der sogenannten guten Gesellschaft. Die Freier sind zudem ein qualitativ minderwertiges Publikum, deren Eindringen in die Prostituierte eine beiderseitige höchste Betroffenheit hervorruft, die freilich nur bei der Dirne in die Tiefe und damit an die Substanz geht. Was sich wirklich in den Köpfen der an solchen Akten beteiligten Personen abspielt, sei es im Bordell oder in der Oper, läßt sich nicht feststellen, aber eine Verwischung sämtlicher angenommenen Unterschiede zwischen beiden Szenen ist ziemlich stark anzunehmen. In Frankfurt ist deshalb auch stadtgeographisch jede Entfernung dazwischen so gut wie aufgehoben, denn Oper und Schauspiel grenzen direkt an das Bahnhofsviertel. Nur fünfhundert Meter liegen zwischen erbaulicher Kunst und horizontalen Freuden. Der zivilisatorische Raum der Stadt hat hier eine besonders mythenträchtige Symbiose der Mitte geschaffen, die per Flanerie zwischen Geist und Geld ein wirklich markantes figurations- und kunstsoziologisches Konstituens der okzidentalen Moderne darstellt.

Nur beide Räume zusammen ergeben einen repräsentativen Begriff von Welt!

Dieter Bartetzko, freier Feuilletonist, Chansonnier und Architekturkritiker in Frankfurt, hat seine Streifzüge durch städtische Szenerien und Architekturen als Anleihe von Goethe "Frankfurth ist ein curioser Ort" genannt und unter anderem dabei auch den Hochhausboom begutachtet. Die Ästhetik der elektronischen Medien und die Ästhetik der Wolkenkratzer ergeben für ihn in der Drehscheibe der Käuflichkeit ein illustres Szenario, das viel mehr Schein und Mittelmäßigkeit aufweist, als viele der Glitzerrepräsentanten der Mainmetropole (oder des Metropölchens am Main!) vielleicht meinen: *"In erster Linie sind sie charakteristisch für einen verblüffenden Wandel des öffentlichen Interesses und des öffentlichen Bewußtseins. Eines Wandels, der aus der Silhouette des abgelehnten Mainhattan die bewunderte Skyline, aus dem Hochhaus-Problem ein vorwiegend ästhetisches, der Auseinandersetzung um die unwirkliche Stadt einen Wettstreit um Dekorationen und himmelstürmende Symbole werden ließ ... Aus diesem Blickwinkel betrachtet, bezeugen Frankfurts Hochhäuser in ihrer Neigung zu neohistorischer Opulenz die Repräsentations- und Machtansprüche des hier versammelten Kapitals oder auch, darüber hinausgehend, die verhängnisvolle Neigung eines Großteils der Gesellschaft, sich mit Hilfe dieser dekorativen Hüllen über die trostlose Realität hinwegtäuschen zu lassen. Dies ist die eine Seite. Die andere: Es gibt unter den neuen Hochhäusern, wie unter allem, was postmodernes Bauen zustandebrachte, gleichsam nachdenkliche, unsichere und damit wirklichkeitsgetreue Bauten, die Zugehörigkeitsgefühl mit Skepsis anreichern"* (18/S. 59).

Eines steht fest: Sowohl Chicago nach einem verheerenden Großbrand als auch Manhattan als Einwanderungshalbinsel für die Alte Welt als auch die Frankfurter City als Nachkriegsmotor der deutschen finanzwirtschaftlichen Ökonomie haben ein unendliches Ausmaß an Leistung für andere und am wenigsten für sich selbst erbracht!

Ulf Jonak, Architekturprofessor aus Solingen, hat sich ebenfalls mit der "Frankfurter Skyline" beschäftigt und kommt zum Entschluß, daß Frankfurt alle Facetten zwischen Krähwinkel und Handelszentrum in seiner jüngeren Geschichte aufzeigt, wobei es gerade deshalb an Gestalt gewinnt, weil es aus den Fugen gerät. Jonak, der über eine historische Einleitung zur Wandlung der Innenstädte und der Frankfurter Baugeschichte des 20. Jahrhunderts schließlich die Positionierung der Wolkenkratzer im Ensemble des Städtischen vornimmt,

räsonniert über die Cities der zeitgenössischen Dienstleistungsmetropolen und hat dabei primär Frankfurt vor Augen: *"Die Innenstadt verwandelt sich zum gemeinsamen Foyer der Bank- und Konzernniederlassungen, wird für eine gut verdienende Angestelltenschicht als Erlebnisspielraum eingerichtet. Boutiquen, Galerien und Cafés sind die Schauplätze, wo die Akteure durch kleine lustspendende Schocks und begierdenweckende Spektakel an dem Ort, der vorrangig doch ihr Arbeitsplatz ist, gebunden werden. Vor den noblen Kulissen eines ausgedehnten Stationentheaters agiert ein Schauspielerensemble, das sich selbst zu inszenieren kaum je müde wird. Auch wer nicht zu diesem gehobenen Mittelstand gehört, versucht sich entsprechend herzurichten, als gelte es, den Eintritt in die City zu erkaufen. Wer aber den Prunk mitzumachen nicht fähig oder nicht gewillt ist, fühlt sich nun im Innern der Stadt wie ein Fremder im eigenen Haus"* (19/S. 6 + 7).
Jonak erkennt richtig, daß die scheinbar grenzenlos frei zugängliche Frankfurter City doch so ihre Barrieren aufweist, die eine universelle Teilnahme an der zivilisatorischen Weltausstellung psychologisch und materiell für bestimmte soziale Schichten anders gewichten. Während der Indoor-Sektor vom Messeturm über Westend 1 bis zur Schillerpassage und Zeilgalerie den weniger Betuchten verschlossen bleibt, ermöglicht ansonsten jetzt insbesondere die Zeil, im Outdoor-Bereich mitzuwirken und das gesellschaftliche Spektrum durch die Präsenz der im Kapitalismus Nichtintegrierbaren oder Nichtintegrierwilligen voll aufzuzeigen. Die Anwesenheit der Wolkenkratzer zieht die Minderbemittelten wie ein Magnet an, weil sie wissen und ahnen, daß in deren Schatten unter Zugrundelegung der stadträumlichen Ausbreitungstoleranz Frankfurts auch eine "Infrastruktur" für die sich hier beheimatet Fühlenden vorhanden ist. Der feste Wille des City-Anthropos der Kapitale am Main, alle sozialen und ethnischen Extreme und Qualitäten beherbergen zu wollen, ist ein quintessentieller Mythos der Stadt, der schon im Mittelalter seine Anfänge genommen hat. Erst die Skyline offenbart den Universalanspruch einer Stadt, alles zu wollen und alles so einzurichten, daß sich die unterschiedlichsten Charaktere und Mentalitäten gegenseitig dulden. Die einen denken flach, die anderen liebäugeln mit der Höhe. Großstädte ohne Skyline, womöglich noch im Vorkriegsbarock originalgetreu wiederaufgebaut, täuschen eine Homogenität und Intaktheit vor, die es nicht gibt. Eine Architektur ohne Fortschritt führt bestenfalls zu Ansammlungen wie Alt-Nürnberg mit seinen verheerenden Folgen und Instrumentalisierungen.

Deswegen ist es humananthropologisch viel authentischer, wenn *"sich alles zur Mitte hindrängt, dem Schnittpunkt aller Wege und Kräfte, wo der stete Zufluß dann für ein Aufbäumen und In die Höhe schießen der Baumassen sorgt"* (19/S. 63).

Die Skyline repräsentiert die städtische Mitte, in die alle Ambitionierten drängen, obwohl die neue Raumlosigkeit auch jeden anderen Standort ohne funktionelle Beeinträchtigungen ermöglichen würde, und die Museen, Galerien und anderen Ausstellungsareale sind die kulturelle Mitte Frankfurts geworden, die in den zehn Jahren zwischen 1984 und 1994, der Eröffnung des Filmmuseums und der historischen Frankfurt-Ausstellung im Bockenheimer Depot, ohne jede Bescheidenheit zur mit Abstand komprimiertesten und flanerieträchtigsten Museumsstruktur und Ausstellungskultur aller deutschen (und nicht nur deutschen) Städte geführt hat. Hinzu kommen noch mehr Stadtteilkulturzentren und Bürgerhäuser aller Art, als Frankfurt Stadtteile aufweist. Ende 1994 werden für 42 Stadtteile an die 50 Einrichtungen aller Couleur zur Verfügung stehen. Doch Zahlen und Formen sind die eine Seite, die Inhalte die andere, und genau an diesem Punkt mußte und muß sich Hilmar Hoffmann, der langjährige Frankfurter Kulturdezernent, einem ziemlichen Kritikhagel aussetzen und erwehren, denn gerade die Hardliner der Frankfurter Schule, die Fundamentalkritiker und Adorniten in Vollausprägung, monieren einen extremen Qualitätsunterschied zwischen Interieur und Exterieur insbesondere des Sachsenhäuser Museumsufers und der beiden großen Neubauprojekte im Dom-Römerberg-Bereich, der Schirn nämlich und des Museums für Moderne Kunst. Auch die Zuckerbäcker-Ostzeile des Römer, Wallmanns Lieblingsprojekt, gehört eigentlich in diesen Kritikrahmen.

Frank-Olaf Brauerhoch kommt in seinem Beitrag "Das Prinzip Museum" innerhalb eines Buches zur kritischen Auseinandersetzung mit der Soziologie und Kultur in Frankfurt zu folgender Erkenntnis: *"Die Architektonisierung des Museums ist der Reflex auf die weitergeführte Verfachwissenschaftlichung seiner Gegenstände. Architektur als Erlebnis führt zum vermeintlichen Verstehen des Museums, denn es läßt Raumerlebnisse zu, ohne sich mit dem Ausgestellten selbst beschäftigen zu müssen. Nicht nur in Frankfurt am Main werden die neuen Museumsbauten von ihren Leitern als Gesamtkunstwerk bezeichnet. Durch den Paradigmenwechsel von der Belehrung zum Vergnügen, von der Behälterarchitektur zum Ort architektonischer Selbstinszenierung, wird das Museum zur Institution, an der jene ästhetisch-hedonistische Einstellung eingeübt wird, derer die Konsumgesellschat zu ihrem Funktionieren bedarf. Die Museen sind zum integralen Bestandteil der städtischen Gesamtinszenierung geworden. Was bei dieser Inszenierung auf der Seite des Publikums passiert, ob und wie das Publikum sich seine eigene Ausstellung macht, ist die anstehende Frage. An ihrer Beantwortung wird gearbeitet"* (20/S. 120).

Ein typisches Phänomen der Postmoderne ist ja ein gewisser lokaler Authentizitätsverlust, der durch den Internationalismus der architektonischen Implantate in die Dienstleistungsmetropolen der elektronisierten und mediatisierten westlichen Hemisphäre hervorgerufen wird. Tatsächlich hat die Yuppifizierung der achtziger Jahre so etwas wie eine Infrastruktur des Scheins hervorgebracht, die nicht zum Ziel hat, exakt auf die kommunalen Bedürfnisse einzugehen, sondern für den tertiären Jet-Set weltweit Areale bereitzustellen, in denen sich diese Schicht ausleben kann. Es handelt sich dabei weder um den sowieso fast verschwundenen alten Bildungsbürger noch um den vor allem deutschtypischen "homo oeconomicus" der ersten drei bis vier Nachkriegsjahrzehnte, sondern um eine finanziell gehobene Mittelschicht aus jüngeren Dienstleistern, die in der Welt ihre eigentliche Heimat hat.

Die nachbürgerliche Gesellschaft scheint also in den "Schein-Bürgern" (Steinert, 1991) ihre neue Mitte zu haben, die sich auch in einer städtebaulichen Schein-Mitte äußert, die mit Museen, Wolkenkratzern, Einkaufsgalerien und Design-Bars sowie Schwimm- und Yuppie-Opern bestückt ist. Die einen sehen diese zeitgenössische Entwicklung, zu der dann auch Fernsehsender wie VOX zählen, als den Untergang des Abendlandes an, die anderen, zu denen ich mich auch rechnen möchte, erkennen in diesem Post-Historismus ein Geschenk und Gewinn der Geschichte, denn erst deren Ende würde auch das Ende aller mit geschichtlichen Anteilen behafteten Konflikte und Nationalismen bedeuten.

1968 ist neben Paris und Berlin auch für Frankfurt ein geschichtsträchtiges Datum. In den 25 Jahren bis 1993 hat sich eine intellektuelle Kultur und Kulturindustrie sowie Infrastruktur in den Mauern der Mainmetropole zementiert, die mittlerweile wie das Museumsufer als Standortvorteil für die Stadt gewertet wird. Außerhalb des institutionellen Stadtapparates sind es die Werber, die sich mit viel kreativer Alt-68er-Energie beglückt fühlen, innerhalb

der seit 1989 amtierenden rot-grünen Koalition sind es primär die von den Grünen besetzten Dezernate und Einrichtungen, die 1994 endgültig ihren notwendigen Platz in der Frankfurter Kultur festgeschrieben haben. Neben dem Amt für Multikulturelles und der Kommunalen Ausländervertretung sowie dem Drogenreferat, dem Schwul-Lesbischen Kulturhaus und dem Frauenkulturhaus samt Frauendezernat ist es in erster Linie die Ökologie, die in Frankfurt über eine vielbeachtete Institutionalisierung verfügen kann. Tom Koenigs als Umweltdezernent bekleidet sogar ab Juli 1993 erstmals mit dem Stadtkämmerer ein klassisches Ressort, ein Novum in Deutschland für einen grünen Politiker, dessen Bankvergangenheit freilich ihn auch in CDU-Kreisen für diesen Posten realistisch und seriös genug erscheinen läßt. Geist und Geld vereinen sich im Mythos der Ökologie wie kaum in einem zweiten Ressort. Neben der Öko-Bank, nach fünf Jahren erstmals mit bescheidenen schwarzen Zahlen ausgestattet, und dem Umweltamt sowie dem Umweltzentrum und dem Öko-Haus sowie der im Herbst 1994 fertiggestellten Neuen Fasanerie (Waldmuseum) gab es im September 1992 auch einen Deutschen Umwelttag in Frankfurt, der trotz seines defizitären Abschlusses und der geringen externen Teilnahme für Frankfurt natürlich in seiner ökologischen Vorreiterrolle bestätigend war. Im Umweltamt ist sogar eine der wenigen brasilienexternen Initiativen der Welt angesiedelt, das sich mit den Regenwäldern im Amazonas-Gebiet beschäftigt, die ja jährlich um die Größe der alten Bundesrepublik schrumpfen. Nur wenn alle reichen Städte des Westens sich für die Erhaltung der Regenwälder einsetzen, kann der Gipfel von Rio im Juni 1992 nachträglich etwas für die irdische Zivilisation bewirken.
Für Frankfurt soll im Laufe der nächsten Jahre das Grüngürtel-Projekt Wirklichkeit annehmen, das alle Möglichkeiten ausschöpft, etwa wie die Erweiterung des Günthersburgparks, um die Stadt kohärent und flächendeckend maximal zu ökologisieren. 1992 wurde eine Freizeitkarte für den Grünbereich in Frankfurt und Umgebung in hoher Auflage für die Einwohner der Stadt am Main bereitgestellt. In der Formation der Steinmassen sollen grüne Figurationen in ihrem sozialen Nutzen Raum gesellschaftlicher Naturverhältnisse und nicht nur Fläche sein, die mit Rock-Festivals und nicht mit Auto-Staus erlebt werden soll:
"Der Grün-Gürtel ist ein mehrschichtiges Gebilde mit unterschiedlichen Dimensionen: Handlungsraum - Wahrnehmungsraum - Schutzraum. Er ist auch ein Raum, in dem für die städtische Bevölkerung die 'Spuren tätiger Arbeit'

sichtbar und erkennbar bleiben sollen. Der Grün-Gürtel ermöglicht gesellschaftliche Teilhabe an seinen Ressourcen und ist offen für alle Bewohner, Beschäftigte und Besucher von Frankfurt am Main und seinem Umland" (21/S. 9: GG-Verfassung).

Zusammen mit der Planung für den Stadtraum Main (Schlachthof, Osthafen, Westhafen, Kaiserlei) sowie für sämtliche Liegenschaften der abziehenden US-Armee gehört der Grüngürtel zu den drei mythisch besetzten Planungsuniversalien der Stadt Frankfurt in den neunziger Jahren, die noch um einzelne Großvorhaben wie das Schlachthofgelände, den Rebstockpark, den Niederurseler Hang oder die ebenfalls einen spezifischen Frankfurt-Mythos darstellende Flughafen-Ausbau-Planung ergänzt werden muß, von den anderen ausgewiesenen Gebieten im Frankfurter Norden und Wohnkomplexen wie dem Heiligenstock erst gar nicht zu reden. Auf jeden Fall paßt das Projekt Grüngürtel in die städtische Ökologisierungs- und Ästhetisierungskampagne der achtziger und neunziger Jahre, die einen ersten Pfahl wider die ewige Dynamik des nur materialen Wachstums setzt, das Frankfurt die nächsten gut fünf Jahre mindestens noch massiv begleiten wird. Wachstum ist ja auch so ein Mythos, ausnahmsweise einmal einer, bei dem Frankfurt und Deutschland voll konform laufen. Der Schweizer Schriftsteller Adolf Muschg definierte anläßlich des Erscheinens seines Parsifal-Motiv-Buchs "Der Rote Ritter" gegenüber dem FAZ-Magazin Mythos wie folgt: *"Ein Mythos ist eine Konstellation von Werten, die grundsätzlich von der Geschichte unabhängig existiert respektive in dem, was wir Geschichte nennen, immer wieder bindend auftaucht. Vielleicht ist es auch umgekehrt, und die Geschichte ist eine mythologische Fiktion. Wir leben jedenfalls in einer Zeit der Mythen ... Das Kollektiv - die Polis - verlangt für sich eine Phantasieleistung, die zwar auf der Bühne zelebriert wird, die aber Folgen hat für das praktische Handeln in Politik, Militär, Wirtschaft. Die Götter und die Mythen sind Sprachformen, in denen wir uns verstehen, die unser Tun und Lassen legitimieren. Mythen sind das Dauerhafteste, was es gibt. Die Werbung - von Coca-Cola bis Benetton - fällt, wenn sie die Verbraucher ansprechen will, unweigerlich in mythologische Muster zurück. Es geht gar nicht anders, Mythologie ist eine primäre Sprache mit vielen Dialekten"* (22/S. 50 + 51).

Wie nahe ein mythologischer Kern zwischen Parsifal und Frankfurt besteht, scheint auf den ersten Blick äußerst überraschend zu sein. Freilich ist erst

Richard Wagner für Parsifal der Mythologisierer gewesen. Wagner ist auch für den Mythos Alt-Nürnberg zuständig, der nach Jahrzehnten wieder im Sommer 1993 in einem Remake der Oper "Die Meistersinger von Nürnberg" in Frankfurt zu hören war. Auch die 1. und 2. Heimat von Edgar Reitz ist ebenso in den Bereich Mythen-Epos einzuordnen wie die Licht-Tage von Stockhausen. Nürnberg und München sind Mythen, Leipzig und Frankfurt auch. Ökologie, Intellektualismus und Postmoderne erfüllen aus Frankfurter Sicht die Essentials der Muschgen Mythos-Definition und stellen eine neue sprachliche Codierung von Stadt dar, die multikulturell höchst dialektisierend wirkt!
Diejenigen, die gerne hätten, daß sich der Ungeist der Phase zwischen 1933 und 1968 schnellstmöglich wieder über die Errungenschaften der Zeit von 1968 bis 1994 stülpt, können gar nicht oft genug hervorheben, daß die Postmoderne beendet ist. Berlin ist de jure Hauptstadt, die Amerikaner ziehen langsam ab, viele Bundesbehörden ziehen bald um, die 68er werden immer grauer: mit diesem von Millionen gehegten Gedankengut wächst Frankfurt die Aufgabe zu, all die aufgeführten Horizonte, deren Deutschland allmählich verlustig wird, weiterhin zu bewahren und international zur Schau zu stellen, auf das zumindest eine Stadt neben dem bald unkontrollierbar werdenden Berlin kontrolliert und eigenständig dazu in der Lage ist, die mühsam geschaffenen Freiheiten und Toleranzbreiten zu verteidigen. Den Mythos Postmoderne beschreibt Wolfgang Welsch mit seinem "Ästhetischen Denken" unter anderem in folgenden Worten, deren pragmatischer lebensweltlicher Bezug den City-Anthropos Frankfurt voll trifft: *"Nicht mehr die Situation der Pluralität, sondern der mögliche Verkehr der pluralen Formen untereinander ist zum generellen Problemfokus der Gegenwart geworden und stellt zugleich auch ein Grundthema der postmodernen Kunst dar. Während die Moderne das Plurale erprobt hat, erobert die Postmoderne das Transversale. Dem muß sich auch die philosophische Reflexion zuwenden. Nach der Thematisierung von Pluralität und Heterogenität steht uns ein Denken der Transversalität bevor"* (23/S. 72).
Das abschließende Kapitel zum "Traktat über die Flanerie in der Transversale" wird deren Wertigkeiten genauer untersuchen.

Zum Ende dieses dritten von fünf Hauptkapiteln, das die physischen und virtuellen Stadträume im globalisierten Postfordismus ausgebreitet hat, möchte ich mit Werchs Plädoyer für eine postmoderne Ästhetik des Widerstands beenden, *"gegen den allgegenwärtigen Trend zur Einschleifung, Unterdrückung, Uniformierung des Differenten"* (23/S. 165). Während die Moderne Versöhnung, Schönes und Konsens zu beschwören versuchte, ohne dabei erfolgreich zu sein, was ihr Projekt bislang als ein Unvollendetes ausweist, will die Postmoderne über Widerstreit, Erhabenheit und Dissensbereitschaft die Welt als Universalium begreifen und zusammenschweißen. Natürlich kann nur eine Kombination aus beiden Anspruchskategorien, die Frankfurt mit seiner Begabung der Schaffung fließender Übergänge zwischen Differenz und Gleichmacherei und der dabei dominierenden Anerkennung des Differenten in sich birgt, eine multikulturelle Stadtgesellschaft in ihren vielfältigen Lebensstilen und Mentalitäten fördern. Nur aus der Zivilisation heraus läßt sich die Zivilisation noch in ziviler Form regulieren: *"Die postmoderne Ästhetik geht nicht von einem archimodischen Punkt jenseits der Kunst aus und stützt sich auch in ihrem gesellschaftlichen Widerstand nicht auf einen solch jenseitigen Punkt, sonden sie analysiert und agiert inmitten der Wirklichkeit und ihrer Spannungen. Das ist realistischer und heute vielleicht allein aussichtsreich"* (23/S. 167).

Literatur- und Quellenverzeichnis zu Punkt 3:

1) Henri Lefebvre: **Die Stadt im marxistischen Denken.** Maier, Ravensburg, 1975.
2) David Harvey: **Flexible Akkumulation durch Urbanisierung:** Reflektionen über "Postmodernismus in amerikanischen Städten". PoKla, Nr. 4, 12/87, Jg. 17, S. 109-131.
3) Henri Lefebvre: **Die Revolution der Städte.** Hain. Frankfurt, 1990 (1970).
4) Walter Prigge: **Die Revolution der Städte lesen.** Raum und Präsentation, S. 99-117: In: **Stadt-Räume.** Hrsg.: Martin Wentz. Campus. Frankfurt/New York, 1991.
5) Institut für Kapitalmarktforschung: **Frankfurter Wettbewerbslage als europäisches Finanzzentrum.** Johann Wolfgang Goethe-Universität Frankfurt, 1990.
6) International Herald Tribune 12.05.92: **Frankfurt. The Natural Choice.** Hier: Rüdiger von Rosen: **Stock Exchanges in the 90s: Focus on Risk Management.**
7) Darcy Ribeiro: **Der zivilisatorische Prozeß.** Suhrkamp. Frankfurt, 1971.
8) Florian Rötzer (Hrsg.): **Digitaler Schein. Ästhetik der elektronischen Medien.** Edition Suhrkamp. Frankfurt, 1991.
9) **Die Aktualität des Ästhetischen.** Öffentlicher, internationaler Kongreß der Stiftung Niedersachsen. Hannover, Stadthalle, 02.-05. September 1992
10) Florian Rötzer: **Digitaler Schein oder: In den magischen Kanälen der vernetzten Welt.** Wie transnationales Kapital den Raum sterben läßt. FR-Ausgabe vom 17.04.93.
11) **Die Zukunft des Raumes.** Kongreß der Werkbund-Akademie "Laboratorium der Zivilisation". Darmstadt. Technische Universität, 05 + 06.12.1992.
12) Manuel Castells: **Informatisierte Stadt und soziale Bewegungen.** S. 137-147. In: Stadt-Räume. Hrsg.: Martin Wentz: Campus. Frankfurt/New York, 1991.
13) Noller, Paul, Ritter: **Jugend und Computer.** Studie des Frankfurter Instituts für Sozialforschung. In: **Forschung Frankfurt.** Goethe-Universität Frankfurt, 1/92, S. 28-42.
14) Thomas Huber: **Die Bank- eine Wertvorstellung.** Vortrag im Museum für Moderne Kunst. Frankfurt, 10.03.92.

15) Hilmar Hoffmann: **Banken und Kunstförderung.** In: **Finanzzentrum Frankfurt.** S 59-64. Econ. Düsseldorf, 1987.
16) **Prostitution als Dienstleistungsbranche und Wirtschaftsfaktor in Frankfurt.** Öffentliche Anhörung des Frauendezernats der Stadt Frankfurt am Main, 27.09.90.
17) Georg Simmel: **Das Geldäquivalent personaler Werte.** In: **Philosophie des Geldes.** s. 2.1.
18) Dieter Bartetzko: **Franckfurth ist ein curioser Ort.** Streifzüge durch städtische Szenerien und Architekturen. Campus. Frankfurt/New York, 1991.
19) Ulf Jonak: **Die Frankfurter Skyline.** Fischer. Frankfurt, 1991.
20) Frank-Olaf Brauerhoch (Hrsg.): **Frankfurt am Main. Stadt, Kultur und Soziologie.** Vervuert. Frankfurt, 1991.
21) **Grün-Gürtel Frankfurt.** Werkbericht 3/1990. Kongreß des Umweltdezernats, 17.12.90.
22) Warum brauchen die Menschen **Mythen, Herr Muschg?** FAZ-Magazin, 11.06.93.
23) Wolfgang Welsch: **Ästhetisches Denken.** Reclam. Stuttgart, 1990.

4. EINE STADT-SOZIOLOGISCHE SPEKTRALISIERUNG DER FRANKFURTER SCHULEN

4.1 Goethe: Facetten seiner Frankfurter Biographie bis zum Weggang nach Weimar

In diesem vierten Kapitel soll es in erster Linie darum gehen, die intellektuellen Horizonte Frankfurts aufzubereiten, die sich in den letzten etwa 220 Jahren im City-Anthropos entwickelt haben. Mit der zunächst anonymen Veröffentlichung des Götz von Berlichingen, eines ungemein volksnahen Stückes am Ende des Mittelalters, bewirkt der größte Sohn der Stadt, Johann Wolfgang von Goethe, daß ab 1773 auch langsam welt-geistiger und welt-städtischer Ruhm auf seine ungeliebte Vaterstadt fällt, der sich 1994 in der Wolkenkratzer-Magistrale Mainzer Landstraße manifestiert. Goethe wird ab sofort zu der Lichtgestalt, die im Mittelpunkt aller Vergleiche und Anlehnungen steht. Über sein ganzes langes Leben hinweg bis in den Vormärz hinein, von der kaiserlichen Endzeit bis zur politischen Revolution von 1848, reibt sich alles an ihm und hebt ihn zu einem Mythos an, der nach der Wiedervereinigung in Weimar einen neuen Schub erhielt und sicherlich bis zu seinem 250. Geburtstag 1999 "in" bleiben wird.

Natürlich werde ich an dieser Stelle keine Besprechung seines Frankfurter Werks vornehmen, sondern vielmehr möchte ich anhand seiner Jugendbiographie noch einmal versuchen, sein Verhältnis zum Städtischen darzulegen. Das große Erdbeben in Lissabon und seine Studienjahre in Leipzig sind meines Erachtens für den Kontext dieser Dissertation nicht unbedeutend. Auch seine beiden prominenten Startprojekte Götz von Berlichingen und Werther scheinen mir stadtanthropologisch nicht völlig ohne Gehalt zu sein, auch wenn Überlegungen hierzu nur spekulativen Charakter haben können.
1755 forderte das verheerende Lissaboner Erdbeben 60.000 Todesopfer, etwa ein Viertel der damaligen Bevölkerung der weltbekannten Handels-, Residenz- und Kolonialmetropole. Goethes erste entscheidende Erfahrung überhaupt ist die einer durch Naturgewalten in Schutt und Asche liegenden Stadt, möglicherweise schon ein früher Grund dafür, Paris und London niemals zu bereisen und überhaupt für das Städtische keine Disposition zu zeigen. Doch natürlich bewirkte dieses Ereignis auch eine schwere Krise im Vertrauen zu Gott, dessen Güte in

der zivilisierten Welt nun ganz anders eingeschätzt wurde: *"Das Lissaboner Erdbeben, das im 18. Jahrhundert zu zahlreichen Schriften und bildlichen Darstellungen anregte, bedeutete für viele Menschen weit mehr als ein bloßes Naturgeschehen mit Schrecken, Tod und Elend. Der Glaube an die unerforschte Güte Gottes wurde ebenso erschüttert wie die optimistische Ansicht von dieser Welt als der besten aller möglichen. Das Übel rührte ja nicht von bösen Menschen her, sondern ging über alle menschliche Verursachung hinaus. Wo waren noch Gerechtigkeit und Menschenliebe Gottes, wenn er es zuließ, daß unterschiedliche Schuldige und Unschuldige, Säuglinge und Greise, Männer und Frauen, ohne gewarnt zu sein und ohne sich wehren zu können, im Nu dahingerafft wurden?"* (1/S. 37).

Dunkelheit und Abgründigkeit begleiteten Goethes Frankfurter Zeit permanent. Er selbst, der seine Geburt nur mit Glück überlebte, sah einige Geschwister schnell wieder dahingehen. Ab 1758 lebte ein Geistesgestörter fast Tür an Tür mit Goethe, dessen jahrelange Tobsuchtsanfälle nur durch zwei eigens dafür angestellte Grenadiere noch unter Kontrolle zu bringen waren.

Die Frankfurter Jahre zwischen 1749 - 1765, so Karl Otto Conrady, waren trotzdem Zeiten wohlbehüteter Kindheit und einer vielseitigen Ausbildung. Mit einer Selbstverständlichkeit ohnegleichen begann Goethe als Knabe, sich Sprache als produktives Gestaltungsmittel anzueignen und in diesem Medium schöpferisch tätig zu sein. Von seinem zehnten Lebensjahr an hat er sich, wie ein Brief aus Leipzig bekennt, als Poet gesehen. Mit der Sprache Welt zu greifen und zu gestalten, scheint für ihn von früh an eine geradezu naturhafte Lebensäußerung gewesen zu sein. Weiterhin führt Conrady an: *"Goethe wurde als Kind einer wohlhabenden, im lutherischen Glauben und in den überkommenen reichsstädtischen Ordnungen verwurzelten Familie in eine Welt gültiger und verpflichtender Traditionen hineingeboren. Sie blieben ihm kein gesicherter Besitz, im Gegenteil. Schon in diesen frühen Jahren setzte er den überlieferten Glauben zweifelnden Fragen aus. Auch die Starrheit einer Gesellschaft, in der die vornehmen patrizischen Familien nach wie vor ausschlaggebend und religiöse und geistig-literarische Toleranz und Freiheit keineswegs gewährleistet waren, wurde vom Enkel des Reichs- und Stadtschultheißen erkannt. Ihm waren 'die heimlichen Gebrechen einer solchen Republik nicht unbekannt geblieben, um so weniger, als Kinder ein ganz eigenes Erstaunen fühlen und zu emsigen Untersuchungen angereizt werden, sobald ihnen etwas, das sie bisher unbedingt*

verehrt, einigermaßen verdächtig wird'. Der alte Goethe sprach rückschauend von einer *'Abneigung gegen meine Vaterstadt',* die ihm damals immer deutlicher geworden sei. *'Und wie mir meine alten Mauern und Türme nach und nach verleideten, so mißfiel mir auch die Verfassung der Stadt, alles, was mir sonst so ehrwürdig vorkam, erschien mir in verschobenen Bildern'"* (1/S. 42 + 43).
Das reichsmittelalterliche Frankfurt, bis 1944 mit der größten zusammenhängenden Altstadt Deutschlands bestückt, aber offensichtlich damit nicht beglückt, ging langsam dem Ende einer Ära entgegen, die erst 1806 mit dem Wegfall des Status als freie Reichsstadt endgültig besiegelt wurde. Goethe erlebte also ein Frankfurt, das heute so fast nicht mehr existiert und insbesondere seit 1944 in den fünfzig Jahren bis 1994 als dem großen Jubiläumsjahr exakt die Metamorphose mehrfach erlebt hat, zu der es in der zweiten Hälfte des achtzehnten Jahrhunderts noch vollkommen unfähig schien. Die Rituale der seit 200 Jahren laufenden kaiserlichen Krönungszeremonien hatten ihre Spuren in der Frankfurter Zivilisation hinterlassen, die damals eher ein Monolith als ein Artefakt repräsentierte, trotz verschiedener gehobener Kreise und Familien, in denen sich Goethe wohlfühlte und verkehrte. Der Weltliterat, der heute skeptisch am Rande der Taunusanlage bzw. des zum Willy-Brandt-Platz umbenannten Theaterplatzes als Denkmal auf seine Geburtsstadt schaut, würde sich nur noch wundern, welch figurative Dynamik das einstige so formiert wirkende Frankfurt entwickelt hat und wie sehr alle Bindungen und Verbindlichkeiten mittlerweile gegen Null tendieren. Es läßt sich sogar sagen, daß heute die Quintessenz seiner Metamorphose der Pflanzen, die Wirkung nämlich, wodurch ein und dasselbe Organ sich uns mannigfach verändert sehen läßt, ein herausragendes Kriterium des Frankfurter Quintärs seit dem Sommer 1994 ist: *"Metamorphosen meint den Prozeß von Gestaltung und beständiger Umgestaltung organischer Wesen, in dem sich Identisches bewahrt, einen Bildungs- und Umbildungsprozeß, der zugleich Steigerung bedeutet"* (1/S. 519).
Hätte der Frankfurter Dichterfürst nicht frühzeitig seine universalsprachlichen Fähigkeiten entwickelt, so hätte er durchaus auch das Talent für eine Oppositionsbewegung im damaligen Frankfurt gehabt, dessen relative Glätte und Institutionalisierung im Vergleich zu heute ihm schon sehr kritisierenswert vorkam. Es sage also niemand, Goethe wäre nicht in der Lage gewesen, eine Ästhetik des Widerstands zu formulieren. Die Erkenntnis seines eigenen Genies hat ihn schließlich den Weg des großen Poeten einschlagen lassen. Revolutions-

dramen sind daher für Schiller übriggeblieben, dessen Denkmal etwa zweihundert Meter hinter dem Goethes in der Taunusanlage steht, gleichsam abwartend, was der, der vor ihm steht und höher geboren ist, als nächstes in die Wege leitet. Im folgenden möchte ich ein Stimmungsbild des noch im Zeremonialstil verharrenden Frankfurt des Jahres 1771 geben, und zwar anhand des auch prompt nach drei Tagen stattgegebenen Bittgesuches Goethes, ihn als Anwalt zuzulassen, der soeben gerade das Studium der Jurisprudenz in Straßburg erfolgreich abgeschlossen hat und sich noch einmal für vier Jahre bis zu seinem endgültigen Weggang nach Weimar 1775, jetzt freilich weltliterarisch äußerst produktiv, nach Frankfurt verlor.

"Wohl und Hochedelgebohrne
Vest und Hochgelahrte Hoch und Wohlfürsichtige
Insonders Hochgebietende und Hochgeehrteste Herren
Gerichts Schultheiss und Schöffen.

Ew. Wohl auch Hochedelgebohrne Gestreng und Herrlichkeit habe die Ehre mit einer erstmaligen ganz gehorsamen Bitte geziemend anzugehen, deren Gewährung, mir Hochderselben ungewohnte Gütigkeit in der schmeichelhaftesten Hoffnung voraussehen lässet.
Da mich nämlich, nach vollbrachten mehreren akademischen Jahren, die ich mit möglichstem Fleiss der Rechtsgelehrsamkeit gewiedmet, eine ansehnliche Juristen Fakultät zu Strasbourg, nach beyliegender Disputation, des Grades eines Licentiati Juris gewürdigt; so kann mir nunmehro nichts angelegener und erwünschter seyn, als die bisher erworbenen Kenntnisse und Wissenschaften meinem Vaterlande brauchbar zu machen, und zwar vorerst als Anwalt meinen Mitbürgern in ihren rechtlichen Angelegenheiten anhandeln zu gehen, um mich dadurch zu denen wichtigern Geschäfften vorzubereiten, die, einer Hochgebietenden und verehrungswürdigen Obrigkeit mir dereinst hochgewillet aufzutragen, gefällig seyn könnte ..." (1/S. 145).

Zeremonielle Anreden, wie sie die Professoren an der Bonner Universität bis heute allzugerne von ihrem Umfeld hören wollen, mußte Goethe zuvor in seiner Studienstadt Leipzig und seiner Promotionsstadt Straßburg nicht produzieren. Vielmehr konnte er sich angesichts der eher dürftigen Lehrkörper und des für ihn nebenbei absolvierbaren Stoffvolumens in der von ihm sowieso nie geliebten Juristerei, die er nur auf Geheiß seines Vaters studierte, voll anderen Horizonten und insbesondere dem süßen Leben widmen. Entgegen kam ihm dabei auch das Klima in den beiden Städten, das er als ungleich angenehmer erfuhr. Während Straßburg mit dem Charme seines erst langsam einsetzenden Französischwerdens begeisterte, empfand Goethe seine Studienstadt Leipzig im Vergleich mit Frankfurt gar als kleines Paris.

Seit vielen hundert Jahren gibt es so etwas wie ein Fernduell zwischen Frankfurt und Leipzig, dessen jeweiliger Sieger in größeren zeitlichen Abständen immer wieder wechselte. Ging es jahrhundertelang nur um den Konkurrenzkampf zwischen beiden Städten als Messe- und Handelsplatz, so kommt mit Goethe als Student auch der Faktor Geist hinzu, der in jüngster Vergangenheit mit den die DDR maßgeblich niederschmetternden Montagsdemonstrationen äußerst progressiv kulminiert ist. In der Nachkriegszeit ist Frankfurt Leipzig weit enteilt. 1765 war dies anders. Die Stadt an der Pleiße war weltoffener und moderner als die Freie Reichsstadt am Main. Schon die städtebauliche Anlage war großzügiger als das enge und verwinkelte Frankfurt. Sächsische Residenzstadt war Dresden, das ganz anders als die Handels- und Universitätsstadt Leipzig auf den Hof ausgerichtet war und seine Pracht als "Elbflorenz" entfaltete. In Leipzig dagegen gab nicht der Hof den Ton an, *"sondern eine Schicht wohlhabender Bürger und die Gebildeten der Universitätsstadt bestimmten das Verhalten und die geistig-künstlerische Produktion und Rezeption: Bankiers, Kaufleute, Beamte, Pastoren, Professoren und Magister. Leipzig war für Goethe eine neue Welt ... Hier gab man sich anders als in Frankfurt, und was Goethe sah und hörte, war offensichtlich mit den Kategorien, die er bisher kennengelernt hatte, nicht angemessen zu verstehen. Das alles hing damit zusammen, daß es hier kein jahrhundertelanges Regiment mächtiger Patriziergeschlechter gegeben und nicht eine einzige Konfession unnachsichtig ihren Anspruch auf Vorherrschaft geltend gemacht hatte. Weltluft wehte hier ...* (1/S. 49).

Leipzigs Aufstieg in den Rang einer Sendungstadt begann mit Goethes Studienjahren, der dort zunächst in seiner altmodisch wirkenden Frankfurter Patriziertracht etwas lächerlich wirkte, sich dann aber schnell sowohl textilisch als auch sprachlich den neuen Gegebenheiten anpaßte. Modisches, nicht Höfisches war dort gefragt und wurde in bürgerliche Zusammenhänge eingepaßt. Das Erotische letztlich aber ist das lyrische Medium, das Goethe in seiner heiteren Leipziger Zeit elaborierte und erstmals im Kontext mit anderen dort schreibenden Zeitgenossen entwickelte. Souverän fand sich Goethe in diese Materie ein und kreierte mit der Erlebnis- und Stimmungslyrik zum ersten Mal einen eigenen poetischen Kanon. In einem Brief an Gottlob Breitkopf vom August 1769 beschreibt Goethe die Zerstreuungsgelüste der Leipziger Jahre: *"Mann mag auch noch so gesund und starck seyn, in dem verfluchten Leipzig, brennt man weg so geschwind wie ein schlechte Pechfackel. Nun, nun, das arme Füchslein, wird nach und nach sich erholen. Nur eins will ich dir sagen, hüte dich ia für der Lüderlichkeit. Es geht uns Mannsleuten mit unsern Kräfften, wie den Mägden mit der Ehre, einmal zum Hencker eine Jungfernschafft, fort ist sie"* (1/S. 65).

Weder in Leipzig noch in Frankfurt läßt sich heutzutage mit einer solchen Lüsternheit studieren. In Frankfurt ist die Universität baustellen- und lärmumtost, in Leipzig muß die jahrzehntelange sozialistische Baustellenlosigkeit nunmehr mit einem Instant-Bauboom, den sich Berlin so sehnlichst herbeiwünscht, binnen kürzester Zeit kompensiert werden. Ansonsten "kontrolliert" und hilft Frankfurt Leipzig entscheidend mit, auf daß die sympathische Partnerschadt wächst und gedeiht.

In Berlin wird mindestens bis 2020 brachial gebaut, wenn es denn nun endlich bald richtig losgehen sollte, in Dresden mindestens bis 2007. Leipzig könnte schon in fünf Jahren wieder am ehesten eine erfolgreiche Dienstleistungsstadt sein, die trotzdem ihr historisches Gewand parallel dazu in weiten Teilen zurückgewonnen hat. Matthias Rüb skizziert in einem FAZ-Artikel zum "Lärm von Leipzig" den Weg dorthin: *"Nicht lange nach der Wende 1989 muß der Arbeitslärm in die Mitte der Stadt zurückgekehrt sein. Und heute ist er allenthalben: auf dem Marktplatz vor dem Alten Rathaus und in den Fußgängerzonen um den Messeplatz; am Naschmarkt und in Specks Hof, einem der bedeutendsten der mehr als dreißig Messehäuser, die seit 1893 in der Leipziger Innenstadt entstanden; selbst in den umbauten Durchhöfen und Passagen, von denen es in Leipzig fast drei Dutzend gibt - ein auf der Welt einzigartiges Fußwegsystem"* (2).

Medienstadt, Messestadt, Handelsstadt, Universitätsstadt und Kulturstadt wird Leipzig wieder bald sein oder werden. Eine Sendungsstadt mit minimalem quintärem Anstrich verkörperte Leipzig schon immer, eine Stadt der Superstrukturen mit finanzwirtschaftlich ambitionierter Wolkenkratzer-Skyline und Mega-Airport sowie größeren Rotlichtarealen wird es jedoch nicht mehr werden können. Daher sieht es aus der Perspektive des Jahres 1994 so aus, als ob nicht vor Mitte des 21. Jahrhunderts dem Frankfurter Quintär eine qualitative Konkurrenz aus Leipzig wieder annäherungsweise gegenüberstehen würde.

Bei einer Betrachtung der Interpretationsgeschichte zu Goethe und Frankfurt fällt auf, daß sie ein immenses Spektrum aufweist, von Bösartigkeiten und Vereinnahmungen der schlimmsten Sorte bis zu messianischen Identifikationsbekundungen. Ein gravierender Unterschied dabei ist aber, daß Goethe zusammen mit Schiller via Weimar national unverändert durchweg positiv vereinnahmt wird, während Frankfurt nach gestiegenen Zufriedenheitsindices in der Stadt und Region in Deutschland meist eine ziemlich bewußt und gezielt bösartige Rezeption in den Medien erfährt, um dann wieder im europäischen und vor allem im Welthorizont recht gut dazustehen, ähnlich wie auch Goethe weltweit vereinnahmt wird. Goethes Weltgeist und die Frankfurter Schule werden aber immer stärker durch das internationale Banken- und Börsengeschehen in der Weltalltagspraxis dominiert. Frankfurt ist in der Post-Moderne durch Netze, Zins-Sätze und deren architektonischer Umbauung zum Faktor in der Welt geworden, während die Befähigung zu wirklichen Sätzen auch in der Stadt am Main abzunehmen scheint, denn Codes, Events und Sprechblasen sind zum Sprachwerkzeug in der Mediale geworden.

Von den Jungdeutschen über die Kaisertreuen und die berühmte Schirach-Rede im 3. Reich bis hin zu den 68ern und der Weimar-Fraktion nach der Wiedervereinigung reicht die Rezeptionsgeschichte Goethes, die vor 220 Jahren mit der Begeisterung und Entgeisterung für den Autor des volksnahen Götz und des selbstmordträchtigen Werther anfing. In einem von Bodo Lecke herausgegebenen Diesterweg-Band zu "Goethe unter den Deutschen" thematisiert Friedrich Tomberg 1974 unter der vielzitierten Frage "Dichterfürst oder Fürstenknecht" Goethes Werk im Kontext der revolutionären und marxistischen Aufbruchstimmung nach 1968: *"Erst wenn die Forderung, die von unserem klassischen Erbe an eine progressive Politik heute ausgeht, begriffen und aufgegriffen wurde, ist der Maßstab gewonnen, der bloße konservierende Pflege des*

Altbewährten von wirklicher, revolutionär unverwandelnder Neuanknüpfung zu unterscheiden gestattet. Goethe und seine Weggenossen standen seinerzeit nicht weniger im Spannungsfeld eines Klassenkampfes als wir heute. Damals aber ging es und konnte es erst gehen um die Emanzipation der Bürgerklasse aus den Banden der Feudalität. Die besondere deutsche Misere brachte es mit sich, daß in Deutschland lange Zeit Fortschritte nur durch Kompromiß mit den herrschenden feudalen Gewalten zu erzielen waren. Die Ausbildung jener immanent revolutionären Ideen, die später entscheidend zum Sturz der Throne beitragen sollten, fand zeitweise statt und konnte nur stattfinden in eben deren Schatten. Weil Goethe und Schiller diese unabänderbaren Bedingungen eines über bloßes Spintisieren hinausgehenden geschichtsmächtigen Arbeitens auf sich nahmen, kamen sie in den Ruf von Fürstenknechten. Daß die Misere des sozialen und politischen Lebens auch auf ihre private Existenz einwirkte und den Horizont ihres dichterischen und philosophischen Schaffens einschränkte, ist nur zu natürlich. Von diesen sozialen Implikationen abzuheben und die Klassiker unserer Literatur zu unnahbaren und unerreichbaren Dichterfürsten hochzustilisieren, hieße sie nicht weniger in das geschichtlich Überholte zurückzustoßen. Die Zeit der Fürsten ist ein für allemal vorbei. Im Emanzipationskampf der Arbeiterklasse und der ihr verbündeten arbeitenden Bevölkerung zählen zu unserer Tradition nur die revolutionär-demokratischen Potenzen. Sie im Werk der deutschen Klassik freizulegen, bedarf es einer Rezeption, die nicht aus der unbefangenen Kenntnisnahme des werkgetreu Dargebotenen durch die vielen einzelnen um Bildung bemühten Individuen realisieren kann, sondern nur im Zusammenhang miteinander wirkenden Handelns im Interesse des gesellschaftlichen Fortschritts, nicht fern vom Kampfgeschehen in den Mußestunden der Etappe, sondern an der Front des demokratischen Kampfes. Damit ist bei uns noch kaum begonnen worden." (3/S. 103 + 104).

Eine Hauptschuld der letzten fünfundzwanzig Jahre, die Verwerfung von Goethe zugunsten von Adorno, die beide im internen Giftkrieg der Bundesrepublik ja nicht nur für Rechts und Links, sondern auch für Auschwitz und die RAF stehen, hat leider dazu geführt, daß die Rezeptionsästhetik der Klassik und damit natürlich auch die Gabe des lesenden Augenmenschen vollends den Bach heruntergegangen ist. So gut wie niemand (Ich kenne gar niemanden!) ist vom Literarischen und Sinnlichen der Literatur wirklich vollständig durchdrungen. Als Ausgleich dafür gibt es Millionen und Abermillionen von völlig fehlgeratenen Anthropologien, die nur durch die ideologische Spitze des Großwerkes vieler Autoren entstellt sind respektive als Geworfenheiten der sogenannten pervertierten Kulturträger in ihrer alltäglichen Befeuerung in solche gravierenden Anthropologien hineinkriminalisiert werden. Da Bücher also die Deutschen nicht verbessern können, ruht die ganze Hoffnung auf Stadtträumen, die ein gutes, am besten ein quintäres Programm anzubieten haben. Frankfurt gehört dazu, doch Frankfurt als Platz der Entstehung des Werther hat ja schon via Goethe vor 200 Jahren eine ziemliche Suizidwelle ausgelöst. Eine Liebesaffäre gescheiterter Natur zu einer Frau hat Goethe dazu bewogen, den melancholischen Briefroman zu schreiben, die Geschichte eines jungen Menschen, der mit dem Reichtum seiner Gefühle und der Intensität seiner Empfindungsfähigkeit an den Beschränkungen dieser Welt scheiterte und keinen anderen Ausweg wußte als den Selbstmord. War es nun das, oder war es nicht insgeheim die Verzweiflung am spätzeremonialen Frankfurt des ausgehenden Heiligen Römischen Reiches Deutscher Nation? Auf jeden Fall arbeitete sich die Leserschaft damals am Werther ähnlich ab, wie sich heute insbesondere die Feinde des Demo-Anteils und Freunde der "Kratie" innerhalb des Spektrums der Demokratie an Frankfurt abarbeiten. Was im Vorwort zum unerbittlichen, schonungslosen und suggestiven Werther steht, gilt auch für die Stadt seiner Werdung: *"Ihr könnt seinem Geist und seinem Charakter eure Bewunderung und Liebe, seinem Schicksale eure Tränen nicht versagen"* (1/S. 211).

4.2 Zwei neue Frankfurter Schulen:
Kritische Satire und Eintracht Frankfurt

In den Tagen nach dem Tod einer der letzten großen Bohemiens nicht nur in Frankfurt, des Schauspielers Alfred Edel, des Königs der Kleindarsteller und selbstbezüglichen Alleinunterhalter, vielleicht so etwas wie der Monsieur Teste seiner Altersgruppe (61), der im April 1993, nach der zweiten Folge der 2. Heimat von Edgar Reitz, als versoffener Schwabinger Adorno-Apologet, von Adorno selbst als unprüfbar bezeichnet, das Schlußbild in Gestalt eines tot im Münchner Schnee liegenden gescheiterten intellektuellen Artisten abgab, liegt es mir natürlich besonders am Herzen, auch ein paar Seiten dieser Abhandlung der neuen Frankfurter Schule zu widmen. Alfred Edel gehört ja zu demjenigen Personenkreis, der in den letzten dreißig Jahren in seinem Handeln den Übergang von der alten zur neuen Frankfurter Schule vollzogen hat. Daß auch Goethe zu Äußerungen in dieser Richtung in der Lage wäre, wird vielleicht nicht vermutet, doch mit den von ihm kreierten "Freuden des jungen Werther" möchte ich diesen Abschnitt beginnen. In drastischen Versen schrieb Goethe sich den Ärger von der Seele, der neben all der Anerkennung für seine schwierige und lebensmüde Hauptfigur natürlich auch nicht zu knapp ausfiel:

> *Ein junger Mensch ich weis nicht wie*
> *starb einst an der Hypochondrie*
> *Und ward denn auch begraben.*
> *Da kam ein schöner Geist herbey*
> *Der hatte seinen Stuhlgang frey*
> *Wies denn so Leute haben.*
> *Der setzt nothdürftig sich aufs Grab,*
> *Und legte da sein Häuflein ab,*
> *Beschaute freundlich seinen Dreck,*
> *Ging wohl erathmet wieder weg,*
> *Und sprach zu sich bedächtiglich:*
> *"Der gute Mensch wie hat er sich verdorben!*
> *"Hätt er geschissen so wie ich,*
> *"Er wäre nicht gestorben!* (1/S. 225).

Pardon und Titanic, Vorläufiges Frankfurter Fronttheater und Badesalz, Chlodwig Poth und Matthias Beltz, Eckhard Henscheid und Jürgen Gernhardt: Nichts ist vor den satirischen Tiraden, deren Tiefsinn oft noch unter der obigen Goetheanischen Abreaktion anzusiedeln ist, gefeit, und keine Person oder Partei hat so viel Autorität, als daß sie insbesondere von der Titanic-Crew oder Matthias Beltz nicht doch ironisch hinters Licht geführt werden könnte. Goethes eher lustige Bemerkungen sind freilich gänzlich unpolitisch, während sich die Frankfurter Satiriker als Protagonisten der 68er-Bewegung zunächst voll als ideologisch-kritische Theoretiker verstanden und mit erheblichem politischem Kapital ausgestattet waren, bevor sie langsam die Wende zu kabarettistischen Publizisten und Agitatoren vollzogen.

Die Frankfurter Szene wird derzeit vor allem durch Matthias Beltz befruchtet, der für sein kabarettistisches Werk im Frühjahr 1993 mit dem Grimme-Preis ausgezeichnet wurde. Beltz, in den Endsechzigern Student in Marburg, in den Siebzigern bei Opel in Rüsselsheim am Fließband und nach Dienstschluß in Aktion in Frankfurt, vorübergehend nahe des Terroristenmilieus situiert, um dann aber doch im letzten Moment noch abzuspringen, war in den Mittachtzigern dann Hauptfigur des Vorläufigen Frankfurter Fronttheaters, bevor er immer mehr als Solist in Erscheinung trat und nunmehr an die 120 Einzelvorstellungen pro Jahr gibt. Auch im Tigerpalast, zu deren rechtlichen Trägern er zählt, sieht man ihn des öfteren als Conferencier. Mittlerweile hat Beltz auch eine eigene Fernsehnummer, die sich "Freispruch für Alle" nennt und gelegentlich halbstündig am Sonntag ausgestrahlt wird. Den Namen dieser Fernsehsendung trug bereits schon 1990 ein Solo-Programm im Künstlerhaus Mousonturm, seiner Frankfurter Lieblings-Arena, in der er vor städtisch-intellektuellem Publikum sein Können maximal ausreizen und persiflieren kann.

Die deutsche Fußball-Nationalelf ist neben den Senaten des Bundesverfassungsgerichts und dem Zentralbankrat der Deutschen Bundesbank das wichtigste Leistungs- und PR-Medium, das Deutschland zu bieten hat. Im Vergleich gar zum Bonner Kabinett kommt der mit Abstand erfolgreichsten Fußballmannschaft der letzten dreißig Jahre geradezu eine heroische Bedeutung zu. Nichts ist weltweit so öffentlich und bekannt aus deutscher Sicht wie dieses Fußballteam, das im Juni 1993 seine reichhaltige Trophäensammlung um den US-Cup erweiterte.

Schon Monate vor dem Gewinn der Fußball-Weltmeisterschaft in Italien, im Februar 1990, komponierte Beltz die "90 Fußball-Minuten" mit 1945 als Halbzeit, eine heiter-ernste Betrachtung über den bisherigen Verlauf der deutschen Geschichte in diesem Jahrhundert. Bereits in meiner 1990 geschriebenen Magister-Arbeit taucht Beltz mit dieser Quelle neben dem "Arbeiter" von Ernst Jünger auf, eine bewußte Kontrastierung zweier maximal divergenter Anthropologien der Moderne, die jedoch beide etwas mit überanstrengter Arbeit zu tun haben. Im folgenden möchte ich noch einmal sinngemäß diese Nummer von Beltz wiedergeben, weil sie typisch für eine Frankfurter Betrachtungsperspektive deutscher Geschichte ist und nichts von ihrer Brisanz verloren hat. Mittlerweile läuft die 94. Minute! Angesichts der ausländerfeindlichen und neorassistischen Pogrome der letzten Zeit fällt es mir schwer, zu sagen, ob wir uns nur in einer Nach-Spiel-Zeit befinden, am Beginn einer dreißigminütigen (dreißigjährigen) Verlängerung oder schon mitten im Elfmeter-Schießen. Ob die erste günstigste Option eintreten oder eine der beiden anderen Horror-Szenarien bittere Wahrheit werden wird, darüber entscheidet nicht zuletzt die Stabilität des Frankfurter City-Anthropos. Nun aber der Vortrag von Matthias Beltz zu den 90-Fußball-Minuten, keine wortwörtliche Mitschrift, aber doch sinngemäß mit dem folgenden Text (4):

Es gibt da so ein Land, das Deutschland heißt und so gerne mit seiner Geschichte spielt. Die Stimmung bei Spielbeginn (1900) war hervorragend, wurde doch davor ein sehr konzentriertes dreißigminütiges (ab 1870/71) Aufwärmtraining vorgenommen, das bei den Spielern das Bewußtsein schuf, für höhere Aufgaben gut gerüstet zu sein. Nach einem sehr hitzigen Spielauftakt ereignete sich in der 14. Minute eine erste ganz massive Belagerung des gegnerischen Strafraumes, die bis zur 18. Minute dauerte, ohne daß ein Torerfolg zustandekam. Die Stellung der gegnerischen Abwehr schien undurchdringlich, doch gleiches galt für die eigene Defensivarbeit. So mußte schon ein unglückliches Eigentor fallen, welches das 0:1 besiegelte. Ab der 19. Minute entschied sich die deutsche Mannschaft, erst einmal den Gegner und überhaupt alles auf sich zukommen zu lassen. Trotzdem konnte man aus den eigenen Reihen die Hektik nicht vertreiben. Ein noch junger Spieler, der sich bald aus eigenem Antrieb zu einem gefürchteten Kapitän machen sollte, vollzog in der 23. Minute eine erste gefährliche Attacke, die aber noch ohne Folgen blieb. Die dadurch erreichte Ruhe im Spiel wurde jedoch jäh gestört, als in der 29. Minute ein schlimmer Gewitterregen über allen Mannschaften darniederging. Ein unendlicher Morast breitete sich über das gesamte Spielfeld aus. Doch da entschied der Trainer, den schon erwähnten dynamischen jungen Spieler in der 33. Minute zum Kapitän zu machen. Fortan lief das Angriffspiel auf noch nicht dagewesenem stürmischem Niveau. Ab der 39. bis zur 42. Minute schien die deutsche Mannschaft ihre Gegner zu erdrücken und setzte sich spielend über sie hinweg. Jedoch scheiterte sie immer wieder am gegnerischen Torhüter, am Pfosten oder am eigenen Unvermögen. In der 44. Minute wurde dann auch noch die bislang allergrößte Möglichkeit vertan. Die Enttäuschung darüber und die immense Verausgabung, bedingt durch das jetzt unaufhaltsame Anrennen der Gegner, machten sich jetzt immer deutlicher bemerkbar. Widerstandslos und restlos am Boden zerstört, in den letzten Minuten der ersten Halbzeit geradezu vorgeführt und gedemütigt, mußte nun die deutsche Mannschaft durch einen gewaltigen Einschuß in der 45. Minute das 0:2 hinnehmen und ging als ein Kapitulierender in die Pause.

Niemand gab dem deutschen Team nach dem Wechsel noch eine Chance. Zwischen der 46. und 47. Minute wurde es auch gleich schon wieder prekär, doch mit einem ungeheuren Widerstandswillen retteten sich die Spieler über diese kritische Phase hinweg. Ein schöner von außen eingefädelter und plötzlich überraschend athletisch gestalteter Angriff führte dann in der 48. Minute zum nicht mehr erwarteten Anschlußtreffer, dem sich eine weitere glänzend vorbereitete Möglichkeit in der 49. Minute anschloß, der man aber nicht weiter nachtrauerte. Vielmehr war klar, daß nur über den Kampf zum Spiel und damit zum Erfolg gefunden werden konnte, eine Aufgabe freilich, für die die allerletzten Kräfte mobilisiert werden mußten, und das in einer Situation, wo noch vierzig Minuten zu spielen waren. Doch ist die deutsche Mannschaft in der tiefsten Krise immer am allerbesten. Aufgeweckt aus ihrem körperlichen Gebrechen aus der unmittelbaren Phase vor der Halbzeitpause, schien die deutsche Mannschaft binnen kürzester Zeit von den Toten aufzuerstehen und erkämpfte in der 54. Minute mit einem sensationellen Schuß aus dem Hinterhalt den unfaßbaren, eigentlich fast irrationalen Ausgleich. Die Freude währte aber nur kurz, denn in einem jetzt zusehends brutaler geführten Spiel, einem kalten Krieg gleichsam, zeigte sich der Gegner langsam wieder offensivfreudiger. Die Konsequenz daraus war nicht nur in der 61. Minute das 2:3, sondern danach

auch eine gegnerische Mannschaft, die sich derart einmauerte, daß kaum noch an ein Durchkommen zu denken war.
Endlich kam mit der 68. Minute, als ein Berliner Stürmer und ein Frankfurter Mittelfeldspieler in die Fußball-Nationalmannschaft eingewechselt wurden, ein völlig neuer ästhetischer Stil im deutschen Team auf, der die Spielweise vom bisher so typischen selbstauferlegten Druck befreite. Besonders in der 69., 74. und 82. Minute ergaben sich daraus höchst ansehnliche Kombinationen mit großen Chancen, doch es dauerte bis zur 89. Minute, als sich endlich eine Lücke in der gegnerischen Abwehrmauer auftat, die zum Torerfolg, zum 3:3-Ausgleich, genutzt wurde. Beseelt von diesem psychologisch ungemein wertvollen Treffer startete die deutsche Mannschaft unmittelbar nach dem Wiederanstoß einen herrlichen Angriff über den rechten Flügel und ließ eine Flanke in die Mitte erfolgen, die der riesenhafte und bullige Mittelstürmer mit einem fulminanten Volley-Schuß in der 90. Minute abschloß, der zunächst vom linken Innenpfosten an den rechten Innenpfosten prallte, bevor er im Tor landete. Ein vollkommen ausgelaugtes Team ließ sich nach dem Abpfiff des vielumjubelten 4:3 Sieges frenetisch feiern und wurde Ende 1990 dann auch zur Mannschaft des Jahres gewählt.

Jetzt, vier Jahre später, sind wie so oft nach großen Erfolgen die Erwartungen für die Zukunft enttäuscht worden. Im Triumph des Sieges fehlt oft die Weitsicht für das, was danach, wenn die Feiern beendet sind, in die Wege zu leiten ist, um das erreichte Niveau einigermaßen zu halten. Matthias Beltz hat sicher nicht bei seinem Werk im Auge gehabt, die Fußball-National-Elf militaristisch zu konterkarieren, sondern die Unsicherheiten und Unmöglichkeiten der deutschen Geschichte aufzuzeigen, deren Brüche und Diskontinuitäten im Ausland für Verwirrung und Unruhe sorgen. Würden freilich die Fußball-Nationalmannschaft, der Exportgigantismus und die DM als nationales Identifikationssymbol wegfallen, dann könnte Eckhard Henscheid mit seinem FAZ-Artikel zur "Kulturgeschichte der Mißverständnisse" mit der Überschrift "Die Unfähigkeit zu trauern oder so ähnlich" auf den Plan treten. Der Verlust nur einer der drei genannten Größen könnte ähnliche Auswirkungen haben wie der Tod von Adolf Hitler, nämlich eine Massenpsychose: *"Die Unfähigkeit zur Trauer um den erlittenen Verlust des Führers ist das Ergebnis einer intensiven Abwehr von Schuld, Scham und Angst; sie gelingt durch den Rückzug bisher starker libidinöser Besetzungen. Die Nazivergangenheit wird derealisiert, entwirklicht. Als Anlaß zur Trauer wirkt übrigens nicht nur der Tod Hitlers als realer Person, sondern vor allem das Erlöschen seiner Repräsentanz als kollektives Ich-Ideal. Es war ein Objekt, an das man sich anlehnte, dem man die Verantwortung übertrug, und ein inneres Objekt. Als solches repräsentierte und belebte er aufs neue die Allmachtsvorstellungen, die wir aus der frühen Kindheit über uns hegen; sein Tod und seine Entwertung durch Sieger bedeutete auch den Verlust eines narzißtischen Objekts und damit eine Ich- oder Selbstverarmung und Selbstentwertung"* (5).

Eckhard Henscheid sieht hier eine Art Tabu-Trauma, nicht unbedingt ein Denk- und Trauerverbot, mit der Folge eines massenpsychotischen Vakuums, eines seelischen Dachschadens. Jedenfalls irgendwo.

Eckhard Henscheid, der gerne über Schwachsinn und Vollidioten in den letzten beiden Dekaden satirisch philosophiert hat, will die Trauerunfähigkeit der Deutschen als *"eines der fülligsten und reizvollsten und vor allem modellhaftesten Kapitel in einer noch zu schreibenden und empirisch wie theoretisch zu elaborierenden Kulturgeschichte der Mißverständnisse dergestalt erkennen, daß, so die Arbeitshypothesen, unsere komplette Kultur und Kulturgeschichte aus (fast) nichts als aus falschen Überlieferungen, Fehlexegesen, vorgelieferten Deutungsstereotypen, Legenden, Mythen, Salbadereien, Zitatenverdrehungen, Fehlerverselbständigungen und so weiter und so fort - eben: Mißverständnissen sich konstituiert"* (5).

In einer zerebral längst autonomen Preßmafia, so Henscheid, zwängt sich das antienergetisch legenden- und unfugerzeugende Wort immer wieder in die Welt der Wissenschaft, zumal der Geistenwissenschaft genannten Großheuchelei. Immer wahllosere und immer falschere Anwendungen der ja eigentlich ernsthaft zu befolgenden Trauerarbeit hat der Trauerunfähigkeit in den letzten 25 Jahren eine eigene Dynamik erbracht, die ihren ursprünglichen psychoanalytischen Background in eine Medienshow transformiert hat, etwa bei Marlene Dietrich und ihrem Ableben. Tragische Handlungen in scheinbar lustigen Kontexten wie dem Traumschiff oder dem Steiner-Stadl macht *"die vielgeliebte Trauerunfähigkeit definitiv zum Schmarren und zur losen Redensart, ursprungsenthoben, ad usum vollends Quatschi. Pudelwohl freiheitlich gemütlich daheim in einer Region von Frechheit, deren Torheit auch durch die Chuzpe ihrer abgebrüht alpenrepublikanischen Blödheit nicht viel charmanter wird"* (5).

Die "Neue Frankfurter Schule", so die FAZ-Sonntagszeitung in einer Ausgabe mit Robert Gernhardt als Mittelpunkt der Kulturseite im August 1992 (6), hat mehr mit der alten gemein , als gewöhnlich angenommen wird. Wie dieser gilt auch jener Kritik als ihr ureigenes Medium, Kritik an den verhärteten Verhältnissen ebenso wie an den Hervorbringungen der hohen und der niedrigen Künste. Robert Gernhardt vor allem ist an der Komikkritik gelegen, der er schon einige gewichtige Veröffentlichungen gewidmet hat. Hier wird der Nachweis erbracht, daß es kein richtiges Leben in den falschen Worten und Bildern gibt. Der universelle Verblödungszusammenhang erweist sich als der ästhetischen Analyse dringend bedürftig. Denn, so Gernahrdt, das Komische ist allenthaben präsent, erreicht weitaus mehr Menschen als beispielsweise die belletristische Schwerkultur und verlangt daher nach kritischer Würdigung. Der in vielen Künsten bewanderte Gernhardt nimmt das Komische ernst, aber das Ernste, so er es im Sinn hat, gerät ihm selten komisch. Ein Vers von Gernhardt, der 1979 die "Titanic" mitbegründete, liest sich wie folgt:

Dich will ich loben, Häßliches, du hast so was Verläßliches.
Das Schöne schwindet, scheidet, flieht, fast tut es weh, wenn man es sieht.
Wer Schönes anschaut, spürt die Zeit, und Zeit meint stets: Bald ist's soweit.
Das Schöne gibt uns Grund zur Trauer. Das Häßliche erfreut durch Dauer (6).

Robert Gernhardts Feststellung, daß uns das Schöne Grund zur Trauer gibt, könnte für die Spielweise der Frankfurter Eintracht und vielen daraus unmittelbar resultierenden Ergebnissen geschrieben sein. Die launische Diva vom Main habe ich als eine eigenständige neue Frankfurter Schule in der Kapitelüberschrift genannt, neben der kritischen Satire und neben der Sky-Scraper-Magistrale Mainzer Landstraße, die später ausführlicher behandelt wird. Lange Zeit gab es wenig Literatur und Forschung zum Thema Fußball, der als Volkssport zwar die Massen anlockt und mit dem DFB eine der größten Sportorganisationen überhaupt auf der Welt zustandegebracht hat, ansonsten jedoch wie fast mit allen zivilisatorischen Artefakten wissenschaftlich und empirisch ignoriert wurde. Wieder war es zunächst nur Norbert Elias, der den Sport im allgemeinen und den Fußball im besonderen als beschäftigungswerte figurationssoziologische Größe erkannte. Neuerdings, wo auch die deutsche

Soziologie und überhaupt Geisteswissenschaft langsam von reinen ideologischen Utilitarismen Abschied nimmt und in Reaktion auf angloamerikanische und romanische Vorbilder den Menschen und die Arbeit, das Unternehmen und den Sport, trotz der damit unvermeidlichen Volksnähe, als wahre und eigentliche Forschungsgrößen erkennt, kommt langsam eine Disziplin zustande, die sich Zivilisationssoziologie nennen darf. Industrie, Urbanität, Erlebnis, Alltag und auch Fußball sind fünf Bereiche, in denen in der ersten Hälfte der neunziger Jahre endlich ein wenig nachgedacht wird, ob denn nicht hier vielleicht eher die Essenzen liegen als im Dauertransport längst untergegangener geschichtlicher Codes.

Bill Buford, ein Engländer, hielt sich unter Hooligans auf und nannte seinen Report "Geil auf Gewalt". Die Frankfurterin Beate Matthesius erforschte über insgesamt fünf Jahre, zwei davon ausschließlich, die Fußballfans der Offenbacher Kickers und nannte ihre mittlerweile verfügbare Dissertation "Anti-Sozial-Front. Vom Fußballfan zum Hooligan". Sogar eine Habilitation zum Fußball ist von einem Frankfurter Wissenschaftler vorgelegt worden. Mit dem Dortmunder Fanfilm "Die Nordkurve" und einem zweistündigen Dokumentarreport über die Bayern sowie der erheblich mediatisierten Fußball-Bundesliga-Berichterstattung von "ran" auf SAT 1 sowie der schon jetzt als unüberbietbar bezeichneten Bewerbung Deutschlands für die Fußball-Weltmeisterschaft 2006, die bereits dreizehn Jahre vorher von FIFA-Präsident Joao Havelange als in allen Teilen gelungen bezeichnet wurde, hat der Fußball nunmehr ein universal kulturalisierteres Level erreicht. Überhaupt lassen sich Dependenzen innerhalb von Kleingruppendynamiken ja kaum besser anschaulich machen als beim Fußball: *"Um ein Spiel spielen zu können, gruppieren sich die Spieler in bestimmter Weise. Beim Fortgang des Spiels gruppieren sie sich fortlaufend neu, ähnlich wie Tänzer sich während eines Tanzes fortlaufend neu formieren. Die Figuration der Spieler bei Beginn des Spiels wechselt zu anderen Figurationen von Spielern in einer fortlaufenden Bewegung ... Damit Gruppenbeziehungen den Charakter eines Spiels haben können, muß ein ganz bestimmtes Gleichgewicht der Fixiertheit und Elastizität von Regeln vorliegen. Von diesem Gleichgewicht hängt die Dynamik des Spiels ab. Wenn die Beziehungen zwischen den Spielern zu straff oder zu lose an Regeln gebunden sind, wird das Spiel darunter leiden"* (7/S. 106).

Die Balancefähigkeit zwischen sich ständig anders figurierenden Individuen also ist ein Kriterium, das solche Mannschaften besonders gut beherrschen müssen, die an der Spitze stehen wollen. Ding, Körper und Zusammenhang müssen eine Einheit ergeben, die aus ihrer Mitte heraus Defensive und Offensive organisiert und choreographiert. Bayern München und Eintracht Frankfurt stehen meines Erachtens beispielhaft für zwei unterschiedliche Spielkulturen. Während die Bayern ein sich nach vorne formierendes Rasen-Schach-System praktizieren und in ihrer imperialeren schnörkellosen Spielweise den Gegner als armeenhaftes Kollektiv einschüchtern und dominieren, legt es die Eintracht niemals auf physische Überlegenheit an, sondern hat sowohl in den siebziger wie auch jetzt in den neunziger Jahren ein Team aus Flaneuren bereitstehen, die im Zweifelsfalle ästhetische Eleganz vor technischer Effizienz walten lassen und deswegen auch so gut wie unmöglich die Meisterschaft erringen können. Die Eintracht spielt fürs Publikum, die Bayern arbeiten für sich. Die Veränderung von Spiel, Tanz und Interaktion seit den zwanziger Jahren hat im seit Jahrzehnten amerikanisierten Frankfurt die individuelle Figuration vor jeglicher Formalisierung bewahrt. Die bajuwarische Kontinuitätskultur, die heute noch die einzige wirklich entwickelte regionale Volkskultur in ganz Deutschland ist und immer wieder zur Kompensation amerikanischer Rhythmen herhalten muß, wobei sowohl sie als auch Hip-Hop gleichermaßen nichts mit der immer noch gängigen "deutschen" Art sich zu bewegen zu tun hat, ist stringent mit der systemischen Spielkultur der Münchner verbunden. München ist weder Hort des Wiener Walzers noch preußischer Marschmusik. München gehört zu Bayern wie Bayern zu München. Total abstrus jedoch ist, sich statt Eintracht Frankfurt als Vereinsnamen Hessen Frankfurt vorzustellen. Die Fußballreporter, die von den Frankfurtern gleichermaßen wie von den Hessen sprechen, müßten sich eigentlich allmählich einer Anthropos-Schulung im Frankfurter City-Raum mit anschließendem Vogelsbergbesuch unterziehen, um bloß nicht mehr von Hessen zu sprechen, wenn es um Frankfurt geht.

Die Eintracht ist die brasilianischste Mannschaft Europas und hat mit der Ära Grabowski/Hölzenbein ihr eigenes 68 kultiviert. Die Meistermannschaft von 1959 spielte wesentlich statischer und konzentrierter, außerdem wie alle Mannschaften dieser Zeit langsamer und noch nicht gehetzt und zum kommerziell ausschlachtbaren Erfolg verdammt.

Mit der Kommerzialisierung des Fußballs spätestens nach dem WM-Gewinn 1974, der zunehmenden Hektisierung unserer Städte, neuer unverbindlicherer Interaktionsformen, dem immer gehobeneren Wohlstand, der damit verbundenen Positionierung des Ich-Gefühls über das Wir-Gefühl und eines abstrakter werdenden Relationssships zwischen Herrschaft und Gesellschaft hat sich das Klima in den Vereinen und das Verständnis bei den Spielern grundlegend gewandelt. Aus Ethos ist Ästhetik und aus Vergnügen Geschäft geworden. Die Formalisierung des Rahmens hat eine Informalisierung der Mannschaften hervorgerufen, auch wenn bei den Bayern immer noch eher das möglich ist, was bei der Eintracht ausgeschlossen werden kann: ein Wir-Gefühl, das für Erfolge eben in einem Mindestmaße vorhanden sein muß. Die internationalistischen Ball-Artisten der Eintracht sind ein lockeres Ensemble, das in ähnlicher Weise für die Welt ihre Rasenzelebration inszeniert, wie Goethe für die Welt im Sinne eines universalen Geistes lebte. Nur in einem Punkt besteht Eintracht: Fußball wird als Sendungs-Kultur verstanden!

Die Dynamik einer Gruppe in Spannung macht entscheidend die Figuration nicht nur des Spiels auf dem Fußballplatz, sondern auch des Koexistierens in einer Gemeinschaft aus. Dabei sind geschichtliche und anthropologische Fakten zu berücksichtigen, etwa dahingehend, daß durch das jahrhundertelang währende solidarische Marschieren in Europa im allgemeinen und in Mitteleuropa im besonderen eindeutig der Fuß dominiert und nicht die Hand wie in Amerika, wo ja auch Sozialismus als kollektives handlungsverpflichtetes Gemeinschaftssystem nie eine Rolle gespielt hat. Vielmehr ist die kurze US-Geschichte eine Geschichte der individuellen Figurationen auf freien Märkten. Gerade einmal vier Jahre Sezessionskrieg und das Gehändel zwischen Weißen und Indianern haben die City-Dominanzen nicht verdrängen können, die frühzeitig die Hand und den Geist förderten, der durch die Kulturindustriemaschine Hollywoods zur Show- und Entertainmentbegabung eine ästhetische Genese zur Leichte erfahren hat!

Die Schwarzen-Ghettos der Millionenstädte haben zudem eine höchst figurativ durchkomponierte Tanzkultur hervorgebracht, die Basketball als Tanz-Spiel und Street-Ball, im Sommer 1993 auch flächendeckend in allen deutschen Großstädten, eindeutig vor dem spannungsgeladenen Fußball, dem kampfdurchdrungenen Eishockey und dem tempointensiven Handball privilegiert hat. In

Südamerika freilich ist der Fußball als koloniales Mitbringsel ebenso ein bedeutender Volkssport und wird hier in mediterranen Verbesserungen praktiziert. Die US-Jugend allerdings scheint ihr Herz immer mehr für den Fußball zu entdecken und Rugby sowie Football und Baseball nicht mehr zwingend vorzuziehen. Der US-Fußball-Cup 1993 und die Weltmeisterschaft 1994 forcierten diesen Trend.

Action beherrscht also immer noch die US-Seelen. Spannung, leider auch als Ersatz-Krieg bei vielen zu verstehen, die nationale Siege in internationalen Wettkämpfen chauvinistisch vereinnahmen, ist für die hiesige Volksseele das Nonplusultra. Spannungen gibt es auch in der Ehe oder zwischen Gewerkschaften und Management: *"Dort sind genauso wie bei Sportgruppen Spannungen nicht etwas Zusätzliches und Figurationsfremdes, sondern sie gehören wesentlich zur Figuration selbst; auch dort werden sie in gewissem Grade kontrolliert ... Zwischenstaatliche Beziehungen sind ein anderes Beispiel für Figurationen mit inhärenten Spannungen. Aber in diesem Falle wurde wirksame und dauernde Spannungskontrolle noch nicht erreicht und kann, wie es scheint, beim gegenwärtigen Stand der sozialen Entwicklung und des soziologischen Verhältnisses von Gruppen in Spannungen noch nicht erreicht werden. Zu den Faktoren, die es verhindern, daß eine bessere Kontrolle erreicht wird, gehört sicherlich die weitverbreitete Unfähigkeit, zwei Staaten in Spannung oder ein mehrpoliges Staatensystem als eine einzige Figuration wahrzunehmen und zu erforschen"* (7/S. 109).

Man befaßt sich gewöhnlich, so Norbert Elias, mit einem solchen System als engagierter Akteur einer Partei und kann sich deshalb die grundlegende Dynamik der Figuration nicht ganz vorstellen, die die verschiedenen Parteien miteinander bilden und die die Bewegungen jeder Partei bestimmt. Die Untersuchung von Sportspielen wie Fußball ist daher ein geeigneter figurationssoziologischer Ansatz, der die Aufmerksamkeit auf die Dynamik von zwei Parteien lenkt und nicht nur einer!

Spannung ist das, was nahezu immer irgendwie über Frankfurt liegt. Spannend ist auch die gesamte Zivilisation in Frankfurt. Spannungen sind auch das, wodurch sich die Eintracht auf jeden Fall auszeichnet, wenn es schon nicht auf dem Spielfeld spannend vor sich geht. Vergleicht man die drei herausragenden Mannschaften der Eintracht um 1959/60, in den siebziger Jahren und dann wieder in den neunziger Jahren, so herrschten jeweils ganz unterschiedliche Konstellationen vor. Die Meistermannschaft von 1959 und der Europa-Pokal-Finalist von 1960 war hinsichtlich seiner Spieler noch nicht vom Faktor Geld oder einer hochinteressanten Stadt oder einer Freizeit- und Mediengesellschaft abgelenkt. Es gab außerhalb des Trainings- und Spielfeldes im Nachkriegs-Frankfurt, das damals noch viel kohärenter, auch völkischer und damit Eintracht-unmittelbarer strukturiert war, noch keine lebensstilistischen Verfeinerungsbestrebungen. Die Mannschaft traf sich außerhalb der Verpflichtungen und verkörperte eine Einheit. Hessen und Frankfurt standen damals noch in einer relativen Nähe. Georg August Zinn war seit 1950 Ministerpräsident und blieb es noch bis 1969. In den letzten gut dreißig Jahren hat sich das Spiel der Eintracht in dem Maße akzeleriert und figuriert, wie die Stadt sich in ihrer andauernden transversalen Genese gewandelt hat. Das Endspiel um die deusche Fußballmeisterschaft 1959 gegen den Erzrivalen aus Offenbach im Berliner Olympiastadion, das am Vorabend des meisterschaftsentscheidenden Rostock-Spieles 1992 noch einmal vom Hessischen Rundfunk in voller Länge ausgestrahlt wurde, zeigt eine Eintracht, die konzentriert und beschaulich, trotzdem aber auch ein bißchen linkisch und über die Flügel begabt, ihr Spiel aufzog und viel mehr den Bayern heute glich, wenn auch viel langsamer, als der Eintracht der letzten 25 Jahre. Auch im Präsidium war es noch etwas ruhiger, Gramlich und Zellekens hießen die Lokalmatadoren, nicht gar so weit von der Mentalität des alten Wiesbadener Überziehvaters Zinn entfernt.

In den siebziger Jahren, als Willy Brandt und Günter Netzer ein ähnliches Paar bildeten wie in den Achtzigern Helmut Kohl und Franz Beckenbauer, kommt in einer revoltierenden und von Großbaustellen aller Art aufgerissenen Stadt das erste Starensemble der Eintracht zustande, das eigentlich mehrfach hätte Meister werden müssen, aber trotz jahrelanger Bestbesetzung in der Bundesliga, mit Grabowski, Hölzenbein, Nickel, Neuberger und Pezzey aber doch nur UEFA-Cup-Teilnahmen und Pokalgewinne erlangte. Die Frankfurter Flügelzange mit Grabi und Holz teilte zusammen mit den anderen Stars die Mannschaft in zwei Hälften. Mittelfeld und Angriff zelebrierten ihre artistische Show, die Abwehr und der Torhüter wurden zu Wasserträgern degradiert, die die Fehler der Spielchen, die die feinen Herren weiter vorne trieben, auszubügeln hatten. Über ein Jahrzehnt lieferte die Eintracht, bis auf die Saison 70/71, wo sie wieder gegen die Kickers aus Offenbach gegen den Abstieg im entscheidenden Spiel auf dem Bieberer Berg siegreich blieben, im heimischen Waldstadion fast eine Gala-Vorstellung nach der anderen, flanierte durch die Handwerkeransammlungen der gegnerischen Strafräume, tanzte hier und da des Guten vielleicht ein bißchen zuviel, aber begeisterte doch meist ihr Publikum. Heimniederlagen waren eine Seltenheit, bis zu drei Jahren blieb die Eintracht im Waldstadion ungeschlagen, verlor auch fast zwanzig Jahre zuhause gegen die Bayern nicht und ist bis heute nur ein- oder zweimal in europäischen Cup-Spielen in Frankfurt besiegt worden.

In der Fremde freilich fügte sich die 70er Eintracht selber viel Leid zu, denn immer wollte sie schön spielen, für die Zuschauer spielen und den jeweilig präsenten deutschen Barbaren einmal zeigen, daß Fußball auch Kunst sein kann. Manndeckung lag den Ästheten nie, der Torhüter war bis Uli Stein sowieso nie Spitze, ein fliegender Zahnarzt, zudem auch noch bebrillt, flog auch mal ganz gerne am Ball vorbei, so daß die Auswärtsbilanz immer schwach war und den Ausschlag dafür gab, daß stets einige Punkte für die Nr. 1 fehlten!

Nach dem Auseinanderfallen dieses Teams geriet die Eintracht in den achtziger Jahren, völlig konträr zu den Geschehnissen in der Stadt selbst, in eine tiefe und lange Krise. Über Jahre, schon mitten in der Postmoderne, wollte man es nicht glauben, was für ein Gegurke sich da im Waldstadion ereignete. Erst mit Bein und Stein sowie viel Farbe kam Anfang der neunziger Jahre die Wende. Die gesamte Figurationsbalance der Eintracht hat sich in den letzten Jahren geändert. Die traditionelle Schwachposition, der Torhüter, hat mit dem Bundesliga-Senior eine sportliche und vereinspolitische Autoritäts- und Mündigkeitsfigur erhalten, die als Kapitän die Mannschaft im Griff hat und immer wieder glaubt, auch den Trainer und das Präsidium ersetzen zu können. Die international und im intellektuellen Niveau homogene Mannschaft ist sowohl figurativ als auch kooperativ gleich gut besetzt und spielt scheinbar heute wieder so wie die 70er-Eintracht. Herausragendes Novum ist die positive Auswärtsbilanz der letzten Saisons, hervorgerufen durch mehr kämpferisches Bewußtsein bei allen und einer stabileren Abwehr, die einen Uli Stein hinter sich weiß.

Belastend in jüngster Vergangenheit wirkt sich sicherlich der durch die vielen Affären extrem mißlaunig gewordene Gönner-Block der Eintracht aus, der durch sein chronisches Murren und Hämischsein entscheidend dazu beiträgt, daß zuhause im Waldstadion zu wenig Selbstbewußtsein von der Mannschaft entwickelt wird, die zudem Ladehemmung im Sturm aufweist und nur wegen vergleichsweise schwacher Heimspiele in den letzten Jahren die Meisterschaft verpatzt hat. Zudem ist das Management ein ständiger Unruheherd, den der Fall Möller und die Ausbrüche des Uli Stein immer wieder am Leben hält. Stepanovic als großer Zampano hat zudem vielen Spielern charismatisch zuviel abverlangt und die Minderwertigkeitskomplexe so mancher Eintracht-Traditionalisten voll gefördert. Der Präsident heißt seit einigen Jahren Matthias Ohms, ist millionenträchtiger Yuppie und Devisenmakler, versteht nach eigener Aussage wenig vom Fußball, viel jedoch von der Akquisition exotischer Begleiterinnen. In Wiesbaden sitzt nun aber Hans Eichel, der "Kasseläner"! Frankfurt, das die Präsenz nur noch formal agierender und kassierender Obrigkeiten lächelnd ignoriert, hat in der Eintracht eine anthropologische Dependance gefunden. Das Verhältnis zwischen Mannschaft und Management scheint unkittbar. Überhaupt ist der ganze Verein eine Ansammlung von Autonomen der verschiedensten Qualitäten, was für Zeitungen Gold bedeutet, für die Erlangung einer deutschen Fußballmeisterschaft, wo ein Hauch von Korporatismus, den die Bayern eben mindestens immer wahren, jedoch ein unverzichtbares Etwas darstellt.

Um mit Norbert Elias zu sprechen, so wäre eine maximal zum Nutzen aller Beteiligten kontrollierte Spannung zwischen Präsidium und Mannschaft für die aktuelle Eintracht die meisterschaftsentscheidende Größe. Die Spannungsbalance zwischen den Hauptfiguren muß stabil bleiben, ohne zu verhärten und darf auf gar keinen Fall fluktuieren. Ob Klaus Toppmöller, Bernd Hölzenbein und Uli Stein als drei alters- und erfolgsintensiv relativ nahe Persönlichkeiten Elias bestätigen werden? Gibt das nicht wieder einen neuen unkontrollierbaren amorphen Figurationsstrudel?

4.3 Drei Säulen "der" Frankfurter Schule:
Soziologische Forschung, Mündige Kritik, Tiefer Intellekt

4.3.1 Eine einführende Betrachtung zur Historie der Frankfurter Soziologie

Natürlich maße ich mir nicht an, hier an dieser Stelle einen repräsentativen Überblick über Geschichte und Inhalt der Frankfurter Soziologie im 20. Jahrhundert zu geben, zumal auch dieser Teil der Dissertation ja im Kontext der Flanerie zwischen Geist und Geld als figurationssoziologisches Konstituens der quintären Frankfurter Anthroposästhetik stehen soll, und zwar in einer Proportion und Ausgestaltung, wie es nach meinem seherisch-empirischen Empfinden dem zeitgenössigen City-Anthropos der Mainmetropole im Jahre 1994 entspricht. Da die Flanerie auch den Stil dieser akademischen Abhandlung vergegenständlicht, möchte ich vor einer einführenden Betrachtung der hiesigen Geschehnisse seit dem ersten Soziologentag 1910 und der Aufnahme der Arbeit des Instituts für Sozialforschung 1923 ein provozierendes Essay voranstellen, das eine Problematisierung der Parameter Begriff und Figur zum Ziel hat. Die traditionelle Frankfurter Schule konstruierte ja bis vor kürzester Zeit nur den Begriff, wie eine Gesellschaft auszusehen hat, ohne dabei einen nur mehr als oberflächlichen Blick in den konkreten Alltag ihrer Figuren zu werfen. Hat die spezielle Frankfurter Strömung insbesondere in der Weimarer Zeit und im Exil in New York und an der Universität Berkeley sowie in der unmittelbaren Nachkriegszeit bis zur Mauer in Deutschland bahnbrechende Erkenntnisse hervorgebracht und die Demokratie entscheidend gefördert, so sind doch danach vor allem in den siebziger und achtziger Jahren viele Energien in die falsche Richtung gelaufen, während wirklich untersuchungswerte gesellschaftliche Alltagsgegebenheiten erst jetzt, in der postideologischen Phase, langsam aufgegriffen und spektralisiert werden. Langsam werden aus Ideologien auch brauchbare Ideen und pragmatisch verwertbare Konzepte!

Es soll in diesem kritischen Essay darum gehen, zu hinterfragen, ob die Methodologie der bisherigen praktizierten deutschen Soziologie mit besonderer Inklusivität der Frankfurter Schule mit ihrem zivilisationsignoranten und systemautokratischen mentalen Elitarismus nicht zwingend eine unbedingte Erweiterung ihres Zuständigkeitshorizonts erfahren muß, um die großen

Phänomene und Probleme in unserer so diffusen Zeit wirklich zu erkennen und Lösungsansätze dafür zu entwickeln. Die Konstruktion einer Begrifflichkeit von gesellschaftlichen Wirtschaftszuständen aus der Zeit des kalten Krieges mit einer Inthronisation der Theorie und Marx als ihrem Durchlauferhitzer kann ja wohl nicht die Substanz sein, mit der die sozialen und urbanen Konsequenzen der heutigen Weltinnenpolitik abzuhandeln sind. Vielmehr erfordert die akzelerierte Wohlstands-Migration von Ost- nach Westeuropa sowie von Süd- nach Nordamerika sowie das Elends-Nomadentum in Afrika sowie die Bevölkerungsexplosion vor allem in den Megapolen der sogeannten Entwicklungsländer ein Eingehen auf eine Qualität, die alleine Norbert Elias rund um seine Zivilisationsstudien als absolut wegweisend erkannt hat: Die Figurationen, in denen Menschen, Ethnien und Mentalitäten sowie Hierarchien und Systeme aller Art zueinander stehen und miteinander koexistieren müssen!

Da primär die großen Städte und Metropolen der Konzentrationsort der heteroethnischen Postmoderne sind, muß eine Figurationssoziologie des Städtischen als Orientierungsgröße elaboriert werden. Hier prallen Staat und Begriff mit Bürger und Figur in maximalen Gegensätzen aufeinander. Besonders in Deutschland läßt sich sehr gut erkennen, daß daraus ein Verfassungsschutz resultiert, der den Staat vor solchen Bürgern schützt, die die substantiellsten Grundrechte, allen voran das Asylrecht, ganz einfach nur gerne in Anspruch nehmen möchten. Der Begriff des Staats, dem die Soziologie wie alle anderen berufsverbeamteten Wissenschaften selbst in ihren kritischen Ausuferungen habituell immer noch in einer höchst seltsamen und verwerflichen Weise Genüge leistet, wird amts- und ministerialbürokratisch gegen die ständig nuancierter werden den Figurationen seines auf Distanz zu haltenden Legitimators (dem "unreifen und blöden" Volk) hermetisch abgeriegelt und hat sich so bis heute zu einem in der Welt beispiellosen terminologischen Pseudo-Mythos etabliert. Nicht der Staat ist für die Bürger da, sondern die Bürger für den Staat. Anstelle von Dienstleistern für das Volk, wie es Jugendliche in den USA schon schulpädagogisch vermittelt bekommen, verstehen sich Beamte, öffentlich Bedienstete (explizit nicht Leute, die die Straßen kehren, U-Bahnen fahren oder auf Zulassungsstellen oder in der Ausländer- und Sozialarbeit unmittelbar tätig sind!), Politiker, Ministerien und Parteien als politische Klasse, die den Bürger zum mittlerweile fast ein halbes Jahr nur noch für die Steuern, hier auch nicht zuletzt für die gigantische staatsmonopolkapitalistische Mehrwertabschöpfung via Beamten-Wasserkopf, arbeiten lassenden Untertanen degradieren und sein Wahlrecht zur Zuarbeitung für eine maßlose, überflüssige und dabei auch noch weitestgehend unkontrollierte etatistische Verschwendungssucht mißbrauchen. Hier muß das republikanische Zivilisationsverständnis Frankfurts mit der Stadtbevölkerung und dem Welt-Zeitgeist als raumästhetischem Souverän massiv um sich greifen und eine sich restlos verselbständigende politische Anti-Klasse nach brasilianischem Vorbild unbedingt verhindern. Nicht die Verbesserung der Figurationen im Volk ist das Ziel aller deutschen Politik (mit partieller Ausnahme der Grünen!), sondern das Überstülpen der Begrifflichkeit des Staates über das Volk, die von der ministerialen Obrigkeit aus der uneinsehbaren Heuchelei der Bannmeilen heraus mit bisweilen defätistischer Härte bewußt betrieben wird. Die sterbliche Zivilisation hat in diesem unserem Lande für die unsterbliche Pseudo-Mythen der Staatskultur zu arbeiten, von den "Thränen des Vaterlands" von Andreas Gryphius bis zum "Novemberland" von Günter Grass.

Eine ästhetisch anspruchsvolle Soziologie müßte demnach ihren Begriff von Staat und Gesellschaft aus den Figurationen heraus entwickeln, die doch derzeit in immer kürzeren Abständen nicht nur in der Frankfurter City immer deutlicher erfahrbar werden. Eine Soziologie, die weder für sich noch für den Staat zuständig sein will, muß daher um die Flanerie als empirisches Konzept erweitert werden, um ihre lebensweltliche Wahrnehmungsfähigkeit nicht völlig zu verlieren. Nur eine Trias aus Soziologie, Flanerie und Anthropologie ist in der Lage, das Städtische und Menschliche zu erfassen, für das eigentlich Stadt und Staat handeln sollten. Anstelle eines bürgerlichen Citoyen-Bewußtseins existiert aber seit Jahrhunderten in einer unheilvollen immer wieder neu tradierten Kontinuität nur ein Bürokratie- und Staatlichkeitsbewußtsein, das sich gegen das Volk richtet und wie in der jüngsten Vergangenheit den Gerichten die Beurteilung der verbrieften Grund- und Bürger- sowie Menschenrechte überläßt. Im folgenden, nach der einleitenden Kritik und Vision vor allem zur Soziologie Frankfurter Provenienz, möchte ich nun aus der Sicht des Instituts für Sozialforschung ihre Geschichte und Inhalte kurz skizzieren. Während Goethe sich mit dem Menschlichen in der Geschichte beschäftigt hat, hat die Soziologie natürlich unter anderem die Aufgabe, das Geschichtliche am Menschen zu erkennen und auseinanderzudividieren. 1923 nahm das Institut unter Leitung von Carl Grünberg seine Arbeit als erste akademische Lehr- und Forschungsstätte für materialistische Gesellschaftsanalyse an einer deutschen Universität auf. Ein kleiner Jubiläumsband zu vierzig Jahre Forschung des Instituts zwischen 1950 und 1990 geht auch auf die Zeit vor dem Krieg ein: *"Im Zentrum der Forschungen der dreißiger und vierziger Jahre standen Studien zur Ideologiekritik bürgerlicher Kultur, über autoritäre Charakterstrukturen und die Verbreitung von Vorurteilen. Neben diesen Arbeiten, in denen es um die Vermittlung von sozio-ökonomischen Strukturen und psychischen Entwicklungen wie politische Einstellungen der Individuen ging, traten Analysen des Übergangs zum autoritären Staatskapitalismus ... War Autorität historisch rational, solange die gesellschaftlichen Produktivkräfte gering entwickelt waren, so galt dies nicht mehr für eine Gesellschaftsform, die Bedingungen hervorgebracht hatte, alle Menschen zu versorgen, Arbeiten rational zu organisieren und ohne Privilegien auf die Gesellschaftsmitglieder zu verteilen. Die bürgerliche Gesellschaft, auf ihren Untergang zustrebend, wurde nur noch durch jene tradierten autoritären Einstellungen gestützt, die sich aber ihrerseits historisch veränderten. An die Stelle der traditionellen Autoritäten war Autorität schlechthin getreten. Der blinde Zwang einer unregulierten Konkurrenz-ökonomie, Sachautorität und Führungskompetenz wurden die schlechthin anzuerkennenden Fakten, an die sich alle anzupassen hatten. Autoritäre Einstellungen wurden nach der Analyse Horkheimers zum kulturellen Kitt, der die Gesellschaft zusammenhielt und auf den sich auch der totalitäre Staat stützen konnte. Eine Krise der Autorität mußte zwangsläufig zur Krise der Gemeinschaft führen"* (8/S. 6).

Autorität war, ist und bleibt das ganz große Thema des deutschen Habitus in seiner deutschesten Form. Trotz der Tatsache, daß mit dem "Untertan" von Heinrich Mann seit 75 Jahren der vielmillionenfach praktizierte und immer wieder in neuem Gewand vorhandene Modell-Autoritäts-Empfänger Diederich Heßling als eine der drei bis fünf wichtigsten Produktionen der deutschen Literatur überhaupt verfügbar ist, hat sich auch in den letzten fünfundzwanzig Jahren der in weiten Teilen antiautoritären Erziehung kaum etwas an den Hierarchiekonventionen in den Unternehmen und Institutionen geändert. Auch in Werbeagenturen oder Wertpapierabteilunen als Arrieregarden der Postmoderne bleibt ein viel zu intensiver Rest einer falsch verstandenen

Autorität, die eigentlich wie die Kritik oder die Disziplin so herrlich progressiv und ästhetisch besetzt sein müßte, würde man all die tolle Literatur dazu herbeiziehen. Doch die Wirklichkeit, in der die Deutschen als Kollektiv unverändert ungenießbar sind, spricht andere Bände und läßt alles dazu Geschriebene und Elaborierte unumsetzbar scheinen. Vor allem die Ablehnung des Fremden, von Rostock über Mölln bis Solingen erneut in Deutschland mit schicksalhafter Brutalität zutage getreten, hat viel mit einer Wertlosigkeit zu tun, die durch autoritäre Bösartigkeit gegenüber den Schwächsten und Unschuldigsten psychophysisch entladen wird.

Norbert Elias beschreibt in seinen 1987 publizierten "Wandlungen der Wir-Ich-Balance" als Schlußteil der "Gesellschaft der Individuen" den Zusammenhang zwischen Tradition und Selbstregulierung, der für die Behandlung unserer Mitbürger mit nichtdeutschem Paß in der Gegenwart von entscheidender Bedeutung ist: *"Der Spielraum der Selbstregulierung, der persönliche Entscheidungsspielraum, den eine bestimmte Art von Staatsgesellschaft den zugehörigen Menschen als Chance offeriert, ist ein gewichtiges Kriterium für das Ausmaß der Individualisierung. Zu den Eigentümlichkeiten eines diktatorischen Regimes gehört die Entwicklung eines spezifischen sozialen Habitus der einzelnen Menschen, die unter diesem Regime leben. Sie werden als Individuen in hohem Maße auf Fremdregulierung abgestimmt und fühlen sich zunächst oft desorientiert, wenn diese schwächer wird oder fehlt. Da persönliche Initiative, also individuelle Entscheidungsfähigkeit, im Rahmen einer solchen Staatsform gesellschaftlich weniger Belohnung findet, vielleicht eher mißbilligt oder gar bestraft wird, hat ein solches Regime einen sich selbst perpetuierenden Charakter. Die Menschen, die in dieser Form miteinander leben, werden oft zunächst mehr oder minder verunsichert, sie geraten mit ihrem eigensten Gewissen in Konflikt, wenn in der einen oder der anderen Weise ein höheres Maß an Selbstregulierung von ihnen verlangt wird. Ihr sozialer Habitus drängt sie dann unwillkürlich dazu, auf Wiederherstellung des gewohnten Fremdzwangs, also etwa auf eine starke Führung, hinzuarbeiten"* (9/S. 243).

Während in Ostdeutschland der autoritäre Staat eigentlich nie so recht abgelöst wurde, konnte im Westen über 1968 zumindest eine erstmals quantitativ und qualitativ bedeutende zivilisatorische Schneise der Demokratie im Bewußtsein des Gros der jüngeren Generation verankert werden, die sich heute nur noch in einer Minderheit zum Spielball der institutionalisierten Arroganz machen lassen. Die von Rechtsintellektuellen geäußerte Meinung, die 68er seien an der gewalttätigen Jugend und überhaupt am Verfall jeglicher Konsensschuld, stellt dabei eine neue Stufe von Staatsheuchelei dar. Außer Uniformen und Vereinsmeiereien hat es die Bürokratiekaste Deutschlands bis heute nicht verstanden, den Jugendlichen neben den überfrachtetsten Prüfungsanforderungen der Welt insbesondere im Bereich der Berufsausbildung, aber auch in den sogenannten harten Studiengängen, die die überwiegende Mehrheit bilden, irgendetwas anzubieten, das Jugendlichkeit nicht vernichtet. Da die 68er eine unmittelbare Reaktion auf die 33er sind, ist es der blanke Hohn, wenn sie behaupten, nur mit den alten Werten könne ein besseres Zusammenleben erzielt werden. Wenn in Ostdeutschland Systemwechsel, Rezession und der Wegfall von einstigen Jugendclubs gleichzeitig zusammenfallen, dann darf sich niemand über den größten Barbarisierungsschub seit langem wundern. Der traditionelle deutsche Haß gegenüber allem, was jung ist, menschlich schön ist, Stil hat, erkennbar sein Leben lebt und sich gar darüber freut oder häufiger lächelt als jault und sauertöpfig als "kraut" sein Leben als Sein zum Tode fristet, trifft die ostdeutsche Jugend voll, die es sich nicht vorstellen konnte, in der USA-geschenkten Freiheit wie der letzte Dreck behandelt zu werden. Randgruppen wie die Jugend werden amts- und staatsoffiziell solange kriminalisiert, bis sich für Bilder, die Jugend mit Gewalt zeigen, eine Mehrheit bildet, mit der dann das Psychoprogramm langsam in physische Behandlungsformen transformiert werden kann. Alleine durch jahrelange Debatten, wie Ausländer, Behinderte, Juden, Jugendliche oder Arbeitslose zu verwalten seien, wird deren Bezeichnung zum Reiz- und Aggressionsmedium umstilisiert, mit dem dann der mancherorts gewünschte Stimmungszustand erreicht wird.

Adorno und Horkheimer untersuchten im Rahmen ihrer Antisemitismusforschung das Phänomen der Ausgrenzung, Verfolgung und Kriminalisierung von ganz besonderen gesellschaftlichen und welthistorischen Hervorbringungen: *"Der Antisemitismus, so wurde festgestellt, könnte aufgrund der historischen Entwicklung nicht mehr als eine eigenständige Einstellung, sondern nur als Element eines umfassenden Ticket-Denkens, als eines Denkens in starren Gegensätzen und Stereotypen, betrachtet werden. Seine Opfer seien beliebig auswechselbar. Doch ziele es auf Juden aus spezifischen Gründen. Denn als*

Vertreter der Zirkulationssphäre angesehen, würden sie, nachdem diese in einer von Monopolen kontrollierten Ökonomie ihre Bedeutung verloren hätte, dem Haß auf die kapitalistische Vergesellschaftung und der Verfolgung preisgegeben. Dabei spiele die sozialpsychologische Verkehrung eine bedeutsame Rolle, daß nämlich die Juden für ein versöhntes und glückliches Leben stünden, dessen Möglichkeit, gerade weil sie greifbar sei, von ihren Verfolgern verdrängt und zerstört werden müßte. Die Basis für Ticket-Denken sei die Kulturindustrie. Indem sie Bildung in Ware transformiere, habe diese ihre aufklärende Wirkung verloren und könne die projektive Dynamik des erkennenden Subjekts nicht mehr durch Kritik und Erfahrung unterbrechen. So mache sich eine Einstellung und Halbbildung breit, der jedes Phantasma des Subjekts gleich wahr sei" (8/S. 10).

Unbestritten ist bei der obigen Ausführung sicherlich das Faktum, daß bei den Deutschen mit ihrer hochunglücklichen Geschichte, die in den letzten gut vierhundertfünfzig Jahren, also seit den Bauernkriegen, nur in der Goethe-Ära vorübergehend für etwa ein Jahrhundert einigermaßen günstig verlaufen ist, ein besonderes Anti-Gefühl gegen Glückliche vorherrscht.
Leichenberge türmen sich da auf, Küssende auf der Straße sind fast Fremdkörper. Das Stöhnen über Schmerzen ist als Geräuschkulisse schon so internalisiert, daß Liebesgestöhne ins Unwirkliche abdriftet. Die dem Einheitsbrei entkommenen Subjekte beziehungsweise die durch ihre Geburt Fremdartigen, die genau das Leben leben, das die Deutschen gerne hätten, es individuell auch immer öfter und öffentlicher tun, im Kollektiv dann freilich allzuoft eine Armee gegen ihre eigenen Wunschprojektionen bilden, werden insbesondere mit den Juden identifiziert, die überall auf der Welt scheinbar privilegiert sind, ohne für ihre Rolle hauptverantwortlich zu sein, weil die Kriminalisierten, zu denen sie gehören, meist gar nicht anders können, als die Felder zu besetzen, die für sie so herbeigestellt und übriggelassen werden. Die reichlich abgegriffene "Schuld" der Kulturindustrie scheint mir aber ohne große Bedenken von Amerika auf Deutschland übertragen worden zu sein, ohne die substantiellen staatskonstitutionellen Aspekte dieser beiden so höchst unterschiedlichen Länder zu berücksichtigen. Da Adorno dem Adel liebäugelnd nahestand und überhaupt ihm das Erwerbsleben genauso unendlich fern war wie einst Goethe, mutmaßte er wohl, daß die Privaten und Industriellen die Schuld an der ganzen deutschen Misere tragen, während der Staat als auch Träger der

Hochkultur niemals seine Finger in diesem bösen Spiel der ethnischen Verfolgungen und Kriminalisierungen haben könnte. Die Distanz des Geistes zum Betrieb schlägt bei Adorno, und nicht nur bei ihm, gelegentlich schon ziemliche Kapriolen. Amerika lehrt uns trotz aller als nötig erachteten Einsätze im Rahmen seiner selbst verliehenen weltpolizeilichen Zuständigkeit, daß ein konsumistisch und hollywood-kulturindustriell in Trance gehaltenes Volk immer noch weniger Schaden anrichtet als ein durch falsche und verlogene klerikalähnliche Versprechungen über jetzt fast zwei Jahrtausende amtsbürokratisch erniedrigtes und gedemütigtes Volk, das nur noch dazu da zu sein scheint, um Kirche, Staat, Großkapitalisten und neuerdings vor allem Ärzte und Anwälte samt Anhang provisionär auszuhalten. Das in Deutschland ungeschriebene Verbot, auch einmal privat für sich sein zu dürfen und Handlungen zu begehen, die außerhalb des institutionellen Segens liegen, läßt sich als eine chronische Ich-Defizienz bezeichnen, die sich im Bereich der Börse darin niederschlägt, daß Sparbuch und Renten als Anlageform deutlich bevorzugt werden, während spekulative Anlagen rein privater Machart, die an den boomenden Börsen Südostasiens in sich rasch entwickelnden Ländern wie Taiwan derzeit bei 90 % liegen, bei uns eine verschwindende Mehrheit darstellen.

Das Ethos, das Kirche und Staat heutzutage mehr denn je nicht haben, sich aber immer wieder allzugerne um die Nase schmieren, will etwa Max Weber für die Börse auch von Anfang an nicht beanspruchen. Bereits 1894 merkte er zur Börse an: *"Eine starke Börse kann eben kein Klub für ethische Kultur sein, und die Kapitalien der großen Banken sind so wenig Wohlfahrtseinrichtungen wie Flinten und Kanonen es sind. Für eine Volkswirtschaftspolitik, welche diesseitige Ziele anstrebt, können sie nur eins sein: Machtmittel in jenem ökonomischen Kampf ... Börse und Banken haben darüber zu wachen, daß fanatische Interessenten oder weltfremde Apostel des ökonomischen Friedens nicht die eigene Nation entwaffnen"* (10/S. 80).

Wachen heißt, unnötige Extreme zu vermeiden und für die denkbar beste Lage im Sinne einer Mitte zu sorgen, die von der Zivilisation ausgefüllt wird und nicht von irgendwelchen gewissenlosen Repräsentanten, die nur mit einer Ellenbogen-Autorität und viel Untertanengeist, gepaart mit noch mehr Alkoholismus, ihre Position erlangt haben. Das Börsenverhalten der Deutschen hat letztlich die gleiche Ursache wie die Ergebnisse der Studie des Instituts für

Sozialforschung in den fünfziger und sechziger Jahren zu "Student und Politik". Börsen und Demokratien leben von der Mündigkeit und der vielfachen und spekulativen Meinungslandschaft: *"In Anlehnung an die Autoritarismus-Forschungen, die Mitarbeiter des Instituts in der Emigration unternommen haben, interessierten sich diese Studien vornehmlich für jene autoritären Potentiale im psychischen Haushalt der Bevölkerung, die die Bildung einer demokratischen Kultur behinderten, verzögerten oder gefährdeten. Auf der Grundlage eines emphatischen Begriffs von Partizipation und Öffentlichkeit gingen die Forschungen des Instituts von der Annahme aus, daß ein großer Teil der bundesdeutschen Bevölkerung zur Wahrnehmung ihres demokratischen Rechts nicht disponiert war. Dieser Mangel an Mündigkeit und Autonomie wurde freilich nicht dem Individuum angelastet, sondern den objektiven gesellschaftlichen Verhältnissen. Vor allem Adorno hatte eine nur schwache Hoffnung, daß sich durch Bildung, Theorie und geistige Anstrengung doch noch ein ich-starkes, erfahrungsoffenes Subjekt ausbilden könne, das fähig wäre, den gesellschaftlichen Verblendungszusammenhang zu durchschauen"* (8/S. 89).

Gerade die Börse lebt von Sprechern und Akteuren, die es gelernt haben, sich täglich neu angesichts der sich ständig verändernden Welten-Situation in ihrer Meinungsbildung zu üben. Eine progressivere Soziologie, wie sie etwa im aktuellen Forschungsprojekt des Instituts zum urbanen Lebensstil von Bankern und Werbern zum Ausdruck kommt, sollte anhand von Geist und Geld die neue Mündigkeit erarbeiten!

Die Frankfurter Geisteswissenschaften rund um das Institut für Sozialforschung hatten natürlich einen maßgebenden Anteil an den Reformen in Universität und Gesellschaft nach 1968. Den Erkenntnisgewinn nach ihrer Rückkehr aus den USA ließen Horkheimer und Adorno in die Ausbildung vor allem derer einfließen, die bislang in Kontinuitätsanstalten wie der Universität und den Gymnasien tätig waren. Gerade die Geisteswissenschaften hatten ja wesentlichen Anteil an der kulturkonservativen Mentalität der deutschen akademischen Intelligenz und der autoritär-staatlichen Entwicklung in Deutschland.: *"Die Universität hatte also in ihrer Sicht eine widersprüchliche Funktion. Insofern sie zur Kontinuität einer geistesaristokratischen Elite beitrug, mußte sie reformiert werden. Aufgrund ihrer Autonomie schien die Universität jedoch gleichzeitig ein Ort zu sein, an dem sich Bildung noch entfalten konnte und Theorie noch nicht*

dem direkten Zugriff funktionaler Imperative einer immer undurchdringlicheren Gesellschaft unterworfen war" (8/S. 30).
In den sechziger Jahren schließlich verbreitete sich auch in der Öffentlichkeit langsam der Eindruck in die Notwendigkeit tiefgreifender Bildungsreformen. Wirksam wurde sie durch den Druck der studentischen Protestbewegung, für deren theoretische Orientierung Momente der Kritischen Theorie von besonderer Bedeutung waren. Ein aus dieser Diskussion erwachsener Vorschlag für eine andere Hochschulverfassung wurde bestimmend für das neue Universitätengesetz in Hessen. Erfahrungen mit der Bildungsreform in den sechziger Jahren regen zu einer Studie über deren besondere Schwierigkeiten in Deutschland, über die jahrhundertealte staatliche Instrumentalisierung der Bildungseinrichtungen und deren Verknüpfung mit den Interessen gesellschaftlicher Gruppen an. Gut zwei bis drei Dekaden nach den einschneidenden Reformen der Studienordnungen und Hochschulgesetze wird heute wieder verstärkt von den Landeskulturadministrationen der Versuch der Rückkehr zu den alten Verhältnissen auch professoraler Herrlichkeit unternommen. Die Magnifizenzen-Universität entspricht dem Traumbild der momentan wieder offen in Erscheinung tretenden regressiven Stimmung in den deutschen Ministerialbürokratien. Doch ein Apparat mit zwei Millionen Menschen wie der der jetzigen Massenuniversität läßt sich nicht mehr richtungsweisend verändern!

Die Geschichte gewordenen Frankfurter Revolutions-, Reform- und Progressivitätsinstitutionen nach dem Kriege, die Geisteswissenschaften der Universität, die meist linke Stadtregierung, die Frankfurter Rundschau, der Hessische Rundfunk und die IG Metall als heute mächtigste Einzelgewerkschaft der Welt beschäftigten sich neben den Bildungsreformen auch mit industriesoziologischen Kontexten: *"In den fünfziger Jahren wurde dem Institut ein neues Forschungsfeld durch die nachhaltigen Auseinandersetzungen um die gesetzliche Regelung der Mitbestimmung und Betriebsverfassung eröffnet. Fragen nach der Organisation der industriellen Arbeit, nach dem Einfluß der technischen Entwicklung der Produktionsmittel einerseits, den Auswirkungen der sozialen Konflikte andererseits gewannen ein breites öffentliches Interesse"* (8/S. 40).
Es ging bei den Anfangsprojekten um die Mechanisierung, die Produktions- und Zeitökonomie, die lineare Arbeitszeitverkürzung zwischen 1850 und 1918 vor allem in den Städten, um die Massenarbeit als Arrangement zwischen Kapital

und Arbeit und um den Einsatz von Computertechnologien. Über die Studie "Computer und Arbeitsprozeß" entwickelte das Institut einen umfassenden Begriff von Rationalisierung als der bis heute immer noch alles entscheidenden unternehmerischen Handlungsgröße!

Der forcierte Einsatz von Computertechnologie wurde einerseits als aufgenötigte Antwort auf den seit Mitte der siebziger Jahre krisenhaft sich zuspitzenden Zielkonflikt zwischen Zeit- und Marktökonomie verstanden, zugleich aber auch als ein qualitativ neuer Versuch, diesen Zielkonflikt zu entschärfen. Computertechnologien treiben den Prozeß der produktionstechnischen Integration voran; sie sind auch Organisationstechnologien und forcieren so die organisatorische Integration der verschiedenen betrieblichen Teilbereiche; und sie sind Informationstechnologien und somit Träger der zeitökonomischen Gesamtintegration. Weiterhin heißt es: *"Als Automatisationstechnologien setzen Computertechnologien den Prozeß der Arbeitszerlegung, der Zerstörung von Qualifikationen und der Erosion von Facharbeit und angelernter Arbei fort. Als hochkomplexe Produktions- und Organisationstechnologien erlauben und erfordern sie aber auch eine neue Wertschätzung von beruflichen Qualifikationen und fachlicher Souveränität, neue Formen der Arbeitsbereicherung und ganzheitlichen Aufgabenzuschnitt"* (8/S. 51).

Selbst den Gewerkschaften nahestehende Personen, unabhängig von ihrer politischen Couleur, meinen vielerorts, daß sie seit dem exaggerierten Streik von 1984, der den Weg in die 35-Stunden-Woche ebnete, zumindest in Westdeutschland ihren Zenit überschritten haben, während sie in Ostdeutschland, wie der Metaller-Streik vom Frühjahr 1993 beweist, basale Rechte verteidigen müssen und daher dort, welch Glück für sie, noch einmal ein substantielles Aufgabengebiet gefunden haben. In den siebziger Jahren, als spät, viel zu spät, endlich alle grundlegenden Rechte für den Arbeitnehmer verwirklicht wurden, setzten die Gewerkschaften natürlich viel Speck an und apparatisierten sich zu genau der gleichen anonymen Mega-Bürokratie wie ihre Politkollegen in Bonn. Mit der Undurchsichtigkeit wuchs die Skandalhaftigkeit, von der Neuen Heimat bis zum erfolgreichen Aktienspekulanten Steinkühler. Es gab aber auch bessere Zeiten: *"Mit der rechtlichen Regelung der Tarifautonomie wurden die Gewerkschaften als Vertretungsorgane der Lohnabhängigen anerkannt. Dies lockerte einerseits die enge Solidaritätsbeziehung zwischen Mitgliedern und Organisation, andererseits förderten die ständigen Verhandlungen zwischen den Tarifparteien ein interpersonales Konsens- und Verpflichtungsklima. Aufgrund der Größe der Gewerkschaften, der sozialen und zeitlichen Reichweite der Tarifvereinbarungen, aber auch aufgrund der staatlichen Interventionspolitik, die mit Mitteln der Globalsteuerung eine stabile ökonomische Entwicklung zu garantieren und deswegen auf Beschäftigung, Arbeitszeit und Einkommen Einfluß zu nehmen suchte, war die Lohn- und Tarifpolitik der Gewerkschaften zu einem Element makroökonomischer Stabilität und Steuerung geworden"* (8/S. 64 + 65).

Das obige Zitat aus immer wieder neu aufgelegten Gewerkschaftsstudien des Instituts für Sozialforschung klingt noch wie aus der Gründerzeit hervorgeholt. Doch gerade in den gewerkschaftlich so erfolgreich verlaufenen siebziger Jahren begann die Konfrontation mit dem Phänomen der Massenarbeitslosigkeit, das bis heute durch die Rationalisierung als Hauptmoment der ökonomischen krisenhaften Dynamik verursacht worden ist. Die Schwierigkeiten im sogenannten Jedermannsbereich der nur Angelernten und Unqualifizierten kommen hinzu. Konzeptionell wurde und wird bis heute für die Lösung aller Probleme das deutsche duale System aber für besser befunden als die Alternative der Deregulierung in den USA oder Großbritannien.

4.3.2 Adorno und Marcuse, Valery und Lefebvre: Anthropologien der Befreiung für 1968

Paris und Prag, Berlin und Frankfurt, aber auch USA und Südamerika: Die vor allem studentische Rebellion von 1968 hatte viele Schauplätze, Motive und Persönlichkeiten und ließ viele Strömungen und Horizonte der Moderne konkret werden. Fünfundzwanzig Jahre danach, in der Post-Moderne, haben alleine Frankfurt und Paris noch eine Authentizität dieser Jahre bewahrt, während Berlin eher durch Leipzig und Prag eher durch Berlin 1989 und 1990 ihre "Befreiung" erfuhren, allerdings nicht vom Kapitalismus, sondern vom morbide gewordenen Sozialismus. Auch wenn alles ganz anders kam und die Konterrevolution des korporativen Kapitalismus, um mit Herbert Marcuse zu sprechen, gesiegt hat, um den Preis freilich des jahrzehntelang physisch präsenten Gegners, ist dies kein Grund, sich mit 1968 und seinen Kontexten, Horizonten und Anthropologien nicht ausführlich zu beschäftigen. Während die Berliner Vorreiter Rudi Dutschke und Fritz Teufel verstorben respektive lebenskünstlerisch oder schriftstellerisch aktiv sind, ist die Frankfurter Szene zivilisatorisch fest in der City verankert und hat mit der Symbolfigur Daniel Cohn-Bendit, damals noch mehr in Paris als in Frankfurt präsent, einen Stadtrat für Multikulturelles, der als grünes Welten-Kind ebenso bewundert wie ob seiner deutsch-französisch-jüdischen Mentalität beargwöhnt, geneidet und gehaßt wird. Auch Alfred Grosser, eine Generation älter, läßt sich noch in diese Verbindung zwischen Frankfurt und Paris einordnen, deren Intellektuelle freilich bis heute in einer seltsamen Distanz zueinander leben. Erst spät hat man angefangen, sich in Paris mit der Frankfurter Schule auseinanderzusetzen. Symposien mit der postmodernen und intellektuellen Elite beider KAP-STÄDTE sind bislang aber leider nicht zustandegekommen, auch nicht im 68er-Jubiläumsjahr 1993.

In den USA und in Großbritannien ist es mehr die Musik, die Beat-Generation, die man dort mit 1968 verbindet, von Jack Kerouac bis eben zu den Beatles selbst. Martin Luther King und Che Guevara sind ebenfalls Figuren aus dem prallen Leben, Theodor Wiesengrund Adorno, leider 1969 viel zu früh verstorben und deswegen ohne unmittelbaren Einfluß in den reformträchtigen siebziger Jahren, wird als Frankfurter Befreiungstheoretiker bezeichnet und in Ansprachen ebenso zitiert wie Goethe. Die für diese Dissertation herangezogenen Werke von oder über ihn sollen einen Bezug haben zu dem, was ihm sicherlich vollkommen fremd geblieben ist, der zivilisatorische Raum Frankfurts, nämlich dessen City-Haftigkeit er nicht mehr erleben konnte. Adorno ist die intellektuelle Symbolfigur der Achse Frankfurt-New York-Los Angeles. Nachdem mit Leo Löwenthal auch der letzte originale Repräsentant der alten Frankfurter Schule unlängst verstorben ist, lastet auf Jürgen Habermas nunmehr die volle Verantwortung, der 1994 freilich auch 65 Jahre alt wurde und damit die Emeritierungsschwelle erreicht. Das von Adorno hier Besprochene soll stofflich in den Kontext der städtischen Moderne passen und die Niederlegungen dieser Abhandlung verdeutlichen und spektralisieren. Beginnen möchte ich mit einer kompletten Übernahme von "Immer langsam voran" aus seinen "Minima Moralia", den Reflexionen aus dem beschädigten Leben, im amerikanischen Exil von 1944 bis 1947, zum Höhepunkt des bekanntgewordenen Grauens, als 153 kulturkritische und kulturdiagnostische Aphorismen umfassende "Zeitgeist-Sammlung" zum Weltkriegsende entstanden. Adorno thematisiert hierin die bedenkliche zeitgenössische Metamorphose des Gehens:

"Rennen auf der Straße hat den Ausdruck des Schreckens. Es ist schon das Stürzen des Opfers nachgeahmt in seinem Versuch, dem Sturz zu entfliehen. Die Haltung des Kopfes, der oben bleiben möchte, ist die des Ertrinkenden, das angespannte Gesicht gleicht der Grimasse der Qual. Er muß geradeaus sehen, vermag kaum zurückzublicken, ohne zu straucheln, als säße im Nacken der Verfolger, dessen Antlitz erstarren läßt. Einmal rannte man vor Gefahren, die zu verzweifelt waren zum Standhalten, und ohne es zu wissen zeugt davon noch, wer dem enteilenden Autobus nachläuft. Die Verkehrsordnung braucht mit wilden Tieren nicht mehr zu rechnen, aber sie hat das Rennen nicht zugleich befriedet. Es verfremdet das bürgerliche Gehen. Die Wahrheit wird sicher, daß es mit der Sicherheit nichts Rechtes ist, daß man wie stets nur den losgelassenen Mächten des Lebens, wären es auch bloß Vehikel, entkommen muß. Die Gewohnheit des Leibes aus Gehen als das Normale stammt aus der guten alten Zeit. Es war die bürgerliche Weise, von der Stelle zu kommen: physische Entmythologisierung, frei vom Bann des hieratischen Schreitens, der obdachlosen Wanderschaft, der atemlosen Flucht. Menschenwürde bestand auf dem Recht zum Gang, einem Rhythmus, der nicht dem Leib von Befehl oder Schrecken abgedrungen wird. Spaziergang, Flanieren waren Zeitvertreib des Privaten, Erbschaft des feudalen Lustwandelns im neunzehnten Jahrhundert. Mit dem

liberalen Zeitalter stirbt das Gehen ab, selbst wo nicht Auto gefahren wird. Die Jugendbewegung, die solche Tendenzen mit untrüglichem Masochismus ertastete, sagte den elterlichen Sonntagsausflügen die Fehde an und ersetzte sie durch freiwillige Gewaltmärsche, welche sie mittelalterlich Fahrt taufte, während zu dieser bald schon das Fordmodell zur Verfügung stand. Vielleicht verbirgt sich im Kultus der technischen Geschwindigkeiten wie im Sport der Impuls, den Schrecken des Rennens zu meistern, indem man es vom eigenen Leib abwendet und zugleich selbstherrlich überbietet: der Triumph des aufsteigenden Meilenzeigers beschwichtigt ritual die Angst des Verfolgten. Wenn aber einem Menschen zugerufen wird: "lauf", vom Kind, das der Mutter ein vergessenes Täschchen aus dem ersten Stock holen soll, bis zum Gefangenen, dem die Eskorte die Flucht befiehlt, um einen Vorwand zu haben, ihn zu ermorden, dann wird die archaische Gewalt laut, die unhörbar sonst jeden Schritt lenkt" (11/Nr. 102, S. 212 + 213, geschrieben 1946/1947 im Dritten Teil).

Die Akzeleration der Geschwindigkeit, der Verlust jeder Mitte, die Motorisierung der Lebenswelt, die Ablösung des Gehens durch Fahrrad, Auto, U-Bahn, Eisenbahn und Flugzeug, das Vorbeihetzen, Vorbeifahren und Überfliegen an allem, was außerhalb des schmalen konsumistisch-reproduktiven Aktionsradius liegt, der Mensch als Ford und der Deutsche als Soldat: Platz für Entwürfe scheint das pedestrische Vorwärtsschreiten in Verbindung mit dem alltäglichen Tun vor dem Hintergrund des historisch Gewesenen nicht mehr zuzulassen, unmittelbr nach Krieg und Lagerterror, der in den Menschen eine Ordnung internalisiert hat, die die Muße auf der Straße exekutierte. Der einhundertzweite Aphorismus von Adorno, einer der ganz großen Erdrückungen im besten Sinne innerhalb dieser Sammlung, die eine Vielzahl von Büchern obsolet macht, paßt in unsere Städte und damit natürlich besonders ins rein kapitalistisch boomende Nachkriegs-Frankfurt bis weit in die siebziger Jahre hinein, das zwar nicht militärisch-nazistisch, aber doch linear-autoritär ein Flanierverbot verordnete.

Adorno beschäftigt sich in seinem umfangreichen Werk immer wieder mit den unterschiedlichsten Facetten und Erscheinungsformen von Gewalt, die insbesondere mit dem Zeitraum der Moderne verbunden sind, von der Industrialisierung über Krieg und Konzentrationslager bis hin zum besinnungslosen Konsumismus nach nordamerikanischem Vorbild. Eine völlig andere Ebene im Vergleich zum gewaltsamen Gehen der städtischen Moderne ist die Gewalt in der Sprache, die Adorno im zweiten Band seiner "Noten zur Literatur" anhand der "Schlußszene des Faust" kommentiert. Goethes Altersstil wird ja vielerorts als seltsam und hier mitunter als gewalttätig dargestellt, eine Aussage, der Adorno nicht beipflichten möchte: *"Denn tatsächlich hat Goethe keine Gewalttat an der Sprache begangen. Er hat nicht, wie es am Ende unvermeidlich ward, mit der Kommunikation gebrochen und dem reinen Wort eine Autonomie zugemutet, wie sie, durch den Gleichklang mit dem vom Kommerz besudelten, allzeit prekär bleibt. Sondern sein restitutives Wesen trachtet, das besudelte als dichterisches zu erwecken"* (12/S. 8).

Nun liegt es scheinbar nicht sehr nahe, Adornos Interpretation der Schlußszene des Faust in einen Abschnitt zu nehmen, der sich mit 1968 befaßt. Doch verbindet sich mit diesem Jahr der Übergang von der Reaktion zur Revolution, der derzeit in vielen unschönen Versuchungen wieder revidiert werden soll. Adorno erkennt beim späten Goethe den Übergang von der klassisch-romantischen Phase in die ungesellige Moderne, die mit einer gehörigen Portion Archaik gewürzt ist, wie später bei der Neuen Musik noch zu sehen sein wird: *"Der Anachronismus wächst der Gewalt der Stelle zu. Sie führt die Erinnerung an ein Uralter mit sich, welche die Gegenwart der leidenschaftlichen Rede als eine des Weltplans offenbart; als wäre es von Anbeginn so und nicht anders beschlossen gewesen"* (12/S. 10).
Revolutionen und besonders akzeleriert verlaufende Zeitenwechsel sind immer mit Gewalt behaftet, von der "Terreur" nach der Französischen Revolution bis zu den ausländerfeindlichen Anschlägen nicht nur in der deutschen Gegenwart. Die Bürokratieelite, die stets nur darauf aus ist, ihre Macht auszusitzen, ist nie auf gravierende Veränderungen vorbereitet und muß und will daher auch nicht nennenswert eingreifen, wenn die Konsequenzen der jeweiligen Zeitenwende virulent werden.
Der alte Goethe erlebte noch das Aufkommen der Jungdeutschen, wenige Monate nach seinem Tod 1832 leitete das Hambacher Fest die deutsche Moderne in ganz langsamen und bald irrationalen Zügen ein. Erst wenn Vergessenes oder Verdrängtes wieder hervortritt, geht die Hoffnung über die Erwartung in Veränderung über.

Das ist die Parallele zwischen den späten sechziger Jahren und der Schlußszene des Faust als ein Alterswerk Goethes: *"Das im zweiten Teil so spärlich der Realien des ersten gedacht wird; daß die Verbindung sich lockert, bis die Deutschen nichts in Händen halten als die dünne Idee fortschreitender Läuterung, ist selber die Idee. Wenn aber, mit einem Vorstoß gegen die Logik, dessen Strahlen alle Gewalttaten der Logik heilt, in der Anrufung der Motor gloriosa als der Ohnegleichen das Gedächtnis an Gretchens Verse im Zwinger wie über Äonen heraufdämmert, dann spricht daraus überselig jenes Gefühl, das den Dichter mag ergriffen haben, als er kurz vor seinem Tod auf der Bretterwand des Gickelhahns das Nachtlied wieder las, das er vor einem Menschenalter darauf geschrieben hatte. Auch jene Hütte ist verbrannt. Hoffnung ist nicht die festgehaltene Erinnerung, sondern die Wiederkunft des Vergessenen"* (12/S. 18).

1968 steht natürlich vor allem für eine Vielzahl von Befreiungstheorien und Liberalisierungspraktiken. Adorno und Marcuse, Valery und Lefebvre verkörpern alle diesen Willen, sich nicht zuletzt auch durch Weigerungen und Attackierungen der verschiedensten Ausprägungsformen von insbesondere kapitalistischen und kulturhegemonialen Zwängen zu befreien. In seinem Buch "Adorno in Wien" widmet Heinz Steinert auch ein Kapitel zu "Adornos Theorie der Befreiung und ihre Aktualisierbarkeit". Wie bereits erwähnt, genoß Adorno ähnlich wie Goethe von Beginn an den Status eines von Erwerbszwängen Befreiten: *"Der junge Adorno kannte 'Arbeit' in der Tat nur als intellektuelle Anstrengung. Daß damit ein Arbeitsverhältnis, gar eines der verkauften Arbeitskraft verbunden sein könnte, erfuhr er zum ersten Mal (und auch da nur rasch vorübergehend) am Beginn seiner Zeit als Emigrant in den USA, also im reifen Alter von 35 Jahren. Bis dahin hatte er selbstverständlich vom Vermögen der Eltern, in der Situation des klassischen Bildungsbürgers gelebt, mit seiner selbstverständlichen hochgezüchteten Bildung, seinen selbstverständlichen Ansprüchen im sorglos Finanziellen, seinen selbstverständlichen Gefühlen von Bedeutung und Überlegenheit"* (13/S. 157).

Von solcherlei existentiellen Verpflichtungen befreit und außerhalb der Zivilisation lebend, beschäftigte ihn auch folglich zumindest in seiner Wiener Zeit nur die musikalische Revolution, ganz ohne jeden politischen oder gesellschaftlichen Anspruch. Zur Arbeiterbewegung, so Heinz Steinert, existierten schlicht keine Verbindungen, dafür aber insgeheime Sehnsüchte zum Adligen, wohl eine

Folge seiner versteckten Ambition, es irgendwie doch mit Goethe aufnehmen zu wollen. Probleme sind Probleme der Wahrheit und können nur zwischen Intellektuellen gelöst werden, so Adorno, der sich in einem Wien aufhielt, in dem bereits massiv der Antisemitismus keimte und in dem deshalb noch eine kulturelle Blüte existierte, weil die intellektuelle Intelligenz politisch längst entmachtet war. Befreiung war im Sinne Adornos nur durch eine Figuration denkbar, die von oben herab arbeitet, da dem Volk selbst keine energetischen Möglichkeiten einzuräumen sind: *"Freiheit müßte heißen, daß man nicht am Allgemeinen bedroht wird und daß das Ausleben des Besonderen nicht zu solchen Bedrohungen, z.B. im sozialen Ausschluß führt. Das setzt eine 'lockere' und vielgestaltige Organisation des Zusammenlebens (und wohl auch des individuellen Lebens) voraus. Und das hat damit politische Implikationen: Es bedeutet die Aufgabe von zentraler Steuerung der Gesellschaft und ihrer Entwicklung, auch und gerade im Prozeß der Befreiung. Nicht zentrale Planbehörden und wahlweise revolutionäre Aufhebung oder repressive Aufrechterhaltung des einen Grundmechanismus der Vergesellschaftung sind anzustreben, sondern dezentrale partikulare Sonderwege sollten möglich sein"* 13/S. 176).

Das hört sich nun genauso an wie die Schlußbemerkung von Friedrich Schiller in seinen Briefen zur "Ästhetischen Erziehung des Menschengeschlechts", wo er zur Erkenntnis kommt, daß nur ausgewählte Zirkel den Staat des schönen Scheins erfahrbar machen. Bei Adorno und Schiller basiert der Kern der Befreiung auf der Produktivkraftentwicklung einiger weniger, die sich die Freiheit nehmen können, sich so universal mit dem Material, also der Natur auseinanderzusetzen, daß daraus eine kritische Wendung der gesellschaftlichen Deformationen erwächst.

Fortschritt, so interpretiert Heinz Steinert, Adornos emanzipatorisches Modell, besteht in zunehmender Befreiung, also doch eher evolutionär wie bei Goethe und nicht revolutionär, denn dazu sieht Adorno die notwendigen Akteure nicht, ganz im Gegensatz zu Marcuse, wie noch in diesem Abschnitt zu lesen sein wird. Bis heute leben wir ja in zwei Bildern von Freiheit, die den Vertrag und das Verhältnis von Herr und Knecht zum Gegenstand haben: *"Das Bild vom Vertrag kam zuerst. Es steht am Beginn der bürgerlichen Gesellschaft und hatte von damals bis heute die Aufgabe, allen Beteiligten darzustellen, daß Freiheit nur durch allgemeine Unterwerfung zu haben ist ... Das Vertragsmodell geht von einem Zustand unbegrenzter Freiheit aus und endet bei einem Zustand allgemeiner Unterwerfung. Das Herr-Knecht-Modell nimmt den umgekehrten Weg. Es geht von Herrschaft und Unterdrückung aus und konstruiert einen Weg von dort in die Freiheit. Es ist ein Bild der Befreiung"* (13/S. 166).

Adornos Weg der Befreiung ist eine Kombination aus orthodoxen und unorthodoxen Momenten und läßt sich kaum in ein gängiges Schema einordnen. In seiner "Philosophie der neuen Musik" hebt er aber eben die neue Musik insbesondere von Igor Strawinsky in den Rang einer neuen Ordnung empor, die durch eine ästhetische Authentizität brilliert, die als gesellschaftlich notwendiger Schein zu bezeichnen ist. Authentizität, Schock, Ausdruck, Tanz und Traum sind einige der wichtigsten Ingredienzien dieser Musik, die nicht nur zufällig in Frankfurt ihr Zentrum hat, wo Karlheinz Stockhausen bei den Frankfurt-Festen mit Teilen seines Licht-Epos Stammgast ist und der preisgekrönte Künstler Heiner Goebbels arbeitet. Die fünf oben genannten Kategorien können im City-Anthropos Frankfurts als einige der Parameter betrachtet werden, die den zivilisatorischen Raum der Mainmetropole so substantiell von allen anderen deutschen und den meisten europäischen Städten unterscheidet. Für Rest-Deutschland mit Ausnahme Berlins und vielleicht auch noch Hamburgs ist schon eher Wagner, der immer wieder den Gegenpol zu Strawinsky bildet, mit seiner romantischen Authentizität als ihrer Propaganda selbst repräsentativer, denn hier handelt es sich um eine Ordnung, die sich selber proklamiert und damit nichts anderes als das Deckbild des Chaos darstellt. Die neue Musik als gegen den Strich gekämmte traditionelle Musik sieht Adorno als die "lex" an, die mit all den manierierten Stilizismen bis hin zum leeren Zeremoniell der Orchestralität bricht und als Ausgleich, wie der Frankfurter City-Raum, Asyl vor dem Druck der grauenvollen Normen gewährt. 1948, zum Zeitpunkt des Verfassens dieser Philosophie, war die neue Musik noch nicht der industriellen Verwaltung ausgesetzt. Heute hat sie wie die alte Frankfurter Schule, zu der sie ja eigentlich gehört, auch ihren Platz auf dem Kulturmarkt. Die Protagonisten der neuen Musik gehören ja immer noch zu den Verfolgten, denn sie machen, so der meistzitierte Vorwurf, keine Musik fürs Gemüt, sondern für den Intellekt:
"Die neue Musik ist im Kopf, nicht im Herzen oder im Ohr entsprungen, wohl gar überhaupt nicht sinnlich vorgestellt, sondern auf dem Papier ausgerechnet" (14/S. 20).

In dem Maße, wie spätestens zur letzten Jahrhundertwende die Zahl das Wort in den Hintergrund drängte, mußte natürlich zwangsläufig eine musikalische Form erwachsen, die dem neuen primär städtischen Alltag des numerischen Konsums ein Klangbild dessen entgegenhält, was er bietet und vor allem dessen, wer er verbietet. Adorno sieht daher bei Schönberg mehr Wohllaute als bei den Impressionisten.

Als Frankfurt noch in Trümmern lag, hatte Manhattan schon im Laufe des ersten Jahrhundertdrittels absolut weltstädtische Züge erreicht und war als Adornos Exilstation möglicherweise in seinem Hinterkopf, als er die "Philosophie der neuen Musik" schrieb, deren Essentials die städtische Moderne voll trifft. Es geht ihm hier um die Darstellung von etwas Antiideologischem, etwas Fachmännischem, was seine präzise Aufgabe erfüllt, und zwar als so etwas wie eine Kur gegen die Arbeitsteilung, indem sie auf die Spitze getrieben wird. Subjektivität nimmt bei Strawinsky den Charakter des Opfers an, wobei sich aber die Musik nicht mit diesem identifiziert, sondern mit der vernichtenden Instanz. Auch die materiell verarmten New Yorker denken so und verehren trotzdem meist die Stadt, deren städtische Extreme und Unmöglichkeiten sie in ihre Situation gebracht hat. Es geht hierbei nicht um einen Geschmack, der in der deutschen Tradition sowieso fehlt, sondern um einen Zusammenprall mit der Sache, wo immer eine gehörige Portion archaische Gewalt dabei ist, die ja derzeit wieder in den Städten eine unangenehme Konjunktur hat. Archaik und der neue Barbarismus sind ein Unheil stiftendes Paar, das in der neuen Musik eine der wenigen Ausdrucksformen erhält.

Die interessanteste Sequenz der neuen Musik neben Authentizität und Dadaismus sowie Ausdruck sind aber die Schockwellen und das Tänzerische. Der Begriff des Schocks fällt dabei in die Einheit der Epoche und gehört zur Grundschicht aller neuen Musik: *"Man darf als gesellschaftliche Ursache das im späten Industrialismus unwiderstehlich gesteigerte Mißverhältnis zwischen dem Leib des einzelnen Menschen und den Dingen und Kräften der Zivilisation vermuten, über die er gebietet ... Durch die Schocks wird der Einzelne seiner Nichtigkeit gegenüber der Riesenmaschine des ganzen Systems unmittelbar inne ... Die Vernichtung des Subjekts durch den Schock wird in der ästhetischen Komplexion als Sieg des Subjekts und zugleich als dessen Überwindung durch das an sich Seiende verklärt"* (14/S. 144 + 145).

Die neue Musik will durch permanente Grenzerfahrungen und Grenzüberschreitungen ein zeitgeistiges Bewußtsein dafür schaffen, wie sehr der Mensch in der Moderne verloren ist, wenn er nicht an den äußersten Rändern partizipiert. Die verlustig gewordene Mitte in einer Welt der Extreme und Geschwindigkeit läßt sich nur in einem selbst wiederfinden, wenn man in der Lage ist, am Geschehen teilzunehmen und trotzdem jederzeit sich das Recht nehmen kann, abwesend zu sein. Wer sich voll in die Moderne werfen läßt, erlebt deren Oberfläche nur als Schock, ein Phänomen, das auch auf die Frankfurter City zutrifft, wenn man nicht erhebliche Energien investiert, um ihre Interieurs kennenzulernen. Nicht ein Wagnerscher Irrationalismus ist gefordert, sondern ein Infantilismus, dessen Praxis ein Stil des Kaputten ist, denn nur noch in Trance läßt sich das Geschehen verarbeiten, nicht durch eine rationale und nüchterne Sicht. Der Tanz, der in der neuen Musik haftet, liegt allerdings *"diesseits, nicht jenseits der subjektiven Dynamik, insofern enthält sie ein anachronistisches Element"* (14/S. 179). Elektrifikation muß der neue Tanz hervorrufen, keine Seele baumeln lassen und nach der Pfeife tanzen. Wirklicher Tanz ist, so interpretiert Adorno Strawinsky, im Gegensatz zur reifen Musik, statische Zeitkunst, ein sich im Kreise Drehen, Bewegung ohne Fortgang. Dieser Bewegung ohne Fortgang entspricht leider voll die Metamorphose des Gehens im 20. Jahrhundert in unseren Städten, deren konsumistische Linearität der Massen nur durch eine Dutzende zählende Arrieregarde der Flaneure polarisiert wird, die sich beim Gehen gleichermaßen physisch und mental verausgaben, um seelisch zum Orgasmus zu kommen.

Die in Deutschland nur bruchstückhaft und quantitativ minimal verhaftete Moderne läßt sich am Werk von Paul Ambroise Valery nachweisen, der von 1871 bis 1945, also exakt in der deutschen Chauvinismus- und Expansionsphase, in Paris als Bürokrat sein Leben bestritt, parallel jedoch dazu auch viel schrieb und sich erst spät entschied, etwa über sein Kultbuch "Monsieur Teste" berühmt zu werden. Auch Goethe bestritt ja in seiner fast fünfzigjährigen Weimarer Periode eine Kombination aus Bürokratie und Poesie, doch mit dem Privileg von für ihn günstigen Zufälligkeiten (Patriziersohn und Kopfausstattung), während Valery alleine über die Arbeit sowohl seine Existenz bestritt als auch zu großem Ruhm gelangte. In seinen "Noten zur Literatur" hat Adorno dem qua Arbeit zum Universalgenie aufgestiegenen Valery den Kunstessay "Der

Artist als Statthalter" gewidmet. Valerys kristalline Sprache wird von Adorno dabei sehr bewundert: *"Neid erregt Valerys Fähigkeit, die subtilsten und schwierigsten Erfahrungen spielerisch, schwerelos zu formulieren"* (15/S. 178). Valery hat sich als einer der ganz wenigen universellen Spezialisten erwiesen und sein prosaisches und lyrisches sowie zeitgeistdiagnostisches Können hart "erleistet": *"Die Vorstellung, die Technik einer Kunst völlig zu beherrschen, dereinst in der Lage zu sein, über ihre Mittel ebenso sicher und mühelos verfügen zu können, wie man über den normalen Gebrauch seiner Sinne und Glieder verfügt, gehört zu jenen Wunschbildern, auf die gewisse Menschen mit einer unendlichen Beharrlichkeit, unendlichen Aufwendungen, Übungen, Qualen reagieren müssen"* (15/S. 148 f.).

In Valerys Ästhetik waltet so etwas wie eine Metaphysik der Bürgerlichkeit, an deren epochalem Ende zur letzten Jahrhundertwende er sie von all ihrer Unehrlichkeit reinigen möchte: *"Er setzt die Antithese zu den anthropologischen Veränderungen unter der spätindustriellen, von totalitären Regimen oder Riesenkonzernen gesteuerten Massenkultur, die die Menschen zu bloßen Empfangsapparaten, Bezugspunkten von conditioned reflexes reduziert und damit den Zustand blinder Herrschaft und neuer Barbarei vorbereitet. Die Kunst, die er den Menschen, wie sie sind, entgegenhält, meint Treue zu dem möglichen Bilde vom Menschen ... Sich nicht verdummen, sich nicht einlullen lassen, nicht mitlaufen: das sind die sozialen Verhaltensweisen, die im Werk Valerys sich niedergeschlagen haben, das sich weigert, das Spiel der falschen Humanität, des sozialen Einverständnisses mit der Entwürdigung des Menschen, mitzuspielen. Kunstwerke konstruieren heißt ihm: dem Opiat sich verweigern, in das die große sinnliche Kunst seit Wagner, Baudelaire und Manet sich verwandelt hat; die Schmach abzuwehren, welche die Werke zu Medien und die Konsumenten zu Opfern psychologischer Behandlung macht"* (15/S. 192 + 193).

Durch seine Arbeit und durch seine passive Aktivität, so Adorno, wird der Künstler zum Statthalter des gesellschaftlichen Gesamtobjekts. Die Kunst, die in der Konsequenz von Valerys Konzeption zu sich selbst kommt, würde Kunst selber übersteigen und sich erfüllen im richtigen Leben der Menschen.

Manhattan, Valerys Pariser Cité und die Frankfurter City können durch ihre Sogwirkung viele Individuen zu solchen Kunst-Leben animieren, wenn sie nur den Mut und die Kraft aufbringen, sich aus allen Riten und Konventionen zu befreien und für sich die Entscheidung zu fällen, zumindest mental von der

Geworfenheit zum Entwurf hinüberzugehen und auch anderen diese anthropologische Metamorphose nahezulegen.

Ein weiterer ausführlicher Text von Adorno über Valery beschäftigt sich mit seinen "Abweichungen", einem Phänomen, das ja auch den Protagonisten der neuen Musik nachgesagt wird, und zwar in einer Qualität, die sie bis hin zu dadaistisch veranlagten Geisteskranken stigmatisiert. Valery hat es da etwas einfacher, ingesamt als emanzipativ und integrationsorientiert eingeschäftzt zu werden, weil er in seiner Kombination aus hauptamtlicher Bürotätigkeit und nebenamtlicher Schriftstellerei selbst ein anthropologisches Programm der relativen Mitte darstellt, in der Adorno auch konservative und reaktionäre Elemente erklärt, die Valery insbesondere von der französischen Avantgarde und den Surrealisten nachgesagt werden, die bei ihm offensichtlich eine Ausgeglichenheit und mentale Souveränität sowie Stabilität erkennen, die sie bei sich selbst wohl vermissen. Politisch ist Valery ähnlich einzuschätzen wie der Thomas Mann, der die "Betrachtungen eines Unpolitischen" schrieb, verbunden mit einem Karl Kraus: *"Politik ist die Kunst, die Leute daran zu hindern, sich um das zu kümmern, was sie angeht"* (16/S. 45).

Valery habe ich deshalb in die Phalanx der Anthropologien der Befreiung nach 1968 aufgenommen, weil in den letzten fünfundzwanzig Jahren immer stärker und heute signifikant zumindest eine große Minderheit in den Insitutionen und Unternehmen arbeitet, die doch annäherungsweise eine Ästhetik vertritt und lebt, die sich der dort geforderten Linearität verweigert, trotzdem voll mitarbeitet und sich ansonsten als entworfen und nicht als geworfen bewegt. Was in Valerys Literatur steckt, bedeutet heute in vielen Köpfen, vor sich selbst eine eigenständige Lebensfähigkeit nachzuweisen: *"Denn über seine Bücher ist nicht Progressives und Regressives ausgestreut, sondern das Progressive wird dem Regressiven abgezwungen und transformiert dessen Schwerkraft in den eigenen Elan"* (16/S. 46).

Die Vernichtung der Autorität des Traditionalen zugunsten der subjektivistischen Übersteigerung sensualistischer Couleur wie bei Wagner oder Baudelaire ist nicht die Sache von Valery, der in seiner künstlerischen Produktion keinerlei Flausen duldet. Bei Valery ist der Geist so gestählt, daß er jederzeit seinem Geheimnis ins Auge sehen kann, so Adorno, so daß die Rationalität jederzeit die Irrationalität kontrolliert, ohne sie als heranzuziehendes

Menschheitsmuster abzulehnen oder zu ignorieren: *"Hier ist man gewohnt, den Rationalismus dem Fortschritt zuzurechnen und den Irrationalismus, als romantisches Erbe, der Restauration. Bei Valery aber ist das traditionelle Element eins mit dem Cartesianisch-rationalistischen, und irrationalistisch die Selbstkritik des Cartesianismus. Das rational-konservative Moment bei Valery ist das herrisch-zivilisatorische, die deklarierte Verfügung des autonomen Ichs übers Unbewußte"* (16/S. 63).

Valery schüttelt die Träume ab, ist hellwach, ist sich selbst in seiner universellen Aufmerksamkeit seine eigene Droge und weiß um die Tatsache, daß Wissenschaft und Empirie das Gewissen der Vernunft und des gesunden Menschenverstandes zerstört haben. Er selbst lebt als Plädoyer für das Kantische Verhängnis: *"Mit dem Einwand des gesunden Menschenverstandes weicht der Mensch vor dem Unmenschlichen zurück, denn im gesunden Menschenverstand liegt nichts als der Mensch, seine Vorfahren, die Maßstäbe des Menschen und die menschlichen Fähigkeiten und Beziehungen. Doch die Forschung und selbst die Mächte rücken vom Menschen ab. Die Menschheit wird sich daraus retten, so gut sie kann. Die Unmenschlichkeit hat vielleicht eine große Zukunft"* (16/S. 65).

Da der Staat als Institution keine Verbesserung des guten Lebens im Auge hat, sondern nur auf Kosten des zivilisatorischen Gemeinwohls seine Herrschaftsinteressen manifestiert, hat er keine Chance, sich bei Valery sympathisch zu machen. Seine Aversion gegen die verwaltete Welt könnte wiederum von Karl Kraus kommen und verdeutlicht einmal mehr eine gewisse Nähe zu deutschen Traditionen, die Valery ja nachgesagt wurde: *"Der Staat ist ein riesengroßes, furchtbares und schwaches Wesen. Ein Zyklop von berüchtigter Kraft und Ungeschicklichkeit, das mißgestaltete Kind der Gewalt und des Rechts, die es aus ihren Widersprüchen gezeugt haben. Er lebt nur dank den unzähligen Männlein, die linkisch seine trägen Hände und Füße bewegen, und sein großes Glasauge sieht nur Pfennige und Milliarden. Der Staat ist jedermanns Freund und jedes Einzelnen Feind"* (16/S. 66).

Ein großer Satz, den Adorno da als Schlußsatz dieser Übernahme zitiert, denn er zeigt in fulminanter Klarheit, wie sehr der Staat die Wähler begehrt und die Bürger verachtet, wie sehr er die Steuern zahlende und Ärzte aufsuchende geworfene Masse will und den auch für Genüsse lebenden Ästheten verfolgt.

Eine große Passion von Valery ist der Impressionismus in seiner Profession als Verewigung des Augenblicks in künstlerischen Verfahrensweisen, die zur obersten Tugend des Geistes Geistesgegenwart erheben. Walter Benjamin oder Alfred Edel treffen sich sicherlich mit Paul Ambroise Valery, wenn es darum geht, als Genie am Augenblick zu hängen und die Formel "Zeit ist Geld" zu verachten: *"Das äußerste Gegenbild dieser Idee ist der bürgerliche Begriff der abstrakten Arbeitszeit, nach der die Waren sich tauschen lassen ... Ziel ist Reifung, Einteilung, Ordnung, Vollendung. Die Zeit schafft den Wein und die Güte des Weins, solcher Weine, die sich langsam verändern und die man trinken soll, wenn sie ein bestimmtes Alter erreicht haben, wie eine Frau eines bestimmten Typus ihr Alter hat, das man abwarten muß oder nicht verpassen darf, um sie zu lieben. Dieselben großen Nationen, denen der verfeinerte Sinn fehlt für die reiche Zusammensetzung der Weine, für das verborgene Gleichgewicht ihrer Qualitäten, für die Jahre, die sie brauchen und für die, die für sie ausreichen, haben auch jene unmenschliche Zeitgleichung eingeführt und der Welt aufgenötigt. Ihnen fehlt auch der Sinn für Frauen und für die Nuancen der Frauen ... Eindringlicheres ist selten zur Verteidigung des verurteilten Europa gesagt worden. Zeitbewußtsein konstituiert sich zwischen den Polen der Dauer und des hier und nun; was droht, kennt beides nicht mehr, die Dauer wird kassiert, das Jetzt vertauschbar, fungibel"* (16/S. 72 + 73).

Das fordistische Zeitalter etwa zwischen 1860 und 1980, das in Deutschland und in verheerender Konsequenz auch in Europa alle Zeitqualitäten unheilvoll durcheinandergewirbelt hat, ist in Kombination mit unserer vollkommen amorphen Geschichte der Motor aller Zeitturbulenzen gewesen. Nach Goethe sind eigentlich in Deutschland im zivilisatorischen Raum keine Gedichte mehr zelebriert worden, weil bösartige Motoren und Maschinen in vielen Köpfen der Staatsoberen und in den Fabriken verspätet und zeitaberrativ angesprungen sind, die nur mißratene Schrittfolgen hervorrufen konnten. Schon wieder gibt es viele Interessenten, die Valerys spirituelle Idee von Leben und Arbeit als hohes Fest torpedieren!

Die seit 1968 wirksamen "Befreiungsformen" lassen sich von der Politik über die Kunst und die Musik bis hin zu den Lebensstilen und den Individualqualifikationen aufzeigen, die allesamt zu erheblich mehr Mündigkeit, Selbstverwirklichung und Verhandlungsmacht geführt haben und die Horizontausstattung der jüngeren Generationen gegenüber den völkisch erzogenen

Älteren und Alten einer grundlegenden Metamorphose unterzogen haben. Zum Abschluß des Kapitels zu den Anthropologen der Befreiung möchte ich nun die unmittelbaren Ereignisse und deren Repräsentanten behandeln, die für Paris, Frankfurt und Berlin bedeutende Beiträge geleistet haben, in personas Herbert Marcuse und Henri Lefebvre.

Marcuse kam ja anläßlich der deutschen Ereignisse aus Amerika, um hier als Leitfigur neben Adorno und Dutschke den Protest in die richtigen Bahnen zu lenken. Sein Essay "Versuch über die Befreiung" schrieb Marcuse vor den Pariser Ereignissen des Mai und Juni 1968 und versah ihn kurz darauf noch in einer zweiten Auflage mit einigen Fußnoten zu den umstürzlerischen Geschehnissen. Für Herbert Marcuse bedeuten die Revolten im Frühjahr 1968 unabhängig von ihrer nachträglichen Bewertung vor der Geschichte auf jeden Fall einen Wendepunkt, denn mit der Verkündung der neuen großen Erziehung und der großen Verweigerung erhält die traditionelle auf Kontinuitäten setzende Kultur auf jeden Fall einen Bruch durch die Rebellen: *"Wieder haben sie ein Gespenst erweckt (und diesmal ein Gespenst, das nicht nur die Bourgeoisie, sondern alle ausbeuterischen Bürokratien heimsucht): das Gespenst einer Revolution, welche die Entwicklung der Produktivkräfte und eines höheren Lebensstandards den Erfordernissen unterstellt, Solidarität für die menschliche Gattung herbeizuführen, Armut und Elend jenseits aller nationalen Grenzen und Interessensphären abzuschaffen und Frieden zu verwirklichen. Mit einem Wort: sie haben die Idee der Revolution dem Kontinuum der Unterdrückung entzogen und sie mit ihrer wahren Dimension verknüpft - der von Befreiung"* (17/S. 12).
Die radikale Weigerung gegenüber dem Establishment von 1968 läßt sich im Frankfurter Quintär des Jahres 1994 kaum noch feststellen, da es dem Kapitalismus gelungen ist, sich über seine mediale Ausdehnung dahingehend selbst zu stabilisieren, als er mittlerweile ein prozentual sehr umfangreiches Kontingent an etablierten Arbeitsplätzen bereitstellt, an dem auch die Alt-68er in Massen partizipieren.
Trotz der Tatsache, daß die von Marcuse geforderte neue Praxis des Bruchs mit dem Wohlvertrauten, dem routinierten Wissen des Sehens, Hörens, Fühlens und Verstehens der Dinge, so daß der Organismus für die potentiellen Formen einer nicht-aggressiven, nicht-ausbeuterischen Welt empfänglich werden kann, nicht in nennenswerter Zahl und ausreichender Qualität stattgefunden hat, kann aber doch konstatiert werden, daß durch die post-moderne und post-fordistische

sowie mediale und kommunikationselektronische Entwicklung der Weltwirtschaft in den vergangenen Dekaden die Jugend Europas und vor allem Deutschlands voll am Sog des Wertewandels hin zu unsoldatischeren, genüßlicheren und weicheren anthropologischen Lebensvorstellungen und Lebensprozessen teilnahm. Die Möglichkeiten zu einer besseren Ausbildung, totalem Konsum und weltweiten Reisen sind für einen so großen Teil Wirklichkeit geworden, daß eine politische Intellektualisierung des Ausmaßes der sechziger Jahre nicht mehr genügend Ansprechpartner findet. Der korporative Kapitalismus hat durch seine Erfassungserfolge zwar tatsächlich zumindest die Großstadtkirchen weitgehend entleert und so der Obszönität der kirchlichen Würdenträger ein Schnippchen geschlagen, aber er hat natürlich auch in Teilen ein Wertevakuum hinterlassen, weil Moden an die Stelle der Werte getreten sind.

Schon 1968 hat Herbert Marcuse geahnt, daß die Arbeiterschaft wohl doch nicht ihre Rolle als revolutionärer Träger spielen könnte:
"Kraft ihrer Stellung im Produktionsprozeß, aufgrund ihres zahlenmäßigen Gewichts und des Umfangs der Ausbeutung ist die Arbeiterklasse noch immer der geschichtliche Träger der Revolution; durch ihre Teilnahme an den stabilisierenden Bedürfnissen ist sie eine konservative, ja kulturrevolutionäre Kraft geworden" (17/S. 33).

Zehn Jahre nach dem Tode von Marcuse war es die DDR-Arbeiterschaft, die ein sozialistisches Regime maßgeblich zu Fall gebracht hat, währenddessen im Westen das dahinschwindende Arbeitermilieu immer traditionsloser wird und sich zumindest in Großstädten wie München, Frankfurt, Köln oder Hamburg an den Lebensstil der Angestellten annähert respektive ihn schon kopiert. Studenten und Arbeiter also scheiden als revolutionäre Kraft aus, Ghetto-Bewohner noch nicht, wie der Aufstand in Los Angeles im Frühjahr 1992 erwies, wo wie in allen anderen Millionenstädten und Megapolen dieser Welt riesige Potentiale an Ausgegrenzten und sozial nicht mehr Bedienbaren eine Existenz fristen, die zu Aufständen oder zu Migrationsbewegungen größeren Ausmaßes wahrlich Anlaß gibt. Revolten sind also in der Zukunft nur noch für den Kapitalismus denkbar, nicht gegen ihn, und die Tigerstaaten in Asien beweisen, daß die gesuchte Gesellschaftsform durchweg der Kapitalismus in seinen unterschiedlichen weltterritorialen Ausprägungen ist.

Abgesehen vom Orient, wo es immer noch um Fundamentalismen und Ideologeme geht, scheint sich aus der Sicht der Zivilisationen ein weltweiter Kampf um die beste Ästhetik des Lebens auszubreiten, der Menschenbewegungen verursacht, die die Nationalregierungen zu neofaschistischen Maßnahmen veranlaßt und die Blockbildung innerhalb der Weltgemeinschaft fördert. In der Befreiung der Zivilisation von den permanenten Knechtschaftsversuchen der sich national und international in ihrer rigiden Autorität bemerkbarer machenden Super-Institutionen (Vatikan, Pentagon, UNO, EG, Notenbanken) liegt unverändert die Aktualität von Marcuses neuer Anthropologie: *"Kraft dieser Qualitäten kann die ästhetische Dimension als eine Art Eichmaß für eine freie Gesellschaft dienen. Eine Welt menschlicher Verhältnisse, die nicht mehr durch den Markt vermittelt sind, nicht mehr auf wettbewerblicher Ausbeutung oder Terror beruhen, erheischt eine Sensitivität, die von den repressiven Befriedigungen der unfreien Gesellschaften befreit ist; eine Sensitivität, die für jede Formen und Eigenschaften der Wirklichkeit empfänglich ist, die bislang nur mittels ästhetischer Phantasie entworfen wurden. Denn die ästhetischen Bedürfnisse haben ihren eigenen sozialen Gehalt; sie sind Ansprüche des menschlichen Organismus, Geistes und Körpers auf eine Erfüllung, die nur im Kampf gegen die Institutionen erzielt werden kann, die durch ihr Funktionieren diese Ansprüche verneinen und verletzen. Der radikale gesellschaftliche Gehalt der ästhetischen Bedürfnisse wird offenkundig, wenn das Verlangen nach ihrer elementarsten Befriedigung in eine Gruppenaktion größeren Ausmaßes ersetzt wird"* (17/S. 48 + 49).
Die Präsenz aller Welten in der Welt über das Fernsehen hat sicherlich auch einen Beitrag zum globalen Phänomen einer neuen Wahrnehmung geführt, das die Menschen sensibler für gravierende Unterschiede und deren Beseitigung machte!

Über das Recht wird es ausführlich im abschließenden Kapitel der Frankfurter Schulen gehen, wenn Jürgen Habermas und sein Buch "Faktizität und Geltung" auf dem Programm steht, wo eine Diskurstheorie des Rechts und des demokratischen Rechtsstaats entwickelt wird. Um Rechte, weniger um noch mehr Pflichten, ging es auch 1968: *"Es ist die alte Geschichte: Recht steht gegen Recht - das positive, kodifizierte, durchsetzbare Recht der bestehenden Gesellschaft gegen das negative, ungeschriebene, nicht durchsetzbare Recht der*

Transzendenz, die wesentlich zur Existenz des Menschen in der Geschichte gehört; das Recht, auf einer weniger kompromittierten, weniger schuldigen und weniger ausgebeuteten Menschheit zu bestehen. Die beiden Rechte müssen so lange in heftigem Konflikt liegen, wie die etablierte Gesellschaft zu ihrem Funktionieren von Ausbeutung und Schuld abhängt. Die Opposition kann diesen Zustand nicht durch eben die Mittel ändern, die ihn schützen und erhalten. Darüber hinaus gibt es nur das Ideal und die Sorgfalt; und diejenigen, die für ihr strafbares Handeln ein Recht beanspruchen, müssen sich für ihre Handlungsweise vor dem Tribunal der bestehenden Gesellschaft verantworten. Denn weder Gewissen noch Engagement für ein Ideal können den Umsturz einer etablierten Ordnung legalisieren, welche festlegt, was Ordnung ist, oder gar die Störung des Friedens legalisieren, welcher der Frieden der etablierten Ordnung ist. Ihr allein steht das gesetzlich verbriefte Recht zu, den Frieden abzuschaffen und das Töten und Schlagen zu organisisieren" (17/S. 107).
New York, Paris und Frankfurt sind aufgrund ihrer Geschichte und Geographie glücklicherweise in der Lage, nicht in dieser schicksalshaften Dialektik von vorgegebenem und gewünschtem Recht mitspielen zu müssen, weil sie über einen zivilisatorisch determinierten City-Raum verfügen, der als eigene "lex", sozusagen als Kap der guten Hoffnung, Befreiung produziert und bürokratisch oder institutionell noch nicht einmal annäherungsweise wirklich kontrollierbar ist.

Die Jugend, die Neger und die Promiskuitiven hat Marcuse als Pole der Befreiung erkannt und liegt damit bis heute richtig, wenn man sich unter den aktuellen Gesichtspunkten den Frankfurter City-Raum anschaut. In dem Maße, wie immer noch mehr Ethnien die Stadt aufsuchen und Etablierte ins Umland ziehen, ist Frankfurt immer jugendlicher geworden. Allerdings handelt es sich um die Dienstleistungsjugend, die immer mehr City-Räume für ihre hedonistischen Ambitionen besetzt und mittlerweile auch die Kaiserstraße und die südliche City langsam okkupiert. Nach Maßgabe von Herbert Marcuse sind diese Massen-Yuppies im wesentlichen befreit. Ganz gut dürfen sich auch die etwa 50 % ausländischen Mitbürger fühlen, die sich in den innerstädtischen Bezirken ausgebreitet haben oder aufgrund geschäftlicher oder touristischer Ambitionen für sehr hetero-ethnische Straßenbilder sorgen.
Die Prostituierten haben schon lange ihre Areale in der Breiten Gasse sowie in der Mosel- und Elbestraße, die Homosexuellen dürfen jetzt auch in der nordöst-

lichen City ein Quartier ihr eigen nennen. Geistig ist zumindest Frankfurt schon sehr gesund und befreit, das ästhetische Prinzip ist zum realistischen Prinzip geworden: Freiheit und Notwendigkeit befinden sich über 24 Stunden gesehen in der Frankfurter City in einem Balanceakt, der alle Extreme durch eine schon ziemlich einmalige ungeschriebene Kooperation aller Individuen zu vereinigen weiß!

Was Adorno und Marcuse im Kontext von 1968 für Frankfurt bedeuten, sind Sartre und Lefebvre für den Pariser Mai 1968. Henri Lefebvre möchte ich zum Abschluß dieses Abschnitts zu den Anthropologien der Befreiung thematisieren, und zwar mit seiner Theorie der Revolution in den hochindustrialisierten Ländern am Beispiel des "Aufstands in Frankreich", was immer gleichbedeutend mit Paris ist: *"Frankreich ist das Land, wo die geschichtlichen Klassenkämpfe mehr als anderswo jedesmal bis zur Entscheidung durchgefochten werden, wo also auch die wechselnden politischen Formen, innerhalb deren sie sich bewegen und in denen ihre Resultate sich zusammenfassen, in den schärfsten Umrissen ausgeprägt sind. Mittelpunkt des Feudalismus im Mittelalter, Musterland der einheitlichen ständischen Monarchie seit der Renaissance, hat Frankreich in den großen Revolutionen den Feudalismus zertrümmert und die reine Herrschaft der Bourgeoisie begründet in einer Klassizität wie kein anderes europäisches Land. Und auch der Kampf des auftretenden Proletariats gegen die herrschende Bourgeoisie tritt hier in einer, anderswo unbekannten, akuten Form auf"* (18/S. 92).

1789, 1871 und 1968 sind die großen Metamorphosedaten der französischen Geschichte, die eine Geschichte des politischen Selbstbewußtseins der jeweiligen Pariser Zivilisation und ihrer als veränderungsbedürftig empfundenen gesellschaftlichen Faktizität darstellt, aus der heraus neue Geltungsgrößen errungen werden müssen. Henri Lefebvre sieht als Ausgangspunkt für den Aufstand von 1968, der vom heutigen Frankfurter Multi-Kultur-Stadtrat Daniel Cohn-Bendit entscheidend vorangetrieben wurde, eine gegebene Situation der gravierenden Widersprüche zwischen Staat und Gesellschaft. Der Staat steht über der Gesellschaft, reicht aber nicht auf ihren Grund. Er ist keineswegs auf die Strukturen des Überbaus beschränkt, sondern will in gewissem Sinne das gesamte gesellschaftliche Leben erfassen. Die Institution Staat ist ein System politischer Macht, das die gesellschaftlichen Beziehungen des Kapitalismus impliziert, garantiert und kompromittiert.

Eine zerstörerische Bourgeoisie und ein rechter Hegel-Staat operieren mit offener und verborgener Macht, wobei sie die Ist-Strukturen der Gesellschaft zementieren und eine allseitige progressive Leere schaffen: *"Daher die Ereignisse und ihr unerwartetes Ausmaß, daher das, was wir sahen und dem die Analyse Rechnung tragen muß: der Zusammenbruch der Überbauten dieser Gesellschaft, die schon durch den Gebrauch und Mißbrauch der Macht mitgenommen waren; die sich innerhalb des illusorischen Zusammenhaltes des Systems schon aufgelöst hatten ... Von der Leere angezogen hat die Spontaneität die Leere ausgefüllt. Sie überschwemmt die Auflösungen, sie füllt die Trennungen. Auf der Straße, in den Hörsälen, in den Fabriken verschwinden heute die Zweiteilungen zwischen Aktivität und Passivität, zwischen privatem und gesellschaftlichem Leben, dem Alltagsleben und dem politischen Leben, zwischen Fest und Arbeit, zwischen dem Platz des einen und dem Platz des anderen, zwischen Gesprochenem und Ungeschriebenem, zwischen Handeln und Wissen ... Man versteht zu gut, daß in dieser paradoxen Lage die Macht sich fieberhaft bemüht, die von ihr geschaffene Leere zu füllen. Es war bisher ihre einzige schöpferische Aktivität ... Sie hat jede Partizipation vernichtet. Es lebe die Partizipation. Sie hat die Entscheidung monopolisiert. Es lebe der Volksentscheid! Sie hat das Parlament diskreditiert. Es lebe die parlamentarische Demokratie! Der zentralisierte Staat wird nun in die Hand nehmen, was ihn verneint und vom Wesen her anficht. Nicht ohne die Anfechtung zu verbieten. Aus der Aktion wird Agitation und Spektakel und daraus spektakuläre Agitation"* (18/S. 46 ff.).

Diese lange Übernahme von Henri Lefebvre ist nicht rein zufälliger Natur. Die sieben führenden kapitalistischen Nationen, die sich Anfang Juli 1994 zum 20. Weltwirtschaftsgipfel in Neapel eingefunden haben, kämpfen allesamt mit gravierenden innenpolitischen und ökostrukturellen Schwierigkeiten und verbreiten derzeit genau die staatsästhetische Leere, die der Pariser Stadtsoziologe als Ausgangspunkt für die Revolte von 1968 beschreibt, die im "Niemandsland" entstand, eine Metapher zugleich, die in den möglicherweise sehr migrationsträchtigen neunziger Jahren voll mit Leben erfüllt ist. Die Menschen erweisen sich letztlich wie die damalige Jugend als unreduzierbar. Was damals national von Bedeutung war, ist heute ein interkontinentales Problem: *"Die Anfechtung richtet sich gegen die Arbeitsteilung, gegen die soziale Festigung dieser*

Arbeitsteilung in einer bürokratischen Hierarchie" (18/S. 63). Weiter heißt es dann: *"Die Demonstrationen fanden auf der Straße statt. Auf der Straße manifestierte sich die Spontaneität: an einem von den Institutionen nicht besetzten sozialen Ort. Um sich dann auf die Institutionen auszudehen. Diese Besonderheit der Bewegung weist bereits darauf hin, daß wir es mit zum Teil neuen und originellen urbanen Phänomen zu tun haben"* (18/S. 67).

Das Versagen der Institutionen heute, daß von einer gerechten Arbeitsverteilung im Weltmaßstab bis zur Entscheidungsunfähigkeit von Kabinett und Ministerialbürokratien besonders in der Politsaison 1992/93 in Deutschland reicht, ruft eine permanent aktive Urbanik hervor, die sich angesichts der fehlenden Vorbilder nur in einer immer stärkeren zivilisatorischen Selbstermächtigungstendenz artikulieren kann. Am Ende der Bewegung, so Lefebvre, steht der Aufstieg des Urbanen!

1968 traf in Paris der Arbeiter den Studenten auf der Straße. 1994 treffen sich in Frankfurt der Yuppie und der Flaneur auf den City-Straßen, die heute ein maximales Mix aus Demonstrationen und Hedonismen beherbergen und ermöglichen. In einem bestechend klaren Kapitel, das "Die Mutation" als Überschrift trägt, sieht Lefebvre schon 1968 die Gegebenheiten von 1994: *"Verfolgen wir die Aufeinanderfolge der Ereignisse. Nanterre. Pariser Fakultät außerhalb von Paris. Nicht weit entfernt von der Defense (Geschäfts-Bürobuildings, ein System von Straßenunter- und Überführungen). Daraus wird gegen 1980 vielleicht ein urbanes Zentrum"* (18/S. 93).

Lefebvres Ahnung hat sich bestätigt, nur noch ein Jahrzehnt später als von ihm eingeschätzt: Obwohl Paris über eine Cité verfügt, die nahezu exakt die gleiche Quadratkilometerzahl aufweist wie das heutige Frankfurt, ist die Defense heute, bestückt mit einem der Mitterrandschen "Grand Projets" als ein gleichberechtigtes Zentrum im Vergleich mit den großen historischen Arealen und Stadtteilen, aber eben auch im Vergleich mit den Universitäten anzusehen. Die sagenhafte Kohärenz des heutigen Paris hat Intellekt, Geschichte und Postmoderne voll vereinnahmt und bietet viel Differentes ohne Frankfurter Extreme, sondern in einem cité-harmonischen Ganzen von großer Bedeutungskraft. Urbanik und Urbanistik sind mittlerweile hier so ineinander verschlungen wie wohl sonst nirgendwo auf der Welt. Die Konfrontation von 1968, als sich transgressive Milieus einem fast folkloristisch agierenden Staat gegenüberstanden, ist dadurch aufgehoben worden, daß die alte Haussmann-Cité des 19. Jahrhunderts durch eine ins 21. Jahrhundert weisende Modernität bereichert wurde und wird. Im Gegensatz zur von Lefebvre konstatierten Fähigkeit der damaligen Pariser Bewegung, zwischen Spiel und Gewalt, zwischen festivalisierter Urbanik und Guerilla-Militarismus zu oszillieren, eine auch heute Frankfurt immer mehr zuweisbare Fähigkeit, beweist das neue Deutschland das Gegenteil dazu!

4.3.3 Stadt, "lex" und Recht: "Faktizität und Geltung"
von Jürgen Habermas

Am Ende der stadt-soziologischen Spektralisierung der Frankfurter Schulen steht die Auseinandersetzung mit ihrem1994 noch an der Universität lehrenden Kopf, Jürgen Habermas, der nunmehr seit über dreißig Jahren, von seiner Habilitationsschrift "Strukturwandel der Öffentlichkeit" von 1961 bis zu seinen Beiträgen zur Diskurstheorie des Rechts und des demokratischen Rechtsstaates von 1992, genannt "Faktizität und Geltung", die Metamorphose von der ideologisch besetzten Kritischen Theorie bis zum radikalen fundamental-demokratischen Kommunikationskanon publizistisch betreibt und mit seiner fulminanten Rechtsphilosophie abgeschlossen hat.

Habermas ist heute zugleich, nachdem mit Leo Löwenthal auch der letzte Vertreter der alten Frankfurter Schule verstorben ist, mit der Definitionsmacht dessen ausgestattet, was prozedurale und unvermachtete universelle Kommunikation zwischen allen ideal daran beteiligten Akteuren bedeutet. Zugleich ist Jürgen Habermas der streitbarste Intellektuelle Deutschlands, der im Gegensatz zu Günter Grass in den achtziger und bisherigen neunziger Jahren nicht von einem vielseits zitierten seltsamen Verfall gezeichnet ist, sondern vielmehr 1980 mit der Thematisierung der Moderne als unvollendetes Projekt und der Entwicklung der Theorie des kommunikativen Handelns neue Wege beschritten hat, die jetzt in einer "Frankfurter Schule des Rechts" eingemündet sind, womit ihm gelungen ist, eine seit 1848 in Frankfurt bestehende besondere Tradition der staatsbürgerlichen und menschenrechtlichen Freiheiten in einem diskursiven Kompendium niederzuschreiben. Habermas schien zudem zu erahnen, was sich in der erbärmlichen politischen Saison 1992/1993 in Bonn ereignen würde, denn der Status des Bundesverfassungsgerichts als Ersatz-Kabinett und Kompensator der Entscheidungs- und Handlungsunfähigkeit des politischen Bonn und der Bundes- und Landesinstitutionen überhaupt gibt diesem im Juli 1992 fertiggestellten quintären Qutput eine wahrhaft historische Aktualität und Dimension. Ohne es vielleicht zu wollen oder bewußt so zu veranlassen, hat Habermas zugleich eine Flanerie des Rechts geschrieben, die auch das Ergebnis der vieltausendfachen Erfahrungswerte wäre, wenn er die Intention gehabt hätte, eine "lex" zu den Gegebenheiten des Frankfurter City-Raums zu schreiben, dessen Anthropos nun auf eine einzigartige Weise mit "Faktizität und Geltung" in den Kapiteln zu Zivilgesellschaft, Volkssouveränität, Menschenrechte, Staatsbürgerschaft und Autonomie rechts-ästhetisch und zivilisatorisch-mutativ ausgebreitet ist.

Leider fällt das Buch mit seinem Erscheinen in der ersten Hälfte der neunziger Jahre in einen Zeitraum, wo Deutschland sich laut Habermas und auch meiner schon in der Magisterarbeit thematisierten Mutmaßungen stündlich in seiner sonderbewußten Rolle generiert und deshalb als Rezipient für solche prozedurale Höhen derzeit ungeeignet ist. Die zu lesenden hämischen Bemerkungen, wohl nur in Frankfurt selbst könnte die Quintessenz der Rechtsdiskurse hier und da bei der Behandlung der Fakten Anwendung finden, hat wohl ihre Berechtigung angesichts der institutionellen Zerfallserscheinungen, die sich im überregulierten, über-hierarchisierten und über-institutionalisierten Deutschland breitmachen, das sich momentan einer noch nicht dagewesenen Selbstzerfleischung aussetzt. In periodisch erscheinenden Interviews und Zeitungsberichten nimmt Jürgen Habermas auch zu dieser Sorte von Problemen beständig und aufrichtig Stellung!

Vor der Behandlung von "Faktizität und Geltung", einem diskursiven Kompendium zur insbesondere angloamerikanischen und deutschen Rechtstradition Frankfurter und Karlsruher Provenienz, möchte ich einige andere Momente aus dem Habermannschen Wissenschafts- und Meinungswerk vorschalten, die mir für den Kontext, um den es hier geht, nämlich den Zusammenhang aus Stadt, "lex" und Recht, wichtig erscheinen. Um eine Diskurstheorie des Rechts zu entwickeln und Rechtsdiskurse zu führen, ist ein sehr hohes Level an Kommunikationsfähigkeit die Voraussetzung, die auch noch idealerweise alle Akteure beherrschen sollten. Die prozedurale Diskursperspektive steht am Ende eines über Jahrhunderte sich ziehenden Mündigkeitsprozesses, dessen letzte Höhen eine kontinuierlich demokratische Geschichte verlangen, die England, Frankreich und die USA einigermaßen vorweisen können, Deutschland jedoch sicherlich nicht.

In seinem 1988 erschienenen Ergänzungswerk "Moralbewußtsein und kommunikatives Handeln" als Weiterentwicklung der "Theorie des kommunikativen Handelns" unterscheidet Jürgen Habermas zwischen präkonventionellen, konventionellen und postkonventioinellen diskursiven Handlungstypen, die mit sich steigernden Niveaus von Interaktionsstufen, Sozialperspektiven und

Moralstufen einhergehen, also einen universellen alle Gesellschaftsbereiche verlangenden und von demokratischen Institutionen gewollt getragenen prozeduralen und nicht nur formalen Pluralisierungsvorgang erwarten. Seine tabellarische Auflistung (19/S. 176 f.) beginnt auf der bis heute millionenfach deutsch-typischen Stufe der Autorität von Bezugspersonen, der gegenüber ihnen im Sinne von Befehl und Gehorsam zu zeigenden Loyalität und einer Motivation, die nach der Orientierung Belohnung/Bestrafung vonstatten geht. Dieser präkonventionelle autoritäre Charakter, der im wiedervereinigten Deutschland amtsoffiziell wieder forciert produziert wird, würde auf der konventionellen Stufe von der normengeleiteten Interaktion abgelöst werden, die auf die reine Interessen- und Machtartikulation folgt und dem Diskurs vorausgeht, der eine Verständigung aller über alles vor dessen Geltendmachung voraussetzt. Motivational dominiert das Verhältnis von Pflicht versus Neigung, das in sozial generalisierte Verhaltensmuster eingebettet ist und innerhalb der sechs Stufen des moralischen Urteils die Mitte darstellt, die in einer wahrhaften Demokratie für das absolute Gros der Bevölkerung die anzustrebende umgangsästhetische Größe sein sollte. Erst auf der postkonventionellen Stufe des Diskurses, wo eine Integration von Sprech- und Weltperspektive die ideale Dimension der Erfassung von Problemen und Werten darstellt, können Regeln zur Überprüfung von Prinzipien und Verfahren der Normenbegründung entwickelt werden, die in ihrer begrifflichen Motivation jetzt zwischen Autonomie und Heteronomie changieren. Mit den Perspektiven von Partizipation und Prozedur erreicht die Gerechtigkeitsvorstellung durch die Orientierung an Prinzipien und Verfahren der Normenbegründung die beiden höchsten Stufen des moralischen Urteils (5 + 6), wobei jetzt der Begriff der Autorität auf der sublimen Ebene der idealen versus der sozialen Geltung definiert ist. Damit haben wir zwar wieder wie auch etwa bei Adorno oder bei Schiller den Staat des schönen Scheins, der nur durch elitäre Zirkel modelliert und praktiziert werden kann, doch leben die kommunikativen Figuren von Jürgen Habermas aus der Verankerung in der zivilen Lebenswelt und nicht von den szientistischen Reduktionen seines Bielefelder Kontrahenten Niklas Luhmann, gegen den er sich in "Faktizität und Geltung" für eine sozio-ästhetisch interagierende Zivilisation und gegen die Staats-Geltung erhebt!
Wesentlich inspiriert hat Jürgen Habermas bei der Konstituierung seiner Rechtsphilosophie die Beschäftigung mit John Rawls, einem 1921 geborenen

amerikanischen Rechtstheoretiker, der bereits 1971 eine Theorie der Gerechtigkeit entwickelte, aus der schließlich zwischen 1978 bis 1989 diverse Aufsätze zur Idee des politischen Liberalismus entsprangen, die seit 1992 auch bei Suhrkamp in deutscher Übersetzung vorliegen. Rawls steht somit auch für die "westernization", die Jürgen Habermas sowohl für die deutsche Entwicklung zwischen 1968 und 1993 als herausragend würdigt als auch selber mit "Faktizität und Geltung" entscheidend forciert. Einzelne Elemente der Theorie von Rawls, die eine weltweite rechtsphilosophische Diskussion auslöste, werden später bei der eigentlichen Behandlung der Habermasschen Rechtsdiskurse aufgeführt. Im Rahmen eines Seminars zu Rawls von Jürgen Habermas im Sommersemester 1993 wurde anhand eines Papieres auch seine Position zum Guten erörtert, das die Aura der privaten Autonomie dann am besten definieren kann, wenn zuvor eine Verständigung zum Wahren als Inbegriff einer gelebten öffentlichen Autonomie stattgefunden hat. Ohne die höheren moralischen Kommunikationsebenen und ein abgeschlossenes Verfahren über das gute Leben mit der Beteiligung möglichst vieler Aktoren läßt sich keine zeitgenössische Rechtspraxis verwirklichen: *"Der Hauptgedanke ist der, daß sich das Wohl eines Menschen bestimmt als der für ihn vernünftigste langfristige Lebensplan unter einigermaßen günstigen Umständen. Ein Mensch ist glücklich, wenn er bei der Ausführung dieses Plans einigen Erfolg hat. Um es kurz zu sagen, das Gute ist die Befriedigung vernünftiger Bedürfnisse. Wir wollen uns also vorstellen, daß jeder Mensch einen vernünftigen Lebensplan hat, der seinen Verhältnissen Rechnung trägt. Er soll zur harmonischen Erfüllung seiner Interessen führen. Er ordnet die Tätigkeiten so, daß sich verschiedene Wünsche ohne gegenseitige Behinderung erfüllen lassen. Man kommt zu ihm durch Verwerfung anderer Pläne, die entweder geringere Erfolgswahrscheinlichkeit haben oder keine so umfassende Verwirklichung von Zielen ermöglichen. Angesichts der gegebenen Möglichkeiten läßt sich ein vernünftiger Plan nicht mehr verbessern; es gibt keinen anderen Plan, der unter Berücksichtigung aller Gesichtspunkte vorzuziehen wäre"* (20).

Nun läßt sich trefflich darüber streiten, ob die Praxis unserer Bürokratien im Einklang mit dem Recht des guten Lebens für alle steht. Zwischen dem Wohl des einzelnen Bürgers und dem Wohlfahrtsstaat klaffen doch erhebliche Unterschiede. Ein Staat, dessen formale Präsenz er sich durch seine Bürger als Steuerzahler begleichen läßt, ohne selbst noch Verantwortung dafür zu tragen, daß seine Institutionen sich prozedural so artikulieren, wie man es der Wahrhaftigkeit verpflichteten Spitzenrepräsentanten umhängen darf, will offensichtlich das Glück seines Volkes durch die materielle Beglückung seines Apparates ersetzen und eine "lex Beamter" als oberstes Primat seiner Aktivitäten konstituieren. Wie Jürgen Habermas richtig bemerkt, läßt sich ein Rechts- und Sozialstaat auch ohne demokratisch titulierte Mega-Pseudo-Bürokratien in die Tat umsetzen, und dies ohne die gezielten Behinderungen und Demütigungen, die harmonische individuelle Lebenspläne vermeiden und die Befriedigung vernünftiger Bedürfnisse zugunsten einer rigiden und verfassungsaushöhlenden Staatsräson alltagsästhetisch verunmöglichen!

Die in "Faktizität und Geltung" von Jürgen Habermas vorgenommene Skizzierung des künftigen Staatsbürgers trifft voll in eine Phase, wo die Asylproblematik und die doppelte Staatsbürgerschaft im Rahmen der wachsenden Apathien gegen Andersaussehende und Andersdenkende in großem Maße thematisiert werden.

Am 2. Dezember 1992 veranstaltete der Fachbereich Rechtswissenschaften der Frankfurter Goethe-Universität ein Symposium unter dem Titel "Fremde. Andere und das Toleranzgebot des Grundgesetzes", an dem die Professoren Steinberg, Staff, Hassemer, Hess und Habermas teilnahmen. Jürgen Habermas, dessen Beitrag hier in der ZEIT vom 11. Dezember 1992 noch ausführlicher zu lesen war, konstatierte in seiner Ansprache, daß sich bei uns *"die Regulatoren und die Schwellenwerte, die in die Kreisläufe einer demokratischen Öffentlichkeit eingebaut sind, verändert haben. Heute tritt das Unsägliche, das ein Fünftel der Bevölkerung auch bisher gedacht haben mag, aber nicht öffentlich geäußert hat, über die Ufer. Dieses Phänomen der Schwellensenkung kann mit dem Versagen von Familie und Schule nicht erklärt werden. Nicht die Jugendlichen sind das Problem, sondern die Erwachsenen; nicht der Kern der Gewalt, sondern die Schale, in der sie gedeiht"* (21/S. 25).

Die Schale ist der sogenannte Rechtsstaat als Teil des Gesamtstaats, der gelinde gesagt in einer schweren Staatskrise verharrt, deren Beseitigung angesichts der total überwucherten Institutionalisierung von Land und Bundesländern aber ganz einfach nicht durchführbar ist. Von oben nach unten gibt es unverändert nur Befehle und kein Bemühen, Integration durch Diskurse zu erzeugen. Vielmehr, so Habermas, sind die Jungs vom Feuilleton mittlerweile bundesweit dahingehend aktiv, die Literatur der alten Bundesrepublik wie ein Abbruchunternehmen zu behandeln, wobei sie sich mit säbelrasselnden Ideen aus der jungkonservativen Mottenkiste ausstaffieren und es den 68er gewaltig besorgen: *"In den Straßen der deutschen Großstädte regt sich freilich Widerstand. Es ist, wie Klaus Hartung bemerkt, die linke und liberale Massenbasis, die seit der schmählich uminterpretierten Berliner Großdemonstration den halbherzigen und zweideutigen Reaktionen von oben ein Ende macht. Wie die jüngsten Demonstrationen zeigen, zieht die in den 80er Jahren herangereifte Protestkultur heute schon weitere Kreise. Der Mord an den drei Türkinnen in Mölln hat einen politischen Affekt ausgelöst, der unverkennbar ist: die Leute auf der Straße verteidigen die Standards eines in der alten Bundesrepublik eingeübten und halbwegs selbstverständlich gewordenen zivilen Umgangs miteinander. Die Bevölkerung ist besser als ihre Politiker und Wortführer. Ihr vielstimmiger Protest will die Zivilisierung der Bundesrepublik fortsetzen. Er steht, wenn ich mich nicht täusche, in der Kontinuität jener besseren Traditionen der alten Bundesrepublik, die allein aus der reflektierten Abwehr von einer heute wieder als vorbildlich beschworenen "Normalität" erwachsen konnten. Hinter den Särgen der rechten Gewalt scheint das republikanische Bewußtsein wieder wach zu werden"* (21/S. 289).

Die Lebenslüge der frühen Bundesrepublik (Adenauer: Wir sind jetzt alle Demokraten!) mußte einen sie bis heute begleitenden "Alarmismus" zur Folge haben. Jetzt, wo sich die zu neuen Ufern ausbrechenden Gewohnheitsrepublikaner breitmachen, muß sich zeigen, ob zumindest die Masse der Unterfünfzigjährigen bereit ist, die Toleranzgrößen des Grundgesetzes zu verteidigen. Die Tatsache, daß selbst München auf der Straße, im Olympiastadion und von Juli 1993 bis Mai 1994 kultur-stadtweit seiner "bewegten" Vergangenheit gedachte, gibt Hoffnung!

Nach diesem Vorlauf möchte ich nun zur eigentlichen Besprechung von "Faktizität und Geltung" unter dem Gesichtspunkt von Stadt, "lex" und Recht kommen. Jürgen Habermas setzt auch hier wie bei seinen Vorwerken auf das Gespräch als Gesetz der prozeduralen Demokratie, wobei die Vernunft trotz ihrer Desavouierungen mentale Quintessenz bleibt: *"Nach einem Jahrhundert, das uns wie kaum ein anderes die Schrecken existierender Unvernunft gelehrt hat, sind die letzten Reste eines essentialistischen Vernunftsvertrauens zerstört. Um so mehr bleibt aber die Moderne, die sich ihrer Kontingenzen bewußt geworden ist, auf eine prozedurale, und das heißt auch: auf eine gegen sich selbst prozessierende Vernunft angewiesen".* Schon zuvor nannte Habermas die unverzichtbare Ergänzung zum vernünftigen Handeln: *"Einen anarchischen Kern hat freilich jenes Potential entfesselter kommunikativer Freiheiten, von dem die Institutionen des demokratischen Rechtsstaats zehren müssen, wenn sie gleiche subjektive Freiheiten effektiv gewährleisten sollen"* (22/S. 10 + 11). Daraus folgt, daß das Phänomen Sozialismus unter rechtssoziologischen Prämissen wieder auflebt: *"Wenn man jedoch 'Sozialismus' als Inbegriff notwendiger Bedingungen für emanzipierte Lebensformen begreift, über die sich die Beteiligten selbst erst verständigen müssen, erkennt man, daß die demokratische Selbstorganisation einer Rechtsgemeinschaft den normativen Kern auch dieses Projekts bildet"* (22/S. 12).

Jürgen Habermas erkennt allseits die fehlende Sensibilität für die eigentlich gefährdete Ressource, nämlich eine in rechtlichen Strukturen aufbewahrte und regenerationsbedürftige gesellschaftliche Solidarität. Wenn schon nicht die formellen Strukturen gegeben sind, so gibt es meines Erachtens zumindest in den Kap-Städten Räume, die dazu geeignet sind, Solidarität zwischen allen Beteiligten zu gewährleisten, die auch nicht von Bürokratien und Institutionen absichtlich einem Zerstörungsversuch ausgesetzt sind. Offenbar ist also die zivilisatorische Anthropologie des originalen Frankfurter Stadtraumes wesentlich besser als die Praxis des institutionell vorgegebenen Rechts. In einer Stadt, wo alle Ethnien und Altersgruppen nicht nebeneinander existieren, sondern miteinander und milieudurchdrungen arbeiten, leben und wohnen, wie das Gallus als Stadtteil trotz aller singulären Konflikte, die aber wegen der fehlenden Eskalationsmasse nie ausarten, es ja täglich aufs neue demonstriert, scheint sich also so etwas wie eine eigene "lex" breitmachen zu können, die besser als die Gesetze und Rechtssprechungen ist, die in ihr vorgenommen werden und die sie deshalb als lex-ästhetisches Korrektiv in ihrer sozialen Auswirkung zu mindern weiß: *"Die kommunikative unterscheidet sich von der praktischen Vernunft zunächst dadurch, daß sie nicht länger dem einzelen Aktor oder einem staatlich-gesellschaftlichen Makrosubjekt zugeschrieben wird. Es wird vielmehr das sprachliche Medium, durch das sich Interaktionen vernetzen und Lebensformen strukturieren, welches kommunikative Vernunft ermöglicht ... Was derart in die Geltungsbasis der Rede eingelassen ist, teilt sich auch den übers kommunikative Handeln reproduzierten Lebensformen mit. Die kommunikative Rationalität äußert sich in einem dezentrierten Zusammenhang transzendental ermöglichender, strukturbildender und imprägnierender Bedingungen, aber sie ist kein subjektives Vermögen, das den Akteuren sagen würde, was sie tun sollen"* (22/S. 17 f).

Voneinander unabhängige, unvermachtete, ohne Choreographen agierende, sich von der Peripherie ins Zentrum bewegende Milieus, Szenen, Ethnien und Yuppiemassen kommunizieren alle zusammen unter der Asylgarantie der Frankfurter City ihre "lex", die sich nun nicht durch eine irgendwie logisch oder linear betriebene Formation auszeichnet, sondern als Vielheit singulär figurierter Sozialisationsformen zu einem quintären Rechtsbewußtsein gelangt, das deshalb die Grund- und Menschenrechte auch juristisch am besten aufrechterhält, weil es zivilisatorisch und damit unverbraucht und undeformiert zustandekommt. Hier liegt sicherlich ein großes Problem hinsichtlich der Übernahme der politischen und juristischen Liberalitätsfiguren von Rawls, auf den sich Jürgen Habermas immer wieder bezieht. Rawls *"Selbststabilisierung der gerechten Gesellschaft beruht also nicht auf Rechtszwang, sondern auf der sozialisatorischen Kraft eines Lebens unter gerechten Institutionen; ein solches Leben bildet nämlich die Gerechtigkeitsdisposition der Bürger aus und befestigt sie zugleich. Das alles gilt freilich nur unter der Prämisse, daß gerechte Institutionen schon bestehen"* (22/S. 81).

Letzteres ist aber nur in Rechtsgemeinschaften denkbar, die über Jahrhunderte als Ganzes in einer linearen Progressivität immer mehr sich verfeindernde Institutionen herausgebracht haben, die rechts-soziologisch und rechts-ästhetisch eine Einheit mit der Zivilisation bilden und sozusagen als integrative Mitte die Spannung zwischen der geltenden Faktizität und der geltend zu machenden Geltung aufheben. Die kleingliedrige und bis heute föderale Entwicklung in Deutschland steht hier frontal der amerikanischen Entwicklung entgegen, auch wenn die Relevanz des ja auf einer breiten Akzeptabilität arbeitenden Bundesverfassungsgerichts in Karlsruhe für Deutschland derzeit noch größer zu sein scheint wie die des Supreme Court für die USA. Gleiches gilt in ökonomischer Hinsicht für die Stabilitäts- und Geldschöpfungspolitik der beiden Notenbanken. Rawls Traum, daß jedermann gleiches Recht auf das umfangreichste System gleicher Grundfreiheiten haben soll, das mit dem gleichen System für alle anderen erträglich ist, hat sich alleine Frankfurt spätestens seit 1848 zivilisatorisch und Berlin als Geschenk der Teilung von

1961 bis 1989 erarbeitet. Der nunmehrige Patient Berlin muß weiterhin im Rahmen einer Tropf-Demokratie gefestigt werden, und Frankfurt muß mehr als je zuvor als Mitte die Balance im Kontext der um es herum tosenden allseitigen Wirrnis halten. Hier gilt das, was Rawls in seiner Theorie den "overlapping consensus" nennt, für das Gros seiner festen und transversalen Bevölkerung: *"The aim of political philosophy, when it presents itself in the public culture of a democratic society, is to articulate and to make explicit those shared nations and principles thought to be already latent in common sense; or, as it often the case, if common sense is hesitant and uncertain, to propose to it certain conceptions and principles to its most essential convictions and historical traditions ... Here (on the second stage) the idea of an overlapping consensus is introduced to explain how, given the plurality of conflicting comprehensive religious, philosophical and moral doctrins always found in a democratic society ... free institutions may gain the allegiance needed to endure over time"* (22/82 f).

Erst die mittlerweile deutschlandweit als "Kopiervorlagen" dienlichen "grünen" Institutionen Frankfurts wie das Drogenreferat, das Multikulturamt, das Frauenreferat oder das schwul-lesbische Kulturhaus, die Öko-Bank oder die im Sommer 1993 "grün" besetzt Stadtkämmerei sowie das ästhetisch exklusive Kindergartenbauprogramm dürfen als universal-überlappend gelten!

Nichtjuristen, aber dafür "lex"-Spezialisten aus Frankfurt dürfen sich das Recht nehmen, auch ein so epochemachendes Werk wie "Faktizität und Geltung" von Jürgen Habermas selektiv zu betrachten und die geeigneten Passagen mit den besten Horizonten in den hier ausgebreiteten Zusammenhang einzuarbeiten.

Die Chronologie des Aufbaus in der Habermansschen Rechtstheorie und Rechtsdiskurs- sowie Demokratieethik beginnt mit dem Recht als Kategorie der gesellschaftlichen Vermittlung zwischen Faktizität und Geltung, um dann soziologische Rechts- und philosophische Gerechtigkeitskonzepte zu erörtern. Die folgenden beiden Kapitel behandeln die Rekonstruktion des Rechts anhand des Systems der Rechte und der Prinzipien des Rechtsstaates. Über die Unbestimmtheit des Rechts und der Legitimität der Verfassungsrechtsprechung geht es über die deliberative Politik als Verfahrensbegriff der Demokratie zur Rolle von Zivilgesellschaft und politischer Öffentlichkeit, der sich am Ende des Hauptteils die Paradigmen des Rechts anschließen. Die dreiteiligen Vorstudien und Ergänzungen gehen über Recht und Moral anhand der Tanner Lectures von 1986 zur Volkssouveränität als Verfahren über (1988), um schließlich mit dem hochaktuellen Essay über Staatsbürgerschaft und nationale Identität aus dem Jahre 1990 zu schließen.

Um nun jedoch wieder Anschluß an die besondere Frankfurter Institutionenstruktur seit 1989 zu finden, so muß auch auf die besondere Frankfurter Öffentlichkeit eingegangen werden. Über dreißig Jahre nach seiner Habilitationsschrift zum "Strukturwandel der Öffentlichkeit" begibt sich Jürgen Habermas in die Fußstapfen von Norbert Elias und holt zugleich mit seinem siebten Kapitel zur Rolle von Zivilgesellschaft und politischer Öffentlichkeit die letzten drei Dekaden nach. Ob mit oder ohne tatsächliche Frankfurter Erfahrungen, im *"bürgerlichen Ungehorsam manifestiert sich das Selbstbewußtsein einer Zivilgesellschaft, die sich zutraut, wenigstens im Krisenfall den Druck einer mobilisierten Öffentlichkeit auf das politische System so zu verstärken, daß dieses sich auf den Konfliktmodus umstellt und den inoffiziellen Gegenkreislauf der Macht neutralisiert. Die Rechtfertigung dieses zivilen Ungehorsams stützt sich überdies auf ein dynamisches Verständnis der Verfassung als eines unabgeschlossenen Projekts. Aus dieser Langzeitperspektive stellt sich der demokratische Rechtsstaat nicht als ein fertiges Gebilde dar, sondern als ein anfälliges, irritierbares, vor allem fehlbares und revisionsbedürftiges Unternehmen, das darauf angelegt ist, das System der Rechte unter wechselnden Umständen von neuem zu realisieren, d.h. besser zu interpretieren, angemessener zu institutionalisieren und in seinem Gehalt radikaler auszuschöpfen. Das ist die Perspektive von Bürgern, die sich an der Verwirklichung des Systems der Rechte aktiv beteiligen und die, mit Berufung auf und in Kenntnis von veränderten Kontextbedingungen, die Spannung zwischen sozialer Faktizität und Geltung praktisch überwinden möchten"* (22/S. 463 f).

Diese zenitäre Passage, die so ziemlich alles beinhaltet, was an progressivem zivilisatorischen Rechtsbewußtsein und einem Willen zur Konstituierung der besten Rechtsgemeinschaft für ein ideell gutes Leben aller Aktoren derzeit denkbar ist, ist natürlich als Ziel aller Bemühungen zu sehen, wie man am besten verfaßt sein sollte. In Bonn fehlt jegliche Form von Öffentlichkeit dazu, um hier Fortschritte zu erzielen, in Frankfurt als Hort auch der deutschen systemkritischen Soziologie ist der Weg schon ziemlich gut bestellt, weil hier ethnische und damit juristische Kulturen der verschiedensten Farben ein bevölkerungs-souveränes Universalrecht mit interaktiven Dynamiken ausfüllen und somit stets metamorphosefähig bleiben! Ein Rechts- und Gesellschaftssystem ohne Verhaftung in der Lebenswelt führt unweigerlich zu einer Diskrepanz zwischen Institutionen und Intuitionen. Während von unten Vorstellungen artikuliert werden, kommen von oben eher Gedanken und konstruieren so ein elititisches System, das sich verselbständigt. Die Ignoranz des Zivilen zugunsten des Staatlichen hat leider in Deutschland eine unheilvolle Tradition, die sich derzeit in der Diskussion um die doppelte Staatsbürgerschaft, das kommunale Ausländerwahlrecht und die Möglichkeit von Volksentscheiden zeigt: *"Der erste Schritt zur Rekonstruktion der Bedingungen sozialer Integration führt zum Begriff der Lebenswelt. Den Bezugspunkt bildet das Problem, wie aus Konsensbildungsprozessen, die durch eine explosive Spannung zwischen Faktizität und Geltung bedroht sind, soziale Ordnung soll hervorgehen können ... Normalerweise stehen nur wenige Alternativen zur Verfügung: einfache Reparaturleistungen; das Dahingestelltseinlassen kontroverser Ansprüche mit der Folge, daß der Boden geteilter Überzeugungen schrumpft; der Übergang zu aufwendigen Diskursen mit ungewissem Ausgang und störenden Problematisierungseffekten; Abbruch der Kommunikation und Aus-dem-Feld-Gehen; schließlich Umstellung auf strategisches, am je eigenen Erfolg orientiertes Handeln. Die auf dem Nein-sagen-Können beruhende rationale Motivation zum Einverständnis hat gewiß den Vorzug einer gewaltlosen Stabilisierung von Verhaltenserwartungen ... Die kontinuierliche Beunruhigung durch Erfahrung und Widerspruch, Kontingenz und Kritik bricht sich in der Alltagspraxis an einem breiten, unerschütterlichen, aus der Tiefe ragenden Fels konsentierter Deutungsmuster, Loyalitäten und Fertigkeiten"* (22/S. 37 f).

In der Regel ist jedoch keine Elite daran interessiert, den Diskurs der Lebenswelt mit all ihren Interaktionen und Querschlägen, ihrer Vehemenz und Statusbewegung, auch noch zu fördern. Der lebensweltliche Kommunikationskreislauf wird jedoch, so Jürgen Habermas, immer dort, wo er auf die für umgangssprachliche Botschaften tauben Medien Geld und administrative Macht stößt, unterbrochen, denn diese Spezialkodes sind aus der reicher strukturierten Umgangssprache nicht nur ausdifferenziert, sondern auch ausgegliedert worden. Die Umgangssprache bildet zwar einen universalen Horizont des Verstehens; sie kann aus allen Sprachen im Prinzip alles übersetzen, aber sie kann nicht umgekehrt ihre Botschaften für alle Adressaten verhaltenswirksam operationalisieren. Für die Übersetzung in die Spezialcodes bleibt sie auf das mit den Steuerungsmedien Geld und administrative Macht kommunizierende Recht angewiesen: *"Das Recht funktioniert gleichsam als Transformator, der erst sicherstellt, daß das Netz der sozialintegrativen gesamtgesellschaftlichen Kommunikation nicht reißt. Nur in der Sprache des Rechts können normativ gehaltvolle Botschaften gesellschaftsweit zirkulieren; ohne die Übersetzung in den komplexen, für Lebenswelt und System gleichermaßen offenen Rechtskode, würden diese in den mediengesteuerten Handlungsbereichen auf taube Ohren treffen"* (22/S. 78).

Wenn also die rechtskontextuellen Geltungsansprüche der Lebenswelt sich eine Tür zur medialen Multiplikation und damit zur Breitenwirkung offenhalten wollen, dann müssen sie die Sprache des sogenannten elaborierten Codes zumindest partiell annehmen und ihre Vorstellung in Gedanken einer elitistischen Expertenkultur transferieren. Die jetzige Situation, die aus Pluralismus reinen Elitismus ohne Feedbacks nach unten macht, kann zivilisatorisch keiner Akzeptanz ausgesetzt werden. Ein Volk muß sich gute Vertreter wählen dürfen, nicht gewissenlose Abkassierer!

Lebenswelt und Alltagssprache, Zivilgesellschaft und Volkssouveränität, Staatsbürgerrolle und Verfaßtheit, "lex" und Autonomie, Kommuniktion und Geltung: Insbesondere dieser Kontext zieht sich als Mainstream durch die Rechtsphilosophie und Rechtssoziologie von Jürgen Habermas, der hier durch die Kombination aus amerikanischem Republikanismus und deutsch-demokratischem Normdenken den am stärksten internationalisierten und staats-befreitesten Stadtraum Deutschlands, eben den von Frankfurt, voll trifft, der sich so herrlich distinktiv in seiner Privatheit von der berufsverbeamteten Habitus-Obrigkeit deutsch-römischer Prägung absetzt und gerade deshalb von Rest-Deutschland so gehaßt und von der Rest-Welt so geschätzt wird, daß die EG-Verantwortlichen in den europäischen Nationalstaaten vorab praktisch definitiv beschlossen haben, daß das Europäische Währungsinstitut als Vorläufer der ab 1999 bei planmäßigem Maastricht-Verlauf ja erst endgültig operativ wirkenden Europäischen Zentralnotenbank in Frankfurt seine Arbeit aufnehmen wird. Damit könnte die "lex" dieser Stadt bis zum Ende der neunziger Jahre in ihrer einmaligen Kombination aus Geist und Geld, Offenheit und Disziplin, Arbeit und Kritik sowie Leistung und Genuß sowie Tageskultur und Nacht in ihrer Mittehaftigkeit bei gutem Verlauf eine offizielle und institutionelle Bestätigung erfahren!

In seinem Kapitel zur Rolle von Zivilgesellschaft und politischer Öffentlichkeit zitiert Jürgen Habermas im Zusammenhang von zivilgesellschaftlichen Aktoren, öffentlicher Meinung und kommunikativer Macht eine Definition des Zivilen von Eisenstadt, die in der Kontinuität der älteren Pluralismustheorien steht, die für Frankfurt über die Paulskirchenversammlung von 1848 über die legendäre deutsch-jüdische Symbiose und die alte Frankfurter Schule im ersten Drittel des 20. Jahrhunderts bis zur mit Abstand internationalsten Stadt Kontinentaleuropas neben Paris (etwa 50 % Auslandstouristen, Auslandsmessegäste, Ausländer im City-Anthropos, Exportleistung, internationale Fluggäste und auch Arbeitsplätze für Pendler aus dem Umland) eine sehr zutreffende universale Gültigkeit aufweist: *"Civil Society embraces a multiplicity of ostensibly 'private' yet potentially autonomous public arenas distinct from the state. The activities of much actors are regulates by various associations existing with them, preventing the society from degenerating into a shapeless or corporate settings; they are open-ended and overlapping. Each has autonomous access to the central political arena, and a curtain degree of commitment to that setting"* (22/S. 444).

Auch in Frankfurt freilich gilt die Ergänzung von Jürgen Habermas, daß die zivilen Akteure in der Öffentlichkeit, so sie sich als einigermaßen liberal geriert, nur Einfluß erwerben können, nicht politische Macht, obwohl die Frankfurter Grünen mit ihrem neopragmatischen Flügel es seit 1968 immerhin in fünfundzwanzig Jahren geschafft haben, in der Stadtpolitik bis hin zur Übernahme des Kämmerers Fuß zu fassen und ansonsten ein Ansprechpartner für verschiedene Minoritäten zu sein, wobei eigentlich ganz Frankfurt ja eine Ansammlung von Minderheiten ist.

Habermas merkt dazu noch an: *"Aber erst wenn dieser publizistisch-politische Einfluß die Filter der institutionalisierten Verfahren demokratischer Meinungs- und Willensbildung passiert, sich in kommunikative Macht verwandelt und in legitime Rechtsetzung eingeht, kann aus der faktisch generalisierten öffentlichen Meinung eine unter dem Gesichtspunkt der Interessenverallgemeinerung geprüfte Überzeugung hervorgehen, die politische Entscheidungen legitimiert.*

Die kommunikativ verflüssigte Souveränität des Volkes kann sich nicht allein in der Macht informeller öffentlicher Diskurse zur Geltung bringen - auch dann nicht, wenn diese autonomen Öffentlichkeiten entspringen. Der Einfluß muß sich auf die Beratungen demokratisch verfaßter Institutionen der Meinungs- und Willensbildung auswirken und in formellen Beschlüssen eine autorisierte Gestalt annehmen, um politische Macht zu erzeugen" (22/S. 449 f).

Vollends "frankfurterisch" wird es bei näherer Beschäftigung mit der Legitimität der Verfassungsrechtssprechung, wo Jürgen Habermas sich immer wieder auf den Supreme Court als das höchste Gericht Amerikas bezieht, wenn er sich zur Rolle der Verfassungsrechtssprechung im liberalen, republikanischen und prozeduralistischen Verständnis von Politik äußert, die vielleicht in Deutschland noch etwas ästhetischer ausfallen würde, wenn das Bundesverfassungsgericht in einem republikanischen Stadtraum wie Frankfurt angesiedelt wäre, möglichst neben der Paulskirche an der Stelle, wo der Bundesrechnungshof residiert. Doch da er auch in Karlsruhe seine Sache ganz gut macht und außerdem bei einer Frankfurter Präsenz die City-"lex" ja beeinträchtigt wäre, soll er ruhig an seiner etablierten Lokalität bleiben. In einem einführenden Zitat kommen nun aber zunächst die für Justiz und Rechtssprechung so wichtigen und höchst differenten Paradigmen des Rechts zum Ausdruck: *"Während die Begriffe des römischen Rechts in der Moderne dazu dienen, die negativen Freiheiten der Bürger zu definieren, um das Eigentum und den Wirtschaftsverkehr der Privatleute gegen Eingriffe einer administrativ ausgeübten politischen Herrschaft zu sichern, von der sie ausgeschlossen waren, bewahrt die Sprache von Ethik und Rhetorik das Bild einer politischen Praxis, worin sich die positiven Freiheiten gleichberechtigt partizipierender Staatsbürger verwirklichen. Der republikanische Begriff der Politik bezieht sich nicht auf die staatlich garantierten Rechte privater Bürger auf Leben, Freiheit und Eigentum, sondern in erster Linie auf die Selbstbestimmungspraxis gemeinwohlorientierter Staatsbürger, die sich als freie und gleiche Angehörige einer kooperierenden und sich selbst verwaltenden Gesellschaft verstehen. Recht und Gesetz sind sekundär gegenüber dem sittlichen Lebenszusammenhang einer Polis, in der sich die Tugend der aktiven Teilnahme an den öffentlichen Angelegenheiten entfalten und stabilisieren kann. Erst in dieser staatsbürgerlichen Praxis kann der Mensch das Telos seiner Gattung verwirklichen"* (22/S. 325 f).

Im republikanischen Verständnis (als das staats-ästhetisch total andere Extrem der deutschen "Republikaner") konstituiert sich Politik also als Reflexionsform eines sittlichen Lebenszusammenhangs, als Medium quasi, über willentliche Solidargemeinschaften bewußt zu einer Assoziatioin freier und gleicher Rechtsgenossen zu gelangen und sie sozusagen "kommunitaristisch" zu leben, ohne dabei akzeptierbare übergeordnete Superstrukturen in ihrem Gehalt abzulehnen!

Während in Deutschland sozusagen eine liberale rechtsstaatliche Jurisprudenz praktiziert wird, kann Frankfurt mit seiner besonderen Stadtgeschichte für sich beanspruchen, ein Hort des in diesem Zusammenhang "Deliberativen" zu sein, was jedoch, als Begriff ähnlich zweischneidig wie Republikaner, nichts mit einer Einschränkung der öffentlichen und privaten Autonomie zu tun hat, sondern mit einer Erweiterung der Möglichkeiten: *"Der liberalen Auffassung zufolge bestimmt sich der Status der Bürger primär nach Maßgabe der negativen Rechte, die sie gegenüber Staat und anderen Bürgern haben. Als Träger dieser Rechte genießen sie den Schutz des Staates, solange sie ihre privaten Interessen innerhalb der durch Gesetze gezogenen Grenzen verfolgen - auch den Schutz gegen staatliche Interventionen, die über den gesetzlichen Eingriffsvorbehalt hinausgehen. Die politischen Rechte haben nicht nur dieselbe Struktur, sondern auch denselben Sinn wie die subjektiven Privatrechte, die einen Optionsspielraum gewähren, innerhalb dessen die Rechtspersonen von äußeren Zwängen freigesetzt sind. Sie geben den Staatsbürgern die Möglichkeit, ihre privaten Interessen so zur Geltung zu bringen, daß diese sich am Ende über Stimmabgabe, Zusammensetzung parlamentarischer Körperschaften und Regierungsbildung mit anderen Privatinteressen zu einem auf die Administration einwirkenden politischen Willen aggregieren. Auf diese Weise können die Bürger in ihrer Rolle als Staatsbürger kontrollieren, ob die Staatsgewalt im Interesse der Bürger als Privatleute ausgeübt wird. Nach republikanischer Auffassung bestimmt sich der Status der Bürger nicht nach dem Muster negativer Freiheiten, die diese wie Privatleute in Anspruch nehmen können. Die Staatsbürgerrechte, in erster Linie die politischen Teilnahme- und Kommunikationsrechte, sind vielmehr positive Freiheiten. Sie garantieren nicht die Freiheit von äußerem Zwang, sondern die Möglichkeit der Teilnahme an einer gemeinsamen Praxis, durch deren Ausübung die Bürger sich erst zu dem machen können, was sie sein wollen - zu politisch autonomen Urhebern einer Gemeinschaft von Freien und Gleichen. Insofern dient der politische Prozeß nicht nur der Kontrolle der Staatstätigkeit durch Bürger, die in Ausübung ihrer privaten Rechte und vorpolitischen Freiheiten eine vorgängige gesellschaftliche Autonomie schon erworben haben. Ebensowenig erfüllt er eine Scharnierfunktion zwischen Staat und Gesellschaft, denn die administrative Gewalt ist überhaupt keine autochtone Gewalt, nichts Gegebenes. Diese geht vielmehr aus der in der Selbstbestimmungspraxis der Staatsbürger kommunikativ erzeugten Macht hervor und legitimiert sich daran, daß sie durch die Institutionalisierung der öffentlichen Freiheit diese Praxis schützt. Die Existenzberechtigung des Staates liegt nicht primär im Schutz gleicher subjektiver Rechte, sondern in der Gewährleistung eines inklusiven Meinungs- und Willensbildungsprozesses, worin sich freie und gleiche Bürger darüber verständigen, welche Ziele und Normen im gemeinsamen Interesse aller liegen. Damit wird dem republikanischen Staatsbürger mehr zugemutet als die Orientierung am jeweils eigenen Interesse"* (22/S. 329).

Wie nachher noch zu sehen sein wird, ist unsere Demokratie durch ihre Wegbeschreitung vom Rechts- zum Sicherheitsstaat mit Parteienokkupationen und nachlassender Bindungsverpflichtung an die Regulationsfähigkeit des geltenden Rechts von oben immer weniger in der Lage, überall zu handeln, geschweige denn deliberativ und republikanisch. Die millionenfachen Lichterketten im Herbst 1992 freilich haben erstmals deutschlandweit bewiesen, daß nahezu alle deutschen Großstädte mittlerweile ein großes Potential an republikanischer Solidarität mit einem ich-übergreifenden Verantwortungsgefühl für das Ethos der friedlichen Gemeinschaft in sich beherbergen.

Wie sehr der anthroposästhetische Gehalt Frankfurts den Republikanismus im Sinne eines polydifferenten Kommunitarismus fördert, hat ein Samstag im Juli 1993 bewiesen, an dem auch der Staat in Form der Polizei in der Gewährleistung des Meinungskundgebungsrechts geglänzt hat. In einem Artikel der Frankfurter Neuen Presse heißt es dazu: *"Schon im Grundgesetz ist das Recht verankert, vor aller Öffentlichkeit für die eigene Überzeugung zu demonstrieren - und die Frankfurter machten am Samstag mal wieder reichlich Gebrauch davon. Mit völlig unterschiedlichen Forderungen bewegten sich gleich sechs Demonstrationszüge durch die Stadt. Der Polizei und den Organisatoren gelang das Meisterstück, daß sich die Gruppen nicht in die Quere kamen"* (23).

Im einzelnen demonstrierten auf dem Rathenauplatz 150 Menschen gegen die geplante Schließung des Stadtbades Mitte, das sich nach der Errichtung mehrerer Erlebnis- und Spaßbäder zunehmend leert und als zentrales City-Areal ein profitträchtiger Verkauf der Stadt an private Investoren wäre. Vom Römerberg aus, der am Tag darauf schon wieder als Stätte für das Eröffnungsfest des Tennis-Federations-Cup der Damen diente, startete eine Fahrrad-Demo mit 250 Teilnehmern, die für den Umstieg vom Auto aufs Fahrrad und öffentliche Verkehrsmittel strampelten. Ein öffentliches Glaubensbekenntnis leisteten die Mitglieder von mehreren christlichen Gruppierungen auf dem Opernplatz und bei einem Zug durch die Innenstadt - mit 1500 Teilnehmern der größte des Samstags, so die FNP. Hauptanliegen der Veranstalter von "Jesus/Main" waren die Freundschaft mit ausländischen Mitbürgern und die Einheit der Christen. Die Farben Rosa und Lila dominierten am Morgen an der Hauptwache. Fast 1000 Lesben und Schwule demonstrierten für die gleichgeschlechtliche Liebe und gegen Kürzungen in der Aids-Hilfe. Die Frauen zogen durch die City zum großen lesbisch-schwulen Freundschaftsfest in der Klingerstraße. 100 Demonstranten forderten vor dem Preungesheimer Gefängnis die Freilassung aller aids-infizierten Häftlinge sowie die kostenlose Vergabe von Heroin und Methadon. Und als Protest gegen den Bundeswehr-Einsatz in Somalia beteiligten sich 50 Menschen an einem Autokonvoi als sechste Demonstration.

Bestechend vor allem ist die eigene Kultur fast jeder Demonstration. Spätestens mit den variantenreichen Studentenprotesten im Herbst 1988 hat in Frankfurt eine postmoderne Stilistik des Demonstrierens eingesetzt, die maßgeblich zum Quintär beigetragen hat, das im Frankfurter City-Anthropos vorherrscht. Nach jenem Samstag, es war der 17. Juli, folgt ein ganz anderer Samstag. Der 24. Juli 1993 stellte eine Entfachung des hedonistischen Quintärs dar. In Sachsenhausen fand das große Fest auf der Schweizer Straße statt, in einem Stadtteil also, der in den genau 800 Jahren seines Bestehens immer (seit 1253) an Frankfurt angebunden war und trotzdem bis heute seine Eigenständigkeit bewahrt hat. Ebenfalls auf der Sachsenhäuser Mainseite, im Museumspark, stand eines von vier Open-Air-Kinos in Frankfurt in diesem stadt-räumlich und raum-szenarisch so fulminanten und deswegen erst-quintären Sommer 1993. Dieses Open-Air-Kino machte ein Sponsor, das größte europäische Open-Air-Kino auf dem Messegelände betrieb ein kommerzieller Veranstalter, auf dem Lohrberg und auf dem Uni-Campus waren Subventionen mit im Spiel. Im Rahmen einer nächtlichen Performance-Veranstaltung an zehn Plätzen in der City wurde das

Thema von Tag, Nacht und Stadt zwischen Sonnenuntergang und Sonnenaufgang zelebriert, sozusagen eine nächtliche Vorgabe-Flanerie zur Vergegenwärtigung der City im Ambiente der Dunkelheit.
Weiterhin fand im Rahmen einer deutschlandweiten Promotion-Tour unter anderem an jenem 24. Juli 1993 auf dem Messegelände vor der Festhalle das Frankfurter Streetball-Festival statt, das im Kontext der "Bespielung" von zentralen Stadträumen stand, die die Open-Air-Saison 1993 kennzeichnete. Schließlich wurde im Tennis-Stadion im Frankfurter Stadtwald sowie auf den Nebenplätzen und in der Zeltstadt zum zweiten Male der schon erwähnte Federations-Cup ausgetragen, die Tennis-Weltmeisterschaft der Damen. Die Autobahnen um Frankfurt, um auch hier ein sechstes Ereignis rund um die Motorisierung zu zitieren, dienten an diesem Samstag dem Massen-Start der Hessen in die Sommerferien, die durch ihren späten Beginn 1993 diesen fulminanten gut dreimonatigen Vorlauf mit dieser hoch-diversifizierten Freiluftkultur ermöglichten, die übrigens auch das gesamte Umland in der Rhein-Main-Region im Sommer 1993 erstmals relativ flächendeckend zum Prädikat von immerhin vielen quartären Angeboten animierte, so daß nicht nur die schon längere Zeit bestehende ökonomische Kohärenz im Viereck zwischen dem Rheingau und Mainz/Wiesbaden im Westen, Darmstadt im Süden, dem Taunus und Friedberg im Norden sowie Offenbach/Hanau im Osten vorherrschte, sondern insgesamt eine auch kulturelle Ent-Provinzialisierung der Region Rhein-Main rund um ihr boomendes Zentrum Frankfurt konstatiert werden konnte, also mithin auch so etwas wie eine regionweite Erfassung einer republikanisch-kommunitaristischen Gesinnung auf der Ebene des Lebensstils und der Kultur, unverändert jedoch nicht zivilisatorisch, denn da ist der Frankfurter City-Anthropos unangefochtener denn je die pyramidonale und zugleich doch tolerant-horizontale Spitze des Rhein-Main-Gebiets und auch Rest-Deutschlands.

Nach republikanischer Auffassung, so Jürgen Habermas, bildet die politische Meinungs- und Willensbildung der Bürger das Medium, über das sich die Gesellschaft als ein politisch verfaßtes Ganzes konstituiert. Die Gesellschaft ist von Haus aus politische Gesellschaft - societas civilis; denn in der politischen Selbstbestimmungspraxis der Bürger wird das Gemeinwesen gleichsam seiner selbst bewußt und wirkt über den kollektiven Willen der Bürger auf sich selber ein. So wird Demokratie gleichbedeutend mit der politischen Selbstorganisation der Gesellschaft im ganzen. Daraus ergibt sich ein polemisch gegen den Staatsapparat gerichtetes Politikverständnis. Wir haben es also mit Frankfurt als Anwendungs- und Praxishort einer Diskurstheorie zu tun, die *"mit der höherstufigen Intersubjektivität von Verständigungsprozessen, die sich über demokratische Verfahren oder im Kommunikationsnetz politischer Öffentlichkeiten vollziehen. Diese subjektlosen Kommunikationen, innerhalb und außerhalb des parlamentarischen Komplexes und ihrer auf Beschlußfassung programmierten Körperschaften, bilden Arenen, in denen eine mehr oder weniger rationale Meinungs- und Willensbildung über gesamtgesellschaftlich relevante und regelungsbedürftige Materien stattfinden kann. Der Kommunikationsfluß zwischen öffentlicher Meinungsbildung, institutionalisierten Wahlentscheidungen und legislativen Beschlüssen soll gewährleisten, daß der publizistisch erzeugte Einfluß und die kommunikativ erzeugte Macht über die Gesetzgebung in administrativ verwendbare Macht umgeformt werden ... Die normativen Implikationen liegen auf der Hand: Die sozialintegrative Kraft der Solidarität, die nicht mehr aus Quellen des kommunikativen Handelns allein geschöpft werden kann, soll sich über weit ausgefächerte autonome Öffentlichkeiten und rechtsstaatlich institutionalisierte Verfahren der demokratischen Meinungs- und Willensbildung entfalten und über das Rechtsmedium auch gegen die beiden anderen Mechanismen gesellschaftlicher Integration, Geld und administrative Macht, behaupten können"* (22/S. 362 f).

Eine autonome und souveräne Handhabung der Menschenrechte und "Special-Interest-Kulturen" auf der Basis eines vorhandenen city-räumlichen Agreements zwischen allen Beteiligten, das sich bei einem weitgehend unbehinderten und unvermachteten Zusammenleben in der metropolitanen Aura zwangsläufig ergibt, muß schon deshalb immer mehr zum verbindlichen rechtsgemeinschaftlichen Umgang werden, weil Parteien und Verwaltungen ihr immer totaler werdendes Versagen dahingehend kompensieren, als sie sich verselbständigen und immer mehr in den Medien Personalrekrutierungsansprüche anmelden, um dort televisionell Personen agieren zu lassen, die all das in "Sonn-Talks" von sich geben, zu dem ihre Partei und die dazugehörigen Apparate schon längst unfähig sind. Der Wandel vom Rechts- über den Sozial- zum Sicherheitsstaat kommt mit den Planungen zum "Großen Lauschangriff" zum Abschluß: *"Sobald aber die Verwaltung vom sozialstaatlichen Gesetzgeber für Aufgaben der*

Gestaltung und der politischen Steuerung in Anspruch genommen wurde, reichte das Gesetz in seiner klassischen Form nicht mehr aus, um die Praxis der Verwaltung hinreichend zu programmieren. Zusätzlich zur klassischen Eingriffsverwaltung, deren Tätigkeit als reaktiv, bipolar und punktuell gekennzeichnet wird, entstanden planende und vorsorgende Verwaltungen mit einer Praxis ganz anderer Art. Die moderne Leistungsverwaltung, die Aufgaben der breitangelegten Daseinsfürsorge, der Bereitstellung von Infrastruktur, der Planung und Risikovorbeugung, also im weitesten Sinne Aufgaben der politischen Steuerung übernimmt, handelt zukunftsgerichtet und flächendeckend; ihre Interventionen berühren überdies die Beziehungen von Bürgern und sozialen Gruppen untereinander. Die moderne Verwaltungspraxis weist einen derart hohen Grad an Komplexität, Situationsabhängigkeit und Ungewißheit auf, daß sie gedanklich nicht vollkommen vorweggenommen und folglich normativ auch nicht abschließend determiniert werden kann. Der klassische Normtyp des Konditionalprogramms, das im Tatbestand die Voraussetzungen aufzählt, unter denen der Staat zum Eingreifen berechtigt ist und in der Rechtsfolge bestimmt, welche Maßnahmen er ergreifen darf, versagt daher sehr weitgehend" (22/S. 520).

Die Bonner Republik, die außenpolitisch bis heute nie souverän war und innenpolitisch neuerdings auch jegliche Steuerungsfähigkeit verloren hat, ist mehr denn je auf die Souveränität der Senate des Bundesverfassungsgerichts und des Zentralbankrats der Deutschen Bundesbank sowie natürlich auf die Entscheidungs- und Metamorphosefähigkeit Frankfurts angewiesen, um den Anforderungen der Spät-Moderne noch zu genügen. Dabei muß die Volkssouveränität als republikanische Aneignung und Umwertung der frühneuzeitlichen, zunächst mit dem absolutistisch regierenden Herrscher verknüpften Vorstellungen von Souveränität auch außerhalb von Frankfurt und vielleicht auch noch ein wenig Berlin oder Leipzig in Deutschland weitere Bedeutung gewinnen. Auch die Bonner Praxis der Politsaison 1992/93 verlangt immer stärker die republikanische Vertretung des Volkes durch das Volk!

Den Abschluß der Spektralisierung der Frankfurter Schulen und der Rechtsphilosophie von Jürgen Habermas möchte ich seinen beiden "Faktizit und Geltung" beendenden Ergänzungsstudien zur Volkssouveränität und zum zeitgenössischen Staatsbürger widmen, der sich seit dem Ende des 18. Jahrhunderts langsam herauskristallisiert hat und heute eigentlich schon kurz vor der Vervollkommnung des Weltbürgers steht. Wieder ist dabei Frankfurt näher an der Amerikanischen Revolution, wo letztlich die neue Anthropologie nach Jürgen Habermas aus den Ereignissen resultierte, während die Französische Revolution von den Protagonisten im Bewußtsein einer Revolution betrieben worden ist. Da Revolutionen mittlerweile schon Tradition verkörpern, wie ja auch Avantgarden im besten Sinne immer wieder Tradition aufleben lassen, ist das Revolutionsbewußtsein doch die Geburtsstätte einer neuen Mentalität, die geprägt wird durch ein neues Zeitbewußtsein, einen neuen Begriff der politischen Praxis und eine neue Legitimationsvorstellung. Die emanzipierten Einzelnen sind gemeinsam zu Aktoren ihrer Schicksale berufen: *"Die durch die Französische Revolution geschaffene Mentalität hat sich, das scheint unter Rückblick zu zeigen, sowohl verstetigt wie auch trivialisiert: sie lebt heute nicht mehr in der Gestalt eines revolutionären Bewußtseins fort und hat sowohl an utopischer Sprengkraft wie an Prägnanz eingebüßt. Aber sind mit diesem Formwandel alle Energien erlahmt? Offenbar ist die von der Französischen Revolution ausgelöste kulturelle Dynamik nicht zum Stillstand gekommen. Diese hat erst heute die Bedingungen für einen alle Bildungsprivilegien entkleidenden kulturellen Aktivismus geschaffen, der sich administrativen Zugriffen eigensinnig entzieht"* (22/S. 608).

Besonders in Frankfurt hat sich seit 1968 eine Kulturrevolution entfacht, die über die theoretischen Diskussionen der siebziger Jahre und die physische Kulturbauten der achtziger Jahre in die internationalisierte und private Zivilisationskultur der neunziger Jahre hineinführt, wo nach Jürgen Habermas eine Ansammlung freier Assoziationen die Knotenpunkte eines aus der Verflechtung autonomer Öffentlichkeiten entstehenden Kommunikationsnetzes bilden, die sich im City-Anthropos in einer einzigen Aneinanderreihung von ethnischen und minoritären Straßen- und Architekturkulturen zeigt, die sowohl im Indoor- wie im Outdoorsektor bis zum Ende der neunziger Jahre eine "lex"-Gemeinschaft des Weltbürgertums konstituiert haben, auf die noch viele andere Weltstädte mit Neid und Respekt schauen werden. Das Frankfurt der neunziger Jahre zeigt und wird jedes Jahr besser demonstrieren, wie über einen als permanente Weltausstellung mit Sonderausstellungen definierten und determinierten City-Raum die Konstitution eines Euro- und Weltbürgerstatus möglich ist, der Republikanismus mit Kommunitarismen kontextuell verbindet, die über die Medien Geist und Geld unterschiedlichste Kulturen nebeneinander pflegen,

die durch ihre gegenseitige Akzeptanz die "Lebens-Lex" zum "Recht-Kap" werden lassen!
Die Staatsbürgerschaft, wie sie in unseren Großstädten gelebt werden sollte, hat wenig mit dem klassischen Verständnis einer über Staatszugehörigkeit und Nationalität definierten Verwaltungsgröße zu tun, wo letztlich die Staatsangehörigkeit ausschlaggebend ist, die die Zuordnung von Personen zu einem Staatsvolk regelt, dessen Existenz völkerrechtlich anerkannt ist. Maßgebend ist ein *"Zusammenspiel zwischen der institutionalisierten Meinungs- und Weiterbildung einerseits und den informellen öffentlichen Kommunikationen andererseits"* (22/S. 649), das zusammen mit "lex-durchdrungenen" Lebensräumen und der elektronisch-medialen Unterstützung sowohl in Europa wie auch global ein neues Bewußtsein einer weltinnenrechtsgemeinschaftlichen Zivilisation ergibt!

Literatur- und Quellenverzeichnis zu Punkt 4:

1) Karl Otto Conrady: **Goethe. Leben und Werk.** Erster Band. Hälfte des Lebens. Fischer. Frankfurt, 1988.
2) Matthias Rüb: **Der Lärm von Leipzig.** Eine Stadt wird umgebaut. FAZ, 17.04.93.
3) Bodo Lecke (Hrsg.): **Goethe unter den Deutschen.** Texte und Materialien zum Deutschunterricht. Diesterweg. Frankfurt, 1978.
4) Matthias Beltz: **Deutschland 1900 - 1990 als die "90 Fußball-Minuten".** In: Solo-Programm "Gnade für Niemand - Freispruch für Alle." Künstlerhaus Mousonturm, Frankfurt. Vorstellung vom 27.02.90.
5) Eckhard Henscheid: **Die Unfähigkeit zu trauern oder so ähnlich.** Ein Spezialkapitel zur Kulturgeschichte der Mißverständnisse. FAZ, 12.06.93.
6) Robert Gernhardt: **Jakob.** FAZ-Sonntagszeitung, 02.08.92.
7) Norbert Elias: **Sport im Zivilisationsprozeß.** Studien zur Figurationssoziologie. 1984.
8) **Forschungsarbeiten 1950 - 1990:** Zusammenstellung des Instituts für Sozialforschung an der Johann Wolfgang Goethe-Universität. Frankfurt, 1991.
9) Norbert Elias: **Die Gesellschaft der Individuen.** Wandlungen der Wir-Ich-Balance. Suhrkamp. Frankfurt, 1987.
10) Max Weber: **Die Börse.** II: Der Börsenverkehr. Vandenhoek und Ruprecht. Göttingen, 1896.
11) Theodor W. Adorno: **Minima Moralia.** Reflexionen aus dem beschädigten Leben. Bibliothek Suhrkamp. Frankfurt, 1991 (1944 - 1947).
12) Theodor W. Adorno: **Zur Schlußszene des Faust.** In: Noten zur Literatur 2, S. 7-18. Suhrkamp. Frankfurt, 1971.
13) Heinz Steinert: **Adorno in Wien.** Verlag für Gesellschaftskritik. Wien, 1989.
14) Theodor W. Adorno: **Philosophie der neuen Musik.** Suhrkamp. Frankfurt, 1975.
15) Theodor W. Adorno: **Der Artist als Statthalter.** In: Noten zur Literatur I. Suhrkamp. Frankfurt, 1971.
16) Theodor W. Adorno: **Valerys Abweichungen.** In: Noten zur Literatur I. Suhrkamp. Frankfurt, 1971.

17) Herbert Marcuse: **Versuch über die Befreiung.** edition Suhrkamp. Frankfurt, 1969.
18) Henri Lefebvre: **Aufstand in Frankreich.** Zur Theorie der Revolution in den hochindustrialisierten Ländern. Edition Anthropos, Voltaire. Paris/Frankfurt/Berlin, 1969.
19) Jürgen Habermas: **Moralbewußtsein und kommunikatives Handeln.** Suhrkamp. Frankfurt, 1988.
20) John Rawls: **Die Idee des politischen Liberalismus.** Aufsätze 1978 - 1989. Suhrkamp. Frankfurt, 1992 (Habermas-Seminar, Goethe-Universität, SS 93).
21) Jürgen Habermas: **Jetzt müssen sich die Geister scheiden!** In: Rede zum Symposion "Fremde, Andere und das Toleranzangebot des Grundgesetzes" des Fachbereiches Rechtswissenschaften der Frankfurter Goethe-Universität am 02.12.92.
22) Jürgen Habermas: **Faktizität und Geltung.** Beiträge zur Diskurstheorie des Rechts und des demokratischen Rechtsstaats. Suhrkamp. Frankfurt, 1992.
23) **Rekord: Sechs Demos an einem Tag - alles blieb ruhig.** Am Samstag war Frankfurt Kundgebungs-Hauptstadt. Frankfurter Neue Presse, 19.07.93.

5. EIN TRAKTAT ÜBER DIE FLANERIE IN TRANSVERSALEN KAP-STÄDTEN

5.1 Über den Zusammenhang zwischen Literatur, Rändern und dem Boom

Zum Abschluß dieser akademischen Beschäftigung mit der Frankfurter Flanerie zwischen Geist und Geld als Beispiel einer anthropologisierten "lex" für quintäre Cities möchte ich auch unter Beteiligung von Berlin, Paris und New York zu einer zeitgenössischen Standortbestimmung der Flanerie, wie sie sich aufgrund der anthropologischen und soziogenen sowie ästhetischen Entwicklung der insbesondere okzidentalen Gesellschaften und Cities in den mittneunziger Jahren darbietet, gelangen und dabei die Relevanz des Wechselspiels zwischen Urbanität, Zivilisation und Intellektualität aufzeigen.

Zu den vielen interessanten Neuerscheinungen der letzten Jahre im Bereich der Literatur über die Stadt im Sinne von tiefergehenden Betrachtungen gehörte auch der vom Frankfurter Stadtforscher Walter Prigge herausgegebene Band über urbane Milieus im 20. Jahrhundert, aus denen "Städtische Intellektuelle" hervorgegangen sind, deren Ziel die Vervollkommnung und Vollendung der Moderne gewesen ist, ohne dabei freilich wie alle anderen Lebensgefährten schon so etwas wie einen zumindest vorfinalen Status erreicht zu haben. Eine Passage aus seinem Vorwort ist auch für dieses Schlußkapitel die historische Ausgangsbasis: *"Mit der Urbanisierung des Geistes wird moderne Geistesgeschichte zur Stadtgeschichte. Dieser Zusammenhang zwischen Intellektualität und Urbanität ist heute wieder aktuell. In zahlreichen Selbst-Kritiken bestimmen die Intellektuellen ihr Verhältnis zu den kulturellen Mächten in der Restrukturierung städtischer Milieus; das neue Selbstbewußtsein und die Renaissance unterschiedlicher städtischer Lebensstile, die organische Rolle von Intellektuellen im gegenwärtigen Modernisierungsprozeß von Stadt und Gesellschaft ... Wie nutzen Intellektuelle die differenzierten Kulturen intellektueller Milieus, und welche Bedeutung haben Architekturen und Kulturen von Städten für ihre Produktions- und Lebensweise? ... Dieses Buch ist in Frankfurt am Main entstanden, wo die kritische Selbstreflexion der Intellektuellen Bestandteil der städtischen Kultur geworden ist und zu einer neuen Antwort auf das Wechselspiel von Intellektualität und Urbanität drängt.*

Der internationale Vergleich von intellektuellen Milieus ausgewählter Städte kann hier und anderen helfen, die Stellung von Intellektuellen zum gegenwärtigen städtischen Modernisierungsprozeß zu klären. Die Auswahl konzentriert sich auf Städte, in denen dieser Prozeß bereits Wirkungen zeigt" (1/S. 8 + 9).

Seit mittlerweile 150 Jahren läßt sich nun ein Metropolisierungsprozeß beobachten, der maßgeblich mit der modernen Geldwirtschaft in Zusammenhang gebracht werden muß. London kann schon seit 1843 den "Economist" vorweisen und weihte bereits 1863 als erste Stadt der Welt eine U-Bahn-Linie ein. Während Frankfurt erst volle einhundert Jahre später mit dem U-Bahn-Bau begann und 1968 über seine erste Strecke verfügte, boomte die City of London bereits schon im viktorianischen Zeitalter und hat bis heute ihre Position als führender europäischer Handelsplatz noch nicht verloren. Sicherlich haben sich die Qualitäten dessen, was sich alles als Boom bezeichnen läßt, zwischen dem Anfang und dem Ende des 20. Jahrhunderts deutlich verändert, womit natürlich auch die urbanen Milieus und ihre sich verändernden Quantitäten zu tun haben. In der Pariser Cité der Haussmann-Ära und davor konnte noch der authentische Esprit der authentischen Passagen-Gesellschaft für Gefühlswallungen sorgen, die versehen mit einem Schuß Spleen die Gazetten zu beherrschen wußte. Mit dem Aufkommen der Londoner City und vor allem der Konstitution Manhattans als Zentrum der Weltfinanz in der ersten Hälfte des 20. Jahrhunderts erhielten die stadträumlich zurückgedrängten Avantgarden neue "Aufgaben" und über sie auch veränderte Positionierungen. Kunst beschäftigte sich immer mehr mit den Folgen des finanziellen Booms, der erst die Städte städtisch macht. Die originalen Kaffeehaus- oder Pubkulturen der letzten Jahrhundertwende sind heute in eine internationalisierte Bistro- und Bar- sowie Disco-Kultur übergegangen, die der Kompensation des potenzierten Stresses in Boom-Towns wie New York oder Frankfurt dienen und nicht mehr der Hervorbringung neuer künstlerischer Strömungen. Im Berlin Ludwig Meidners war das noch ganz anders, denn um 1913, am Ende des Kaiserreiches, dominierte noch Preußen im Stadtbild und die Bohème als sein Pendant. Meidner teilte seine Zeit zwischen Atelier, Straße und Kaffeehaus auf und hielt, wie auf seinem Gemälde "Grand Café Schöneberg", diese Lokalität für einen Ort ständiger Veränderung: *"Du Café voll Wonne - o zaubrische Halle - du Paradies der Lebendigen. Du Seele der Zeit. Du schwingende Glocke des Diesseits. Du Schule hoher Geister.*

Du beschwingter Kämpfer Rendezvous. Du tumultuöse Arche der Dichter. Du Halle, Dom, Luftschiff, Vulkan, Käfig, Gruft und Kluft, Dungloch und Stunde der Beter ... Ich flamme auf in deiner tosenden Gluthelle. Ich tanze zu deinen marmornen Bassins hin. Ist das Leben nicht immerfort gierig, geifernd, feil und ganz verheult? Doch du Lebendiges, du Caféhaus, zuckend, juckend und seltener Freuden gerammelt voll, jagst aus meinem irdischen Gehäus - diesem grellen kunterbunten Schädel, dieser ozeanischen, mondhellen Brust - treibst aus meinem kupferroten Dasein die Gebärden des Spleens. Winde der Wollust, Katafalke der Sehnsucht heraus zu schmetternder Luft. Du bist mit deinen Sesseln, Korbstühlen und fletschenden Spiegeln, Tribüne der flunkernden Fräcke, der Traileure, Chikaneure, Amüseure, Tal der artistischen Abenteuer, der imposanten Herren Rhetoriker Parkett und Spielsaal ... Nun sitz ich mitten drin, Pascha der Ewigkeit ... Die Spiegel grimassieren, Lampen glühen in Zornesfalten. Die Decke spiegelt meine mürrische Frisur. Meine Finger zucken wie Tanzmäuse auf bebender Marmorplatte Zirkus Rund. Ich bin im Café und trinke den Tee" (2/S. 189).

Ludwig Meidner beschreibt eine Einrichtung, die Berlin entscheidend auf dem Weg in die zwanziger Jahre begleitet, an deren Ende es sich eine KAP-Stadt nennen durfte, eine Stadt also, die eine spezifische Sendung aufbereitet und bereithält, deren Gestalt später noch näher beschrieben wird. Es läßt sich auch sagen, daß Berlin-Mitte in diesen Jahrzehnten quintäres Niveau hatte, weil es eine Macht, Gesellschaftlichkeit und Avantgarde beherbergte, die es seitdem bis heute, wo das einstige Welt-Zentrum noch immer auf seine Revitalisierung wartet, nie mehr auch nur annähernd erreicht hat. Im heutigen Frankfurt, dem lebensstilistisch-postmodernen Nachfolger des einstigen modernen Berlin, hat ein amerikanisierter Boom-Drive die Parvenü-, Dandy- und Voyeurstimmung der alten Reichshauptstadt ersetzt: Gemütlichkeit und Besinnlichkeit, Schwere und Weltschmerz, Aggression und Haß, Tiefgang und Transzendenz: Deutsche Befindlichkeiten, zumal zu Beginn und in der Mitte der neunziger Jahre mit ihrem Druck von allen Seiten, zeigen nur in aufgesetzten und extremen Erscheinungsformen Konjunktur und lassen unverändert en gros eine den internationalen ethnischen Standards entlehnte "normale" Mentalität vermissen, aber gerade mental artikuliert sich ja derzeit die Sonder-Zerrissenheit im deutsch-deutschen Alltag. Auch die Genuß- und Feelingtrends der letzten Dekade sind Exporte aus dem westlichen und südlichen Ausland und fundieren nicht auf einer authentisch und eigenständig erworbenen lebensstilistischen Veränderung. So verhält es sich auch mit der Begrifflichkeit des Booms, die Frankfurt ja in besonderem Maße als Boom-Town zugerechnet wird, insgesamt ein Resultat der Internationalisierung, Tertiärisierung, Komprimierung und Hektisierung des City-Raumes der Mainmetropole in den letzten drei Dekaden in den Grenzen des U-Bahn-Baubeginns 1963 und der Erst-End-Fertigstellung der Wolkenkratzer-Magistrale Mainzer Landstraße 1994.

Wie keine andere Stadt in Deutschland (Berlin hat zwischen 1990 und 2020/2050 um das Fünffache vermehrt einen derartigen Bau-Boom vor sich) erlebte und erlebt Frankfurt zwischen 1994 und 1999 eine wahnwitzige Bautätigkeit, immer noch mit der größten verbauten Masse je Einwohner in Europa. Nach der Beseitigung der Kriegszerstörungen in den vierziger und fünfziger Jahren und der in Frankfurt besonders signifikanten postfaschistisch-baulichen Zweitzerstörung in den sechziger und siebziger Jahren bringen erst die achtziger und neunziger Jahre eine freilich nicht minder strapaziöse Re-Ästhetisierung des Neubaus auf der Basis der internationalen Post-Moderne. Waren es in den achtziger Jahren vor allem kulturelle, museale und dienstleistungsbezogene sowie city-flächen-gestalterische Maßnahmen irgendwo zwischen Stadtreparatur und Weltstadtformat, so sind es in den neunziger Jahren in erster Linie Wohnungsneubauten am Main wie die Projekte am Schlachthof oder am Westhafen sowie der Aus- und Neubau von mindestens sieben Sekundär-Cities außerhalb des beidmainseitigen originalen Frankfurter Stadt-Anthropos. Neben der Verdichtung des alten Bankenviertels rund um die Neue Mainzer Straße und der Nachverdichtung der Bürostadt Niederrad und des Büroviertels Eschborn-Süd (zum Main-Taunus-Kreis zugehörig) gehören die City-West rund um den Messeturm und das komplett neue Mertonviertel im Nordwesten zu den großen Baumaßnahmen, letzteres unter anderem mit dem Uni-Biozentrum, Lurgi, dem Deutschen Reisebüro, vielen anderen Büro-komplexen, Wohnungen und einer größeren Einkaufs-Galerie. Unweit davon erhält die Nordweststadt ein absolut superstrukturelles Freizeitzentrum (nach der international preisgekrönten umgebauten Einkaufs-Galerie und dem Bürgerhaus mit angeschlossener Schwimm-Oper und anderen Sportbereichen fehlt nur noch das Multiplex-Kino). Schließlich wird der Airport zum absoluten Weltflughafen ausgebaut, und Offenbach wird 1995 nach Inbetriebnahme der S-Bahn infrastrukturell langsam an Frankfurt heranreichen. Auch die gesamte Rhein-

Main-Region zog Vorteile aus der Klein-Räumigkeit und Hyper-Modernität Frankfurts und akquirierte neben viel Gewerbe auch so viel Dienstleister, daß dort die Steuern sprudelten und die Schulden sanken. Insbesondere zwischen 1991-1993 war es in Frankfurt eher umgekehrt. Die wahre Boom-Town öffnet sich jedoch auch für die Gestrandeten!
Eine Soziologie des Booms hat daher die Aufgabe, zu beschreiben und aufzuarbeiten, wie die soziokulturellen und mentalen Konsequenzen einer schier unaufhörlichen dynamischen Besinnungslosigkeit aussehen, die alle Lebensbereiche erfaßt, sei es die Wirtschaft, die Kultur, die Gastronomie oder die Nachbarschaft, die in Frankfurt kurzlebiger ist als anderswo, denn viele, die hierher kommen, betreiben nur ein oder gar das biographische Zentralprojekt, um dann wieder die Stadt zu verlassen, die sie nur als transversal betrachten. In immer kürzeren Abständen, derzeit in einigen der typischen Frankfurter Boom-Sektoren nur noch einige wenige Jahre umfassend, wandeln sich die beruflichen Anforderungen total, stilisieren und beleben sich seit dem Wiederaufbau tote Straßen plötzlich in ein bis zwei Jahren und ändern sich Stadtviertel mit zum Teil sehr amorphen und langjährigen Zwischenphasen (siehe Gallus) zumindest in einigen Quartieren substantiell. In den peripheren Stadtbezirken erhält plötzlich, etwa durch ein neues schickes Stadtteilkulturzentrum, die über einhundert Jahre ausschließlich dominierende Vereinskultur Konkurrenz durch das Aufkommen einer szenedurchdrungenen postmodernen Arenakultur. In der Frankfurter City, das Laboratorium der Zivilisation schlechthin, für deutsche Verhältnisse maximal vereinsbefreit und dafür reichhaltigst initiativendurchsetzt sowie außerdem anstatt von Mikro- mit Makro- und Superstrukturen behaftet, konzentriert sich der Boom und drängt wellenförmig aus dem Zentrum heraus, in den siebziger und achtziger Jahren zunächst in Richtung Westen und Süden, in den neunziger Jahren in Richtung Norden und Osten.
Die für Deutschland jahrhundertelang die Akzente setzenden Instanzen, nämlich Kirchen und Monarchen, Bürokraten und Zünfte, Kleinbürger und Spießer, konnten im Frankfurt der letzten einhundertfünfzig Jahre wenig ausrichten und haben in den Jahrhunderten davor zumindest den internationalen Handelsplatz nicht beeinträchtigt. 1994 existieren sie eigentlich als stadtanthropologisches Essential überhaupt nicht mehr, denn die zerbombte Innenstadt bot nach dem zweiten Weltkrieg die Chance einer ganz anderen City-EXPO, an der bis Ende dieser Dekade noch weiter mit Hochdruck gearbeitet wird. Der säkulare,

insbesondere amerikanisierte Boom der letzten gut zwanzig Jahre hat die Reste der traditionellen deutsch-urbanen Milieus in den Taunus geführt und dafür den City-Anthropos für professionelle und lebensstilistische Expertenkulturen geöffnet, die dort als eine der wenigen wirklichen Schmelztiegel weltweit nebeneinander alle "ihr" Projekt zu realisieren versuchen.

Die Ausländer, Zugezogenen und Intellektuellen, wobei die beiden ersteren Personengruppen sich in besonderem Maße Frankfurter nennen dürfen, sorgen für auch außerökonomische Boom-Erscheinungen, nicht zu vergessen hierbei auch die interessanteren Minderheiten wie Schwule, Lesben, Prostituierte und Informelle aller Art, sofern sich ihre Einkünfte nicht aus kriminellen Machenschaften gegen Menschen rekrutieren. Für Letzteres herrscht auch in Frankfurt striktes Aktionsverbot!

Es liegt nun beim Willen eines jeden Frankfurters im weitesten Sinne, ob als alltäglicher Erfahrungswert die nackte Oberfläche einer boomenden spätmodernen kapitalistischen Metropole bleibt, ob außer der dem Arbeitsplatz nächstgelegenen U-Bahn-Station und vielleicht noch den überfüllten Zeil-Kaufhäusern weitere Erfahrungs-, Beschäftigungs- und Verarbeitungswerte hinzukommen sollen oder nicht. Erst die Ambitionierung, möglichst viele der vielhundertfachen Interieurs von Frankfurt "mitzunehmen", läßt ein Identifikationsgefühl und ein Verwachsensein mit dieser Stadt aufkommen, das zu einer Beseelung führt, die Insider vom FFM-City-Anthropos nicht mehr loskommen läßt. Auch dann freilich ist es gerade die so besondere Haßliebe, die als Empfindung gegenüber dieser Stadt dominiert, denn es gibt auf jeden Fall immer hochspezialisierte Arbeitsplätze mit Hochleistungsansprüchen aller Art, davor und danach entweder Staustreß auf den Straßen oder Überfüllung in öffentlichen Verkehrsmitteln sowie lange Wartezeiten an Kassen und in Geschäften, Folgen eben des Nachgefragtseins, sowohl qualitativ wie auch quantitativ, denn es scheint einleuchtend, daß eben meist alle dorthin wollen, wo etwas ist. 1993 betrug die Frankfurter Bruttowertschöpfung inklusive des wieder in einer zweistelligen Milliardengröße ausgefallenen Bundesbankgewinns wie auch im Jahr zuvor fast 100 Milliarden DM, etwa die Größenordnung des Weltkonzernumsatzes von Daimler. 1982 waren es erst 40 Milliarden DM (ohne Bundesbank), wobei die herausragenden Dienstleistungen, Banken und Flughafen, Messe und Werber, Beratungen und Tourismus bis zu 20 % in der letzten Dekade gewachsen sind und der Mainmetropole stets ein Wirtschaftswachstum bescheren, das etwa dreimal so hoch wie im Bund liegt. Auf einem Prozent der Fläche Hessens werden mit zehn Prozent seiner Einwohner und zwanzig Prozent seiner Arbeitsplätze über ein Drittel seines Bruttosozialprodukts erwirtschaftet (mit Bundesbankgewinn). Ohne Frankfurt, die Stadt, die alles gibt und nicht husten darf, wenn Hessen kein hohes Fieber bekommen will, gäbe es nicht das Bundesland mit den vielen bewaldeten Mittelhochlagen. Auch der Bonner Schuldenetat wäre ohne den in den letzten beiden Jahren mit 20 und 15 Milliarden DM rekordhohen Bundesbankgewinn noch größer respektive fiskalpolitisch endgültig nicht mehr vertretbar. 1993 sind etwa 3,2 % des gesamtdeutschen Bruttosozialprodukts, das erstmals die Drei-Billionen-Grenze überschritt, mit den sechshunderttausend Frankfurter Arbeitsplätzen erwirtschaftet worden, in einer Stadt mit nur gut 0,8 % der deutschen Bevölkerung. Man kann also von einer Vervierfachung des landesüblichen Verstressungsgrades sprechen, der in der City natürlich noch weitaus höher liegt.

Manhattan wiederum, nicht New York insgesamt, hat bei Aufrechnung aller Zahlen die zehn- bis zwanzigfache Komprimation von Frankfurt am Main. Manhattan als Magnifizenz des Booms und als wesentlicher Steuerungsfaktor des Frankfurter Booms darf damit sicherlich unverändert (noch) beanspruchen, wie kein anderer Teil der Welt für die Welt zu arbeiten. Prag und Paris sind wiederum sehr viel ausgeglichener und besonders eine kulturell-zivilisatorisch stilbildende Mitte, die New York als Asylzentrum der westlichen Welt in markanter Qualität konstituiert. New Yorks und angesichts der Größe vor allem Frankfurts Glück ist es, daß die jeweilige Ministerialbürokratie des Staates New York und des Landes Hessen in Albany sowie in Wiesbaden sitzt, so daß das Stadtleben dadurch keie Beeinträchtigung erfährt. Dadurch werden keine Arenen und Räume durch Bürokratien vereinnahmt, die dem Raum unnötige und überflüssige Grenzen setzen!

Der Drive kann als Erscheinungsform des Booms für das innerstädtisch-psychologische Befinden angesehen werden, handelt es sich doch hier um Arbeitsplätze mit einem Bedarf an permanentem kommunikativen Aktionismus, der zudem sehr beschleunigt und wegen des zum Teil mehrfachen Anfalls pro Minute auch sehr hektisiert absolviert werden muß. Die weltkommunikativen globalen Vernetzungsaufgaben der Postmoderne, verbunden mit der Beherrschung unzähliger Computer-Esperantos, sind dahingehend als kulturrevolutionär zu bezeichnen, als traditionelle seit Jahrhunderten gängige kultursprachliche Umgangsformen und überhaupt das Überlieferte und Memorierte zugunsten einer Jetzt-Täglichkeit und Heute-Geschäftigkeit eliminiert worden sind. Reflexion und Verarbeitung verschwinden zugunsten von Aktion und Bearbeitung, wobei für Deutschland die rapide Veränderung vom Verwaltungsakt zum Monitormanagement vor allem für die öffentlichen Bürokratien so einschneidend ist, daß erst jetzt zu Beginn der neunziger Jahre langsam in den dortigen Büros die Computerisierung Einzug hält. Für die in den frühen mittelalterlichen Klöstern einsetzende Administrationsarbeit in dann später preußischen Kategorien, die viel mit langatmiger Präzision und gar nichts mit rapidem Boom gemeinsam hat, bedeutet dies einen Paradigmenwechsel an Vorgehensweisen, der historisch nur noch mit dem Beginn der Schriftlichkeit im deutschsprachigen Kulturraum verglichen werden kann. Vor allem neurophysiologisch schaffte der Boom also binnen kürzester Zeit völlig neue Abläufe, auf die sich die menschliche Konstitution erst in vielen Generationen durch intraorganismische Veränderungen umstellen kann. Da die natürliche Ausstattung zum "Bemanagen" der gewandelten Erfordernisse also fehlt, darf sich die Psychopharmakologie als Kompensator der vorhandenen Defizite zuständig fühlen, um die Voraussetzungen für das psychosomatische Verkraften eines aus High-Tech, High-Touch, High-Culture und High-Life bestehenden der Börse verwandten "All Time Highs" zu schaffen, welche das tradierte und amtsbürokratische Untertanen- und Duckmäuser-Down merklich abgelöst hat, freilich mitunter auch mit der Konsequenz eines historisierend und problembewußt mentalen Minderbemitteltseins, das aber immer dann in Kauf genommen werden muß, wenn eine figurationssoziologische Exposition und Inszenierung eine rein reflexive Potenz überlagert und zur sekundären Tugend degradiert. Der Boom als Feeling und Zustandsbeschreibung kann somit als virtuelle Bewegungs- und Begleitinstanz des Hoch-, vielleicht auch schon Spät- oder gar Nach-Kapitalismus gesehen werden, die den Menschen den psychologischen Ausstattungsrahmen für ihre Konsumfügigkeit, Hedonismuswilligkeit, aber natürlich auch Warenhaftigkeit verleiht.

Den Hochaktivierten in einem Boom-Stadtraum wie Frankfurt stehen die Minderheiten der zur Passivität Verdammten gegenüber, angefangen bei den Obdachlosen über die Asylanten bis hin zu den Drogenabhängigen. Auch hier verzeichnete die Mainmetropole bis inklusive Frühjahr 1992 einen als Boom titulierbaren quantitativen Zuwachs, der angesichts der Willigkeit, unter möglichst vielen Leidensgenossen solidarisch zu leben (und zu sterben!), weit überproportional angeschwollen war, so daß Gegenmaßnahmen eingeleitet werden mußten. Frankfurt als Stadt des Hochkapitalismus stellt also massiv Mittel und Infrastrukturen und vor allem Teile seines City-Raumes zur Verfügung, um gerade den Gestrandeten des Booms eine "zweite Heimat" zu bieten, in der sie sich regenerieren können und sollen! Würden die Ursachen und nicht die Symptome bekämpft werden, dann hätte es in Frankfurt zwischen 1986 und 1992 nie zu solch schrecklichen Szenarios in B-Ebenen und Grünanlagen kommen müssen. Erst die Freigabe von Methadon und die massive privat- und staatspolizeiliche Präsenz in der City haben mehrere gravierende Probleme entschärft. Nach dem Bezug der vielen Neubauten in der Mainzer Landstraße und der Urbanisierung des Willy-Brandt-Platzes als ehemaliger Theaterplatz mit der Wiederinbetriebnahme des Märchenbrunnens sowie dem gastronomischen Start des Café Buckwitz im Sommer 1994 kann somit die Untermain-, Gallus- und vor allem Taunusanlage endgültig wieder als "Central Park" der unmittelbaren City ihr urbanes und rekreatives Gesicht voll zur Geltung bringen. Die spezifische Frankfurter Kultursoziologie auf jeden Fall ist eine konzentrative Folgeerscheinung des Booms mit all seinen Facetten vom Erregenden und Dynamischen über das Vitale und Stressige bis hin zum Häßlichen und Bedenklichen. Aber die letzten Komponenten als krisenhafte Phänomene sind es gerade, die über eine vorzunehmende Problemlösung letztlich die beste Progressivität in sich bergen, denn für die Sieger des Booms müssen keine großen qualitativen Anstrengungen unternommen werden, da sie sich selbst ihre Infrastruktur geben!

Weil Frankfurt alle Qualitäten des Städtischen in sich birgt, ergab sich insbesondere im Zeitraum zwischen 1989 und 1994 ein bemerkenswerter literarischer und stadtsoziologischer Output. Herausragend dabei ist die von Martin Wentz unter der Redaktion von Walter Prigge herausgegebene Campus-Serie zur Zukunft des Städtischen mit insgesamt bisher fünf Bänden zu den Stadt-Räumen, der Stadtplanung in Frankfurt am Main, den Planungskulturen, den Wohn-Städten und der Region Rhein-Main, die vom deutschen Fachpublikum gut aufgenommen worden ist. Zu vielen Architektenwettbewerben wie etwa zum Grüngürtel-Projekt oder zum Rebstockpark sind Publikationen zu den Vorstellungen der Gewinner erschienen. Seit 1990 gibt es das Journal Frankfurt als

Nachfolger von Plasterstrand und Auftritt sowie die Frankfurter Allgemeine Sonntagszeitung. Überhaupt war 1990 als letztes Amtsjahr des trotzdem immer noch stark präsenten ehemaligen Frankfurter Kulturdezernten Hilmar Hoffmann Anlaß für viele Publikationen zum Stand des architektonischen, kulturellen und intellektuellen Levels in Frankfurt. Auch verschiedene Fachbereiche an der Universität, vor allem die Kulturanthropologen, Soziologen, Historiker und die Arbeitslehre, beschäftigten sich in der ersten Hälfte der neunziger Jahre spät, aber doch noch mit den Gegebenheiten in ihrer Stadt. Da bei Romanen und verschiedenen Dokumentationen die Aufzählung sicherlich unvollständig wäre, maße ich es mir nicht an, hier eine größere Auflistung zu beginnen, aber Genazinos "Leise singende Frauen", Mosebachs "Westend" und Mohrs "Zaungästse" sowie Bartetzkos "Franckfurth ist ein courioser Ort" oder Jonaks "Die Frankfurter Skyline" verdienen doch eine Extra-Erwähnung. Ebenfalls erst mit der amtierenden Koalition aus SPD und Grünen konnten Großstadt-symposien und City-Seminare in Frankfurt wahrgenommen werden, von der Alten Oper über den Deutschen Werkbund und die Universität mit der Sennett-Gastprofessur im Herbst 1991 bis zu den "Capitalen Mythen" von 1992 - 1994 als vorbereitende urbane Reflexionssteine zur 1200-Jahr-Feier Frankfurts. Hinzu kommen Symposien und Projekte von den besonders städtischen Bereichen der City-Administration, angefangen beim Kongreß "Banken und Umwelt" über viele Multikultur-Veranstaltungen und den europäischen schwul-lesbischen Kulturtagen bis hin zur Aktions-Performance "Frauen nehmen sich die Stadt" oder den "Mädchenkulturtagen" sowie von den vielen Initiativen und ethnischen Gruppen im Öko-Haus!

Zum Ende dieses spezifisch frankfurterischen Versuchs der Komposition einer Soziologie des Booms und vor einigen Anmerkungen zur Berliner Situation und grundsätzlichen Gegebenheiten in der neuesten gesellschaftlichen Entwicklung möchte ich noch auf ein paar Inhalte des von Walter Prigge und Hans-Peter Schwarz herausgegebenen Buches "Das neue Frankfurt. 1925 - 1988" eingehen, in dem gezeigt wird, daß schon *"im Aufbruch der zwanziger Jahre das Neue Frankfurt ein solches Reformprojekt der Formierung einer modernen Groß-stadtkultur war, in der die sozialtechnologische Kultur des neuen Alltags (Modernisierung) eine Verbindung einging mit der opponierenden Kraft der kulturellen Avantgarde (Kultur der Moderne)"* (3/S. 14).

War es in den zwanziger Jahren jedoch eine rein spezifische Vergeistigung mit diversen physischen Ergebnissen im sozialen Wohnungsbau innerhalb einer seit Jahrhunderten organisch gewachsenen in ihrem Kern mittelalterlichen und pompös-klassizistischen und baulich-wilhelminischen Stadt, so trifft eine Passage von Roger Keil schon eher den universalen EXPO-Ausbau des spätmodernen Frankfurts der achtziger und neunziger Jahre: *"Weltstadt Frankfurt als hegemoniales Konzept städtischer Entwicklung impliziert somit die Aspekte der realen Umgestaltung der baulichen Umwelt durch internationales und global ausgerichtetes Kapital und eines politischen Programms, das diese Restrukturierung lokal organisiert und sanktioniert sowie schließlich die mythologischen Elemente des Weltstädtischen: Skyline, Museumsufer und "neue Urbanität". In diesem Prozeß wird ein geschicktes "product placement" zum Selbstläufer: der sich ständig selbst legitimierende Mythos vom Zwang zur kosmopolitischen Größe"* (3/S. 204).

Boom und Drive sind die ständigen Begleitfaktoren der Dauerausstellung Frankfurt, die sich aus alle paar Jahre ändernden Wechselausstellungen zusammensetzt, wobei das Ausstellungsniveau immer mehr zu einer Aneinanderreihung von Experten- und Szenemilieus generiert, so daß nur noch Lebensstile übrigbleiben, die durch feine Unterschiede konstituiert sind und in die Kette des Urbanen eingegliedert werden können: *"Auf diese Weise können auch diejenigen Lebensstile legitim ausgegrenzt werden, die sich nicht urban verhalten oder sich dem Zustimmungsdruck entziehen, indem sie die herrschende Urbanität kritisieren oder sich antistädtisch artikulieren"* (3/S. 233). Später heißt es: *"Urbanität dagegen diskursiviert das Städtische nicht als Organisation von Lebens-Funktionen, sondern als Lebens-Form. Die Stadt soll nicht nur funktionieren, sondern als kulturelle Form ge- und vor allem erlebt werden. Der postfunktionale Diskurs verschiebt die medizinisch-therapeutischen Elemente ins Ästhetisch-Psychologische"* (3/S. 236).

Nur in der "Hauptstadt" eines Landes zeigt sich sein wahrer Charakter. Nach Max Weber ist die Stadt der Ort des Aufstiegs aus der Unfreiheit in die Freiheit und damit auch in letzter Konsequenz die Geburtsstätte der modernen Demokratie. Eine Voraussetzung, so zitiert Walter Prigge Walter Wallmann, ist zweifellos die Tatsache, daß Frankfurt Gott sei Dank nicht die Hauptstadt im Sinne der Sitz-Stadt der Bundesministerialbürokratie geworden ist, da Bundespolitik langweilig sei und auf die jeweilige Stadt abfärbe. Schlußendlich konnte nur der Boom dafür sorgen, für Frankfurt *"den historischen Abstand der Metropole zur Großstadt der Nachkriegszeit als Fortschritt zu markieren: in den Diskursen des urban management wird die Stadt gegenwärtig nahezu vollständig mit dieser Entwicklungsrichtung "Metropole" identifiziert"* (3/S. 217). Und nur sie hat wirkliche "Text-Straßen"!

Nur für etwa gut zehn Jahre, eben in den wilden Zwanzigern, konnte Berlin von sich sagen, eine quintäre Weltmetropole zu sein. Berlin als Hauptstadt der fehlgeratenen deutsch-preußischen Beamtengeschichte genießt daher nicht das Recht auf ein eigenständiges Kapitel in einem Kontext, der die Flanerie zwischen Geist und Geld in quintären Cities heute behandelt. Vielmehr ist gerade der Zusammenhang zwischen Geist und Geld für beide Nachkriegs-Teile des ehemaligen Berlin geradezu befremdlich, weil es sich um Konglomerate handelte, die, jeder Authentizität verlustig, von den Protagonisten des Kalten Krieges gesteuert wurden. Im Berlin der zwanziger Jahre von Kracauer, Benjamin und Hessel, nach dem wilhelminischen Boom ein Kraftfeld von fast vier Millionen Menschen und Figuren aller Art, im damaligen Deutschland noch konkurrenzloser als das Rhein-Main-Gebiet mit Frankfurt als City-Center im heutigen wiedervereinten Deutschland, stieg eine anthroposästhetische Form auf, die authentisch-zivilisatorisch erst wieder das Frankfurt der achtziger und neunziger Jahre im deutsch-sprachigen Raum in fast allen Facetten (außer der legendären Nacht-Gesellschaft des damaligen Berlin) voll zum Ausbruch gebracht hat. Auch wenn Berlin seit dem Sommer 1991 formal wieder das Prädikat der Hauptstadt trägt, so liegen doch zwischen Sein und Schein Welten. Die Ausblutung an Substanz in der Stadt kommt am besten dadurch zum Audruck, daß bei einem Haushalt von 42 Milliarden DM 1992, der also bei einer fünffachen Einwohnerzahl Frankfurts siebenmal so hoch liegt, nur 12 Milliarden aus eigener Steuerkraft zurückgewonnen wurden. Der Rest kommt aus allen möglichen Quellen, insbesondere aus Bonn. Von den etwa 3,5 Millionen Einwohnern Berlins sind unter den aktuellen Erfordernissen der Ökonomie der Spätmoderne drei Millionen nicht dazu qualifiziert oder in der Lage, die Voraussetzungen dafür zu erfüllen. Die "verlängerte Werkbank" Berlin, rein quantitativ immer noch die größte Industriestadt Deutschlands, kann den jetzt 50 Jahre anhaltenden Abzug von Ressourcen aller Art in kaum kürzerer, eher längerer Zeit, also stadt- und umlandweit bis etwa 2050, kompensieren und aufholen. Was in Berlin Qualität hat, ist die basale Stadtverwaltung, die Wissenschaft, die Kultur, die Gastronomie und das Kongreßzentrum, einziger Standortvorteil Berlins gegenüber Frankfurt (und selbst das nur bis 1997, wenn das neue Messe-Kongreß-Zentrum eröffnet wird). Da zudem heute der Finanzsektor die Ministerialbürokratien klar dominiert und alle relevanten Entscheidungen für den Alltag Bankenentscheidungen sind, liegt "der" Unterschied zwischen Berlin und Frankfurt genau in deren Mitte. Die ist in Berlin auch fünf Jahre nach dem Mauerfall immer noch eine gähnend leere Einöde, während die Frankfurter City 1994 auch im Weltmaßstab so etwas wie eine finale Konstitution erreicht hat. Mit Geschichte allein, zumal mit der deutschen, läßt sich im intermetropolitanen Konkurrenzkampf der Global Cities kein Blumentopf mehr gewinnen. Mehr als die nun nicht mehr ideologische, sondern kapitalistische Hauptstadt der neuen Bundesländer kann Berlin auf unabsehbare Zeit nicht sein. Zusammen mit Wien und Budapest, Warschau und Prag sowie Riga und Moskau hat Berlin, früher eher die westlichste Großstadt Osteuropas, heute und in Zukunft eher die östlichste Millionenstadt Westeuropas, zudem ein spezifisch osteuropäisches Aufbaupotential in seinen Mauern, mit dem sich bei günstigem Verlauf im ehemaligen sowjetischen Machtbereich vielleicht etwas machen läßt. Die neuen Börsen von Prag bis Moskau kontakten freilich mit Frankfurt!

Ansonsten sind für Berlin auf unabsehbare Zeit alle anderen Züge, primär die, die etwas mit Bruttosozialprodukt auf höherem oder gar hohem Niveau zu tun haben, sozusagen paradigmatisch vom längst nicht mehr vorhandenen Anhalter-Bahnhof abgefahren, vor allem in Richtung Hamburg (Medien), Bonn/Köln/Düsseldorf (Rhein-Bündisches, Behörden), München (High-Tech, Schickeria) und natürlich Frankfurt (Financial City, Airport, Messe, Architektur, Weltkultur, Boom-Sektoren). Besonders deutlich wird die Last des zu Verrichtenden, wenn man sich Offenbach und Ost-Berlin vor Augen hält, die beide an "West-City-Niveau" angeschlossen werden müssen. Ab Mai 1995 wird Offenbach S-Bahn-Anschluß an die Frankfurter City haben, und 1999 wird die institutionell am Boden liegende Stadt allein durch private Investoren von den Dienstleistungen über den Konsum bis zur Kultur zu einer FFM-niveau-adäquaten Sekundär-City emporgestiegen sein. Hier genügen ein paar Milliarden DM, im zehnmal größeren und infrastrukturell fünfmal kaputteren Ost-Berlin, das außer einem S-Bahn-Netz und den Linden samt unmittelbarem Umfeld "nichts" hat, werden 100 Milliarden schon allein beim tristen Anblick der Wohnungssituation auf lange Sicht kaum ausreichen. Berlin nun hat immerhin seine Kultur und kann von sich sagen, zwischen 1987 und 1993 eine Festivalisierung veranstaltet zu haben, zu der es vielleicht weltweit bislang keinen Vergleich gab. 1987 zelebrierte West-Berlin seine 750-Jahr-Feier, 1988 durfte es sich Europäische Kulturhauptstadt nennen, 1989 fiel die Mauer, 1990 wurde die deutsche Einheit staatsbürokratisch verordnet, 1991 dann die Wahl zur Hauptstadt, 1992 gab es nochmals eine Streik-Trennung und die ersten beidseitigen Bezirkswahlen, 1993 wurde Potsdam 1000 Jahre, der Dom wieder zugänglich und das Stadtschloß als Sommer-Attrappe zu einer instantanen Fata Morgana, vielleicht das "authentischste" Berliner Projekt hinsichtlich seines rein virtuellen hauptstädtischen Daseins. Frankfurt feiert auch seit einigen Jahren intensiv und 1994 im Rahmen einer 1200-Jahr-Feier dann so richtig berlinerisch. 1998 wird die Paulskirchenverfassung 150 Jahre alt und die DM 50, 1999 Goethe 250.

Doch sind die Frankfurter Expositionen auch in den neunzigern zuallererst nicht die des Feierns, denn Hochleistung ist auch weiterhin und immer noch ein bißchen mehr gefordert. Frankfurt ist die Stadt mit den höchsten Schulden aller Städte (ab jetzt immer pro Einwohner), mit den höchsten Börsen-Umsätzen, mit dem verdichtesten Streß, mit den höchsten Steuereinnahmen, dem höchsten Bruttosozialprodukt, der größten verbauten Masse in Kubikzentimetern, den höchsten Gebäuden, der größten Internationalität, der höchsten Akademiker- und Intellektuellendichte, den meisten Juden, der wichtigsten US-Basis und der gefordertsten Asylverwaltung. In den zwanziger Jahren waren dies oder wären dies Berliner Größen (gewesen)!

Doch geht es in diesem Kapitel ja eigentlich um den Zusammenhang zwischen Literatur, Rändern und dem Boom. Während Frankfurt aus vielen Rändern besteht, sein Umland jedoch brav-bürgerlich ausstaffiert ist, rekrutiert sich ganz Berlin ja eigentlich nur aus Minoritäten, als wir da hätten Lebenskünstler aller Art, Kulturschaffende, Studenten, Rentner und Arbeitslose, Unqualifizierte und Arme, Hausbesetzer und Freibeuter, AIDS-Infizierte und Entideologisierte, Sozialhilfeempfänger und Alt-Kommunisten, Abgefundene und Unempfindliche, Sumpforientierte und Spekulanten, Abgewickelte und Verwickelte, Bundeswehr-

entronnene und NVA-Zerronnene, Grunewäldler und andere Kapitalisten, Tagträumer und Nachtschwärmer: Nur eine künstlich am Leben erhaltene Stadt kann sich außer Typen nichts leisten. Soviel Lebhaftigkeit zeugt davon, daß Berlin niemals untergehen wird und sich als solcherlei "beschenkte" Stadt ja geradezu in einem Boom von städtischer Literatur labsalen kann, die es auch folglich in den achtziger Jahren in Form von Romanen, die hauptsächlich Kreuzberger Milieugeschichten in einer der möglichen Kombinationen aus den aufgezählten Rändern spektralisierten, in Hülle und Fülle produzierte. Hierzu zitiert Walter Prigge in seinem Buch über "Städtische Intellektuelle" Homuth, der sich mit dem Mythos der Kreuzberger Freibeuterkultur in den achtziger Jahren beschäftigte: *"Uns erreichen Bilder, die von Verfall und Erneuerung, von Tradition und Fortschritt, von zerstörerischer Wut und aufbauendem Engagement, von Gewalt und menschlicher Anteilnahme, von Chaos und Ordnung, von sozialer Not und gemeinschaftlicher Selbsthilfe, von Resignation und Lebensfreude erzählen. Es scheint, als betrachteten wir ein Feld vielfältig offener Möglichkeiten, auf dem ganz verschiedene Lebensentwürfe sich bewegen, um sich zu erproben und zu behaupten, um sich zu verändern und zu verbinden oder um sich abzugrenzen und zu bekämpfen. Denn hier vollzieht sich der Übergang zu dem, was neuerdings Kulturgesellschaft heißt, wie in einem Gewächshaus. Um uns herum und auch bei uns selbst entstehen laufend neue, oft vorläufige Lebensstile; neue Weisen, die soziale und räumliche Umwelt zu verstehen und mit Sinn zu erfüllen; neue Variationen des sozialen Umgangs mit- oder auch gegeneinander; und vor allem neue Versuche, sich der eigenen Rolle und Bedeutung in all diesen Wandlungsprozessen zu vergewissern. Die eigene soziale und persönliche Identität steht auf dem Spiel; sie droht zu zerbrechen und diffus zu werden"* (1/S. 44).
Nicht nur Bonn mit seinem amorphen Regierungsviertel war und ist eine Raumstation, sondern Berlin war und ist es auch. Deutschland, das von Frankfurt, New York, Karlsruhe, Brüssel und Moskau aus regiert wird, produziert mit diesen beiden Städten "andere Räume", die wie eine abgelegene Insel, ein Schiff oder ein Bordell nicht so ohne weiteres kontextuell zu einer Zivilisation zugehörig sind und dann wieder doch irgendwie Nähen aufweisen. Kreuzberg hat sich dabei als ein Bordell der Angezogenen entwickelt und die extremsten Positionen vereinnahmt, ganz im Gegensatz zum Prenzlauer Berg im Osten der Stadt, wo sich ein authentisches Widerstandsmilieu gegen eine Linksdiktatur

konstituierte und mit all den typischen Ängsten ausgestaltet leben mußte, die mit drohender Verfolgung und Kasernierung einhergehen. Neben der City-Heftigkeit zwischen Berlin und Frankfurt liegt genau hier ein weiterer essentieller Unterschied zwischen beiden Städten.

Die "lex" Kreuzberg ist das späte Geschenk des zweiten Weltkrieges und der Teilung Berlins, Deutschlands, Europas und der westlichen Hemisphäre überhaupt gewesen, ebenso irrational wie interessant und ebenso vorübergehend wie durchaus nicht überflüssig, sieht man vom Leid der vielen Polizisten ab, die wieder einmal und wie immer stellvertretend für ihre unfähige und unwillige Obrigkeit den Kopf bei den Krawallen hinhalten mußten. Letztlich trugen beide Krawall-Parteien dazu bei, das Projekt der Moderne in diesem Kreuzberg weiter zu verlängern und in die für Berlin so befremdliche hochkapitalistische Gegenwart hinüberzuretten, wo seine Biographie nunmehr um die Yuppies und den Life-Style postmodern erweitert und solange bereichert wird, solange beide Milieus nebeneinander leben können, ohne ihre Visionen dabei langsam aufgeben zu müssen!

Nach Walter Prigge überschneiden sich in der Figur des hausbesetzenden Freibeuters die widersprüchlichen Motive von Bewahren und Zerstören. Einerseits artikuliert sich eine *"Re-Konstruktion von Geschichte und Gesellschaft, um das Projekt der Moderne rettend fortzusetzen ... Auf der anderen Seite De-Komposition des zerstörten Stadtraumes durch die inszenierte Transformation des Städtischen in nebenkonstruktivistische Architekturen"* (1/S. 44).

Sowohl im alten West-Berlin und noch mehr im neuen Gesamt-Berlin stellt sich nach Prigge die europäische Großstadtkultur abermals selbst auf die Probe, inwieweit es ihr gelingt, die sozialen Gegensätze der städtischen Milieus als eine neue Qualität ziviler Gesellschaft und als kulturelle Voraussetzung wirklich neuer Urbanität zu akzeptieren. Die Gefahr des Verlustes intellektueller Aggressivität, wie sie Dada und den französischen Surrealismus und überhaupt die moderne Kunst auszeichnete, scheint sich als Preis der Utopie der sich harmonisierenden Gesellschaft herauszukristallisieren, die Praxis geworden ist und wird.

Im gleichen Band formulierte Dieter Hoffmann-Axthelm neun Glossen über "Einsamkeit des Stadtintellektuellen". In einer Passage verdeutlicht er, wie wichtig die Mauer als Konstituens der öffentlichen Berliner Stadtintelligenz war:

"Es handelte sich dabei um ein ab und zu öffentlich werdendes Nachdenken und Ignorieren, das sich, im Bewußtsein der Beidseitigkeit und ohne sie je einholen zu können, in beiden Teilen der Stadt an der Tatsache der Mauer abarbeitete. Die Mauer war dabei sozusagen eine objektive Bedingung, die die Stelle vertritt, die anderswo die hauptstädtische Konzentration ausfüllt. Die Mauerintelligenz war keine Eigenschaft der Berliner Intellektuellen, wir können nichts dafür. Sie war ein Spannungszustand, der die wachen Leute in Bewegung hielt. In Frankfurt gibt es noch die bei Adorno eingeübte dialektische Unruhe. In Berlin gab es statt dessen das Bauwerk, das allem, was man sagte, eine verdeckte Rückseite hinzufügte" (/S. 123).

Während in Frankfurt Leistungen Schmerzen verursachen, ist Berlin der Leidensort der Geschichte, der verfehlten deutschen Aufklärung, der falsch verstandenen Proportionen des Rationellen und des Un-Verhältnisses zwischen Geist, Geld und Macht, das ja gerade in Frankfurt wegen der fehlenden Bürokratie und gleichzeitigen maximalen Welten-Präsenzen in seiner ergänzenden Stabilität zu einem Prosperitätsfaktor der Bonn-Frankfurter Republik generiert ist. Rudi Thiessen nennt in seiner "Berlinischen Dialektik der Aufklärung" das Gründerzeit-Berlin, auf dessen unkontrollierten und exaggerierten sowie irrationalen Boom die deutsche Geschichte letztlich zusammenstürzte, eine *"ungeheure, selbstbewußte Fälschung"*, hervorgegangen aus einem *"Zeitalter des universalen Neo"* (1/S. 147), das prunkend und protzend in einem beispiellosen Instant-Werk erstand und die Köpfe und Seelen seines Umfeldes unheilvoll überforderte. Während Berlin so zum Ort und Verhängnis der deutschen Romantik pervertierte, ist der Nachkriegs-Boom in Frankfurt dank alliierter Mitsprachen und einer intakten zivilisatorischen Genese schon als Tradition nie gefährlich geworden, zumal er in der letzten Dekade auf der Woge der Internationalität auf allen Ebenen mitschwamm.

Berlin zelebriert eigentlich schon das gesamte 20. Jahrhundert lang nur sich selbst und die in ihm hausende unbehauste deutsche Geschichte. Nach dem ökonomischen, künstlerischen und nachtkulturellen Festakt der zwanziger Jahre und der irrationalen Gigantomanie und Perversion im tausendjährigen Reich, aus dem nur zwölf Jahre wurden, genau die Zeitspanne, in der Frankfurt zwischen 1981 und 1993 zur kontextuell generierenden quintären Weltstadt gedieh, folgte der Wiederaufbau, der beiderseits so furchtbar mißlang. Danach folgte die

Teilung, die durch ihren mittelaltergleichen Mauerschutz wieder extraordinäre Milieus wie Kreuzberg und Prenzlau förderte, jetzt läuft die Zwischenzeit, in der zweiten Hälfte der neunziger Jahre wird wieder ein gründerzeitlicher Boom einsetzen (müssen), der dann hoffentlich trotz seines Instantdrucks kontrollierter verläuft als im Kaiserreich und 3. Reich. Irene Runge beschreibt in ihrem nahegehenden Report "Vielleicht war alles nur ein Traum - Ausschnitte aus einer Nachkriegs-Biographie" Erfahrungen als Kind nach dem Nex Yorker Exil im Nachkriegs-Berlin und auch im heutigen Berlin.
Etwas, was heute weitgehend verloren gegangen ist, gerade in kommunikativen Städten, ist das Erzählen im Privaten, das Irene Runge viel an kindlichen Erfahrungen vermittelt hat: *"Der Mangel an Restaurants und Kaffeehäusern vervielfachte die gegenseitigen Besuche, die Einladungen zum Essen. Man sprach in vielen Sprachen mit den vielen Gästen aus vielen Ländern, von denen manche erkundeten, ob dieses Berlin ihre Stadt werden könnte. Zu sehen war wenig in dieser Zeit des Anfangs. Die ständigen Besucher, das vor allem gefiel mir an Berlin. Besuch haben und Besuchemachen wurde zeitweilig meine Lieblingsbeschäftigung. Während die Erwachsenen miteinander sprachen, saß ich, sofern es keine weiteren Kinder gab, in einer Ecke und las. In meiner Erinnerung verbindet sich das damalige Berlin mit dem Geräusch erregter Gespräche"* (1/S. 130).
Die Vielfalt der urbanen Gespräche im Privaten, sie ist wohl verlorengegangen im Zeitalter des öffentlichen Hedonismus und des Singularismus, der natürlich wiederum die Voraussetzung für Autonomien ist, die freilich nicht in Anonymitäten enden dürfen, die sich durch keinerlei Intimität mehr auszeichnen, sondern nur noch durch Verlorensein und Kontaktlosigkeit. Es ist auch in Frankfurt noch gar nicht so lange her, als die *"Straßen nur Zugänge zu Wohnungen und Waren des täglichen Bedarfs waren, aller sonstigen Funktionen bar, wenn auf zentralen Magistralen Musikanten, Straßenmaler, Händler, Schausteller, Neugierige nur nach dem Politkalender um die Gunst der Stunde buhlten, wenn die Schaufensterscheiben nicht zum Bespiegeln der Eitelkeiten verführen und Stehenbleiben ein sinnleerer Akt ist, wenn nichts verlockt, dann ist die Stadt arm, und nicht nur Intellektuelle ziehen sich verstört aus ihr zurück"* (1/S. 137).
Berlin, als *"Sozialstrukturdarstellungsmaschine"* (1/S. 153) dem originalen Frankfurt ähnlich, leidet an seiner fast endgültigen Leere in der Mitte, wo offenkundig der Sand zurückgekehrt scheint, also fast eine kleine Sahara mitten in der

Millionenstadt, die sehnsüchtig nach einem langen Regen verlangt, auf daß er eine reichhaltige und möglichst ungiftige Pflanzenwelt hervorbringe. Berlin ist immer noch und gerade jetzt eine angehende Metropole des Schocks, doch die Unmöglichkeit der Entmischung einer derart heterogenen Millionenstadt ist das Signum für einen stets sehr ergiebigen Zusammenhang aus Literatur, Rändern und dem Nichtandersseinkönnen!

Bauen in Berlin ist ein deutscher Scheinmythos ersten Ranges. Rudi Thiessen faßt das traditionelle Berliner Bauen bis in das 3. Reich hinein und später dann wieder in der DDR-Hauptstadt Ost-Berlin so zusammen: *"Eitel scheint niemand zu bemerken, daß die an der Berliner Universität, an der Berliner Bauakademie und in der protestantischen Kirche zu Berlin-Brandenburg je entwickelten Konzepte immer auf das gleich hinauslaufen: Kirche und Staat, Kunst und Staat, Vernunft und Staat. Hundert Jahre später meint der Berliner Arzt und Poet Gottfried Benn dies zusammenfassen zu dürfen in: Zucht und Staat"* (1/S. 148).

Waren die zwanziger Jahre, so Theissen, wirklich Jahre der Entscheidung, so beweist ein Blick auf das Berlin nach der Entscheidung , daß das Neue Bauen, das wirklich und wahrhaftig eine neue Welt der Zivilität meinte, sich auf allen Ebenen in eine hilflose Kultkonkurrenz zum wirklich Neuen, zur Barbarei, begeben hatte. Daß es Kultkonkurrenz war, zeigte sich nicht zuletzt, aber spätestens, als sich Speer anschickte, Berlin in eine Kultstädte zu verwandeln. Klassik in einer maßlosen Form, die jede Ästhetik in Größenwahn transformierte.

So darf es nicht wieder kommen, aber alleine die Voluminosität der jetzt nicht additiven, sondern existentiell notwendigen Baumaßnahmen läßt schon wieder eine Ahnung von Wirrnis aufkommen, die noch von Spekulation und Chaos bestimmt wird. Michael Mönninger, FAZ-Architekturkritiker, schließt seinen Beitrag "Vom Vakuum zur Weltstadt" des Entwurfswettbewerbs zu "Berlin morgen" aus dem Jahre 1990 wie folgt: *"Obwohl viele Stadtliebhaber heute wieder von der Schönheit der alten europäischen Metropolen schwärmen, fällt es schwer, angesichts der Umwälzungen in Osteuropa einerseits das Jahrzehnt der Demokratie und Menschenrechte auszurufen und zugleich für Planungsmethoden zu plädieren, die Relikte autokratischer Verfassungen sind. Eine rigorose Einheit von Stadtplanung und Architektur ist letztlich nur in Diktaturen möglich, wo unter Mißachtung von Eigentums- und Persönlichkeitsrechten große Stadtgebiete ohne jede Rücksicht auf die Interessen der Besitzer und*

Bewohner geordnet werden. Wer die fast babylonische Verwirrung und Vielstimmigkeit in der heutigen Stadtdiskussion beklagt, darf nicht übersehen, daß das Bild unserer scheinbar häßlichen Umwelt der Ausdruck eines Gemeinwesens ist, das sich politischer Zwangsmechanismen erfolgreich entledigt hat. Um von dieser partiellen Verwilderung unserer Städte den Weg zu einem neuen demokratischen Konsens im Bauen zu finden, dafür gibt es in Deutschland keine Modellstadt, die historisch reicher ... ist als Berlin" (4).

Berlin und Frankfurt: Zum Ende dieses Kapitels möchte ich noch einmal anhand von zwei Publikationen zum Thema Mode und Erlebnis Boombereiche der zwanziger und neunziger Jahre ausbreiten, die jeweils von Milieus in Anspruch genommen und gepflegt werden, die eher das unliterarische stadtgesellschaftliche Zentrum darstellen, an dem sich die anderen Milieus und Szenen reiben und auch dadurch für typisch großstädtische Outputs sorgen. Georg Simmel, in Berlins früher und kurzer Gala-Phase Professor an der dortigen Universität, äußerte sich in einer Schriftenreihe zu modernen Zeitfragen, die vom Großstadtverkehr über den Irrsinn bis zur Prostitution und Ethik reichten, zur "Philosophie der Mode", während Gerhard Schulze zwischen 1985 und 1992 an einer Studie zur "Erlebnisgesellschaft" arbeitete, die zwar das soziologisch leichter erfaßbare und deswegen auch als Stadt besterfaßte Nürnberg zum Gegenstand hat, in seinen Resultaten jedoch maximal auf Frankfurt als Zeitgeistvorreiter übertragbar ist.

Um mit Georg Simmel zu beginnen, so hat er bereits schon durch das Berliner Szenario im ersten Jahrhundertdrittel viele Essentials von Pierre Bourdieus "Die feinen Unterschiede" herausgearbeitet, ist doch die Mode *"Nachahmung eines gegebenen Musters und genügt damit dem Bedürfnis nach sozialer Anlehnung. Sie führt den Einzelnen auf die Bahn, die Alle gehen, sie gibt ein Allgemeines, das das Verhalten jedes Einzelnen zu einem bloßen Beispiel macht. Nicht weniger aber befriedigt sie das Unterschiedsbedürfnis, die Tendenz auf Differenzierung, Abwechslung, Sich-Abheben. Und dies letztere gelingt ihr einerseits durch den Wechsel der Inhalte, der die Mode von heute individuell prägt gegenüber der von gestern und von morgen, es gelingt ihr noch energischer dadurch, daß Moden immer Klassenmoden sind, daß die Moden der höheren Schicht sich von der der tieferen unterscheiden und in dem Augenblick verlassen werden, in dem diese letztere sich anzueignen beginnt"* (5/S. 8).

Georg Simmel beschreibt schon damals die Distinktionsbestrebungen der großstädtischen Gesellschaft, die nach immer neuen Exhibitionismen sucht, beklagt dabei aber auch, daß die Mode in Terrains übergreift, die eigentlich durch Werte besetzt sein sollten, also Religion, Wissenschaft und Sozialismus, die Sachlichkeit erfordern und nicht Äußerlichkeit. Während den Deutschen grundsätzlich ein Defizit an Stil und Geschmack bescheinigt werden muß, zeigt für Simmel die Mode in Paris die weiteste Spannung und Versöhnung ihrer dualistischen Elemente. Der Individualismus, die Anpassung an das persönlich Kleidsame, ist viel tiefer als in Deutschland, aber dabei wird ein gewisser ganz weiter Rahmen des allgemeinen Stiles, der aktuellen Mode, streng festgehalten, so daß die einzelne Erscheinung nie aus dem Allgemeinen herausfällt, aber sich immer aus ihm heraushebt.

Mode als Ausdruck von Modernität traf und trifft natürlich auch auf strikte Ablehnung, einerseits durch die sie grundsätzlich Ablehnenden, sozusagen verneinenden Modenarren als Gegensatz zu den sie befürwortenden Steigerungswilligen, andererseits durch die führenden Schichten von Kirche und Staat, denen jede Veränderung Vorzeichen ihres Umsturzes sind, den sie möglichst nicht auch noch selbst herbeizaubern. Konservativität ging und geht gemeinhin mit relativer bis totaler Modelosigkeit und Modeunwilligkeit einher. Dadurch können sich diese Schichten allerdings niemals entlasten und verharren in ihrem überkommenen und starren Werteghetto!

Im Verhältnis der beiden Geschlechter ist nach Georg Simmel der Mann deshalb in der Regel an Mode kaum oder gar nicht interessiert, weil er sowieso das an sich zugleich einheitlichere und vielfältigere Wesen darstellt, während für die Frau Mode ein Ersatz für fehlende berufliche Expositionen darstellt.
Allerdings zeigen emanzipierte Frauen kein Faible für Mode, um sich gerade dadurch der Personalität und Beweglichkeit des Mannes anzupassen. Insgesamt aber hat die Mode insbesondere in Kombination mit der Nacht der Frau im 20. Jahrhundert zunächst informell einen geschlechtsspezifischen Karriereweg geebnet, der heute universal geworden ist und maßgeblich die großstädtische materiell und ideellautonome Single-Kultur fördert! Zeitlich ist auch die Distanz des Klassischen von der Mode, denn Klassik bedeutet immerwährende ethische und ästhetische Verantwortungsbereitschaft für die Spitzen der überlieferten Kulturkanons. Für Simmel ist *"das Wesen des Klassischen eine Konzentriertheit*

der Erscheinung um einen ruhenden Mittelpunkt, die Klassik hat etwas Gesammeltes, was gleichsam nicht so viele Angriffspunkte bietet, an denen Modifikation, Störung, Vernichtung der Balance ansetzen könnten ... Das Ganze wird von innen her beherrscht, der Geist und das Lebensgefühl des Ganzen ziehen durch die anschauliche Zusammengehaltenheit der Erscheinung jeden einzelnen Teil derselben gleichmäßig in sich ein" (5/S. 38 + 39).
Nach dieser Definition hat die City von Frankfurt einen signifikanten klassischen Gehalt. Die Skyline als optische Mitte, Paulskirche, Dom und Römer als geistige Heimat: der Zusammenhalt der Stadt durch Mitten rund um die superstrukturelle Mitte ist eines der Geheimnisse der "lex" Frankfurt, die somit ebenso klassische wie modische Kriterien in ihrem universalen Geltungsbedürfnis erfüllt und deswegen noch eine weitgehendst unentdeckte Stofflandschaft für Literatur, Film und Fernsehen vergegenständlicht. Mode und Klassik sind hier Straßennachbarn!

Gerhard Schulze, der deutsche Bourdieu, befragte im Jahre 1985 in Nürnberg 1014 Bürger als Repräsentivstichprobe der "Erlebnisgesellschaft", einer Kultursoziologie der Gegenwart, die sich mit der Ästhetisierung des Alltagslebens beschäftigt, wie es sich im Frankfurt der achtziger und neunziger Jahre natürlich um einiges deutlicher präsentiert als in der fränkischen Halbmillionenstadt. Einleitend zu Schulze könnte man sagen, daß sich die Problemperspektive des Lebens in der Post- oder Spätmoderne immer mehr von der instrumentellen auf die normative Ebene verlagert. An die Stelle der technischen Frage "Wie erreiche ich denn X?" tritt die philosophische Frage "Was will ich eigentlich?", statt der ernsthaft-existentiellen Problemfrage "Was soll oder muß ich werden?" tritt die Vision "Wie will ich leben?". Möglich geworden ist ein solcher fundamentaler Paradigmenwechsel durch eine Kombination von insbesondere amerikanisiertem Wertewandel einerseits und steigendem materiellen Wohlstand für das Gros der Bevölkerung andererseits. Auch wenn der Sockel der Arbeitslosigkeit möglicherweise im Laufe der neunziger Jahre ein immer höheres Niveau bei gleichzeitigem Wachstum erreicht, können doch immer mehr Menschen, insbesondere bei den Jüngeren und hier wieder die Frauen als angehender Machtfaktor im Geschlechterkampf, Lebenspraxen verwirklichen, die Erlebnisansprüche auch im Alltag formulieren. Schon 1988 hatte Schulze in "Kultur und Alltag" im Rahmen eines Vorergebnisses fünf ästhetische Typen nach Bildungsabschlüssen und Altersgruppen eingeteilt und hieraus ein Hochkultur-, Action- und Trivialschema elaboriert. Während die Gebildeteren unter 40 Jahren zur Selbstverwirklichung streben, ist das "Ein und Alles" der weniger Gebildeten unter 40, deren Zahl ja permanent abnimmt, die Unterhaltung.

Über 40 Jahren steht die sogenannte Niveaugruppe an der Spitze des kulturellen Niveaus, am Ende rangieren die Harmoniebedürftigen und in der Mitte diejenigen, die zwischen diesen beiden Segmenten integrationsfähig sind, eine Schicht, die es bei den Jüngeren quantitativ in kultursoziologisch nennenswertem Maße nicht mehr gibt. Integration und Kompromisse, Einwirkung und Herausforderung sind für das Gros der Wohlstandsbürger der nach 1968 Geborenen keine Themen mehr: *"Der Weg von der Pauperismuskrise zur Sinnkrise läßt sich auch als Weg von der Überlebensorientierung zur Erlebnisorientierung beschreiben. Diesen Weg ist das Kollektiv in seiner Gesamtheit gegangen, gedrängt durch die Veränderungen der Lebensbedingungen ... Wir spüren die Folgen unserer Entscheidungen nicht auf der Ebene des primären Nutzens, denn dieser ist selbstverständlich. Fehlentscheidungen tun nicht weh; oft kann man sie sofort revidieren. Unsere objektive Lebenssituation, soweit sie in Verfügungschancen über Gegenstände und Dienstleistungen besteht, zwingt uns dazu, ständig Unterscheidungen nach ästhetischen Kriterien vorzunehmen. Erleben wird vom Nebeneffekt zur Lebensaufgabe ... Entscheidend ist, daß immer mehr Menschen ihre Existenz in einem umfassenden Sinne als gestaltbar ansehen. Damit eröffnen sich neue Möglichkeiträume, die vorher durch kognitive Barrieren (Fatalismus, Schicksalsbegriff, Vorstellung der Gottgegebenheit) verschlossen waren. Großen Anteil daran haben Soziologie und Psychologie, die in mehreren Popularisierungswelten (Studentenbewegung, Frauenbewegung, Psychobewegung) die soziale Landschaft überspülten und veränderten"* (6/S. 55 + 58).

Schulze diagnostizierte aber eine gewisse Unsicherheit als Begleiterscheinung der Erlebnissuche, die schließlich auch erfolglos bleiben kann und dadurch sofort die psychische Befindlichkeit einschränkt. Unsicherheit erzeugt daher ein ästhetisches Anlehnungsbedürfnis, das sich in Mentalitäten, Gruppenbildung, typischen Handlungsstrategien und neuen Formen der Öffentlichkeit niederschlägt: *"Alle zentralen Begriffe dieser Untersuchung deuten auf die Inanspruchnahme kollektiver oder institutioneller Orientierungshilfen hin: Stil und*

Stiltypen, alltagsästhetische Schemata, soziale Milieus, Rationalität von Erlebnisnachfrage und Erlebnisangebot, Szenen. Ohne kollektive Muster wären viele durch das Programm, so zu leben, wie sie wollen, philosophisch überfordert" (6/S. 62).

Im Zeitalter der Trends überfordert die Formulierung einer wirklich gehaltvollen und nicht wieder nur dörflichen Philosophie auch die meisten Großstadtbewohner. Die Nähen zwischen dem erstmodernen Simmel und dem zweitmodernen Schulze sind offenkundig. Simmels Kritik der Wertelosigkeit, für die der Boom der Moden kein Ersatz sein kann, hat sich noch dynamisiert und mittlerweile auch die Provinz erfaßt. Eine kulturelle Festivalisierung des ganzen Landes und über zwanzig Fernsehprogramme für immer mehr Menschen rund um die Uhr sowie eine städtische Infrastruktur der vielen Nischen läßt jedoch eigentlich keine Zeit mehr für einen nichterlebnisorientierten Alltag. Andererseits darf kaum noch jemand behaupten, die Potentiale für eine günstigere und lebens- und erfahrungsintensivere eigene Biographie wären nicht vorhanden. In einer Gesellschaft der Ränder ohne Mitte erhält die Sky-Scraper-Zitadelle der Frankfurter City mit ihrem im In- und Outdoorbereich boomumtosten Leben eine umso größere Bedeutung. Doch nicht nur hier kann heute das Gros sein eigenes Buch ausleben!

5.2 Die beiden großen westlichen Magnifizenzen des städtischen Quintärs

5.2.1 Manhattan als die Mega-City der Welthauptstadt New York

Kein anderer Flecken Erde als die achtundfünfzig Quadratkilometer Manhattan hat derart viel für die Welt geleistet, vor allem für die Verfolgten und Entwurzelten des 19. und 20. Jahrhunderts, für die deutsche "Fourtyeighters" 1848, für die Iren nach der verheerenden Kartoffelpest, für die Juden im 3. Reich und nicht nur dort, überhaupt für die verfolgte Intelligenz des warmen und kalten Krieges und in den letzten Dekaden für die Einwanderer aus Südamerika und Asien. Manhattan ist zur Inkarnation des transveralen Kaps des 20. Jahrhunderts aufgestiegen, hat in einer unvergleichlichen Selbstlosigkeit Amerika, das ein Ideal und keine staatliche Nation ist, als Aufnahmeland aller verkörpert, die ein Leben in Freiheit und Selbstbestimmung führen wollen. Vor ein paar Jahrhunderten in seinem südlichen Teil von den Mana Hatta-Indianern bevölkert und dann von der Wall Street als eine Art Stadtmauer begrenzt, entwickelte sich Manhattan zum Hafen der Welt, aus dem sich langsam, nachdem das Eiland überfüllt war, die anderen Stadtteile New Yorks, allen voran Brooklyn mit seinen fast drei Millionen Einwohnern, die Bronx, Queens und Richmond, zivilisatorisch herausbildeten. Längst reichen die Ost-Halbinseln nicht mehr aus, so daß mit New Jersey ein außerhalb New Yorks westlich gelegenes weiteres Wolkenkratzer-Zentrum entstanden ist. Der Big Apple hat natürlich gerade durch die nazi-bedingte Einwanderung sehr profitiert und konnte erst dadurch seine unerreichte Schmelztiegel-Funktion auch in Intellekt und Kunst voll ausleben. Doch ist Manhattan sicherlich das steinerne Denkmal der freien Welt, das aber mittlerweile unter einer solchen Überkomprimation und chaotischen Vielfalt leidet, daß Kritiker bereits schon die Phase, wo sich dieser ganze Komplex unter negativen Vorzeichen weiter verändert, im Gange sehen!

Geist und Geld beherrschen im Vergleich mit Frankfurt in potenzierter Form die Welthauptstadt New York und ihres wichtigsten "Stadtteils" Manhattan. Die hier sich befindenden etwa zwei Millionen Arbeitsplätze, garniert mit 1,5 Millionen Einwohnern aus wohl fast allen Ländern der Erde, sind der Stoff, aus dem ein Kultroman nach dem anderen entsteht, und fast noch mehr sind sie das Geld, das die westliche Welt regiert. Während kaum eine andere Stadt außerhalb Amerikas (von Asien einmal abgesehen, wo jedoch die basalen Vorgänge noch ganz anders aussehen) oberflächlich und auch im Denken so von New York gezeichnet ist wie Frankfurt, hat sich die Wall Street vor allem in der Londoner City wie sonst nirgendwo auf der Welt breitgemacht. Die historische Aktienhausse vom August 1982 bis zum April 1986, die unter Reagan und Thatcher eine nie vorher gekannte Globalisierung der Finanzmärkte einleitete, mit immer ausgefalleneren Finanzprodukten ungeahnte Deals erschloß und den Börsen-Yuppie als Kultfigur der Postmoderne hervorbrachte, heute die gängige Bezeichnung für alle linear-karrieristisch ambitionierten Youngsters im Finanzdienstleistungsgewerbe der Global Cities im weitesten Sinne, hatte schließlich in einer bis heute anhaltenden Deregulierung ihre Quintessenz, die natürlich auch der Spekulation ungehemmten freien Lauf ließ. Die EWS-Turbulenzen im Sommer 1993 sind der aktuellste Beweis!

Walter Stock beschreibt in seinem 1990 publizierten Buch "Wall Street" die Expansion des New Yorker Finanzdistrikts in der Londoner City, nachdem dort zum Teil seit 1911 geltende Regularien von dem einen auf den anderen Tag abgeschafft wurden, um unter verschärften Konkurrenzbedingungen neue Spielräume im Sinne von Beteiligungen und Erweiterungen zu eröffnen: *"Die City, Londons Version des New Yorker Finanzdistrikts an Manhattans Südspitze, erlebte geradezu eine Invasion des Wall Street-Establishments. Salomon Brothers ging sogar soweit, das internationale Hauptquartier der Firma als Schaltzentrale ihrer globalen Operationen in London einzurichten. Mit der Erhöhung ihres Einsatzes in London strebte die Wall Street eine verbesserte Konkurrenzposition an, um die strategischen Vorteile einer Präsenz am Londoner Markt im Rahmen einer globalen Unternehmensstrategie nutzen zu können. Die Londoner Böre ist schließlich der Wertpapiermarkt in ihrer Zeitzone, ausgestattet mit der einmaligen Gunst, genau in der Mitte zwischen den Zeitzonen von Tokio und New York, den beiden anderen großen Finanzzentren, zu liegen. Keine der anderen großen Börsen weist eine so umfassende internationale Mitgliedschaft auf und hat so viele ausländische Aktien (über 500) notiert. 1988 waren 256 ausländische Wertpapierfirmen in London tätig ... Die Verbindung zwischen der Wall Street und der Londoner City ist in den letzten Jahren durch keinen Vorgang so verstärkt worden wie durch die Auslandsexpansion multinationaler Firmen in Gestalt von internationalen*

Firmenaufkäufen, Übernahmen und Fusionen. Seit einiger Zeit sind die USA und Großbritannien die mit Abstand größten Märkte für Fusionen (mergers) und Aufkäufe (aquisitions)" (7/S. 207-211).

New York und Manhattan als Protagonisten von Superstrukturen müssen freilich heute immer mehr zusehen, wie sehr primär die Japaner, aber auch in wachsendem Maße die Koreaner in ihrem Land Räume besetzen, sei es in Gestalt von Stadtteilen und basalen Handelsbereichen oder in Form von Aufkäufen und quantitativen Dominanzen. Tokios wahnwitziger Stadtausbau im Vorfeld der Olympiade von 1964 war der Auftakt zu einer dreißigjährigen Super-Rallye, an deren Ende die Tatsache steht, daß *"1987 die Tokioter Börse die New Yorker Börse von ihrem Spitzenplatz als dem international größten Aktienmarkt verdrängte. Zur selben Zeit überstiegen die Umsätze mit japanischen Staatsanleihen zum erstenmal das vergleichbare Volumen der marktführenden amerikanischen Händler"* (8/S. 9). Fusionierung und Liberalisierungen setzen sich am Frankfurter Platz erst in der ersten Hälfte der neunziger Jahre langsam durch und sind der Grund dafür, wieso prozentual der Handel in Auslandswerten und die Beteiligung ausländischer Banken am deutschen Gesamtgeschäft sowie die umgesetzten Devisensummen so bescheiden ausfallen. Der deutsche Gesetzgeber ist nicht auf den Deregulierungszug der achtziger Jahre aufgesprungen und muß nun via EG dazu aufgefordert werden, sich endlich an den nicht nur europaweit geltenden Usancen zu orientieren. New York, London und selbst das politisch so mittelalterlich-starr-korrupte Tokio haben da wesentlich schneller und konsequenter reagiert und sind wegen der Deregulierung so sehr unter sich, was die umgeschlagenen Volumina betrifft. Auch Tokio forcierte in den achtziger Jahren *"die Beseitigung von für das japanische Finanzsystem typischen strukturellen Beschränkungen, insbesondere die Zinsreglementierung, der im Inland vorgeschriebenen Trennung des Kredit- und Wertpapiergeschäfts, der unterschiedlichen aufsichtsbehördlichen Behandlung der in- und ausländischen Geschäftstätigkeit japanischer Finanzinstitute sowie der Benachteiligung ausländischer Banken in Tokio, die Förderung von Finanzinstituten, die als Marktführer Liberalisierung und Internationalität voranzutreiben in der Lage sind und eine generelle Belebung der Geld- und Kapitalmärkte"* (8/S. 16).

Tokio ist der große Konkurrent der harten Faktoren in den neunziger Jahren. Paris und Berlin waren die ästhetischen Pendants zu New York in den zwanziger Jahren, das damals seinen Erst-Aufstieg zur Weltfinanzmetropole bestritt, der ja durch den "Schwarzen Freitag" 1929 einen solch schweren Schlag erlitt, daß er sich auf die gesamte Welt verhängnisvoll auswirken sollte. Insofern sind vielleicht die zwanziger und die neunziger Jahre aus der Sicht Manhattans vergleichbar, da in beiden Jahrzehnten das Geld über den Geist dominierte und eine gewisse intellektuelle Schwäche für Ungewißheit sorgte und sorgt. Trotzdem vergegenständlichte New York schon damals den am stärksten boomenden Umschlagplatz der Welt, der angesichts der noch nicht präsenten sekundiösen Mobilität in unserem heutigen Informations- und Kommunikationszeitalter zunächst für viele Jahrzehnte in seiner Entwicklung ungefährdet war. Mit seinem 1925 geschriebenen Roman "Manhattan Transfer" dokumentiert der amerikanische Schriftsteller John dos Passos das New York in seiner "Quintärisierung" zur Welthauptstadt. Sein furioses Porträt zeigt New York als eine Stätte der gierigen Jagd nach Arbeit, Glück und Macht, die zugleich zum Schauplatz von Biographien wird, die ohne institutionelle Steuerung, alleine der "lex" City-Raum folgend und verpflichtend, in einem ebenso idealen wie brutalen Kontext versuchen, die vorhandene Geltung mit ihren unerschöpflichen Möglichkeiten und Unmöglichkeiten für sie günstig auszunutzen und so die ihnen vor allem in ihren Herkunftsländern aufoktroyierte Faktizität außer Kraft zu setzen. Eine Äußerung eines der Romanprotagonisten steht für die vielen Millionen, denen sich New York mit dem Anblick der Freiheitsstatue in seinem ganzen vielseitigen Horizont öffnete: *"Ich will vorankommen, ich will was erreichen, das ist meine Absicht. Europa ist verfault, Europa stinkt. In Amerika kann man was erreichen Da spielt die Geburt keine Rolle, da spielt die Erziehung keine Rolle, da heißt es immer nur: vorwärts"* (9/S. 20)

Dos Passos in drei Bücher gegliederter und in die Weltliteratur eingegangener Roman, der multiepisodisch die Vorgänge in der menschenverschleißenden Weltmetropole New York unter Kapitelüberschriften wie Metropolis, Dollars, Schienenstränge, Dampfwalze, Jahrmarkt der Tiere, Berg- und Talbahn, Jubelnde Stadt, sorglos thronend sowie Drehtüren und Wolkenkratzer auf eine höhere, sprich künstlerische Ordnung hob, repräsentiert nicht zuletzt ein Panorama der informellen und dabei immer symmetrischen Kommunikation zwischen im Fieber des Booms sich befindenden Menschen. Natürlich bedeutet eine solche materiell motivierte Besinnungslosigkeit immer auch ein Stück Verfall eines Minimums des sich Geziemenden, doch wovon Europa und gerade Deutschland zuviel hat, muß Manhattan zwangsläufig zu wenig haben. Der Verzicht auf die Formen ist der Preis für das pralle Leben in allen seinen nur allzumenschlichen Breiten. An die Stelle des arizistisch konstruierten deutschen Hoch-Geistes tritt nicht nur in Manhattan der hier so beargwöhnte gesunde Menschenverstand als großer Macher!

Die zum Kap gewordene Transversale ermöglicht jedem Interessierten, sein biographisches Hauptprojekt zu realisieren, das in begrenzter Zeit den früh das gesamte eigene Leben entscheidenden oder mitentscheidenden Schub bringen soll, sei es ideell und/oder materiell oder nur rein geschlechtlich oder anderweitig für das persönliche Befinden hochbedeutend. Natürlich wird auch nicht selten aus solcherlei Vorhaben die große Enttäuschung, die dann ebenfalls die nachfolgende Lebenszeit bestimmt und zu ganz anderen Figurationen führt als die, die eigentlich mit diesem transversalen Projekt vorgesehen waren. Manhattan erfüllt nun schon etwa 150 Jahre diese elementare Voraussetzung zum städtischen Quintär, in dem es sich seit etwa 60 Jahren, nach seiner gigantischen Konstitution zum architektonischen, intellektuellen und finanzwirtschaftlichen Weltumschlagplatz, der mit dem Empire State Building zu einem ersten Abschluß kam, befindet. Eine Romanfigur in "Manhattan Transfer" bringt es auf den Punkt: *"Warum soll ich nach Washington übersiedeln, in den Froschteich, wenn ich dort bin, wo die Kommandos erteilt werden? Das Schreckliche, wenn einem New York zuwider wird, das Schreckliche ist, daß man nirgendwo anders hin kann. Hier sitzen wir auf dem Gipfel der Welt. Wir können uns nur immer im Kreise drehen wie das Eichkätzchen in seinem Käfig"* (9/S. 183).

John dos Passos macht natürlich ebenso deutlich, was den Reiz und die Gefahr, die Faszination und das Unkalkulierbare des Welt-Städtischen ausmacht, nämlich die Nacht und die Straße in ihren extremen Ausuferungen. Seine Einleitung zu "Dampfwalze" als letztem Kapitel im ersten Buch offeriert die Nacht in einer Sprachmächtigkeit, die auch Henry Miller auszeichnet: *"Dämmerung glättet sanft die sprödwinkligen Straßen. Dunkelheit lastet schwer auf der dampfenden Asphaltstadt, zermalmt das Netzwerk der Fenster und Ladenschilder und Wassertanks und Schornsteine und Ventilatoren und Feuerleitern und Simse und Kaminrisse und Wellblechformen und Augen und*

Hände und Schlipse, zermalmt sie zu blauen Klumpen, zu schwarzen, riesigen Blöcken. Unter dem wälzenden, immer schwereren Druck platzt aus Fenstern grelles Licht. Die Nacht quetscht helle Milch aus Bogenlampen, preßt die trüben Häuserblocks, bis sie rot, gelb, grün in die Straßen tröpfeln, die von Schritten widerhallen. Überall sickert Licht aus dem Asphalt. Licht sprüht aus den Schriften an den Dächern, wirbelt schwindelerregend zwischen den Rädern, färbt wälzende Tonnen Himmel" (9/S. 95).
Wenn Großstädt-Nächte und Großstadt-Straßen keine Buch-Fähigkeit aufweisen, wenn sie nicht Texte schreiben, wenn der Flaneur nicht minutiös von einem Blickfang in den anderen gerät, wenn er nicht ständig sich selbst fordern kann, was nur möglich ist, wenn die Stadt ihn dazu auffordert und fordert, dann haben Straßen, Nächte und die dazugehörigen Städte ihren Namen nicht verdient.
Die Menschenleere deutscher Städte schon am Abend, durch die boomende Gastronomisierung außerhalb von Berlin und Frankfurt in den letzten Jahren etwas weniger gravierend geworden, zeugt immer noch von einem Zuchtgedanken der jegliches Leben einschüchternden und verbietenden Instanzen Staat und Kirche, der in Deutschland fast überall noch anthropologisch zu erkennen ist und die Metamorphose vom Mitarbeiter und Mitläufer zum autonom Handelnden und Sichbewegenden äußerst schwer macht.
Was in Frankfurt, Berlin und überhaupt im gesamten deutschsprachigen Raum angesichts der relativen Kleinheit der Städte und der nicht entwickelten Tradition einer über Jahrhunderte prosperierenden city- oder cité-bezogenen Stadtkultur fehlt, sind kilometerlange Straßen wie der Boulevard St. Germain in Paris oder der Broadway als die expressivste über zwanzig Kilometer lange Magistrale Manhattans, die wie die anderen Avenues diese Halbinsel in Nord-Süd-Richtung überbrückt und wahrlich den Mikrokosmos des globalen Makrokosmos personifiziert. John dos Passos beschreibt 1925 in "Manhattan Transfer" einen Broadway, der gerade seine faszinierenden Facetten durch immer neue bauliche Wunder erhält.
Vergleichbar damit sind heute die Frankfurter Entwicklungsachse der neunziger Jahre von der Neuen Mainzer Straße über die Mainzer Landstraße in ihrem Wolkenkratzer-City-Teil bis zur zum Messeturm führenden Friedrich-Ebert-Anlage und die mittlerweile durch die neue "Grande Arche" monumentalisierte und ästhetisierte Pariser Yuppie-Büro-, Kunst- und Freizeitstadt La Defense, die

nunmehr jenseits des neuen Triumphbogens ziemlich gigantisch weiterwächst und völlig unstädtisches Terrain urbanisiert. Doch schon der Broadway vor siebzig Jahren hatte jenes Format: *"Mit langen, langsamen Schritten, ein wenig hinkend auf blasigen Füßen, wanderte Bud den Broadway entlang, vorbei an leeren Baustellen, wo zwischen Gras und Sumachbüschen und Ambrosiapflanzen Blechdosen glitzerten, zwischen den langen Reihen der Anschlagbretter und Konservenplakate, vorbei an Schuppen und verlassenen Siedlerbaracken, vorbei an tiefen Gruben, vollgepfropft mit räderzerfurchten Kehrichthaufen, wo die Kippwagen Asche und Klinker abluden, vorbei an grauen, knolligen Felsadern, aus denen sich unablässig die Dampfbohrer nagten, vorbei an Ausschachtungen, aus denen sich schwere Wagen mit Geröll und Lehm über Bretterpfade zur Straße hinaufschleppten, bis er endlich auf nagelneuen Trottoiren an einer Kette gelber Ziegelhäuser entlangmarschierte und in die Schaufenster der Spezereiläden, chinesischen Wäschereien, Frühstücksbuden, Blumen- und Grünzeuggeschäfte, Schneiderwerkstätten, Feinkosthandlungen blickte"* (9/S. 23).

Der Broadway als Inkarnation der Transversale und Magistrale, in seinen als Mitte bekannten Ensembles im Vergleich mit der postmodern-hegemonialen Trump-Tower-bestückten Fifth Avenue eher schrill und zentrenlos, hat sich von einem alten Indianerpfad zur "Meile der Moderne" in all ihren Couleurs entwickelt. Derart viel Ecken und Kanten werden die oben beschriebenen Frankfurter und Pariser Achsen selbst zur Jahrtausendwende bei ihrer zu erwartenden Fertigstellung als finanzwirtschaftlich ambitionierte Komplexe allerdings kaum aufweisen. Auf jeden Fall sind alle drei Areale von behördlichen Institutionen fast total befreite Magistralen, wobei Frankfurt als Boom-Town und Paris als stetig und historisch-ästhetisch sich ändernde Stadt nie und zu keiner Zeit so unkontrolliert und frei expandierten wie das Manhattan der zweiten Hälfte des neunzehnten Jahrhunderts und der ersten Hälfte des 20. Jahrhunderts. Die progressive Vorstellung der schon zitierten Irene Runge von der Straße trifft den Broadway in allen Licht- und Schattenseiten: *"Eine Kaffeestraße dürfte nicht fehlen, wo die Kellner ahnen, was erwartet wird, Zeitungen für Frühstücksgäste bereitliegen und Stühle je nach Bedarf bis tief in die Nacht gerückt werden dürfen. Straßenfeste und Hofkonzerte wären sodann gewohnte Sonntagsereignisse. Das nicht wenig, sondern nur anders arbeitende Volk der Komödianten und Tragöden, der Helden und Soubretten des Alltags ist begierig, die*

Straße zum Ort ihrer Auftritte und Abgänge zu machen. In der großen Anonymität ist viel Platz für kleine öffentliche Intimitäten, die entdeckt und bestaunt werden sollen, bevor sie wieder in Vergessenheit geraten" (1/S. 136).
Träger des Städtischen sind im wesentlichen zwei gesellschaftliche Tranchen, nämlich die Financial Community und die Couloured Communities, die zwar metropolitan in ihrer Geschichte Menschen nachgeordneter Klasse waren und sind, gerade aber dadurch ihre insbesondere tänzerische und musikalische Kultur dort entwickelten und so die eigentlichen Protagonisten aus den New Yorker Sub-Bewegungen sind, deren neueste Outputs und Outfits mit einigen Jahren Verspätung schließlich auch Europa erreichen. Der große Flaneur mit New Yorker und Pariser Erfahrungen im 20. Jahrhundert ist freilich ein Weißer und heißt Henry Miller. Seine bei Erscheinen im prüden Amerika natürlich skandalumwitterten Bücher, allen voran die "Wendekreise", sind erst spät in Deutschland erschienen. Miller, heute einer der letzten europäischen Klassiker trotz seines offensichtlichen Modernismus, preist und verdammt die Laster der Großstadt wie kein zweiter Autor der Weltliteratur. Fast zeitgleich mit Hitler geboren, konstruierte er in den Enddreißigern, als in Deutschland schon der Nazi-Mief universal Platz gegriffen hatte, den "Wendekreis des Steinbocks", eine autobiographische Lebensstudie mit äußerster Nachhaltigkeit. Auch wenn die Großstadt alle Laster hat, so erkannte Miller im traditionellen Großstadthaß gerade der besser situierten europäischen und europastimmigen Weißen die eigentliche Heuchelei: *"Überall, wo es kalt ist, gibt es Menschen, die sich schinden, und wenn sie Kinder in die Welt setzen, predigen sie den Kindern das Evangelium der Arbeit - das im Grunde nichts anderes ist als die Lehre von der Trägheit. Meine Leute waren alle nordischer Abkunft, mit anderen Worten: Idioten. Allen Blödsinn, der je verkündet wurde, machten sie sich zu eigen. Darunter die Lehre von der Sauberkeit, von der Rechtschaffenheit ganz zu schweigen. Sie waren peinlich sauber. Aber innen stanken sie. Kein einzige Mal hatten sie die Tür zur Seele aufgetan"* (10/S. 11).
Henry Miller, der zu Beginn des "Steinbocks" von seiner Tätigkeit im Personalbüro der Telegrafengesellschaft berichtet, ist als Kult-Flaneur des 20. Jahrhunderts zur Arschkriecherei nicht zu gebrauchen. Er selbst handelte in seinem mörderischen Job entsprechend seiner Erkenntnis, daß ein guter Mensch im New Yorker Dschungel vollkommen wertlos ist und heuerte aus allen nur denkbaren Berufsgruppen Personal an, um es dann bald wieder, oft schon am nächsten Tag,

zu feuern. In Ansätzen gleicht dieses Szenario dem bei den vielen unseriösen Zeitarbeitsfirmen, die in Deutschland erst in den letzten Jahren stärker hervorgetreten sind und auch in Frankfurt mittlerweile einen Randfaktor der Arbeitskräfteversorgung darstellen.

Da die Informalität auch hier einen Schub erfährt, gleichen sich die Vorgänge allmählich an: *"Manche von ihnen gingen in der Untergrundbahn oder in den Kellerlabyrinthen der Wolkenkratzer verloren; manche fuhren den ganzen Tag mit der Hochbahn umher, denn in Uniform hatten sie freie Fahrt, und vielleicht hatten sie noch nie das Vergnügen gehabt, den ganzen Tag mit der Hochbahn umherzufahren. Andere sollten nach Staten Island fahren und landeten in Canarsio oder wurden halb ohnmächtig von einem Polypen zurückgebracht. Manche vergaßen, wo sie wohnten und verschwanden völlig von der Bildfläche. Manche, die wir für New Yrok anstellten, tauchten einen Monat später in Philadelphia auf ... Manche schließlich marschieren aus einem merkwürdigen Selbsterhaltungstrieb geradewegs in die psychiatrische Klinik"* (10/S 23).

Auch Frankfurt wird nach Maßgabe dieser Worte immer städtischer, immer projekt- und asylhafter und daher immer transversaler, ein gesuchtes Kap der guten Hoffnung wie New York, beleuchtet vom Messeturm entsprechend der Beseelung Manhattans durch die Freiheitsstatue. Die deutsche Bevölkerung verringert sich noch immer, längst ist es keine halbe Million mehr. In Sao Paulo stellen die Japaner nur etwa ein Dreißigstel der Bevölkerung der Metropole, und doch sind es mit 600000 mehr, als Deutsche in Frankfurt wohnen. Dafür gab es durch den Asylboom und den Jugoslawienkrieg in den Anfangsneunzigern einen nochmaligen gewaltigen Schub an sogenannten Ausländern, offiziell im Mai 1993 28,1 %, inoffiziell über ein Drittel der Stadtbevölkerung, in der unmittelbaren City die Hälfte und zum Teil weit darüber. Der Anteil der Jugendlichen liegt bei über 40 %, in der Karmeliterschule im Bahnhofsviertel sind über 90 % der Schüler ohne deutschen Paß. Für den Städter sind dies Zahlen des Erbauens, für die weitaus zahlreicheren Stadthasser Fakten des Grauens, die den Eindruck verstärken, den Henry Miller vom New York der dreißiger Jahre hatte: *"Genauso wie die Stadt ein riesiges Grabmal geworden war, in dem die Menschen um einen anständigen Tod kämpften, glich mein eigenes Leben allmählich einem Grabmal, das ich aus meinem eigenen Tod erbaute. Ich wanderte in einem Steinwald umher, dessen Mitte Chaos war; manchmal tanzte*

ich in dieser toten Mitte, im Kern des Chaos, oder trank mich von Sinnen, oder ich schlief mit einer Frau, befreundete mich mit jemand oder plante ein neues Leben, aber es war alles Chaos, alles Stein, hoffnungslos und verwirrend. Bis zu dem Tag, an dem mir eine Kraft begegnete, die stark genug war, mich aus diesem Steinwald und diesem Wahnsinn herauszureißen, gab es kein Leben für mich, und ich schrieb keine einzige Seite, die Sinn hatte" (10/S. 65).
Trotz der Entdeckung vieler Interieurs kommt Henry Miller nicht umhin, diese städtische Moderne des aufgeheizten New York in und nach der Weltwirtschaftskrise zu verfluchen. Natürlich ist trotz beidseitiger Skyline das New York der dreißiger nicht mit dem Frankfurt der neunziger Jahre vergleichbar, denn schon die Tatsache einer fünfzigjährigen ununterbrochenen Prosperität, verbunden mit dem weitschweifigsten Sozialsystem der Welt, das von allen gesuchten Global Cities inklusive aller grün besetzten Luxus-Extras Frankfurt derzeit aufweist, kommt es hier nie zu solchen Crash-Zuständen wie in Manhattan. Wer Henry Miller liest, hat zudem nie den Eindruck, er könnte auch nur einen Tag ohne die Straßen leben, die ihn erst zu dem Faktor in der modernklassischen Weltliteratur machten, der er heute unzweifelhaft ist!

Der derzeit vielleicht führende Autor der New Yorker Postmoderne heißt Paul Auster und wurde 1947 geboren, als Henry Miller seinen "physischen Zenit" längst überschritten hatte. Verheiratet mit einer Frau, die ebenfalls unlängst unter die New York-Romanciers Einzug gehalten hat, machte Auster seit der zweiten Hälfte der achtziger Jahre von sich reden, als er nach einer New York-Trilogie den "Mond über Manhattan" folgen ließ. Im Frühjahr 1992 erschien "Die Musik des Zufalls" bei Rowohlt, und anläßlich der Erscheinung dieses jüngsten Auster-Romans führte das FAZ-Magazin ein Interview mit dem in Brooklyn lebenden Erfolgsschriftsteller.
Gut fünfzig Jahre nach Henry Millers New Yorker Erfahrungen kommt der Metropolenliebhaber Paul Auster zu einer wesentlich günstigeren Beurteilung der Vorgänge und Zustände in der Stadt. Anhand der Statements dieser beiden Autoren wird einmal mehr die unendliche Rezeptionsspanne des Welt- und noch mehr des Kap-Städtischen deutlich. Auf eine Frage nach der Isoliertheit der Romanfiguren Austers antwortet er: *"In einer gigantischen Stadt wie New York besteht leicht die Möglichkeit dazu. Man wird schnell anonym, verliert sich oder kann verschwinden, ohne daß es jemand bemerkt. In einer kleineren Stadt*

kennen die Menschen einander, jeder wacht über den anderen. In schwierigen Zeiten ist das sicher hilfreich, sonst kann es einem auf die Nerven gehen. In einer großen Stadt ist es genau andersherum, man kann abtauchen - und keiner bemerkt es. Das ist für mich ein faszinierender Aspekt urbanen Lebens. Die Großstadt muß auch nicht zwingend einsam sein, selbst Brooklyn kann etwas Kleinstädtisches haben, wenn beispielsweise die Ladeninhaber dich kennen. In einer Großstadt ist es deshalb unabdingbar, sich eine solche Atmosphäre zu schaffen. New York gleicht darin keiner anderen Stadt, und obwohl die Presse dauernd über Spannungen berichtet, ist es erstaunlich, wie gut alle miteinander auskommen. Es ist New Yorks wahrer Triumph, daß sich die Bewohner nicht täglich an die Gurgel springen. Es gibt Toleranz. Ich gehe in meinen ägyptischen Lebensmittelladen, in die chinesische Reinigung, den koreanischen Gemüseladen, kaufe im nordafrikanischen Käsegeschäft, beim indischen Zeitungshändler, kehre ein in die irische Kneipe, und jeder bemüht sich, den Alltag freundlich zu bewältigen" (11).

Paul Auster hat erkannt, daß die Lichtseiten einer Großstadt, die diesen Namen verdient, erst die eigentlichen Appetithappen bereitstellt, die das Leben lebenswert machen.

Großstadtfeinde, die stets ihren meist aus lebensstilistischer Unfähigkeit resultierenden Selbsthaß auf die Großstadt projizieren, in der sie mit ihrem selbstgewählten Spießerismus zu ignorierten Randfiguren werden, mahnt Paul Auster, das große Projekt des multikulturellen Miteinanders nicht argwöhnisch zu betrachten. Nur wo die Qualitäten des Menschlichen in allen Facetten öffentlich werden, ist die Garantie vorhanden, daß auch eine Metamorphose stattfindet, die nicht ein Stadtbild erzeugt, das eine eklatante Disproportion zwischen Ist-Zeit und Outfit der Stadt erzeugt, die dann zu gefährlichen Romantizismen Anlaß gibt, wie sie in Nürnberg oder München aufkommen, Austers Idealität einer Stadt wird von New York und Frankfurt beispielhaft erfüllt.

Cities, in denen eine einzige Aneinanderreihung von Spitzen und Elitismen vorliegt, ufern natürlich auch in die andere Richtung aus, wie es Filme wie "Happy Birthday, Türke " , "Indochina", "Wall Street" und "Tokio Dekadenz" beweisen.

Wichtig für New York ist auch die Tatsache, daß es mit Chicago seit nunmehr etwa 120 Jahren einen ernstzunehmenden Konkurrenten um die beste Wolkenkratzer-Ästhetik hat, um die herum sich alle Entfaltungen und Reibungen der Moderne gruppieren, eine treibende moderne Gegen-Kraft, die für Frankfurt in deutschen Landen leider nicht zur Verfügung steht: *"In der Geschichte der amerikanischen Wolkenkratzer war Chicago im Grunde immer tonangebend, seine Architektur avantgardistischer, moderner, technischer und pragmatischer - so ganz ohne die Verspieltheit und Theatralik der New Yorker Architektur".* Helmut Jahn merkt dazu an: *"Die New York-Gebäude sind romantischer, aufgrund ihrer Lage in der Stadt und aufgrund der ganzen 20er-Jahre-Wolkenkratzer-Architektur, die ja den Höhepunkt der amerikanischen Wolkenkratzer-Architektur - Chrysler Building, Rockefeller Center, Empire State Building - darstellt"* (12/S. 32 + 33).

Nicht nur ästhetisch können die anderen Städte dieser Welt nur schwer mit New York konkurrieren, sondern auch hinsichtlich der Erbringung sozialer Leistungen zumindest für amerikanische Verhältnisse. Die Bielefelder Politikprofessorin Adrienne Windhoff-Heritiér dokumentiert in ihrer Studie "Stadt der Reichen - Stadt der Armen. Politik in New York City", daß New York zwar nicht an den weltweit kaum erreichten Frankfurter sozialpolitischen Standard heranreicht, aber trotz der Kürzungen der Reagan-Administration in den Endachtzigern immer noch relativ viel Gelder und Versorgungsleistungen für die Betroffenen bereithält, zum Beispiel für eine knape Million an Sozialhilfeempfängern. Der Genius loci von New York, der sich in seinem mächtigsten Stadtteil Manhattan rekrutiert, welcher die übrigen vier Stadtteile klar dominiert, hat auch in den meisten sozialpolitischen Feldern die Konsequenz, daß der *"Staat New York in Wechselwirkung mit der Stadt eine Vorreiterrolle in der Sozialpolitik spielte und früher als andere Staaten innovative Maßnahmen entwickelte, um Armut, Arbeitslosigkeit und gesundheitliche Gefahren zu mindern. Diese Bemühungen treten kontinuierlich hervor, obwohl stets große Unterschiede in Sozialstruktur, Ökonomie und Weltanschauung die große Stadt und den übrigen Staat New York trennten und diese in einem Geflecht sich überlappender Konsequenzen, institutioneller Rivalitäten und Konflikte verarbeitet werden.*
Verschiedene institutionelle Maßnahmen wie die rechtliche Stärkung der Minderheiten im politischen Prozeß durch die Bundesregierung, daraus folgende Wahlkreisreformen, aber auch das Engagement einzelner Politiker in sozialen und wirtschaftlichen Aufbruchsituationen und das langdauernde hohe

Gewicht der Demokratischen Partei, von Reformgruppen und dem liberalen Flügel der Republikanischen Partei (im Staat) haben dazu beigetragen, daß Staat und Stadt New York zu den sozialpolitischen Schrittmachern in den Vereinigten Staaten wurden" (13/S. 103).

Wieder einmal hat der Studierende des Buches der Bielefelder Politikwissenschaftlerin den Eindruck, hier würde eine Untersuchung zwischen Frankfurt und Wiesbaden erfolgen, denn die Ähnlichkeiten und Gemeinsamkeiten mit der Interaktion zwischen New York und Albany sind frappierend. Beide Städte sind extrem heteroethnisch, beide Staaten sind extrem weiß, hier deutsch, dort britisch. Stadt und Land bekämpfen sich und bieten doch das beste soziokulturelle Angebot für die Einwohner an. Die weltanschaulichen Differenzen sind groß, doch die eher "sakralen " Staaten wissen, daß sie ohne ihre rein säkulare "Boom-Town" ins dritte Glied zurückfallen. In beiden Cities arbeitet eine postmoderne Elite, um die herum sich viele Armutsszenarien ballen. Was Ed Koch für New York zwölf Jahre lang war, verkörperten Wallmann und Brück zwölf Jahre für Frankfurt. Es wird (auch in New York) viel saniert, hier in Bockenheim, dort in der Bronx. Die Institutionen sind korrupt, denn immer wieder ist extrem viel Geld im Spiel. Als Wähler sind die jeweiligen Weißen entschieden bedeutender als Stadtbewohner, denn das Städtische markieren die Minderheiten, die schon lange die Mehrheit der Bevölkerung stellen. Trotzdem gibt es in New York gravierende Mängel in einigen Teilen der in Frankfurt vergleichsweise exzellenten Versorgung, die eine ganz schlimme Obdachlosigkeit, eine katastrophale Schulbildung und ein Straßenbild zur Folge haben, das unter anderem von Abertausenden von psychisch Kranken geprägt ist, die angesichts völliger Überfüllung wieder aus den Anstalten entlassen wurden, trotz eines Gestörtheitsgrades, der bei uns eine zwingende Verwahrung zur Folge hätte: *"Das Durchschnittsalter des männlichen Obdachlosen liegt bei 40 Jahren, rund ein Viertel von ihnen sind jünger als 30 Jahre. Über 60 % von ihnen sind schwarz, ein Viertel bis ein Fünftel ist weiß und rund ein Zehntel hispanisch. Mehr als drei Viertel von ihnen war nie verheiratet (78 %), fast ein Drittel von ihnen haben einen Hochschulabschluß, knapp 40 % sind in New York City geboren, fast drei Viertel haben aber länger als ein Jahr in der Stadt gelebt. Wohnungsnot ist ein wichtiger Grund der Obdachlosigkeit, aber nicht der einzige. Hinzu tritt noch der Umstand, daß in den 70er Jahren im Zuge der Psychiatriereform viele psychisch Kranke aus geschlossenen Anstalten entlassen wurden, ohne daß ihre anderweitige Versorgung bedacht worden wäre. So wurden in New York State zwischen 1965 und 1977 126.000 Patienten entlassen. Rund 47.000 ehemalige Patienten befinden sich 1981 in der Stadt. Die Zahl der psychisch Kranken unter den Obdachlosen wird heute auf rund 33 % geschätzt, während sie 1970 noch bei 10 % lag. In einer neueren Untersuchung über Gründe der Obdachlosigkeit gaben von 1.000 Befragten in städtischen Unterkünften 9 % der Frauen und 22 % der Männer an, eine Gefängnisstrafe hinter sich zu haben. 12 % der Männer und 6 % der Frauen waren wegen Drogenhandels, 11 % der Männer und 6 % der Frauen wegen Alkoholismus stationär behandelt worden"* (13/S. 172).

Dies sind Zahlen des Entsetzlichen, aber sie gehören in jede figurationssoziologische Studie einer quintären Welt-Kap-Stadt hinein, auch wenn wie bei den Armuts- und Drogenzahlen Frankfurts sofort die Ergänzung folgen muß, wie sehr eine solche Metropole auch Heimstatt aller Entwurzelten nicht nur des Umlandes, sondern in letzter Konsequenz der gesamten Welt ist. Ebenso, wie alle Banken sich auf wenigen Quadratkilometern konzentrieren, fühlen sich auch die Gestrandeten des Kapitalismus wie ein Magnet von solchen Städten angezogen, in denen sie sich ihnen gegenüber eine maximale Asyl- und Toleranzfähigkeit erhoffen und vor allem auf viele Gleichgesinnte und "gleichschwerbetroffene" Schicksalsgenossen treffen. Die Trias aus Bankern, Intellektuellen und Gestrandeten ist es letztlich, die auf hohem und breitem Niveau die stadträumliche Qualität einer Metropole mit "lex"-Charakter ausmacht!

Europas und insbesondere Deutschlands Elend und schwere Schuld hat sich auf Amerika und besonders New York dahingehend befruchtend ausgewirkt, als die riesige insbesondere nazi-bedingte Einwanderung der deutschen und europäischen intellektuellen Intelligenz die Stadt in den dreißiger Jahren auf ein reflexives, produktives und progressives Level hob, das sie bis in die siebziger Jahre hinein zu dem Weltzentrum primär des jüdisch geprägten Geistes machte. Seit etwa 20 Jahren hat sich die Progressivität New Yorks auf die Kunst und die Zivilisation verlagert, vor allem auf die vielen Sub-Tänze und Sub-Musiken, die nach ihrem dortigen Ausbruch die westliche Welt erobern. Die jüngste Entwicklung mit nicht nur in New York kaum noch hörbaren und diagnostizierbren klassischen Intellektuellen artikuliert sich nur noch in einer weiteren Verbreitung von Kunst, während nicht zuletzt durch AIDS die Szene dort in beängstigender Weise eine Dezimierung erfährt, die alleine mit der kulturellen Thematisierung von AIDS nicht mehr kompensiert werden kann. Intellektualität kommt mittlerweile in rein positiver Form von rechts, und vom Licht der jüdischen Emigration ist nicht mehr viel geblieben: *"Einer der Gründe, weshalb sich für mich das New York von 1991 von dem von 1968 so sehr unterscheidet, ist, daß 1968 die enorme zentraleuropäische jüdische Immigration noch überall zu vernehmen war. Das ist vorbei. Und obwohl New York nach wie vor keine amerikanische Stadt ist, hat es jene Infusion verloren, die es zu einem kulturellen Weltzentrum machte im Gefolge dieses gewaltigen europäischen Aderlasses. Es ist kaum zu fassen, welche gigantische Veränderung New York durch diese Ausländer erfahren hat. Wer weiß denn heute noch, wie provinziell New York in den zwanziger Jahren war, was für ein Brackwasser es war. Versetzen wir uns ins Greenwich Village von 1926 und stellen ihm den Montparnasse gegenüber oder Berlin - das war nicht im geringsten zu vergleichen. Und plötzlich, wegen der Nazis, wurden wir eine Kapitale, weil alle diese Menschen zu uns kamen"* (1/S. 187).

Dieses Zitat stammt von Richard Sennett im Rahmen eines Interviews für das Buch "Städtische Intellektuelle" von Walter Prigge. In seinem 1991 in deutscher Übersetzung erschienenen Buch "CIVITAS", wo er die Großstadt als Heimstatt und Asylgeber für die Kultur der Unterschiede würdigt, beschreibt er die heutigen Städte, New York an der Spitze, als sehr rational. Das in Amerika und in Manhattan paradigmatisch stark verbreitete Rastersystem der Citystraßen hat so etwas wie einen protestantischen Ursprung und symbolisiert sozusagen die lebensweltliche Verkörperung der Ethik, die Max Weber so vortrefflich definierte: *"Die christliche Askese, anfangs aus der Welt in die Einsamkeit flüchtend, hatte bereits aus dem Kloster heraus, indem sie der Welt entsagte, die Welt kirchlich beherrscht. Aber dabei hatte sie im ganzen dem weltlichen Alltagsleben seinen natürlich unbefangenen Charakter gelassen. Jetzt traf sie auf den Markt des Lebens, schlug die Tür des Klosters hinter sich zu und unternahm es, gerade das weltliche Alltagsleben mit ihrer Methodik zu durchtränken, es zu einem rationalen Leben in der Welt und doch nicht von dieser Welt oder für diese Welt umzugestalten"* (14/S. 79).

Nüchternheit und Explosion, Genies und Geisteskranke, Normalos und Idioten, Erotikbäcker und Streßabbaubars: Richard Sennett kennt sein New York und

nimmt in "CIVITAS" auch die Perspektive eines Flaneurs auf, der mit dem Auge des Gewissens durch seine Stadt schreitet und seine Beobachtungen als Vorschlag der besten, weil authentischsten Aufklärung und Wahrheitserfahrung verstanden wissen will. Trotz vieler kritischer Reflexionen im Einzelnen ist auch Sennett natürlich im Ganzen ein Professional und Passionierter, sozusagen ein "Street-Worker" des universalen Straßen- und Ethnienszenarios seines Manhattan: *"Dort, wo die vierzehnte Straße die Third Avenue kreuzt, erkennt man sehr deutlich, worin sich diese Straße von der unterscheidet, die zu den französischen Restaurants in Midtown führt. Wenn man in Richtung des Kraftwerks zurückblickt, sieht man weniger dramatische Unterschiede, als wenn man die Third Avenue hinaufblickt. Man sieht nur verschiedene Arten von armen Leuten. Aber die Unterschiede entlang der Third Avenue sind linear angesiedelt, sie betreffen das Nacheinander der verschiedenen Abschnitte dieser Straße; hier hingegen überlagern sich die Unterschiede an einem Ort. Zwar holen sich die alten Russen kaum Rat bei den spanischen Rechtsanwälten in den schmuddeligen Obergeschossen der Gebäude an der Vierzehnten Straße, aber auf den gleichen staubigen Korridoren haben auch ihre eigenen Anwälte und Ärzte ihre Praxen. Die Spanier und Russen, die sich hier mischen, sind nur durch dünne Trennwände voneinander geschieden. Hier entfaltet die Wahrnehmung des Gleichzeitigen ihre volle Kraft, ganz anders als bei den linearen Wahrnehmungen während meines Spaziergangs zum Restaurant. Diese Straße ist durch Überlagerung geprägt. Diese Überlagerung von Unterschieden schafft das eigentliche humane Zentrum der Vierzehnten Straße auf der Strecke zwischen der Fourth Avenue und der Sixth Avenue"* (14/S. 213 + 214).
Richard Sennett, der im Oktober und November 1991 eine Gastprofessur an der Frankfurter Goethe-Universität wahrgenommen hat und hier das Medium der modernen westlichen Großstadt im Kontext einer univeralen kulturwissenschaftlichen Betrachtung referierte und mit einem Seminar begleitete, sieht also in der Kultur der groß- und weltstädtischen Unterschiede eine vielfach unbeachtete Qualität eines ästhetischen Humanismus. Wie sehr literarisch-religionsphilosophische und straßenweltlich-lebensstilistische Aspekte eines internationalisierten Humanums miteinander verbunden sind, zeigt die Publikation "Projekt Weltethos" des streitbaren Tübinger Theologen Hans Küng, der *"ohne Weltethos kein Überleben, ohne Religionsfrieden keinen Weltfrieden und ohne Religionsdialog keinen Religionsfrieden"* (15/S. 5-11) für möglich hält. Dabei ist das

"*moderne Paradigma ... in das postmoderne aufzuheben ... Die Moderne ist zu affirmieren in ihrem humanen Gehalt, zu negieren in ihren inhumanen Grenzen und zu transzendieren in eine neue, differenzierte, pluralistisch-holistische These hinein*" (15/S. 45). Küng wurde im Laufe der achtziger Jahre immer mehr bewußt, daß die Welt als Lebenswelt nur dann eine Überlebenschance hat, wenn in ihr nicht länger Räume unterschiedlicher, widersprüchlicher oder gar sich bekämpfender Ethiken existieren. Diese eine Welt bedarf nach Küng eines Ethos, einiger verbindender und verbindlicher Normen, Werte, Ziele und Ideale, nur keiner Einheitsreligion und Einheitsideologie. Er nennt die Gleichheit und Würde aller Menschen und Ethnien und die Unantastbarkeit des Gewissens jedes Einzelnen. Die katastrophische Überflutung des Jahres 1993 rückt Küngs Ideale im rein Mentalen in weite Ferne. Der neue Astra-Satellit und City-Räume wie die von New York und Frankfurt sind schon eher in der Lage, durch räumliche Nähe und dadurch bedingte unmittelbare Verständigung fundamentale Barrieren zwischen den Kulturen zumindest abzubauen.

Richard Sennett dokumentiert in "CIVITAS", daß bereits zu Beginn des Jahrhundert die Chicagoer Stadtästheten herausfanden, daß die Großstadt ganz im Gegensatz zu den hermetischen Milieus der Kleinstadt durch ihre Außenorientierung Konzentration von Mannigfaltigkeit fördert und begünstigt. Vorbildhaft für die Konstruktion eines Weltethos ist dabei vor allem die Erscheinung, daß die moralische Ordnung der Großstadt geradezu in der Abwesenheit solcher moralischen Ordnungen besteht, die eine gehirnwäscherische Hegemonie über die mental autonomen und deshalb immer auch sehr nervösen Cities ausüben. Die Dichte von Gebäuden und Menschen freilich artikuliert sich nicht nur als Sammelsurium von Anregungskräften, sondern kann auch Gewalt verursachen. Gerade in den Grenzbereichen zwischen divergierenden Milieus müssen architektonische, kommunikative und poetische Lösungen gefunden werden, um aus Konflikten Dialoge entspringen zu lassen, die die Stadt als zivilisatorisches Elixier der besseren Qualität auszeichnen!

5.2.2 Die Cité von Paris als Arena des weltweit dichtesten Esprits und Intellekts

Seit nunmehr mindestens 205 Jahren, seit 1789, darf sich Paris sicherlich die europäische Kulturhauptstadt nennen, auch wenn dieser Titel seit einigen Jahren offiziell immer wieder einer anderen Stadt zuteil wird, die sich um Europas Entwicklung verdient gemacht hat. Wenn auch Dublin oder Antwerpen ihre Vorzüge haben, so vermag es doch nur Paris, sich derart selbst zu zelebrieren und zu genießen, um dann trotzdem als Insel des Esprits und Intellekts, heute eher mehr als Arena als mit Aura, eher mit postmodernen Szenarien als mit altmusealem Pomp, diese magnifizente Ausstrahlung vorzunehmen, die vor allem die Rheindeutschen massenhaft in die historische Weltstadt an der Seine zieht, die als Stadtraum zusammen mit dem britischen Königshaus für Millionen Bundesbürger seit Kriegsende die urbanen und monarchischen Ersatz-Kompensationen für die hier fehlende kontinuierliche hauptstädtische Pracht darstellen. 1989, zum zweihundertjährigen Jubiläum der Französischen Revolution, hat ja möglicherweise die Posthistorie durch den Fall der Berliner Mauer begonnen, der zunächst im Gegensatz zu den Tausenden Todesopfern der "terreur" nach 1789 äußerst friedlich verlaufen ist, bevor mit den Morden und Anschlägen auf Ausländer auch in Deutschland ein Rechtsterror einsetzte, der zusammen mit dem schwierigen gesellschaftlichen und ökonomischen Umbau in den fünf neuen Bundesländern die Freude über die Einheit längst hat verfliegen lassen. Vor deren zehnjährigem Jubiläum 1999/2000 wird sich kaum angesichts der zuvor zu lösenden Probleme Heiterkeit über diesen Vorgang zeigen, doch im Vergleich zu den Folgen von 1789 steht immerhin hier ein soziales Auffangbecken bereit, das das Ärgste auch in leicht rezessiven Zeiten durch jetzt über 45 Jahre DM-Prosperität aufzufangen in der Lage ist.

Seit 1968 interagieren Paris und Frankfurt auf immer mehr Feldern. Mit dem Mai 1968 und Daniel Cohn-Bendit als wortgewandter deutsch-französischjüdischer Verbindungsfigur sowie Alfred Grosser als immer wieder mahnendem Europäer des Aufeinanderzugehens fand Deutschland wieder Anschluß an die laufende europäische Moderne und dynamisierte sie gar durch die Leipziger Montagsdemonstrationen, die 1989 maßgeblich den Fall des SED-Regimes herbeiführten. Beide Städte, trotz ihrer quantitativen Unvergleichbarkeit (alleine die Pariser Cité ist fast exakt so groß wie ganz Frankfurt mit seinen 248 Quadratkilometern), sind Protagonisten der Postmoderne und kooperieren neuerdings auch im Börsenwesen miteinander, um sich technologisch zu ergänzen und die Distanz zu London zu verkürzen. Während Frankfurt im Pariser Alltag nur durch die lange aus Offenbach/Neu-Isenburg und jetzt aus Usingen stammenden volkstümlich-billigen Würstchen und die FAZ im Pariser Stadtbild in Erscheinung tritt, wenn nicht gerade die Bundesbank durch Zinsentscheidungen wieder die Titelseiten der Pariser Presse ausfüllt und selbst wichtigste innenpolitische Ereignisse zu Randnotizen degradiert, ist Paris in Frankfurt vor allem durch die "Bistrorisierung" und "Boulevardisierung" der letzten Jahre ein überall gern kopiertes lebensstilistisches Original. Als Arena für die Flanerie, die Paris ja zur historischen Heimstatt hat, hat die Mainmetropole angesichts ihrer durch ihre Kleingliedrigkeit wesentlich besseren totalen Erfassungsmöglichkeit und ihres modernistischeren Zuschnitts mittlerweile einen Vorteil vor Paris.

William Forsythe und sein Weltruhm besitzendes Ballett ist zu einem Faktor im Pariser Kulturleben geworden. Seine dortigen Gastspiele faszinieren die Pariser und verdeutlichen ihnen, daß Geist und Geld in Frankfurt auf hohem Niveau stehen und die Postmoderne nicht nur durch den Zentralbankrat der Bundesbank bereichert oder belästigt wird, sondern auch durch die Ballett-Flaneure von Forsythe in Aufführungen wie "Limbs Theorem" eine eingängige progressive ästhetische Beseelung durch Frankfurter Hervorbringungen erfahren kann. Paris beherbergt das Weltausstellungsbüro, Frankfurt ist die zivilisatorische Weltausstellung des letzten Drittels unseres 20. Jahrhunderts. Beide EXPO-Typen verheißen auf jeden Fall, daß eine sonst kaum anzutreffende Spiritualität in den beiden Stadtkörpern verhaftet sein muß. Wissenschaft, Medien und Verwaltung scheinen in solchen stadt-anthropologischen Kontexten keine Oberhand gewinnen zu können. Zwar behauptet Michel Serres: *"Die spirituelle Macht ist Macht der Sprache, und gegenwärtig sind es die Wissenschaft, die Medien und die Verwaltung, die diese spirituelle Macht besitzen. Dies ist zugleich der Grund dafür, warum es keine Kirche mehr gibt. Die Kirchen sind verschwunden, weil die spirituelle Macht von anderer Seite usurpiert worden ist. Damit hat sich zugleich die überkommene Gewaltenteilung aufgelöst ... Nicht der Produktionsprozeß, sondern der wissenschaftliche und der mediale Kommunikationskreis-*

lauf hat heute die Schlüsselstsellung inne. Der Intellektuelle ist einer der Hauptleidtragenden dieses Prozesses" (1/S. 228 + 229).
Serres mag punktuell Recht haben, als die Bevölkerung überall außer in transveralen Kap-Städten vom Fernsehen als eigentliche Gewalt entscheidend beeinflußt wird. In New York, Paris und Frankfurt aber gilt die "lex" von New York, Paris und Frankfurt, und die ist in Gestalt des Quintärs eigentlich immer etwas Spirituelles, auch wenn einzelne Artefakte von Straßenzügen und Kunstvorführungen oder außerordentlichen Bauten bis hin zu Entscheidungen und Bewegungen auch anschaulich-physischer Natur sein können. Die genannten Stadträume stellen die in den jeweiligen Staatsverfassungen verbrieften Grund- und Menschenrechte erst in konzentrierter und noch freiheitlicherer als eigentlich von der Obrigkeit vorgesehener Dimension dar. Besonders in Paris, wo schon immer der Intellektuelle nie so "klassisch" konstituiert war wie in Deutschland, sondern unabhängig von Inhalt und Extremität seiner Positionen nie die Liebe zu seiner Stadt aufgegeben hat, konnten so immer wieder Generalisten hervorgebracht werden, die aus der Zivilisation heraus ihre Konstrukte entwickelten und nicht irgendwelche Ideologeme der Zivilisation aufdrücken wollen. Zu diesem Kreis, der heute durch Namen wie Bourdieu, Derrida oder Baudrillard zum Ausdruck kommt, gehörte auch Jean-Paul Sartre:
"Mag die Philosophie Sartres auch mit anderen Entwürfen der phänomenologischen Tradition den Vorzug teilen, noch die abstraktesten Kategorien in ständigem Rückverweis auf alltägliche Lebensvollzüge begünstigt zu haben: in ihr gelangen, wie sonst wohl nur bei Georg Simmel, die Lebensvollzüge einer städtischen Alltagskultur philosophisch zur Geltung: in seinen Schriften bilden daher öffentliche Parks, Cafés und Untergrundbahnen den räumlichen Hintergrund, erotische Abenteuer, Eifersuchtsszenen und Alltagskonflikte den Handlungsstoff theoretischer Konstruktionen" (1/S. 40).
Erst in den neunziger Jahren präsentiert sich die deutsche und vor allem die Frankfurter Soziologie so weit entideologisiert, um endlich an diese Pariser Vorgaben anzuknüpfen und von einem oktroyierten Theorien- und Begriffmischmasch zu einer basal verhafteten Empirie zu gelangen, die nicht nur innerhalb der reduzierten Grenzen des eigenen schmalen Fachbereichshorizonts ihre Spielfläche sucht.
Wie New York und Frankfurt konstatiert auch Paris den Verlust des "linken" Intellektuellen zugunsten eines Rechtsintellektualismus, der über das positive

Bauen seinen genau definierten Rahmen aufzeigt, wobei durchaus die Grundgesinnung sozialistisch sein kann, wie ja der französische Staatspräsident Francois Mitterand durch seine Pariser Großprojekte vom Louvre und die Bustille-Oper über die Defense-Achse bis zu Mitterrand-Ville rund um die neue Mega-National-Bibliothek deutlich zeigt. Er soll gesagt haben, daß ein Volk immer nur so groß ist wie seine Architektur. Demnach hat die "Grande Nation" erst in den achtziger und neunziger Jahren ihren Namen so richtig verdient, wo im Rahmen des größten Baubooms seit der monumentalen Stadtmetamorphose unter Haussmann Mitte des 19. Jahrhunderts die postmodernen Monumente nur so sprießen. Allerdings erstrecken sich diese neo-mytischen Baukunstwerke nur durch das "amtliche " Paris auf der rechten Seite der Seine, wobei auch hier Paris zu keiner Tages- und Nachtzeit amtlich oder offziell wirkt,sondern stets seine seriöse Heiterkeit bewahrt, die natürlich durch einen berstenden Verkehr und ungeheure Menschenmassen auf einer fast unüberschaubaren Zahl von prächtigen Boulevards mit einigem Streß garniert wird. Zumindest bis zur 68er-Zeit trennte ja die Seine in Paris die Staatsmacht auf der rechten Seite und die Intellektuellen, den Geist, auf der linke Seite, doch Esprit und Spleens der einzigartigen französischen Weltstadt haben immer wieder für versöhnliche Verbindungen gesorgt: *"Als Hauptstadt eines zentralistisch organisierten Landes ist Paris dadurch gekennzeichnet, daß es verdichtet oder im kleinen die wichtigsten Spaltungen nachvollzieht, denen die dominanten Klassen unterliegen. Die gesellschaftlichen Gegensätze, die anderswo einer regionalen Logik der Machtverteilung folgen und sich in jeweils eigenständigen politisch-administrativen, Finanz- und Industrie-, Universitäts- und Kunstmetropolen niedergeschlagen haben, lassen sich hier innerhalb eines Stadtraums beobachten. Paris gliedert sich ziemlich klar in ein ökonomisch-politisches und ein geistiges Machtzentrum. Die Rivalität zwischen "Rive droîte" und "Rive gauche" bezeichnet eine Konstellation, die den unter den Fraktionen der dominanten Klasse wirksamen Gegensatz spiegelt, und sie fungiert gleichzeitig als Identifikations- und Erkennungsmittel- die Bürgerlichen sind diejenigen, die in den durch Luxus und aufwendigen Stil geprägten Vierteln mit den breiten Avenuen und den großzügig angelegten Häusern leben, während die Intellektuellen (oder die Künstler) die traditionsreichen Viertel wie das Quartier Latin, den Faubourg Saint-Germain und neuerdings das Marais (rechtsseitig) bevorzugen"* (1/S. 225).

Louis Pinto, von dem dieses Zitat stammt, diagnostiziert auch in Paris die für die Postmoderne so typische Verzahnung und Zirkulation zwischen Intellektualität und Architektur. Viel weniger als in Frankfurt, aber doch auch spürbar in Paris, manifestiert sich die Tatsache, daß der urbane Raum ein Ort der symbolischen Güter ist, der sich nie durch planbare Festlegungen auszeichnet, sondern sich über die endlosen Verteilungskämpfe hinweg permanent wandelt. Im Vergleich zum durch Krieg und Wiederaufbau schwer mitgenommenen Frankfurt sind aber in der Cité von Paris kaum Ruinen durch diesen Prozeß entstanden.

Während Paris seit Jahrhunderten in seinen einzigartigen ästhetischen und immer irgendwie holistischen Kontinuitäten verharrt, ist so etwas wie eine ruinöse Verfassung auf der "französischen Insel" mit einem maximal erleichterten kontinentalen Impetus nie eingetreten. Frankfurt dagegen existierte rein physisch seit dem März 1944 nicht mehr, und seine legendäre deutsch-jüdische Zivilisation wurde ebenfalls in einem unbeschreiblichen Gewaltakt aus nazistischem Judenhaß und englischen Jagdbomberangriffen zerstört. Die einmalige Chance der Genese eines grundlegend veränderten City-Raumes, in dieser substantiellen Metamorphose nur noch vom atombombengeschädigten Hiroshima erreicht und in anderer Hinsicht übertroffen, kommt resultativ erst fünfzig Jahre später voll zum Vorschein. In Gestalt der einzigen europäischen City-Skyline und eines Business-Parks ohne Gegenbeispiel, beide bis ziemlich genau 1999 zusammen mit der Airport-Erweiterung definitiv erst rein körperlich fertig, ist dies der Rabatt einer dann fünfundfünfzigjährigen Bereitschaft einer basal veränderten städtisch-republikanischen Zivilisation, an einer Stadt als zeitgeist-authentischem EXPO-Raum unter massivsten Streßbedingungen dauerhaft zu experimentieren und sich unter anderem dabei am symbolisch-finanzwirtschaftlichen zitadellenhaften City-Zentrum abzuarbeiten.
Trotz des größten Pariser Stadtumbaus seit Haussmann ist dort angesichts der Weite der Stadt und auch der Cité wenig zu sehen. Die mit Abstand größte Novität, die in den nächsten Jahrzehnten stärker wachsen soll als Paris selbst, ist das Euro-Disney-Resort, die total artifizielle Märchenstadt direkt neben dem total authentischen Stadtmythos. Auch Frankfurt ist im Herbst 1993 Disney-Standort geworden, allerdings aus Platzgründen lediglich in Gestalt des größten europäischen Disney-Verkaufs-Stores im ehemaligen Zeil-Nobel-Haus. Ähnlich intensiv wie in Frankfurt wächst der Flughafen Charles de Gaulle, ebenfalls

außerhalb der Stadt. Am äußersten Rand der Cité liegt die mittlerweile durch die neue große Arche und viel Kunst und tollen Neubauten, unter anderem einem "World Trade Center", ästhetisch erheblich aufgewertete Defense, die jenseits des postmodern-triumphalen Monuments unter anderem auch als finanzorientiertes Bürozentrum akzeleriert, weiterwächst, durch die absolute Randlage aber keine atmosphärische Beeinträchtigung des Pariser Lebens darstellt, das freilich unter einem schon jetzt im Schmerzbereich anzusiedelnden Autoverkehr erheblich beeinträchtigt wird.

In der Cité selbst lassen sich nur wenige singuläre Baustellen, meist Luxussanierungen, ausmachen, mit Ausnahme des drei Milliarden DM verschlingenden und über ein Jahrzehnt andauernden multimedialen und interdisziplinären Ausbaus des "Grand Louvre" direkt an der rechtsseitigen Seine. Akzentuiert unterirdisch bis zu den Tuilerien und zwischenräumlich mit mehreren Amphitheatern und anderen kulturellen Arenen wird hier 1996 ein Komplex vollendet sein, der zwei bis drei Wochen an Aufenthalt erforderlich machen wird, um ihn in seiner ganzen Universalität und Breite zu erfassen.

Nur Paris macht es möglich, daß selbst Bauvorhaben dieser Gigantonomie das Stadtbild nicht beeinträchtigen und immer noch die kulturell-träumerischen Vorhaben gewichtiger ausfallen als die Business-Bauten. Leben war, ist und bleibt in Paris wichtiger als Geschäft und Karossen.

Die schon ausgebreitete Studie zu London, Paris und Frankfurt besagt denn auch, daß die Bewerbung um die Euro-Notenbank in Paris nicht allzu ernst genommen wird. Auch die schnellere Abwicklung von Geschäften überläßt man gerne Frankfurt oder London. Weit vor London und Welten vor Frankfurt nennen auch die Banker von Paris Kultur und Urbanität als das eigentliche Nonplusultra, was die Seine-Metropole so unvergleichlich auszeichnet.

Eine Stadt, die so distinkt zu leben versteht, muß natürlich auch der Vorreiter der zeitgenössischen Kultursoziologie sein, und so haben wir es Pierre Bourdieu und seinem mittlerweile Klassikerrang besitzenden 900-Seiten-Werk "Die feinen Unterschiede" zu verdanken, daß nicht mehr verstaubte Theorien, sondern postmoderne kritische Studien der gesellschaftlichen Urteilskraft zentraler Beschäftigungsgegenstand der Soziologen geworden sind, und zwar quer durch alle Tranchen, von der Politik über Wirtschaft und Gesellschaft bis hin zur Kultur. 1979 im Original erschienen, setzte Bourdieu sozioempirisch eine Entwicklung fort, die 1976 mit der Eröffnung des Mega-Kultur-Zentrums Centre

Pompidou begann und die Postmoderne einläutete, die in Frankfurt erst zehn Jahre später so richtig voll zum Ausbruch kam, dafür aber in ihrem prozentualen stadtanthropologischen Anteil heute ungleich höher liegt als in Paris, was dafür in seinen Stadtgrenzen über eine Gesellschaftlichkeit verfügt, deren Analyse schon an die 1000 Seiten umfassen muß, um sie repräsentativ auszubreiten. Das kann an dieser Stelle nicht erfolgen. Nur einige Momente sollen hier aufgeführt werden, zum Beispiel das Phänomen mit dem Geschmack, das so sehr mit Paris und Frankreich verhaftet ist und den Deutschen bis heute eigentlich restlos abgesprochen wird. Bourdieu thematisiert die gesellschaftliche Kritik des Geschmacksurteils, führt die populäre Ästhetik und die ästhetische Distanzierung begrifflich ein und präsentiert die besseren Kreis von Paris als die Gesellschaftsschicht, die mit der durchdrungensten Kombination aus ökonomischem und kulturellem Kapital auf ausgeglichenem und sinnlichstem Niveau gegenüber den nachfolgenden Schichten ihr distinktives Leben betreibt. Geist und Geld sind in Paris eine ästhetisch dominierte Einheit, während in Deutschland der Geist dem Geld stets nachhinkt, ersetzt wird und in den seltensten Fällen nicht in einer total amorphen Zusammensetzung daherkommt. Die traditionelle deutsche Zerrissenheit, die zwischen Geist und Macht oder Geist und Geld, läßt Paris in besonderem Maße brillieren, wo die Schatten der Vergangenheit deutlich kürzer sind, aber durchaus auch Präsenzen zeigen. Kunst und Ernährung, Körper und Einrichtung, Bildung und Besitzstände, Sport und Freizeit: Überall setzen Schichten und Milieus ihre Maßstäbe und ihre Grenzen, und Bourdieu elaboriert daraus die Folgen. Ein Beispiel aus dem Bereich des Reflexions- und Sinnengeschmacks im Kontext des Vulgären: *"Als doppelte Herausforderung für Freiheit, Menschheit, Kultur, stellt der Ekel, Anti-Natur, die ambivalente Erfahrung der grauenerregenden Verführung durch das Degoutante und den Genuß dar, eine Verführung, die eine Art universeller Reduktion auf die Stufe der Animalität und Körperlichkeit, auf die Stufe der Verfassungs- und Geschlechtsorgane vollzieht, auf die des Gemeinen und Vulgären"* (16/S. 763). Das zeigt dann doch eine Gemeinsamkeit selbst zwischen dem obersten Oben und dem untersten Unten an, denn im Schrecken, so Bourdieu, entdeckt der Ekel die gemeinsame Animalität, auf der und gegen die sich die moralische Unterscheidung ausbildet: *"Mit der Gegenüberstellung von natürlichem und freiem Geschmack ist ein spezifisches Verhältnis eingeführt, das zwischen Körper und Seele, ein Verhältnis zwischen denjenigen, die bloße Natur sind, und den anderen, die in ihrem Vermögen, die eigene biologische Natur zu beherrschen, ihren legitimen Anspruch auf Beherrschung der gesellschaftlichen Natur bekräftigen"* (16/S. 767).

Um Geschmack und Beherrschung geht es auch bei der Flanerie, jener im Paris des 19. Jahrhunderts in dessen alten Passagen und Boulevards geborenen künstlerischen Fortbewegungsform, die so ganz anders ist als die anderen Variationen des Gehens. Hier im Kapitel zu Paris möchte ich mich auf eine historisierende Behandlung der Flanerie beschränken, die ich dann im anschließenden Kapitel breiter behandeln werde, wenn es um den Weg vom Mitläufer zum Flaneur geht. Walter Benjamin und sein unvollendetes Passagenwerk steht repräsentativ für das andauernde Projekt der noch nicht zu einem guten und einvernehmlichen Ende gebrachten Moderne. In seinen Anmerkungen zu Charles Baudelaire skizziert er die Stimmung im Paris des Second Empire mit seinem prallen Leben am Tag und auch in der Nacht. Victor Fournel beschreibt in seiner "Odyssee eines Flaneurs in den Straßen von Paris" die Kunst der Flanerie im Unterschied zum Schaulustigen mit heute als längst vergänglich zu bezeichnenden Worten. Trotzdem sollen sie hier aufgeführt werden, um den Weg von der frühen Pariser Gesellschaftsflanerie geruhsamer Natur zur Flanerie in der hektisierten Atmosphäre unserer Finanzcities aufzuzeigen: *"Lassen wir uns indes nicht dazu verleiten, den Flaneur mit dem Schaulustigen zu verwechseln: es gibt da einen feinen Unterschied, den die Eingeweihten bemerken werden. Der einfache Flaneur beobachtet und denkt nach; zumindest kann er es tun. Er ist immer im Vollbesitz seiner Individualität. Die des Schaulustigen dagegen verschwindet, wird aufgesogen von der Außenwelt, die ihn seiner selbst beraubt, die ihn so überwältigt, daß er in Taumel und Verzückung gerät. Der Schaulustige, einmal dem Schauspiel ausgesetzt, wird zu einem unpersönlichen Wesen; das ist kein Mensch mehr: er ist Publikum, er ist Menge. Ein eigenartiges Geschöpf, eine Seele von feuriger Tatkraft und Einfalt, geneigt zur Träumerei, zur Leidenschaft, zum stillen Entzücken, ein Künstler von Natur und Gemüt, mit wenig Lebenserfahrung begabt, kurz, der höhnischen Zweifelsucht und des krankhaften Hochmuts ledig, die die beiden großen Plagen unseres Zeitalters sind, wie die Moralisten sagen. Das ist der wahre Schaulustige, und er verdient die Bewunderung aller redlichen und aufrichtigen Herzen"* (17).

Bei einem Vergleich zwischen dem spektakelgierigen Schaulustigen und dem tiefenanalysierenden Flaneur liegt die Differenz in der Qualität der Beobachtungswilligkeit und -fähigkeit. Der Flaneur als seherisch ausgestatteter Augenmensch und horizontintensiver Generalist und Universalist gibt sich mit einem unreflektierten Bildgeschehen nicht zufrieden und will mehr. Das heutige Manhattan wie auch alle anderen Global- und Worldcities haben unzweifelhaft den soziologischen und anthropologischen Part der Flanerie verstärkt und die genüßliche Anmut verdrängt. Schon Victor Fournel wußte hier zu unterscheiden: *"Aber trotzdem ist diese köstliche Fähigkeit ein zweischneidiges Schwert; sie wird leicht zu einer grauenvollen Krankheit, ja alle Augenblicke zur Seelenqual. Keine vollkommene Anmut, kein Vertrauen, keine Ungezwungenheit mehr. Dort, wo die anderen nichts als eine Rose erblicken, entdeckt der Beobachter auf dem Grund des Kelches den niedergekauerten Wurm; er sieht die garstigen Spinnen, die ihre Netze im Innern der Minerva von Phidias gesponnen haben. Wieviel besser wäre es, einzig und allein Schaulustiger zu sein und es beim Genießen bewenden zu lassen, ohne allzusehr ins Ergründen zu verfallen! Was für eine grauenhafte Sache ist die Beobachtungsgabe, was für ein unglücklicher Mensch der Beobachter"* (7).

Die von den Katastrophisten aus der immer gleichen Ecke prognostizierte Endlichkeit der Flanerie heute ist vielmehr eine neue Qualität durch deren postmoderne Steigerungsmöglichkeiten, mit denen sie erst zu einer "seriösen Disziplin" geworden ist, die Ethos und Psychoanalyse mit Reflexion und Ästhetik verbindet. Weiterhin gelangte die Frau mit der Metropolisierung, Industrialisierung und vor allem Elektrifizierung auch von Paris in der zweiten Hälfte des 19. Jahrhunderts über eine Kombination aus Arbeit und Nacht zur großstädtischen Protagonistin. Das Publikum auf den Straßen wurde vielschichtiger, die Sicherheitslage kritischer, die ganze Situation dadurch freilich literarischer: *"Die urbanen Formen und städtischen Kulturen lieferten Benjamin und Kracauer Raum-Bilder von der fordistischen Transformation des großstädtischen Alltags, die sie literarisch und theoretisch dechiffrierten. Jede Gesellschaftsschicht hat den ihr zugeordneten Raum. Jeder typische Raum wird durch typische gesellschaftliche Verhältnisse zustande gebracht, die sich ohne die störende Dazwischenkunft des Bewußtseins in ihm ausdrücken. Alles vom Bewußtsein verleugnete, alles, was sonst geflissentlich übersehen wird, ist an seinem Aufbau beteiligt. Die Raumbilder sind die Träume der Gesellschaft"* (1/S. 35).

Eckhardt Köhn thematisiert in seiner Kulturgeschichte des Flaneurs zwischen 1830 und 1933 mit dem Titel "Straßenrausch" den Paradigmawechsel zwischen den alten Straßentexten und den neuen Textstraßen, die sich im späten 19. Jahrhundert herausbildeten. Mit dem Anwachsen der unterschiedlichst besetzten Stadträume und der Besetzung der Innenstadt durch die ausgegrenzten Randgruppen der Kommunen mußten letztlich soziologische Flaneure wie Benjamin oder Kracauer entstehen, die die analytische Lücke zwischen Theorie und Praxis kritischer Durchdringungen der urbanisierten Gesellschaft schließen und sich damit als städtische Intellektuelle par excellence erweisen: *"Die Wörter bezeichnen nicht mehr die Realität der Großstadtstraße, sondern werden als metaphorisches Potential von spezifisch urbaner Gestalt gewonnen. Anders als alle bisher untersuchten Texte sind diese Prosastücke nicht mehr Straßentexte, sondern eine Textstraße, gebaut aus dem in Metaphern verwandelten Sprachmaterial der Straße"* (8/S. 206).

Eckardt Köhn sieht als Konsequenz die literarische Verschiebung von der Verarbeitung singulärer Erfahrungen zur Erfassung des großstädtischen Lebens in seiner Ganzheit: *"Es meint nicht mehr das bloße Dasein in der Stadt oder die Erfahrung eines Raumes, in dem sich das Subjekt zugehörig fühlt, sondern ein Geschehen, in das die Bewohner der Stadt und deren Dingwelt immer schon einbezogen sind. Was sich als Leben der Stadt bezeichnen ließe, ist ein Prozeß, der unabhägig bleibt von der menschlichen Verfügung, gleichwohl nur durch menschliche Praxis des Umgangs mit den Dingen sich realisiert. Der Begriff des Lebens eröffnet für das Subjekt der urbanen Erfahrung eine Perspektive auf das Ganze des großstädtischen Geschehens"* (18/S. 133).

Paris hat wie ganz Frankreich nie einen unkontrollierten und brutalen industriellen oder gesellschaftlichen Verhärtungsprozeß in den letzten einhundertfünfzig Jahren über sich ergehen lassen müssen. Dem bis heute noch agrarisch geprägten Land steht eine Insel von Kultur gegenüber, die ihre kriegerischen und kolonialen Erfolge in Stadtästhetik umgesetzt hat. Die Urbanität von Paris konnte sich so auch Marx in seiner ganzen linearen ideologischen Härte vom Leibe halten und das ganzheitlich Lebendige stets in gesellschaftliche Diskurse integrieren.

Die Flanerie ist für Paris das, was die Ideologie für Frankfurt lange Zeit war!

Noch mehr als Paris mit seiner auf Dauerhaftigkeit und Kontinuität angelegten stadtanthropologischen Qualität erfüllen New York und Frankfurt die Anforderungen einer transversalen Kap-Stadt. Auch wenn das südafrikanische Kapstadt nachgeordnet ebenfalls in diesen Kreis integriert werden könnte, freilich nur unter den dortigen lokalen Umständen, leitet sich die Begrifflichkeit der Kap-Städte nicht davon ab. In der europäischen Kulturzeitschrift "Liber" schrieb im Oktober 1990, also im Monat der staatlich-bürokratischen Einheit Deutschlands, der Pariser Philosoph Jacques Derrida einen Artikel über den "Kurs auf das andere Kap - Europas Identität", worin er sich auch auf Paul Ambroise Valery bezieht, dessen moderne Kultfigur Monsieur Teste den ästhetischen Abschluß dieses Pariser Teils personifizieren wird. Derrida stellt das Kap sowie das Kapital und die Kapitale in einen bislang kaum beleuchteten Kontext: *"Das Kap ist nicht nur das unsrige, sondern das Kap des Anderen, vor dem wir zu antworten haben und das vielleicht die Bedingung einer Identität darstellt, die nicht ein sich selbst und den anderen zerstörender Egozentrimus wäre"* (19). Was Derrida sich in Anlehnung an Valerey für Europa wünscht, die Fähigkeit zur Differenz, die darin besteht, sich zum Hüter einer Idee zu machen, sich nicht in seiner eigenen Identität zu verschließen und sich exemplarisch auf das zuzubewegen, was das andere Kap ist, was jenseits aller Traditionen liegt, stellt eine besondere Frankfurter Fähigkeit dar. Die Akkumulation der Vieldeutigkeit rund um das aus dem Lateinischen stammende Idiom "Kap" hat universellen Charakter, und gerade der ist durch die Feinde der Vielfalt und Anhänger nationaler bis nazistischer Einfalt massiv in Frage gestellt und bedroht. Während Paris als Kap für die ehemaligen Kolonien Frankreichs dient und zumindest die historisch-europäische Kulturhauptstadt darstellt, findet Derrida derzeit keine Stadt, die wirklich als europäische Kapitale im Sinne der obigen Kap-Definition tauglich ist. Frankfurt hat in den letzten dreißig Jahren sicherlich diese Position entsprechend seinen quantitativen Aufnahme- und Bereitstellungsmöglichkeiten maximal genutzt und ist ohne koloniale oder sonstwie eroberungssüchtige Vergangenheit nicht zuletzt deshalb auch für das Kap "Europäische Zentralnotenbank" so glänzend disponiert, doch alleine kann es auch nur die Wege des Bösen stoppen, das Gute jedoch nicht alleine aus eigener Kraft verbreiten. Hier kommt dem Fernsehen, sprich dem neuen Astra-Satelliten ein Höchstmaß an Verantwortung zu, die Europa entweder in seiner zweiten historischen Chance fördern wird oder nicht. Nur möglichst viele Kap-

Städte und Kap-Mentalitäten sind in der Lage, als Kapitäne des neuen Europa die Köpfe, die Spitzen, die Extreme, das Ziel und das Ende sowie das Höchste und Letzte ideell und stadträumlich anzubieten, um die Universalität des alten Kontinents zu wahren. Eine Flanerie zwischen Geist und Geld auf möglichst gutem Niveau ist zur Aufrechterhaltung einer geographisch günstig figurierten Kap-Situation das probateste Mittel. Nur ein maximal sozial abgefederter erfolgreicher Kapitalismus kann mit seinem Output die Verfügung von ausreichend kulturellem Kapital sichern. Das geht nur, wenn der Wille zur Mündigkeit nicht in Sattheit ersäuft und die Kapitalien so verteilt sind, daß jeder ein würdiges Minimum an Ausstattung besitzt, das dann als Erweiterung der Basis dienen kann: *"Damit das Kulturmaterial ein Kapital ist, fordert es auch die Existenz von Menschen, die seiner bedürfen und die sich seiner bedienen können, das heißt von Menschen, die Wissensdurst und Durst nach der Macht innerer Veränderungen haben, Durst nach Ausformungen ihres Empfindungsvermögens, und die andererseits wissen, das Nötige an Gewohnheiten, intellektueller Disziplin, Konventionen und Praktiken zu erwerben oder auszuüben, um das Arsenal an Dokumenten und Instrumenten zu benutzen, das die Jahrhunderte angehäuft haben"* (19).

Seit 1789 gibt es keinen anderen Ort in Europa, wo eine solche Anhäufung von menschenrechtlichen und lebensstilistischen Maximen stattgefunden hat als in Paris. Folglich hat die französische Zentrale an der Seine auch eine Literatur hervorgebracht, die im 20. Jahrhundert und hier erst eigentlich mit und nach dem Krieg New York dann noch überboten hat. Paul Ambroise Valery konstruierte bereits mit 23 Jahren 1894 eine Figur, die er Monsieur Teste nannte und die zu einer der wenigen Schlüsselfiguren der rational durchgeistigten Moderne wurde. Teste ist zweifellos ein Kap, zu vergleichen vielleicht nur noch mit dem Werther und seiner Rezeption im damaligen romantischen und völlig unmodernen Deutschland. Rilke nannte den Teste die stärkste Romanessenz, die je destilliert wurde, und für Valery, den ebenso als freundlich wie unnahbar und kulturkonservativ Geschilderten, der hauptamtlich meist bürokratisch tätig war, war es der Auftakt zu einem Schriftstellerleben, dessen Ende 1945, mit einem Staatsbegräbnis zelebriert, von vielen in ihren Augen wirklich modernen französischen Avantgardisten genauso herbeigesehnt wurde wie 1832 der Tod Goethes von den Jungdeutschen.

Die Moderne ist die Zeit der Verfügung über die Tradition und für das Paris am Ende des 19. Jahrhunderts das, was für Frankfurt die Postmoderne 100 Jahre nach Teste verkörpert. Teste, der immer auch Valery selbst ist, eine selten durchdrungene Autobiographie, rezipiert das damalige Paris wie folgt: *"Ich fühlte mich also von einem andern Lebenssystem ergriffen, und ich erkannte meine Rückkehr als eine Art Traum dieser Welt, in die ich heimkehrte. Eine Stadt, wo das Leben des Wortes mächtiger, vielfältiger, lebhafter und launischer ist als in jeder andern, bereitete sich in mir durch die Idee einer funkelnden Wirrnis vor. Das harte Sausen des Zugs lieferte meiner bilderreichen Zerstreuung als Begleitung das Summen eines Bienenkorbs. Es schien mir, als führen wir einer Wolke schwirrender Worte entgegen. Tausend aufsteigende Ruhmesbahnen, tausend Büchertitel pro Sekunde erschienen und verloren sich unsichtbar in diesem wachsenden Nebelfleck. Ich wußte nicht, ob ich dieses unsinnige Treiben sah oder hörte. Es gab da Schriften, die schrien, Wörter, die Menschen, und Menschen, die Namen waren ... Kein Ort auf Erden, dachte ich, wo so viel Sprache wäre, wo diese stärkeren Widerhall, weniger Zurückhaltung hätte als in diesem Paris, wo Literatur, Wissenschaft, Künste und Politik eines großen Landes eifersüchtig konzentriert werden. Die Franzosen haben alle ihre Ideen innerhalb einer Stadtmauer angehäuft. Da leben wir im eigenen Feuerherd"* (20/S. 43 + 44).

In einem solchen Whirl-Pool der Worte konstruiert sich Teste als die Person mit dem totalen Überblick, die dazu in der Lage ist, in jeder Situation neu zu entscheiden, was registriert wird und was nicht. Er ist sich selbst sein eigenes Kap: *"Ich bin rasch oder nichts - ein Unruhevoller, ein zügelloser Forscher. Gelegentlich erkenne ich mich wieder an einer besonders persönlichen und zur Verallgemeinerung geeigneten Einsicht. Diese Einsichten töten die andern Einsichten, die nicht ins Allgemeine erhoben werden können, - sei es mangels Macht beim Sehenden, sei es aus anderem Grund? Es ergibt sich daraus ein Individuum, das nach der Mächtigkeit seiner Gedanken angeordnet ist. Mensch, immer emporgereckt auf dem Kap Gedanke, um die Augen aufzureißen, sei es auf die Grenzen der Dinge und des Sehens"* (20/S. 84).

Stand insbesondere in der Klassik noch die Harmonie von Körper, Geist und Seele im Mittelpunkt des künstlerischen Schaffens, so hat sich in der Moderne des Paul Ambroise Valery diese Trias in Körper, Seele und Welt verwandelt, eine Metamorphose, die angesichts der Verdichtung der Ereignisse, zumal in

Paris, komplexer und komplizierter ausfällt, so kompliziert, daß nur noch eine Persönlichkeit mit der intellektuellen Potenz eines Monsieur Teste sie erfassen und behandeln kann. Erst beim zweiten Blick werden daher seine Qualitäten deutlich, die wiederum wegen ihrer spezifischen Tiefe eigentlich auch nur von anderen Testes überhaupt wahrgenommen werden können. Das Angebot, das Valery mit seinem Monsieur Teste macht, eine spontane Seelenwanderung zwischen ihm und dem Leser, kann von den meisten, ja so gut wie allen Rezipienten leider kaum genutzt werden, denn er als Dämon der Möglichkeiten mit seinem immensen Maß an Selbstformung scheint unerreichbar. Er, der vordergründige Alltagsbürokrat, thront durch seine Entscheidung einer totalen Verweigerung jeglichen Konsums gleichkommenden persönlichen Autonomie in jeder öffentlichen Situation, wie es auch ein Flaneur des besten Gütegrades avisiert, als Heros in der Menge, um ihr vielleicht so möglicherweise durch eine entsprechende Publizität helfen zu können. Licht und Schatten der Selbstüberschreitung dieses hypermodernen mit äußerster Klarheit und Genauigkeit nüchtern arbeitenden Protagonisten liegen ganz nahe beieinander, wobei der Schatten wohl angesichts der ja völlig fehlenden von günstigen Zufälligkeiten profitierenden Genieästhetik für die meisten Leser länger anhalten dürfte als der Lichteinfall, denn in seiner totalen Öffentlichkeit wirkt Teste hermetisch und deswegen ziemlich unsympathisch, wenn nicht gar inhuman, so inhuman wie die Mathematik, deren Parameter sich Valery bei seiner Arbeit bediente. Teste ist ein Robinson des Intellekts, der seine Welt-Insel so lange katalogisierte und kultivierte, bis er sie von einem Ende zum anderen und bis in ihre letzten Winkel beherrschte. Nur mit einer solchen Ausstattung, als intellektueller und experimenteller und pedestrischer Flaneur, kann und läßt sich die Moderne noch auseinanderdividieren und neu zusammenkomponieren!

Ernst Robert Curtius kommentierte bereits in den zwanziger Jahren die unerreichte Kombination Valerys aus oberflächlicher Durchschnittlichkeit und versteckter Omnisuperiorität: *"Wie wird er aussehen? An seiner Körperlichkeit wird nichts in die Augen fallen. Sein Blick scheint verwischt, seine Hände sind anonym. Er gestikuliert nicht. Er lächelt nicht. Die üblichen Grußformeln hat er ausgeschaltet. Er nimmt seine Mahlzeiten in einem kleinen Restaurant der Rue Vivienne, in der Nähe der Börse. Denn er lebt von kleinen Börsenoperationen. Er schluckt seine Nahrung herunter, wie man eine lästige hygienische Pflicht erfüllt. Abends liest er Zeitungen im Café. Manchmal besucht er das Bordell. Er haust in einem möblierten Zimmer, in dem sich nur das Notwendige an Möbeln befindet. Seit zwanzig Jahren - er ist jetzt vierzig - hat er keine Bücher mehr. Auch seine Manuskripte hat er verbrannt. Was er schon weiß, interessiert ihn nicht mehr. Ihn interessieren nur jene Probleme gedanklicher Synthese, die er noch nicht gelöst hat. Alles schon Erledigte schaltet er aus seinem Gedächtnis aus, um sich ganz auf die Experimente mit der Idee konzentrieren zu können. Er züchtet und kombiniert seine Gedanken, unterwirft sie den Einwirkungen der Zahl, behandelt sie mit verschiedenen Reagenzmethoden. Er operiert mit seinen Gefühlen wie mit chemischen Substanzen. Er ist der Systematiker seines Ich, seine Beschäftigung ist die Selbstvariation"* (21).

Um der Mehrheit dienlich sein zu können und aus einem kleinen mitlaufenden Teil zumindest halbwegs eigenständige Flaneure zu machen, ist es vonnöten, ihre meist reizlosen und leichten Interessen nicht weiter zu verfolgen, denn Glücklichsein ist eine Isolation einer Aneinanderreihung von Überhöhungen bei gleichzeitig vonstatten gehenden Ignoranzen gegenüber den allgemeinen Zuständen:
"So urteilt Herr Teste. Er ist der anonyme, der geheime, der illusionslose und emotionslose, der mächtige Mahatma der abendländischen Intelligenz" (21).

Wohl angelehnt an die Deutschen, für die Valery eine subtile Liaison empfand, sind die Attribute, die ihn selbst auszeichnen, nämlich Konstruktivismus, Wissenschaftlichkeit, Ingenieurskunst, Technik eben und Zuverlässigkeit. Sein elitärer Gestus frei nach der Formel "Ich habe mich vorgezogen" verkündet die Erkenntnis des Gesetzes, was gilt, ohne daran teilzunehmen. Valery hat sich dahingehend entwickelt, nicht an den sich verringernden Möglichkeiten nach der Geburt zu partizipieren, sondern sie vielmehr an der eigenen Potentialität zu labsalen und den Willen über die Pflicht dominieren zu lassen. Selbst die Tatsache, berühmt werden zu können, hat Valery zunächst negativ beurteilt und erst nach Jahrzehnten sein entstandenes Werk der Öffentlichkeit zur Verfügung gestellt, um dann doch noch in dem Wissen zu sterben, sich und seine Möglichkeiten weitergegeben zu haben. Die ganze Umwelt ist zum Spielzeug seines muskulösen Bewußtseins geworden, seines nervösesn Dranges nach Allzuständigkeit und ästhetischer Inthronisation, wie ja gleich die Szene im Theater zu Beginn von Teste eindrucksvoll beweist: *"Er fixierte lange einen uns gegen-*

übersitzenden jungen Mann, dann eine Dame, daraufhin eine ganze Gruppe in den oberen Rängen - welche mit fünf oder sechs flammenden Gesichtern über die Brüstung ragte - und dann alle zusammen, das ganze Theater, das voll war wie die Himmel, glühend, hingerissen von der Szene, die wir nicht sahen. Die Einfältigkeit aller anderen offenbarte uns, daß irgend etwas Erhabenes sich abspielte. Wir schauten, wie die Helle, welche alle Gesichter im Saal erzeugten, hinstarb. Und als sie ganz gering war, als das Licht nicht mehr erstrahlte, blieb nur noch das unermeßliche Schimmern dieser tausend Gesichter. Ich nahm wahr, daß der Dämmer alle diese Wesen positiv machte. Ihre Aufmerksamkeit und die Finsternis standen wachsend zueinander in stetigem Gleichgewicht. Ich selbst war gezwungenermaßen aufmerksam - auf diese ganze Aufmerksamkeit" (20/S. 28).

Die Moderne ist, von Valéry richtig erkannt und angelehnt an die Börse, eine vergeistigte und überdrehte Arena, in der Wahnvorstellungen ausgetauscht werden, vor allem aus heutiger Sicht in Global Cities wie New York und Frankfurt, wo in extrem aufgeladenen Institutionen und Szenerien zum Teil recht schmerzhafte Stimmungsbilder eingetreten und etabliert sind, die aber von der ungeheuren Ehrlichkeit beseelt sind, die Menschheit öffentlich so zu zeigen, wie sie nun einmal ist. Ruhm erlangt dabei derjenige, der die höchste Geschwindigkeit voll mitgeht und all seine Energien in kurzfristige Erfolgsaussichten investiert, die sich oberflächlich materialisieren lassen. Valéry nimmt nicht nur in Gestalt des Monsieur Teste Abstand von derlei Ambitionen und genießt sich selbst, indem er auf Distanz zur Masse und zu sich geht, die Voraussetzung erst zu einer seherischen Anthropologie des selbst determinierten und einkalkulierten Leidens, mit der letztlich erst die Moderne Transparenz gewinnt!

5.3 Flanerie, EXPO-sition und Anthropos-Ästhetik im Frankfurter Quintär

5.3.1 Anthropologie des Städtischen: Vom Mitläufer zum Flaneur

Nach der Behandlung der beiden Welthauptstädte des 19. und 20. Jahrhunderts, Paris und New York, dient dieses erste von drei finalen Thematisierungen zum Frankfurter Quintär dazu, auch historisierend und vergleichend zu arbeiten, denn die gräßliche deutsche Autoritätsgeschichte, die den Mitläufer als Inkarnation der willenlosen und gebrochenen Geworfenheit vielmillionenfach hervorgebracht hat, steht der anthropologische und zivilisatorische Entwurf des Flaneurs gegenüber, der in leider nur wenigen Exemplaren existiert und derzeit alleine in Frankfurt in einer Kombination aus Fremddidaktik im Sinne des progressiven Teils der schriftlich fixierten Frankfurter Schule sowie Autodidaktik im Sinne einer ethisch und ästhetisch fundierten Begehung des City-Anthropos ausbildbar ist. Heideggers schon im Einleitungssatz angeklungene Schrift "Sein und Zeit" wird hier zu Sprache kommen müssen, die "Studien über die Deutschen" von Norbert Elias, die rühmliche Berliner Ausnahme Franz Hessel als einziger auch literarisch publizierender Flaneur überhaupt, vor allem aber, und das gleich zum Auftakt, Heinrich Mann und sein 1918 erschienener "Untertan", die Bibel des Valery-Zeitalters von 1871 bis 1945 und leider bis heute zumindest die eigentliche Verfassung im deutschsprachigen Raum. Als Erziehungsbuch, als das es nunmehr seit 75 Jahren fungieren sollte und könnte, hat es nur sehr wenige Leser so erreicht, wie sich Heinrich Mann es sich wohl vorgestellt hat. Es ist daher auch in diesem Kontext die Pflicht des Autors, diesen Diederich Heßling als typischste aller deutschen Figuren aufzuführen und ihn, den Mitläufer und Mitsäufer, Obrigkeitshörigen und Unpolitischen ohne Mut und Zivilcourage, ob seiner historischen Schuld anzuklagen. In Netzig, diesem deutsch-kleinbürgerlichen Paradenest mit seinem fast überall bis heute vorfindbaren Figuren, dem liberalen alten Buck, 1848er, dem lokalen Schreiberling und Hofberichterstatter Nothgroschen, dem übermächtigen Staatsbeamten Wulckow, dem Duckmäuser-Karrieristen Heßling, blassen Frauen und quälmotivierten Ärzten und diesem ganzen Konstrukt aus gesellschaftlicher Regression und gestapo-augen-überwachter Dumpfheit, regiert wie schon seit Jahrhunderten das Bier als Maß aller Dinge und ist für jedes

Fortkommen in möglichst großen Mengen das ausschlagebende Kriterium. Von Norbert Elias in seinen Deutschen-Studien in Verbindung mit dem schicksalbehafteten Korps-Zwang glänzend figurationssoziologisch ausgearbeitet, ist die literweise Zuschüttung in Münchner Biergärten bis heute die scheinbar schönste Freizeitbeschäftigung, die dann im Oktoberfest programmatisch kulminiert. Jemand, der nicht saufen kann, ist für alle bürokratischen und akademischen Karrieren nicht geeignet. Schon Diederich, der von seinen Eltern reichlich Geprügelte und durch Kneipe, Korporation und Kommando in die Offensive Preschende, hat das Bier, weit vor den Weibern, als das allzeit hilfreiche Universalmedium zu würdigen gewußt: *"Er hatte die Weiber kennengelernt, er war mit ihnen fertig. Unvergleichlich idealere Werte enthielt das Bier. Das Bier! Der Alkohol! Da saß man und konnte immer noch mehr davon haben, das Bier war nicht wie kokette Weiber, sondern treu und gemütlich. Beim Bier brauchte man nicht zu handeln, nichts zu wollen und zu erreichen, wie bei den Weibern. Alles kam von selbst. Man schluckt es: und da hatte man es schon zu etwas gebracht" (22/S. 24).*

Man macht mit! Auf jene ganz kurze Formel läßt sich das reduzieren, was die Obrigkeit in Deutschland durch ihre Politik gegenüber dem Volk so lange suggeriert, bis es alle tatsächlich glauben. Man läuft mit, arbeitet mit, denkt mit, säuft mit und geht mit. Dieses "Mit-te-Verständnis" des totalen Kadavergehorsams hat über die Jahrhunderte hinweg seit dem Dreißigjährigen Krieg zur Konsequenz, daß ein so verstandenes "man-mit" jegliche "nicht-mit", also im besten Falle "Kaps", auf dem Höhepunkt dieses schicksalhaften Denkens für KZ-pflichtig erklärt hat, denn nur wer mit auf der gleichen Linie liegt, muß weder dorthin noch ins Gefängnis "gehen". Auch wer die für Weiterkommnisse insbesondere staatlicher Natur verbindlichen Erniedrigungs- und Geistaufgabeszenen nicht "mitmacht" oder "durchmacht", wer also meint, dort nicht "durchzumüssen", wird in den entsprechenden Situationen und Szenen im Vergleich mit den anderen Interessenten, die bereit sind, da "durchzugehen", wohl "durchfallen". Dann müssen die dort Gescheiterten ihr Leben neu "durchdenken", möglicherweise auch noch einmal verschiedenes neu "durchrechnen"!
Im "Untertan" sind zwei "Mit- und Durch-Situationen" enthalten, die zu schildern sich lohnt: zum einen die Szene mit dem durch die jubelnde Volksmenge durchreitenden jungen Kaiser Wilhelm, bei der Diederich vor lauter

Erstarrung zu Fall kommt, zum anderen die Gegenüberstellung im Amtszimmer von Wulckow, eine sich über die Jahrhunderte in kaum minderer Spannung und Anspannung hundertmillionenfach in Deutschland sich ereignende Farce. Zunächst zur Begegnung mit dem Kaiser: *"Ein Rausch, höher und herrlicher als der, den das Bier vermittelt, hob ihn auf die Fußspitzen, trug ihn durch die Luft. Er schwenkte den Hut hoch über allen Köpfen, in einer Sphäre der begeisterten Raserei, durch einen Himmel, wo unsere äußersten Gefühle kreisen. Auf dem Pferd dort, unter dem Tor der siegreichen Einmärsche, und mit Zügen steinern und blitzend, ritt die Macht. Die Macht, die über uns hinweggeht und deren Füße wir küssen, weil wir sie lieben. Die wir im Blut haben, weil wir die Unterwerfung darin haben. Ein Atom sind wir von ihr, ein verschwindendes Molekül von etwas, das sie ausgepackt hat! Jeder einzelne ein Nichts, steigen wir in gegliederten Massen als Neuteutonen, als Militär, Beamtentum, Kirche und Wissenschaft, als Wirtschaftsorganisation und Machtverbände kegelförmig hinan, bis dort oben, wo sie selbst steht, steinern und blitzend. Leben in ihr, haben teil an ihr, unerbittlich gegen die, die ihr ferner sind, und triumphierend, noch wenn sie uns zerschmettert: denn so rechtfertigt sie unsere Liebe"* (22/S. 47).

Der Roman von Heinrich Mann spielt in den 1890er Jahren, mit denen eigentlich erst voll die Wende zum expansionistisch-militaristisch-pränazistischen Gewaltstaat einsetzte. Vierzig Jahre nach der gescheiterten Revolution von 1848 und fünfundzwanzig Jahre nach der Gründung der SPD markiert das Dreikaiserjahr 1888 mit der Machtübernahme des jungen Wilhelm, der noch bis zu seinem Tode 1941 im holländischen Exil hoffte, mit Hilfe der Nazis nach Kriegsende wieder den Thron besteigen zu können, den Auftakt zur Mitläufer- und Gehorsamkeitserziehung maximaler Stringenz, die letztlich Hitler zum Erfolg und das Volk in die Katastrophe führte. Goethe war nun schon so lange tot, daß es keine eloquenten Zeitgenossen mehr gab, die seinen Geist und die Revolte der längst greisen Jungdeutschen in ausreichender Publizität verkünden konnten. Dafür häuften sich Szenen wie diese: *"Heßling: Der Gedanke ist aufgetaucht, daß wir uns, noch bevor die Stadt der Sache näher tritt, die betreffenden Grundstücke sichern und unbefugten Spekulationen zuvorkommen sollen. Unser Herr Ehrenvorsitzender hätte natürlich das erste Anrecht ...
Nach diesem Wort wich Diederich zurück, der Sturm brach los.*

Wulckow: Herr! Für wen halten Sie mich! Bin ich Ihr Geschäftsagent? Das ist unerhört, da war noch nicht da! So ein Koofmich mutet dem Königlichen Regierungspräsidenten zu, er soll seine schmutzigen Geschäfte mitmachen! Wulckow dröhnte übermenschlich, er drang mit seiner gewaltigen Körperwärme und mit seinem persönlichen Geruch gegen Diederich vor, der sich rückwärts bewegte. Auch der Hund war aufgestanden und ging kläffend zum Angriff über. Das Zimmer war auf einmal erfüllt von Graus und Getöse.
Wulckow: Sie machen sich einer schweren Beamtenbeleidigung schuldig, Herr, schrie Wulckow, und Diederich, der hinter sich nach der Tür hastete, hatte nur Vermutungen darüber, wer ihm früher an der Kehle sitzen werde, der Hund oder der Präsident. Seine angstvoll irrenden Augen trafen das bleiche Gesicht, das von der Wand herab drohte und blitzte. Nun hatte er sie an der Kehle, die Macht! Vermessen hatte er sich, mit der Macht auf vertrautem Fuß zu verkehren. Das war sein Verderben, sie brach über ihn herein mit dem Entsetzen eines Weltuntergangs ... (22/S. 258).

In einer anderen Szene vorher, wo Wulckow gerade verkündet, daß der Reichstag mit Sicherheit dann vom Kaiser aufgelöst werde, wenn er nicht die Militärvorlage billige, strich er sich so mit der Faust über den Mund, als beginne jetzt das große Fressen. Zuvor eine sehr typische deutsche Face-to-Face-Situation: "*Wulckow stemmte die Fäuste auf die Knie und glotzte dazwischen auf den Boden, in der Haltung eines sorgenvollen Menschenfressers. Auf einmal merkten die beiden anderen, daß er sie von unten schief ansah*" (22/S. 223).

Auf Bauämtern bestenfalls geht die Kommunikation zwischen Staat und Unternehmern etwas fließender vonstatten als in der obigen Szene mit Wulckow und Heßling, aber ansonsten ist die Unmöglichkeit des Verhältnisses zwischen Beamten und Steuerzahlern eine der vielen Konstituenten eines Mitläufertums auf beiden Seiten, das freilich durch den Staat, der ja eigentlich nicht gegen das eigene Volk administrieren soll, stets erstausgelöst wird. Um solcherlei freudlose Existenzhuberei erträglich zu machen, hat sich in der deutschen Sprache ein geworfenes Subvokabular entwickelt, mit dem die zu Geworfenheiten degradierten Individuen als "man" ihr Sein fristen, nicht als sich selbst bewußt wahrnehmendes Sein in der Zukunft, sondern im ungeschriebenen Gesetz des Seins zum Tode als der garantiert vorhersehbaren Kunft, die auf einen zukommt. Ohne spezifisch von einer deutschen Befindlichkeit zu sprechen, skizziert Heidegger in "Sein und Zeit" das gegebene Ist einer

Philosophie des Mitläufers, der gefangen ist vom Geist der Zeit, in dem er läuft beziehungsweise bis 1968 meist zu marschieren hatte. Marschieren als Bewegungsform der Geworfenheiten ist die Konsequenz einer staatlichen Zivlisationspolitik und einer jahrtausendealten klerikalen Rhetorik, die beide darauf abzielen, das Sehen in seiner eigentlichen hintergründigen Entworfenheit zu vermeiden. Gehen, Sehen und Lesen sind eine Trias, deren Gehalt darüber entscheidet, ob ein Individuum sich selbst entwerfen kann oder wie Diederich Heßling und Millionen nicht nur seiner Zeitgenossen physisch, bürokratisch und rhetorisch so lange zur Geworfenheit geprügelt wird, bis es sie selber als sein Ding weiterverlängert!

Wo es nichts zu sehen gibt, kann sich natürlich auch kein seherisches Talent ausbilden, sofern nicht durch die persönliche Ausstattung hier Dispositionen vorliegen. Weder in alpinen Gefilden noch in norddeutschen Kleinstädten noch in den Hochlagen Hessens und Thüringens noch in Staats-Städten gibt es etwas zu sehen. Wenn auch die eigene Geschichte zur Aussage verleitet, daß weit und breit kein Land zu sehen ist, dann wird einsichtlich, wieso außer dem Berliner Hessel in dessen goldenen Zwanzigern niemand so recht die ästhetische Kombination aus Sehen, Gehen und Lesen mit anschließender eigener Multiplikation seiner Einsichten via Buch wirklich voll beherrscht hat. Das Sehen scheidet Mitläufer und Flaneure, nur wirklich Städtisches, mit Ausnahme des eher kulturlandschaftlichen Natursehers Goethe, kann Persönlichkeiten herausbilden, die mit dieser Materie arbeiten können. Heidegger sah das Sehen 1927 so: *"Das 'Sehen' meint nicht nur nicht das Wahrnehmen mit den leiblichen Augen, sondern auch nicht das pure unsinnliche Vernehmen eines Vorhandenen in seiner Vorhandenheit. Für die existenziale Bedeutung von Sicht ist nur die Eigentümlichkeit des Sehens in Anspruch genommen, daß es das ihm zugänglich Seiende an ihm selbst unverdeckt begegnen läßt"* (23/S. 147).
In einem "man"-Bewußtsein, das kein Wir-Gefühl" und auch kein Ich-Bewußtsein kennt und das vor allem keine Zukunft ausweist, mit Ausnahme der Freiheit zum Tode als garantierte Kunft, die jedem zukommt, gibt es keine letzten Verbindlichkeiten. Auch Heßling dürfte vorausgesehen haben, wohin eine Mehrheit seiner Couleur führen wird, aber da es sowieso keine Möglichkeit zum eigenständigen anthroposästhetischen Entwurf außer einer aberrativ gesteigerten "man"-Existenz gibt, in der jede Koalition zu einem Verbund aus

Schicksalsgenossen erster Ordnung degeneriert, hat auch er wie der Ober-"man" Hitler sich die einzig denkbare Freiheit in einer solchen perspektivenlos ausgestatteten Zivilisation genommen, nämlich sich exakt auf dem vorgegebenen Pfad bis zur Spitze zu bewegen, um von dort aus die "man-Untertanen" ins Verderben zu führen, das sie ja in ihrer geworfenen Ausweglosigkeit selbst transportiert haben. Nur wer ins "Gerede" kommt, wer sich also außerhalb der schweigenden "man"-Massen bewegt, wer also lebt und sich als lebendigen Entwurf sieht, der wird aus der Schicksalsgemeinschaft ausgestoßen. Während "man" ohne industrielle Hilfen stirbt, muß für "Nicht-"man" erst Institutionelles her, wo sich dann eine hyperaberrative "man"-Gemeinschaft zusammenfindet, "konzentriert" wird: im Gefängnis, im Arbeitslager oder im KZ!
Heidegger zum "man": *"Mit der Verlorenheit in das Man ist über das nächste faktische Seinkönnen des Daseins - die Aufgaben, Regeln, Maßstäbe, die Dringlichkeit und Reichweite des besorgend-fürsorgenden In-der-Welt-Seins - je schon entschieden. Das Ergreifen dieser Seins-Möglichkeit hat das Man dem Dasein immer schon abgenommen. Das Man verbirgt sogar die von ihm vollzogene stillschweigende Entlastung von der ausdrücklichen Wahl dieser Möglichkeiten.*
Es bleibt unbestimmt, wer eigentlich wählt. Dieses wahllose Mitgenommenwerden von Niemand, wodurch sich das Dasein in die Uneigentlichkeit verstrickt, kann nur dergestalt rückgängig gemacht werden, daß sich das Dasein eigens aus der Verlorenheit des Man zurückholt zu ihm selbst. Dieses Zurückholen muß jedoch die Seinsart haben, durch deren Versäumnis das Dasein in die Uneigentlichkeit sich verlor. Das Sichzurückholen aus dem Man, das heißt die existentielle Modifikation des Man-Selbst zum eigentlichen Selbstsein muß sich als Nachholen einer Wahl vollziehen. Nachholen der Wahl bedeutet aber Wählen dieser Wahl, Sichentscheiden für ein Seinkönnen aus dem eigenen Selbst. Im Wählen dieser Wahl ermöglicht sich das Dasein allererst sein eigentliches Seinkönnen" (23/S. 268).
Keine Regierung und keine Institution dieser Welt macht ein Angebot, etwas Substantielles nachzuholen, wenn schon alle vorgegebenen Wege beschritten worden sind und das Leben in seinen Bahnen verläuft. Nur mit einem seherisch-autodidaktisch erworbenen lesenden Gehen in städtischen Arealen und Arenen ohne überflüssige Aufenthalte in den dortigen noch verbliebenen Auren ermög-

licht ein Rausdenken aus allen bislang mitgenommenen Kategorien und ein reflexives sowohl mentales wie auch pedestrisches Hineindriften in die infizierenden und atmosphärisierenden Dimensionen der Flanerie: die "Ent-man-nung". Sie öffnet schließlich wieder die geschichtlich verschütteten Wege zum eigenen Selbst!

Nicht der Tanz, sondern die Gewalt kommt immer sofort empor, wenn "man" sich die deutsche Geschichte vergewissert, deren Verlauf schon seit dem 16. Jahrhundert mit Ausnahme der Goethe-Ära und der Zeit nach 1968 fast lichtlos "durchging", dafür aber mit Leichenbergen reich bestückt wurde. In seinen "Studien über die Deutschen" zieht Norbert Elias unter dem Blickwinkel der Machtkämpfe und Habitusentwicklung im 19. und 20. Jahrhundert eine figurationssoziologische Bilanz, die einmal mehr aufzeigt, wieso Korpsgeist, Bierzwang, Satisfaktion und Duell sich immer mehr bis zu ausschließlichen Werten durchsetzen konnten, woraus dann natürlich keine Flaneure resultierten, sondern Soldaten, Arbeiter und Seilschaften. Das gravierende Moment an dieser Geschichte ist noch nicht einmal, daß es zu keiner Anthropologie des Zivil-Republikanisch-Städtischen kommen sollte, sondern daß frontal gegenüber allen Trends im umliegenden Ausland eine maximal gentleman-ferne Formalisierung in der deutschen Befindlichkeit Einzug hielt, die in ihrer moderne-feindlichen Modellierung der Irrationalität Tür und Tor öffnete. Ein Volk, das es nie bewerkstelligen durfte, miteinander zu tanzen, sondern immer nur für irgendwelche göttlichen oder gottnah sich empfindenden Herrschaftsfiguren den Tranquilizer hergeben mußte, sah sich plötzlich mit dem Modus des Gegenübergestelltseins konfrontiert, der den Namen "Duell" trägt, die letztinstanzliche Möglichkeit zur Satisfaktion, einer durchaus westlichen finalen Abreaktion, die für die meisten Welt-Kulturen der Tanz ist, mit dem die Alltäglichkeit des Seins bereichert und beseelt wird. Ohne jede Kompromißfähigkeit ausgestattet, mit dem leblosen Ethos des Ernst versehen und in längst überkommenen Zeremonien, Zirkeln, Regularien und Konventionen erstarrt, repräsentierte das Duell als individuelle Beschießung den figurativen Urknall, dem der formierte Massen-GAU folgen sollte. Als in Paris längst die Moderne mit Straßen- und Nachtgewimmel dominierte, erhielt sich in Deutschland bis in die Zeit der heutigen Großeltern- und Urgroßelterngeneration der Kriegerkanon, der es dem physisch Stärkeren oder im Gebrauch der Gewaltmittel Geschickteren möglich macht, dem weniger

Starken seinen Willen aufzuzwingen und die höchsten Ehren heimzutragen. Die sogenannten Eliten der Gesellschaft glänzten nicht durch pralles Leben, sondern sahen ihr Heil in der Berechtigung des gegenseitigen Abschusses, der Untertanen untersagt war: *"Die höfische Gesellschaft, die sich um den Kaiserhof gruppierte, bildete das am höchsten rangierende Integrationszentrum dieser Gesellschaft der Satisfaktionsfähigen. Bei der großen Rolle der Militärs in der höfischen Gesellschaft verstand es sich von selbst, daß alle ihre männlichen Mitglieder sich dem gemeinsamen Ehrenkanon verpflichtet fühlten und auf das entsprechende Verhalten im Verkehr miteinander abgestimmt waren. Die Mitglieder dieses weiten höfischen Kreises kannten sich gewöhnlich zumindest dem Namen und dem Rufe nach ... Alle diese Menschen, von den hohen Adligen bis zu den Reserveoffizieren und Provinzakademikern, galten als satisfaktionsfähig. Kaufleute, wie reich sie auch immer sein mochten, waren es nicht, es sei denn, sie hatten andere Qualifikationen. Zu den nicht satisfaktionsfähigen Gruppen zählten weiterhin Ladenbesitzer, Handwerker, Arbeiter, Bauern und Juden. Einige der letzteren gewannen während des 19. Jahrhunderts Zutritt zu Burschenschaften. Gegen Ende des Jahrhunderts wurden sie dann formell ausgeschlossen"* (24/S. 76).

Umgangsformen wie diese in durchweg staatlichen und staatsnahen Kreisen sind nun wahrlich nicht dazu angetan, eine figurationssoziologische Ästhetik zu fördern, die in genau die Informalität hineinführt, die das Städtisch-Intellektuell-Tänzerische mit der Flanerie als dessen diskursiv-flexibler Krönung auszeichnet. Während sich im sich informalisierenden europäischen Umfeld die Moderne immer breiter macht, werden in Deutschland nicht nur die letzten Restposten des Urbanen mit diesen nur mit äußerstem Selbstzwang, geradezu perverser Formalität und schmißorientierten Gegenüberstellungen sich figurierenden Duellklima zerstört, sondern auch der gesamte menschenrechtliche und humane Kanon der Klassik und des Vormärz, kaum fünfzig Jahre zurückliegend, ist um 1900, als die Heßlings schon nur so sprudelten, reine Staffage. Die fast totale Zurückweichung des alten Bildungsbürgertums gegenüber dem boomartig sich vergrößernden wilhelminischen Großbürgertum hat auch die letzten Definitionsmöglichkeiten dessen, was man auch halbwegs konstruktiv besetzt "deutsch" nennen könnte, zerstört. Wie schon so oft in unserer Geschichte, zum Beispiel in den Jahren nach der Wiedervereinigung erneut massiv aufgekommen, stellte sich die Frage nach dem "Deutschen", ohne daß

Antworten mit befriedigendem Inhalt gefunden werden konnten: *"Verglichen mit dem Selbstbild des Engländers, hatte ein Deutscher nur ein unbestimmtes Bild von seinem Land und von seinen nationalen Merkmalen. Es gab keinen way of life, keine Lebensweise, die im Denken und Sprechen als spezifisch deutsch gegolten hätte. Spezifisch deutsch war allenfalls eine Weltanschauung, eine besondere Art des Glaubens. Man wußte, man fühlte, daß es einen großen Wert hatte, deutsch zu sein; aber worin dieser Wert bestand, blieb einigermaßen vage. Die Ansichten darüber gingen weit auseinander. In der Vergangenheit, solange Deutschland schwach war, gründete sich der Nationalstolz bei den aufsteigenden deutschen Mittelklassen vor allem auf gemeinsame Leistungen in Wissenschaft, Literatur, Philosophie und Musik - mi einem Wort, auf die deutsche Kultur. Später bezog man sich, wenn man vom Wert des Deutschseins redete, mehr auf gemeinsame Gefühle und nicht so sehr auf gemeinsame Errungenschaften, geschweige denn auf Errungenschaften, die auch jenseits der deutschen Grenzen Bedeutung hatten - Bedeutung für die Menschheit ... Der bloße Klang des Wortes Deutschland schien für deutsche Ohren mit Assoziationen des Außergewöhnlichen, eines Charismas, das ans Heilige grenzte, aufgeladen zu sein"* (23/S. 420 + 421).

Insgeheim und doch seit über 1200 Jahren offensichtlich hat sich im Heiligen Römischen Reich Deutscher Nation und seinen Nachfolgestaaten bis zum heutigen Tag eine seltsame Mentalität etabliert, die zum Inhalt zu haben scheint, daß alle die, die Träger dieser pseudomessianisch besetzten Begrifflichkeit Reich sind, über das Recht verfügen können, die ihm zugrundeliegende Zivilisation für ihre fast durchweg dubiosen bis irrationalen Ziele und Wünsche bestenfalls zu gebrauchen, schlimmstenfalls wie im sogenannten 3. Reich zu mißbrauchen. Die deutsche Wertlosigkeit, in der ewigen Suche mit der Seele nach dem Land der Griechen zum Ausdruck kommend, produzierte in Verbindung mit einem Volk oder den jeweiligen reichsterritorialen Populationen, die sich stets für ihre Obrigkeit auszehren lassen mußten und deswegen nie die Kraft zur Ausbildung dynamischerer Riten und Tänze urbanen Charakters aufbringen konnten und durften, im günstigsten Fall so etwas wie die Praktizierung einer Teilnahme an romantischen Stimmungen oder die Möglichkeit zur abendlichen Gemütlichkeit nach einem immer physisch maximal strapaziösen Arbeitstag, sei es jahrhundertelang agrarwirtschaftlich oder seit dem Kaiserreich industriell. Erst die Postmoderne mit ihrem tertiärquartär-beraterisch-akademischen Akzent hat die Freiräume für eine weitergehende Festivalisierung geschaffen, die zumindest in einigen wenigen progressiven deutschen Großstädten neben der Gemütlichkeit wirklich ergiebige Formen des kommunikativen Umgangs geschaffen hat. Die so gerne im Ausland kopierte deutsche Gemütlichkeit, die der universale Flaneur des nahenden 21. Jahrhunderts nur noch als historische Faktizitätsstudien für beobachtungswürdig halten sollte, verhindert als Folge eines harten Maschinenalltags alt-moderner Prägung jede Urbanisierung des Geistes und bestätigt so die zuchtstaatliche zivilisatorische Steuerung, die jede eigenständige figurationsästhetische Positionierung von Milieus verhindern möchte. Kirche und Staat sind die Erzfeinde der Urbanität der Postmoderne!

Viel besser wäre es nach deren Sicht, wenn der Sicherheitsstaat Marke "Großer Lauschangriff" die Garantie dafür aufbringt, daß sich die Menschen als Geworfenheiten, Verlorenheiten und Zerrissenheiten durchs Leben beißen, vielleicht auch alsbald wieder durchs Leben schießen, denn nur die Not bringt der Kirche ein volles Haus und kritiklose Abgabenvereinnahmungen. Nicht die befreiten Flaneure sind deren Zielgruppe, sondern Wähler, die keine Wahl haben, Bürger, die ihre Mündigkeit für sich behalten, Versicherte, die in irrationalen Ängsten leben, Steuerzahler, die kommentarlos ein halbes Jahr für den Staat schuften, Vereinsmitglieder, die sich im Bierrausch und Hinterzimmerdunst wohlfühlen, Arbeiter, die für ihre Chefs und die Krankenhäuser arbeiten, Patienten, die pflegegesichert noch länger sinnlos dahinsiechen, Touristen, die im Inland von ihrer Freizügigkeit Gebrauch machen, Spaziergänger, die nur sonntagnachmittags das Haus verlassen, Lehrlinge, die sich an ihrem Martyrium erfreuen, Soldaten, die vom Bürger in Uniform nichts wissen, TV-Konsumenten, die völkische Klatsch-Shows beglotzen, Einkäufer, die an der Stadt vorbeilaufen, Tote, die schon zu Lebzeiten ihre Sterblichkeit exerziert haben, Christen, die sich wie ordentlich-anständige Beamte aufführen, Rentner in möglichst geringer Zahl, Verbraucher in möglichst hoher Zahl, Autofahrer in einer zum Dauerstau führenden Un-Zahl, Mieter, die alles zahlen, Deutsche, die alles mit sich machen lassen und ein Volk, das en gros innerlich gekündigt hat und trotzdem durchs Leben schreitet, nur mit dem, was man so fürs Leben braucht. Die Nächte zum Beispiel nur fürs Schlafen, sogar einmal "bei", auf daß das nächste Reich auch seine Schäfchen schikanieren kann!

Die wilden, die verklärten, die mythifizierten, die schönen zwanziger Jahre in Berlin als ein erster großer städtischer Säkularisierungsschub sind bis in die achtziger Jahre hinein die einzige Arena für den Flaneur geblieben, und Franz Hessel hat diese Figur so einsam und allein praktiziert und publiziert wie Fürst Pückler die Rolle des Dandy. Nunmehr liegt es bis zur Wiederherstellung des Berliner Zentrums als moderne City des 21. Jahrhunderts an Frankfurt und seinen viel gehaßten und nur von Insidern innigst gehaßliebten und verehrten stadtanthropologischen Potentialen, hier infizierend zu wirken und die Kunst des Spazierengehens im städtischen Gewand zu multipilizieren. Frank Hessel hat es 1932 bei seinen Berliner Spaziergängen verstanden, die Artistik der Flanerie zu schildern: *"Ich schicke dich zeitgenössischen Spaziergangsaspiranten nicht in fremde Gegenden und zu Sehenswürdigkeiten. Besuche deine eigne Stadt, spaziere in deinem Stadtviertel, ergehe dich in dem steinernen Garten, durch den Beruf, Pflicht und Gewohnheit dich führen, erlebe im Vorübergehn die Geschichte von ein paar Dutzend Straßen. Beobachte ganz nebenbei, wie sie einander das Leben zutragen und wegsaugen, wie sie abwechselnd oder fortfahrend stiller und lebhafter, vornehmer und ärmlicher, kompakter und bröckliger werden, wie alle Gärten sich inselhaft erhalten oder, von nachbarlichen Brandmauern bedrängt, absterben. Erlebe, wie und wann die Straßen fieberhaft oder schläfrig werden, wo das Leben zum stoßweis drängenden Verkehr, wo es zum behaglich drängenden Betrieb wird. Lern Schwellen kennen, die immer stiller werden, weil immer seltener fremde Füße sie beschreiten und sie die bekannten, die täglich kommen, im Halbschlaf einer alten Hausmeisterin wiedererkennen. Und neben all diesem Bleibenden oder langsam Vergehenden bietet sich deiner Wanderschau und ambulanten Nachdenklichkeit die Schar der vorläufigen, provisorischen Baulichkeiten, der Abbruchgerüste, Neubauzäune, der Bretterverschläge, die leuchten Farbflecken werden im Dienst der Reklame, zu Stimmen der Stadt, zu Wesen, die rufend und winkend auf dich einstürmen, während die alten Häuser von dir wegrücken. Und hinter den Latten, durch Lücken sichtbar, Schlachtfelder aus Steinen, widerstandslose Massen von Material, in welche eiserne Krone und stählerne Hebel greifen"* (25/S. 298 + 299).

Gehen, Sehen und Lesen: Franz Hessel weiß, daß der richtige Spaziergänger wie ein Leser ist, der ein Buch zu seinem Zeitvertreib und Vergnügen liest, dies eher allein, weil es ziemlich schwierig ist, mit einem Begleiter spazieren zu gehen. Auch ein Buch kann zunächst nur einen singulären Leser haben: *"Also, eine Art Lektüre ist die Straße. Lies sie. Urteile nicht! Finde nicht zu schnell schön und häßlich. Das sind ja alles so unzuverlässige Begriffe. Laß dich auch täuschen und verführen von Beleuchtung, Stunde und dem Rhythmus deiner Schritte ... Bei langem Gehn bekommst du nach einer ersten Müdigkeit neuen Schwung. Dann trägt das Pflaster dich mütterlich, es wiegt dich wie ein wanderndes Bett. Und was du alles siehst in diesem Zustand angeblicher Ermattung! Was dich alles ansieht"* (25/S. 301).

Über 60 Jahre nach Franz Hessel ist die Flanerie in bis zu zwanzig Millionen Menschen zählenden Metropolen längst keine Kunstform mehr, sondern in der Ausprägung in den Megapolen die Kenntnis der Lokalitäten, mit denen der existentielle Minimalbedarf gedeckt werden kann. Überall ist das Phänomen Kap mit im Spiel, das freilich nur wenige Flaneure als solches noch betreiben können, ein Kap aus einer Kombination von Geist und Geld, deren Gehalt davon zeugt, ob es sich dabei um eine Stadt handelt, die es wirklich verdient, den Namen Kapitale zu tragen. Frankfurt hat ihn verdient.

Es folgt das Flanerie-Kap!

5.3.2 Quintäre Figurationssoziologie und Figurationsästhetik in Frankfurt am Main

Am Mittwoch, dem 18. August 1993, wurde im Ersten Deutschen Fernsehen im Auftrag des Norddeutschen Rundfunks ein von Daniel Cohn-Bendit initiierter dreiviertelstündiger Report über das Leben der Juden im zeitgenössischen Frankfurt ausgestrahlt. In dieser in seiner schlichten und dialogischen Unmittelbarkeit beeindruckenden Dokumentation äußerten sich viele, vor allem jüngere Juden zu ihrem Status im wiedervereinigten und ziemlich brutal gewordenen Deutschland. Auf die Frage, als was sie sich denn fühlten, gaben sie zur Antwort, als Frankfurter oder Frankfurter Jude oder Jüdin würden sie sich schon bezeichnen, als deutscher Jude oder deutsche Jüdin jedoch nicht. Besser läßt sich das, was ich Quintär nennen möchte, nicht zum Ausdruck bringen!

Im Frankfurter Quintär zeigt sich, in dieser Evidenz nur noch von New York und hier Manhattan übertroffen, alles das, was die "lex" des Quintärs ausmacht. Seine auch in der heutigen Zusammensetzung in dieser spektralen Qualität unerreichte zivilisatorische Einzigartigkeit war, ist und bleibt das herausragende Movens. Nur von hier aus kann eine integrationsfähige rechtsstaatliche und menschenrechtliche Umgangsästhetik ausgehen, nur von hier kann ein menschlicher Verständigungsbereitschaft ausstrahlender Vorsitzender des Zentralrats der deutschen Juden stammen, nur in dieser City hat Deutschland eine wirkliche anthropologische Mitte im Sinne der "Miteinanderauskommbarkeit" der verschiedenen Milieus, Szenen und Ethnien, nur hier koexistieren Geist und Geld im postmodernen Verständnis auf international angeglichenem Niveau und nur hier ist die überkommene deutsche Konventionenlandschaft dank einer seit den Zerstörungen des 2. Weltkrieges radikalen Stadtmetamorphose in ziemlich genau 50 Jahren durch eine Weltausstellung der zivilisatorischen Errungenschaften der Moderne ersetzt worden, die im 50. Jahr nach den verheerenden englischen Jagdbomberangriffen zu einer Universal-EXPO gediehen ist, die nichts mit dem schönen Schein der artifiziellen Weltausstellungen des 19. und 20. Jahrhunderts zu tun hat. Mit der Rasanz dieser Entwicklung sind die vielen Menschen in dieser Stadt und vor allem die ehemaligen bürgerlichen Frankfurter, die heute nahezu gänzlich im Umland wohnen, nicht mitgekommen beziehungsweise durch die brutale Interimsphase nach dem Wiederaufbau und vor der urbanen Postmoderne aus der Stadt spekulativ vertrieben worden. Wohl in dieser Substantialität der Veränderung des Städtischen nur noch von Hiroshima übertroffen, ist nicht zu erwarten, daß innerhalb von nur zwei Generationen selbst im liberalen und toleranten Frankfurt samt der Rhein-Main-Region nun der ganz große Wille zur Zelebration eines kleinen Manhattan aufkommt. So können sich zwar die Institutionen des neuen Yuppie-Nachtlebens in Frankfurt nicht über Zuspruch beklagen. Sowohl der Fantasy Garden und das Arribas-Schirn-Café als auch der Nightclub Sky Fantasy, die Palast-Bar oder das Stars California Restaurant sowie die Arena-Opern-Produktionen AIDA und Nabucco in der Festhalle finden reißenden Absatz. Doch auch hierzu eine Begebenheit: In einem Kartenvorverkaufskiosk in der B-Ebene Hauptwache erwarb im Sommer 1993 vor mir eine gut betuchte Dame mittleren Alters, sicher aus Bad Homburg, Kronberg oder Königstein, jeweils vier Karten der besten Kategorie für die obigen Arena-Opern in der Festhalle. Die fälligen 2.037,-- DM wollte sie eigentlich mit ihrer Eurocard begleichen, doch genau diesen Typ Mastercard akzeptierte der Kartenkiosk aus vertraglichen Kostengründen nicht. Empört verlautbarte die edle Dame, dann müsse sie ja noch einmal "in die Stadt" kommen und auch noch mit so viel Bargeld an der Hauptwache rumlaufen! Damit hätten wir die Differenz zwischen den alten Frankfurtern im Taunus und dem Frankfurter City-Anthropos.

Zu den Unfähigkeiten des Umganges mit der FFM-Figurationssoziologie gehört die Tatsache, die Heterogenität der ethnischen Potentiale und die Internationalität der Bevölkerungszusammensetzung Frankfurts trotz ihrer häufigen Erwähnung fehleinzuschätzen und zu unterschätzen. Es sind nicht die vielzitierten rund 30 % an Nicht-Hessen oder Nicht-Frankfurtern, die den auf dem alten originalen Stadtanthrops erweiteren City-Teil Frankfurts tatsächlich im Gegensatz zu den Millionenstädten Europas, Amerikas und Asiens zu einem ineinanderdurchdrungenen ghettolosen Schmelztiegel ausbilden, sondern die Größe, die für das Quintär erforderlich ist. 50 % an Diversifizierung und mehr ist mindestens in einem Dutzend an Relationen gegeben. So liegt der Anteil ausländischer Jugendlicher bei 40 % in der gesamten Stadt, im eigentlichen Frankfurt bei über 50 %. Auch bei den leider viel zu wenigen Übernachtungen liegt der Anteil der Inhaber mit fremdem Paß über 50 %, der weitgehend mit der Tatsache konform geht, daß über 50 % der Messeaussteller und Messegäste nicht aus Deutschland kommen. Weniger in ihrer Dimension als in ihrer Internationalität ist Frankfut der deutsche Welt-Messe-Platz. Auch der Anteil der ausländischen Bewohner in der City liegt weit über 50 %. Die Frankfurter Exportleistungen liegen ebenfalls bei etwa 50 % vom hiesigen Bruttosozialprodukt. Gleiches gilt in verstärktem Maße für den Anteil der nichtdeutschen Banken in Frankfurt und natürlich für die Fluggäste am Rhein-Main-Flughafen. Die Hälfte aller Gastronomen, in der City weitaus mehr, profitiert von intakteren Familienverhältnissen in ihren Heimatländern und internationalisiert immer mehr die Frankfurter Küche. Angesichts der Jugendlichkeit Frankfurts ist jede zweite Ehe eine Mischehe, wobei Mischehen die geringeren Scheidungsraten aufweisen. Zu den Frankfurter Spezifika gehört auch die Erscheinung, daß die Mentalität der Pendler aus dem Umland schon fast un-frankfurterischer ausgeprägt ist als die der Ausländer Frankfurts, erfüllt die Mainmetropole doch die herrliche Tatsache, nur durch ihr maximales "Gegen-Deutsch-Tum", allerdings wesentlich auffälliger in ihrem zivilisatorischen Niveau außerhalb der Arbeitswelt als in den schon Tokio-nahen Hochleistungsbüros, das "Deutsche" alltäglich so positiv zu transportieren wie Stuttgart in den Tagen der sonnenbeglücken Leichtathletik-WM 1993. 50 % der Frankfurter Arbeitsplätze, also 300.000, werden von Pendlern aus dem Umland, im wesentlichen den in den letzten dreißig Jahren weggezogenen ehemaligen bürgerlichen Frankfurtern sowie mit karrieristischen Projekten meist vorübergehend hier waltenden Yuppies, ausgefüllt, wozu fast alle City-Arbeitsplätze gehören, während die verbliebenen gewerblichen Arbeiten prozentual eher von in Frnakfurt lebenden Menschen verrichtet werden. Selbst die Eintracht als der Traditionsverein der Stadt speist sich schon lange nicht mehr aus in Frankfurt lebenden Anhängern. Nur etwa jedes dritte Auto an den Stadion-Parkplätzen trägt ein F. Die Mannschaft gruppiert ähnlich wie in noch viel stärkerem Maße die deutschlandweit gesuchte Football-Galaxy keine Vereinstreuen um sich herum, sondern repräsentiert eine superstrukturale und internationale ästhetisch-ethnische Einheit, die in erster Linie in Bestform eine fußballerische Flanerie betreibt und keinen auf die Mann-gegen-Mann-Konfrontation ausgerichteten Kampfsport. Beim Football geht es den Zuschauern um eine amerikanische Super-Show, bei der das Surrounding im Mittelpunkt steht und nicht das für Eintracht-gewöhnte Fußballaugen amorphe

Geholze auf dem Platz mit nur wenigen sekundenlangen zusammenhängenden Sequenzen.

Nach einer ersten Skizzierung der spezifischen Frankfurter Zivilisationsdynamik und ihrer Kultur, die ebenso gegen den tradierten deutschen Kulturbegriff arbeitet, wie es etwa die Aufgabe der Frankfurter Oper oder des Frankfurter Doms ist, in ihrer gegenheiligen und unprotzigen Ausgestaltung Opern und Dome nicht in ihrer ursprünglichen Substanz zu bestätigen und gerade, was den Dom angeht, zum unlängst pompös in aller preußischen Pracht wiedereröffneten Berliner Dom einen zeitgeist-ästhetischen Widerpart zu setzen, der gestalterisch eher mit der Neuen Frankfurter Schule als mit alten klerikalen Exzellenzen-, Magnifizenzen- und Superintendententum einhergeht, möchte ich nun das Frankfurter Quintär mit dem "Indoorbereich" fortsetzen, nachdem ich den "Outdoorsektor" ja schon beschrieben habe. Erst im Herbst 1994 hat Frankfurt darin das Quintär erreicht, was hier bedeutet, daß erst jetzt insbesondere im hochwertigen informellen Angebot die Mainmetropole absolutes Weltstadtformat vorzuweisen hat, ganz im Gegenteil zur Infrastruktur für das sogenannte gesellschaftliche "unten", die im Kreise der in der westlichen Welt von allen Milieus gesuchten Global- und World Cities in ihrem sozialen Angebot inklusive aller Grünen Luxus-Extras wohl konkurrenzlos ist. "Schuld" an diesem ziemlich einmaligen Phänomen, daß die Vielzahl der Besserverdienenden, in ihrer Mehrheit als Ex-Frankfurter mit Umland- und hier vor allem Taunusbehausung bis Mitte 1992 abgesehen vom mittlerweile ebenfalls soziodemokratisierten Areal Freßgass'-Opernplatz und der Goethestraße als Hochkonsumfläche insbesondere fürs abendliche Amüsement kaum bis keine Lebensstilstätten in der City, ihrem Arbeitsplatzpool, vorfinden konnten, für die Unbetuchten, die es in überreicher Zahl in Frankfurt gibt, jedoch alle nur denkbaren Auffangbecken und Leistungen sowie Vergünstigungen gewährt wurden und werden, bis auf das in allen Städten Ende der achtziger Jahre rapide aufgekommene Problem einer totalen Unterversorgung mit menschenwürdigen und trotzdem mietgünstigen Wohnungen, ist die basale linksintellektuelle Struktur des entbürgerlichten Frankfurt nach 1968, die erst im Zuge der Olympia- und Notenbankbewerbung Frankfurts und überhaupt der immer massiveren Konstituierung als viertgrößter Weltfinanzplatz in der ersten Hälfte der neunziger Jahre mit mittel- und langfristigen Ambitionen zur nicht nur kontinentaleuropäischen Nr. 1 um großbürgerlich-yuppiefizierte Gastronomie- und Nachtetablissements ergänzt wurde. Die mit über einjähriger Verspätung nach einer bislang beispiellosen behördlichen Sicherheits- und Auflagenflut vonstatten gegangene Eröffnung des Stars California Restaurant im Messeturm, einer von einem Chicagoer-Top-Designer kreierten gastronomischen Milchstraße, das das CULT in der Schiller-Passage als mediales Super-Interieur ergänzt hat, läßt die Wolkenkratzer-Ästhetik Frankfurts zusammen mit dem Wintergarten der DG-Bank und dem Sky Fantasy-Night-Club auf dem Europaturm nun endlich weltstädtisches Top-Format annehmen und repräsentiert zusammen mit der neuen Bar- und Nachtkultur schlußendlich einen durchweg alleine von privaten Investoren und Sponsoren finanziell getragenen City-Style, zu dem auch in den Neunzigern der Banker-Ball sowie die Arena-Tennis- und Opern-Festivals der sich luxurierenden Festhalle zu zählen sind. CULT, Les Facettes, Fantasy Garden, Palast-Bar, Stars California einerseits, Frankfurt-Paß, Fixer-Heime, Schwul-Lesbisches Kulturhaus, Billig-Essen für Minderbemittelte, Asyl-Hotels andererseits und Museen und Bordelle für beide Seiten: Die Frankfurter Zivilisationspraxis hält für alle Kreise der jede Geselligkeit mit Argusaugen beobachtenden neuen weltstädtischen Gesellschaftlichkeit eine Ersatzheimat, eine 2. Heimat oder ein abendlich-nächtliches Refugium bereit, so daß die Mainmetropole 50 Jahre nach ihrer physischen Zerstörung und zu Beginn ihres jubilierenden 1200. Bestandsjahres die Entwurzelung zu einem progressiven Programm macht, an dessen superstrukturalen Veranstaltungen von Kontakt-parties für Heteros und Homos bis zu Galas mit mindestens hohen dreistelligen Verausgabungen jedermann teilhaben kann, der sich an Einrichtungen erfreut, die außerhalb jeglicher Konventionen liegen. Trotz der Tatsache, daß die Treuesehnsucht nach vielen Jahren projekthafter und singulärer Biographie-vorhaben allmählich, zumal in "japanischer" werdenden, sprich härteren Zeiten wieder etwas im Wachsen begriffen ist und das Face-to-Face vor dem selbstmonologisierenden Denken angepeilt wird, bedeutet dies doch nicht gleich eine "Altarisierung" des Gemeinschaftsgefühls. Frankfurts große kulturelle Leistung für die gesamte nicht nur deutschsprachige Zivilisation ist es, eine gänzlich andere "Institutionenlandschaft" in seinen extrem virtuellen und durch-lässigen Stadtmauern zu beherbergen, Konsequenz einer besonderen über Jahrhunderte tradierten Stadt-"lex", die sich durch eine totale Unmöglichkeit der deutsch-bürokratischen Disziplinierung auszeichnet, woraus Sendungsfähigkeiten erwachsen, die keine andere Stadt, auch Berlin nicht, bieten kann, weil sie alle bis heute in ihrer anthropologischen Quintessenz durch einen berufsverbeamteten Habitus im Stadt-Staat und in der Stadt-Wirtschaft klinisch totgestellt werden, trotz aller urbaner und kultureller Belebungsmaßnahmen, die in bescheidenerem Umfange als in Frankfurt ja in allen deutschen Städten in der letzten Dekade stattgefunden haben.

Nur Frankfurt hat seit den sechziger Jahren eine solche intellektuelle und städtebauliche Kultur hingelegt, dies freilich vom Ausgangspunkt des meisten Bedarfs angesichts des mißratenen Wiederaufbaus und der massivsten spekulativen Kräfte von allen deutschen Städten, von der sich sagen läßt, sie hat diskursiv alles vorwegbehandelt, sowohl gesamtgesellschaftlich-utopisch wie auch städtebaulich-visionär, bevor es dann konkret geworden ist. Schon in den fünfziger Jahren und natürlich vor allem in den Sechzigern fand die große intellektuelle Kultur-Revolution statt, die in der Mainmetropole neben allen unbrauchbaren Ideologien auf jeden Fall ein ökologisch fundiertes Milieu bedeutenderen Umfanges hervorgebracht hat, das sich in den siebziger Jahren langsam herausbildete, als der Sozialismus in der SPD-Ära amtsoffiziell praktiziert wurde. Die siebziger Jahre als erste Dekade des Hilmar Hoffmann ließen auch die Diskurse zur neuen Urbanität Frankfurts anlaufen, auf deren Vorbereitung dann die Postmoderne ihren hegemonialen Siegeszug durch Frankfurt in den achtziger Jahren antrat, von den vielen heiteren und verspielten musealen Architekturmonumenten über die Stadtteil-Kulturhäuser bis zur Gestaltung von Dienstleistungsbauten, die mit Ungers Messe-Torhaus einen neuen Signalbau erhielt. Während die öffentlichen Stadtetats knapper werden und bis 1994 gerade noch ein Fertigstellen und Auslaufen der Planungen aus den achtziger Jahren ermöglichten, wird das große Bauprogramm der neunziger Jahre die nahezu ausschließlich durch private Investoren finanzierte Stilisierung der bislang so funktionalen unmittelbaren City sein, die immer mehr expandiert und erst in der letzten Dekade unseres Jahrhunderts eine volle "Manhattanisierung" erfährt, und dies mit der Riesenchance, sie als "Business- und Style-Park" wesentlich begeh- und erfaßbarer zu machen als ihr großer New Yorker Überbruder.

I. Die Frankfurter City
und die deutschen ministerialbürokratischen Staats-Städte

Frankfurt profitiert exakt von dem gleichen Phänomen, von dem Berlin nicht nur in den zwanziger Jahren, sondern eigentlich bis zum Ausbruch des totalen Krieges in den Vierzigern mit seinem Status als offizielle Reichshauptstadt profitiert hat, nämlich von der weitgehenden Absenz der eigentlichen, in Deutschland auch noch klassisch bezeichneten Ressorts des Staatlichen, die sich ja in einer damals noch nicht telegenen Gesellschaft, mit Ausnahme der mißbrauchten Licht-Olympiade in Berlin, meist in München als Hauptstadt der Bewegung und Nürnberg als Stadt der Reichsparteitage systemanthropologisch konzentriert haben, während die Botschaftsangehörigen und die internationale Diplomatie sich stets in den weltstädtischen Arealen der pulsierenden und in der Nacht explodierenden Reichshauptstadt aufhielten, so daß vielleicht sogar selbst die Reichskristallnacht oder der Kriegsausbruch aus der Sicht des Berliner Ambiente nie mit der notwendigen Ernsthaftigkeit gesehen wurden. Frankfurt hat zudem das für die Stadt, sicherlich nicht für das Land außerordentliche Glück, bei der Hauptstadtentscheidung gegenüber Bonn nach dem Krieg zu unterliegen und auch nicht die hessische Ministerialbürokratie beherbergen zu müssen, die nach dem Alt-Landesvater Georg August Zinn seit dessen Tod 1969 ohne jede Autorität und Ausstrahlung in Wiesbaden dahindümpelt, während sich alle Welten in Frankfurt konzentrieren. Zwar sähen es viele der wohl aus diesem Grunde sich genau seit dieser Zeit völlig sinnlos und überflüssigerweise verdoppelnden Landesbeamten ganz gerne, wenn ähnlich wie zwischen Bonn und Berlin zumindest die sich als irgendwie einflußfähig einschätzende "Beamtenelite" nach Frankfurt als dann offizielle hessische Landeshauptstadt wechseln würde, während der in sich ersoffene Wasserkopf mit genau dieser zweiten Hälfte als innerlich Kündigende oder "Gekündigthabende" in Wiesbaden zusammen mit den beiden knallharten Bundes-Mega-Ämtern (Statistisches Bundesamt und Bundeskriminalamt) raum-stationiert bleibt. Selbst das sollte vermieden werden, auch wenn Frankfurt dadurch kaum Autonomieverluste aufzubringen hätte, aber es gehört nun einmal zum ästhetischen ICH- und KAP-Verständnis der hiesigen städtischen Zivilisation, traditionell keine stringenten Apparate mit ministerialbürokratischem Alles-

Verbots- und Alles-Genehmigungs-Habitus im City-Anthropos "staats-ionieren" zu wollen! Die Konsequenz ist für die Beteiligten unangenehm, denn die Situation in Wiesbaden ist schon tragisch genug, behindert doch die dortige SPD-Stadtverwaltung die SPD-geführte Landesregierung, wo es nur geht, zum Beispiel bei der Zufahrt zu Landtag und Ministerien. Da sich alles Leben und Entscheiden in Frankfurt konzentriert, ist noch nicht einmal die Groschenoper im ebenso schönen wie toten Wiebaden geblieben, sondern ins herrlich schmuddelige Frankfurter Bahnhofsviertel gezogen. In den letzten fünfundzwanzig Jahren, spätestens seit der Kultur-Revolution der späten 60er, sind Hessen und Frankfurt, wie schon anfangs ausführlich beschrieben, anthroposästhetische Fremdkörper erster Ordnung. Da nun Hessen auch noch über drei Regierungsbezirke mit als politische Beamte fungierenden Regierungspräsidenten verfügt, die allesamt in Darmstadt, Kassel und Gießen wie kleine Landesregierungen ausgestattet sind, bleibt in Wiesbaden nur das große Gähnen. Wie groß muß dort der Neid auf den umweltbewußten Mann in Darmstadt sein, der es schaffte, wegen Wassernot die City-Brunnen der so lebensgierigen Frankfurter in den Sommermonaten der Jahre 1992 und 1993 zumindest kurzfristig abzustellen? Jetzt, wo auch noch das Duell Fischer-Kanther im Landtag Reminiszenz geworden ist und der sich ebenfalls zur Hälfte aus Frankfurter Studenten der 68er-Zeit zusammensetzende Wiesbadener rot-grüne Kabinettsclan höchstens noch mit dem erzkonservativen Fuldaer Bischof Dyba rumschlagen kann und ansonsten neidisch und deswegen oft konfrontativ nach Frankfurt schaut, wo die progressiven Projekte hautnah vonstatten gehen und trotz der Ebbe in den Stadtkassen ein immer noch fast doppelt so hoher Kulturetat wie der des Landes erheblich mehr figurationsästhetische Extras ermöglicht, bleibt Wiesbaden nur noch übrig, sich selbst dadurch zu stabilisieren, indem es endlich die Uni voll unterhält und überhaupt einige der auch in Frankfurt präsenten sendungsunfähigen Institutionen wie etwa das Große Haus des Schauspiels (nicht Kammerspiel, Depot oder Nachtfoyer) mit Landesmitteln in zweistelliger Millionengrößenordnung ausstattet, denn ein hustendes Frankfurt läßt Wiesbaden den kalten Schweiß und hohes Fieber ausbrechen, wenn man sich die Steuerkraft der Mainmetropole und in ihrem Sog des ebenso boomenden Umlandes ansieht!

Nur der deutsch-geschichtliche Sonderfall Berlin genießt derzeit trotz der seit 1991 geltenden Formulierung "Hauptstadt" noch die Leere seines dermaleinst durch Beamtenmonumente zuzupflasternden Zentrums. Der Astra-Satellit und die globale Medialität der Postmoderne werden wohl dafür Sorge tragen, daß es weder hier noch erneut in München oder Nürnberg zu unschönen Massenparaden der altbekannten deutschen Art kommt. Hamburg genießt nach der Wiedervereinigung wieder sein natürliches für drei Dekaden verlorenes Hinterland und wird immer mehr zur Medienhauptstadt Deutschlands, doch behindert unverändert die Hanse die Freiheit, sprich mit den meisten Millionären und den strengsten Richtern sowie der nicht vorhandenen City und einer verbrauchten Langzeit-SPD und überhaupt keinem wirklich auch nur national relevanten Entscheidungsorgan kann es nichts werden mit metropolitanen und schon gar nicht kapitalen Ambitionen. Schön ist Hamburg trotzdem! Bremen boomt mit, aber ohne Eigendynamik. Die SPD und die Hanse sowie die EXPO-Entscheidung für Hannover machen die frustrierte Regen-Stadt im Norden zusammen mit Stuttgart zu den großen Verlierern der Zeit nach 1989/1990. Auch wenn Bremen kein Slum wird: Der Stadt-Staat ist ein Opfer seines Status! Hannover, so es bis zum Jahre 2000 EXPO-Reife erlangt, wird aus seinem bescheidenen Outfit heraus den signifikantesten Boom aller deutschen Städte in den neunziger Jahren erleben. Mit Gerhard Schröder müßte es wirklich aufwärts gehen, auch wenn dies kaum von der niedersächsischen Landesministerialbürokratie anzunehmen ist. Doch selbst eine Lichtgestalt haben die meisten Städte nicht! Köln hat immer noch den Dom und das Bundesamt für Verfassungsschutz, Instanzen des Zuchtstaats, der nach der Vereinigung wieder öffentlicher sein Antlitz zeigt. Der dortige Klüngel ist von Scheuch beschrieben. Jetzt ist es leichter zu verstehen, wieso die FAZ vom sinkenden Köln spricht. Trotz Media-Park und viel Privat-TV: Diese Stadt wird sich leider nicht mehr verbessern können!
Düsseldorf, Essen und Dortmund können sich dagegen halten, und trotz der unterschiedlichen Niveaus scheint man dort mit sich ganz zufrieden zu sein, zumal die rheinischen Beamten außerhalb Bonns ganz lustig sein sollen, das sich erst nach seiner offiziellen Hauptstadtzeit zumindest mit staatlichen Bauten vom Petersberg über das Parlament bis zur Kultur städtisch gibt!
Zu Nürnberg läßt sich immer nur das sagen, was sich schon immer zu Nürnberg sagen ließ. Glaser als über zwei Dekaden amtierender Kulturdezernent hat zwar

einige ganz progressive Projekte in die Wege geleitet, aber auch er kann die fränkische Ur-Mentalität und das Meistersinger-Alt-Nürnberg nicht durch eine Blitzmetamorphose beseitigen. Wer zu Weihnachten dorthin will, der möge dorthin gehen! Stuttgart hat Rommel, Teufel und die Sache mit den Autos am Hals, die jeder zur Genüge hat. Dafür fehlen ein Flughafen, eine Skyline und eine Messe von Rang. Die ganze Stadt fehlt eigentlich im IGA-Grünfeld. Trotz der Leichtathletik-WM und des Schloß-Park-Theaters und des Miss Saigon-Musical-Boulevard-Komoplexes:
Die braven und arbeitsamen Schwaben sollten sich nicht noch länger auf das verlassen, worauf sie sich schon immer verlassen mußten, weil sie nichts anderes haben. Späth ist weg! Und Stuttgart hat abgebaut! Für immer?
Leipzig und Dresden haben es einfacher als Berlin, weil sie wesentlich kleiner und außerdem mit erfreulicheren Mythen besetzt sind als die formelle Hauptstadt. Dresden muß leider mitansehen, wie ein Kirchenvorhaben im Mittelpunkt aller Ambitionen steht. Das macht das alte Elb-Florenz nicht ärmer, aber auch nicht reicher. Die West-Investoren werden dafür sorgen, daß es Dresden schon bald wieder besser geht. Aber an die Positionierung der führenden West-Städte wird die Sachsen-Metropole nicht herankommen! Wie sagte doch ein Lokalpatriot: Sachsen! Nur Sachsen! Einen wesentlich weiteren und ungleich sympathischeren Horizont weist Leipzig auf, die große alte Handelsstadt und über ein halbes Jahrtausend Fernkonkurrent von Frankfurt. Leipzig wird bald wieder leben, wenn auch bis mindestens 2020 alle Züge für die Heldenstadt in Richtung Frankfurt-Level abgefahren sind, zumal anstelle eines komprimiert-prosperierenden Umlandes Umweltbrachen die Aura hergeben. Die Zukunft wird unendlich mühselig sein! Leipzig hat Zukunft!
Was bleibt, ist unser ach so geliebtes München, die Hauptstadt der reichlich langweiligen deutschen VIPs, der nicht gerade dynamischen Biergärten, der kaum progressiven bayerischen Landesregierung und des regressiven Katholizismus, der auch noch stark von Nürnberg aus personell ausgestattet wird. Doch trotz alledem ist die strahlende Olympiastadt von 1972, die als erste die relative Heiterkeit gewann, die Frankfurt erst jetzt in freilich ganz anderer Form ausstrahlt, weil die Aufgabenverteilung ganz anders ist. Trotzdem: Der Großraum München hat mit dem Großraum Frankfurt und dem Großraum Stuttgart die Bundesrepublik seit Kriegsende zu dem gemacht, was sie heute ist, nämlich ein materiell prosperierendes Land, das sich und seine Leistungen in der

Welt selbstbewußt vorzeigen kann. Natürlich gehört hierzu auch die Megalopolis rund um die Ruhr. München war, ist und bleibt als Stadt und als Leistungskörper das einzige Konglomerat, das der Rhein-Main-Region mit Frankfurt-City als Headquarter ein würdiger und ernstzunehmender Konkurrent sein kann. Lange Zeit hat München von Olympia und der geschaffenen Infrastruktur profitieren können, doch insbesondere angesichts des seit dreißig Jahren mit äußerster Dynamik boomenden Frankfurt mußten die Entscheidungen für einen größeren neuen Flughafen weit vor den Toren der Bayern-Metropole und ein neues Messegelände mit U-Bahn-Anbindung auf dem alten Flughafen Riem fallen. Doch auch der neue Airport ist zu klein, um Frankfurt erreichen zu können, zumal die Eröffnung des neuen Terminals 2 im Herbst 1994 neue Kapazitäten und Energien für Rhein-Main freisetzt. Die Finanzhauptstadt Deutschlands und Kontinentaleuropas bleibt Frankfurt, und die reichen Münchener Banken repräsentieren sich würdig an der Mainzer Landstraße. Das Bahnhofsviertel, die Wolkenkratzer, die Juden, 1968, die vielen heterogenen Zivilisations-Welten und die postmodernen Spitzen fehlen München! Frankfurt hat sie!

Nach dieser platonischen tour d'horizon durch die deutschen Städte und deren Perspektiven für die neunziger Jahre und die Zeit danach möchte ich nun anhand des Beispiels Frankfurt zeigen, wie wichtig es ist, weder über eine Bundes- oder Landesministerialbürokratie noch über andere große Administrationsbehörden zu verfügen, die sich als eine Formation der Leblosig-, Langweilig- und Dynamiklosigkeit über eine Stadt ausbreiten, dafür aber eine weltgeistige, autonome und deshalb sehr figurative Behörden- und Institutionenlandschaft aufzuweisen, die zudem durch insbesondere amerikanisierte "City-Haftigkeiten" sowohl quantitativ wie qualitativ dominiert und durch ein Umland ergänzt wird, das ebenfalls quartäre Qualitäten erreicht hat und sogar seit zehn Jahren strukturell noch mehr wächst als Frankfurt selbst, wobei die Schulden der Kommunen in der Metropolregion sogar gen Null tendieren!
Eigentlich beginnen die quasistaatlichen und öffentlich-rechtlichen sowie amtskulturellen Welten Frankfurts in München, wo Hilmar Hoffmann als Präsident des Goethe-Intituts von 1993 bis 1997 seine beiden Dekaden als Frankfurter Kulturdezernent sicherlich stärker als bei seinen Vorgängern mit Horizonten und Ereignissen aus dem kulturzivilisatorischen Leben der Main-

metropole in die Arbeit der weltweit stationierten Auslandsinstitute einfließen lassen wird. Weltkultur produziert auch die Frankfurter Societätsdruckerei in mehrhunderttausendfacher Auflage, denn so umfangreich wird die Weltzeitschrift des Bundespresseamts über Deutschland hergestellt, die seit kurzem auftragsmäßig auf die Societätsdruckerei übergegangen ist. Ebenfalls auf Weltebene agiert die Gesellschaft für Technische Zusammenarbeit in Eschborn (bei Frankfurt), denn sie führt im Auftrag des Bundesministeriums für wirtschaftliche Zusammenarbeit alle Entwicklungsprojekte durch. Mit den sogenannten Entwicklungsländern beschäftigt sich auch das Bundesamt für Sera und Impfstoffe in Langen (bei Frankfurt), das unter dem Namen Paul-Ehrlich-Institut als Dependance des Bundesgesundheitsministeriums unter anderem den AIDS-Erregern auf die Spur kommen will. Die Zinsen zumindet der westlichen Welt bestimmt die Deutsche Bundesbank entscheidend mit, sicherlich nicht vor dem Jahre 2000 die Europäische Zentralnotenbank, denn der Weg von einem noch wenig operativen Europäischen Währungsinstitut zu einer interventionsberechtigten Euro-Notenbank ist weit. In Offenbach sitzt der Deutsche Wetterdienst, der das Klima einschätzt, das dann als Wettervorhersage aus Frankfurt angekündigt wird.

Das liegt am HR, dessen neue Eurovisionssatelliten dafür sorgen, daß der Programmempfang über Kabel und ASTRA in den deutschen Haushalten reibungslos funktioniert. Im Max-Planck-Institut für Europäische Rechtsgeschichte am Rödelheimer Niddaufer liegen insbesondere rechtshistorische Arbeiten in sechsstelliger Zahl zur Einsichtnahme und zum Studium aus, was von vielen Akademikern nicht nur der Jurisprudenz international gerne zum Anlaß genommen wird, nach Frankfurt zu kommen. Damit nicht hohe und intellektuelle Kultur aus Frankfurt und Deutschland nur lokal studiert und wahrgenommen werden kann, gibt es den Suhrkamp-Verlag, der gemäß der Aussprache "German culture is Suhrkamp Culture" Jürgen Habermas, die Frankfurter Schule und alles schöne Deutsch-Jüdische und überhaupt alles wirklich literarisch Wertvolle von der Klassik bis zur Postmoderne in alle Welt transportiert und von aller Welt ins Deutsche übersetzen läßt.

Was in Staats-Städten unmöglich zu diagnostizieren wäre, nämlich eine Institutionenstruktur, die keinen Habitus, sondern eine Flanerie zwischen Geist und Geld aufweist, darf für Frankfurt wohl behauptet werden. Hart gearbeitet wird dabei im Bundesausfuhramt in Eschborn, das in mittlerweile aufgestockter Besetzung im Auftrag des Bundeswirtschaftsministeriums für die gesamte Exportkontrolle des langjährigen Exportweltmeisters Deutschland zuständig ist. Um die höchsten Summen überhaupt geht es bei der sogenannten LZB-Abrechnung in der Landeszentralbank Hessen im Frankfurter Bankenviertel, wo 1993 etwa 150 Billionen DM, also 99 % des deutschen Aufkommens im Verrechnungsverkehr zwischen Banken transferiert wurden, wobei die Spitzentage mittlerweile an die 800 Milliarden DM Abrechnungsumsatz bringen. Damit die Steuergelder von Bundesbeamten auch ordentlich verwendet werden, bemüht sich der Bundesrechnungshof in einer freilich dafür völlig unzureichenden personellen Ausstattung, revisionär vorzugehen. Da dies aber erst bei getätigten Ausgaben passiert, kann er keine einzige Verschwendungsmark verhindern und außer Rügen für die Betroffenen, die dann eine Tagesmeldung in den Zeitungen sind, auch nichts bewirken. Neben Suhrkamp hat die Deutsche Bibliothek viel an Geist zu bieten, denn alle irgendwie buchähnlichen Druckerzeugnisse deutscher Sprache (und nicht nur Bücher!) erhalten in den kilometerlangen Regalen einen Platz. 1997 wird ein eine Viertelmilliarde DM teurer Neubau sicherlich an die fünf Millionen Bücher beherbergen. Neben der Bücherwelt hat auch die Reisewelt ihren Sitz mehrheitlich in Frankfurt, wo die meisten Reiseverkehrsämter und mittlerweile allein zwölf US-Bundesstaaten mit ihren Tourismus- und Wirtschaftsbüros residieren. Wirklich kleine Residenzen im Grünen sind die Sportverbände Deutschlands vom NOK bis zum DFB, die in der Otto-Fleck-Schneise am Waldstadion ihre Arbeit verrichten. Auch die Post hat Frankfurt zu ihrem Schwerpunkt machen müssen, schon allein wegen der Fernpost, die über den Flughafen und den Hauptbahnhof läuft. Das Deutsche Postmuseum und viele andere tolle Neubauten der Telekom tragen zur Bereicherung des Frankfurter Stadtbildes bei, zu der nun auch die Deutsche Bundesbahn mit ihrer neuen Hauptverwaltung einen Beitrag geleistet hat, der es vielleicht, optimal nahe der Messe und des Hauptbahnhofs gelegen, verhindern wird, daß die Bahn komplett in ihrer neuen AG-Rechtsform nach Berlin umsiedeln wird, wo ja schon die Deutsche Reichsbahn ihren Hauptsitz hat.

Berlin ist auch Zweitsitz und Dependance der Kreditanstalt für Wiederaufbau, denn hier residierte die einstige DDR-Staatsbank, deren stattliches hohes zweistelliges Milliardenvermögen die KfW mit Hauptsitz an der

Senckenberganlage /Eingangsbereich Bockenheimer Landstraße nunmehr zu einer bundesrepublikanischen Staatsbank hat gedeihen lassen, die jetzt zu den größten Kreditinstituten zählt. Hoffentlich macht der Staat keine Dummheiten mit dem vielen Geld!

Ohne wie übrigens bei allen Aufzählungssequenzen eine wirkliche Garantie für vor allem qualitative Vollständigkeit geben zu können, möchte ich mit dem Flughafen als ab Herbst 1994 endgültig eigene Stadt die Aneinanderreihung der spezifischen Frankfurter Amtsästhetik beenden. Jetzt schon mit über 30 Millionen Passagieren mehr als doppelt so stark frequentiert wie Düsseldorf als immerhin größter deutscher Charterflughafen oder der neue Münchener Flughafen im Erdinger Moos, wird mit der Inbetriebnahme des Terminals 2 und vorausgesetzter weiterer Prosperität der Region Rhein-Main und Deutschlands überhaupt nicht allzulange nach der Jahrtausendwende sicherlich die 50-Millionen-Marke bei den Passagieren erreicht. Viel könnte man jetzt noch erzählen über die Bundesschuldenverwaltung in Bad Homburg, das sich gerade einrichtende Bundesaufsichtsamt für den Wertpapierhandel, das Europäische Währungsinstitut im Eurotower, über Brandweinbeamte in Offenbch und über das Ämtchen am Osthafen bis zur Führungskräftevermittlung, über die Amazonas-Arbeitsgruppe im kommunalen Frankfurter Umweltamt mit seinen Projekten über den Grüngürtel bis zur Neuen Fasanerie, über andere grüne Dezernate und Referate von den Frauen bis zu den Drogen, von Rock-Fahrrad- und Vereinsbeauftragten und von vielen ergiebigen lokalen Kulturinitiativen, von Schiff- und Hundertwasserkindergärten bis zu Stadtteilkulturzentren in Volkshaus-, Kapellen- und postmodernem Gewand selbst an der Peripherie. Es könnte dann jedoch zuviel werden! Aber es ist halt nun einmal Frankfurt!

Frankfurt in seinem 1200. Bestandsjahr, dem 50. Jahr nach der Zerstörung seines historisch-mittelalterlichen Anthropos, weist nicht nur unter allen Städten diese einzigartige relativ "leichte" und extrem "weite" Anthroposästhetik von quasistaatlichen Institutionen auf, sondern konnte im Rahmen der Neustrukturierung seiner Innenstadt, aus der nach dem mißratenen Wiederaufbau in den letzten dreißig Jahren die einzige deutsche City wurde, die diesen Namen auch verdient, von der neuen und mittlerweile einzigen Weltmacht, den USA, entscheidend profitieren und so nach der deutsch-jüdischen Symbiose des Vorkriegs-Frankfurt, die mittlerweile eine stattliche Wiederbelebung erfahren hat, mit einem deutsch-amerikanischen Zivilisationsverständnis erneut eine charismatische kulturelle Kraft gewinnen, die in ihren Strömungswegen nicht nur nach Bonn die ersten fünfzig Jahre mit der neuen an westliche Menschenrechtsstandards angeglichenen Verfassung zusammen mit der DM-Hochburg Bundesbank entscheidend mitgestaltete und vielleicht ja auch bei halbwegs planmäßiger Maastricht-Verwirklichung das 21. Jahrhundert zusammen mit Brüssel und Straßburg als EG-Kapitale maßgeblich determiniert.

Erst seit Mitte der neunziger Jahre erhält allerdings die spezifisch amerikanische Anthroposästhetik in Frankfurt eine wirklich sympathische und dem kulturellen Lebensstil der Stadt förderliche "Inerscheinungtretung", denn die GI-Kasernen leeren sich in dem Maße, wie sich Konsum- und Gourmet-Implantationen in der City mehren. Während die Air Base in halbem Umfange erhalten bleibt und mit dem Golf- und Jugoslawienkonflikt ihre natürlich sehr unterschiedlich und kritisch zu beurteilende Aufgabe in praktischen Anwendungsfällen unter Beweis stellte, darf ja wohl behauptet werden, daß die im Herbst 1994 endgültig etablierte Indoor-Kultur der Wolkenkratzer-Foyers sowie Konsuminstanzen wie die Zeilgalerie Les Facettes oder der Disney-Verkaufs-Store nicht allen als notwendig, vielen aber sicherlich als Bereicherung für das Design- und Ästhetikverständnis in der Stadt gelten, wozu natürlich auch die neue Bar- und Musicalszene nach vor allem New Yorker Vorbild zählt. Was es mittlerweile alles gibt, läßt sich nur mit einer nochmaligen Aufzählung dokumentieren, die ich mir hiermit im nachfolgenden erlaube.
Zunächst amtiert ein Oberbürgermeister mit PR- und Managerhabitus, der so an keiner anderen kommunalen Verwaltungsspitze denkbar wäre und gerne einmal so werden möchte wie sein großes und ebenso schönes Vorbild Bill Clinton.
Den deutsch-amerikanischen Geist der modernsten New York-Frankfurter Schule repräsentieren die Intellektuellen Richard Sennett und Jürgen Habermas, deren letzte Outputs wesentlich die europäisch-amerikanische Kultur- und Rechtsgeschichte zum Gegenstand hatten. Mit der späten Präsenz von Frankfurt als Weltstadt kamen auch New Yorker Magnifizenzen wie der Galerist Leo Castelli oder der Banker John Slade an den Main, um der hiesigen Kunst- und Bankenszene auf den Sprung in die Spitze zu helfen. Überhaupt konstituiert sich die ganze Gesellschaftlichkeit der neunziger Jahre in Frankfurt über amerikanische Importe, von den novemberlichen Festhallen-Herren-Tennis-

Masters, übernommen aus dem New Yorker Madison Square Garden, über Yuppie-Einrichtungen wie Tiffanys oder die Groschenoper bis hin zur Football-Galaxy für alle Schichten und den Campus-Verlag für rein intellektuelle Leser-Schichten. Die US-Banken vergrößern sich am Main und arbeiten in zu kleinen Residenzen transformierten City-Bauten wie Morgan Stanley im Haus an der Börse II. oder J.P. Morgan gegenüber von Börse und Freßgass'. Die Terminbörse ist schnell zur größten von Europa avanciert.

Was mit dem Herren-Masters 1990 begann und sich über alle Facetten der Erlebniskultur fortsetzte, kulminiert nun seit dem Herbst 1993 über Chicagoer Gastro-Ambiente bis hin zu kommerziellen Produktionen wie AIDA, Nabucco und Copperfield und endete sicherlich noch lange nicht mit dem Gastspiel der New Yorker Metropolitan-Opera in der Alten Oper im Mai 1994. Die Kultursaisons 1993/1994 und 1994/1995 zeichnen sich hervorstehend durch Sponsoring, Public-Private-Partnership und Arena-Kommerz sowie Gastro-Style aus und bringen unwiderruflich ihren Beitrag zum Kulturleben in Mainhattan ein, eine erste New Yorkisierung der hiesigen Kulturszene, die aber nie an die Qualität heranreichen wird, daß der öffentliche Kuluretat nur einen Bruchteil eines insgesamt nahezu ausschließlich privat finanzierten Kulturlebens ausmacht, wie es in Amerika der Fall ist.

Zusammenfassend läßt sich sagen, daß die spezifische quintäre Frankfurter Figurationssoziologie durch eine Figurationsästhetik zustande kommt, die auf einem pluralen Nebeneinander und unabhängigen Voneinander überwiegend privater Einrichtungen fußt, die angesichts ihres eher republikanischen Style-Charakters sich gegen jede Institutionalisierung zur Wehr setzen, die es sich lediglich zur Aufgabe macht, Schaden an der Bevölkerung zu verhindern. Umgarnt wird dieses städtische Geist- und Geld-Verständnis durch ein amtlich-behördliches Surrounding, das angesichts seines meist nicht auf Macht-Staatlichkeit, sondern auf Leistungen für die Welt und Umwelt beruhenden Kodex die Frankfurter Figurationen nicht durch eine polizeiähnliche Formation beeinträchtigen kann. Überhaupt ist die Flut einflußloser Klein- und Kleinstkommunen und Lokalbehörden im gesamten Rhein-Main-Gebiet nur dazu geeignet, daß sich die Ämter selbst jegliche Kompetenz bis zur Nullifizierung gegenseitig wegnehmen. Ähnlich wie sich in Bonn Bundeskanzleramt und Bundespräsidialamt oder Bundesfinanzministerium und Bundeswirtschaftsministerium unfreundlich gegenüberstehen und Bad Kleinen aufgezeigt hat, welchen Dschungel an Unzuständigkeiten ein heillos überhierarchisierter innen- und polizeipolitischer Behördenapparat verursacht, legen sich Mainz und Wiesbaden gegenseitig lahm, kämpft der Main-Taunus-Kreis gegen den Hoch-Taunus-Kreis, der Oberbürgermeister von Hanau gegen den Landrat des Mainz-Kinzig-Kreises und die Stadt Offenbach (bis Anfang der neunziger Jahre!) gegen Frankfurt, das eigentlich alle glauben vergewaltigen zu müssen, obwohl es 90 % aller Umlandsbeamten ohne Frankfurt gar nicht gäbe.

Das alles kostet den Steuerzahler viel Geld und den Beteiligten viel Nerven, aber es kann die City in ihrem Entfaltungsboom nicht eindämmen und die Investoren als eigentliche Macher der Region und Stadt längst nicht mehr erschrecken. Denn auch das Umland, das in den letzten zehn Jahren eine immense Prosperität hinter sich hat und im Gegensatz zum stark, aber nicht beängstigend überschuldeten Frankfurt jetzt nahezu schuldenfrei ist, hat flächendeckend das Quartär erreicht. 1994 hat auch hier eine postmoderne Entwicklung zum Abschluß gebracht:

Nicht nur am Rande des neuen Mertonviertels, sondern auch in Bad Soden hat Friedensreich Hundertwasser seine Spuren hinterlassen und dort mit Wohnungen seiner verspielten schloß-romantischen Couleur für Furore gesorgt, deren Erstbezug seit dem Sommer 1993 läuft.

Juristisch und mit Büro in Frankfurt, rein physisch jedoch in Waldsolms im Taunus konnte der Attighof Golf & Country-Club nach sieben Jahren Genehmigungs- und Bauzeit im Mai 1993 endlich seinen Spielbetrieb aufnehmen. Ebenfalls nach amerikanischem Vorbild eröffnete in Rödermark der Paramount Park als größter hessischer Gastro- und Night-Life-Center und versorgt auch die Provinz vor den Toren der Großstadt mit Nachtkultur. Ein Multiplex-Kinocenter auf dem Gelände des Main-Taunus-Zentrums wurde im Herbst 1993 eröffnet. Mit der Heiliger-Ausstellung auf Gut Neuhof im Sommer 1993, die in Frankfurt nicht zu plazieren war, hat dieses malerische Reit-, Golf-, Natur- und Gastro-Gelände sicher seinen sinnlichen Höhepunkt erfahren. Der Frankfurter Osten mit Offenbach und Hanau erlebt in der ersten Hälfte der neunziger Jahre im Zuge nachlassender industrieller Schwere und wachsender Stilisierung geradezu eine sensationelle Metamorphose. Bad Vilbel mit der Frankfurter Straße und Alten Mühle, Nieder-Erlenbach mit dem kulturell genutzten historischen Hof der

Obermühle, Dortelweil mit einem Golfgelände ab 1995, Wilhelmsbad als seit dem Sommer 1994 großer Life-Style-Park mit unter anderem vier Sportkomplexen (Football, Tennis, Reiten, Golf) und fünf Gastro-Betrieben vom Parkrestaurant bis zum Fürstenbahnhof, erhebliche Urbanitätsgewinne in den großen Maintaler Stadtteilen und Hanau sowie eine Kulturalisierung der sich rapide yuppiefizierenden Hanauer Landstraße und die rein privatistische Urbanisierung Offenbachs machen den einst so verrufenen Osten Frankfurts zum Geheimtip als kostengünstiger Standortfaktor. 1995 werden mit Offenbach und Niedernhausen gleich zwei Musicalhäuser präsent sein. Gegenüber dem Hessen-Center wird 1995 endlich ein schickes Möbel-Erlebnis-Haus für noch bessere private Interieurs sorgen.

Auch im Westen haben sich Rüsselsheim mit einer Main-Ufer-Stadt-Skulptur, dem Yuppie-Park Cityforum Eichsfeld und mit einem erweiterten Stadion- und Sportgelände sowie Höchst durch Straßen- und Theaterkultur soweit in Szene gesetzt, daß selbst in dieser Industrieregion auch von progressiven Facetten gesprochen werden kann. Sossenheim mit neuem Volkshaus, Bibliothekszentrum und Westpark, Schwanheim mit nach dem Hoechst-Debakel umso schöneren Kleingärten, Griesheim mit einer "bemalten" Ahornstraße und seinem tollen Bürgerhaus und Zeilsheim mit seiner Sonder-1200-Jahr-Feier 1994 machen selbst den Westen Frankfurts erträglich.

Im Norden sind das neue Harheimer Dorfzentrum und die Großsporthalle bei Kalbach sowie die Traum-Tennis-Anlage des TC Palmengarten als wichtigste urbane Neuerungen zu nennen. Stadt-, Kreis- und Bürgerhäuser sowie Kulturzentren von Bad Camberg bis Hofheim lassen keine größeren Angebotslücken mehr offen. Zeitgeistiges Leisten in neuen Gewerbeparks wie Eschborn-Ost mit der neuen Deutschlandzentrale der Hertz-Autovermietung und zeitgeistiges Lukullen wie in Landgasthöfen, beispielsweise dem ebenfalls im Juli 1994 eröffneten Hotel-Herrenhaus von Löw in der Rosenstadt Steinfurth in der Wetterau bei Bad Nauheim heben das noch unlängst hessisch-bukolische Umland in kaum noch zu erwartende aktivations- und outfit-attraktive Höhen .
Die Vorzüge von Mainz, Wiesbaden, Bad Homburg, Königstein und Darmstadt bedürfen keiner weiteren Nennung. Die Region Rhein-Main rund um Frankfurt ging mit 1993/1994 in ihre erste quartäre Saison! Mit der S-Bahn nach Offenbach und Hanau sowie dem Anlauf des Rhein-Main-Verbundes als größter deutscher Regionalverkehrsverbund im Mai 1995 steht der Zenit bevor!

Im Gegensatz zur Bonner Bundesministerialbürokratie, die den Neokorporatismus mit einem nur noch formal präsenten parteiübergreifenden Beamtenklüngel vorantreibt und alle Entscheidungen in letzter Instanz dem Bundesbank-Zentralbankrat und dem Bundesverfassungsgericht überläßt, weil es keine Verfassungskonsensi mehr für das Volk gibt (bestenfalls für den Staat), stehen die etwa 60.000 Frankfurter Banker, ungefähr quantitativ mit Bonn vergleichbar, in einem urbanen Kontext, der qualitativ das CULT genauso ermöglicht wie die LOBBY, einem seit 1990 existierenden Verein für Arme und Obdachlose, der im Sommer 1994 unter dem Motto "Zahlen Sie sowenig Sie können" vier Restaurants in Frankfurt unterhält, die für 3,50 DM ein hochwertiges Essen an mit entsprechendem Ausweis versehene Minderbemittelte vergeben. Für mindestens 7,50 DM sind auch alle anderen Frankfurter zu den Mittagstischen eingeladen. Nach New Yorker Vorbild sponsern zu 80 % Firmen und Private diesen Verein, die Stadt stellt (1993 noch!) die Küchenhilfen. LOBBY in der CULT-Stadt: Das zeichnet das Frankfurter City-Quintär aus! Die positiven Rechte stehen im Vordergrund und sind das metropolitane Lebenselixier. Eartha Kitt singt hier, die Kurden demonstrieren hier, und die Moderne lebt und arbeitet hier!

II. Tanz und Seele:
EXPO-Flanerie im postmodernen Frankfurter City-Anthropos

Gemeinhin unterscheiden sich die Deutschen in einer leider sehr beachtlichen Zahl in zweierlei Hinsicht von jedem anderen Volk mit einer halbwegs stetig sich über Jahrhunderte entwickelnden Nationalgeschichte: Zum einen ist es ihnen nicht gelungen, einen eigenen Tanz oder überhaupt eine tänzerische Figuration und Inszenesetzung zu entwickeln, die von Spontaneität und Lebensfreude geprägt ist, und sei es nur die Fähigkeit zum symmetrisch-harmonischen Gespräch mit ungefähr zeitlich gleichen Anteilen über möglichst leichte Themen, eine Begabung, die in den Pubs von Dublin gerade mit majestätischer und trotzdem heiterer Würde praktiziert wird. Stattdessen beherrschen sie den Formationstanz weltmeisterlich und konkurrenzlos, in dem gleichen Maße konkurrenzlos, wie sie sich zueinander nicht sinnlich figurieren können. Zum anderen sind sie sehnsüchtig dabei, das Land der Griechen mit der Seele zu suchen, denn in ihrem eigenen Land läßt sich eine solche Seele nicht ausmachen. Der alljährliche Eskapismus in die mediterranen und immer ferneren Insel- und Zivilisationswelten zeugt von einer besonders im Zuge der deutschen und europäischen Vereinigung erneut auffällig in Erscheinung tretenden Heimatlosigkeit und fehlenden Leichte in der gegenwärtigen Lebensanschauung sowie zukünftigen Perspektive. Immer kommt etwas auf sie zu, das sie nicht berechnen können, woraus der ewige Regreß in die Vergangenheit resultiert. Aufgabe der Kultur-, Freizeit- und Tourismusindustrie ist es daher, die anthropologisch-genetisch-zivilisatorisch dauerunbeseelten Deutschen stunden-, tage- oder maximal wochenweise zu beseelen und sie nicht lediglich als sinn- und ziellos geworfene "Dahintreibsel" durchs Leben gehen zu lassen!

In Frankfurt, wenn erst einmal die Flut der vielen einzigartigen Interieurs und Exterieurs der Stadt unter ihrer Oberfläche entdeckt sind, läßt sich unter den Gegebenheiten der Moderne eine Kombination aus Seele und Tanz dauerhaft erwerben, nachdem man sie mit viel deutschtypischem Fleiß diagnostiziert hat. Es handelt sich dabei um die Aktivationen der Flanerie als Tanz in Frankfurt als dem Hort einer Seele, die figurationsästhetisch angesichts ihres voluminösen Angebots zu einer "lex" gediehen ist, von der die anderen deutschen Städte und

überhaupt die meisten Städte dieser Welt Lichtjahre entfernt sind. Das liegt aber nicht an der Unfähigkeit der Auslandsstädte zu einer Sonder-Beseelung, sondern an dem für sie günstigen Umstand, daß sie nicht Teilbestand eines Landes sind, dessen psychische Verfassung auch auf dem heutigen erreichten Wohlstandsniveau nicht ausreicht, um keine additiven Sehnsüchte mehr entwickeln zu müssen. Aus dem von der staatlich-klerikalen Obrigkeit nie gestillten Verlangen nach Eigenständigkeit, Befreiung von einer stets belasteten Vergangenheit und Garantie einer unbelasteten Zukunft kann nur ein psychologisch vergewaltigtes dem Suff millionenfach anheimgefallenes Volk resultieren, das irrationale Sehnsüchte in Massen immer wieder neu konstruiert. Das Leben war in Deutschland noch nie so, wie eine Frau tanzt:
Dieser Paul Ambroise Valery und seiner 1923 geschriebenen phantastischen Eupalinos-Einleitung "Die Seele und der Tanz" entlehnte Satz beschreibt paradigmatisch die hiesige Unmöglichkeit der Herausbildung einer individuellen Figurationsdynamik, die von einer von subversiven Ängsten bis heute geprägten Verbotskultur zeugt.

Die Entwicklung Frankfurts in den letzten zweihundert Jahren und vor allem als heute spürbare Größe in den letzten dreißig Jahren hat, soweit in Deutschland mit seiner schlimmen Krieger-, Soldaten- und Mitläufertradition überhaupt davon gesprochen werden kann, so etwas wie eine anthropologische Männerphantasie in Form des Frankfurters hervorgebracht, der, weder mit dem Paradieren noch mit dem Marschieren noch mit dem Promenieren vertraut und belastet, in einer relativ breiten Ausprägung die Formgestalt angenommen hat, die mit dem Typus eines Magisters im postmodernen Gewand beschrieben werden kann. Unabhängig vom akademischen Titel, der aus der artistischen Fakultät der alten deutschen Universität hervorgegangen, eine lehrende, beratende und führende Persönlichkeit verspricht, modelliert die Anthroposästhetik des zeitgenössischen Frankfurt mit seiner Duellierung von Kirchen und Bordellen sowie Banken und Museen einen kaum ins Korporative, Maschinelle und Parvenuhafte abdriftenden Typ, sondern einen eher magistralen Flaneur, der allein schon durch seinen massenhaften Gang über die Kaiserstraße in die Büros in der City und überhaupt das Verkehren in dieser City weitaus eher eine Ästhetik der Universalität und des lebensstilistischen Makrokosmos hervorbringt als etwa einen Mythos aus Eisen und Stahl mit sich herumträgt, den viele in

Bonn und im Bereich der Erzkonservativen durch die Baubedürfnisse in der alten DDR wieder aktiviert sehen möchten. Eine Stadt, die durch eine Parallelität von Gassen, Straßen, Alleen, Boulevards und der Magistrale Mainzer Landstraße bei gleichzeitiger Präsenz von Rotlichtvierteln und Absenz von kalten oder barocken Aufmarschstraßen gekennzeichnet ist, ermöglicht viele Wege. Niemand muß sich auf "den" Weg machen, niemand muß es nur bei der Erledigung "seiner" Wege belassen, niemand muß sich durch ihm bekannte Leute, die über "seinen Weg laufen", belästigt fühlen, sondern vielmehr bietet jeder nur viertelstündige Weg in der City einen solchen Kosmos, daß er immer einen "Entwurf" eines zivilisatorischen Etwas darstellt. Die Flanerie ist das pädagogische und humananthropologische Ziel, das Frankfurt jedem City-Geher, unabhängig vom Geschlecht, als ästhetische Mitnahme offeriert. Nicht Passieren und eigentlich auch nicht Spazieren, sondern Flanieren heißt die Aufforderung, mit der Ich-Bestätigungen vorgenommen werden können.

Der Flaneur als situativer und stationärer Voyeur kann dann grausam sein, wenn er gelernt hat, nach Erwerb eines reichhaltigen Erfahrungsschatzes in Sekundenschnelle zum Beispiel beim Anblick einer Frau zu entscheiden, ob sie seinem figurativen Horizont entspricht. Die Fähigkeit zur Wahrnehmung der tanzenden Frau als Zenit der Ästhetik des Schönen hat unweigerlich zur Folge, daß es mehr optische Ablehnungen als Bestätigungen gibt. Unabhängig davon, ob der Flaneur als Freier auf der Straße ähnliche Blicksequenzen entwickelt wie beim Defilee durch Bordelletagen, kann diese Valenz der auch sexuell emanzipierten Frau natürlich nicht gefallen und angenehm sein. Entwürfe sind eben schwieriger als Geworfenheiten. Der Frankfurter Flaneur ist jedoch in erster Linie ein arbeitender Artist, der den Genuß oder die Erkenntnis immer nur über seine Arbeit definiert, nicht nur in seiner Freizeit auf der Straße und als Voyeur in der Szene, sondern insbesondere während der Arbeit, die sich mehrhunderttausendfach in finanzglobalen und weltkommunikativen Kontexten abspielt und als konkrete Tagesleistung mit konkret handelnden Personen der verschiedensten Dienstleistungsbranchen in weite und breite Erkenntniszusammenhänge integriert ist.

Nur in einer Kombination aus Arbeit und Artistik im City-Anthropos Frankfurts erwächst eine spezifische EXPO-Flanerie, mit der sich letztlich die Identifikation mit Frankfurt herstellen läßt, von der dann nicht mehr wegzukommen ist. Wenn außer der Arbeitsstätte nur die Hektik von U-Bahn-Stationen und

Hauptbahnhof sowie Zeil-Kaufhäusern mitgenommen wird, dann hat das mit Stadtleben und Stadtwahrnehmung nichts zu tun. Nur die wenigsten Menschen der immer jüngeren und qualifizierteren Einwohner- und Dienstleisterschaft Frankfurts sind in einer sozialen oder sonstwie persönlichen Situation, die es wirklich unmöglich macht, jede Minute des Alltags nur mit existentiellen Beschäftigungen verbringen zu müssen.

Für ein gepflegtes zeitweises Einzelgängertum im besten individualistischen Sinne ist die Stadt wie geschaffen. Wer sie versäumt, versäumt sich selbst, denn wenn überhaupt in einer deutschen Stadt Friedrich Schillers Maximen aus seiner "Ästhetischen Erziehung des Menschengeschlechts" vor allem durch die signifikanten Kontrastlandschaften des City-Anthropos wahrnehmbar sind, dann hier in Frankfurt, wo Hilmar Hoffmann mit dem Sachsenhäuser Museumsufer das Museale spielerisch-heiter für fast alle Bevölkerungskreise aufbereitet hat und wo Stoff und Form eine verdammt sympathische Mitte generiert haben!

Ein über Jahre trainierter Frankfurter Flaneur, der vielleicht an die eintausend relevante Einsichtnahmen im Indoor- und Outdoorsektor von City, Stadt und Region absolviert hat, erlebt in sich die phantastische Metamorphose zum Magier aller Ästhetiken, Häßliches (jedoch explizit nichts Widerliches!) und Schönes, Revolutionäres und Spektakuläres, Heroisches und Geniales machten ihn langsam, aber sicher und vor allem unwiderruflich, was sowohl Überlegenheit wie auch Verpflichtung und Schicksal nach sich zieht, zum Ästheten von Moderne und Postmoderne, zum Inszenator des Weltgeschehens, an dem er in seinem Arbeitsgebäude, auf den Straßen und in den zivilisatorischen Interieurs sowie zuhause via Astra oder Kabel partizipiert. Aus dieser Überfülle an Eindrücken kann er sich sein eigenes Maß an Erfüllung zusammenstellen, sollte aber, wenn er sich dann wirklich als authentischer Frankfurter bezeichnen möchte, nicht aus Gründen der Glückssuche die Flanerie betreiben, was auch bei jeder minimalen seherischen Ausprägung sowieso nicht möglich ist. Vielmehr will er "die Wahrheit" aufspüren, wozu es einer detektivischen Anstrengung bedarf, deren energetische Bereitstellungen jedoch immer lohnenswert sind, denn Dadaistisches, Magistrales und immer wieder viel Arbeit, die da zu bestaunen ist, machen jeden Flanierakt zu einem Ereignis, für das eigentlich kaum ein Preis zu hoch wäre. Verglichen etwa mit einer drei- bis vierstündigen Opernvorstellung würde ein entsprechend langer pedestrischer Vor-Gang,

vielleicht noch je zur Hälfte bei Helligkeit und Dunkelheit, wohl ein Vielfaches mehr über die jetzige Zeit und die Zulaufzeit zur Jetztheit hergeben. Die Frankfurter Flanerie mit ihrem unendlichen Reservoir an originalen Wegekombinationen ist natürlich schon etwas elitistisch in ihren resultativen Anthropologien und kann durchaus Genies produzieren, wenn sie das Gesehene umsetzen können. Snob, Dandy und Parvenu sind eher alte Berliner Spezifikationen, die in der superstrukturalen Zivilisations-EXPO Marke Frankfurt kaum bis gar nicht in Erscheinung treten. Eher wird hier ein revolutionärer Heros ausgebildet, der das am besten kann, was eine zuvörderste Aufgabe Frankfurts, der Hauptstadt des Tages, ist, die nun auch zur Oase der Nacht gedeiht: Gegen den Strich gehen! Nicht die Bangladeshi, die durch ihre überfluteten "Elends-Gebiete" waten, nicht die Straßenschläfer von Bombay und Kalkutta und auch nicht die bis zu zehn Stunden in Havanna auf ihre Lebensmittelrationierungen wartenden Kubanerinnen machen sauertöpfische Gesichter, sondern die meisten Deutschen, die offenbar mit der Perspektive des rein physischen Wiederaufbaus in den fünfziger Jahren glücklicher waren als im Überfluß heute. Nie allerdings in den letzten gut vierhundertfünfzig Jahren, bis vielleicht auf die Goethe-Ära, war es ihnen gestattet, sich angesichts der stets irgendwie basalen barbarischen Verhältnisse, in die sie von ihrer Obrigkeit hineinmanövriert wurden und eben gerade jetzt wieder in beängstigendem Ausmaße werden, eine Seele zuzulegen, die aus einem Alltag resultiert, der irgendetwas mit dem Medium des Tänzerischen zu tun hätte. So scheinen mir die Berliner Flanerie der zwanziger und dreißiger Jahre und die Frankfurter Flanerie der achtziger und neunziger Jahre die beiden einzigen zivilisatorischen Artefakte zu sein, die eine deutsche Version des Tanzes in seinem ureigentlichen unformellen Verständnis ausmachen könnten, denn sowohl die professionell-weltmeisterliche Kopie von Paartänzen als auch der ein ästhetisches Zuchtprodukt erster Ordnung darstellende Formationstanz, den die Deutschen ähnlich wie die Pferde-Dressur mit eher noch wachsendem Vorsprung vor dem Rest der glücklicherweise lieber tanzenden Welt "konterfigurativ" dominieren, sind genau das Gegenteil des Tänzerischen, das ansonsten nur in einem bajuwarischen Trachten- und Folkloregetrampel praktiziert wird und so sehr als deutsch gilt, daß doch unlängst die Singapore Airlines die typischen Frankfurter als alpine Lederhosenfiguren beschrieben.
Ein Volk, das so oft in seiner Geschichte einen aberrativen und nazifizierenden Zuchtklüngel via Konkordat von Staat und Kirche ausgesetzt war und angesichts

der fehlenden natürlichen Metamorphose in einem physischen oder auch sängerisch-dialogischen Tanz nie vom Prädikat einer das Deutsche besonders auszeichnenden Seelenlosigkeit runterkam, da warme und kalte Kriege sowie der unveränderte Hang zur Zerstörung alles Jugendlichen nie ein Klima eines ausgelassenen Hineinlebens in den nächsten Tag ermöglicht haben, muß anders sein als andere Völker und zu im Ausland unverständlichen Sonderwegen und Sonderentwicklungen neigen. Diejenigen, die sich nur auf "den" Weg machen, konstruieren unvermeidlich "Sonderwege". Nur wer auch in der Lage ist, sich figurativ zu informalisieren und zu inszenieren, im Alltag, jeden Tag und nicht nur passiv im Theater, das alles aufsetzt, was im Alltag, der grau zu sein hat, nicht sein darf, lebt sich so sehr aus, daß er nicht auf dumme Gedanken kommt, zum Beispiel dahingehend, andere zu hassen, die eine Meinung haben, zumindest also einen verbalen Tanz vorführen, der sich in der tradierten deutschen Totentanzgesellschaft nicht geziemt. Alles, was den Eindruck macht, bewußt zu leben, von den Juden über die Neger bis zu den Jugendlichen, was sich weigert, einen festen Platz einzunehmen, muß damit rechnen, verfolgt zu werden. Tänzer werden in unserer durch Jahrhunderte soldatischer Modellierung gezeichneten Gesellschaft nur dann geschätzt, wenn sie sich dem Militaristischen annähern. Wo die Zucht jede Genese und Metamorphose in eine nicht duellierende, sondern sich figurierende Anthropologie vermeidet, kann kein Volk emporkommen, das sich menschlich gibt. Erst die Amerikanisierungsschübe und vor allem die Disco-Welle der letzten fünfzehn Jahre hat dazu geführt, daß inklusive der Rock-Generation der 68er mittlerweile drei anthropologische Drives in Deutschland vorliegen, die mit Elementen der freien Figuration, wenn auch nicht immer mit parallel dazu würdigen Geräuschkulissen, jugendbegleitend in Kontakt gekommen sind, ohne dabei ausufernden soldatischen Verpflichtungen zu erliegen. Alleine die Frankfurter Flanerie freilich ermöglicht einen Tanz als tour d'horizon, der Körper und Geist und Seele durch die Möglichkeit zur Weltenwahrnehmung in allen Exremen gleichermaßen fordert wie belebt. Die Frankfurter Flanerie ist ein Gang durch eine zivilisatorische EXPO. Tänze sind eine zivilisatorische Exposition und Tänzerinnen oder Tänzer ihr figurativer Ausdruck. In der von Walter Benjamin als schönste Schrift in der Form des platonischen Dialoges gepriesenen von Paul Ambroise Valery 1923 geschriebenen verbalen Figuration "Die Seele und der Tanz", dem bislang vielleicht auf engstem Raum ergiebigsten und spektralsten Stück Literatur, das mir jemals begegnet ist, wie die Frankfurter City und Frankfurt überhaupt mit einer einzigartigen Kraft im Minimalen, konzipiert als Vorwort zum Totengespräch "Eupalinos", verbalisiert der Arzt Eryximachos seine Eindrücke der Tänzerin Athikte: *"Aber betrachte dieses vollkommene Fortschreiten der Athikte auf dem fehlerlosen Boden, der frei ist, rein und kaum elastisch. Sie setzt mit Symmetrie auf diesen Spiegel ihrer Kräfte ihre abwechselnden Stützpunkte ... So wie der Boden hier, in gewisser Weise, ein Absolutes ist, sorgfältig gereinigt von allen Ursachen einer rhythmischen Störung und Unsicherheit, so wird auch dieser monumentale Gang, der nur sich selbst zum Ziel hat und aus dem alle möglichen Unreinheiten ausgeschieden scheinen, zu einem allgemeingültigen Muster. Sieh die Schönheit, die vollkommene Sicherheit der Seele, die aus der Spannung dieser edlen Schrittlängen hervorgeht. Die Weite dieses Schrittes ist abgestimmt nach der Schrittzahl, die ihrerseits unmittelbar aus der Musik hervorgeht. Aber Zahl und Weite sind wieder in geheimer Übereinstimmung mit der Gestalt ...* (26/S. 17).

Überhaupt interagiert in Valerys platonischem Dialog ein Quartett, das füreinander optimal geschaffen ist. Athikte, die so hochsinnliche Tänzerin, die am Ende, eine der vielen Parallelen zu Frankfurt, vor Erschöpfung schon fast tot war, um dann doch wieder aufzuerstehen, nachdem sie sich kurz außerhalb der Dinge (Galaxy: Out of the World!) befand, ist sozusagen die City und Sokrates ihr Flaneur, allerdings hier in einer rein intellektuell-künstlerisch-kommentierenden Gestalt. Eher als Beigaben fungieren Phaidros, so ein bißchen der Voyeur, sowie der zitierte Arzt Eryximachos, die maxiale ästhetisch-medizinische Gegenfigur zu Mengele und seinen Nachfolgern, die sich 1993 erstmals auch, ebenfalls ein Export-Produkt aus den USA, mit Schmerztherapie beschäftigt haben (mit dem Ziel, Schmerzen zu vermeiden!). Während Athike also die große Symbiose zwischen Seele und Tanz durch ihren sinnlichen Bewegungsablauf verkörpert, ist Sokrates der große Diagnostiker, dem zum Beispiel auffällt: *"Sie scheint in reinen Goldstücken zu rechnen und mit ihnen das herzuzahlen, was wir gestreut ausgegeben in dem gemeinen Kleingeld der Schritte, die wir auf irgendein Ziel tun"* (26/S. 17).

Vielleicht ist Valerys Deutschkenntnis, eher eigentlich respektvoll zum Ausdruck kommend, die Orientierung für die folgende deutsch-misanthrophe Feststellung: *"Ein kalter Blick könnte in dieser eigentümlich Entwurzelten leicht eine Wahnsinnige sehen, die sich beständig ihrer eigenen Form entreißt, während ihre irrsinnig gewordenen Glieder sich die Erde und die Lüfte streitig machen"* (26/S. 23).

25 Jahre nach 1968 sind die kalten Blicke durch das Hinwegsterben der Alt-Völkischen und das Aufkommen der Medien-, Kultur- und Stilgesellschaft, die nicht nur in Frankfurt, sondern auch in Städten wie München, Köln, Düsseldorf und Hamburg langsam die rein-nüchterne Dienstleistungsgesellschaft ablöst, die sich in Berlin, der immer noch größten "verlängerten Industriewerkbank", erst jetzt voll herausbildet, in ihrer verletzten und verletzenden Tiefe wohl etwas seltener geworden!
Eine nie gekannte Bilderflut überfordert allerdings bisweilen die Physiognomien! Büro-PC-Bilder, Stadtbilder, Fernsehbilder und Zeitschriftenbilder haben mit den privattelevisionellen Super-Expansionsjahren 1992 und 1993 überhand genommen und im Herbst 1993 wohl endgültig ein neues Zeitalter eingeläutet, dessen Voluminosität und Präsenz in fast allen Haushalten, auch auf dem Lande, die intellektuelle Kulturrevolution seit 1968 weit übertrifft. Das revolutioniert auch die Begrifflichkeit der Flanerie, die aus Frankfurter Sicht mit der Saison 1993/1994 eine neue Spektralität erreicht hat. Da Frankfurt mit seinen drei leuchtenden Wolkenkratzern und einer Vielzahl von musealen und gastronomischen sowie konsumistischen Designplästen sowie den ersten interaktiven Installationen des Instituts für Neue Medien, den Licht-Design-Horizonten, den Deutschen Fototagen und immer mehr Medialität selbst auf der IAA und auf der Buchmesse als zivilisatorischer Raum "durchmediatisiert" ist, ergibt sich daraus eine eher etwas genüßlichere Ergänzung der klassischen pedestrischen Stadtflanerie. Mit dem Anwachsen des Lichts werden natürlich auch die Schattenseiten noch evidenter und deren politische Bereinigung noch zwingender. Der Boom auf dem Zeitungs- und Zeitschriftenmarkt und ein immer ausgefeilteres Design sowie natürlich die wachsende Verkabelung und der jetzt auch mit ARD, ZDF und fast allen Dritten bestückte Luxemburgische Astrasatellit, der aber hauptsächlich in seinem privaten TV-Angebot benutzt wird und europaweit die Superstruktur des Fernsehens zur neuen zweiten Heimat der neuen "Internationale" (Geschäftsleute und Touristen) in allen Hotelzimmern macht, sollte eigentlich die selektive und informative sowie polyvalente Nutzung dieses Mediums zur Folge haben und nicht den massiven Konsum aller Gewaltangebote. Zusammen mit der trotzdem empfehlenswerten Beschäftigung

mit ästhetisch geeigneter Literatur repräsentiert die print- und satelliten- sowie elektronische Nutzung von Medien neben einer multistationären Reisetätigkeit, einer maximal viele Universitätsfachbereiche erfassenden Studienarbeit und der klassischen Begehung primär des Frankfurter City-Anthropos das sechste große Standbein einer quintären Geist- und Geld-Flanerie, aus der kommunikativ und publizistisch schlußendlich die große Universaldisziplin Flanerie hervorgeht, mit der sich die Phänomene und Probleme dieser Welt erklären und auch lösen lassen sollten. Die Flanerie also muß endlich als eine "lex" entdeckt werden, mit der sich so ausgedehnt und tiefgehend arbeiten läßt, wie die Tänzerin in Valerys platonischem Dialog arbeitet. Die vielzitierte Unmöglichkeit, die heutige Welt in ihrer Komplexität überhaupt noch in einer Theorie oder einem Buch erfassen und problematisieren zu können, möchte ich hiermit als falsch ansehen, denn mit der Flanerie ist dies nach meinem in den letzten fünfzehn Jahren erworbenen Kenntnis- und Erfahrungshorizont, vom Kurs-Curriculum in der gymnasialen Oberstufe bis zum totalpedestrisch und gewerisch erfaßten Frankfurter Quintär, mit freilich enormen Anstrengungen machbar und im besten Sinne des geworfenen Wortes "durchführbar". In seiner modernistischen und figurativen Höhe unerreicht gelingt dies nicht zuletzt seit gut zehn Jahren dem Frankfurter Ballett unter William Forsythe, der etwa im Juli 1994 in einer Co-Choreographie mit dem Japaner Saburo Teshigawara die zeitgenössischen stadttänzerischen Essentials von Frankfurt, Paris, New York und Tokio auf engstem Raum und in kürzester Zeit fulminant darzustellen wußte!

Mit einer längeren Übernahme einer Redepassage des Sokrates möchte ich nun noch einmal in Valerys unerreichten klaren und prägnanten Worten den Unterschied zwischen einem dumpfen Mitläufertum und einer ins Tänzerische sich hineinsteigernden Flanerie dokumentieren: *"Hast du nicht den Eindruck, Eryximachos, und auch du, mein lieber Phaidros, daß das Geschöpf, das dorten ausschwingt und sich anbetungswürdig in unseren Blicken bewegt, daß diese glühende Athikte, die sich verteilt und wieder zusammennimmt, die sich aufhebt und einsinkt in sich selbst, die sich mit solcher Geschwindigkeit öffnet und schließt, und die anderen Raumbeziehungen anzugehören scheint als den unsrigen, den Anschein erweckt, als fühle sie sich wohl und lebe ganz und gar in einem dem Feuer vergleichbaren Element - in einer sehr besonderen Durchdringung von Bewegung und Musik, darin sie eine unerschöpfliche Kraft*

einatmet, während sie selbst mit ihrem ganzen Wesen den reinen und unmittelbaren Andrang der äußersten Seligkeit genießt? - Wenn es uns einfiele, unsere gewichtige und ernsthafte Lage mit dem Zustand dieses funkelnden Salamanders zu vergleichen, würde sich dann nicht herausstellen, daß unsere gewöhnlichen Handlungen, wie sie nach und nach aus unseren Bedürfnissen hervorgehen, daß unsere Gebärden und unsere gelegentlichen Bewegungen wie ein grober Rohstoff seien, wie eine aus Unreinem gemachte Dauer - während diese unübertreffliche Spannung, dieses Hingerissensein in die höchste Beweglichkeit, deren man fähig ist, die Eigenschaften und Kräfte der Flamme besitzt; und daß alles, was Schande ist, Überdruß, Nichtigkeit und der ganze eintönige Unterhalt des Daseins sich darin aufzehrt, so daß in unseren Augen der Glanz des Göttlichen sich spiegelt, das in einer Sterblichen Platz hat? ... Aber was ist eine Flamme, o meine Freunde, wenn nicht der Augenblick selbst? - Das Tolle, das Ausgelassene, das Furchtbare, das der Augenblick enthält! ... Alles, o meine Freunde, was aus dem Zustand der Schwere übergeht, muß durch diesen Augenblick aus Feuer und Licht ... Und wie der erregte Gedanke an alle Dinge rührt, zittert zwischen Zeit und Augenblick und alle Unterschiede überspringt; und wie in unserem Geist sich symmetrisch die Vermutungen ausbilden, wie die verschiedenen Grade des Möglichen sich in Reihen aufstellen und gezählt werden - so beutet dieser Körper sich aus in allen seinen Teilen, findet neue Zusammenstellungen mit sich selbst, gibt sich Gestalt um Gestalt und geht unaufhörlich aus sich heraus ... Dieser Körper in den Ausbrüchen seiner Kraft bringt mir einen äußersten Gedanken in Vorschlag ähnlich wie wir von unserer Seele Dinge verlangen, für die sie nicht gemacht ist, wie wir von ihr fordern, daß sie uns erleuchte, daß sie wahrsage, daß sie die Zukunft errate, ja, sie sogar beschwören, Gotte zu entdecken - so macht dieser Körper da Anspruch auf eine vollkommene Besitzergreifung seiner selbst, auf einem Grad von Ruhm, der über das Natürliche hinausgeht" (26/S. 31-34).
Wie der deutsche Körper in seiner Begrifflichkeit und Erscheinung schon Ende des 19. Jahrhunderts und vollends im 20. Jahrhundert eine fast unkorrigierbare Deformation erlitten hat, entsprechend der Metamorphose von Goethes Pflanzenwelt zu den amorphen Gestaltarbeiten des Hans Arp, wird durch diese Sentenz des Sokrates deutlich, der hier eventuell in Gestalt von Valery vielleicht mit dem Anblick der Tänzerin das Paris der letzten Jahrhundertwende sieht.

Ich sehe, um einhundert Jahre weiter verlängert auf die Frankfurter Postmoderne, die genau so herrlich unglatt trotz ihrer wachsenden Fassadenhaftigkeit tanzt wie die Athikte, mit deren Körperhaftigkeit ein fast satzweises Abbild von FFM-City, die eine einmalige sprachliche Klarheit und Definition seiner "lex" zum Ausdruck bringt, denn Sokrates definiert hier einen Begriff von Form, der im deutschsprachigen Raum bislang nie annähernd realisiert wurde, mit der schon vielzitierten Ausnahme, die aber nur wirkliche Anthropos-Flaneure vereinnahmen, die sehereisch erfassen können. Es liegt mir fern, jetzt jeden Satz des Sokrates auseinanderzudividieren: Wie eigentlich jedes Zitat, und hier handelt es sich wohl um die für die Quintessenz dieses Kontextes ergiebigste Übernahme, möchte ich es so stehen lassen. Eigentlich hätte jeder Satz eine eigene Seite verdient, weil immer eine andere Qualität zur Sprache kommt, die in einer singulären Übersichtlichkeit aufgeführt werden müßte. Überhaupt kann ich nur jedem Leser empfehlen, sowohl den "Monsieur Teste" als auch den "Eupalinos", der als Vorwort "Die Seele und der Tanz" enthält, als Kultwerke der Moderne von Valery zu erwerben. Als Vorwort für diese Frankfurt-Figuration wäre es optimal geeignet.

Bevor ich dieses große Unterkapitel zu Flanerie, EXPO-sition und Anthroposästhetik im Frankfurter Quintär mit einer Spektralisierung des Begriffes "Weltausstellung" beende, möchte ich zum Abschluß zu Tanz und Seele als Hochleistungsartefakte der Frankfurter City-"lex" noch ein Zitat anbringen, das etwas von der quirligen bis übernervösen Aktivation zum Ausdruck bringt, die das Handeln als Begleiter hat. Natürlich ist Frankfurt viel hektisierter als der Körper der Athikte, aber das liegt an seiner zivilisatorischen Sendungsaufgabe, mit der auch weiterhin in Deutschland Schlimmeres verhindert werden muß. Also wird die City auch weiterhin vor Aktivität nur so brummen müssen: *"Siehst du denn nicht, Eryximachos, wie unter allen Trunkenheiten die edelste, die dem großen Überdruß feindseligste die Trunkenheit des Handelns ist? Unsre Handlungen, und auf eigentümliche Weise diejenigen unsrer Handlungen, die den Körper in Bewegung setzen, vermögen uns in einen seltsamen und wunderbaren Zustand hinzureißen ... Dieser Zustand ist am entferntesten von der traurigen Verfassung, in der wir eben den reglosen und hellen Beobachter, den wir uns vorstellten, zurückgelassen haben"* (26/S. 30).

Die Aktivation ist der entscheidende Unterschied zwischen der Frankfurter City und allen anderen deutschen Innenstädten, in denen mit den Ministerialbürokratien Genehmigungs- und Verbotsensembles stehen, die den täglichen Progreß in den seltensten Fällen fördern, dafür um so öfter aber behindern oder gar vermeiden. Erst langsam mit der Computerisierung beginnend und bestenfalls auf den Ausführungsebenen des öffentlichen Stadtdienstes mit vergleichbarer Dynamik versehen, kommt schon auf den mittleren und erst recht auf den höheren Ebenen immer noch der völlig außerhalb des globalen Informations- und Kommunikationszeitalters liegende überhierarchisierte schriftliche, ja noch nicht einmal telefonische Verkehr zum Vorschein, der in seiner weltweiten Ausnahmestellung noch an die ersten Klosterbürokratien erinnert. Mit keinerlei eigenständigen Kompetenzen und einer Flut von Unterschriften und Instanzen für jede Kleinigkeit kann weder eine Beseelung der Beamten noch ein auch nur ansatzweise tänzerisches Dienstverständnis Wirklichkeit werden. Keine Beseelung ohne eine flanierende Kommunikation!

Passend zum tänzerischen Frankfurter Quintär des Jahres 1994 veranstaltete das Freie Theaterhaus eine vom Freien Tanztheater Frankfurt inszenierte gut einstündige Musik-, Tanz- und Theaterperformance mit dem Titel Flanetarium, wobei sämtliche Innen- und Außenräume des Freien Theaterhauses bespielt wurden. Die Möglichkeiten der Räume werden dabei phantasiereich ausgenutzt, und es entstehen Bilder von ungemeiner Heftigkeit und sprühendem Witz, gepaart mit Ironie, wobei stets auch die Brüche und Schattenseiten hinter den Fassaden belichtet werden. Wie die City-Flanerie selbst reißt dieses fesselnde, karikierende und bissige Kunstwerk die Zuschauer mit, die schweigend das Inszenario genießen können. Zusammen mit ähnlichen Aufführungen im neuen Kulturzentrum Daimlerstraße und den postmodernen Balletten von Wiliam Forsythe wie etwa "Limbs Theorem", eine fulminante metropolitane Zurschaustellung von musikalischen, choreographischen und bühnenbildnerischen Elementen, hat die Flanerie auch auf den Frankfurter Bühnen mittlerweile ihren Platz, und die Ära Forsythe, die seit 1983 läuft und zumindest vertraglich bis 1999 andauern soll, repräsentiert die Spitze eines pyramidonal Tänzerischen, das bis zur Eintracht geht, die zumindest im August 1993 das Level eines Fußball-Balletts erreicht hat, das mit dem sensationellen Okocha-Tor beim 3:1 gegen Karlsruhe mit nicht weniger als zwölf Samba-Einheiten vor dem erfolgreichen Torschuß gar Fußballgeschichte geschrieben hat. In diesen tänzerischen Flaneriekontext gehört auch die Kombination von Licht, Fotografie und Cyberspace mit den Design-Horizonten, Deutschen Fototagen und neomedialen

Veranstaltungen der Saalbau GmbH in den August- und Septemberwochen 1993. Auch die Akquisition eines speziellen Nachtbeauftragten für das Jubiläumsjahr 1994, der Performances und Parties an den unmöglichsten Plätzen in der gesamten Stadt organisiert, paßt in diesen Zusammenhang.

Nicht nur im informellen und kulturellen Bereich läßt sich, entgegen den Aussagen von Walter Benjamin, die Flanerie als Lokalisationsherd des Evidenten praktizieren. Zwar ist das ganz normale Kaufhaus immer noch der letzte Strich des Flaneurs, doch die hochpostmodernen zeitgenössischen Konsumlandschaften mit gastronomischer, lebensstilistischer oder gar ansatzweise intellektueller oder welt-kultureller Nutzung lassen doch einige Möglichkeiten des Seherischen zu. Die kleinen Seiten-Bars in der neuen Zeil-Galerie und die Capuccino-Bar bei Hertie im 2. Stock bieten sehr ergiebige Einsichten in den menschlichen Konsum-Habitus bei angenehmen Geschwindigkeiten im Surrounding (Rolltreppen, Fahrstühle, Schlendernde, Stehende, Interessierte, Ignorierende, Behangene, Unbehangene). Vor allem jedoch hat die Frankfurter Messe mit ihren hellen und leichten Bauten 1994 eine ausstellerische und bauliche Inszenierung erreicht, die bei Messen wie der schon im August laufenden Herbstmesse als der größten Konsumgütermesse der Welt und der im Februar veranstalteten Ambiente als der größten Weltmesse für Lebenskultur voll wirkt. Zehn Hallen, darunter die Messehalle 1 und die erheblich aufgestockte und "galleria-isierte" Messehalle 10 mit fünf Ebenen für den "Gedeckten Tisch", etagenweise versehen mit Straßennamen aus europäischen Metropolen, ermöglichen mit der jetzt totalen Passagenverbindung Einblicke in eine willentlich getragene Welt von kulturell-konsumistischem Sein, die zwar viele Schein-Produkte aufweist, aber trotzdem im Gegensatz zu den eigentlichen Weltausstellungen als Konsum-EXPOS im halbjährlichen Rhythmus erhebliche Aufschlüsse über die Entwicklung der Welt-Zivilisationen geben. Fünf Stunden Messe-Flanerie hier sind wahrlich schöpferisch-erschöpfend!

Zum Ende dieser figurativen Abhandlung zur Flanerie im Frankfurter Quintär als Sinnbild einer Anthropologie des Städtischen geht es also um das, was in fünfzig Jahren Wiederaufbau sowie Zweit-, Dritt- und Viert-Nachbau und Zubau aus Frankfurt geworden ist, nämlich nichts Geringeres als die kleinräumigste und deswegen übersichtlichste und erfaßbarste zivilisatorische Weltausstellung des ganzen Globus, wesentlich handhabbarer als New York und Manhattan und in der Verquickung von welt-metropolitanen Super-Strukturen und dörflichen Mikrostrukturen, beispielsweise in Gestalt der Achse Skyline-Seckbach, ohne jedes Gegenbeispiel. Passagen, Panoramen, Weltausstellungen, Interieurs, Straßen und Barrikaden: Das sind für Walter Benjamin die zentralen Ingredienzien von Paris als der Welthauptstadt des XIX. Jahrhunderts. Der transversale und transitorische Charakter Frankfurts, seine Weite und Entgegenkommen versprechende Skyline, die Superstrukturalität seiner City, seine Exterieurs als zweite Heimat für alle Interieurlosen, seine aufnahmebereiten Straßen und sein Wille, nur in zivilisatorisch seiner "lex" nicht gemäßen Situationen Barrikaden zu errichten, sind sicherlich auch die Gründe gewesen, die den Kurden als Volk ohne Heimat die Superstruktur Waldstadion für ihr großes Treffen im September 1993 oder das Rebstockgelände für das Meeting im Juni 1994 adäquat und angenehm erscheinen ließen. Frankfurt läßt sich "Jeden" erklären, der etwas zu erklären hat und duldet eben keine Verklärung, wie seine Kritiker meinen und auch Walter Benjamin, wenn er die artifiziellen sowie räumlich und zeitlich periodischen Weltausstellungen als Wallfahrtsstätten zum Fetisch Ware bezeichnet: *"Die Weltausstellungen verklären den Tauschwert der Waren. Sie schaffen einen Rahmen, in dem ihr Gebrauchswert zurücktritt. Sie eröffnen eine Phantasmagorie, in die der Mensch eintritt, um sich zerstreuen zu lassen. Die Vergnügungsindustrie erleichtert ihm das, indem sie ihn auf die Höhe der Ware hebt. Er überläßt sich ihren Manipulationen, indem er seine Entfremdung von sich und den anderen genießt ... Die Weltausstellungen bauen das Universum der Waren auf"* (27/S. 191).

Eine Zivilisations-EXPO, bei der Zeil, Goethestraße und Freßgass' fließend und in nur minutiösen Abständen in eine museale Uferlandschaft, eine weltkulturelle und natürlich auch prostitutive Bahnhofsgesellschaft, ein immer noch vergleichsweise reflexiv-kritisches Uni-Viertel oder ein historisches Zentrum mit der einzigen tiefendemo-kratischen Dimension in ganz Mitteleuropa übergeht und architektonisch nicht von Kirchen und Ministerien, sondern von Wolkenkratzern und Börsenathletik und Finanzästhetik überspannt wird, ohne hiervon oder von anderen Elementen in irgendeinem artefaktischen Teilbereich ernsthaft beeinträchtigt zu werden, läßt die Menschen doch letztlich Menschen sein, auch wenn die Stadt oberflächlich immer zunächst als Betrieb erscheint. Wenn sie alle ihre metropolitanen und sendungsmaßgeblichen Ansprüche erfüllen will, wenn sie sich alle nur denkbaren sozialen Extras und Initiativen leisten will, dann muß sie zunächst viel Geld vereinnahmen, um es dann breit zu verausgaben: Frankfurts Reichtum war und ist trotz aufgekommener etatistischer Schwierigkeiten für alle da. Die Bereitschaft, dafür auch weiterhin Sorge zu tragen, lohnt die geforderten Höchstleistungen und verlangt eine gewisse Begeisterung für den Konsum, über den alleine Mehrwerte erbracht werden, die dann auf Konsumunfähige oder Konsumunwillige verteilbar sind: *"Das Interieur ist nicht nur das Universum, sondern auch das Etui des Privatmanns. Wohnen heißt Spuren hinterlassen. Im Interieur werden sie betont"* (27/S. 194). Keine Gesellschaft darf es dulden, daß über Obdachlosigkeit oder Hunger keine Interieurs als Idee des besseren Lebens vorhanden sind!

Frankfurt jedoch kommt der Verpflichtung, eine Anthropos-"lex" sein zu wollen, nur dann nach, wenn es sich über seine Asylfunktion all denen öffnet, die durch irgendeine regierungsamtliche Bürokrateska irgendwo auf der Welt unvermeidlich hier gestrandet sind und zumindest in den öffentlichen Exteriers der Stadt transitorisch eine zweite Heimat suchen, so wie die Karrieristen der Postmoderne in der Zitadelle ihr Projekt versuchen wollen. Eine Kombination aus "Eros und Zivilisation" zeichnet zumindest die Frankfurter Zivilisation mit ihrem republikanischen Impetus aus, versehen mit den progressivsten Elementen aus der gleichnamigen Schrift von Herbert Marcuse. Hierzu gehört, daß einige der ästhetischen Ziele von Schillers "Ästhetische Erziehung des Menschengeschlechts" zweihundert Jahre nach deren Erscheinen im Rahmen der Moderne tatsächlich einen Niederschlag gefunden haben, den man wie alle Frankfurter Extras jedoch nicht in seinem Briefkasten vorfinden wird. Goethes Universalität befindet sich humanevolutionär im City-Anthropos, Kants ethische Logistik jedoch immer weniger, denn sublime und libidinöse Kräfte Marke Freud, dem Marcuses Schrift eigentlich zivilisationsphilosophisch gewidmet ist, gewinnen glücklicherweise, sowohl kommunikationstechnologisch wie auch in der Nachtkultur, immer mehr die Oberhand. Frankfurts Neurose der siebziger Jahre, ein heroischer Arbeits- und Intellektrealismus ohne Wenn und Aber, hat mit dem Quintär spätestens im Herbst 1994 eine Metamorphose zu Leistung und Lust erreicht, die dem ausländischen Partizipienten der hiesigen Indoor- und Outdoor-Kultur sympathisch sein sollte und das rohe und barbarische Tertiär der Siebziger angenehm verflüssigt hat, nicht zuletzt wegen der Medialität der Zivilisations-EXPO, die als neue Mitte zwischen der verlorengegangenen klassischen linearen Intellektualität und der ebenso wachsend verlustigen institutionellen 8 - 17 Uhr Dauer-Arbeit fungiert. Letztere Größe löst sich langsam in viele freier bis frei einteilbare Arbeitstage auf, allerdings mit der Auflage, daß die Freiheit immer mehr darin besteht, zwischen 10 - 22 Uhr seinen Zwölf-Stunden-Tag (oder noch mehr!) eigenständig disponieren zu können.

Eine Weltausstellung stellt nur aus, eine quintäre einer tänzerischen Flanerie im besten transversalen und tatsächlichen Sinne verpflichtete Zivilisations-EXPO arbeitet für die Welt, so wie sich Goethe schon frühzeitig bewußt war, für die Welt arbeiten zu müssen. Oskar Negt, ein Hannoveraner Alt-68er, beschreibt in seinen Überlegungen zur dort geplanten Weltausstellung 2000, was periodische EXPOS sind und was Frankfurt daher nicht ist: *"Nur wenn die Seite des Elends dieser Welt nicht unterschlagen wird, wenn unterschlagene Wirklichkeit den Blick auf das bestimmt, was von der Welt ausgestellt wird, kann in diesem Zusammenhang von einem der Aufklärung dienenden Projekt gesprochen werden"* (28/S. 27).

Der trotz aller Verfeinerungen immer noch durchaus aus manchen Perspektiven als brutal zu bezeichnende oberflächliche Eindruck Frankfurts auf den Erst-Augenblick-Betrachter kommt den Forderungen von Negt nach: *"Das zwanzigste Jahrhundert ist konkretes und alles beherrschendes Thema einer Weltausstellung, die der Welt als einer zerrissenen und gebrochenen Einheit gerecht würde. Wie für kein anderes Jahrhundert gilt für dieses Walter Benjamins Wort: es gibt kein Dokument der Kultur, das nicht gleichzeitig eines der Barbarei wäre. Wer diese Spannung verschweigt, wer dieses wurzelartige Ineinander von Barbarei und Kultur, von industriellem Fortschritt und räuberischer Zerstörung von Menschenleben und Natur aus dem Weltbegriff ausklammert, verfehlt den Sinn und die Chance einer Ausstellung, die eine aufrichtige und möglichst wahrheitsgetreue Dokumentation der menschlichen Tragödien, der gesellschaftlichen Steinbrüche, aber auch der Emanzipationsschritte des zwanzigsten Jahrhunderts sein könnte, ohne die wir keine Kraft zum befreienden Denken nach vorne hätten"* (28/S. 28).

Oskar Negt sieht die Fortschrittlichkeit gesellschaftlicher Arenen darin bestätigt oder auch nicht, ob soziale Gerechtigkeit, politische Demokratie, individuelle Emanzipation und der Kampf um die Integrität von Leben und Natur mit angemessenem Erfolg darin geführt werden können. Auch weitere "Auflagen" von Negt weiß Frankfurt als jahrzehntelanges intellektuelles Zentrum der Republik zu erfüllen: *"Herstellung einer kritischen Öffentlichkeit von Bürgerprotest, von öffentlicher Kommunikation, die Thema, Horizont und Interessenverpflichtungen eines solchen Spektakels zu Bewußtsein bringt, ist dagegen die einzige Möglichkeit, den Messe-Alptraum, den eine sich selbst überlassene Reklameveranstaltung der großen Industrie, des Handels und der Finanzaristokratie erzeugen könnte, zu vermeiden. Sollte keine Bewegung von unten ... zustandekommen, um dieser Weltausstellung ein Moment der Welt an Ort und Stelle zu verschaffen, so ist zu befürchten, daß am Ende, wenn die Sache abgeschlossen ist, ein Ruinenfeld übrig bleibt - als einzige Erinnerung an diese Weltausstellung"* (29/S. 34).

Die Frankfurter Zivilisations-EXPO nach deren Zerstörung im März 1944 läuft mit dem ersten vollquintären Winter 1994/1995, einer Indoor-Flanerie zwischen Geist und Geld auf höchstem postmodernem Niveau, genau einhundert Mal so lang wie etwa die letzte Weltausstellung der obersten Kategorie im spanischen Sevilla von April bis Oktober 1992. Heute gähnt tatsächlich die von Negt oben vermutete Ruinenlandschaft auf dem ehemaligen Austellungsgelände, und nur wenige Gebäude können auf eine baldige Nutzung hoffen. Einhundertfach mindestens ist dann auch das Potential, sich eine zeitgenössische Seele mit einem formellen und informellen Tanz durch diese zivilisatorische EXPO-sition zu erwerben, und wenn wieder nur eine neue Seelenlosigkeit dabei herausspringt, dann kann es nur Karl Marx gewesen sein, der diesen Spaziergang unternommen hat. 150 Jahre nach seinem "Kommunistischen Manifest", 1848 im Jahr der Paulskirchenverfassung veröffentlicht, würde er ein Frankfurt vorfinden, das in seinen letzten dann noch verbliebenen Fabriken, im wesentlichen die in der Chemie, weitgehend entmaschinisiert, dafür aber fast total terminalisiert ist. Bilder sind das Agens und Movens der Postmoderne, aus Bildern muß der Flaneur seinen Horizont speisen und sie dann zu dechiffrieren wissen. Joachim Schlör, ein Tübinger Nachtforscher im Umfeld von Bausinger, hat mit seinem Dissertations-Buch "Nachts in der großen Stadt" die moderne Bildlichkeit der Stadt durch den Hell- und Dunkelkontrast beleuchtet. Der Straßenrausch der Flaneure hat mit dem Beginn der Beleuchtungsgeschichte Mitte des 19. Jahrhunderts seinen großen Schub bekommen. Es dauerte über einhundert Jahre, bis die Medialität der Postmoderne wieder für neuen Schwung im Städtischen sorgte. Erst der Tag bestimmt die Gesetze der Nacht. Benjamins

Passagen-Rausch läßt sich Tag und Nacht in Frankfurt, immer noch authentischer tagsüber, nachvollziehen: *"Ein Rausch kommt über den, der lange ohne Ziel durch Straßen marschierte. Das Gehen gewinnt mit jedem Schritte wachsende Gewalt, immer geringer werden die Verführung der Läden, der bistros, der lächelnden Frauen, immer unwiderstehlicher der Magnetismus der nächsten Straßenecke ... Wie ein asketisches Tier streicht er durch unbekannte Viertel, bis er in tiefster Erschöpfung auf seinem Zimmer ... zusammensinkt"* (29/S. 239).

5.3.3 Zur Mitte: Frankfurts Positionierung in der neuen Welt-Wirtschafts-Ordnung

I. Das Europäische Währungsinstitut im Eurotower zu Frankfurt

Das Frankfurter Quintär läuft! Maastricht läuft auch, doch ebensowenig wie ein medial oft präsenter Europa-Journalist der ARD Maastricht in den Köpfen der EG-Bürger bewußtseinsbildend angelegt sieht, könnte ich behaupten, die Frankfurter seien sich ernsthaft des Stadtstatus bewußt, den die nunmehr mit dem Europäischen Währungsinstitut tatsächlich ausgestattete zentraleuropäische Kapitale am Main exakt seit Freitag, den 5. November 1993 aufweist. Ganz im Gegensatz zur lärmenden bis kriminellen Berliner Olympiabewerbung hat Frankfurt mit bescheidener Stille und Zurückhaltung über vier Jahre und einem vergleichsweise geringen Budget von 3,5 Millionen DM über mehrere hundert Botschafter und am entscheidenden 29. Oktober 1993 in Brüssel mit der Überzeugungskraft von Helmut Kohl das Institut akquirieren können, auf das der Horizont dieser doktorvaterlosen Dissertation zielte, die von Anfang März bis Anfang September 1993 entstand.

Die Frankfurter Flanerie zwischen Geist und Geld als eine zivilisatorisch-anthropogene "lex" für quintäre Cities macht die am 22. Februar 1994 eintausendzweihundertjährige "statt-deutsche" Stadt am Main alleine für internationale Aufgaben so geeignet, daß sie auf Europa- und noch mehr auf Weltebene auch einstimmige Bejahung finden kann und nicht wie Berlin nur gut 10 % der Stimmen auf sich vereinigt. Während an der Frankfurter Universität (und nicht nur da!) sich niemand so recht durch das Level dieser Arbeit in den richtigen Grenzen repräsentiert sah, wußten die Herren in der EG durch tausende von Gesprächen und Interaktionen vor allem mit dem geschäftlichen Frankfurt, daß hier in der Mitte Europas ein zivilisatorischer Schmelztiegel lebt, der Maastricht mit seiner Europastaatsbürgerschaft und seinem Subsidiaritätsprinzip sowie seinem superstrukturalen Habitus längst veralltäglicht hat. Europa und Amerika sind längst in der City und ihrem Umfeld zusammengewachsen, die Asiatisierung, wesentlichste ethnische und anthropologische Erweiterung in den neunziger Jahren, schreitet nicht nur gastronomisch rapide voran, sondern erhält etwa mit der neuen Direktflugmöglichkeit Frankfurt-Taipeh, der ersten lizensierten Dresdner Bank-Filiale in Shanghai, der großen Hongkong-Ausstellung im Architekturmuseum, den Präsenzen der Frankfurter Messe in Asien, dem großen China-Feuerwerk beim Museumsuferfest 1994 und dem Baubeginn des

Japan-Centers im Bankenviertel eine breite ökonomische und ästhetische Dimension. Insofern ist das EWI von rein psychologischem Wert und ändert faktisch zunächst wenig bis gar nichts, zumal selbst eine aus ihm hervorgehende Europäische Zentralnotenbank im günstigsten Fall lediglich die Valenzen der Politik der Deutschen Bundesbank auf ECU-Ebene ins 21. Jahrhundert hineinverlängern kann. Auf jeden Fall ist die Brüsseler Entscheidung eine Bestätigung für die republikanisch-kommunitaristisch-multikulturelle Kraft und Alltagspraxis Frankfurts, das den althergebrachten Gewalt-, Bürokratie- und Korporationsbegriff der "Stadt" zugunsten einer einzigen Aneinanderreihung von figurativen Ensembles aller Art, Form, Farbe und Herkunft so final aufgelöst hat, daß nicht eine "deutsche Bewegung", etwa aus dem Süden, hier nicht versickern würde und somit keine Verlängerungen oder Bestätigungen ohne die Frankfurter Mitsprache nach Bonn oder Berlin ausstrahlen kann, die hier nicht erst einmal reflexiv bearbeitet wird. Der Frankfurter Hauptbahnhof ist nicht umsonst kein Durchgangsbahnhof, sondern ein Sackbahnhof, der entgegen des sonstigen transversalen Charakters der Weltmetropole am Main zunächst mindestens ein Innehalten dessen verlangt, was hier ankommt und möglicherweise schnell weiter will. Nichts von auch nur relativem faktischen Belang geht ohne Frankfurt oder kann sich ohne Frankfurt in die von ihm gewünschte Richtung voll entwickeln.

Die Frankfurter Allgemeine Zeitung vom 9. November 1993, jenem vierfach geschichtlich besetzten "eigentlichsten" deutschen Gedenk- und Ereignistag, der durch Berlin und München schicksalhaft besetzt ist und Frankfurt als balancierende und weltenflanierende zivilisatorische Evolutionskraft daher immer wieder an seine Mittler-Rolle erinnert, sieht die "lex" am Main unmittelbar vor dem Aufstieg in die "Weltliga" der Finanzmetropolen, die mit New York, Tokio, London und Hongkong als Weltplätze des alltagspraktischen "handlings" zugleich auch die Determinatoren des amerikanisch-europäisch-südostasiatischen Raumes darstellen. Sonst vor allem in ihrem Regional- und Lokalteil meist gegen Frankfurt agierend, vor allem ausgelöst durch den eigentlichen Opponenten des politischen Frankfurt, Hugo Müller-Vogg als Chef des FFM/RM-Sektors, hat die beamten- und institutionenvernarrte FAZ durch die EWI-Vergabe an Frankfurt ausnahmsweise auch einmal Anlaß zu einem günstigen Zukunfts- und Gesamtbild der Mainmetropole. Die absolut gleiche Stadt wäre ohne das zunächst eher virtuell agierende EWI ganz anders in den Medien behandelt worden. Den Abstieg, den die millionenfachen Ewiggestrigen und Frankfurt-Hasser für die Mainmetropole nach der Wiedervereinigung

herbeigesehnt haben, hätte es auch ohne anstehende europäische Währungsaufgaben nicht gegeben. Da heutzutage aber nun einmal alles Psychologie ist, darf also festgestellt werden, daß nach der sechsjährigen Berliner Feierperiode von 1987 bis exakt zum 23. September 1993 nunmehr ein sechsjähriger Frankfurter Freudenakt vom exakt 29. Oktober 1993 bis 1999 bevorsteht. Schließlich ist Weimar für das Jahr 1999 auch noch mit dem Titel einer Europäischen Kulturhauptstadt bedacht worden, trotz daß ja ein Geburtsjubiläum Goethes ansteht. Ohne Frankfurt gäbe es kein Weimar, denn Goethe mit seinen Antipathien gegen die zu seiner Jugendzeit zeremoniell etwas erstarrte Mainstadt fiel der Weggang in die kleine Thüringer Residenz mit den ungewöhnlich jovialen Oberen leicht. Ansonsten basierte die Verfassung der Weimarer Republik auf der menschenrechtlichen Substanz der Paulskirchenverfassung, die wiederum ein relatives Abbild der Pariser Revolutionsverfassung von 1789 verkörpert, garniert bestenfalls mit einigen Beigaben aus der Frankfurter Aufklärungsbewegung seit der Wende zum 19. Jahrhundert. Weltgeist und Weltfinanz werden also ständig im Mittelpunkt stehen, den Frankfurt nunmehr auch europa-amtlich für den alten Kontinent markieren soll. 1994 wird die Mainmetropole 1200, Adorno ist seit 25 Jahren tot und das EWI ein Jahr jung. 1995 wird die Deutsche Bank 125, und Offenbach wird anthropogen und S-Bahn-mäßig final eingemeindet. 1998 jährt sich 1848 zum 150. Mal, die DM wird 50, und die 68er werden langsam alt. 1999 wird Goethe 250, die Verfassung der Bonn-Frankfurter Republik 50, die Eintracht 100 und die Europäische Zentralnotenbank bei exakter Maastricht-Einhaltung voll aktiv. Für 1996 und 1997 ist etwas Luftholen angesagt, vielleicht im eben gerade wieder restaurierten Medico-Palais in Bad Soden. Für Berlin sind nunmehr die Spaß-Zeiten für immer vorbei. Zwei Ereignisse mit Symbolwert sollen hierzu genannt werden: Am Tag der Brüsseler EWI-Vergabe an Frankfurt unterzeichneten die Bürgermeister von Berlin und Moskau ein Kooperationsabkommen. Zwei in höchstem Maße angeschlagene "Hauptstädte", die beide als 2. Welt-Millionenstädte zu bezeichnen sind, haben sich schicksalhaft angenähert. Noch symbolhafter für Berlin ist eine Einweihung vom 14. November 1993 "Unter den Linden": Die offizielle Gedenkstätte der Bundesrepublik Deutschland für die Opfer und Toten der Weltkriege und Unrechtsregime. Ein Gefallenenmal für Berlin!
Wir leben ja wirklich in ganz erstaunlichen Zeiten! Noch im Sommer 1993 habe ich mir nicht vorstellen können, daß doch tatsächlich die Ladenöffnungszeiten in Deutschland in spe der individuellen Beliebigkeit zuströmen werden und sich

die Arbeitszeiten einer freien Figuration über die Woche, das Jahr und das Leben nähern, zum Beispiel in Gestalt einer Vier-Tage-Woche oder eines zusammenhängenden dreimonatigen Jahresurlaubs. Die tradierte Arbeitsgesellschaft ist mit der neuen Weltordnung und der Computerisierung auch in Deutschland am Ausklingen, eine bürokratische "Massen-Bescheckung" in allen Lebenslagen wird im 21. Jahrhundert kein Thema mehr sein können. Die Ära von Arbeit und Verwaltung geht zu Ende, die Epoche der Flanerie hat längst begonnen, einer Flanerie freilich minderer Schöngeistigkeit, dafür aber authentischer und unkonventioneller Alltäglichkeit nicht nur in den Metropolen, sondern auch in den Astra-versorgten Wohnzimmern der Dörfer und Ex-Dörfer, in deren Nähe sich immer mehr Mini-Superstrukturen breitmachen, von medialen Bibliotheken in alten Fachwerkgemäuern (Nidda) bis hin zu nächtlichen Vergnügungszentren wie den Paramount-Park bei Rödermark-Waldacker.

Das Metropolitane reicht bis in die Peripherie, während die Ränder, aus denen quintäre Städte ausschließlich bestehen, ihre Sendungs- und Integrationskraft allmählich existentiell gefährden. Zu den vielen Ereignissen in der Woche zwischen den beiden Freitagen, 29. Oktober und 5. November 1993, gehören auch Hiobsbotschaften aus zwei Magnifizenzen des Quintärs, New York und Jerusalem, die ziemlich nachdenklich stimmen. Tagggleich wurden die Bürgermeister der beiden Schmelztiegel, Dinkins und Kollek, beides liberale und tolerante Kräfte, von völlig visionslosen Hardlinern übertrumpft, die die Wahlen mehrheitlich für sich entscheiden konnten. Dinkins als der erste farbige Bürgermeister von New York, in dessen Dunstkreis mittlerweile zwei Millionen Illegale leben und 1992 fast 630.000 Menschen festgenommen wurden, sollte eigentlich Clintons Sympathien für Gays und Hispanics und sozial abgestiegene Gruppen überhaupt in eine erfolgreiche Politik umsetzen. Die, die ihn als Nachfolger des legendären Ed Koch 1989 gewählt haben, gingen jetzt erst gar nicht zur Wahl, weil sich die meisten Versprechen als Makulatur erwiesen haben. Teddy Kollek, der seit 1965 amtierende wohl integrationsfähigste OB des Globus, mußte nur wenige Wochen nach dem Abschluß des Gaza-Jericho-Vertrages zur Kenntnis nehmen, daß die Altvorderen und Orthodoxen gegenüber der Zahl der Kompromiß- und Friedenswilligen in der Mehrheit sind. Für den jetzt 82jährigen, der nicht wegen seines Alters abgewählt wurde, kein schöner Abschied, für seinen eher schicken Nachfolger eine nicht zu bewältigende Aufgabe!

Am 5. und 6. November 1993 fand unter dem Stichwort "Frankfurter Aufklärung" das dritte von fünf Symposien zu den "Capitalen Mythen" statt, die die 1200-Jahr-Feier der Stadt intellektuell begleiten und stets das Quintett aus Internationalität, Urbanität, Modernität, Liberalität und Zentralität vor Augen haben. Die Auftaktveranstaltung am Freitagabend im Vortragssaal des Museums für Moderne Kunst bestand in einem denkwürdigen Podium mit dem New Yorker Stadtforscher und Dinkins-Berater Richard Sennett und dem 68er-Promotor Daniel Cohn-Bendit, seit 1990 ehrenamtlicher Multikulturdezernent in Frankfurt. So ganz nebenbei fiel der Satz, wo der eigentliche Kommunikationsauftakt zwischen den beiden sich so sozial und minderheitenbewußt gerierenden Herren stattgefunden hat: Am Nachmittag im Frankfurter Hof, maximal abseits von allen multikulturellen und kommunitaristischen Zirkulationen, die New York und Frankfurt in so besonderer Weise für das Quintär prädestinieren. Nur noch formal ist das Wirken aller stadtstaatlichen Beamten und ihrer klassischen intellektuellen Gegenarbeiter. Ihr Habitus ist sich ähnlich bis gleich und daher so überflüssig wie ein Kropf. Mit der eigenen Wirkungslosigkeit steigt die Präsenz der Bürokratien, die sich genauso selbst verwalten, wie die insbesondere altlinken Protagonisten genau auf diesen Brei von verordnetem Mist angewiesen sind, um gerade als Opponenten ihn noch zu bereichern. Blaß, illusionslos und fast defätistisch räumte Sennett denn auch als Wahl-Mitverlierer in New York ein, eigentlich sei dort Toleranz nur noch Indifferenz, eine Leerstelle also und kein zivilisatorischer Fortschritt. Cohn-Bendit bekannte, daß die Multikultur in Frankfurt zum utopielosen Fakt geworden ist und die Immigration genau das Gegenteil der wuchernden Bürokratien bewirke, nämlich Deregulation, die immer mehr informelle Anteile produziert und den formangewiesenen Erfassungsstaat demontiere. Frauen, Fremde und Weltbürger als Choreographen der Differenzen tragen zunehmend dazu bei, daß den Städten die Mitte fehlt, auf die sie nicht verzichten können, wenn sie ihre Integrationskraft nicht verlieren wollen. Die Multikulturalität droht zum Sprengsatz für die Demokratien zu werden, deren Metropolen als Essenzen der Zivilisation immer mehr zu einem divergierenden Mosaik degenerieren. Von den 18 Millionen Menschen im Großraum New York sind nur noch 40 % in den USA geboren. Gegenseitige Ignoranz pervertiert dort die Idee der Toleranz.
Daniel Cohn-Bendits Aufforderung, alle Kräfte müssen gebündelt werden, um Frankfurt nicht in allen schlechten gesellschaftlichen Bezügen zu "manhattanisieren", kann locker entsprochen werden. Die einzige wirklich positive Konsequenz aus der jahrhundertelangen krähwinkeligen Kleinstaat-

lichkeit und Kleinstadtlichkeit Deutschlands ist die Tatsache, daß ein Zehn-Millionen-Moloch fehlt und alleine Berlin mit 3,5 Millionen Einwohnern um ethnische und soziale sowie radikalpolitische Groß-Ghettos nicht herumkommen wird. Frankfurt wird in einigen Jahren über 700.000 Einwohner haben, und nur im äußersten Westen werden wegen Hoechst und Opel einige Stadtteile auch zu Beginn des 21. Jahrhunderts Problemgebiete bleiben.
Ansonsten aber darf die Mainmetropole getrost von sich behaupten, daß sie aufgrund ihrer ganz besonderen Binnenstruktur ein Paradebeispiel für das ist, was Subsidiarität heißt und so richtig von niemandem verstanden wird. City und Stadt greifen sozusagen nur dann in die peripheren Stadtteile Frankfurts ein, wenn deren Mittel nicht ausreichen, um insbesondere die sozialen und kulturellen Verpflichtungen und Leistungen auf einem guten Standard zu halten, entsprechend der EU-Maxime, als Makro-Instanz nur nur dann in die Gemeinschaftsstaaten als vielfältige Mikro-Substanz einzugreifen, wenn dort Hilfestellungen oder auch Zurechtweisungen unabänderlich sind. Bürgerhäuser, Sozialstationen und Kindergärten oder verkehrsinfrastrukturelle Maßnahmen werden von der Stadt gesponsert, die wiederum trotz 1993 und 1994 nicht boomender Gewerbesteuereinnahmen ihre unverändert überdurchschnittliche Mitte-Haftigkeit den drei überragenden City-Strukturen Messe, Airport und Financial City verdankt. Von der City fließen die Gelder über die Stadt, zum Beispiel in die neuen Bürgerhäuser nach Griesheim oder Sossenheim, in die neuen Sozialstationen im Gallus oder am Bügel oder in die neuen Kindergärten im Mertonviertel oder im Ostend. Trotzdem bleiben alle Stadtteile in ihrer kulturellen Autonomie trotz des Vorrückens der City bis heute weitgehend unbeschadet. Die außerordentlichen Jubiläen von 800 Jahre Sachsenhausen 1993, 1200 Jahre Zeilsheim und 800 Jahre Bornheim 1994 sowie 1200 Jahre Eckenheim und Berkersheim 1995 beweisen, daß sich rund um das Mega-Fest 1200 Jahre Frankfurt am Main 1994 alle Freiheiten für die Peripherie erhalten haben, was gleichermaßen auch für das Umland gilt, für das Frankfurt angesichts der Bereitstellung seiner Angebote und urbanen Sendungen eher ein Nettozahler repräsentiert als eine vereinnahmungsgierige Krake. Wenn es der EU also gelingt, das Frankfurter Subsidiaritätsniveau zu erreichen, dann werden die vielen Gemeinschaftsgegner sicherlich zu einem guten Teil noch in Euro-Sympathisanten mutieren.
Überhaupt ist alles Genese, Mutation, Transformation und Metamorphose. Nichts wird über Nacht eingeführt, sondern auf schon bestehenden Fundamenten wird lediglich beschleunigt und zeitgemäß weitergearbeitet. So war auch bei

einem Vortrag von Dr. Schlüter, dem EWI-Aufbau- und Administrationschef des Jahres 1994, im April 94 im Hause Frankfurter Sparkasse zu hören, daß schon seit 1964 ein Ausschuß der Präsidenten der nationalen Notenbanken, der sogenannte Gouverneursausschuß, regelmäßig tagt und sich um möglichst wenig Turbulenzen im europäischen Währungsgefüge bemüht. Schon lange vor der endgültigen Institutionalisierung des Europäischen Währungsinstitutes im Eurotower zu Frankfurt am Main am 1. November 1994 gab es demnach keine Grauzone für gemeinsame Kompetenzen zwischen den einzelnen Notenbanken. Positiv gewandelt hat sich hierbei nur in den letzten fünfzehn Jahren der gewählten EG-Obrigkeit, daß immer mehr eine flächendeckende geldpolitische Disziplin erwünscht und hiermit auch die Bereitschaft der Mitgliedstaaten gewachsen ist, Kompetenzen für eine Währungsunion an eine zentrale Stelle abzugeben. Das Bewußtsein der Unkündbarkeit der Solidargemeinschaft hat sich erfreulich verstärkt und erfährt vor dem Hintergrund neuer Wirtschaftszonen wie der NAFTA und der APEC einen zusätzlichen Schub. Eine EU, die nach ihrer maximalen Erweiterung um Osteuropa und vielleicht gar die maghrebinischen Staaten vor immer neue Konvergenzprobleme gestellt wird, kann daher nur aus einer hochstabilen Mitte hervorgehen, um die sich, wie seit der zweiten Hälfte der achtziger Jahre geschehen, ein Gürtel bemerkenswerter EWS-Stabilitäts-Erfolge gebildet hat, der schon sehr stark und schwankungssicher sein muß, wenn er einen zweiten Gürtel im Osten und Süden Europas erfolgreich an sich anbinden möchte. In der Weise, wie Frankfut seine eingemeindeten Stadtteile an der Peripherie und das gesamte Umland zwischen Mainz/Wiesbaden, Friedberg/Hochtaunus, Offenbach/Hanau und Darmstadt salonfähig gemacht hat - ein Prozeß von über drei Jahrzehnten - wird sich auch die EU entfalten können, wenn sie die nötige Integrationskraft und Kompromißfähigkeit dauerhaft zeigt!

Die Frankfurter Flanerie zwischen Geist und Geld hat das figurationsästhetische Zeug, einem Europäischen Währungsinstitut und einer Europäischen Zentralnotenbank eine gute Heimstatt zu werden. Was die Infrastruktur und die technologischen Möglichkeiten betrifft, scheint Frankfurt jetzt nach erheblichen Rückständen bis Ende der achtziger Jahre voll gerüstet. Technisch, architektonisch und medial konnte die Frankfurter City gegenüber der Londoner City viel Boden wettmachen. Die Bundesbank hat sowieso schon faktisch, ohne es zu wollen, als Hüterin der DM in ihrer Aufgabe als Euro-Leitwährung die Aufgabe einer Europäischen Zentralnotenbank zu erfüllen. Auch die rechtliche und ästhetische Ausstattung von EWI und EZB soll der Bundesbank angeglichen sein. So soll auch das Europäische Zentralbanksystem die Geldpoltik der Gemeinschaft festlegen und ausführen. Dazu gehören auch Geschäfte mit Devisen. Der Vertrag, so eine EG-Broschüre, regelt das Verfahren für die Wechselkurspolitik gegenüber Drittlandswährungen (US-Dollar, japanischer Yen), weil diese Politik großen Einfluß auf die Stabilität der europäischen Währung haben kann. Die Wechselkurspolitik gegenüber Drittwährungen muß deshalb einvernehmlich zwischen Rat und EZB unter Beachtung des Ziels der Preisstabilität festgelegt werden. Das EZBS soll außerdem die offiziellen Währungsreserven der Mitgliedsstaaten verwalten. Es soll auch dafür sorgen, daß die Zahlungssysteme in der Gemeinschaft reibungslos funktionieren. Allein das EZBS hat das Recht, die Ausgabe von Banknoten und Münzen in der Gemeinschaft zu genehmigen.

Neben den sogenannten harten Faktoren stimmen auch die weichen Faktoren, den diese sind aus europäischer Sicht ja erst das vertrauenschaffende Moment, das besonders bei einem deutschen Standort von überragender Bedeutung ist. 1848 und 1968, die Frankfurter Zeitung, der höchste Ausländeranteil aller deutschen Städte und die sprichwörtliche Weltoffenheit und Liberalität sprechen zusammen mit dem multikulturellen Kulturangebot für Frankfurt als Motor einer europäischen Staatsbürgerschaft, die eigentlich in Gestalt des City-Weltbürgers schon längst vorhanden ist und von der Brüsseler Expertokratie, die mit Frankfurt und Luxemburg sowie Straßburg das neue europäische Quartett bildet, gar nicht mehr definiert und verordnet werden muß (Der ehemalige Chef der Brüsseler Oper, Sylvain Cambreling, ist ja schon Intendant der Frankfurter Oper). Die Kulturabteilung der Kommission der Europäischen Gemeinschaft formuliert ihre Vorstellungen zum "Europa der Bürger" wie folgt: *"Mit dem Voranschreiten der Politischen Union und der weiteren Ausgestaltung der europäischen Union, die die Mitgliedstaaten vereinigt und gleichzeitig darüber hinausgeht, muß sich auch der Begriff des europäischen Bürgers weiterentwickeln. Bisher existiert er auf zwei Ebenen: zum einen auf der Ebene der Mitgliedstaaten, in denen die Bürger bestimmte Rechte und Pflichten haben, die sich aus der nationalen Staatsbürgerschaft ableiten, und zum anderen auf der Ebene der Gemeinschaft, wo die Rechte und Pflichten aus den Verträgen abgeleitet werden. Sobald sich die Gemeinschaft in eine Union umwandelt, wird eine dritte Ebene von Rechten und Pflichten geschaffen werden, aus der eine europäische Staatsbürgerschaft entsteht, die sich von der nationalen*

Staatsbürgerschaft unterscheidet, diese aber nicht ersetzt, sondern ergänzt" (30/S. 45).

Die Erweiterung der mentalen und monetären Möglichkeiten muß neben dem Bewußtsein einer europäischen Staatsbürgerschaft das primär zu verfolgende Ziel einer wie auch immer gearteten EG-Währung sein, die spätestens zur Jahrtausendwende von einer dann auch operativ ermächtigten Europäischen Zentralnotenbank eigenverantwortlich herausgegeben wird. Wenn die bisherige europäische Zwei-Klassen-Gesellschaft zwischen einem sehr reichen Westen und Norden und einem weniger wohlstandsreichen Süden sowie ärmlichen Osten mit einer Valuta aufgehoben werden kann, die die Mitgliedsläner nach weitestgehender Erfüllung der Konvergenzkriterien dann nicht mehr in mehrere Wertigkeiten aufteilt, dann können EWI und EZB das Kap für sich beanspruchen, das in Südafrika der zumindest frische Präsident und ANC-Chef Nelson Mandela im Mai 1994 nach seiner historischen Wahl auf sich vereinigen kann. Seine Karriere vom Häftling zum ersten Mann einer 342 Jahre andauernden hermetischen Zwei-Klassen-Gesellschaft wird auch für die osteuropäischen und maghrebinischen Staaten Ansporn sein, sich eine entsprechende Wirtschaftsverfassung in einem langen Prozeß der Niveauhebung zu geben. In einer weiteren EG-Broschüre vom Informations- und Presseamt der Bundesregierung heißt es zum Thema "Europa 2000" beschwörend und mahnend: *"Ein Anfang ist gemacht: Wir EG-Bürgerinnen und -Bürger haben demnächst eine gemeinsame Unionsbürgerschaft, behalten dabei aber unsere nationale Staatsangehörigkeit, wir haben einen gemeinsamen Paß und Führerschein, wählen gemeinsam ein Europäisches Parlament, das an Bedeutung zunimmt, werden in Zukunft eine gemeinsame Währung haben. Jede Unionsbürgerin, jeder Unionsbürger genießt überall in der Europäischen Union nahezu uneingeschränkt Freizügigkeit, kann wohnen und arbeiten, wo er oder wie sie will. Deutsche werden in der Toscana, Italiener in Hessen an Kommunalwahlen teilnehmen können, wenn sie dort wohnen. Und bei aller wachsenden Gemeinsamkeit werden wir Europäer unsere großartige Vielfalt in Kultur und Tradition bewahren, ja beleben können. Aber es kann Jahrzehnte, vielleicht Generationen dauern, ehe Iren und Griechen oder Portugiesen und Dänen das Gefühl haben, zu einer politischen Einheit zu gehören. Das liegt auch an der Vielfalt der Sprachen Europas, an den Unterschieden der politischen und gesellschaftlichen Formen, die aus langer Tradition gewachsen sind"* (31/S. 111).

Die zahlreichen neofaschistischen und pseudonationalen Bewegungen der Anfangsneunziger lassen das Gefühl aufkommen, der Schaden der EU könnte größer sein als ihr Nutzen, zumindest im Hinblick auf die gesellschaftliche Verfaßtheit der Mitgliedsländer. Im Zuge des fast unvermeidlichen Wirtschaftsbooms der zweiten Hälfte der neunziger Jahre werden diese Tendenzen aber wieder rückläufig sein, es sei denn, die deutschen Politbeamten würden in ihrem Auftreten an Häßlichkeit gehörig zulegen. Nach den doch alles in allem sehr erfreulichen GATT-Verhandlungen und vor dem Hintergrund einer wieder wirtschaftlich erfolgreicheren USA und eines immens boomenden und arbeitsamen südostasiatischen Kontinents mit vielen kapitalismusgierigen Tigern kann die ökonomisch sowieso intern im Sinne der Möglichkeiten des transnationalen freien Handels gut florierende EU von einer stabil und einheitlich modellierten Währung tatsächlich noch mehr Impulse für alle Beteiligten erwarten. In einem Informationsblatt des Bundesfinanzministeriums mit dem Titel "Stark wie die Mark", also so gut wie Frankfurt, wird hierzu Sir Leon Brittan zitiert, im Dezember 1991, dem Maastricht-Beschluß-Monat, Vizepräsident der EG-Kommission: *"Die wirtschaftlichen Vorteile einer einheitlichen europäischen Währung sind beachtlich. Die deutsche Regierung hat gut daran getan, sicherzustellen, daß die Stabilität der D-Mark nicht ausgehöhlt, sondern vielmehr ausgeweitet wird. Dies ist ihr mit dem Abkommen von Maastricht gelungen. Die deutschen Werte einer stabilen Währung und einer vorsichtigen Finanzpolitik wurden dort in eine rechtliche Form gegossen, die die Blaupausen für die weitere Entwicklung der Gemeinschaft bildet. Und dies sollte nicht nur die deutschen, sondern auch alle anderen Bürger der Gemeinschaft beruhigen"* (32/S. 51).

Insbesondere die deutschen Anrainerstaaten sind nach den Jahren der Vereinigung und der allerdings nicht nur bei uns wieder hervorgetretenen gewalttätigen Rechten allerdings (noch) etwas beunruhigt. Sie alle wollen gerne von einer starken DM und der deutschen Wirtschaft profitieren, ohne daß ihnen der unberechenbare Nachbar in der Mitte Europas zu übermächtig wird. Besonders für die Briten ist klar, daß alleine Deutschland die Schuld an ihrer zunehmenden Sekundantenrolle im Weltwirtschaftsgeschehen (und nicht nur da) hat. Aus ihren Kolonien haben sie sich freiwillig zurückgezogen, die Wirtschaft mit ihren vielen alten Industrien wurde außerhalb Londons nicht flächendeckend modernisiert, Schottland, Irland, Nordirland und Wales sind noch mehr ausgeblutet, das Königshaus produziert nur Skandale, die Europäische Notenbank und der Vorläufer EWI wird in Frankfurt auf dem Kontinent residieren, und mit dem Kanaltunnel endet 1994 auch noch das allerletzte Privileg, das Inseldasein nämlich, sprich die geographische Autonomie zu Europa: Die elisabethanische Ära scheint alle Errungenschaften, Überlegenheiten und Privilegien der viktorianischen Glanzzeit in den Zustand der Auflösung zu transformieren und steht symbolhaft für ein substantiell gewandeltes Europa in der postnationalstaatlichen Phase, das erst noch lernen muß, mit den Möglichkeiten und Widrigkeiten der neuen Passagen umzugehen. Wenn dann die Erkenntnis reift, daß die Vorteile die Nachteile der neuen Handelsfreiheiten deutlich überwiegen, wird spätestens ab Sommer 1995 wieder etwas mehr Ruhe einkehren in die Hektik der ersten gut fünf Jahre nach der neuen deutschen, europäischen und interkontinentalen Konstitution. Nur die, die nun gar nicht zumindest die Illusion hegen können, am neuen Kosmopolitismus innerhalb und außerhalb Europas teilnehmen zu können, bleiben ein Unruheherd, der sozial adäquat begleitet werden muß, wenn er nicht bedrohlichere, quantitative und qualitative Ausmaße annehmen soll. Hier muß Subsidiarität des öfteren in die Praxis umgesetzt werden!

Wie Sie vielleicht bemerkt haben, ist dieses finale Unterkapitel zu Frankfurts Positionierung in der neuen Welt-Wirtschafts-Ordnung nach der eigentlichen Erstellungszeit dieser Dissertation von März bis September 1993 entstanden, ganz konkret von Mai bis Juli 1994, nachdem alle international relevanten Überhänge aus dem Jahre 1993 zu einem zumindest vertraglichen oder symbolischen Abschluß gekommen sind. Frankfurt, das sich im Wonnemonat, exakt zwischen dem 9. Mai und 12. Juni 1994, in der signifikantesten Zelebrationsphase der 1200-Jahr-Feier befand, hat die Skandale rund um die Metallgesellschaft und Jürgen Schneider locker weggesteckt und bleibt gerade deswegen das, was die Mainmetrople spätestens auf den zweiten Blick sowieso immer gewesen ist: Verdammt sympathisch!

Offen, hart, ehrlich und ohne jedes "Getue", so wie das freie Europa sich auch gerieren sollte, kann bestenfalls ihre totale Ambitionierung, es stets und immer anthroposästhetisch besser machen zu wollen als der Rest, auf den ersten Blick unsympathisch wirken. Leute, die nichts sehen wollen oder können, sollten sich woanders umschauen, aber bitte nicht am Main! Nach ihrer fünfzigjährigen Rolle als Wirtschafts- und Ästhetikzentrum der Bonner Republik hat sie jetzt auch das Zeug, diese Rolle im Bund mit anderen dafür geeigneten Metropolen in Europa zu spielen. Frei nach Schiller, kann Europa nur Europa sein, wenn es fähig ist, mit sich zu spielen. Frankfurt am Main liefert dazu die soziale, ästhetische und kulturelle Kompetenz, die seinen Hochleistungsalltag angenehm zu beseelen weiß. Über das institutionelle Medium EWI/EZB kann Frankfurt somit mindestens europaweit, wahrscheinlich aber eher weltweit, die Aufgabe nunmehr offizieller übernehmen, die es seit Jahrzehnten so exellent und nützlich für die Republik zu inszenieren weiß. Die Mainmetropole muß ihren Rat für anthropologische Formgebung manifestieren!

II. FFM-City-Franchising in der bevorstehenden WTO-Ära

Zu Beginn dieses finalen Abschnitts möchte ich ein ausführliches Zitat von Lothar Gall aus seinem Beitrag zum FAZ-Jubiläums-Magazin voranstellen, das sich unter der Überschrift "Frankfurt, der Vorort Deutschlands" mit der jüngeren Geschichte der Stadt an der Furt im Main beschäftigt. Am Ende seines Artikels weiß der liberale Frankfurter Historiker die "historische Hauptstadtlosigkeit" der Metropole genau als das zu würdigen, worauf es in der zweiten Hälfte der neunziger Jahre mehr denn je ankommen wird: *"Gerade die Tiefe des Einschnitts und der Wunden, die zugleich Wunden wahrhafter Selbstzerstümmelung waren, hat allerdings nach dem Zusammenbruch der NS-Herrschaft Kräfte der Selbstbesinnung wachgerufen, der Selbstbesinnung auf das andere Frankfurt, auf die anderen Traditionen der Stadt, die seither, so scheint es, jenseits aller politischen und gesellschaftlichen Auseinandersetzungen, vorherrschend geblieben sind.*

Seinen vielleicht markantesten Ausdruck fand dies in der Hundertjahrfeier der Revolution von 1848 und dem von allen Ländern getragenen Wiederaufbau der Paulskirche aus diesem Anlaß. Es war der Versuch eines Brückenschlages über den Abgrund, und alle zeitgenössischen Zeugnisse belegen, daß der Vorgang über das bloß Konventionelle hinausging. Es war der Versuch einer grundlegenden Standortbestimmung für die Stadt, für das neue Land Hessen und für den entstehenden Gesamtstaat, und es ergab sich, daß darauf dann auch der Anspruch gegründet wurde, daß, sollte es zu einer westdeutschen Teilstaatgründung kommen, die Stadt dieser Rückbesinnung, die Stadt der Paulskirche das politische Zentrum zumindest dieses Teilstaats werden müsse.

Auch dieser Vorstoß hat nicht zum Erfolg geführt. Die Stadt blieb ein "zentraler Ort" ohne politische Hauptstadtfunktion. Auch diesmal hat das ihren Aufstieg nicht behindert. Im Gegenteil, die Mainmetropole entwickelte sich wieder zunehmend zu einem europäischen Zentrum. Dies mag es erklärlich erscheinen lassen, warum sie nach 1989 keinen dritten Anlauf unternahm, zur Hauptstadt des nun wieder vereinigten Deutschland zu werden, obwohl die Argumente, die für diesen Verzicht ins Feld geführt wurden, anders lauteten und eher die Scheu verrieten, sich auf Neues, Ungewohntes, die gegebene Interessenverteilung Störendes einzulassen. Aber wenngleich es wohl keine bewußte Entscheidung für einen europäischen Weg gewesen ist - daß ein solcher Weg durch eine lange historische Linie vorgezeichnet ist, die der Stadt zu beidem verholfen hat, zu

Prosperität und zu freier Entfaltung, macht der Blick zurück in die Geschichte aus Anlaß eines solchen Stadtjubiläums sehr deutlich" (33/S. 47).

Mit dem Niedergang des imperialen und kolonialen Zeitalters und der Forcierung des transnationalen und interkontinentalen Handels hat sich in Kombination mit der jetzt fast fünfzigjährigen Friedenszeit und den dabei akkumulierten Geldern ein Paradigmenwechsel von der politischen und verbeamteten plump-linearen Macht-Hauptstadt zur kommunikativen und transversalen Finanz-Kapitale vollzogen. Nun gibt es Hauptstädte, die zugleich auch Finanzzentrum sind, und es gibt mittlerweile immer mehr Länder, wo die relevanteste Stadt oder Metropolregion, wie in Nordamerika mit New York, in China mit Shanghai, in Italien mit Mailand oder in Deutschland mit Frankfurt, nicht auch zugleich Herberge der jeweiligen Staatsministerialbürokratie ist. Nicht mehr die Orte, wo reguliert und speziell in Deutschland bis zur Handlungsunfähigkeit überreguliert wird, sind in der neuen Weltordnung, die eine Welthandels- und Weltwirtschaftsordnung ist, die Macher und Durchlauferhitzer, sondern die Metropolen und Kapitalen, die ein "Kap" sein wollen, sprich eine Transversale für einen maximal behinderungslosen völkerverständigen und damit möglichst deregulierten Austausch von mentalem und materiellem Gut, von Sprachen und Artefakten, von Codes und Virtualität und nicht zuletzt von Menschen und Mentalitäten, wobei eine allseits akzeptierte Atmosphäre aus Offenheit und gleicher Wertigkeit für alle beteiligten Temperamente und Nationalitäten für eine solche Stadt unabdingbare Voraussetzungen sind.

Städte, die als "Kaps" fungieren wollen, sollen und müssen, können somit von sich behaupten, eine zivilisatorische Weltausstellung zu sein, in der alle Valenzen des interkulturellen alltäglichen Miteinander permanent offen zur Schau treten und nicht wie bei allen vorübergehenden EXPOS wie unlängst in Sevilla zugunsten einer rein glattgebügelten postmodernen hochglanz-nationalpavillonzentrierten Supershow hinter einer Architektur verschwinden, mit der sich nur die Zeitgeisteliten anfreunden können. Es gehört zu den Interessantheiten der neunziger Jahre, daß sich das jahrhundertelang höchstens kleinstädtische Deutschland mittlerweile nicht nur auf europäischer Ebene via Maastricht und die EU-Notenbank zu profilieren versucht, sondern auch auf Weltebene durch die Unterzeichnung der GATT/WTO-Verträge im April 1994 in Marrakesch inklusive einer Sitzbewerbung Bonns für die Welthandelsorganisation sowie über die Diskussion über einen Sitz im UN-Sicherheitsrat globale Zuständigkeiten beansprucht. Mit der Weltausstellung in

Hannover im Jahre 2000, für die in Bonn im Mai 1994 die Verträge unterzeichnet worden sind, wird Deutschland nun selber erstmals Gastgeber einer EXPO, die so ganz anders sein soll als alle ihre Vorgängerinnen. In einem FAZ-Artikel heißt es dazu: *"Eine Weltausstellung soll Mittel aufzeigen, über die der Mensch zur Befriedigung der Bedürfnisse der Zivilisation verfügt. So definiert es das 1928 gegründete Internationale Ausstellungsbüro in Paris. In der Praxis stellen sich die 26 Weltausstellungen, die es seit Mitte des vorigen Jahrhunderts gegeben hat, als Olympiaden des Fortschritts und oft genug auch der nationalen Eitelkeiten dar. Die Bundesrepublik Deutschland, die zum ersten Mal die Gastgeberrolle übernimmt, ist mit dem Anspruch angetreten, eine EXPO neuen Typs auszurichten. Dem Fortschrittsoptimismus vergangener Jahrzehnte soll in Hannover eine Fortschrittskritik gegenübergestellt werden. Im Generalvertrag zwischen Bund, Land, Kommunen und Wirtschaft heißt es, daß sich die EXPO 2000 in Hannover intensiver mit den globalen Herausforderungen der Menschheit befassen und Lösungen für die Zukunft aufzeigen wolle. Das Motto "Mensch-Natur-Technik" thematisiere die Sache nach einem neuen - besseren - Verhältnis zwischen den Menschen und ihrer Umwelt, insbesondere auf den Lebensfeldern Ernährung und Gesundheit, Wohnen und Arbeiten, Umwelt und Entwicklung, Information und Kommunikation, Freizeit und Mobilität, Bildung und Kultur. Mit der Vorstellung wegweisender Erfindungen und Entwicklungen aus aller Welt wollen die Veranstalter nachdenklich machen, anregen, ermutigen, beeindrucken und unterhalten"* (34).
Nahezu alle bisherigen Weltausstellungen hatten zuvor tolle Visionen und nachher riesige Schulden und eine schwer nachnutzbare Umweltbrache. Tatsächlich scheint in Hannover die Repräsentation auf ein Minimum beschränkt zu bleiben, denn außer einer stattlichen Veranstaltungsarena und einer EXPO-Plaza soll kaum etwas hinzukommen, was nachher nicht einen bleibenden zivilisatorischen Wert versprechen kann. Insbesondere das Messegelände soll für diese Veranstaltung "expo-niert" werden, so daß auf einer vorhandenen dauerhaften Superstruktur eine vorübergehende Superstruktur stattfinden wird.
Eigentlich bräuchte Deutschland ja keine "gute Weltausstellung" zu veranstalten, weil in Frankfurt schon seit mindestens drei Jahrzehnten eine sehr gute Weltausstellung im Gange ist, die immer schneller immer mehr Sonderausstellungen in die Dauerausstellung integriert und über die Affären um Hoechst, die Metallgesellschaft und Schneider verdeutlicht, daß es bei fehlender

kritischer Begleitung schon bei den Anfängen zu Strukturen kommt, die nur in sich zusammenbrechen können. Das obige Zitat hätte satzweise auch eine Bestandsaufnahme gerade des Frankfurt unter der amtierenden rot-grünen Koalition sein können, wo Ökonomie und Ökologie mitunter energisch, aber immer letztlich in ihrer dialektischen Spannung aus These und Antithese synthetisch weiterführend aufeinanderprallen. Deswegen kann die Mainmetropole zusammen mit New York und dem sich trotz aller Härten internationalisierenden Singapur auch von sich behauptn, die Wirtschaftshauptstadt einer der drei großen Weltwirtschaftszonen (EU, NAFTA, APEC) zu sein! Die Stadt, die am Ende des 20. Jahrhunderts sagt, sie verkörpere eine Mitte, muß alle Valenzen von Kultur und Zivilisation auf einem internationalen Niveau beherbergen und kommt auch nicht um die Erscheinung herum, daß sich informelle und kriminelle "Weltkulturen" in ebenfalls sehr heteroethnischer Spektralität ihre Räume suchen. Über eine multikulturelle Gastronomie und einen intensiven formellen und informellen Dialog zwischen den Mentalitäten weisen "Kap-Städte" wie Frankfurt, die schon im Mittelalter als vollständige Weltausstellung bezeichnet wurden, dann natürlich auch die höheren Interaktionsformen des Handelns und Kommunizierens rund um die Messen, den Flughafen und die Finanzdienstleistungen auf, um schließlich ihr City- oder Stadt-Franchising ebenso in intellektuellen und befreiungspragmatischen Horizonten zu exponieren, von Goethe über Adorno bis hin zur Paulskirche und der Buchmesse. Besonders in der Kombination einer Flanerie zwischen Geist und Geld weiß Frankfurt immer wieder zu brillieren. Viel zu spät, aber immerhin doch noch wurde beispielsweise auf der Buchmesse im Herbst 1993 endlich die niederländische Literatur als Länderschwerpunkt präsentiert. Im Sog des Europäischen Währungsinstituts haben jetzt zwei große holländische Banken ihren Sitz nach Frankfurt verlegt respektive dort die Belegschaft erheblich aufgestockt.

Die Mitte Europas ist seine Kultur. Brüssel und Hessen haben als Apparaturen etwas gemeinsam: Wenn sie überhaupt Sympathien gewinnen, dann durch die Vergabe der Europäischen Kulturhauptstadt und der Hessentage. Letztere gibt es schon seit über dreißig Jahren und haben mittlerweile die meisten dafür in Frage kommenden Städtchen im waldreichen Land in der Mitte Deutschlands erreicht und durch die damit verbundenen Mittelzuflüsse und Eigeninitiativen wesentlich schöner gemacht. Ohne die gewaltigen Steuergelder von Frankfurt/Rhein-Main wären sie aber ebensowenig das geworden, was sie sind, wie Weimar ohne den gebürtigen Frankfurter Goethe bis heute ein unbeachtetes Kaff wäre, das niemals die Euro-Kulturhauptstadt des Jahres 1999 sein könnte. 1994 trug diesen Titel Lissabon, die Hauptstadt Portugals, dessen "größte" Kolonie Brasilien in Frankfurt Schwerpunkt der Buchmesse und des Kulturherbstes 1994 gewesen ist. Im Mousonturm stellte sich Portugal im April 1994 mit einer Tanzreihe unter dem Titel "TrANZfer" vor. Ohne Transfers hin zu einer Mitte und von einer Mitte aus hätte sie ihren Namen nicht verdient, und was liegt da näher, als mit dem Tanz als Inbegriff einer zivilisatorischen Kultur diese "Sendungsbrücken" zu schlagen, die immer auch ein Stück länderübergreifendes europäisches Kulturerbe vermitteln. Im offiziellen Programmheft Lissabons heißt es dazu: *"During 1994 Lisbon is to be the Cultural Capital of Europe. The concept of European Capital of Culture resulted from a resolution adopted by the Council of Ministers for Culture of the European Community that, in 1985, instituted the annual organisation of this event. Since its creation the following cities have been successively designated: Athena, Florence, Amsterdam, Berlin, Paris, Glasgow, Dublin, Madrid and Antwerp. The Community resolution laid down two main objektives: to draw the peoples of Europe closer together, emphasising the common elements of European Culture, and to provide for the display of culture of the designated country and city"* (35). Gerade in einer Welt des Umbruchs und der viralen Konflikte ist die Besinnung auf die Wurzeln ein Anliegen der Veranstalter: *"Through our capacity to understand other peoples, we find a lesson upon which to mediate in this day and age in which we are witnessing the birth of blinkered nationalism, xenophobia and racism on all sides. This is an suitable moment for Europe to reflect on the universal roots of its culture"* (35).

Im Mai 1994 ist mit der Wahl Nelson Mandelas zum Präsidenten Südafrikas auf dem schwarzen Kontinent mit dem Ende des Apartheid-Regimes auch der letzte koloniale Status verschwunden. Noch mehr als PLO-Chef Arafat hat ANC-Leader Mandela derzeit die Aura des weitsichtigen Revolutionärs inne. Während am Kap zunächst noch Begeisterung herrscht, hat die einstige Kolonial- und Weltmacht Portugal, die ihr Lissabon-Franchising bis nach Macao, Angola und Brasilien transferierte, mit dem Fado einen melancholischen Ausdruck ihres Niedergangs gefunden, der der einstigen Größe und verflossenen Liaisons nachtrauert. Die neunziger Jahre, letztmals in ihrem Drive zur Konstitution einer neuen Weltordnung konkret und erstmals in ihrer Vernetzungsintensität voll virtuell, werden sicherlich noch weitere Konflikte im Spannungsfeld zwischen Fundamentalismen und Superstrukturen hervorbringen und als Übergangsjahrzehnt zu Ufern, die in ihrer Physis verschwunden sind und trotzdem voll weiterexistieren, wohl mehr belastete Stunden bringen als die achtziger Jahre als Schlußjahrzehnt der alten Nachkriegsordnung. Die Tatsache, daß niemals irgendein Diktat oder eine Implantation das Orginäre wirklich zerstören kann, ist den internationalistischen Gegnern eben nicht bewußt. Kämen sie alle einmal nach Frankfurt, dann würden sie sehen, wie sehr sich ein progressiver Schmelztiegel von Seckbach bis Sibirien in einen Stadtanthropos herausbilden kann, ohne daß deshalb die besseren Artefakte darunter leiden. Auch Victor Constancio weiß dies in seiner Einleitung des Lissaboner Programmheftes für 1994 in Worte zu fassen: *"Culture is not a sum of activities, rather it is a way of life. In a wider sense, culture is not an act, it is a state of man's relationship with the heritage of civilisation that determines the quality of his relations with history and with the society in which he is inserted and in which he must profess himself ... Portugal has always been a part of European Culture, considered as a system of aesthetic values, ideas and concepts that incorporate the best of the heritage of a civilisation. We seek now to restate our presence and to claim greater recognition, through an initiative that is also aimed at contributing to European unity by emphasising the importance of the common spirtual heritage that draws closer together the peoples of Europe"* (35).

20 Jahre nach der Nelkenrevolution von 1974 mit dem Ende der Salazar-Diktatur findet Portugal, das aus 70 % Lissabon, 20 % Porto und 10 % noch unverbauter Algarve besteht, alleine durch seine Hauptstadt wieder nach Europa zurück, denn auf dem Land haben unverändert oder besser wieder die Großgrundbesitzer das Sagen. Nicht erst seit der Schneider-Affäre, aber seitdem unüberhörbar, wird in Deutschland und hier vor allem in Frankfurt den Banken eine ähnliche Rolle zugeteilt. Natürlich ist es wieder einmal die Deutsche Bank, die jetzt über eine halbe Billion Konzernbilanzvolumen aufweist, den Berater des Stadtkämmerers der Stadt Frankfurt stellt, der sie für über 600 Millionen DM ihren VEBA-Anteil zur Schuldentilgung abgekauft hat, die Metallgesellschaft scheinbar ohne großes Zutun bis an den Rand des Konkurses manövrierte und sich von deren Vorstandsvorsitzenden Heinz Schimmelbusch ebenso blenden ließ wie vom Immobilienzar Jürgen Schneider. Da die eigentlichen drei Staatsorgane nicht die faktische Macht repräsentieren, streiten sich die Medien und die Banken um den Rang der führenden Einflußgröße. Deals sind es im Zeitalter des Welthandels, die das Salz in der Suppe darstellen, unlängst sogar vom Bundesverfassungsgericht bestätigt, das den Konsum weicher Drogen in zu

definierendem geringen Maße freigegeben hat. Wo gedealt wird, wird gezockt. Lieber ein bißchen Zocken als auf Großgrundbesitzerfeldern hocken! Im April 1994 wurde Portugal ein Themenmonat im Frankfurter Mousonturm gewidmet, im Juni 1994 war es China, jenes schwierige Land, das im Vorfeld des fünften Jahrestages des Tiananmen-Massakers mehrere Menschenrechtler aus Shanghai, Frankfurts neuester Direktflug-Metropole, in Gewahrsam nahm. China befindet sich in einem enormen kapitalistischen Aufbruch und boomt nicht nur im Süden vor dem bald vereinnahmten Hongkong, in Frankfurts Partnerprovinz Kanton, sondern auch in Shanghai, Peking und sogar in einigen ländlichen Regionen. Da sind natürlich die Bestrebungen Pekings zu verstehen, bald Vollmitglied in der GATT-Gemeinschaft zu sein und über die assoziierte Beobachterfunktion hinauszugehen. So gehörte jedoch der "gelbe Riese" noch nicht zu den Unterzeichnerstaaten der Welthandelskonferenz in Marrakesch, wo das GATT, zu deutsch die allgemeine Vereinbarung von Handelsregeln, in die Welthandelsorganisation WTO transformierte: *"Die Organisation verhandelt nicht nur über weitere Zollsenkungen und neue Regeln, sondern sie kann Streitigkeiten unter Handelspartnern schneller und mit mehr Durchsetzungskraft schlichten - bei Gütern wie bei Dienstleistungen. Auch die politische Bedeutung der WTO wächst, weil nicht mehr Diplomaten den Ton angeben, sondern mindestens alle zwei Jahre eine Ministerkonferenz veranstaltet wird. Ein Allgemeiner Rat wird die Abkommen überwachen und die politischen Beschlüsse umsetzen"* (36). Nach den bisherigen acht GATT-Verhandlungsrunden seit 1948 dauerte die seit 1986 währende Uruguay-Runde am längsten, hat allerdings auch scheinbar erstmals überhaupt so zwingend positive Ergebnisse, daß sie zum Motor einer guten bis sehr guten Weltkonjunktur werden müßte. Das, was weltweit derzeit ein akutes Problem geworden ist, nämlich die Diskriminierung gesellschaftlicher Minderheiten, soll durch ein verbindliches Regelwerk, dem über 120 Staaten zugestimmt haben, in Gestalt der Diskriminierung ausländischer Anbieter erschwert werden. Sechs Punkte sind wesentlich:
"1. Die Zölle sinken um durchschnittlich 40 Prozent, bei etlichen Gütern, etwa bei Pharmazeutika und chemischen Produkten, werden sie völlig beseitigt.
2. Im Agrarhandel werden über einen Zeitraum von sechs Jahren die Subventionen reduziert. Nichttarifäre Hürden werden in Zölle umgewandelt und schrittweise um 36 Prozent reduziert, interne Subventionen um ein Fünftel, Export-Subventionen um 36 Prozent und die Menge der bezuschußten Exporte um 21 Prozent. Direktzahlungen an Bauern sind nicht betroffen.

*3. Im Textilhandel werden die Importbeschränkungen gemäß dem Welttextilabkommen schrittweise über einen Zeitraum von zehn Jahren beseitigt.
4. Die Gatt-Regeln, etwa das Verbot der Diskriminierung ausländischer Anbieter, werden auch auf Dienstleistungen übertragen (General Agreement on Trader in Services). Allerdings sind gewisse Dienstleistungen vom Meistbegünstigungsgebot ausgenommen, und auch die Liberalisierung beginnt mit unterschiedlichem Tempo, da die Europäer beim Film und Fernsehen und die Amerikaner bei Finanzdiensten und Seetransport Ausnahmen erwirkten.
5. Geistiges Eigentum (Patente, Urheberrechte und Marken) wird besser geschützt, und Verstöße können im Gatt geahndet werden.
6. Auslandsinvestitionen werden erleichtert. Gewisse Praktiken zum Schutz vor unerwünschter Konkurrenz sind verboten, etwa Vorschriften über lokale Produktanteile"* (36).
Nicht zufällig hat daher Peter Greenaway in Genf, am Sitz der 400 GATT-Mitarbeiter, aus denen bald erheblich mehr WTO-Angestellte werden, mit seinen 100 Brücken des Sehens die verstärkten passageren Möglichkeiten der Mittneunziger symbolisch inszeniert. Wie im 2. Kapitalmarktförderungsgesetz heißt auch hier die Maxime: Deregulation!
Deregulation darf natürlich weder als Null-Regulation noch als Entgrenzung verstanden und praktiziert werden, die zum Ausschluß von solchen Regionen und Temperamenten in der Welt führt, die nun überhaupt keine Potentiale zur Teilnahme am Welthandel in der WTO-Ära haben. Afrika scheint nicht nur hier derzeit als Kontinent auf dem Globus überhaupt nicht mehr zu existieren und wird sicherlich im September 1994 bei der Weltbevölkerungskonferenz der UN in Kairo, die dritte Mammutveranstaltung dieser Art nach der Umweltkonferenz von Rio 1992 und der Menschenrechtskonferenz in Wien 1993, das Sprachrohr der insbesondere indigenen Völker und "Restquantitäten" des unverrückbaren Eingeborenseins werden. Die Völker und Stämme der Welt, die nun überhaupt nicht von ihrer originalen Authentizität wegrücken und partout aus meist guten und verständigen Gründen für sich und ohne jede Anbindung an die kapitalistische Internationale leben wollen oder müssen, verlieren immer mehr die Möglichkeit, zumindest ansatzweise aus ihrem daher unvermeidlichen sozialen Elend herauszukommen. Herausragendes Beispiel dafür war der Aufstand in Chiapas exakt zum Start der nordamerikanischen Freihandelszone NAFTA zum Jahresbeginn 1994, der die Schwierigkeiten dieser südlichsten an Guatemala grenzenden Provinz Mexikos verdeutlicht hat: *"Die Kriegserklärung der Aufständischen an die Regierung ist in ihrer Rhetorik sehr interessant. Sie*

ist in der Sprache einer Region geschrieben, deren Bewußtsein nicht dem der indigenen Leute auf dem Land dieser Region entspricht, sondern aus der Perspektive einer gut ausgebildeten Person, die auf die lange Geschichte des mexikanischen Nationalismus zurückblickt. Sie bezieht sich auf den Ausverkauf des mexikanischen Nordens an die USA im Jahre 1848, auf die US-Intervention in den 40er Jahren des vergangenen Jahrhunderts, auf den Verrat der liberalen Reformen durch Porfirio Diaz usw. Dies alles sind Themen, mit denen eine ganze Generation der Linken einschließlich der 68er-Bewegung argumentiert hat. Das gilt auch für den wichtigsten mexikanischen Indigenisten Gulliermo Bonfil Batalla, der in seinem Buch Mexico Profundo das einheimische, unterdrückte Mexiko der weißen Modernisierer charakterisiert. So ist in dieser Kriegserklärung der Zapatistas nichts besonders 'Indigenistisches' zu finden, sondern vielmehr die Position einer Person, die aus nationalmexikanischem Blickwinkel spricht" (37/S. 9).

Nicht nur bei der NAFTA, sondern auch in der EU und bei der APEC gibt es das Problem, das sich innerhalb dieser drei Wirtschaftszonen ein Macher herausbildet, der dann möglichst viele "Mitmacher" von der Peripherie für seine Zone gewinnen möchte und bei Ablehnungen sofort den Einfluß von Kommunismus und Subversion wahrzunehmen glaubt, von so etwas wie Arbeitsverweigerung ganz zu schweigen. Anders als Völker und Staaten, die materiell relativ gut gestellt sind und eigentlich keinen entscheidenden Grund für eine hermetische Abriegelung im internationalen Kontext haben, ist die Apathie der indigenen Regionen natürlich groß, sich offiziell in eine Skalierung in einer Weltwirtschaftszone einzureihen, in der, wie in der EU Deutschland, in der NAFTA die USA und in der APEC Japan, nur wenige High-Tech-Staaten das Sagen haben. Da indigene Eigenheiten durchweg im Kontext von Land und Natur stehen und gerade durch das Fehlen von "Stadt und Kultur" keine metropolitanen Infrastrukturen anstreben, die bedingungslose Voraussetzung zur erfolgreichen Teilnahme am spätkapitalistischen Welthandel sind, der sich zudem über Netzwerke und Codes immer mehr virtualisiert und denaturiert, *"ist es sehr wichtig zu berücksichtigen, daß die Landarbeiter von Chiapas besonders unter den Folgen der Schuldenkrise von 1982 zu leiden hatten. Zwar gibt es heute viele, denen es besser geht als vor drei Jahren, allerdings auf Kosten anderer, die verelendeten ... NAFTA ist in diesem Zusammenhang nur Ausdruck einer weiteren Veränderung und der radikalen Absage des Staates an seine historische Allianz mit den Landarbeitern"* (37/S. 10). Die Capitalinos okkupieren mehr denn je die Indigenas!

Obwohl Frankfurt am Main nun unwiderstehlich auf eine Welt-Kapitale zustrebt, um trotzdem auch im Jahre 2000 unverändert seine Kleingliedrigkeit nicht aufgegeben zu haben, hat die Stadt nie ihr Umland okkupiert, sondern stets sowohl den eingemeindeten peripheren Stadtteilen als auch den Umlandgemeinden ihre "indigene" Selbständigkeit belassen. Kaum eine andere Metropole der Welt, in diesem Stil vielleicht nur noch mit dem chinesischen Shanghai vergleichbar, arbeitet so viel für den Rest, um als Belohnung dafür von allen Seiten fast nur Neid, Haß und Mißgunst zu ernten, während eine "sehenswürdige" Stadt wie München in ihrer "indigenen" Expansion und ihrem höfischen Gehabe nur von anderen und für sich lebt und trotz aller Greuel, die von ihr ausgegangen sind und nur mit größtem demokratischen Einsatz und vor allem materiellen Erfolg Frankfurts nicht wieder von ihr ausgehen, immer wieder neu die Lieblingsstadt fast aller Deutschen ist:

"Frankfurt ist niemals 'Residenz' gewesen und der 'Serenissimus' waren stets Handel und Wandel. So liberal man auf diesem Gebiete war, so rigide waren die Zunftordnungen. Sie sorgten dafür, daß die Stadt im engeren Sinne nie zum Industriestandort wurde; erst Eingemeindungen machten sie dazu. Freiheit des Denkens war auf jeden Fall die Grundlage für jene importierte Blüte, die Glaubensflüchtlinge aller Art, an der Spitze die Niederländer und die französischen Hugenotten, im Zuge der Gegenreformation mit sich brachten. Große Vermögen begannen sich zu akkumulieren; Grundstock in nicht wenigen Fällen für das Bankgeschäft. Das konnte sich um so eher entwickeln, als Messen auch Zahlungstermine waren, die sich im Lauf der Zeit davon lösten, ihr Eigenleben führten. Schon bald kam zum Münz- und Wechselclearing die Annahme von Guthaben, den sogenannten Depositen. Das Einlagengeschäft hatte begonnen" (38/S. 27).

Obiges Zitat aus dem Geschäftsbericht der Frankfurter Sparkasse von 1993 findet sich dort im einleitenden Essay zum Thema "Höher, reicher, schöner ... Frankfurts Entwicklung als Wirtschaftsmetropole", das mit den Abhandlungen aus den Jahren 1991 und 1992 eine Trias zum 1200-jährigen Jubiläum Frankfurts abschließt. Weil die Kapitale am Main immer Einwanderungsstadt war, konnten mehr Horizonte als in jeder anderen Stadt auch wieder auswandern. Ein Kap des Transversalen war die Folge, im Inland stets beargwöhnt, auf der Welt stets als die einzige und eigentliche "Hauptstadt" des deutschsprachigen Raumes, von Franz I. von Frankreich schon vor Jahrhunderten als eine "vollständige Weltausstellung" bezeichnet und vielleicht bald von

der Arena di Verona mit einem eigenen Palazzo und von der ebenfalls 1200-jährigen alten japanischen Kaiserstadt Kyoto mit einem als Kulturzentrum zu nutzenden Holzhaus beschenkt: *"Daß sich die Kaiser des Heiligen Römischen Reiches Deutscher Nation hier krönen ließen, ist ebensowenig ein Zufall wie - mehr als ein Jahrtausend später -, daß Europas Gemeinschaft dem Geldzentrum am Main die Palme des Europäischen Währungsinstituts EWI überreichte. Dieses wird seinerseits die unwiderstehlichen Impulse eines Kristallisierungskerns der höheren Ebene aussenden: Man braucht kein Prophet zu sein, um vorauszusagen, daß Frankfurt in Bälde noch mehr als bisher das Walhalla der internationalen Finanzwelt sein wird. Notabene: Über so viel monetären Glanz, von Bethmann bis Börse und von Rothschild bis Rentenmarkt, gerät das reichhaltige sonstige Wirtschaftsleben der Stadt allzu oft in die Ecke der Mauerblümchen. Dabei residieren hier beispielsweise - gemessen am Industrieumsatz - die meisten 'deutschen Industrieverbände'"* (38/S. 23).
Frankfurt, die historische Magnifizenz des Handelns, der Kommunikation und der menschenrechtlichen Essenz, wollte freilich nie Industriestadt sein. Diese bittere Konsequenz des deutsch-wilhelminisch-hitlerischen Kriegs- und Wiederaufbaunationalismus von 1871 - 1968 wird derzeit dementsprechend einer begeisternden Tilgung unterzogen!

Städte, in denen das Judentum eine exponierte Rollen spielen konnte und wieder spielt, sind in ihren Qualitäten so sehr elitistisch veranlagt, daß ihnen maschinelle Abläufe und die Produktion von plumper Materie (wie etwa Rüstung, Maschinenbau, Autos, Konsum) fremd sind.
Es gehört zur Spezifik der deutschen Geschichte, daß Frankfurt besonders in den ersten zwei bis drei Jahrzehnten nach dem Krieg durch seine Zentralfunktion als zunächst industrielles deutsches Kraft- und Wiederaufbauzentrum und zudem als Headquarter der Amerikaner inklusive wichtiger Nebenzentren wie Offenbach, Hanau und Rüsselsheim ungeheure Verunzierungen erlebt hat, die erst in den achtziger und neunziger Jahren auch in den peripheren Industriegebieten eine momentan geradezu ekstatische Zurückführung erfahren, um auch dort durch Dienstleistungen und Kommunikation ersetzt zu werden und damit erheblich menschlicher "designt" zu sein.
Frankfurt wird oft ein zu groß geratenes messianisches Sendungsbewußtsein unterstellt. Tatsächlich aber verfügen nur Städte mit einem Judentum, das vor dem Krieg und jetzt wieder seine Führerschaft nicht nur für Deutschland hervorhebt, sondern eigentlich wie damals außerhalb von Jerusalem nach New

York die zweitwichtigste Adresse ist, über die Möglichkeiten, zu einer "lex" in Geist und Geld zu generieren. Immer verfolgt und geneidet und deswegen immer maximal unter Druck und daher mit dem besten Output und der höchsten Leistungskraft versehen, gruppieren Metropolen mit einer jüdischen Elite (in Frankfurt stellen die Juden heute wieder etwa 1 % der Stadtbevölkerung!) dann zwangsläufig auch andere "Spitzen" um sich herum und erwerben dadurch unvermeidbar eine Überlegenheit in den jeweils modernsten Erfordernissen bei Handel und Wandel sowie bei Geist und Geld, sprich die Zivilisation dieser Städte ist in ihrer anthropozentrischen Figuration so vielschichtig auf hohem Niveau, daß dagegen plumpe "Formationsstädte"ins zweite Glied fallen. Da zum Beispiel die Nazis die Budapester Juden, ganz im Gegnsatz zum restlichen Ungarn, zum Kriegsende nicht mehr "wie geplant" deportieren konnten, hat sich dort, wenn auch äußerlich wegen ihrer totalen Säkularität nicht mehr erkennbar, eine handlungsstrategische jüdische Binnenkultur erhalten. Das ist ein wesentlicher Grund, wieso von den fünf großen mittel-östlichen Städten (Berlin, Warschau, Prag, Budapest, Wien) die ungarische Hauptstadt vor allem im Gegensatz zu Prag, ohne die fast gänzlich umgebrachten Juden, die vertriebenen Deutschen und die weggebrochenen Slowaken nur noch ein prosperierender Billigstandort für die deutsche Industrie im Osten, am stärksten auf allen Ebenen boomt und ihre neue Internationalität 1996 mit einer Weltausstellung, die Wien als ursprünglich zweiter Partner abgelehnt hat, inthronisieren wird.

Wenn eine Stadt die Essenz der Menschenrechte in ihren Mauern arbeiten läßt, dann zieht dies den Aufstieg der Juden unweigerlich herbei, wie Frankfurts Geschichte und Gegenwart beweist: *"Die Emanzipation der Juden, ihr Eindringen in ökonomische und soziale Bereiche war nicht mehr aufzuhalten. Sehr bald nahmen sie zahlreiche Spitzenpositionen ein, die sie weit über die Mauern der Stadt hinaus berühmt machten. Erinnert sei , um nur einige wenige zu nennen, an die Bankiersdynastie der Rothschilds, den Stammvater Mayer Amschel und seine fünf Söhne, die "Fünf Frankfurter", aber auch an andere Bankiers wie Speyer, Oppenheimer, Sulzbach, Wertheimer und Ladenburg oder an Kommunal- und Landespolitiker wie Leopold Sonnemann, der zu seiner Zeit einer der bekanntesten Frankfurter Politiker war und drei Jahrzehnte für die Konservative Partei Mitglied der Stadtverordnetenversammlung. Er war der Mitbegründer der berühmten, liberal-demokratischen Frankfurter Zeitung. Die Frankfurter Jüdische Gemeinde glänzte beileibe nicht nur durch Koryphäen der Wirtschaft und der Geisteswelt. Es erwachsen aus ihrer Mitte, wie aus jeder lebendigen, facettenreichen Gemeinschaft, so manche Originale"* (39/S. 60).

Seit den beiden denkwürdigen Festlichkeiten vom 28. Februar und 1. März 1994, als nacheinander an zwei Abenden die Rothschilds nach vielen Jahrzehnten wieder ein Stelldichein (mit dem Bundeskanzler) in Frankfurt zelebrierten und Steven Spielbergs Film "Schindlers Liste" unter Anwesenheit des Regisseurs (mit dem Bundespräsidenten) hier seine Deutschlandpremiere hatte, steht die jüdische Kultur wieder fast vollends im alten Glanz der Phase des Erscheinens der Frankfurter Zeitung: Ignatz Bubis als souveräner urkommunikativer Vorsitzender der Frankfurter Jüdischen Gemeinde und des Zentralrats der Juden in Deutschland ist nicht umsonst am Sitz des Jüdischen Weltkongresses in New York mit seinem stilistisch bemerkenswerten Engagement gegen Judenhaß, Rechtsradikalismus und Ausländerfeindlichkeit unlängst als Held bezeichnet worden. Natürlich legt er auf sein Heldentum genausowenig Wert wie Marcel Reich-Ranicki auf sein literaturkritisches Papsttum. Doch die Art und Weise, wie diese beiden Herren medial "rüberkommen", hat so ein bißchen und ganz sympathisch Saloncharakter, wie ihn nur noch die Frankfurter Juden, die sich explizit so und nicht als Deutsche und deutsche Juden verstehen, zu personifizieren wissen.

Mit Pinchas Lapide hat Frankfurt auch den führenden Religionsphilosophen in seinen Mauern, der sich immer wieder belesen, kritisch und sachkundig bei fundamentalen jüdischen Kontexten, etwa im Oberammergauer Passionsspiel, zu Wort meldet und schon sehr viel zu diesen Themen publiziert hat. Die herrliche Trias aus Paris, Frankfurt und Jüdischsein verkörpern Daniel Cohn-Bendit, Alt-Revoluzzer, 1968 Chef des Pariser Mai und seit 1989 ehrenamtlicher Stadtrat für Multikulturelles in Frankfurt, sowie Michel Friedman, erfolgreicher Anwalt, CDU-Stadtverordneter, Talk-Master und nur durch die Liste von Oskar Schindler "ermöglicht worden", da seine Eltern auf dessen Liste standen. Georg Faktor, Bauherr des Nordwestzentrums, und Josef Buchmann, milliardenschwerer Mann vom Lerchesberg, sind derzeit die vielleicht markantesten Investoren in Frankfurt. Auch im Bereich von Gastronomie und Entertainment hat die Maimetropole mit Gerd Schüler einen großen Stilisten zu bieten. Viele andere Namen aus Kultur, Lebensstil und Investment könnte man hier noch mit jüdischem Touch aufführen, doch zeigt nicht nur diese Phalanx der Namen, sondern auch Architektonisches der letzten Jahre wie die prächtig sanierte Westend-Synagoge, das Jüdische Gemeindezentrum, die beiden jüdischen Museen und sogar eine neue größere Wohnanlage mit der Jüdischen Gemeinde als Bauherrin, daß *"das stürmische Prosperieren der Handelsmetropole*

Frankfurt es mit sich brachte, daß die jüdische Gemeinde stark anwuchs und ein eigenes kulturell-geistiges Profil gewann" (39/S. 63).
Nur das alte hochbelebte Straßenrevier der von den vergeistigten und merkantilen Westendjuden eher verachteten "herumtreiberischen" Ostjuden rund um den Zoo ist total zerstört und wohl hier ebensowenig wie an anderer Stelle noch einmal wiederauflebbar. Immerhin sind in den letzten Jahren über 1000 Ostjuden nach Frankfurt eingewandert, die dem Binnenleben der Gemeinde neue Facetten gaben.
Natürlich ist auch Frankfurt allein nicht in der Lage, alle Juden, die es verdient haben, entsprechend zu würdigen und zu behandeln. So hat zwar Oskar Schindler zwischen 1958 bis zu seinem Tode 1974 in Frankfurt gewohnt und sich auch besonders in seiner kleinen Dachwohnung im Bahnhofsviertel nicht so ganz unwohl gefühlt, aber die Stadt hat es nach einem riesigen bürokratischen Aufwand mit dem Land und der damaligen Adenauer-Regierung doch nur zu einer kleinen Zusatzversorgung für den unvergleichlichen Lebemann gebracht. In einem peripheren eingemeindeten Stadtteil ist eine kleine Straße nach ihm benannt. Ansonsten hat zumindest Frankfurt seine Kap-Rolle dergestalt unter Beweis gestellt, als nun wirklich hier eine überzeugende "Vergangenheitsbewältigung" zum Thema Judentum, nicht zuletzt über das Fassbinder-Stück und den Börneplatz-Konflikt, stattgefunden hat und artefaktisch an sehr vielen Stellen der Mainmetropole das Jüdische wieder auferstanden ist oder in alten Institutionen wie der Goethe-Universität oder dem Philantropin immer noch weiterlebt.
Neben dem pekuniären und lebensstilistischen Netzwerk thront natürlich auch 25 Jahre nach dem zu frühen Tod von Theodor Wiesengrund Adorno (seine Witwe Gretel verstarb erst in jüngster Zeit, die Witwe von Oskar Schindler, Emilie Schindler, sowie die Witwe von Itzak Stern lebten noch im Sommer 1994) die intellektuell-dialektische Unruhe, die von seiner Person ausgelöst wurde, über dem originären Frankfurter Stadt-Anthropos. Nichts anderes als die "jüdische Indigenität", die noch nicht einmal das originale Vor-Kriegs-New York so aufwies, ist also wohl das entscheidende Konstituens des Frankfurter Quintärs, seiner unnachahmlichen Flanerie zwischen Geist und Geld. Da verwundert es nicht, wenn heute fast der gesamte Innen-Anthropos Frankfurts, der nur noch ein paar tausend deutsche Wähler aufweist, von einer Qualität ist, die komplett auf einer Schindler-Liste stehen würde, wenn es wieder einmal darum gehen müßte, Menschen vor einer erneut vollkommen barbarisierten und verbrecherischen deutschen Staatsbürokrateska zu retten.

Nur die "kapitalen" Pyramidenspitzen aller irgendwie für die internationale Postmoderne und Mediale wichtigen zivilisatorischen Tranchen arbeiten im und für diesen Anthropos, was in den seltensten Fällen "schön" oder "gemütlich" wirkt, dafür aber immer ehrlich, stattdeutsch und konstitutionell weiterführend. Nur hier und von hier aus, auf im Kern einigen wenigen Quadratkilometern, wird das Projekt der Moderne mindestens bis zum Ende der neunziger Jahre in einer europaweit einmaligen Sonderentwicklung weiterbetrieben.
Frankfurt liegt nur scheinbar in Deutschland. Bestimmend ist nicht die physische Verankerung auf deutschem Boden, sondern die selbstkonstruierte "lex" als ein Resultat des über Jahrhunderte in seiner Stringenz gleichgebliebenen Status einer vollständigen Weltausstellung. Weil das originäre New York sich vielleicht nicht so vollständig gefühlt hat, gab es dort doch tatsächlich in den sechziger Jahren eine richtige Weltausstellung. Während Frankfurt seit Jahrhunderten über eine Genese der Zuwanderung verfügt und sich immer neue ethnische Partikel von der Stadt angezogen gefühlt haben, profitierte New York von kartoffelpestgeschädigten Iren, von der Auswanderung nach den gescheiterten Revolutionen von 1848 und von dem riesigen europäischen NS-Exodus, also von den alten Euro-Eliten und ihrer unvergleichlichen Art, ihr Volk nur für ihre Zwecke so am Leben zu halten, daß es gerade als Abgabeunternehmen seine Funktion nicht einbüßt.
Frankfurt ist anders, Frankfurt ist besser, seine Geschichte ist eher positiv, und seine weltweite Ausstrahlung wird immer signifikanter. Die Menschen in Ghana wollen es nicht glauben, daß ihr Landsmann Anthony Yeboah Torschützenkönig der Bundesliga und dazu als Afrikanr auch noch Kapitän von Eintracht Frankfurt ist. Yeboah als Weltkind des schwarzafrikanischen Kontinentbereiches hat sofort gesehen, daß Frankfurt eben anders ist. Und vielen Frankfurter Messe-Kritikern wird ganz anders, wenn sie hören, daß die Messe Frankfurt neben der *"Einrichtungsmesse Interieur und der Interstoff in Hongkong, der Stoffeschau Toplook in Yokohama, der Techtex in Osaka, der Internationalen Frankfurter Messe Asia und der Heimtextil in Tokio"* (40) nun auch noch im Mai 1995 in Singapur, dem Sitz der APEC, eine Konsumgüterschau mit dem Namen "Spring Fair" als siebte Exportmesse in Asien ausrichten wird. Für Singapur, die Stadt, die im Frühjahr 1994 einen Amerikaner aufgrund eines Vergehens nach einer Intervention Clintons nur vier- statt sechsmal empfindlich schlagen ließ, ist die Entscheidung deshalb gefallen, *"weil der Stadtstaat dank seiner Freihandelspolitik und seiner Rolle als Handels- und Finanzzentrum der Region auch für Messen attraktiv sei. Zudem habe Singapur eine multikulturelle Tradition, die*

sich in der Geschäftswelt widerspiegele und den Zugang zu den Märkten in China, Indien und Vietnam erleichtere ... 1993 sei das Bruttosozialprodukt Singapurs um zehn Prozent gestiegen " (40).
Wenn auch Singapur als Handelsmetropole und cleane asiatische Millionenstadt für "seriöse" Geschäfte wie geschaffen scheint und Touristen ob seiner "Ungefährlichkeit" immer wieder beeindruckt, muß es insbesondere bei den weichen und weltgeistigen Standortfaktoren noch viel an Toleranz und Menschenrechtlichkeit lernen, um es universal mit der Metropolregion Frankfurt oder New York aufnehmen zu können. Während also Singapur im Bereich des Geistes und Humanums noch übt, ist Frankfurt hier weit fortgeschritten und hat zudem den Vorteil, die großgliedrigste unter den vielen kleingliedrigen Kommunen zu sein, die das unmittelbare Rhein-Main-Gebiet mit seinen etwa drei Millionen Einwohnern konstituieren. Die Auswüchse der Millionenstädte und Mega-Metropolen, in denen die zweite, dritte, vierte und fünfte Welt samt ihren Begleiterscheinungen der ersten Welt längst so proportional und quantitativ über den Kopf gewachsen ist, das selbst der nur noch einem schwangeren Bauch im hundertsten Monat ohne Aussicht auf auch nur eine konstruktive Geburt gleichkommt, muß die Kompaktkapitale Frankfurt nicht nennenswert beschäftigen.

Berlin dagegen, im Mai 1994 erstmals Gastgeber der seit 1985 zum vierten Male stattfandenden "Weltkonferenz der Millionenstädte", muß sich mit seinem immer bedrohlicher werdenden Status als 2. Welt-Millionenstadt, vielleicht gar bald mit einer Direktautobahn an das ebenfalls reichlich unterentwickelte Moskau angebunden, hier schon ziemlich kompetent machen. Sein Franchising besteht primär aus preußisch-deutsch-hitleristischen Vernichtungsarmeen und sekundär aus ein bißchen "zwanziger Jahre" und Philharmoniker. Ansonsten besteht unverändert da, von wo Frankfurt sein weltweit gelobtes und gerne übernommenes FFM-CITY-FRANCHISING ausübt, eine Leerstellenmalaise.

Während die nationalsozialistische Barbarei als Franchise-Geber bis heute in viel zu vielen Links- und Rechtsdiktaturen freudige Franchise-Nehmer gefunden hat, darf sich Frankfurt bedenkenlos die Franchise-Maxime "Einmal denken, x-fach multiplizieren" zuführen, denn was hier generiert und an Artefakten bereitgestellt wird, kann auch woanders nur progressive Effekte haben. Was in Amerika schon lange manifestiert ist und mit einem "way of life" auch in der Wirtschaft problemlos umgesetzt werden kann, nämlich seinen Namen, seine Werte und seine besten Hervorbringungen auch für andere zur Mehrung ihrer

Prosperität herzugeben, ist in Deutschland, wo bis heute staatlicherseits kaum etwas anderes als Arizität produziert wird (immerhin wird aber jetzt die Lufthansa zu einem stilvollen Privatier!), immer noch eine Ausnahme. Erst 1978 wurde der Deutsche-Franchise-Verband ins Leben gerufen, der in München residiert, erst seit ein paar Jahren gibt es in Essen eine Franchise-Messe, erst im Mai 1994, ein zweifelloses Ärgernis für Frankfurt, bequemte sich die FAZ zu einer Sonderbeilage zum Thema Franchising. Der deutsche Haß auf Frankfurt, die lange Unfähigkeit seiner beamteten Stadtoberen zu einer auch nur einigermaßen volumengerechten Repräsentation und Präsentation seiner Möglichkeiten und die Tatsache, daß sich München immer noch am "problemlosesten verkaufen läßt", hat bislang alle wesentlichen Einrichtungen in der Bayern-Hauptstadt konzentriert. In anderen Ländern mit einer besseren Staatsgeschichte gibt es schon über zweihundert Jahre ein "Franchise":
"Mit dem Begriff Franchising werden in Frankreich, England und in den USA bestimmte Privilegien bezeichnet, die der Staat an Einzelpersonen vergibt. Diese dürfen dann als Monopolisten gegen Gebühren eine im staatlichen Interesse liegende Produktion oder Handelstätigkeit aufnehmen" (41/S. B 2).
In angelsächsischen Rechtsbereich nennt man die Erlaubnis, Rechte kommerziell zu nutzen, die eigentlich anderen Franchis-Trägern gehören, Franchising. Besonders eine Firma war es dann, die bis heute als Paradebeispiel des Franchising fungiert und diese Erfolgsformel zwischen Kooperation und Kommunikation salonfähig machte: *"Am 02.03.1955 wird McDonalds ins Handelsregister eingetragen - die Geburtsstunde des modernen Franchising. Immer mehr Firmen gruppieren um ihr Produkt Leistungen, die für Existenzgründer den Einstieg in die Selbständigkeit ohne großes Risiko möglich machen"* (41/S. B 2). Natürlich ist die Zahl der schwarzen Schafe nicht gering, weil natürlich die deutsche Staatsministerialbürokratie, die immerhin 1994 auch den Nachnamen der Frau im ehelichen Amtsbündnis ermöglicht, hier noch überhaupt gar keine Regelungen verschriftlicht hat, so daß die Verträge zwischen dem Franchise-Geber und Franchise-Nehmer wegen ihres dadurch notwendigen überproportionalen Umfanges leicht mit norm- und sittenwidrigen Aberrationen zu versehen sind. Die vorhandenen Quellen sollte jeder willige Franchise-Nehmer nutzen, um sich über die Richtigkeit und Tatsächlichkeit der sich als Franchise-Geber gerierenden Partei zu informieren. Neben den oben genannten Fleischrondellen sind Hotelketten weitere oft zusammenkommende Vertragspartner, weil hier die Proportionen zwischen Selbständigkeit und

Einflußnahme durch einen Franchise-Vertrag auch in ihren Details recht gut aushandelbar sind. Nun geht es ja eigentlich in diesem Kapitel um das FFM-CITY-FRANCHISING in der zweiten Hälfte der neunziger Jahre, wo ihm Rahmen der Gültigkeit der neuen GATT-Vertrage und der Zuständigkeit der Welthandelsorganisation besonders solche Städte noch erfolgreicher sein werden, die schon lange beweisen, daß ihr Binnenklima für einen florierenden Austausch von Sprache und Gütern einen Namen als "lex" aufweist, mit dem der Rest der Welt gerne in Kontakt tritt. Internationale Netzwerke mit finanzdienstleisterischen und logistischen Ergänzungen sowie die Bereitschaft zu einer interkulturellen Verständigung machen Frankfurt hochgradig dazu prädestiniert, im globalen City-Franchising der WTO-Ära eine kanonfähige Kommunikationsästhetik auf höchsten Niveau zu inszenieren, die freilich wegen ihrer Spitzenhaftigkeit nur von einer sehr gut ausgebildeten und trotzdem toleranten Dienstleistungselite wirklich auf einem solchen Niveau und mit einem solchen Entgegenkommen zelebriert werden kann, wie es die weltinnenpolitische Ökonomie erfordert. Wenn die ausländischen Handelspartner den Eindruck haben, sie hätten es mit einer insularischen Stadt (wie etwa Berlin) zu tun, in der die Atmosphäre von einer hermetischen ethnokommunikationsunwilligen Hierarchie und Nationalbürokratie vergiftet ist, dann werden sie sich schnell woanders hinwenden. Nach Frankfurt wenden sich die meisten Städte sehr gerne, weil Frankfurt via Banken, Flughafen und Messe sowie via Bücher, Zeitungen, Eintracht und Forsythe sowie Medialität überhaupt gerne immer woanders ist. Die folgende Übernahme aus einem Artikel zu "Franchising im Spiegelbild des Wertewandels" könnte die formulierte "lex" für den Geist der Mainmetropole sein, mit der sie mit ihren Partnern kommuniziert: *"Der neue Leistungsorientierte, der uns heute in wachsender Zahl begegnet, zeichnet sich durch sein Streben nach Entwicklung und Ausbau individueller Möglichkeiten und Talente, durch ein gesundes Selbstwertgefühl und das Streben nach Wissen und Kompetenz aus. Seine Lebensorientierung ist pragmatisch und chancenorientiert. Er besitzt Initiative und Pioniergeist - aber ihm fehlt der finanzielle Hintergrund ebenso wie die notwendige Erfahrungsbasis, um sich eine selbständige Existenz aufzubauen"* 41/S. B 5). Genau so hat sich das gesamte Rhein-Main-Gebiet, ohne je gegenüber Frankfurt verpflichtet zu sein, aus Hessen in die Welt urbanisiert.
Nicht umsonst ist Frankfurt zur Marketing-Hauptstadt 1994 gewählt worden und konnte im Mai seines Jubeljahres erstmals einen Deutschen Kommunikationstag, den sechsten insgesamt im dreijährigen Turnus seit 1979, in der

Alten Oper und an verschiedenen anderen Locations der Stadt durchführen. Nur hier scheint die Ineinanderdurchdringung von Stadt- und Unternehmenskultur zu einem Stil zusammenzufinden, aus dessen Mix sich nahezu alle Einzelteile erfolgreich weltweit exportieren lassen. Das Verhältnis zwischen einem Kap und seinen Co-Aktoren entspricht exakt der kapitalen Kommunikation zwischen Franchise-Geber und Franchise-Nehmer: *"Franchising bietet den neuen Ansprüchen an das Arbeitsleben ideale Chancen zur Verwirklichung. Unternehmerische Initiative, Aufstiegsorientierung und Pioniergeist können sich in einer Franchise-Partnerschaft gewinnbringend entfalten. Ein Franchise-Nehmer verbindet sein Potential an Aktivität, Kreativität, Einsatzbereitschaft und Durchsetzungskraft mit einem Partner, der sein Know-how, die finanzielle Sicherheit und das Erfahrungspotential beisteuert. Der Franchise-Nehmer bleibt dabei sein freier Herr, steht aber nicht im Freien. Seine Anbindung an ein Franchise-System stellt nicht nur eine Risikominimierung dar, sondern vor allem das ermutigende Ergebnis der Gemeinsamkeit, der Möglichkeit zum Erfahrungsaustausch und der Möglichkeit zu kontinuierlichem Lernen, ohne die Existenz dabei aufs Spiel zu setzen. Komplementär zu den Selbstbestimmungswerten entwickelt sich das Bedürfnis nach Sicherheit durch Einbindung in eine Gemeinsamkeit, der emotionalen Geborgenheit und der Nestwärme. Im Franchise-System entsteht Nestwärme durch Partnerschaft. Der Franchise-Nehmer ist zwar ein eigenständiger Unternehmer, aber gleichzeitig Teil einer Gruppe, die ihn schützt und in der sich gleichermaßen Geborgenheit wie auch Wettbewerb entfalten. Darüber hinaus bedeutet Partnerschaft auch die Multiplikation einer Idee. Deshalb ist es eine Bedingung, daß die Unternehmens-Kultur im Franchise-Unternehmen sinnhaltig und verbindend ist. Im Verlauf der Entwicklung eines Franchise-Systems werden die Partner selbstverständlich an der Anpassung und Erneuerung der Zielsetzungen aktiv beteiligt. Die Unternehmens-Philosophie wird ihnen also nicht einfach übergestülpt, sondern ist ein - sich ständig mitentwickelndes - Resultat gemeinsamer Arbeit. Nach außen, zum Kunden hin, dokumentiert sich diese Anstrengung im Bild einer starken und attraktiven Marke ... Wenn das Unternehmen, mit dem er zusammenarbeitet, als einzige Kontaktstelle eine Zentrale in der fernen Hauptstadt hat, aus der zwar die Werbung erfolgt, die aber ansonsten anonym bleibt, kann keine Kundenbindung entstehen. Beim neuen Konsumenten hat sich der bekannte Grundsatz 'All Business is local' zugespitzt auf die Erwartung 'All Business is personal'"*(41/S. B 5).

Damit dürfte etwas verständlicher sein, warum die Frankfurter Messe immer mehr Expositionen in den wichtigsten Metropolen Asiens durchführt. Personalität und Dialog am Platz, ansonsten auch keine Stärke deutscher Firmenniederlassungen im Ausland, wird als Serviceleistung nicht hoch genug eingeschätzt. Wenn man sich die stark wachsenden Anteile asiatischer Aussteller im Frankfurter Messegeschehen 1994 ansieht, gibt es wohl zu diesem Thema keinen Erklärungsbedarf mehr. Alleine die Tatsache, daß Essen im Juni 1994 die fünfte Franchise-Messe durchführt, gefällt mir nicht. Obwohl Essen, EU-Gipfel-Gastgeber im Dezember 94, an sich diese kleine Hebung in einem Dienstleistungsbereich gegönnt sei, scheint mir hier doch ein wichtiges Akquisitionsmoment für die beiden Frankfurter Institutionen Messe und Wirtschaftsförderung zu liegen. Wenn schon im Mai 1994 mit dem 6. Deutschen Kommunikationstag rund um die Alte Oper, dem 2. Frankfurter Kommunikationsmarkt im September 1994 auf dem Römerberg, der Infobase, zwei Zeitungsausstellungen, dem neuen privat geführten 3D-Museum und überhaupt der Medialität des Jubiläumsjahres Frankfurt nicht nur Marketing-, sondern auch Kommunikations- und Medienhauptstadt ist, dann sollte dieser synergetische Effekt zum offiziellen Franchise-Standort hinführen.

Die Dialektik zwischen Kapitalismus und Kommunikation kann auch hier nur ein willkommener vitalitätsgeladener Antagonismus sein, den das Franchising bei auch hoffentlich bald besserer gesetzgeberischer Ausstattung nur befruchten kann. FFM-CITY als Kap heißt dazu alle an sich interessierten Kommunikationspartner herzlich willkommen!

Nur gut eintausend Gäste hatten die Einladung angenommen, sich am dreitägigen 6. Deutschen Kommunikationstag im Mai 1994 nach Frankfurt zu begeben. Ob es daran lag, daß die Budgets auch in der krisenfesten Boombranche Kommunikation in der jüngsten Vergangenheit ebenfalls für derartige Luxus-Extras heruntergefahren wurden oder die Berliner, die vier der ersten fünf Veranstaltungen dieser Art durchführten, erfolgreich eine Anti-Frankfurt-Hetze betrieben haben, läßt sich schwer sagen. Im kopflastigen Frankfurt allerdings residiert immer noch Jürgen Habermas, der die Theorie des kommunikativen Handelns schließlich entworfen hat. Weder er noch der bei der Veranstaltungskonzeption im Vorfeld genannte US-Vizepräsident Al Gore wohnten jedoch dem Treffen bei, dafür aber der Nanterre-Professor Jean Baudrillard, der als alter 68er und mit Sao Paulo als Zweitsitz natürlich ein ziemlich finsteres Weltbild der Moderne in ihrer Übergangsära zur Virtualität entwirft. Baudrillard, der in der "Wunderwelt Wirklichkeit", so der Kongreßtitel, das Ende von Seele und Geschichte heraufgekommen sieht, war trotzdem in dieser Veranstaltung des schönen Scheins ein willkommener Bruch und aufgrund seiner hervorragenden Deutschkenntnisse wieder einmal ein spätes metropolitanes Erfolgserlebnis für Frankfurt.

Als kurze Statements handelten die Essentials von Baudrillard von der
- Erschöpfung der potentiellen Kapazitäten, die eher zur totalen Ausschöpfung führen wird als zur Vision einer transzendenten Finalität, um somit als Ausbeutung der Potentialität des Genoms kein Ende in unserer virtuell vollendeten Medienwelt zu weisen
- Möglichkeit zur Hyperrealität, die keine Negation oder Alternative mehr zuläßt, sondern über eine totale Positivität des Realen Rationalität in ihr Gegenteil umschlagen läßt
- Realität jenseits unserer Hoffnungen, welche durch eine Radikalität des Denkens konstituiert ist, das durch seine ebenso radikale Umsetzung der Auflösung zustrebt, so daß wir von der Realität so einbezogen werden, daß der Ausstoß hieraus unvermeidlich ist
- Technik als Exorzismus des Menschen, die ein zersetzendes System in Gang gebracht hat, welche uns in lauter künstliche Prothesen auseinanderdividiert
- Physis der Welt als informatorischer Energie, die eine Verflüssigung der materiellen Substanz ins Orbitale inszeniert, woraus Prozesse resultieren, die als unendliche Spekulation ohne Ende, ohne Spannung und ohne Leidenschaft geschichtslos ablaufen
- Mitte, die über die Ekstase zur Metastase flottiert und durch einen Drang zum Äußersten etwa bei Sex, Politik und Gewalt gekennzeichnet ist, woraus auch eine Kommunikation resultiert, die aus jeder Form und Gestalt herausgetreten ist und eher einen Streik der Ereignisse in der neuen Leere begleitet als sie reflexiv interpretiert
- Retrogeschichte als Nekrogeschichte, nach der in der Posthistoire Kapital und Geld sich immer schneller um sich selbst drehen und Teilbestand einer ethnischen Säuberung sind, die jede Form von indigenem Anderssein außer Kraft setzt
- Virtualität als totale Identifikation, die dem Tod gleichkommt, weil sie jede Dialektik aufhebt und der Kreativität des Antagonismus jeden konkreten Boden entzieht

- Mediatisierung des Booms, der sich virtuell verselbständigt, immer weniger menschliche Schaffenskraft benötigt und von einem Geld dominiert wird, das sich durch seine Beschäftigung mit sich selbst von Menschen, Zeiten und Wirtschaftsformen entfernt, womit die Banken selbst zu einer "lex" in der Wirtschaft geworden sind, die zu erheblichen Teilen "Out of the World" agieren und mit ihren akkumulierten Geldmassen und Geldverarbeitungsmöglichkeiten Systeme und Mächte externalisieren können.

Francis Fukuyama und Mancur Olson als pragmatische Ökonomen im Direktumfeld der Clinton-Administration, die ja den totalen Datenaustausch via Information Highway anstrebt, sprachen vor und nach Baudrillard in englischer Sprache und verbreiteten dabei als Anhänger des digitalen und virtuellen Zeitalters sehr viel Optimismus, was die kommunikativen Möglichkeiten der Postmoderne betrifft. Es ist natürlich auch immer wieder das zivilisatorische Umfeld, was das Stimmungsbild des Vortragenden entscheidend determiniert. Baudrillard als klassischer alt-linker marxistisch angehauchter Intellektueller ist Teil der spezifischen europäischen Aufklärungsgeschichte mit all ihren gewalttätigen Brüchen; Fukuyama und Olson bewegen sich im sowieso eher geschichtslosen Amerika schon außerhalb der Historie und tragen vielleicht deswegen ihre Ausführungen in einer unbelasteteren und unbefangeneren Tonart des "Anything Goes" vor.

Frankfurt hat in seinem Anthropos beide Pole angelegt und ist deswegen ebenso mit einer großen Stadtgeschichte behaftet, wie es mit seinen neuen City-Strukturen jede insbesondere deutsche Geschichtshaftigkeit aufhebt. Diese Kombination aus optimalen Proportionen von Geschichte und Nachwelt muß daher auch als Grund angesehen werden, warum in seiner Mitte trotz aller stressigen Überspanntheit zwar natürlich alles sehr hyperreal und auf die Spitze getrieben wirkt, trotzdem jedoch wegen des sich immer mehr verdichtenden Charakters einer scheinbar über alles Durchschnittliche erhabenen Statt-Staats-Stadt gerade durch den kontrollierten Heraustritt aus allen Fugen eine in vergleichbaren Metropolen unerreichte mittehafte Stabilität durch ein einzigartiges Ausgeglichensein aller Kräfte im Kontext eines progressiven Antagonismus präsent ist.

Nicht eine Person wie Nelson Mandela in Südafrika inszeniert die zivilisatorischen Figurationen, sondern eine einzige Aneinanderreihung aus städtischen Raumrepräsentationen aller irgendwie derzeit ästhetisch bedeutenden Welt- und

Humanmilieus, die diesen einst leergebombten Raum, in dem nur seine legendäre "lex" virtuell überlebt hat, zu einem Anthropos komprimieren, der sich durch eine einmalige Mitte zwischen eingebrachter Kommunikation und notwendiger Anonymität auszeichnet.
In der Sonderbeilage des Medienmagazins "HORIZONT" zum Frankfurter Kommunikationstag definiert Alexander Deichsel in seinem Beitrag zu "Wirklichkeiten im Wirklichen" mit der Verörtlichung, Verdinglichung und Verstetigung drei soziokulturelle Tendenzen der neunziger Jahre. Obwohl Frankfurt nicht Gegenstand seiner Ausführungen ist, kann es wieder als Heimstatt allen Arrieregardismus die folgende Übernahme für sich beanspruchen: *"Mittels unserer temperamentvollen Internationalisierung schaffen wir Raum für immer mehr Ortsstolz. Was uns zu noch mehr Internationalisierung drängt. Das Telephon ist eine höchst ortsbelebende, anarchisierende Einrichtung ... Die kommunikative Dichte des Austausches zwischen Orten verdichtet die Orte selber ... Dieser Ortsstolz macht sensibel für andre Ortsgestalt. Nur kräftige Ortsmarken werden global attraktiv bleiben - für den Touristen ebenso wie für den Journalisten, für den Hersteller von Produkten ebenso wie für Händler und Kundschaften ... Indem Europa gewisse Aufgaben zentralisiert, entfalten seine Orte immer mehr Eigenwille, durchaus mit souveränitätsähnlichen Ansprüchen"* (42/S. K 2).
Frankfurt ist oft genug erschöpft, schöpft aber daraus angesichts der Unsterblichkeit seines Anthropos, die im Gegensatz zur Sterblichkeit seiner kommunikativen Aktoren steht, gerade seine scheinbare Unerschöpflichkeit und bleibt so in einer stets verträglichen Balance zwischen Konkretheit und Virtualität. Aus dem Zusammenspiel von Baudrillard und Deichsel im Anthropos der Mainmetropole erwächst ihr Anspruch, für sich selbst diskursiv Geltung zu beanspruchen und vor aller gegebenen Faktizität zu stehen.

Frankfurt als Spannungsfeld zwischen Schöpfung und Erschöpfung könnte sich nicht ein Kap nennen, wenn nicht immer wieder Segmente einer nicht normalen, sondern kapitalen Kommunikation darin stattfinden würden. Die innerstädtische Schöpfungskraft wäre noch viel höher, wenn Geschöpftes nicht millionenfach an Bund und Land überwiesen werden müßte. Rund vierzig Milliarden DM betrug alleine die Steuerschöpfung Frankfurts in den Jahren 1992 - 1994, wenn man den jeweiligen Bundesbankgewinn von knapp 20 Milliarden DM hinzunimmt, der ja bekanntermaßen nahezu komplett an den Bund abgeführt wird.

Weitere 15 Milliarden DM führt die Mainmetropole an Bundes- und Landessteuern nach Wiesbaden und Bonn ab. Alleine das Aufkommen an Bundes- und Landessteuern eines halben Jahres würde ausreichen, um die in nunmehr 46 DM-Jahren kumulierte, ach jetzt wohl doch nicht mehr so hohe Verschuldung der Stadt Frankfurt zu tilgen, die maßgeblich von der Gewerbesteuer als Top-Größe lebt, von der die Banken rund ein Drittel aufbringen, obwohl sie nur etwa ein Zehntel der Arbeitsplätze stellen.
Noch geringer war der Diskursanteil der Banken an den städtischen Dialogstrukturen, die erst über die Schneider-Affäre und über die Jubiläen der Deutschen Bank, Commerzbank und DG-Bank 1995 sowie über die Rothschildausstellung, das Europäische Währungsinstitut und die neuen Möglichkeiten des 2. Kapitalmarktförderungsgesetzes sowie die gelockerten EG-Versicherungsfreiheiten endlich ein breites Spektrum an Publizität und Aufmerksamkeit in den Mittneunzigern angenommen haben, nachdem zuvor das Bankgeschäft im wesentlichen nur als Expertenkultur hermetisch und ohne die für Frankfurter Vertrauensgewinne unabdingbare Öffentlichkeit stattfand.
Im Frühjahr und Sommer 1994 jagten sich die Pressekonferenzen, Aufsichtsratssitzungen und Hauptversammlungen insbesondere beim Klassenprimus Deutsche Bank, der nicht nur wegen seines Schneider-Engagements (mehrheitlich von der Kölner Centralboden-Tochter organisiert) in Gestalt seines Vorstandsvorsitzenden und Herrhausen-Nachfolgers Hilmar Kopper eine späte Mediatisierung erfuhr, sondern auch durch seinen exorbitanten Gewinn und Bilanzzuwachs sowie durch andere Deals rund um die Metallgesellschaft, die Verbindungen und Geschäfte mit der Stadt Frankfurt und weitere nicht ganz gelungene Finanztransformationen im Mittelpunkt stand. Nun kann, passend zum Thema des Deutschen Kommunikationstages, auch die interessierte Öffentlichkeit endlich ein wenig an den Geheimnissen der "Wunderwelt Wirklichkeit" in den Banken teilnehmen, die für viele so faszinierend und magisch erscheint wie die Zauberkünste des David Copperfield.

Jean Baudrillard formulierte auf dem Kommunikationstag die These, daß eigentlich längst die Massen die Mächtigen manipulieren und im Griff haben. Insbesondere in einer Stadt mit einer solchen zivilisatorischen Power wie Frankfurt trifft das natürlich voll zu. Eine totale Vernetzung der privaten und öffentlichen Institutionen konstituiert die einzigartige Mixtur des Frankfurter "Public-Private-Partnership". Die Stadt ist von der City ebenso abhängig und kann nur noch deren Rahmen, aber nicht mehr deren Mitte kontrollieren, wie die

City nach fast fünfzig Friedensjahren zwar ihre Kapitalmassen noch bilanziell darstellen kann, aber zunehmend mehr das virale Spiel in den monetären Flottierungen nicht mehr gänzlich zu steuern in der Lage ist. Wenn die Kommunikation nur noch kapital verläuft und "blendende Oberflächen" wie bei Schimmelbusch und Schneider oder beim Deutschen Kommunikationstag ausreichen, um sofort für gut befunden zu werden, muß das als Anlaß genommen werden, die Kriterien der Bonität wieder etwas mehr in der Tiefe des Wesens anzusiedeln und vom Körperkult der letzten Jahre wegzukommen, sonst wird so vielleicht jemand selbstverständlich gut ausgestattet, der mit seinem Kapital alles will, nur nicht, dies gemeinschaftsdienlich einzusetzen.

Schließlich sind alleine in der boomenden und materiell wie ideell prosperierenden Main-Metropole alle anspruchsvollen Höhen von Geist und Geld in einem zusammenhängenden urbanen Kontext konzentriert. Nur von hier aus kann die Intermetropitanologie als universelle Disziplin der ethnischen und architektonischen sowie sozialen und ökonomischen Welten entwickelt und für eine Weltinnenpolitik überall hin exportiert werden.

Medium der Erfassung, Reflexion und Weiterbearbeitung ist die Flanerie, die hier nicht mehr wie im Paris des 19. Jahrhunderts als Erlebnisästhetik einer höheren Gesellschaftlichkeit daherkommt, sondern als ein Arbeitsethos im permanenten Frankfurter Spannungsfeld zwischen vordergründig siegreicher Konterrevolution und hintergründig praktizierter Revolte zu einem urbanen Tanz generiert ist, der sich aus der Beherrschung von und Exposition im spätkapitalistischen und multiethnischen Dynamik-, Kommunikations- und Geschwindigkeitsrausch speist.

In der Frankfurter Ära der deregulierten finanzwirtschaftlich bestimmten Flanerie der zweiten Hälfte der neunziger Jahre, die von Kapitalmarktförderung, europäischem Währungsstreben und der Welthandelsorganisation determiniert und virtualisiert sein wird, dynamisiert sich die passagere Transversalität der Mainmetropole immer mehr. In den United Nations and Colours of Frankfurt paradieren nicht wie am 14. Juli 1994 deutsche Soldaten auf den Pariser Champs Elyseés und werden auch hoffentlich keine verfassungsgerichtlich abgesicherten Bundeswehrtrupps "Auslandseinsätze" abhalten, sondern EXPO-Flaneure wie Philippe Petit sollten sich hier für immer amerikanisch-unbedrängt mit ihren "Bewegungen" konter-militaristisch auslassen und vorgehen.

Transversalität, nicht Linearität muß die Maxime von Frankfurt als Mitte, Mittler und mittlere Stimmung bleiben!

P.S. Zwei Passagen:
Das Implantat Museums-Ufer und das Kap Wolkenkratzer-City

Was linear und was transversal ist, was eine Implantation und was ein Kap repräsentiert, was wirkliches metropolitanes Franchising ist und worin das Frankfurter Quintär unter der Prämisse der Flanerie zwischen Geist und Geld seine finale Erfüllung findet, möchte ich abschließend am Museumsufer als dem urbanen Höhepunkt der achtziger Jahre und der Wolkenkratzer-City als dem kosmopolitanen Highlight der neunziger Jahre darstellen.

Während die museale Passage zeitlich zwischen 1984 und 1992 entstand, ist die Sky-Scraper-Passage in ihrer Vollendung zeiträumlich zwischen 1993 und 1999 anzusetzen.

Stadträumlich reicht die museale Passage vom Museum für Moderne Kunst auf der Frankfurter Seite über die gesamte Ausstellungslandschaft rund um den Römerberg und den Eisernen Steg bis hin zum Museumsufer zwischen Kunsthandwerksmuseum und Städel-Anbau respektive Liebighaus, um mit dem Holbeinsteg wieder transversal in Richtung Frankfurt abzuschließen. Die Wolkenkratzer-Passage reicht vom Eurotower am Willy-Brandt-Platz über die Neue Mainzer Straße mit allen vier im Rahmen der Nachverdichtung noch zu bauenden Hochhäusern, darunter dem Foster-Commerzbank-Bau als erstes wirklich "quintäres" Gebäude über die Taunusanlage und den City-Teil der Mainzer Landstraße von der Deutschen Bank bis zur Deutschen Genossenschaftsbank, um dann in der Friedrich-Ebert-Anlage, ab 1999 unterirdisch begleitet von den U-Bahn-Stationen Platz der Republik und Messe, nach dem dann wohl hochhausbesetzten Gelände des jetzigen Polizeipräsidiums mit Castor und Pollux sowie dem Messeturm und dem neuen Kongreßzentrum ihren Abschluß zu finden. Die Museumsmeile ist zwar ein öffentliches Projekt der Stadt und Vorzeigeobjekt der Ära Hoffmann, hätte jedoch niemals ohne die exorbitant hohe Gewerbesteuer finanziert werden können, deren Spitze alleine den privaten Banken, also der City, zu verdanken ist. Deshalb kommt auch auf einen Wolkenkratzer ziemlich genau ein neues Museum beziehungsweise ein Museumsanbau. Die Wolkenkratzer-City, für die im alten Bankenviertel sogar die vorübergehenden Umleitungsmaßnahmen auf den betroffenen Straßen von den beteiligten Bauherren finanziert werden, ist dagegen ein rein privates Kap-Projekt und wird durch die glänzene Prosperität der Banken ermöglicht.

Deren Gebührenerträge sind natürlich wie alle Steueraufkommen das Resultat der fulminanten zivilisatorischen Schaffenskraft im Anthropos, Konsequenz also einer dynamisch an der Moderne arbeitenden Bürger- und Angestelltenschaft, die sich fünfmal die Woche als Working Community in Frankfurts City trifft und das Projekt des virulentesten Boomraums in Europa weiterbetreibt.

Was nun spielt sich in den Museen ab, was in den jetzt durchweg sofort zugänglichen und öffentlichen neuen Wolkenkratzern?
Die vielen Kritiker der Prestigeprojekte von Hilmar Hoffmann sind durchaus zunächst auf der richtigen Spur, wenn sie sagen, die errichtete postmoderne Museumslandschaft sei nicht authentisch für die einstmalige protestantisch geprägte Bürgerstadt. Als die Vorhaben in den siebziger Jahren geplant wurden, konnte noch nicht geahnt werden, daß das originale Frankfurt nach deren Fertigstellung eigentlich nur noch aus Superstrukturen und Implantaten besteht, insofern also als Laboratorium der Moderne dann doch noch für die hingestellte Architektur im Kontext der universalen Weltausstellung das richtige Forum bietet. Hilmar Hoffmann hat sein Konzept ja auch im Hinblick auf den qualitativen Freizeitbedarf des Jahres 2000 realisiert, wo nicht mehr tiefer Intellekt, sondern Entertainment auf hohem Niveau gefragt ist. Da die alte Frankfurter Schule bedeutungslos geworden ist und somit das kulturtragende Milieu im Frankfurt der sechziger und siebziger Jahre zwar immer noch hier lebt, aber sich selbst mittlerweile auch apparatisiert, yuppifiziert und stilisiert zeigt, hat die museale Passage bereits in ihrem ideellen Anfangsstadium einen Stadtstatus vorweggenommen, der zwanzig Jahre später, also in den neunziger Jahren, urbane Wirklichkeit geworden und Teil eines großstädtischen Heimatbefindens Frankfurter Provenienz ist, das alle traditionellen deutsch-familiären Bindungen zugunsten von individuellen Hedonismen und internationalen Passagen ausgetauscht hat.

Nicht die Museen, sondern die Skyline ist jedoch authentischer Artefakt der permanenten Metamorphose Frankfurts. Zwar stehen die Museen im Kontext der postmodernen Avantgarde und haben deutschlandweit und nicht zuletzt für das Frankfurter Umland sowohl als Angebot wie auch als Vorbild entscheidende Bedeutung. Sie bringen jedoch die Frankfurter Zivilisation nicht weiter, sondern stellen sie bestenfalls aus, besonders im Jubiläumsjahr 1994 eine ganz augenfällige Erscheinung. Den Anspruch eines Kaps kann jedoch nur ein Phänomen zur Geltung bringen, das institutionell und zivilisatorisch zugleich als

lebendes und arbeitendes Subjekt das Objekt der zeitgeschichtlichen Moderne weiterführt. Das Geschehen in den Wolkenkratzern der Banken gehört sicherlich dazu, zumal es ein durchweg ohne Fremdeinflüsse und Fremdgelder sich täglich immer wieder neu inszenierendes Geschehen ist, das aus sich selbst lebt und nicht dauerhaft oder vorübergehend implantiert werden muß. Außerdem sind die Aktoren in den Geldpalästen nicht von antiquierten Parteien abhängig oder brauchen einen "Ausgehaltenwerdenstatus" wie die Kulturbeamten, die mit den Museumsausstellungen die deutsch-typische Unkultur des interaktiven Schweigens und Ignorierens fördern (nur die Schirn und das MMK machen hier eine Ausnahme), sondern verkörpern vielmehr als kommunikative Macher selbst die vitalen Aktoren des internationalen finanzwirtschaftlich und welthandelsintensiv grundierten Passagen-Kaps. Interaktives Schweigen allein, womöglich noch begleitet vom verfolgenden Blick des muealen Aufsehers (die Öffnungszeiten sind ja so angelegt, daß während der Arbeitswoche bis auf den Mittwochabend kaum jemand kommt!), ist trotz des schönenen Ambientes für eine ästhetische Beseelung wenig geeignet, sondern fördert nur die Linearität des Vorganges, den nur Flaneure für sich gewinnbringend nutzen können, weil sie als Protagonisten des Straßenrausches genau durch Dialoge mit der ausgestellten Unmittelbarkeit eine Resonanz für das "mitte-l-bare" entwickelt haben.
Nicht die Museen, sondern die Banken zieht es auch zumindest bis zum Rand der zivilisatorischen Magnifizenz schlechthin, dem Bahnhofsviertel nämlich, das mit seinem neuen westlichen Rand, der Wolkenkratzer-Magistrale Mainzer Landstraße, noch eine letzte Facette an sympathisch-aktiver Gewalt gewonnen hat. Banker werden in Frankfurt nicht zuletzt Banker, um zweimal am Tag die Kaiser- und Taunusstraße auf ihrem Weg in und von den City-Büros passieren zu können. Die beamteten und quasiverbeamteten Bediensteten der Stadt dagegen verkehren am amtsflußnahen Altstadtrest und gelangen nicht über eine der neueren Magistralen Frankfurts an ihren Arbeitsplatz irgendwo zwischen Stadtwerkeneubau/Jüdischem Museum, Technischem Rathaus, Römer und Museumsufer. Sie als einzige leben und arbeiten noch in den Grenzen von Stadtmauern, während ihre urban überlegenen Bankerkollegen in der weltlichen Entgrenzung und Spekulation ihr Zuhause haben. Deswegen gehen sie auch in die Höhe und verharren nicht im Staub der Jahrhunderte. Nicht Hermetismus und Gemarkungsdenken, sondern Transversalität und Weltkultur beherrschen ihren Alltag, der außerhalb der Kontinuität der Aktengeschichte steht, weil er jeden Tag eine neue EDV-Geschichte hervorbringt. Keine Kultur der lokalen Schriftlichkeit, sondern ein Daten-Franchising der Code-Kommunikation

ermöglicht den Banken, weltweit durch ihr Wirken Projekte aller Art voranzutreiben. Im Gegensatz zu Beamten, die bis auf den heutigen Tag die Straße meiden, stellen sich die Yuppies in den Finanzdienstleistungen auch gerne selber aus, weswegen in den Wolkenkratzern der neunziger Jahre große Bereiche für die Öffentlichkeit freigehalten werden, die sich dann mit dem Interieur der Häuser vermischen kann. Die City als neuer Kern degradiert die Stadt als einstige Mitte an den Rand, an das klar abgegrenzte (Museums-)Ufer!

Die staatlich subventionierte Kultur, in Amerika so völlig undenkbar, weswegen fast ausschließlich privat finanzierte Ästhetikgiganten wie die New York Metropolitan Opera viel mehr kreative Freiräume haben und nicht an totentänzerische Rituale gebunden sind, nimmt im Frankfurt der WTO-Ära, der zweiten Hälfte der neunzige Jahre also, wenn die nächste Wohlstandsrevolution auf intermedialem Niveau vonstatten geht, nur noch einen wichtigen Randplatz ein, um dem sich final manifestierenden City-Kern eine gute Ergänzung zu sein. Eine der Ursachen dafür nennt ein FAZ-Artikel zur Ordnung in der Wirtschaft mit dem Titel "Kern und Rand in der öffentlichen Ordnung", wenn es um die nach den GATT-Beschlüssen voluminöser werdenden Märkte geht: *"Die Erklärung liegt darin, daß sich beim Größerwerden der Märkte die horizontale Koordination erweitert: Es eröffnen sich den Menschen - in der spontanen Ordnung - neue Optionen, die einen Nutzengewinn in Aussicht stellen. Im Falle der staatlichen Gebilde geht es um eine hierarchische Subordination; durch sie werden eher Chancen oder Optionen verschlossen, Handlungsräume eingeschränkt. Deshalb kollidieren sie mit dem Emanzipationsstreben der Bürger"* (43). Frankfurt als Statt-Staats-Stadt läßt in seinem EXPO-Anthropos alle nur denkbaren Emanzipationen zu und erfährt so als "Kap-Stadt" weltweit eine hohe Anerkennung. Seine Fühler streckt es jedoch nicht nur nach Karlsruhe und Weimar oder nach Budapest und Paris oder nach Berkely und Singapur aus, sondern hat auch seinem riesigen Umland durch die gelassene Selbständigkeit und die selbstgewählte Kleinheit insbesondere in den letzten fünf bis zehn Jahren massive infrastrukturelle, ästhetische und urbane Gewinne ermöglicht, weil Frankfurts Maxime des Freihandels nach dem Prinzip der Nichtdiskriminierung alle nur denkbare Universalität gewährleistet und sich gerne als Medium hinstellt, das progressive Reibungseffekte für andere zuläßt: *"Es gibt im Zentrum Fortschrittsrenten, temporäre Monopolgewinne, die auf dem Davoneilen beruhen; sie verschwinden in dem Maße, wie andere - vom Rande her - aufholen. Der Außenseiterwettbewerb ist ständig dabei, das Ruhekissen*

früher entstandener Monopolposition zu erodieren. Damit sind wir beim evolutionären Aspekt des Kern-Rand-Musters.
Die Kraft zur Bewegung, das Motorische, kommt aus dem Zentrum und entfaltet sich in einem Wettbewerb, den man für das Zentrum als Entdeckungsprozeß charakterisieren kann, allgemeiner noch: als Motor der wissenschaftlich-technischen Zivilisation. Für den Rand (derzeit besonders Offenbach, Anm. d. Red.) bedeutet das evolutionäre Element im Kern-Rand-Muster ein Nachhinken und Nachahmen, verknüpft mit der Chance des Aufholens. Das Evolutionäre enthält zugleich eine Offerte zum neugierigen Lernen und zum preisgünstigen Wissenserwerb im Prozeß des Technologietransfers" (43).
Innenstadtintern wiederum löst die Präsenz der nebeneinander liegenden Quartiere der Altstadt, der Konsumstraßen, des Bahnhofsviertels und des Bankenviertels ebenfalls eine eigene figurationsästhetische Dynamisierung aus. Während das Museumsufer und überhaupt das ganze museale Passagenimplanat in seinen alt-städtischen und main-nahen Ufern außer ein bißchen Gastronomie nichts weiter ausgelöst hat, sind das Konsum-, Banken- und Bahnhofsviertel als zivilisatorische und authentische Magnifizenzen entschieden mehr gegenseitige Befruchter: *"So wie das Zentrum II das Spitzenzentrum I von unten bedrängt, betreibt Zentrum III eine Aufholkonkurrenz gegenüber Zentrum II. Und so wie die Lava neuen Wissens auf dem Weg von Zentrum I zu Zentrum II altes Wissen und Sachkapital entwertet dadurch, daß sie neue Investitions- und Erkenntnischancen eröffnet, geschieht es auch im Innovationsprozeß der schöpferischen Zerstörung auf dem Wege von Zentrum II zu Zentrum III"* (43).

Auch wenn Boom und Dynamik immer wieder zur periodischen Besinnungslosigkeit führen, sind sie auf der friedliebenden Basis der handelsgrundierten Kommunikation zweifellos bessere Befindlichkeiten als Gewalt und Krieg. Nur die Wirtschaft und die Großbanken an ihrer Spitze haben noch die Größe und Weite, die entstandene Komplexität mit ihrer interkontinentalen Verflechtung international und intermedial verantwortungsvoll und in einem globalen Sicherheitsbewußtsein zu begleiten. Virale Zwischenfälle wie die Fälle Metallgesellschaft und Schneider belegten ja gerade im turbulenten Frankfurter Jubiläumsjahr 1994, wie scheinbar große Krisen fast ohne jegliche Verluste abgewickelt werden können.
Museen stellen Verluste höchstens aus, die City muß sie bereinigen und zum Schaden möglichst weniger Beteiligter begleichen: *"Im dynamischen Wettbewerb kann es verläßliche Ruhe nicht geben, auch keinen Kartellfrieden, weil*

die Unruhe des neuen Wissens das Geschehen ständig mit Stößen in Gang hält wie die Unruhe das Räderwerk einer Uhr. Die Energiezufuhr ergibt sich gleichsam aus den Schocks, die aus der Quelle des neuen Wissens hervorstoßen" (43).
Nur noch durch Skandale und Schocks ist heutzutage eine multimediale Aufmerksamkeit zu erregen, wird sich wohl der Herr Schneider gedacht haben. Ein neues Insolvenzrecht hat er bereits schon in die Wege geleitet, viele weitere Konsequenzen mit besseren Konditionen für die Zukunft sind im Gange. Freilich kann das Frankfurt, die Marketing-Hauptstadt mit ihrer unvergleichlichen "lex", überhaupt nicht erschüttern, denn ihre "Les Facettes" sind derer so viele und so gut, daß die "Dach-Marke" darunter nicht leidet, wenn ein Molekular vorübergehend ein bißchen außer Kurs gekommen ist. Die Banken mit ihren jetzt endlich vorhandenen riesigen Manövriermassen stört solcherlei "Peanuts" schon überhaupt nicht. Der Bilanzzuwachs der Deutschen Bank im Jahre 1993 mit 58 Milliarden DM und hohen Provisionserträgen beruhigt und sollte auch die Kunden beruhigen, denn so lassen sich einzelne Ausfälle leicht beheben. Die Gewinne und Bilanzzuwächse der letzten Jahre, die höher lagen als die komplette Bilanzabwicklung der Deutschen Bank seit der Währungsreform 1948 bis in die siebziger Jahre hinein, machen sie und ihre Kollegen, zum Beispiel die ebenfalls 1995 jubilierende Commerzbank, die Frankfurt, Hessen, Deutschland und Europa mit ihrem 296 m hohen öko-intelligenten Wolkenkratzer 1997 architektonisch und medial die Krone aufsetzen wird und für die libidinöse Übernahme der einstmals museal besetzten Postmoderne durch die Finanzwelt steht, zum Kap der Kapitale und zum Magnat der Metropole. Sie werden in der polyzentrischer ausfallenden Weltwirtschaft der zweiten Hälfte der neunziger Jahre sowohl Franchise-Geber eines breiten Fundus an Wissen und Erfahrung sein als auch durch ihre multiethnischen Verflechtungen in erheblichem Maße in die Rolle von Franchise-Nehmern eindringen. Wo sich die Welt in ihren monetären und mentalen Potentialen konzentriert, entsteht ein Höchstmaß an weltinnenpolitischer Verantwortung, die in einer Zeit ohne einen kontextuellen Weltkrieg voll auf die Hochfinanz übergegangen ist, die konkret mit ihren Entscheidungen in die Zivilisationen und ihre Abläufe eingreift und sie lenkt, während sich die fast bedeutungslos gewordenen Staatsministerialbürokraten mit einer immer abstrakteren Leere füllen und die Stadtverwaltungen, Frankfurt wieder an der Spitze, von einstigen Protagonisten der Ästhetik zu ausschließlich sozial beschäftigten der kapitalistischen City-Dynamik sekun-

dierenden Agenturen der Wiederverwertungsaufbereitung von humanem Kapital mutieren.

Frankfurt ist wie Benetton eine gesuchte Marke, die die Realität in allen sozialen Schattierungen aufbereitet. Während die Deutschen schon wieder neu unterwegs sind, ohne ihr Ziel zu kennen, konstituiert sich das FFM-CITY-KAP durch transversale Vor-Gänger, die das Quintär weiter vollenden!

Zum Magier der Frankfurter Flanerie ist am 12. Juni 1994 der in New York lebende Franzose Philippe Petit aufgestiegen, der in einem historischen Hochseillauf auf 70 Meter Höhe ohne jede Sicherung von der Paulskirche zum Dom lief. Wenn es irgendeines konkreten und nachhaltig wirkenden Vorganges bedurfte, der Frankfurt ins Quintär manövrierte, dann hat Philippe Petit ihn an jenem denkwürdigen Sonntag, zudem der Tag der Europawahlen, vor rund einer halben Million Zuschauern rund um den Main und mittlerweile vielen hundert Millionen deutschland- und weltweit geliefert. Nochmals und letztmals konnten zwei Instanzen der Stadt über die City dominieren. Wenn ich behaupte, Frankfurts "lex" ist sogar an Tiefe und Weite der von Paris und New York voraus, so steht auch dafür Philippe Petit, der Luftikus-Flaneur zwischen Kap-Institutionen erster Ordnung. Während er in New York zwischen den beiden eng beieinander stehenden Türmen des World Trade Center balancierte, waren es in Paris die zwei Türme von Notre Dame, die er zum Gegenstand seiner transversalen Ambitionen aussuchte. New York bot eine eindeutig geldbesetzte City-Instanz mit zwei gleichen Punkten, Paris eine signifikant klerikal besetzte City-Instanz mit zwei gleichen Polen. Paulskirche und Dom haben jedoch sehr unterschiedliche Motive für Frankfurt und Deutschland, auch wenn es beiden darum ging, via Kaiser und Verfassung den barbarischen Germanen eine mittlere Ästhetik zu verleihen, die angesichts des völligen Andersseins der deutschen Lande allerdings nur kleine Wirkungen haben konnte, die die Katastrophen des Dreißigjährigen Krieges und der Weltkriege und Pogrome in der ersten Hälfte unseres Jahrhunderts nicht verhindern konnten. Petits Weg, der aus aktueller zeitgeschichtlicher Sicht eigentlich vom Dom zur Paulskirche hätte verlaufen müssen, sollte als historischer Akt den Weg der Kaiserkrönungen nachahmen. Der ganze Tag mit seiner inthronisierenden Festlichkeit bescherte Frankfurt dann auch 202 Jahre nach der letzten Kaiserkrönung 1792 wieder einmal das Gefühl, daß hier eine messianisch und magisch agierende Person über der Stadt schwebt. Frankfurt, die Metropole in Europas Mitte, die sich weder durch kriegsvorbereitende noch kriegsnachbereitende Infrastrukturen auszeichnet und nichts anderes sein will als ein Kap des menschenrechtlich grundierten kommunikativen Handelns und Handels, hat mit Philippe Petit das demonstrieren können, was es zuvörderst schon immer repräsentierte: **eine Schule der Zivilisation,** deren Kap-Charakter durch einen urbanen Anthropos zum Ausdruck kommt, in der Menschen aller Couleur beständig an einer "lex" des guten und besseren Zusammenseins arbeiten und dadurch einen Whirl-Pool von so viel gegenseitiger Achtung und Toleranz schaffen, daß insgesamt von einem sehr gelungenen Projekt des Miteinander und Zusammenlebens gesprochen werden kann.

Auch wenn die Mainmetropole einige Jahrzehnte älter sein sollte und auch vielleicht nicht von Karl dem Großen 794, sondern schon von Karl Martell dreißig Jahre zuvor rund um den Domhügel seinen Stadtnamen verliehen bekam, zeichnet es sich doch dadurch aus, sofort nach seiner Gründung mit dem wegweisenden Karl-Konzil ein Kap zu vergegenständlichen, auf dem die neue Figurationsästhetik des Heiligen Römischen Reiches Deutscher Nation vorbereitet wurde. Hier entstand gegen 1350 die Stadtgeographie und damit ein erster bescheidener Anfang von Urbanistik und Straßenplanung, und hier wird zum Ausklang des zunächst spannenden und dann fulminanten Jubiläumsjahres das Europäische Währungsinstitut versuchen, Europa via Währung bis zur Jahrtausendwende ausgeglichener zu gestalten und insgesamt seine Valuta als EU gegenüber den anderen weltterritorialen Wirtschafts- und Kulturzonen NAFTA und APEC zu behaupten und nach Möglichkeit weiter zu verbessern. Nur eine vollkommen autonom, konspirativ und exterritorial agierende Stadt wie Frankfurt am Main ist dazu in der Lage, in einer Zeit des Technopols, der Migration und der Verflüssigung von langewährenden Fixpoints einen guten Weg aufzuzeigen, der einem Entwurf nahekommt und sich nicht als Durchlauf ins Nichts erweist. Widerstand gegen Leer-Läufe ist kontinuierliches FFM-Gut!

Philippe Petit, der Hochseillauf und der Tanz: Die Metamorphosen der Mainmetropole in der Postmoderne lassen sich kaum besser als über die Figur des transversalen Flaneurs, das Ballett des William Forsythe und die Höhen-Passage von Philippe Petit erklären, die eine große kulturelle Errungenschaft Frankfurts der letzten Jahre, eben den Tanz als magistrales metropolitanes hohes Fest, auf ein inthronisierendes Niveau gebracht haben.

Tanz ist jedoch nicht nur der bewegte und bewegende Ausdruck von Geist in seiner unverbildeten Reinheit, sondern wird zunehmend auch zur Metapher in der Welt des Geldes. Mit den sogenannten Derivaten und den Beschlüssen des 2. Finanzmarktförderungsgesetzes, die eine Warenterminbörse vorbereiten,

Geldmarktfonds erlauben und über ein neues Wertpapierhandelsgesetz den finalgeistigen Zocker-Produkten via Bundesaufsichtsamt ebenso Grenzen setzen wollen wie den schwer zu definierenden Insidergeschäften, manifestiert sich auch finanzgesetzlich eine tänzerische Ära der Deregulation, die die zweite Hälfte der neunziger Jahre, ein weltweites Boomjahrfünft in einer neuen bislang unbekannten Interkontinentalität, signifikant bestimmen wird. Wie fast auf allen Ebenen ist die City nunmehr auch beim Tanz auf der Basis eines derivaten Balanceaktes zwischen Spannung und Entspannung sowie zwischen Risiko und Entscheidung zum libidinösen Arrieregardisten aufgestiegen. Für die Zivilisationen der Welt sind Tänze die legitimsten Drogen, für die westlichen Financial Cities sind es die Derivate, für zu viele deren Betreiber kommen Techno und Crack oder beides oder noch mehr hinzu, um dadurch die innere Festigkeit zu erlangen, die einstmals ein sogenanter klassischer Wertekanon verabreichte, ohne doch je für die Ruhe zu sorgen, die Kirchen ja so oberflächlich-vortrefflich ausstrahlen und in der Goethe so oft die ästhetische Mitte sah, wie die Schirn-Ausstellung zur Kunst in seiner Ära im Sommer 1994 aufzeigte.

In einem Kap, zumal in der laufenden Ära der Viralität und Deregulation, ist es nicht zu vermeiden, daß immer wieder und immer öfter für kurze Zeit der Atem angehalten werden muß. Siebenundzwanzig Minuten, von 17.35 Uhr bis 18.02 Uhr, dauerte trotz erheblicher Wind-Böen der einmalige Tanz des Philippe Petit, des passageren und magisch-magistralen Flaneurs zwischen Geist und Geld im urbanen Raum von Kap-Städten.

Weil er und seine Kunst so wie Frankfurt geartet ist, möchte ich mit dem Essay "Auf dem Hochseil", das der amerikanische Erfolgsschriftsteller Paul Auster Philippe Petit gewidmet hat, diese akademische Behandlung der Flanerie Frankfurter Provenienz ausklingen lassen. Auster schaffte in Deutschland mit seinem Buch "Mond über Manhattan" endgültig den Durchbruch und charakterisierte den "Flaneur über Mainhattan" wie folgt:

"Anders als die Straßenkünstler spielte er nicht für die Menge. Es war eher so, als ob er das Publikum beim Verfertigen seiner Gedanken zuschauen, als ob er uns an seiner tiefen, unbeschreibbaren Obsession teilhaben ließ. Und doch war nichts offenkundig Persönliches an dem, was er tat. Alles enthüllte sich sozusagen metaphorisch, auf einen Schlag, alleine durch das Medium der Darbietung. Sein Jonglieren war präzise und selbstbezogen wie eine Unterhaltung, die er mit sich selber führte. Er zelebrierte komplizierte Kombinationen, ausgeklügelte mathematische Formeln, Arabesken von

übersinnlicher Schönheit, während er gleichzeitig seine Gesten so einfach wie nur möglich hielt.
Bei allem strahlte er einen hypnotischen Charme aus, oszillierend irgendwo zwischen Dämon und Clown ... *Von Anfang bis zum Ende, nicht ein einziges Mal, dachte ich, daß er fallen könnte. Risiko, Todesangst, Katastrophe: sie waren nicht Teil der Darbietung. Hochseillaufen ist keine Kunst des Todes, sondern eine Kunst des Lebens - Leben gelebt bis zur äußersten Grenze des Lebens: Das heißt, das Leben versteckt sich nicht vor dem Tod, sondern schaut ihm geradewegs ins Gesicht: Jedesmal wenn Philippe den Fuß auf das Hochseil setzt, hat er sein Leben in der Hand und lebt es in all seiner heiteren Unmittelbarkeit, in all seiner Freude"* (44).

Gelegentliche Böen mit brisanten Botschaften können Frankfurt in seiner kontinuierlichen KAP-Genese ebensowenig in seiner Balancefähigkeit beeinträchtigen wie Philippe Petit, sich für den Drahtseilakt trotz aufkommenden Windes von allen Seiten zu entscheiden. Widerstand zu leisten gegenüber den Gefahren freiheitlicher Entwicklung und Werdung ist schon seit Jahrhunderten eine Tradition der zivilen urbanen Passage am Main. Selbst die fast totale Zerstörung vor fünfzig Jahren hat ihren "Anthropos" in keinster Weise beschädigt.

Jupiter, als KAP im All in der chinesischen Astrologie Symbol für Stabilität und Ziel der im Juli 1994 seit 65 Millionen Jahren massivsten Kometenapokalypse, scheint die Aufprälle von Schoemaker-Levy 9 ebenfalls ohne gravierende Folgeschäden überstanden zu haben. Das ist die Gemeinsamkeit zwischen Frankfurt und Jupiter: Selbst Versuche stärkster Einwirkung können die virtuelle Strahlungsfaktizität dieser beiden außerhalb jeglicher Linienhaftigkeit figurierten KAPs nicht verhindern und ihre universalen Aufgabenstellungen nicht verändern! Beide sind autonome Flaneure in ihren jeweiligen Welten mit unverrückbarer All-Zuständigkeit!

Literatur- und Quellenverzeichnis zu Punkt 5:

1) Walter Prigge (Hrsg.): **Städtische Intellektuelle.** Urbane Milieus im 20. Jahrhundert. Fischer. Frankfurt, 1992.
2) Ludwig Meidner: **Grand Café Schöneberg, 1913.** In: Vom Expressionismus zum Widerstand. Kunst in Deutschland 1909 - 1936. Hrsg.: R. Heller. Prestel. München, 1991.
3) Prigge, Schwarz (Hrsg.): **Das neue Frankfurt. 1925 - 1988.** Vervuert. Frankfurt, 1988.
4) Michael Mönninger: **Vom Vakuum zur Weltstadt.** In: FAZ-Sonderbeilage "Berlin morgen" vom 05.01.91.
5) Georg Simmel: **Philosophie der Mode.** Moderne Zeitfragen. Berlin (um 1900).
6) Gerhard Schulze: **Die Erlebnisgesellschaft.** Kultursoziologie der Gegenwart. Campus. Frankfurt/New York, 1992.
7) Walter Stock: **Wall Street.** Ein Streifzug durch den New Yorker Finanzdistrikt. Die Wirtschaft. Berlin, 1990.
8) **Finanzplatz Tokio.** Knapp. Frankfurt, 1991.
9) John dos Passos: **Manhattan Transfer.** Rowohlt. Hamburg, 1978 (1939).
10) Henry Miller: **Wendekreis des Steinbocks.** Rowohlt. Hamburg, 1978 (1939).
11) Warum ist das Leben in Metropolen so angenehm, **Mr. Auster?** Interwiew mit Paul Auster. FAZ-Magazin vom 26.06.92.
12) **Architektur der Jahrtausendwende (Paris, New York);** Manuskript zur Sendereihe des Bayerischen Rundfunks. TR-Verlagsunion. München 1993.
13) Adrienne Windhoff-Heritiér: **Stadt der Reichen - Stadt der Armen.** Politik in New York City. Campus. Frankfurt/New York, 1991.
14) Richard Sennett: **CIVITAS.** Die Großstadt und die Kultur des Unterschieds. Fischer. Frankfurt, 1991.
15) Hans Küng: **Projekt Weltethos.** Piper. München, 1990.
16) Pierre Bourdieu: **Die feinen Unterschiede.** Kritik der gesellschaftlichen Urteilskraft. Suhrkamp. Frankfurt, 1982.
17) Victor Fournel: **Die Odyssee eines Flaneurs in den Straßen von Paris** (um 1850).
18) Eckhard Köhn: **Straßenrausch.** Flanerie und kleine Form. Berlin. Das Arsenal, 1989.
19) Jacques Derrida: **Kurs auf das andere Kap.** Europas Identität. Liber, 10/90.

20) Paul Valery: **Monsieur Teste.** Suhrkamp. Frankfurt, 1990 (ab 1894).
21) Ernst Robert Curtius: **Paul Valery.** Die Literatur (1). 1927 (1952).
22) Heinrich Mann: **Der Untertan.** dtv. München, 1980 (1918).
23) Martin Heidegger: **Sein und Zeit.** Niemeyer. Tübingen, 1986 (1927).
24) Norbert Elias: **Studien über die Deutschen.** Machtkämpfe und Habitusentwicklung im 19. und 20. Jahrhundert. Suhrkamp. Frankfurt, 1989.
25) Franz Hessel: **Spazieren in Berlin.** Die literarische Welt, Nr. 22. 1932 (Berlin 1979).
26) Paul Valery: **Die Seele und der Tanz.** In: Eupalinos. Suhrkamp. Frankfurt, 1991 (1923).
27) Walter Benjamin: **Paris, die Hauptstadt des XIX. Jahrhunderts.**
In: Illuminationen. Suhrkamp. Frankfurt, 1961.
28) Oskar Negt: **Weltausstellung 2000:** Industriemesse oder ein "Haus Salomonis"? Hannover, 1990.
29) Joachim Schlör: **Nachts in der großen Stadt.**
Paris, Berlin, London: 1840 - 1930. Artemis & Winkler. München, 1991.
30) **Europa der Bürger.** Kommission der Europäischen Gemeinschaften.
Generaldirektion Kultur. Brüssel, 1991.
31) **Europa 2000.** Schritte zur Europäischen Union.
Presse- und Informationsamt der Bundesregierung. Bonn, 1993.
32) **Stark wie die Mark.** Bundesministerium der Finanzen. Bonn, 1992.
33) Lothar Gall: **Frankfurt, der Vorort Deutschlands.** In: FAZ-Magazin vom 18.02.94.
34) **Kritik statt Fortschrittsoptimismus.** Eine "EXPO neuen Typs" in Hannover. FAZ, 10.05.94.
35) **Lisbon 94: European Capital of Culture.**
(Programmheft/Victor Constancio: A meeting point of cultures).
36) **Das GATT-Treffen in Marrakesch ist mehr als nur eine Zeremonie.** FAZ, 12.04.93.
37) George A. Collier: **Zu den sozioökonomischen Gründen des Chiapas-Aufstandes.** In: Perspektiven Nr. 19 - 2/94 (Internationale Studentenzeitung).
38) Otto Schwarzer: **Höher, reicher, schöner ...** Frankfurts Entwicklung als Wirtschaftsmetropole. In: Geschäftsbericht 1993 der Frankfurter Sparkasse.
39) Valentin Senger: **Jüdisches Leben in Frankfurt.** In: s. 5.33.
40) "**Spring Fair**" der Frankfurter Messegesellschaft in Singapur. Sonntags-FAZ, 01.05.94.
41) **Franchising.** FAZ-Verlags-Beilage vom 03.05.94.

42) Alexander Deichsel: **Von Wirklichkeiten im Wirklichen.** In: Horizont. Sonderbeilage 6. Deutscher Kommunikationstag Frankfurt/Main, 22.04.94.
43) Herbert Giersch: **Kern und Rand in der spontanen Ordnung.** FAZ, 21.05.94.
44) Paul Auster: **Auf dem Hochseil.** Ein Essay über Philippe Petit, der heute hoch über Frankfurt von der Paulskirche zum Dom gehen wird. In: Sonntags-FAZ vom 12.06.94.

INHALTSVERZEICHNIS

Seite

VORWORT: 1. Über den aktuellen Ist-Zustand des
Deutschen Sonderweges 7
2. Frankfurt als freie und "befreite" Stadt 15

1. DIE REZEPTION DES STÄDTISCHEN IN DER 1. MODERNE

1.1. Die Ignoranz der Interieurs von Goethe bis Adorno 22
1.2 Die Straße als einer der Un-Orte des Expressionismus 32
1.3 Benjamin und Kracauer als frühe städtische Protagonisten 39

Literatur- und Quellenverzeichnis zum Vorwort und zu Punkt 1 46

2. GEIST UND GELD IM KONTEXT DER KAPITALISTISCHEN METROPOLE

2.1. Simmel, das Geld und die Metamorphose des städtischen
Lebensstils 47
2.2 Geld und Wert im anthropologischen Werk von Rudolf Steiner 56
2.3 Der Einfluß jüdischer Horizonte auf den Geist der Bankenwelt 68
2.4 Eine soziologische Analyse des quartären Unternehmens
    2.4.1. Von der Unternehmenskultur zur Lean-Production
        im Post-Fordismus 75
    2.4.2. Yuppie-Kulturen der Frankfurter Post-Moderne:
        Banker und Werber 91

Literatur- und Quellenverzeichnis zu Punkt 2 102

  Seite

3.   PHYSISCHE UND VIRTUELLE STADT-RÄUME
     IM GLOBALISIERTEN POSTFORDISMUS

3.1. Der Frankfurter City-Raum im Kontext von
     Harvey und Lefebvre   104
3.2. Von der Stadt zur Transversale: 1.-5. Welt im städtischen Raum oder
     Die Metamorphose des Urbanen   118
3.3. Die Ästhetik der elektronischen Medien
     3.3.1. Eine Spektralisierung von Realität und Virtualität   135
     3.3.2. Stadt und Computer: Die Abstraktion der
            post- und spätmodernen City   144
3.4. Die medialen und kapitalen Mythen
     des Frankfurter City-Anthropos: Banken und Bordelle,
     Wolkenkratzer und Museen, Ökologie und Postmoderne   153

Literatur- und Quellenverzeichnis zu Punkt 3   167

4.   EINE STADT-LITERARISCHE UND STADT-SOZIOLOGISCHE
     SPEKTRALISIERUNG DER FRANKFURTER SCHULEN

4.1. Goethe: Facetten seiner Biographie
     bis zum Weggang nach Weimar   169
4.2. Kritische Satire und Eintracht Frankfurt:
     Zwei neue Frankfurter Schulen   178
4.3. Drei Säulen "der" Frankfurter Schule:
     Soziologische Forschung, Mündige Kritik, Tiefer Intellekt
     4.3.1. Eine einführende Betrachtung zur Historie
            der Frankfurter Soziologie   192
     4.3.2. Adorno und Marcuse, Valery und Lefebvre:
            Anthropologien der Befreiung für 1968   204
     4.3.3. Stadt, "lex" und Recht:
            "Faktizität und Geltung" von Jürgen Habermas   225

Literatur- und Quellenverzeichnis zu Punkt 4   247

Seite

5. EIN TRAKTAT ÜBER DIE FLANERIE IN TRANSVERSALEN KAP-STÄDTEN

5.1. Über den Zusammenhang
zwischen Literatur, Rändern und dem Boom 249
5.2. Die beiden großen westlichen Magnifizenzen
des städtischen Quintärs
   5.2.1. Manhattan als die Mega-City der Welthauptstadt New York ... 273
   5.2.2. Die Cité von Paris als Arena des weltweit
dichtesten Esprits und Intellekts ... 290
5.3. Flanerie, EXPO-sition und Anthropos-Ästhetik im Frankfurter Quintär
   5.3.1. Anthropologie des Städtischen: Vom Mitläufer zum Flaneur ... 306
   5.3.2. Quintäre Figurationssoziologie und Figurationsästhetik
in Frankfurt am Main 318
      I. Die Frankfurter City
und die deutschen ministerialbürokratischen Staats-Städte ... 324
      II. Tanz und Seele: EXPO-Flanerie
im postmodernen Frankfurter City-Anthropos ... 337
   5.3.3. Zur MITTE: Frankfurts Positionierung
in der neuen Welt-Wirtschafts-Ordnung
      I. Das Europäische Währungs-Institut
im Eurotower zu Frankfurt am Main ... 355
      II. FFM-CITY-Franchising in der
bevorstehenden WTO-Ära ... 367
      PS: Zwei Passagen: Das Implantat Museums-Ufer und das
Kap Wolkenkratzer-City ... 392

Literatur- und Quellenverzeichnis zu Punkt 5 ... 402

INHALTSVERZEICHNIS ... 405

Über den Autor ... 408

DIE FRANKFURTER FLANERIE ZWISCHEN GEIST UND GELD

INTERMETROPOLITANOLOGIE:
Eine zivilisatorisch-anthropogene "lex"
für quintäre Cities

Jürgen Gladitz, offiziell Magister, Bankkaufmann und Germanist, derzeit aber zuvörderst Flaneur und Artist, erblickte 1961 das Licht der Frankfurter Welt, das ihn insbesondere seit dem Erwerb des Führerscheins ab 1981 nicht mehr losließ.
Von 1982 - 1989 stand der Autor als Aushilfe, Auszubildender und Angestellter im Dienst einer großen Frankfurter Sparkasse, wo er in erster Linie in seinen beiden Jungangestelltenjahren im Wertpapierbereich, vom Effektenskontro bis zur Vermögensverwaltung, die historische Aktienhausse der Mittachtziger live und exponiert mitbearbeitete, mitgestaltete und miterlebte!
Vom Wintersemester 1986 an studierte Jürgen Gladitz bis zum Magister-Examen im Sommersemester 1991 im Hauptfach Germanistik bei Norbert Altenhofer, in den Nebenfächern Psychologie und Medien und zur Vollendung seiner generalistischen Campus-Kompetenz auch noch paraoffiziell Unternehmenskultur, Anthropologie, Soziologie, Philosophie, Geographie und Recht, kurzum intellektuelle Artistik im besten deutsch-universitären Sinne und resultativ mit fünfzig Leistungsscheinen sowie acht Gutachten aus sechs Fachbereichen!
Trotz einer unsäglichen gezielten Ablehnung seiner Frankfurt- und Stadthorizonte durch mehrere Professoren und Fachbereiche schrieb Jürgen Gladitz bis 1994 als Doktorand nicht nur diese "Dissertation" zur Frankfurter Flanerie zwischen Geist und Geld, sondern auch ein neues "Passagenwerk", das unter dem Titel "Metropolis Transversalis" (Passagen eines postmodernen Frankfurter Flaneurs) ebenfalls beim R.G. Fischer-Verlag 1994 erschienen ist!